HISTORIA DE LA
LITERATURA ESPAÑOLA

HISTORIA
DE LA
LITERATURA ESPAÑOLA

EDICIÓN REVISADA

Angel del Río

late of Columbia University

TOMO I

DESDE LOS ORÍGENES HASTA 1700

HOLT, RINEHART AND WINSTON

NEW YORK

31803-1013

Printed in the United States of America

A MI MUJER
AMELIA AGOSTINI

Ángel del Río

(n. Soria, 1901; m. Nueva York, 1962)

Aunque se especializó en historia, Ángel del Río se dedicó pronto a la filología y, sobre todo, a la literatura. Su vasta erudición y la claridad de su mente las puso al servicio de la pedagogía a la que llevó la vocación del verdadero maestro que ve en el discípulo no sólo un ente intelectual al que ha de guiar y estimular sino un ser humano al que es preciso comprender. Su obra como ensayista y crítico interpreta especialmente la literatura moderna; dedica múltiples estudios a Jovellanos, Galdós, Unamuno, Fernando de los Ríos; un libro a Federico García Lorca, monografías a Salvador de Madariaga, Pedro Salinas y Eugenio Florit. Pero no se limita del Río a la literatura contemporánea sino que escribe sendos ensayos sobre los moralistas españoles de los siglos XVI y XVII, sobre Lope de Vega y Cervantes. "El equívoco de don Quijote," traducido al inglés por Arthur Armstrong, apareció en *Varieties of Literary Experience* (*Eighteen Essays in World Literature*), con una Introducción de Stanley Burnshaw, New York University Press, 1962. Esta obra, publicada después de su muerte, fue dedicada a su memoria. Al estudiante americano, del norte o del sur, habrá de interesarle el libro *El mundo hispánico y el mundo anglo-sajón en América* (*Choque y atracción de dos culturas*), 1960, que contiene dos de las varias conferencias que pronunció en siete repúblicas suramericanas en el año 1959. Del Río fue director de Lenguas Romances en la Universidad de Nueva York, profesor de Columbia University, donde dirigió el Instituto Hispánico en los Estados Unidos y la *Revista Hispánica Moderna,* desde 1953 a 1962. Fue también director de la Escuela Española de Verano de Middlebury College 1950-54. Las horas dedicadas a estas labores le quitaron tiempo para dos libros que no pudo terminar: uno sobre el siglo XVIII y otro sobre Antonio Machado, su maestro en Soria. Castellano viejo y ciudadano americano desde 1941 —vivió 37 años en América— supo comprender y valorar ambas culturas.

Advertencia a la edición de 1963

La *Historia de la Literatura Española* publicada en 1948 (4.ª edición en 1956) fue concebida y ejecutada bajo ciertas limitaciones de tiempo y, sobre todo, de espacio, y con un criterio pedagógico por el que se sacrificó—acertadamente según la opinión del autor—la acumulación de datos a la valoración crítica de los hechos literarios y al propósito de estimular el gusto por la literatura. El éxito, de que recibió numerosos testimonios Ángel del Río, demuestra que no erró el propósito.

En esta edición de 1963, que el autor revisó con mayor reposo y sin tantas restricciones de espacio, se intentan dos cosas:

1) Por un lado conservar su condición de texto relativamente elemental dedicado a la enseñanza, evitando caer en el mamotreto erudito cuyas fechas y nombres constituyen un escollo para el estudiante.

2) Como se hacía constar en la primera edición, el autor—aunque esperaba que su criterio y sus preferencias fueran patentes—pretendió reunir la riqueza de aportaciones críticas de los últimos quince años, entre las que descuellan las de A. Castro, P. Salinas, D. Alonso, María Rosa Lida, Bataillon, Morley y otros muchos, tanto españoles como extranjeros.

La ampliación mayor quizás sea más evidente en la parte medieval, por lo mismo que fue la más sacrificada a las restricciones que los editores y el autor impusieron de común acuerdo.

Se ha aumentado la bibliografía y se ha dado un orden más claro mediante la clasificación por temas o materias en cada capítulo. Se citan a veces estudios especiales, lo cual podría confundir al lector al no ver citados otros muchos de importancia mayor o igual. La razón de ello es que los citados se relacionan generalmente con algún punto especial que destaca o al que se alude dentro del carácter sintético o elemental de la exposición.

Finalmente en la bibliografía extranjera se notará una preferencia por los estudios de lengua inglesa. La razón es obvia, ya que este libro nació directamente de la enseñanza en las universidades norteamericanas y a ellas se destina en primer lugar. Se mantiene el criterio explicado en la "Advertencia" a la primera edición aquí reproducida, es decir: dar una bibliografía selecta, y con miras a la utilidad que pueda tener para el estudiante o un lector de tipo general, no para el erudito o el especialista.

La revisión hecha por Ángel del Río quedó trunca en el capítulo dedicado a la época contemporánea. Comenzando con D. Américo Castro soy responsable de la revisión—así de la incorporación de algunos autores como del aumento de información sobre otros ligeramente mencionados en ediciones anteriores. También he tratado de poner al día la bibliografía del último capítulo.

El Índice-glosario no se reproduce íntegro en los dos volúmenes; va uno especial para cada tomo. Se ha prescindido de los asteriscos que se emplearon en el texto para marcar los nombres de escritores extranjeros y términos técnicos o históricos que van en el Índice-glosario.

En cuanto a los Apéndices sobre las literaturas catalana y gallega quedan lo mismo que en la primera edición.

Expreso mi agradecimiento al profesor Ricardo Gullón por la lectura del texto añadido en las últimas páginas del segundo volumen, y por su valiosa y cordial ayuda.

Amelia A. Vda. de del Río

Nueva York, junio de 1963

Advertencia a la primera edición

De acuerdo con el propósito histórico que indica el título de este libro, hemos intentado en él estudiar y resumir la evolución de la literatura española, caracterizada como toda evolución, por la continuidad de ciertos rasgos distintivos y por los cambios que el transcurso del tiempo produce en esos rasgos como resultado de su propio desarrollo o por la influencia de diversos factores.

Por eso nos detenemos a definir los caracteres de cada época en lo que tienen de común con los de las épocas precedentes y en lo que tienen de nuevo y distinto. Dentro de cada época estudiamos los fenómenos más significativos junto con las obras y los escritores que mejor la representan. Cada escritor está visto como unidad indivisible. El dividir el estudio de un escritor según los géneros que cultiva, procedimiento bastante común en las historias de la literatura, conduce, a nuestro juicio, a la confusión porque relega a segundo término el elemento básico de toda creación literaria, que es la personalidad misma del autor. No vemos razón para tratar en un capítulo de Cervantes como novelista y en otro de Cervantes como poeta o dramaturgo; ni creemos que tenga utilidad alguna el separar al Quevedo moralista del Quevedo poeta o satírico. Para evitar que la obra se convirtiese en un catálogo de nombres y fechas, hemos prestado poca atención a las figuras secundarias. Éstas se estudian solamente en relación con las figuras más importantes o con referencia al desarrollo de tendencias y corrientes; pero, dentro de ese criterio, hemos procurado mencionar a cuantos escritores, por pequeño que sea su mérito, tuvieron alguna significación en su tiempo o dan, agrupados, idea del alcance de un género o de un movimiento literario en una época determinada.

Sin olvidar el carácter elemental de la obra, hemos procurado también aludir a la relación entre los fenómenos literarios y los de otra índole (históricos, artísticos, sociales, etc.) y a la relación de la literatura española con otras literaturas, siempre que la alusión a esas relaciones facilite la comprensión de la obra y la personalidad de un autor o del espíritu de una época.

Más que expresar puntos de vista originales o aportar nuevos datos, nuestro propósito ha sido el de sintetizar en forma asequible al estudiante de literatura española lo más significativo de lo que hoy se sabe y se piensa sobre ella.

La bibliografía va al fin de cada capítulo y ha sido seleccionada pensando en su utilidad para el estudiante. En la que sigue a la introducción recomendamos algunos ensayos de tipo interpretativo, las historias de la literatura y las antologías más conocidas, algunas obras en campos que pudiéramos llamar auxiliares (historia, geografía, historia de la lengua) y las bibliografías de carácter más general. En la de cada período, citamos las ediciones de las obras importantes más fáciles de consultar, que, dentro de esa facilidad, tienen textos aceptables; los mejores estudios de conjunto y las mejores monografías sobre los escritores de mayor significación. No indicamos, salvo alguna excepción, estudios de puntos especiales ni obras cuyo valor, a veces muy grande, es principalmente erudito. Debemos advertir que obras citadas en la bibliografía de un capítulo deben tenerse en cuenta para el estudio de la materia incluída en otros, pero con objeto de evitar repeticiones sólo las citamos más de una vez en algunos casos de importancia excepcional. Tampoco repetimos en la sección de "estudios" de cada capítulo la referencia a los prólogos de las ediciones citadas en la sección de "textos" que muchas veces constituyen la mejor introducción crítica a la obra de un autor.

Combinado con el índice alfabético de autores va un glosario en el que explicamos en forma sumaria términos técnicos, abstractos o históricos cuya significación no está siempre clara para el alumno y hacemos alguna indicación sobre los escritores, pensadores y personajes extranjeros citados en el texto. Este Índice—glosario se reproduce íntegro en los dos volúmenes. Las palabras en él incluídas van marcadas con un asterisco la primera vez que aparecen en cada uno de ellos.

Para terminar esta advertencia deseamos expresar nuestro agradecimiento más ferviente a varios colegas: al profesor Joseph E. Gillet, de

Bryn Mawr College, por una lectura muy cuidadosa del texto y una larga lista de utilísimas indicaciones de toda clase; al profesor Eugenio Florit, de Barnard College, que también leyó el texto íntegro según se iba escribiendo y nos alentó con su juicio amistoso y con su consejo; a Miguel Pizarro, de Brooklyn College, que leyó algunos capítulos e hizo de ellos una crítica asimismo utilísima; a los editores de la Dryden Press, Mr. Stanley Burnshaw y el profesor Frederick Ernst por sus indicaciones editoriales y su múltiple ayuda. Si a pesar del consejo de estos buenos amigos se han deslizado algunos errores, el autor reclama para él toda la responsabilidad.

Ángel del Río

Nueva York, julio de 1948

Índice

xvii

HISTORIA DE LA
LITERATURA ESPAÑOLA

1 INTRODUCCIÓN

I. A qué llamamos literatura española

La literatura que vamos a estudiar, como las otras grandes literaturas europeas, no nace hasta el siglo XII cuando, ya muy avanzada la Edad Media, se inician en los pueblos de Europa unos movimientos de cohesión política y espiritual de los que emergerán en el Renacimiento las nacionalidades modernas con sus caracteres distintivos. Van asociados esos movimientos al desarrollo de las diferentes lenguas nacionales que en el mundo románico —es decir, en el de los países que formaron parte del antiguo imperio romano: Italia, España, Francia, Portugal, etc.— se derivan directamente del latín a través de un largo proceso.

Las investigaciones e hipótesis de don Ramón Menéndez Pidal, así como los reçientes descubrimientos de las *jarchas* por S. M. Stern y de la llamada *Nota Emilianense* por Dámaso Alonso, han venido a comprobar la existencia de una creación poética algo anterior a la fecha de que comúnmente se hacía partir el estudio de la literatura española: la de la composición del *Poema del Cid,* primera obra hoy conservada. Se va iluminando, pues, el capítulo de los orígenes. Aún puede, sin embargo, considerarse el siglo XII como el momento en que empiezan a cuajar formas y temas que, sin duda, tuvieron una gestación anterior, quizás bastante larga.

Delimitación del término. — Al hacer arrancar nuestro estudio del momento en que aparece la literatura castellana quedan fuera de él un número considerable de obras y autores que la historiografía literaria venía aceptando, a partir del siglo XVIII, bajo el término amplio y ambiguo

1

de literatura española. Tal es el caso de los escritores hispano-latinos, como Séneca, Marcial, Lucano u otros varios; de escritores hispano-cristianos o visigodos, como Prudencio, el historiador Orosio o San Isidoro; y, más próximos al nacimiento de las nuevas literaturas, de escritores mozárabes como Álvaro Cordobés y Juan Hispalense, en los siglos IX y X.

Hay, además, una literatura hispano-árabe y otra hispano-judía. Existe, por último, la producción artística de los escritores gallegos y catalanes que en la Edad Media y luego, a partir del siglo XIX, escribieron en su propia lengua llegando en muchos casos a una excelencia literaria en nada inferior a la castellana.

Al excluir de nuestro estudio tan diversas manifestaciones —de las que nos ocuparemos tan sólo en cuanto aclaren ciertos fenómenos históricos o literarios— seguimos un criterio cada vez más extendido y aceptado hoy comúnmente en la enseñanza. Según él, el concepto de literatura española se asimila al de literatura castellana. La razón principal es la de haber adquirido el antiguo dialecto castellano, hermano de las otras lenguas neolatinas de la península, un desarrollo literario más amplio, además de haberse convertido, no sin enriquecerse con otras aportaciones, en el idioma oficial de la nacionalidad española. No debe olvidarse, sin embargo, que literatura en lengua castellana es también la de los escritores hispanoamericanos, que hoy nadie confunde ya con la de la península, habiendo constituido una rama autónoma, o, si se quiere, varias, especialmente desde la independencia de las naciones del Nuevo Mundo. [1]

Relación y afinidad de la literatura castellana con otras formas de la literatura hispánica. — Al intentar definir en los párrafos anteriores lo que entendemos por literatura española, nos hemos encontrado con el hecho de que, frente a la tendencia a considerar como creaciones españolas todo lo producido en el territorio de la antigua Hispania desde los tiempos más antiguos y en lenguas diversas, surge la necesidad de delimitaciones más precisas. Ello no quiere decir que no existan relaciones a veces muy

---

[1] Dada la autonomía a que aludimos en el texto, la literatura hispanoamericana queda excluida de nuestro estudio. Nos ocupamos, sin embargo, de algunos autores nacidos en América durante la época colonial, como el inca Garcilaso de la Vega y Ruiz de Alarcón, tradicionalmente vinculados a la literatura española. También vinculados a ella están varios escritores portugueses del siglo XVI que escribieron toda o una parte de su obra en castellano: tal sería el caso de Jorge de Montemayor o Gil Vicente y, en medida mucho menor, el de Camoens. En cuanto a las literaturas catalana y gallega, nos ha parecido dar en apéndices una idea sumaria de ellas.

estrechas entre las varias facetas del genio hispánico. Mas aquí también conviene hacer algunas aclaraciones.

Lo común ha sido dar por inconclusas la vinculación y continuidad entre las literaturas modernas y las prerromanas, latina o visigótica, como se ve en la siguiente pregunta de Menéndez Pelayo: "¿No sería acéfala nuestra historia si en ella faltase la literatura hispano-romana, ya gentil, ya cristiana?" A idéntica concepción obedece el que se haya hablado, con gran insistencia y general aceptación, del llamado senequismo español en un doble sentido: el de atribuir a Séneca y su pensamiento cualidades que luego se han destacado como propias del genio español y el de señalar en obras o autores españoles —Jorge Manrique, los humanistas del siglo XVI, Quevedo y los moralistas del siglo XVII, etc.— la persistencia de una vena de estoicismo senequista. Y así, Ángel Ganivet, al intentar hacer en el *Idearium español* un análisis del alma española, empieza por destacar esa nota de estoicismo. Lo mismo que del estoicismo de Séneca podría decirse de la imaginación desmesurada de Lucano o de la intención incisiva en el epigrama de Marcial y, en términos un poco distintos, de algunos escritores de la época visigótica. El genio español se habría expresado ya —según esto— lo mismo que en Séneca, en la poesía cristiana de Prudencio, en el siglo IV, "el lírico más español que ha existido," al decir de Menéndez Pelayo, o en el pensamiento de San Leandro y San Isidoro. Todas estas ideas han sido sometidas a rigurosa revisión en los últimos diez años por Américo Castro, a partir de la publicación de su libro *España en su historia* (1948), que vino a renovar muchos de los criterios aceptados en la historiografía española. [2] Para Castro sólo puede hablarse de España o de lo "español" a partir del momento en que los cristianos de la península, los "españoles," tienen conciencia de existir como tales y adquieren una estructura vital, una manera de ser, de actuar y de expresarse fundada en unos valores peculiares. Esto ocurre, entre los siglos VIII y X, a consecuencia de la situación creada por la invasión árabe y la Reconquista. La expresión de esta nueva manera de ser coincidirá justamente con la aparición de las primeras obras literarias hoy conservadas en las lenguas romances.

Según Castro, pues, no tiene sentido hablar del españolismo de Séneca o del senequismo de los españoles. Séneca era un romano helenizado, nacido en Córdoba, como hubiera podido nacer en cualquier otra parte del

---

[2] Castro ha seguido desarrollando sus ideas en *La realidad histórica de España* (nueva redacción de *España en su historia*) y en otros libros que se citan en la bibliografía.

Imperio. En cuanto al estoicismo de los españoles sería, simplemente, como fenómeno de cultura, una manifestación paralela a la que se da en otras literaturas europeas, a partir, por ejemplo, de Petrarca, muy influido por Séneca en su pensamiento. Tampoco le parece exacto —como veremos más adelante— hablar de la hispanidad de los visigodos.

En una palabra, Castro no cree, como venía creyéndose desde el siglo XVIII, que todo lo ocurrido en el territorio de la Península ibérica —o en una gran parte de ella, excluyendo a Portugal— sea *español*. La historia no está determinada por la geografía, sino por la vida o, como dice en otro lugar, "no es la tierra la que hace al hombre." Las ideas de Castro han suscitado numerosas polémicas, e historiadores como Menéndez Pidal y Claudio Sánchez Albornoz han seguido manteniendo a grandes rasgos y con matizaciones, en las que no podemos detenernos aquí, la continuidad de lo hispánico desde los tiempos primitivos.

Un ejemplo de cómo esta idea de la continuidad histórica puede llevar a apreciaciones arbitrarias sería el libro de Gerald Brenan, *The Literature of the Spanish People,* donde se extrema la tesis geográfico-determinista con algunas ingeniosas distinciones regionales. Y, así, en tanto que pone en duda el hispanismo o españolismo de los "andaluces" Séneca o Lucano, afirma el de los "aragoneses" Quintiliano, Marcial o Prudencio. Relaciona, por ejemplo, a Quintiliano (siglo I) con educadores como Luis Vives (valenciano, siglo XVI) y Giner de los Ríos (andaluz, siglos XIX y XX), encontrando entre los tres "una real semejanza de temperamento." Y en la obra del poeta cristiano Prudencio ve una combinación de lo popular y lo erudito, así como un seco estilo retórico que lo hacen todavía "más aragonés." Es evidente que ni Andalucía ni Aragón existieron como entidades históricas hasta muchos siglos después y que tales generalizaciones carecen de fundamento.

Menos dudosas parecen las relaciones de la literatura castellana con otros aspectos de la cultura hispánica más cercanos en el tiempo.

Cada vez se ven más patentes las huellas de la poesía árabe en los orígenes de la lírica castellana y la influencia de la novelística oriental en los comienzos del cuento y el "exemplo" medievales, o en una creación tan personal como la del Arcipreste de Hita.

Gallegos, o muy influidos por la lírica galaico-portuguesa, son los primeros poetas líricos que trovan en castellano en el *Cancionero de Baena* y el autor de la primera novela sentimental, Juan Rodríguez de la Cámara. Catalán, de lengua y espíritu, fue Juan Boscán, iniciador de toda la lírica italianizante del Renacimiento y uno de los creadores de la prosa castellana clásica en el siglo XVI, con su traducción de *El cortesano* de Baltasar de Castiglione. Y Rafael Lapesa ha demostrado el influjo de Ausías March, el primer petrarquista español, también catalán, en los poetas castellanos del siglo xv y cómo su influjo persiste en Boscán y Garcilaso.

Aparte de escritores de procedencia claramente judía, como Santob, percibimos un oscuro e inquietante desasosiego vital en algunos autores del siglo xv, judíos conversos como Diego de San Pedro, Rodrigo Cota y Fernando de Rojas, el autor de la *Celestina*.

En cuanto a lo hispanoamericano, se advierte ya en los primeros historiadores de Indias un tono peculiar, como si la naturaleza virgen y poderosa del Nuevo Mundo hubiera transformado su espíritu, en forma no muy distinta de como el vigor de esa naturaleza se manifiesta en los autores hispanoamericanos modernos. Un peruano del siglo XVIII, Olavide, influye de manera decisiva en el rumbo de algunos espíritus enciclopedistas contemporáneos suyos tan intensamente españoles como Jovellanos; y Rubén Darío es el adalid, reconocido igualmente por españoles e hispanoamericanos, de la renovación lírica que significa el modernismo.

No es posible, si se ignoran estos hechos, tener idea de la totalidad del genio hispánico, del cual es sólo una manifestación, aunque sea la más alta, sintética y universal, la literatura que vamos a estudiar.

II. Rasgos caracterizadores de la literatura española

Mucho se ha debatido sobre la posibilidad de definir los caracteres permanentes de la literatura de un país. Las culturas cambian y reflejan en cada momento las corrientes dominantes en el ámbito histórico en el que están inscritas, que, en el caso de la española, sería el de la cultura occidental y, en un sentido más limitado, el de la cultura latina o románica. Por otra parte, es indudable la existencia de un genio o carácter nacional, del que acaso sea la lengua el producto y, al mismo tiempo, el factor más claro y duradero. En cuanto a la literatura, es la expresión que, a través del tiempo, ha ido reflejando la evolución de las lenguas nacionales y dejando constancia de ella. Es, por eso, en la literatura donde mejor podemos encontrar ese evasivo genio nacional. Menéndez Pelayo trató de definirlo como resultado de la fusión del espíritu católico con el sentido estético del humanismo greco-latino, fusión que, según él, la literatura española logra en el Renacimiento de manera más perfecta que ninguna otra. Años más tarde, Menéndez Pidal, guiado por propósitos análogos, aunque con ideas y métodos nuevos, escribe un ensayo sobre "Algunos caracteres primordiales de la literatura española," tema que reaparece ampliado en dos importantes prólogos: "Los españoles en la historia: cima y depresiones en la curva de su vida política" y "Caracteres primordiales de la literatura española con referencias a las otras literaturas hispánicas, latina, portuguesa y catalana." Debe aclararse que cuando hablamos de genio nacional y de rasgos caracterizadores no damos a esos conceptos un valor absoluto. Lo fundamental en todo estudio de la literatura es el análisis y comprensión de la obra misma, de la creación personal. Pero no debe olvidarse que obras y autores, sin que su originalidad se amengüe en nada, están en gran medida predeterminados por una serie compleja de circunstancias, empezando por la lengua en que se escribe. La exposición de esas circunstancias y de cómo el autor las refleja es uno de los objetos de la historia literaria, a diferencia de la crítica pura, que se ocupa de la obra misma y para la cual las circunstancias de la creación son de interés secundario.

En este sentido, en el de la persistencia de algunas de esas circunstancias, es en el que cabe hablar, como lo han hecho la mayoría de los historiadores, de caracteres permanentes.

El tema del genio español, del carácter de la historia y la cultura españolas, había venido planteándose desde antiguo, especialmente desde el siglo XVIII, cuando empieza la reflexión crítica sobre la decadencia y el contraste con otras culturas europeas. Con la llamada "generación del 98" adquiere aspectos obsesivos y dramáticos. Escritores como Ángel Ganivet, Miguel de Unamuno, Ramiro de Maeztu, José Ortega y Gasset, Salvador de Madariaga se debaten en un análisis incesante que culminará sobre bases nuevas en la obra ya citada de Américo Castro. Algo semejante ocurre con los hispanistas extranjeros —Farinelli, Figueiredo, Aubrey Bell o Karl Vossler— para no hablar de los infinitos viajeros y ensayistas.

En una forma u otra todos vienen a reconocer la peculiaridad de "lo español" en relación con "lo europeo," tomados ambos términos en un sentido muy general. Por de pronto y ateniéndonos al desarrollo cronológico de la literatura española, se percibe una marcada asincronía en relación con el ritmo evolutivo de otras literaturas europeas. Claro que todas las literaturas o culturas nacionales son asincrónicas en relación a las demás. Rara vez los diferentes estilos o movimientos que han caracterizado la evolución del arte europeo —románico, gótico, renacentista, barroco, neoclásico, romántico, etc.— han seguido una curva idéntica en los diversos países. Lo común ha sido que en cada momento un país o una literatura nacional haya tomado la delantera e influido en las demás. Pero esa asincronía es quizás más marcada en la literatura española. Si en su época de apogeo, siglo XVI y parte del XVII, España se adelanta y encuentra la forma de algunos géneros modernos, especialmente novela y teatro, en la Edad Media y, sobre todo, a partir del siglo XVIII, las corrientes del arte europeo llegan con retraso y adquieren en España una manera particular. Tal sería, ya en épocas relativamente cercanas, lo ocurrido con el romanticismo, el realismo, el naturalismo o el simbolismo.

Frutos tardíos. Capacidad de síntesis. Originalidad. —Probablemente la asincronía a que nos hemos referido explica o determina varios de los caracteres de la literatura española, especialmente el que en ella aparezcan, combinados y hasta fundidos, temas y actitudes estéticas que en otras literaturas se presentan como antitéticos o como productos bien diferenciados de distintas épocas.

Veremos, por ejemplo, que lo peculiar del Renacimiento español consiste en conservar más que el de ningún otro país la tradición literaria de la Edad Media, vertiéndola en los nuevos moldes del espíritu moderno. El caso se repite en casi todas las épocas. Resultado de ello es ese dualismo que tan insistentemente se ha señalado como característico de la literatura española: realismo e idealismo; exaltación sentimental, amorosa o espiritual (Don Quijote) y deseo inmediato del goce o de la conquista (Don Juan); ideales caballerescos y vida rufianesca; confusión de lo divino y lo humano, o de lo profano y lo religioso; excelsitud contemplativa del más puro misticismo y sentido práctico; alta moralidad y sátira obscena; honor y picarismo. Siempre que nos enfrentamos con una de las grandes creaciones del genio español hallamos esta contradicción resuelta en armonía. El *Cantar de Mio Cid, La Celestina,* Cervantes, el teatro, la obra y el mundo de un escritor como Quevedo o de los grandes místicos castellanos, y, en épocas más recientes, la novela de Galdós, el pensamiento de Unamuno o la poesía de Machado o de García Lorca poseen ese carácter de síntesis de elementos y actitudes opuestas.

Menéndez Pidal ha precisado este concepto de la asincronía de la literatura castellana al definirla como literatura de "frutos tardíos," y por tardíos, maduros. [3] En cuanto a la capacidad de síntesis, el hispanista inglés Aubrey F. G. Bell considera que la cualidad sobresaliente del genio lite-

---

[3] Véase Ramón Menéndez Pidal, *La España del Cid,* Madrid, 1929, tomo II, págs. 700-703.

rario de Castilla es el poder de universalizar y transformar las corrientes y temas que le llegan de las otras regiones de España y de los países europeos, extrayendo de ellos lo esencial.

> Es la gloria de la literatura castellana —dice Bell— el haber logrado frecuentemente dar unidad y vida a una masa de material sin precedentes... Los castellanos concibieron su literatura y su arte sobre bases muy amplias. Se apartaron de la lógica deductiva y del ideal francés de lo exclusivamente intelectual, como se apartaron del ideal italiano de lo puramente estético. Fundieron instintivamente lo ético, lo estético, lo intelectual y lo sentimental; creyeron que "el gran crecimiento estético requiere siempre rico terreno moral," y en esta creencia reconciliaron el arte y la fe, la belleza y la religión. [4]

Y en otro libro, el mismo Bell ha explicado cómo es propio del genio castellano el combinar la solidez con la sutileza:

> Muchas de las cosas más sutiles en la literatura han sido obra de la solidez castellana. En Castilla surgieron los divinos éxtasis de Theotocópuli y San Juan de la Cruz, la delicada prosa de Santa Teresa y Mariana, la intimidad lírica de Luis de León, la difícil simplicidad de los *romances,* el granito transparente de la épica primitiva, los asombrosos enredos y minuciosa caracterización del drama del siglo XVII, las ingeniosas distinciones de sus teólogos, místicos y ascetas; los singulares refinamientos de Lazarillo y Rinconete y Celestina, de Don Juan y Don Quijote. [5]

Karl Vossler consideraba la "humanización de lo divino" y el pasar de lo terrenal a lo celestial como una de las características mayores del Siglo de Oro, y Stanley Williams, al reflexionar sobre el sentido que la literatura española ha tenido para los escritores norteamericanos, se refiere a la mezcla de "lo animal y lo místico"; al sueño del honor, del mendigo como rey, y al personalismo triunfante en medio de la opresión; a la austeridad moral y al realismo; a la interpenetración del genio creador del artista con el del pueblo. [6]

En una forma u otra todos tienen conciencia de una peculiaridad basada principalmente en la capacidad de combinar los contrarios.

---

[4] Bell, *Castilian Literature,* pág. 48
[5] Véase A. F. G. Bell, *Cervantes,* University of Oklahoma Press, 1947, pág. 23.
[6] Véase Stanley T. Williams, *The Spanish Background of American Literature,* New Haven, Yale University Press, 1955, II, págs. 289-290.

Popularismo y tradicionalismo. Realismo y sentido moral. — Si entramos en la particularización de algunos de estos caracteres que venimos examinando, es consenso general que en la literatura española ocupa quizá lugar preferente el popularismo, la fuerza del elemento popular en todas sus creaciones. Es visible el popularismo en muchos aspectos, tales como la persistencia de temas tradicionales en la lírica, en la épica, en el teatro clásico y, sobre todo, en el *Romancero,* uno de los monumentos más característicos de la literatura española. Pero lo popular no sólo se manifiesta en las formas, en la transmisión tradicional de los temas y en el carácter anónimo de muchas obras representativas. Se encuentra también en el espíritu democrático —de base humana, no política— que corre desde el *Cantar de Mio Cid,* a través de Lope y Cervantes, hasta las creaciones más modernas, y en la presencia constante del pueblo como personaje literario. En el mismo *Cantar de Mio Cid,* Rodrigo Díaz y las gentes de su acompañamiento pertenecen a la nobleza más modesta, y el juglar los enfrenta constantemente, para realzar su calidad humana, con la soberbia de representantes de la alta nobleza. Piénsese además en el lenguaje del *Libro de Buen Amor* del Arcipreste de Hita, de la *Celestina,* de la picaresca y de muchas de las Crónicas de los conquistadores; y en el espíritu de los villanos del teatro, cuyo héroe mayor es posiblemente Pedro Crespo, el rústico alcalde de Zalamea. Y si recordamos la obra máxima de la literatura española y a sus dos figuras más universales, una de ellas, Sancho Panza, es, en carne y alma, puro pueblo, y hasta don Quijote o, mejor dicho Alonso Quijano el Bueno, no es, en lo que a su condición social se refiere, sino trasunto de uno de aquellos humildes hidalgos de aldea que con tanto deleite pintaba Fray Antonio de Guevara en su *Menosprecio de Corte.*

Adviértase que en la literatura española *pueblo* no es sinónimo de *masa.* Así el pueblo se nos presenta siempre en la obra de los escritores españoles con cualidades al parecer opuestas a su condición: individualidad, dignidad humana y hasta capacidad para encarnar los valores e ideales más altos.

Con la substancia popular se relacionan probablemente otras notas que siempre se han destacado como características en el arte español: el realismo en el terreno estético, la fuerte inspiración religiosa, la espontaneidad, el interés por el hombre como valor individual y una austeridad artística que con frecuencia induce a rechazar lo maravilloso en el campo de la imaginación y las formas demasiado elaboradas en el de la expresión y la técnica. Definiendo este último fenómeno ha escrito Menéndez Pidal:

La austeridad artística del alma ibera busca la emoción en las entrañas mismas de la realidad, y allí la encuentra cálida y palpitante; quiere realizar la belleza con sobriedad magistral de recursos, y siempre que se siente embelesar con las reverberaciones misteriosas de lo imposible, reacciona en una profunda añoranza por la meridiana luz de la realidad. [7]

Quizás con el popularismo puedan relacionarse también otros rasgos: la tendencia hacia la improvisación creativa y hacia lo dramático, el movimiento y la acción.

Todas estas características combinadas acaso expliquen la debilidad de la literatura española en obras de tipo intelectualista y el predominio en ella de una actitud moral, cuyo carácter más visible es la aceptación de la realidad por parte del poeta como punto de arranque hacia la creación artística. Es la misma actitud que se nos revela en la manera de hacer frente el ser humano a las situaciones adversas de la vida y, sobre todo, de llegar sereno ante la muerte, que para el español es "la hora de la verdad." Recuérdense los últimos momentos de don Quijote o las palabras de perfecta y cristiana resignación con que el Maestre don Rodrigo, padre de Jorge Manrique, se despide de la vida:

> y consiento en mi morir
> con voluntad placentera
>   clara y pura,
> que querer hombre vivir
> cuando Dios quiere que muera
>   es locura.

No se trata de ejemplos excepcionales, aunque por su calidad pudieran serlo. Es frecuente que la obra literaria española alcance un punto de máxima creación artística en la descripción de la escena de la muerte. Y esto, desde la del rey en muchas de las Crónicas medievales o del período clásico hasta la de algún personaje grotesco, como el Villamil de *Miau,* o el avaro Torquemada en la novela galdosiana.

Idealismo, literatura de extremos. — Abundan por otra parte en esta literatura los casos de idealismo y de arte culto y aristocrático. Como ha hecho notar Dámaso Alonso en su estudio "Escila y Caribdis de la literatura española," la corriente idealista y culta es casi tan persistente,

---

[7] R. Menéndez Pidal, "Algunos caracteres primordiales de la literatura española," en *Bulletin Hispanique,* 1918, XX, 229.

rica y extremada como la popular realista. Los ejemplos son numerosos: el marqués de Santillana, Juan de Mena, Garcilaso de la Vega, la novela caballeresca y pastoril, Fernando de Herrera, San Juan de la Cruz, Góngora, Gracián o, en la poesía contemporánea, Juan Ramón Jiménez y Jorge Guillén. No es raro, sino más bien normal, que ambos extremos se den juntos en la obra de un mismo escritor. Góngora, el poeta culto por excelencia, es el autor de algunas de las poesías más obscenas y vulgares en el tema, que no en el arte, escritas en castellano, y Lope, representante del popularismo, el de algunas canciones, églogas y novelas más artificiosas y cultas. Llega Lope incluso a disculpar su popularismo por la necesidad de hablarle "en necio" al vulgo. Cervantes, cifra del realismo al decir de algunos críticos, crea *Persiles y Segismunda,* delirante de fantasía e idealismo, y se precia, quizá más que de ninguna de sus obras, de la artificiosa *Galatea.*

Y en patente oposición al popularismo realista se halla lo que podríamos llamar el signo barroco o romántico del alma española, su capacidad de traducir el sentimiento e imagen patética; su expresionismo, con frecuencia violento, como en una página de Quevedo o un cuadro de Goya. Dámaso Alonso llega a la siguiente conclusión:

> Este eterno dualismo dramático del alma española será también la ley de unidad de su literatura. Y es probablemente también esta tremenda dualidad lo que da su encanto agrio, extraño y virginal a la cultura española, y es ella —la dualidad misma y no ninguno de sus elementos contrapuestos que la forman, considerados por separado— lo que es peculiar español. [8]

Criterios historiográficos y falsos enfoques. — De un lado, popularismo, realismo, localismo; de otro, selección, antirrealismo, cultismo y universalismo. En resumen, polarización del sentimiento estético español hacia los extremos. En algunos aspectos de la literatura que vamos a estudiar, la polarización o divergencia se presenta en formas patentes, así como se ha presentado en ciertos momentos de la vida española con una evidencia trágica. Pero al enfrentarnos con estos y otros fenómenos característicos de la literatura española, convendría tener en cuenta que nuestra visión de ellos —el percibir como contradictorio lo que acaso responda a una unidad cuya ley se nos escapa— podría estar determinada, más que por la realidad, por el punto de enfoque dependiente de conceptos abs-

---

[8] Véase "Escila y Caribdis en la literatura española," en Dámaso Alonso, *Ensayos sobre poesía española,* pág. 26.

tractos creados para la interpretación de otras culturas. Hecho señalado por Federico de Onís, entre otros, cuando advertía cómo se habían traído a la literatura española "los conceptos de épocas de la historia literaria de otros países en forma estereotipada y rígida" y se había tratado de "encajar lo español en un marco que, a veces, no corresponde a sus peculiaridades." [9] Más específico, al par que más abarcador, es Américo Castro cuando afirma: "Se ha solido enjuiciar la vida española partiendo del principio de que las formas más logradas de la llamada civilización occidental eran la meta suprema hacia la que deberían haber dirigido su curso todos los pueblos de la tierra." [10]

No es difícil comprobar la veracidad de tales asertos cuando se ve cómo una gran parte de la historiografía literaria española, y, por supuesto, casi toda la extranjera relativa a España, ha ido guiada hasta tiempos muy recientes por criterios estéticos o históricos de procedencia europea. Ello explicaría, por ejemplo, interpretaciones o hechos como los siguientes:

Al confrontar el Renacimiento español con el de Italia, donde indudablemente se origina y que se adopta como pauta, resulta, según algunos historiadores y críticos, que no ha habido Renacimiento español, que España es "el país sin Renacimiento." Es notorio, sin embargo, que eso que en términos vagos y abstractos llamamos Renacimiento dio en España algunos de sus más maduros frutos artísticos, como se verá en el lugar correspondiente.

El siglo XVIII, estudiado como puro reflejo del neoclasicismo y el enciclopedismo franceses o de la influencia de otras literaturas, italiana o inglesa —cosa, desde luego, que, en gran medida, fue— pierde lo que a nuestro juicio tiene de fundamental: el esfuerzo de los españoles por crearse una conciencia propia a la altura de los tiempos y salir de su aislamiento intelectual. Algo análogo ocurre, aunque de sentido muy diferente, con el romanticismo. Galdós queda relegado a ser un imitador de Balzac, o de Dickens, con unas gotas del supuesto realismo doméstico y provinciano. Un fenómeno tan complejo como el modernismo puede verse exclusivamente como eco confuso de simbolistas y parnasianos. Todo ello es cierto, en parte, y obedece, por otro lado, a un fenómeno general: el del intercambio, comunicación e influencia mutua entre las diversas culturas europeas; pero es necesario matizar y ver en todo momento la originalidad española y su sentido peculiar de universalidad.

---

[9] Véase "El concepto del Renacimiento aplicado a la literatura española," en *España en América,* Ediciones de la Universidad de Puerto Rico, 1955, pág. 286.
[10] Véase *España en su historia,* pág. 604.

Afortunadamente muchos de estos puntos de vista han venido superándose en la crítica del siglo XX. Que la superación no ha sido completa se hace patente, por ejemplo, en las consideraciones finales del libro ya mencionado de Gerald Brenan, tan buen conocedor de lo español. Habla Brenan, entre otras cosas, de algunas deficiencias de la literatura española: de la falta de intimidad, visible en la escasez de diarios, cartas y memorias; del combativo individualismo, en el cual cada uno afirma su propio yo, convirtiéndolo en una fortaleza de su separada unicidad; del pesimismo español, resultado, por una parte, de la decadencia nacional y de la conciencia de fracaso, y sobre todo, de un estado de embriaguez religiosa y nacionalista. Habla también de la aridez, semítica o africana, de la mente española, el tedio religioso, la sobriedad de la vida, la ausencia de las pequeñas amenidades; del desinterés por las cosas o por esos agradables pasatiempos y deleites que llenan la vida del europeo occidental, lo cual se traduce en un sentimiento de inutilidad y aburrimiento. Y no faltan, como era de esperar, alusiones a la pobreza de ideas en la literatura española y al terror de la Inquisición, que hizo que el español "dejase de pensar por completo."

Todo ello es habitual, conocido, y representa la reacción normal del europeo —y de algunos europeizantes españoles— ante ciertas realidades. En Brenan la visión, que podemos llamar negativa, está por otro lado equilibrada por la comprensión de muchos valores y hasta por algunos juicios sorprendentes, y no desencaminados, como el de que acaso sea la poesía lírica la forma en la que la literatura española alcanza su expresión máxima junto con una preeminencia que sólo la lírica inglesa puede disputarle.

Brenan, en rigor, no hace sino reflejar una vez más el hecho aludido de interpretar lo español de acuerdo con unos valores, con una axiología, creada para definir otras culturas. Por eso lo aducimos como ejemplo. El problema consiste en que la mayoría de sus apreciaciones son indudablemente ciertas desde su punto de vista inevitable. Pero ante dichas apreciaciones habría que pensar en la explicación posible de los fenómenos señalados desde puntos de vista más positivos, según los cuales algunas de las que se consideran como deficiencias no lo sean. Es lo que trataron de probar, con diversos enfoques y propósitos, dos personalidades tan distintas como Unamuno o Menéndez Pelayo. Y Brenan no deja de darse cuenta del problema cuando añade:

O quizás, por otro lado, debemos aceptar el hecho de que la cultura española es lo que ha sido generalmente en el pasado, una cultura que mira hacia dentro, encastillada en sí misma, creándose su propio destino, con alguna ayuda exterior, en un idioma que es más o menos extraño y extranjero al resto de Europa. Cuando con ánimo comprensivo uno deja dispararse su indignación ante la cerrazón berberisca de este pueblo sólo en parte europeo, uno tiene que contenerse o refrenarse, pensando que quizás su mayor gloria reside en su resistencia a la civilización moderna, en su determinación de preservar pura y sin mezcla su propia alma altamente original. España sería el último país en rendirse al cosmopolitismo. [11]

Lo cual, en vista del rasero igualitario de todo valor estético y espiritual de lo que probablemente quiere decir Brenan por cosmopolitismo, no es pequeña hazaña. En todo caso, lo esencial es llegar a penetrar en esa originalidad.

Divergencia con lo europeo. El integralismo español. — Sea en el ritmo de su propia evolución, sea en las notas dominantes en cada período dentro de los caracteres permanentes que hemos tratado de señalar, parece indudable que la literatura española presenta divergencias marcadas con la de otros países europeos.

Al establecer estas distinciones debe aclararse que entramos en el resbaladizo terreno de las abstracciones históricas y que se trata, desde luego, de matices, algunos muy acusados, y no de hechos que puedan probarse como una verdad matemática o un fenómeno natural. Por otra parte, no debe olvidarse nunca que España participa desde los tiempos más antiguos o al menos desde su romanización, más completa que la de ningún otro pueblo con la excepción posible de Italia, de todas las corrientes históricas y culturales de Europa. No sólo participa, interviene en ellas y en varios momentos hace un papel director. Pero, al mismo tiempo, es evidente que da y mantiene en todo momento una nota propia; que siempre en su arte, como en su literatura, como en su historia, se presenta España con un acento inconfundible. Claro que cualquier otro país con un genio nacional definido —Francia, Alemania, Italia o Inglaterra— tiene sus caracteres peculiares. Pero las diferencias que existen entre cada una de esas culturas son reductibles, hasta cierto punto, a algunas ideas y formas básicas, sobre todo a partir del Renacimiento. Lo hondo y permanente de España se destaca en cambio con una originalidad irreductible a los conceptos con los que se ha tratado de definir, al menos

---

[11] Gerald Brenan, *The Literature of the Spanish People,* Cambridge University Press, 1953, págs. 464-465.

desde el siglo XVIII, la cultura europea. Está dentro y fuera de ella: superándola a veces; rechazando otras veces las ideas o los valores que han terminado por dar cohesión y sentido a esa cultura.

Esta manera propia de lo español, esta divergencia con las notas comunes a otras grandes literaturas europeas, obedece a muchos factores y causas, cuyo efecto no es siempre fácil precisar. Entre otros, podrían destacarse los siguientes:

a) el individualismo de los antiguos pueblos peninsulares mantenido a través de los siglos; *b*) la mezcla de culturas y, más particularmente, la huella que en el espíritu español dejó la convivencia con árabes y judíos durante la Edad Media; *c*) la situación geográfica de la península en la periferia del viejo continente, que la hace límite fronterizo con África y llave del mundo mediterráneo y del Atlántico; *d*) el aislamiento ideológico respecto a los países que marcan el rumbo de la cultura europea a partir de la Reforma, unido a la creación y pérdida del primer imperio moderno.

Probablemente todos estos factores y varios más que pudieran señalarse han contribuido a dar a España su fisonomía histórica. Lo indudable es la existencia de un tono peculiar en el arte español que, no pudiendo ser catalogado dentro de lo que llamaríamos las categorías normales del arte europeo, inspira a algunos críticos no españoles interpretaciones superficiales traducidas en la imagen de una España pintoresca. Sólo cuando se penetra en el fenómeno, empieza a entenderse y entonces surgen los grandes apasionados del "genio" de España, del "alma" española, que, de vez en cuando y en todas las épocas, aparecen entre los extranjeros. En ambos casos —entusiastas superficiales de lo pintoresco, o apasionados de la espiritualidad y la fuerza del genio español— nos encontramos ante reacciones distintas a las que suscitan otras culturas. Nos salimos de lo normal para entrar en esa peculiaridad hispánica sobre la que tanto se ha escrito.

Castro, que, como hemos dicho, se ha planteado el problema de la realidad histórica de España con un sentido en gran medida nuevo, ve como nota esencial de esa peculiaridad lo que él llama el integralismo español: el hacer de la creencia base de la vida, a diferencia de otros pueblos europeos que se rigen por los valores del pensamiento objetivo; el sostener que la realidad es lo que uno siente, cree o imagina, caso de don Quijote; el vivir en la persona, el dar primacía a lo heroico, la obsesión de eternidad. Tal actitud, junto a la conciencia de su apartamiento de los valores imperantes en el occidente, determinarían, sobre todo en la España moderna, su problematismo, el sentir la vida y a España misma como problema, a la manera de Unamuno, el caso quizás más extremo, pero no único, el vivir desviviéndose, o, en otros términos, el duelo de las "dos Españas" de que han hablado historiadores, ensayistas y políticos.

III. Épocas de la literatura española

Como se ha dicho, la literatura española presenta en su desarrollo una fisonomía propia, resultado del juego de las fuerzas históricas internas con el de las diferentes influencias extrañas visibles en su evolución. Lo mismo podría decirse de cualquier otra literatura. Por eso es un error aplicar las grandes divisiones cronológicas a una literatura particular sin fijar antes sus límites. La Edad Media, por ejemplo, aparece antes y se prolonga más en Francia que en ningún otro país. En Italia, por lo que a la literatura se refiere, casi no existe. Cuando el romanticismo llega a España, ya ha pasado su plenitud en las literaturas alemana e inglesa, de las que recibió su impulso. El no dilucidar estos puntos hace a veces imposible la comprensión de los fenómenos literarios.

A grandes rasgos, las épocas de la literatura española, sus tendencias, movimientos y formas, coinciden con las épocas de las otras literaturas importantes de Europa. Dentro, sin embargo, de esas grandes épocas, los momentos de iniciación, plenitud y decadencia rara vez van paralelos. Cada literatura tiene su ritmo propio. Se entiende así el hecho de que lo que puede ser un producto decadente en una literatura adquiera alta perfección y vitalidad en otra.

La Edad Media. — Aunque las investigaciones modernas han descubierto la indudable existencia de una creación épica por parte de los juglares, muy anterior a lo que hace cincuenta años se creía, y comprobado la existencia de una lírica primitiva, podemos, para simplificar el problema, situar el comienzo de la literatura española hacia el año 1140, fecha que se ha dado a la composición del *Cantar de Mio Cid*. Desde ese momento hasta mediados del siglo XV se desenvuelve la literatura medieval. Pero ésta no presenta caracteres idénticos en esos tres siglos. A partir del XIV, con el Arcipreste de Hita y don Pedro López de Ayala, junto a los síntomas evidentes de descomposición del mundo medieval, empiezan a aparecer formas nuevas y, con las formas nuevas, un espíritu nuevo de un marcado sello prerrenacentista: vislumbres de una conciencia de la personalidad; sátira contra las instituciones medievales, especialmente contra la Iglesia; influencias italianas y clásicas.

Renacimiento y Siglo de Oro. — A fines del siglo XV se inicia el Renacimiento español con el humanismo de Nebrija, con la poesía y el teatro de Juan del Encina, con la transformación de la materia caballeresca en el *Amadís de Gaula* y, sobre todo, con la originalidad creadora manifiesta en *La Celestina*.

Se prolonga y transforma el Renacimiento, con sus períodos y formas consecutivas —humanismo, post-humanismo y contrarreforma, barroco y decadencia— durante el llamado Siglo de Oro, que unos historiadores tratan de limitar de una manera convencional entre 1550 y 1650, y otros entre 1492, fecha de la unidad nacional, y 1681, muerte de Calderón. Dividimos el estudio de toda esta época en seis capítulos, correspondientes a cuatro momentos distintos:

1. La iniciación del Renacimiento en tiempo de los Reyes Católicos.

2. Siglo XVI (dos capítulos), época a la que damos el nombre de plenitud renacentista porque en ella, sea en la creación de nuevos géneros, sea en la literatura didáctica o en la mística, imperan las ideas, las actitudes vitales y el sentido de la forma, prosa o verso, determinados primariamente por el humanismo del Renacimiento.

3. Cervantes y Lope de Vega (en capítulos separados), en el filo de los siglos XVI y XVII, alcanzan la cumbre de la creación artística. Ambos dan forma definida a dos géneros nuevos —la novela y el teatro, respectivamente—, y en sus obras aparecen muchos elementos del barroco sin las exageraciones posteriores. Sus obras representan el fin y la superación del humanismo, fundido ya con un espíritu de tipo nacional y con los problemas espirituales de la Contrarreforma.

4. El siglo XVII, después de Cervantes y Lope —aunque en él las formas, los temas y las ideas sean continuación y desarrollo de los del período anterior—, es ya un momento literariamente distinto, caracterizado por el desarrollo de la picaresca, del conceptismo y el gongorismo en poesía, el teatro de Calderón y sus discípulos y el moralismo de Gracián. Es esta última la época que lleva el barroco a sus extremos. Su espíritu es, al mismo tiempo, una consecuencia directa de la Contrarreforma, iniciada en el siglo anterior, y un resultado del aislamiento nacional de España.

Siglos XVIII y XIX. — Tras un lapso de más de cincuenta años de casi completa esterilidad, diversas corrientes vivificadoras, de procedencia extranjera, abren una nueva época literaria. Es el siglo XVIII, que propiamente comienza con la publicación de los primeros ensayos de Feijoo (1726) y la *Poética* de Luzán (1737). Se prolonga hasta 1808, cuando, con la invasión napoleónica y las primeras luchas del liberalismo español, entra España en un largo proceso revolucionario, en el cual vemos en estado latente la gestación del romanticismo.

En la literatura del siglo XIX advertimos dos momentos perfectamente diferenciados: el romanticismo, hasta 1850; y otro, desde esta fecha hasta 1898, que se caracteriza por el gran auge de la novela realista y los ecos de formas del pensamiento europeo, tales como el idealismo y el positivismo.

La literatura contemporánea. — La sensibilidad, los problemas, las formas y actitudes de la época contemporánea, tienen su punto de arranque en el año 1898. La fecha, como todas, es convencional. No se puede medir la marcha ininterrumpida del espíritu creador por días, meses y años. Nadie sabe cuándo surge en la inteligencia una idea, o cuándo el poeta percibe la aparición de una forma nueva. Pero es indudable que alrededor del año 1898 se abre en España una divisoria con el pasado. Año de una triple coyuntura histórica, vital, artística: liquidación definitiva del imperio, meditación sobre los valores y la propia esencia de España en hombres como Ganivet, Unamuno y sus compañeros de generación, y aceptación del nuevo estilo modernista. De ahí que hagamos arrancar de ese año el capítulo que se ocupa de la literatura contemporánea, cuyo desarrollo queda truncado por la guerra civil en 1936. Tras de ella, en los últimos veinte años se inician, tanto en España como entre los emigrados, unas tendencias y un estilo, aún difíciles de caracterizar, con un estricto sentido histórico.

BIBLIOGRAFÍA GENERAL

1   HISTORIAS DE LA LITERATURA

(Por orden cronológico de su aparición, pero citadas por la edición más reciente de que tenemos noticia.)

G. Ticknor, *History of Spanish Literature* [1849], 6.ª ed., Boston, 1888, 3 vols. (tr. esp. revisada: Buenos Aires, 1947).
J. Fitzmaurice-Kelly, *A History of Spanish Literature* [1898]; *A New History of Spanish Literature, London,* 1926 (tr. esp. 5.ª ed., Buenos Aires, 1942).
E. Mérimée, *Précis d'histoire de la littérature espagnole,* París, 1908; *A History of Spanish Literature,* tr. y rev. de S. G. Morley, New York, 1930.
J. D. M. Ford, *Main Currents of Spanish Literature,* New York, 1919.
J. Cejador y Frauca, *Historia de la lengua y literatura castellana,* Madrid, 1915-22, 14 vols.
J. Hurtado y A. González Palencia, *Historia de la literatura española* [1921], 5.ª ed., Madrid, 1943.
C. Barja, *Libros y autores clásicos,* Brattleboro, Vermont, 1922; *Libros y autores modernos,* New York, 1924; *Libros y autores contemporáneos,* New York, 1935.
G. T. Northup, *An Introduction to Spanish Literature* [1925], 2.ª ed., Chicago, 1936.
M. Romera Navarro, *Historia de la literatura española,* Boston, 1928.
M. de Montolíu, *Literatura castellana* [1929], 5.ª ed., Madrid, 1947.
A. Valbuena Prat, *Historia de la literatura española* [1937], 4.ª ed., Barcelona, 1953.
A. F. G. Bell, *Castilian Literature,* Oxford, 1938.
Historia general de las literaturas hispánicas. Pub. bajo la dirección de G. Díaz-Plaja. Barcelona, 1949. (Han aparecido 5 vols. hasta la fecha.)
G. Brenan, *The Literature of the Spanish People,* Meridian Books, 1957 (traducida al español).
P. Henríquez Ureña, *Tablas cronológicas de la literatura española,* New York, 1920.
Diccionario de la literatura española, 2.ª ed., Madrid, Revista de Occidente, 1953.

2   COLECCIONES DE TEXTOS Y ANTOLOGÍAS

Hay numerosas colecciones de textos, de muy vario valor y carácter, desde las de tipo erudito y crítico hasta las de divulgación. Las dos más importantes de carácter general son *Biblioteca de Autores Españoles* (continuada por la *Nueva Biblioteca de Autores Españoles*) y *Clásicos Castellanos.* Aunque elementales, son de utilidad pedagógica los pequeños volúmenes de la *Biblioteca Clásica Ebro.*

Ángel del Río y Amelia A. de del Río, *Antología general de la literatura española*, New York, 1960.
J. Hurtado y A. González Palencia, *Antología de la literatura española*, Madrid, 1940.
W. T. Pattison, *Representative Spanish Authors*, New York, 1942.
M. Menéndez Pelayo, *Las cien mejores poesías (líricas) de la lengua castellana*, Madrid, 1908.
The Oxford Book of Spanish Verse, 2.ª ed., Oxford, 1940.
P. Henríquez Ureña, *Cien de las mejores poesías castellanas*, Buenos Aires, 1939.
F. C. Sáinz de Robles, *Historia y antología de la poesía castellana (Del siglo XII al XX)*, Madrid, 1946.
E. A. Peers, *A Critical Anthology of Spanish Verse*, London, 1948.
J. M. Blecua, *Floresta lírica española*, Madrid, 1957.
D. Marín, *Poesía española. Estudios y Textos (siglo xv al xx)*, México, 1958.
R. Menéndez Pidal, *Antología de prosistas españoles*, 6.ª ed., Madrid, 1932.
F. Yndurain, *Antología de la novela española*, Madrid, 1954.
Translations from Hispanic Poets, The Hispanic Society of America, 1938.
Ten Centuries of Spanish Poetry: An Anthology in English Verse with Original Texts From the XIth Century to the Generation of 1898. Ed. by E. L. Turnbull with intros, by P. Salinas, Baltimore, 1955.

3 ESTUDIOS Y OBRAS SOBRE CARACTERES GENERALES Y EL SENTIDO DE LA LITERATURA Y CULTURA ESPAÑOLAS

M. Milá y Fontanals, *Oración inaugural acerca del carácter general de la literatura española* (1865), en *De la poesía heroico-popular castellana*, Barcelona, 1959.
M. de Unamuno, *En torno al casticismo* (1895), en *Ensayos*, I (varias ediciones).
R. Menéndez Pidal, "Algunos caracteres primordiales de la literatura española," en *Bulletin Hispanique*, 1918, XX, 205-232.
J. Ortega y Gasset, *España invertebrada*, Madrid, 1921.
A. Farinelli, *Consideraciones sobre los caracteres fundamentales de la literatura española* [1922], en *Ensayos y discursos de crítica literaria hispanoeuropea*, Roma, 1925.
S. de Madariaga, *The Genius of Spain*, Oxford, 1923 (En esp. *Semblanzas literarias contemporáneas*, Barcelona, 1924).
D. Alonso, "Escila y Caribdis de la literatura española" [1927], en *Ensayos sobre poesía española*, Madrid, 1944.
F. de Figuereido, *Las dos Españas*, Santiago, 1933.
———, *Características da Litteratura Hespanhola*, Santiago, 1935.
R. de Maeztu, *Defensa de la hispanidad*, Madrid, 1934.
K. Vossler, *Algunos caracteres de la cultura española*, Buenos Aires, 1941.
G. Díaz-Plaja, *Hacia un concepto de la literatura española*, 2.ª ed., Buenos Aires, 1945.
R. Menéndez Pidal, "Los españoles en la historia: Cimas y depresiones en la curva de su vida política" (Prólogo a *Historia de España*, t. I), Madrid, 1947; repr. parcialmente en *España y su historia*, Madrid, 1957, 2 vols.
A. Castro, *La realidad histórica de España*, México, 1958. (Revisión y ampliación de *España en su historia*, Buenos Aires, 1948; en inglés: *The Structure of Spanish History*, Princeton, 1954.
———, *Santiago de España*, Buenos Aires, 1958.

A. Castro, *Origen, ser y existir de los españoles,* Madrid, 1959.
C. Sánchez Albornoz, *España, un enigma histórico,* Buenos Aires, 1958.

4   ESTUDIOS SOBRE GÉNEROS O ASPECTOS PARTICULARES Y COLECCIONES DE ESTUDIOS CRÍTICOS

[En la sección de colecciones de estudios se citan algunos recientes de los de los críticos más autorizados y que consideramos de mayor interés desde un punto de vista actual. Hay, claro está, otros muchos, y habría que empezar por citar las *Obras completas* de Menéndez Pelayo y Menéndez Pidal, sin contar misceláneas, como los numerosos *Homenajes* eruditos. El criterio es aquí, como en toda la bibliografía, selectivo y de acuerdo con los puntos de vista más cercanos a los del autor. Otros muchos estudios específicos se citarán en los capítulos correspondientes.]

M. Menéndez Pelayo, *Historia de las ideas estéticas* e *Historia de los heterodoxos españoles* (En *Obras completas*).
G. Díaz-Plaja, *La poesía lírica española,* Barcelona, 1939.
P. Salinas, *Reality and the Poet in Spanish Poetry,* Baltimore, 1940.
A. F. von Schack, *Historia de la literatura y el arte dramático en España,* Madrid, 1885-1887, 5 vols.
A. Valbuena Prat, *Literatura dramática española,* Barcelona, 1930.
———, *Historia del teatro español,* Barcelona, 1956.
F. C. Sáinz de Robles, *El teatro español*: *Historia y Antología,* Madrid, 1949-, 7 vols.
J. Marichal, *La voluntad de estilo* (Teoría e historia del ensayismo hispánico), Barcelona, 1957.
A. Alonso, *Materia y forma en poesía,* Madrid, 1955.
D. Alonso, *Poesía española* (Ensayos de métodos y límites estilísticos), Madrid, 1958.
———, *De los siglos oscuros al de oro* (Notas y artículos a través de 700 años de letras españolas), Madrid, 1958.
——— y C. Bousoño, *Seis calas en la expresión literaria española,* Madrid, 1951.
C. Bousoño, *Teoría de la expresión poética,* Madrid, 1951.
A. Castro, *Santa Teresa y otros ensayos,* Madrid, 1929.
———, *Semblanzas y estudios españoles,* Princeton, 1956.
———, *Hacia Cervantes,* Madrid, 1957.
V. Gaos, *Temas y problemas de literatura española,* Madrid, 1959.
J. Guillén, *Language and Poetry,* Harvard Univ. Press, 1961.
R. Menéndez Pidal, *España y su historia,* Madrid, 1957, 2 vols.
L. Spitzer, *Lingüística e historia literaria,* Madrid, 1955.
J. F. Montesinos, *Ensayos y estudios de literatura española,* México, 1959.
F. de Onís, *España en América,* Ed. de Universidad de Puerto Rico, 1955.
A. Reyes, *Capítulos de literatura española,* 1.ª serie, México, 1939; 2.ª serie, México, 1945.
P. Salinas, *Ensayos de literatura hispánica.* Del "Cantar de Mio Cid" a García Lorca. Madrid, 1958.

5   BIBLIOGRAFÍA, HISTORIA Y CIVILIZACIÓN, HISTORIA DE LA LENGUA, MÉTRICA.

R. Foulché-Delbosc y L. Barrau-Dihigo, *Manuel de l'Hispanisant*, New York, 1920-1925, 2 vols.; repr. New York, Kraus, 1959.

A. Palau Dulcet, *Manual del librero hispano-americano*, Barcelona, 1923-1927, 7 vols.; 2.ª ed., 1946- (en publicación).

B. Sánchez Alonso, *Fuentes de la historia española e hispanoamericana*, 2.ª ed., Madrid, 1927, 2 vols.

R. L. Grismer, *A New Bibliography of the Literatures of Spain and Spanish America* (en publicación).

H. Serís, *Bibliografía de la literatura española*, Syracuse, 1948-1954 (2 vols. hasta la fecha).

J. Simón Díaz, *Bibliografía de la literatura hispánica*, Madrid, 1950-1956 (4 vols. hasta la fecha).

H. A. Hatzfeld, *A Critical Bibliography of the New Stylistics 1900-1952*, Chapel Hill, 1953 (traducida al español).

J. P. Oliveira Martins, *Historia de la civilización ibérica*, Madrid, s. a.

R. Altamira y P. Zavala, *Historia de España y de la civilización española*, Barcelona, 1913-1930, 6 vols.; R. Altamira, *A History of Spain*, New York, 1949.

P. Aguado Bleye, *Manual de Historia de España*, 5.ª ed., 2 vols.; 7.ª ed., Madrid, 1954-56, 3 vols.

L. Martín Echeverría, *España. El país y los habitantes*, México, 1940.

E. González López, *Historia de la civilización española*, New York, 1959.

N. B. Adams, *España: introducción a su civilización*, New York, 1947; *The Heritage of Spain*, Rev. ed. New York, 1959.

W. J. Entwistle, *The Spanish Language*, Oxford, 1936.

R. Lapesa, *Historia de la lengua española* ,Madrid, 1942; 3.ª ed., 1955.

R. K. Spaulding, *How Spanish Grew*, Los Angeles, 1943.

P. Henríquez Ureña, *La versificación irregular en la poesía española*, Madrid, 1920.

T. Navarro, *Métrica española: Reseña histórica y descriptiva*, Syracuse, 1956.

2 LA ÉPOCA PRIMITIVA. SIGLOS XII Y XIII

I. Antecedentes y orígenes. Panorama general

Independientemente del problema de la continuidad de formas de cultura en un determinado territorio, en nuestro caso la Península Ibérica, se admite comúnmente que, ya desde su aparición, las nuevas literaturas romances heredan de la antigüedad, o de su propio pasado, una variedad de elementos, tales como ciertos temas literarios o formas de expresión, de distinta procedencia —grecolatina, germánica u oriental— cuyo carácter e influjo determinan, en alguna medida, el rumbo y espíritu de las creaciones posteriores, como formas latentes o activas en los balbuceos poéticos de las nuevas literaturas. Se gestan éstas en un largo período (entre los siglos V o VI y XI), durante el cual se efectúa un doble proceso: en el terreno literario, el desarrollo de la literatura eclesiástica en latín medieval; en el de la lengua hablada, la transformación del latín vulgar en hablas romances. Tal es el fondo común de las literaturas románicas, que en cada país se modificará según sus circunstancias.

Por lo que respecta a España, se han señalado principalmente dos circunstancias especiales: una, la diferencia entre los visigodos y otros pueblos bárbaros; otra, la persistencia de ciertas notas temperamentales ibéricas o celtibéricas a través de cinco siglos de romanización y de tres de dominio visigodo. Influjos tan remotos son difíciles de probar, aunque el pretendido iberismo y celtiberismo se hayan invocado muy reiteradamente aduciendo testimonios de geógrafos e historiadores antiguos para explicar la singularidad de los españoles y las notas dominantes de su carácter. Fuera del terreno de la conjetura podría todo ello admi-

23

tirse simplemente como sustrato histórico. Más complejo y de mayor importancia para nuestro objeto es lo que se refiere a los visigodos.

La herencia latina y visigótica. —Tras varios siglos de pertenecer la antigua Hispania al Imperio romano, en el año 409 entran en la Península varios pueblos bárbaros: suevos, vándalos y alanos, a los que pronto siguen los visigodos. Con su entrada se inicia una nueva etapa histórica, la germánica, que no adquiere cohesión ni perfiles netos hasta muy avanzado el siglo VI. Por eso, referirse en términos generales a la España visigótica, como a un todo compacto y homogéneo, representa una simplificación de hechos sumamente complejos. Durante mucho tiempo los visigodos, con su centro en la corte tolosana del sur de Francia, tratan de dominar y desplazar a los primeros invasores, especialmente a los suevos. Algunos pueblos del norte de España, astures, cántabros y vascones, viven relativamente libres; y las relaciones con los bizantinos aportan un nuevo elemento y una nueva complicación. Sólo tras el reinado de Leovigildo (567-586) cabe hablar de una España unificada o de una monarquía visigótica en España. Sus rasgos distintivos serían: el establecimiento de la corte en Toledo; la adopción del catolicismo, tras la conversión de Recaredo (589), que abandona el arrianismo; y el gran poder e influjo de los obispos y la Iglesia a través de los Concilios. Habría que añadir la ferocidad de las luchas intestinas por el poder en una monarquía electiva. Un número considerable de reyes murieron asesinados. Rodrigo Toledano pensará —según recuerda Menéndez Pidal— que esos regicidios caracterizan "la feroz sangre de los godos."

Durante el período de la unificación se desarrolla la cultura eclesiástica representada, sobre todo, por San Isidoro, Obispo de Sevilla (560-636), a cuyo nombre pueden sumarse los de su hermano mayor, San Leandro, y los de San Braulio y San Eugenio, entre otros.

Pasa San Isidoro, autor de las *Etimologías,* por ser figura importante en la transmisión del saber antiguo a los siglos posteriores y, como tal, representante típico de un hecho que ha solido también aducirse como característico de la historia de España y de sus peculiaridades: el de haber sido el visigodo el pueblo más romanizado entre todos los germánicos. Con lo cual, en lugar de acelerar el cambio hacia las nuevas estructuras medievales, actuó más bien de rémora o freno, tratando de conservar las formas caducas de una cultura como la latina, ya en plena desintegración. Tal es la tesis de Ortega y Gasset en su libro *España invertebrada.* Para Ortega, el ingrediente decisivo en la formación de las sociedades medievales fueron los germanos, y las diferencias entre una sociedad como la francesa y otra como la española, con sus respectivas estructuras históricas, se explicarían por las diferencias entre francos y visigodos. El franco, pueblo indómito y lleno de vitalidad, creará en la Galia, sobre las ruinas de lo romano, una sociedad nueva, feudal, jerarquizada; los visigodos, "germanos alcoholizados de romanismo," intentarán, en Hispania, continuar formas de cultura ya desvitalizadas. En lugar del poder de los señores, la Iglesia es la fuerza dominante. De ahí la debilidad posterior del feudalismo español, y lo que Ortega llama "la ausencia de los mejores" en la sociedad española, en la cual "las masas" llenarán el vacío y afirmarán el papel rector.

Como signo de la romanización de los visigodos, cualesquiera que fueran sus consecuencias —tema difícil de dilucidar—, podría citarse, junto a la obra de San Isidoro y los escritores afines a él, la conservación de una de las grandes creaciones de la cultura romana: su derecho. La *Lex romana visigothorum,* cuyo influjo se extiende luego al *Fuero Juzgo,* es la recopilación más importante del derecho romano en el mundo occidental, excluido lo bizantino, después del imperio.

La España visigótica presenta algunos elementos nuevos no sin importancia: el catolicismo y la organización eclesiástica; un concepto incipiente de unidad nacional, de "Monarchia Hispanica," al que volverán los ojos los reyes leoneses y castellanos de la Edad Media; un número de palabras, reflejo de nuevas instituciones y costumbres, y una transformación bastante avanzada del latín vulgar, hasta constituir ya un habla dialectal, a la que Menéndez Pidal dio el nombre de "dialecto visigótico"; y, finalmente, junto al derecho teórico romano, nuevos usos jurídicos que persisten o renacen en los reinos de la Reconquista y son visibles en la sociedad descrita en *Mio Cid* y los demás cantares de gesta.

Esta persistencia de algunas formas sociales en la España medieval, unida a otros fenómenos históricos, plantea el problema, últimamente muy discutido, de la herencia visigótica en la formación del ser de la España posterior. Menéndez Pidal no vacila en afirmarla, fundándose para ello en el estudio de la epopeya medieval, que él considera de origen germánico; en el goticismo de la monarquía asturiana y el imperio leonés; en la perduración de formas visigóticas en el lenguaje y la cultura de los mozárabes, y hasta en el mito de la continuidad gótica, muy arraigado en la nobleza española. Podrían aún agregarse varias manifestaciones de este culto isidoriano entre los cristianos de la Reconquista.

Adoptando otros puntos de vista, Américo Castro ha puesto en duda la virtualidad de esa herencia, y, de acuerdo con su nuevo concepto de "lo español," la misma hispanidad de los visigodos. Según él, la tradición visigótica se quiebra con la irrupción de los árabes en la Península, que caracteriza como "cataclismo de lo romano-germánico." A partir de ese punto, los cristianos irán, lenta y penosamente, creando la verdadera "realidad histórica de España," algo totalmente distinto de lo anterior, sea ibérico, romano o visigótico. "La Hispania cristiana" —puntualiza— "fue, en su mayor parte, quedando sumergida y deshecha bajo el oleaje de los musulmanes." Y de ahí surge el hecho radical que va a imprimir un nuevo rumbo a la historia de España.

La España árabe. Cristiandad e Islam. — La irrupción del Islam en el mundo romanizado alrededor del Mediterráneo es un acontecimiento de tal trascendencia que, según Menéndez Pidal, de él debe hacerse arrancar el comienzo de la Edad Media europea. Sería así ésta la época que se extiende del siglo VIII al XV. De hecho, es ya frecuente en la historiografía española tomar como fecha inicial el año de la invasión: 711.

En contraste con la fragmentación de los territorios romano-germánicos, origen del feudalismo medieval, los árabes, nueva fuerza en la historia, traían un sentido de unidad, basado en una religión nueva y, con ella, la posibilidad de una nueva cultura. En cierto modo, se intenta repetir ahora, merced al impulso musulmán, el fenómeno que ocho siglos antes había creado la unidad romana. Constituido el nuevo imperio omeya hacia el año 715

> se acentúa notablemente en el Occidente de Europa —dice Menéndez Pidal— el carácter cultural que habrá de dominar en los siglos sucesivos. Sólo ahora es cuando la soberbia unidad antigua desaparece, y sólo ahora debemos decir que comienza esa época llamada Edad Media que es esencialmente una época latino-árabe... El *mare nostrum*, centro y entraña del mundo antiguo, pierde ese carácter para convertirse en frontera divisoria, disputada por los dos nuevos mundos que nacen con el siglo VIII. [1]

Ahora bien; si esto es así en términos generales, lo fue mucho más para los pueblos de la Península Ibérica. En el sur de Francia, los árabes fueron rechazados en poco más de cuarenta años, probablemente porque

---

[1] "Cristiandad e Islam," en *España y su historia,* I, pág. 350.

llegaron allí debilitados por las guerras de España. En Italia, sólo Sicilia estuvo sometida al poder musulmán, por poco más de un siglo. Mas en España, el encuentro de las dos civilizaciones, la cristiana y la islámica, da carácter único a la Edad Media, de donde se derivarán, sin duda, muchas de sus peculiaridades. La invasión árabe no sólo interrumpe la evolución normal de una España cristiana relativamente unificada, sino que la sumerge en un mundo islamizado. Iniciada la Reconquista, tendrán los españoles que ir rehaciendo su vida, reconstruyendo su unidad o buscando una nueva. Se dibuja, así, la imagen de un pueblo europeo eslabón, frontera o dique entre oriente y occidente. Se fragua, al mismo tiempo, el inquietante destino de la vida española, como "dramática partida jugada entre Africa y Europa," según frase de Américo Castro.

Tras la derrota del ejército visigodo (711), los musulmanes dominan la Península, casi íntegramente, en el corto espacio de siete años. Sólo algunos rincones aislados, regiones montañosas de escasa cultura, quedan libres. Una nueva civilización se superpone a las antiguas. En Asturias se organiza la resistencia y se inicia la Reconquista, que dura ocho siglos, hasta que, en 1492, los Reyes Católicos alzan su bandera en las torres de Granada.

Sobre el fondo total conviene fijar ciertos hechos históricos. A partir del momento de la conquista árabe y del alzamiento de los cristianos en Asturias, existe una frontera variable entre la España cristiana del norte, dividida en varios reinos y territorios, y la musulmana, del sur.

En la sinopsis cronológica que sigue se verá el proceso de la Reconquista en la España cristiana. En cuanto a la árabe, será suficiente para nuestros fines dar alguna noticia sumarísima. Abderramán III (912-961) crea en Córdoba un califato independiente del de Bagdad. En el siglo x, cuando ya los territorios cristianos han avanzado hasta la línea del Duero, un gran caudillo, Almanzor (914-1002), regente del Califato, da nuevo impulso al dominio árabe en una contraofensiva. Después de su muerte, la España musulmana se fracciona en varias monarquías o pequeños estados, los llamados reinos de Taifas. Dos nuevas invasiones de pueblos africanos, almorávides y almohades, en los siglos XI y XII respectivamente, fortalecen el poderío musulmán y restauran una cierta unidad, pero no logran contener el avance cristiano. La lucha continúa, como fenómeno activo y capital, hasta mediados del siglo XIII. A partir de entonces, ya dueños los cristianos de la mayor parte de la Península, la Reconquista pierde ímpetu, los monarcas de los varios territorios pugnan entre sí por la hegemonía, la nobleza va adquiriendo cada vez mayor poder y se declara con frecuencia en rebeldía contra el rey. En tanto, la España árabe va quedando casi reducida al reino nazarita de Granada.

Sinopsis cronológica. — Damos a continuación un esquema del proceso de la Reconquista y, en general, de la Edad Media. Destacamos las fechas o períodos especialmente relacionados con el desarrollo de la literatura castellana:

718 Los hispano-godos, acaudillados por Pelayo, derrotan a los musulmanes en Covadonga. Comienza la Reconquista.

Siglos VIII al X—Nacen los diversos reinos y condados cristianos: Asturias, Galicia, León, Castilla, Navarra, Aragón y Cataluña.

940—Fernán González declara independiente al condado de Castilla.

Siglo XI—Fernando I (1037-1065) reúne los reinos de Castilla y León y los divide de nuevo, a su muerte, entre sus hijos Sancho II y Alfonso VI. Comienza la lucha por la hegemonía castellana. Se afirma, con el Cid, la fuerza de Castilla.

1085—Alfonso VI toma a Toledo, la antigua capital de la monarquía visigótica. Disminuye el poder árabe. Fuerte influencia de Francia, representada por el matrimonio sucesivo del rey Alfonso con cuatro princesas francesas, la elevación al episcopado de muchos prelados franceses y la entrada en Castilla de los monjes de Cluny.

1212—Batalla de las Navas de Tolosa en el reinado de Alfonso VIII. Golpe decisivo al poder árabe. Se establece definitivamente la hegemonía castellana. Auge de la influencia provenzal. Se inicia también la influencia del espíritu caballeresco francés y europeo.

1217-84—Reinados de Fernando III el Santo y de su hijo Alfonso X el Sabio. La Reconquista llega a los reinos árabes de Sevilla y Córdoba. Unión definitiva de Castilla y León en 1230. El castellano se declara lengua oficial. Alfonso el Sabio inicia el cultivo literario de la prosa castellana y da un impulso decisivo a la cultura.

Siglos XIV y XV—Época de descomposición de las instituciones medievales. Luchas de la nobleza, en rebeldía contra los reyes. Figuras como Pedro I (1350-69) y el condestable don Álvaro de Luna (m. 1435) vislumbran la necesidad de un poder real fuerte frente a los nobles. Culturalmente, la influencia francesa cede a la de la literatura italiana, y aparecen los primeros síntomas del humanismo prerrenacentista y de una literatura cortesana.

1469—Matrimonio de Fernando de Aragón con Isabel de Castilla.

1474—Isabel I sube al trono castellano.

1479—Fernando hereda el trono aragonés. Se hace la unidad nacional y acaba la Edad Media.

Vida y cultura durante la dominación árabe. La situación lingüística y literaria. — La vida española en el largo transcurso de tiempo a que nos hemos referido conoce una gran variedad de formas. Sin que la guerra se interrumpa enteramente, se comunican las culturas como se comunican las gentes. Cristianos, musulmanes, mozárabes, mudéjares, judíos y extranjeros, aunque ocupen barrios distintos en las ciudades, entablan múltiples relaciones. La iglesia se alza al lado de la mezquita o de la sinagoga. Los reyes cristianos acogen en su corte a sabios musulmanes y judíos, y se enamoran de hermosas doncellas árabes o hebreas. El Cid, desterrado de Castilla, encuentra fieles amigos entre los moros. Los monarcas árabes contraen, con frecuencia, matrimonio con cristianas cautivas. Algunos reyes de Castilla, a partir de Alfonso VI, ostentan orgullosamente el título de "Rey de las tres religiones."

Aunque el número de los árabes conquistadores fuera muy reducido, una gran parte de la población peninsular se arabizó en lengua y religión. El contingente mozárabe (cristianos que conservaron su religión entre los árabes) fue variando según los tiempos y las circunstancias. Lo mismo ocurrió con los mudéjares (musulmanes que se quedaron a vivir en los territorios cristianos) a medida que la Reconquista avanzaba. Convivían, pues, dos civilizaciones bien diferenciadas: una, de tipo occidental, compuesta de elementos latino-germánicos, o de lo que de ellos sobrevivió, que irá rehaciéndose o reforzándose con contactos europeos; otra, semítico-oriental, representada por las culturas árabe y judía, con caracteres propios que la irán diferenciando poco a poco de la de los grandes centros orientales de cultura islámica.

La importancia de cada uno de estos aspectos de la vida peninsular en su mutua relación irá cambiando de acuerdo con la extensión y poderío crecientes de los territorios reconquistados. La divisoria histórica, el momento cuando la España cristiana adquiere predominio, puede situarse entre los siglos XII y XIII, como se ha visto en el esquema cronológico. La suerte futura de España como país de cultura europea —aunque sea con modalidades propias muy marcadas— se decide entonces.

El panorama fue, naturalmente, mucho más complejo. Habría, por ejemplo, que tener en cuenta que gran parte de los territorios reconquistados estaban totalmente deshabitados, eran tierra sin gente. De ahí la necesidad de las repoblaciones y el hecho de que la mayoría de las ciudades castellanas sean de fundación medieval, nazcan con la Reconquista. Castilla es, en sus comienzos, tierra de castillos fuertes, línea fronteriza.

En la España árabe, por lo que se refiere al ambiente cultural, hay que señalar principalmente el gran florecimiento artístico, literario y científico, en ciudades como Toledo, Córdoba, Sevilla, Granada y otras, con sus filósofos, astrónomos, matemáticos, médicos, arquitectos y poetas. De allí irradia, con la ciencia y la filosofía que se comunican a otros pueblos europeos, la transmisión de toda la materia novelesca oriental —cuentos, ejemplos, etc.— y varias formas de poesía lírica. Los judíos colaboran en casi todas estas materias con los musulmanes, y escriben en árabe algunas de sus obras; pero al mismo tiempo conservan con la lengua hebrea su tradición antigua, y descuellan en la filosofía, la medicina, la exégesis bíblica y la poesía religiosa. En medio de este esplendor, las formas cristianas de vida se conservan, sobre todo en los primeros siglos, si bien cada vez con menor vitalidad, y dan lugar a un tipo de cultura estacionaria y arcaica: la cultura mozárabe. Sus caracteres pueden estudiarse en la arquitectura de algunas basílicas de los siglos VIII, IX y X; en la obra latina de algunos escritores cordobeses, como San Eulogio (m. 859) o Paulo Álvaro (m. ca. 861), éste de estirpe judía; y en el lenguaje de muchos documentos notariales hasta el siglo XIII. Pero el papel principal de los mozárabes no está en su producción, sino en haber servido de lazo entre las dos culturas. En la España árabe —Al-Andalus— encontramos, pues, varias lenguas y niveles lingüísticos: el árabe culto, el hebreo, un árabe popular con palabras romances, el latín de los escritores mozárabes, y el romance hablado por éstos, continuación del visigótico con contaminaciones árabes. Al estudiar las *jarchas* y la poesía lírica popular tendremos que referirnos de nuevo a estas formas que podemos llamar híbridas.

En las zonas cristianas la situación es, por un lado, más elemental —hasta el siglo XIII no hay nada comparable al florecimiento del Califato— y, por otro, más complicada. A partir del siglo VIII, persisten durante algún tiempo, en torno a los primtivos núcleos de resistencia, los restos de las formas de vida visigótica. Debe tenerse en cuenta que esto ocurre en territorios muy alejados de los centros de aquella civilización y escasamente permeados por ella. Surgen, sin embargo, un espíritu de continuidad y un vago propósito restaurador. Se fomenta así lo que se ha llamado el goticismo o espíritu tradicionalista de la corte asturiana, con su primer centro en Oviedo, y luego en su continuadora, la monarquía leonesa. Entretanto, en otras zonas del norte —Galicia, Castilla, Navarra, Aragón y Cataluña— se irán organizando, al compás de la lucha contra los árabes y en un período que dura más de dos siglos, territorios nacionales que, de condados tributarios unos, autónomos otros, pasan a ser reinos independientes, o a sumarse al de León, que, a la larga, cederá su supremacía a Castilla, fenómeno paralelo a lo que ocurre con Navarra y Cataluña, en el este de la Península, que terminarán por entrar en la órbita de Aragón.

También en la España cristiana se diferencian dos niveles de cultura: el que podemos llamar latino-eclesiástico y el propiamente romance o románico, en cuyo seno se forjan, con las nuevas lenguas, las nuevas literaturas. La alta cultura tiene su centro en la Iglesia, en los monasterios. Usa la lengua latina, en su forma eclesiástica o medieval, y sus primeras manifestaciones literarias son obras religiosas: *Cronicones* históricos y recopilaciones de lo que se ha salvado de la cultura antigua. Más tarde, en lengua ya romance, inspirará las primeras obras en prosa o los poemas eruditos y piadosos, del "mester de clerecía." El latín sigue siendo, además, la lengua de las cancillerías, es decir, la lengua en que se redactan los documentos, aunque sea justamente en estos documentos donde primero se hacen visibles las formas romances.

Entretanto, en la lengua hablada se opera el fraccionamiento de una forma del romance, el llamado visigótico, que al principio presenta, al parecer, rasgos bastante uniformes. Al fraccionarse, da origen a los cinco dialectos antiguos: gallego-portugués, leonés, castellano, navarro-aragonés y catalán. Con el tiempo, tres de ellos se convertirán en lenguas literarias. Las nuevas literaturas romances nacen con un carácter propio, aunque reciban desde el principio influencias procedentes de las dos formas más altas de vida cultural que hemos señalado: la occidental, católica; y la semítica, oriental; pero lo peculiar de la primitiva producción literaria, sobre todo de la épica, va a ser el reflejar las circunstancias locales en las que se están formando los pueblos peninsulares. Castilla, en especial, aparece con un carácter muy marcado, que se expresa en ciertos rasgos de su lengua y en el espíritu espontáneo, dinámico, enérgico y austero de su epopeya.

Lingüísticamente muestra el castellano su originalidad en algunas innovaciones fonéticas que lo diferencian radicalmente de las otras lenguas neolatinas y del resto de los romances o dialectos peninsulares. Este carácter tienen, por ejemplo, el cambio de la *f* inicial latina en *h* (*filium* > *hijo*); la diptongación de las vocales breves acentuadas *ĕ* > *ie* (*bene* > *bien*), *ŏ* > *ue* (*porta* > *puerta*); y algunas palatalizaciones como la *ñ*, *ll* y *ch*. En cuanto a su épica, se distinguirá por una cierta fidelidad al hecho histórico, por la ruda grandeza de algunas de las primitivas canciones, cuyo texto no ha llegado a nosotros, pero ha podido, en parte, reconstruirse, o por el sentimiento popular, democrático e intensamente humano del *Poema del Cid*.

A los elementos de que venimos hablando, para dar idea del ambiente en que se forman las nuevas literaturas, aún es preciso añadir el de la comunicación con otras culturas europeas; especialmente, en un principio, la francesa. Aspectos destacados de este último fenómeno serían la relación literaria e histórica del condado de Cataluña con el sur de Francia, las peregrinaciones a Santiago de Compostela a partir del siglo IX y la llegada a España de los monjes de Cluny en el siglo XI.

Actúan, por tanto, en la España medieval fuerzas y corrientes muy diversas, a veces contradictorias. Pero el hecho acaso decisivo, conviene insistir en ello, es la coexistencia de formas diversas de cultura y religión. Si se olvida, es difícil entender obras como el *Poema del Cid* y el *Libro de Buen Amor* o, en otro sentido, un espíritu como el que poseen los *Proverbios* del judío Santob. Si en lugar de tratar de literatura tratásemos de arquitectura o de artes decorativas, o, simplemente, de vida y costumbres, el fenómeno sería idéntico. No sin razón ha hablado Américo Castro de "cristianos, moros y judíos" al tratar de definir la estructura histórica de la España medieval, y un novelista de hoy día, Camilo José Cela, titula un libro de viajes por los campos de Castilla *Judíos, moros y cristianos*. Otros escritores habían evocado, por ejemplo, al celtíbero (Ortega) o "la fabla gótica y arcaica" (Valle Inclán). Lo que siempre da su sabor, lo mismo a la España que aún encuentra el viajero que a la que se expresa en su literatura antigua y quizás también en la moderna, es esta fusión o pugna de elementos tan contrarios.

Todas las formas literarias y de cultura a que hemos hecho referencia se relacionan e influyen unas en otras a través de la Edad Media. La figura del Cid, antes de inspirar a un juglar castellano, ha sido tema de un poema latino y de dos historiadores árabes; en las recopilaciones de Alfonso el Sabio, aparte de la colaboración de varios hebreos, es difícil separar lo que procede de fuentes eclesiásticas y antiguas de lo derivado de fuentes árabes. Lo mismo ocurre con Don Juan Manuel. Desde Pedro Alfonso, el autor de la *Disciplina clericalis,* a principios del siglo XII, hasta Fernando de Rojas, de fines del XV, un número creciente de judíos conversos alcanzan puesto preeminente en la literatura.

Sobre el fondo occidental y cristiano, la primacía de la influencia corresponde, sin duda, a las civilizaciones orientales, que, poco a poco, irán siendo suplantadas por otras influencias: la francesa o, más tarde, la italiana. Para Renán, la difusión de la cultura árabe en Europa marca una divisoria en la evolución de la filosofía y la ciencia. Y Henri Pirenne, en su libro *La civilisation occidentale au Moyen Âge,* afirma que "las consecuencias de este inmenso trabajo judeo-árabe se harán sentir sobre todo en ... el siglo XIII, que puede ser llamado el siglo de la escolástica." Los arabistas modernos, entre ellos la importante escuela española de Julián Ribera y Miguel Asín, han puesto de manifiesto la profundidad de esta influencia, y ya hemos aludido repetidamente a la importancia que ella cobra en las recientes interpretaciones de Castro.

Visto el panorama en su conjunto, se trata de corrientes que se comunican, pero también que se oponen y luchan. El dinamismo y la alta tensión vital o espiritual de muchos de los productos más típicos de la literatura española sólo pueden explicarse por haberse producido en una cultura fronteriza, en tensión por cerca de ocho siglos con el credo religioso de los invasores. De ahí la trascendencia que adquiere la guerra y el carácter "divinal" que la inspira. Se combate en nombre de una creencia. El apóstol Santiago —para invocar, una vez más, la autoridad de Castro, por representar un punto de vista nuevo— combatiente entre las huestes cristianas en su caballo blanco, se convierte en mito y llegará a ser el Patrón de España.

Una rápida alusión a lo ocurrido en los dos otros grandes países de la Romania puede ser útil para aclarar diferencias y terminar esta larga introducción a los comienzos de la literatura medieval, que no creemos superflua, para entender bien las cosas y juzgar, con conocimiento, los valores. La España romana y la visigótica podrían haber seguido, dentro de sus propios cauces, una evolución si no idéntica, paralela. Pero al convertirse en frontera del Islam se altera radicalmente su situación.

En Francia, lo propiamente medieval —nuevas lenguas, instituciones y organización feudal, dentro de una unidad sólo aparente, cultura eclesiástica y escolástica— adquiere pronto perfiles más netos; y algo semejante ocurre con los géneros literarios, sea la épica, en las *Chansons de Geste,* sea la lírica, en la poesía provenzal. En Italia, dividida y objeto de contienda entre diversos poderes —francos y germanos, bizantinos, los sarracenos en Sicilia, el Papado— se irá creando una estructura económica cuyo nervio serán las ciudades libres y las repúblicas locales. La cultura florece, y Tomás de Aquino dará forma definitiva a la gran construcción de la Escolástica medieval. En el terreno estrictamente literario las manifestaciones primitivas tienen escasa importancia; no se desarrolla la épica, y la lírica es puro reflejo de la provenzal. Pero, en cambio, cuando en el siglo XIII se afirma el *dolce stil nuovo* y aparece la gigantesca figura de Dante, quedan abiertas las vías del Renacimiento.

Y algo análogo podría decirse de la sensibilidad religiosa, con el franciscanismo, o de la pintura medieval, con Giotto.

II. La poesía primitiva: juglares, clérigos y trovadores

Suele ser norma común, y la literatura española no es una excepción en este punto, que las primeras manifestaciones artísticas de una lengua correspondan a la poesía. El sentimiento personal, fuente de la lírica, o el heroico-nacional, origen de la épica, preceden a la conciencia social y al pensamiento.

En la literatura española el cultivo de la poesía se adelanta en más de un siglo a la aparición de las primeras obras literarias en prosa. En ciertas regiones de la Península, Galicia y Cataluña, la primitiva poesía es lírica. En Castilla, el origen de su lírica es problema todavía no aclarado enteramente, si bien, como pronto veremos, algunos descubrimientos recientes lo presentan a una nueva luz. No hay duda, en cambio, sobre la importancia de la epopeya como manifestación saliente del espíritu castellano en sus primeros tiempos.

Pero para entender el carácter de la poesía en la Edad Media es preciso darse cuenta de cómo y de dónde arranca el hecho mismo de la actividad poética.

El poeta de espíritu individual que aspira conscientemente a hacer arte con sus propios sentimientos puede decirse que no aparece en las literaturas occidentales hasta Petrarca (siglo xiv), y en la castellana posiblemente hasta Garcilaso, en el siglo xvi. Hay, ciertamente, un tono personal en Berceo o en el Arcipreste de Hita, y ya en algunos trovadores como Álvarez de Villasandino, o en poetas del xv, como el marqués de Santillana y Juan de Mena, se acusa la individualidad artística. Son, sin embargo, antecedentes aislados y no muy definidos de un fenómeno que sólo se generaliza con el Renacimiento.

En los siglos anteriores, la misión del poeta es cantar temas y sentimientos comunes a toda la sociedad, a la clase a que pertenece dentro de ella o a la atmósfera religiosa en que vive inmerso. La poesía se propone entretener a un público determinado y, en algunos casos, informarle y educarle. De ahí que sea, con frecuencia, anónima y que refleje, antes que ningún otro género literario, la multiplicidad de aspectos que la civilización medieval presenta.

Se diferencian pronto tres tipos de poetas: el juglar, el trovador y el clérigo.

El trovador es el poeta de las cortes feudales, de las clases altas ; canta
los sentimientos amorosos, las aspiraciones y rivalidades de caballeros y
damas en versos que, desde el primer momento, tienden a cristalizarse en
formas artísticas fijas. Poesía de origen señorial —grandes señores fueron
algunos de los primeros trovadores, como Guillermo IX, duque de Aqui-
tania— se caracteriza desde los comienzos por la pulida artificialidad de
los sentimientos, y llega a convertirse pronto en una poesía culta y hasta
en una poesía oscura —el arte del *trobar clus.*

El clérigo, que en la Edad Media equivale a lo que hoy llamaríamos
el intelectual, es el poeta del monasterio, de la Iglesia, depositaria de la
cultura tradicional. Escribe también con un arte "estudiado," en "sílabas
contadas," sobre asuntos religiosos o sobre temas eruditos de la antigüedad. Su inspiración y sus fuentes se hallan en los libros. En la época
que vamos a estudiar, su arte adquiere caracteres de escuela, pero su
actividad poética es bastante más antigua, y muchos medievalistas han
visto en ella el origen de toda la literatura medieval, el paso del latín
eclesiástico a la poesía romance o vernácula, el origen y trasmisión de
temas y formas, el filón poético de donde deriva el arte más modesto o
más especializado de juglares y trovadores.

El juglar es el poeta de todos, el poeta de la plaza pública que con
frecuencia sube también a recitar en palacios y castillos o ejercita su
arte histriónico en la iglesia. Sin gran preocupación artística ni espíritu
de escuela, viaja, poeta ambulante, casi actor, recitando versos que aprende de memoria, canciones y fragmentos líricos o largas relaciones de
hechos y sucesos que interesan al pueblo. Es el poeta colectivo por excelencia. No parece poner gran cuidado, al menos entre los juglares castellanos, en la regularidad métrica ni en los artificios del estilo.

Menéndez Pidal, que ha reconstruido de manera admirable y minu-
ciosa la historia de la juglaría en España, nos advierte cómo la producción del juglar no es enteramente independiente y "debe estudiarse articu-
lada a la de los trovadores, clérigos y demás gentes de letras con las
cuales convivió."

> El juglar —dice— ejerce tres clases de arte: una es la del arte
> personal suyo propio..., otra es en cuanto cantor que ejecuta una
> obra anónima vulgarizada, la cual él se apropia refundiéndola a su
> gusto ; otra, en fin, es cuando ejecuta obra de un trovador, sintién-
> dose obligado a quedar fiel al texto recibido para cantar. [2]

---

[2] *Poesía juglaresca,* Madrid, 1957, pág. 333.

Frente a la idea de que la poesía medieval tiene su origen en la escuela de los clérigos, Menéndez Pidal cree que el juglar precede al clérigo y que su arte enlaza con el de los mismos latinos. Su convicción sobre la antigüedad de la función juglaresca le lleva a formular una de sus ideas centrales: la de la tradicionalidad y "latencia" de toda la poesía primitiva, sea lírica o épica. Es decir, que existe una poesía oral muy anterior a la transmisión escrita de los clérigos copistas. Los clérigos o copistas fijarán los textos de las composiciones que los juglares con su arte poético-musical venían recitando durante largo tiempo. Los juglares cobran así una gran importancia en el paso del latín vulgar al romance, y Menéndez Pidal recoge una serie de noticias que se remontan a épocas muy tempranas, hasta las *ballimatias* o canciones burlescas, que acompañan al baile en tiempo de los visigodos.

Pero viniendo ya a hechos mejor conocidos, en los comienzos mismos de la literatura que vamos a estudiar, podríamos resumir los tres niveles poéticos en la forma siguiente:

Del trovador sale la poesía lírica, con su sede primitiva en las cortes de Provenza, que pronto se extiende a otros países, y en España se localiza principalmente en Cataluña y Galicia.

Del clérigo, la poesía que en la literatura castellana llamamos del "mester de clerecía," cuyo auge se alcanza en el siglo XIII, con la obra de Berceo y el *Libro de Alexandre*.

El juglar crea el "mester de juglaría," cuya manifestación central en nuestra literatura será la épica o poesía de los cantares de gesta, en las que el genio castellano de la Edad Media, con el *Poema del Cid,* produce la primera gran obra de la literatura española e inicia una tradición de una enorme vitalidad literaria. Sus temas continúan vivos todavía, traspasaron las fronteras de España e inspiraron, en diversos momentos, a poetas de otras lenguas.

III. Las jarchas y los orígenes de la poesía lírica

Dentro del cuadro que dejamos esbozado solía darse antelación, en la literatura castellana, a la poesía de los juglares épicos o "mester de juglaría" por pertenecer a él el primer texto conservado: el *Cantar de Mío Cid*. Mas en 1948, la noticia del descubrimiento, en una sinagoga del Cairo, de las llamadas *jarchas o jaryas,* vino a aportar nuevos datos para la historia de la primitiva poesía medieval y también a crear nuevos problemas: cronología; origen; relaciones entre la poesía árabe o judía con la castellana y, en cierto modo, con la europea.

La noción más extendida era la de que en Castilla no había existido poesía estrictamente lírica hasta tiempos muy tardíos.

Hay, sin duda, sentimiento e inconfundible lirismo en Berceo, como lo hay en Juan Ruiz, mas supeditado a fines didácticos dentro de formas que no son primariamente líricas. No faltan, por otro lado, composiciones sueltas y fragmentos poéticos relacionados con la difusión e imitación de la poesía francesa y provenzal. Nada de ello impedía el dar por sentado que el poeta que expresa un sentimiento íntimo, amor, alegría o despecho, y que, al mismo tiempo, cultiva el arte bien regulado de los trovadores, no había existido en Castilla o, al menos, no había escrito en castellano hasta el siglo XV o muy a fines del XIV, hasta los tiempos del *Cancionero de Baena* en 1445.

Corrientes de la lírica peninsular y teorías sobre sus orígenes. — Hubo en España, a partir del siglo X, un gran florecimiento de la lírica árabe, clásica o culta, que culmina en la centuria siguiente con poetas como Ben Hazam, autor de *El collar de la paloma,* Ben Zaidún y Al-Mutadid. Por el mismo tiempo, y también en la España musulmana, alcanza un alto nivel la poesía hebraica de Ben Gabirol, Jehudá Ha-Leví y Ben Ezra. Son los citados los nombres más ilustres en un conjunto cuantioso y brillante de creación poética, sin que nada comparable existiese, por entonces, en el occidente de Europa. El estudio de esta poesía no nos concierne, pero el hecho de su existencia durante los siglos de gestación de las nuevas literaturas en romance debe ser tenido en cuenta. No es totalmente ajeno al desarrollo de la literatura española el que los juglares y poetas primitivos realizasen su obra en ambientes y lugares saturados, no hacía mucho, de un rico sentimiento poético y, en el caso de hebreos, de sentimiento a la vez poético y religioso.

Mas dejando aparte fenómenos que sólo en su aspecto ambiental nos interesan, o cuestiones de otra índole, como lo relativo al origen latino-eclesiástico de la poesía medieval, señalemos la existencia de tres corrientes líricas en la poesía peninsular: la de origen provenzal; una poesía árabe de tipo popular bilingüe o, al menos, con algunas formas en romance; y la posible existencia de una primitiva poesía autóctona tradicional, cuyos rastros empezó a documentar Menéndez Pidal en su discurso sobre *La primitiva poesía lírica española.*

La difusión e influjo de la poesía provenzal tanto en Cataluña como en Galicia, los dos centros de la lírica culta y cortesana en este período, es el fenómeno mejor conocido, por contar con textos bien estudiados: la obra de los trovadores catalanes y tres importantes Cancioneros gallego-portugueses del siglo XIII, el de Ajuda, el de la Vaticana y el de Colocci-Brancuti.

En los apéndices correspondientes nos ocuparemos del contenido y valor de esta poesía. Aquí nos limitaremos a apuntar su significación dentro de los varios problemas que el estudio de los orígenes ha planteado. En ellos se va poco a poco avanzando hacia un conocimiento más preciso, aunque las nuevas investigaciones, unidas a la mayor comprensión de la complejidad del hecho poético en las tempranas literaturas románicas, abran constantemente nuevas incógnitas.

Así, la vinculación de la poesía catalana a la provenzal, de la que en rigor era una rama, está claramente establecida desde los tiempos de Milá y Fontanals. Pero investigaciones más recientes han empezado a descubrir las huellas de una poesía primitiva juglaresca, compuesta en catalán y no en provenzal, lengua que usaron los trovadores catalanes en un principio.

Mayores problemas presenta aún la lírica gallega, cuyo lazo con la castellana es fundamental, ya que los poetas y trovadores castellanos adoptaron el gallego como lengua para la poesía lírica y cortesana hasta muy avanzada la Edad ·Media. Sus relaciones con la poesía provenzal son, asimismo, indudables, y se ha dado siempre por aceptado el papel que en su desarrollo desempeñaron las peregrinaciones a Santiago de Compostela, centro espiritual y artístico de Galicia. Gran número de composiciones, entre ellas las llamadas cantigas de amor, son de tipo trovadoresco. Mas junto a ellas aparecen otras, especialmente las llamadas cantigas de amigo, en forma paralelística, que, según consenso hoy bastante generalizado, pertenecen a un fondo de poesía autóctona, anterior al del influjo provenzal.

Ya Menéndez Pelayo, a pesar de su antipopularismo, acabó por reconocer la existencia en los Cancioneros "de una poesía lírica popular de rara ingenuidad y belleza." Y Eugenio Asensio, que en un libro reciente, *Poética y realidad en el cancionero peninsular de la Edad Media,* ha tratado de poner orden y claridad en la materia, no vacila, a pesar de su prudencia, en afirmar que "las cantigas de amigo —y acaso en parte las de amor— son supervivientes modernizados de una más arcaica escuela lírica."

Este reconocimiento de una arcaica escuela lírica como origen de la poesía gallega, cuyos textos no conservamos sino en la forma más elaborada de los Cancioneros posteriores, viene a enlazar con las teorías

de Julián Ribera y Menéndez Pidal sobre las corrientes de poesía autóctona popular en la península. Según Ribera, la lírica románica procedía
de una poesía popular arábigo-andaluza, cuyo primer cultivador, de
acuerdo con algunos testimonios de historiadores musulmanes, había sido
un poeta del siglo X, Mocádem de Cabra, que había inventado un tipo
de composición llamada *zéjel*, en versos cortos y en árabe popular con
formas romances. De este arte arábigo-andaluz procedía el *Cancionero
de Aben Guzmán*, poeta cordobés muerto en 1160. Por el tema y el
tono era la poesía de Aben Guzmán de carácter desvergonzado y cho-
carrero, muy alejado de los sensuales refinamientos de la poesía árabe
clásica. Su importancia, sin embargo, no estriba en los temas, sino en la
utilización del *zéjel*, forma muy imitada luego por los poetas castellanos
y de otros países (trovadores provenzales como Guillermo de Poitiers;
italianos, como Jacopone da Todi). Es característico también de la poesía
de Aben Guzmán el uso no sólo de palabras, sino hasta de algún verso
íntegro en romance. Lo cual testimonia la existencia de la poesía romance ya en esa época. Este hecho y otros relativos a la estructura es-
trófica, en los que no debemos detenernos, han inducido a Menéndez
Pidal a hablar del "carácter árabe-románico del *zéjel*."

Vengamos, por último, para completar el cuadro, a resumir brevemente la teoría de Menéndez Pidal sobre la existencia de una primitiva
lírica popular castellana, de trasmisión principalmente oral hasta el siglo XV. Partía el sabio romanista de la idea del "popularismo" o estilo
autóctono, nacional y no provenzal, de las canciones de amigo y otras
muestras de la antigua lírica gallega de los Cancioneros. Tal idea estaba
ya comúnmente aceptada en 1919, fecha del estudio sobre *La primitiva
poesía española*. Quedaba por aclarar si en Castilla había habido o no
poesía lírica y, en caso de que la hubiera habido, en qué relación estaba
con la lírica popular gallega y, como se ha visto más tarde, con la andaluza, cuya existencia conjeturaba Ribera, a base de sus estudios sobre
la poesía árabe.

Menéndez Pidal siguió en su indagación tres caminos convergentes:

a) Noticias de que, en efecto, los castellanos tenían sus cantares.

b) La aparición en la poesía culta, Berceo, Juan Ruiz, etc., de ciertas
formas de canción de carácter popular-tradicional, como la canción de
vela que los judíos cantan en el *Duelo de la Virgen* de Berceo (Eya velar,
Eya velar), la canción de mayo, atestiguada en los poemas de *Alexandre*
y *Alfonso XI*; y, sobre todo, como las canciones de serrana, las cuales —a
base de un fino análisis— de las de Juan Ruiz, considera de carácter
distinto a las procedentes de las pastorelas francesas, y cuyo origen hay

que buscar en los villancicos o cantarcillos populares sobre temas de viajes por la montaña.

c)   La riqueza realmente extraordinaria, unida a la asombrosa vitalidad, del sin número de formas y temas populares —albadas, canciones de amigo, de vela, de romería, de siega— que aparecen en poetas como Juan del Encina y en los Cancioneros anónimos, en los que, a partir del siglo XV, empieza a recogerse la poesía tradicional. Dado el grado de depuración de muchos de estos cantares, que luego constituirán una de las más ricas fuentes de inspiración para el poeta culto, no parecía excesivo conjeturar su remota antigüedad y su larga vida tradicional.

El estudio llegaba a la siguiente conclusión:

> La primitiva lírica peninsular tuvo dos formas principales. Una más propia de la lírica galaico-portuguesa, y otra más propia de la castellana. La forma gallega es la de estrofas paralelísticas completadas por un estribillo... La forma castellana es la de un villancico inicial glosado en estrofas, al fin de las cuales se suele repetir todo o parte del villancico a modo de estribillo. [3]

Resumamos: Nuestras ideas de la primitiva lírica peninsular, hasta hace pocos años, se basaban, de una parte, en una poesía, la catalana y la gallego-portuguesa, bien conocida, de tipo cortesano y resultado de la influencia provenzal; de otra, en conjeturas, documentadas sólo parcialmente, de la existencia de una lírica popular tradicional con tres focos: el gallego, el andaluz y el castellano.

Tal era el estado de la cuestión al realizarse el descubrimiento de las *jarchas*.

Qué es la jarcha: su significación histórica y literaria. — En 1948 S. M. Stern publicó un artículo en la revista *Al-Andalus*, en el cual daba cuenta de haber descubierto, en una sinagoga del Cairo, veinte *muwassahas* hebreas con unos versos finales en español muy arcaico, identificado por los lingüistas con el dialecto mozárabe. Es este final o estribillo lo que conocemos con el nombre de *jarcha*.

Ya muchos años antes, Menéndez Pelayo, en su discurso "De las influencias semíticas en la literatura española" y, luego, en el capítulo primero de la *Antología de poetas líricos castellanos*, había hablado de "versos enteros castellanos o gallegos extrañamente mezclados con el texto hebreo" y hasta supuesto que Judá Leví, o sea Jehudá Ha-Levi,

---

[3] *Discurso acerca de la primitiva lírica española*, pág. 74.

pudiera ser el poeta "más antiguo de nuestra lengua." Citaba, en comprobación, dos versos en romance ("Venit la fesca invencennillo, —Quem conde meu coragion feryllo") y concluía: "Todo induce a creer en una comunicación más frecuente y directa entre los cristianos y los judíos de España, que la que medió entre los primeros y los árabes." [4] Atisbo no enteramente confirmado, ya que, si bien algunos hebraístas, como Millás Vallicrosa, mantienen el origen hebreo de la *muwassaha,* todo parece indicar la prelación árabe. Los descubrimientos posteriores del propio Stern, de García Gómez y otros, han venido a aumentar hasta más de cincuenta el número de *jarchas* hoy conocidas en textos hebreos o árabes.

La bibliografía sobre estos poemitas, para los que, junto al de *jarchas,* se ha generalizado el nombre de "cancioncillas mozárabes," es ya considerable y las discusiones en torno a ellos muy abundantes.

Sin entrar en tales discusiones, de lo que no cabe dudar es de que estas breves canciones, compuestas de dos a cuatro versos, representan la poesía lírica más antigua conservada en una lengua románica. Las primeras conocidas se han fechado hacia 1040. Preceden, por lo tanto, en un siglo al *Poema del Cid* y en más de medio siglo a los comienzos de la poesía trovadoresca. Es preciso tener en cuenta, además, que cuando los poetas árabes y hebreos recogen este tipo de cantar mozárabe andaluz, como fin y motivo de sus *muwassahas,* están utilizando algo ya existente en una forma anónima. Esto viene a reforzar las ideas de Menéndez Pidal sobre la "latencia" y tradicionalidad de la poesía primitiva en oposición a la teoría que él llama individualista, según la cual la poesía nace con los autores de los primeros textos hoy existentes. Como resume Eugenio Asensio, "las *jaryas* mozárabes han venido a corroborar lo que ciertos romanistas estaban en trance de olvidar: que la poesía es, en la más primitiva de las sociedades, un manantial vivo y perenne. La lírica romance no nace en las bibliotecas, ni se alimenta exclusivamente de libros." [5]

Son las *jarchas,* casi sin excepción, poesía de tema amoroso, y se ha hecho resaltar la semejanza temática que presentan con las cantigas de amigo. No sólo aparece en ellas específicamente la palabra amigo (en árabe *habid, habibi*), sino que, muy frecuentemente, el tema es justamente el dolor de la ausensia del amado. La queja de la doncella, la invocación a la madre, el tema también presente del alba —el despuntar de la mañana— la herida de amor que duele en el corazón, el uso afec-

---

[4] *Op. cit.,* I, pág. 102.
[5] *Poética y realidad en el cancionero peninsular de la Edad Media,* pág. 192.

tivo del diminutivo —amiguito, boquita, morenito, etc.—, establecen una relación clara con la canción de mujer, muy extendida en toda la lírica primitiva, con las formas de la canción gallego-portuguesa y también con muchas de las canciones que luego aparecerán, con extraordinaria y significativa abundancia, en la poesía castellana de los cancioneros anónimos o de poetas como Juan de la Encina, Gil Vicente y otros muchos. Proceden, pues, las *jarchas*, con toda probabilidad, de un fondo lírico primitivo común a toda la península y aún a toda la poesía europea.

Pero no es sólo el valor erudito o histórico lo interesante. Por la belleza y sencillez en expresar los sentimientos eternos de la nostalgia amorosa, constituyen las *jarchas* pequeñas joyas poéticas.

Veamos un par de ejemplos en aproximada versión moderna:

> Vase mi corazón de mí.
> ¿Ay Dios, si me tornará?
> Tanto es mi dolor por el amado.
> Enfermo está. ¿Cuándo sanará?
>
> o
>
> No quiero, no, amiguito,
> sino el morenito.

Dolor, gracia, a veces sensualidad, expresados con esa sencillez punzante, como un grito desgarrado o jubiloso que aún podemos oir, después de mil años, en la mejor poesía popular andaluza.

IV. El "Cantar de Mio Cid" y la epopeya castellana

El *Poema del Cid,* como generalmente se denomina al primitivo *Cantar de Mio Cid,* se ha conservado en una copia manuscrita, hecha en 1307 por Per Abbat o Pedro Abad y perdida durante mucho tiempo. Cuando en 1779 el erudito don Tomás Antonio Sánchez la rescató del olvido, publicándola en el primer tomo de la *Colección de poesías castellanas anteriores al siglo XV,* abrió, probablemente sin sospecharlo, el camino para la reconstrucción de uno de los capítulos más significativos de la literatura española: el de la poesía heroico-popular castellana, según la llamó Milá y Fontanals, o el de la epopeya castellana, como la ha llamado don Ramón Menéndez Pidal, su más consumado y penetrante investigador.

Carácter y cuadro general. El problema de los orígenes. — El *Cantar de Mio Cid* es el único de su tipo y de su época que ha llegado casi completo hasta nosotros. Por eso se creyó durante mucho tiempo que se trataba de un caso aislado y se puso en duda la existencia en España de una épica medieval comparable a la francesa. Todo ello estaba en contradicción con el hecho evidente de la gran cantidad de leyendas históricas procedentes de la Edad Media, y con la enorme vitalidad de sus temas, casi sin paralelo en ninguna otra literatura europea. Esas leyendas constituyen el tronco central del romancero y se mantienen vivas casi hasta nuestros días, a través del teatro del Siglo de Oro, de numerosas recreaciones artísticas y novelescas en la época clásica, durante el romanticismo, la novela histórica o pseudohistórica del siglo XIX y, aunque en menor medida, el teatro poético del XX. Caudal legendario que no sólo fecunda la literatura española, sino que algunas de sus figuras, como el Cid, los Infantes de Lara o el rey Rodrigo sirven también de inspiración a varios escritores extranjeros.

Representaba, pues, el desconocimiento de la epopeya medieval una seria laguna. Dejaba sin fuente el río caudaloso de una gran poesía tradicional. Hoy, tras un siglo de estudio, ha logrado reconstruirse con bastante precisión este capítulo básico.

Milá y Fontanals, en su libro *La poesía heroico-popular castellana* (1874), echó los cimientos firmes para tal reconstrucción. Vislumbró, entre otras cosas fundamentales, dos hechos: que el romancero procedía de los cantares de gesta y no al contrario, como algunos mantenían; y que los primitivos relatos de esos cantares, casi en su totalidad perdidos, se conservaban prosificados en las crónicas medievales. Sugirió también Milá que la epopeya castellana era predominantemente de espíritu nacional y popular, de carácter historicista o verista, y que su versificación se había caracterizado por la irregularidad. Son los grandes atisbos, aceptados por Menéndez Pelayo y también, no sin discusión, por algunos eruditos extranjeros. Todos ellos se han visto confirmados y enriquecidos por las investigaciones de Menéndez Pidal.

Éste empezó por reconstruir, en 1896, la *Leyenda de los Infantes de Lara,* basándose en textos conservados en la *Crónica General* de Alfonso X y otras posteriores. Años después, su libro *La epopeya castellana a través de la literatura española* (aparecido originalmente en francés, en 1910). Encontró más tarde un fragmento de un perdido *Cantar de Roncesvalles,* derivado de gestas francesas, y en cincuenta años de investigación ha ido iluminando temas, formas y espíritu con una amplitud y una seguridad que dejan lugar a pocas dudas.

Se fue descubriendo que ya varias crónicas latinas contenían, desde el siglo X, relatos de hechos histórico-legendarios tomados de la tradición oral de los juglares. Especial interés, entre estas varias crónicas, ofrecen la *Chronica Gothorum* (fechada por Menéndez Pidal entre los años 860 y 930) y la llamada *Chronica Najerense* (fechada hacia 1160). En la primera aparecía la historia de los amores de la hija del conde don Julián y la pérdida de España, relacionada con el tema de don Rodrigo, el último godo; en la *Najerense,* la noticia de varias leyendas sobre los primeros condes de Castilla, Fernán González, Garci Fernández, etc.

Hoy conocemos bien la evolución de la mayoría de los temas legendarios y su cronología aproximada, resumida por Menéndez Pidal en cuatro momentos:

Una época primitiva hasta 1140, en la que se componen cantares breves sobre el tema del conde don Julián, o relatos de venganzas y luchas familiares de los primeros tiempos del condado de Castilla. A este ciclo pertenecen la leyenda de Fernán González, antecedente del poema erudito que estudiaremos en su debido lugar; la historia de la condesa traidora que, enamorada del rey moro Almanzor, prepara la muerte de su marido, el conde Garci Fernández; la del Infante García, último conde de Castilla (1017-1029), muerto por su padrino el conde don Vela; la de los hijos del rey Sancho el Mayor de Navarra, en la que el primogénito, García, hijo legítimo, acusa de adulterio a su madre, en tanto que el bastardo, Ramiro, defiende a su madrastra; o la del Cantar de Zamora, con la muerte de Sancho II por Vellido Dolfos, tema relacionado con las leyendas de la juventud o mocedades del Cid. Aunque no aparece mencionado en la *Crónica Najerense,* a esta época pertenece el relato primitivo de los Infantes de Lara, con la terrible venganza de Ruy Velázquez y el noble duelo de Gonzalo Gustios, padre de los infantes, ante las cabezas de sus hijos, y la venganza de Mudarra, el "moro expósito." En esta primera época se inicia la difusión de temas franceses por los juglares que figuraban en el séquito de los grandes señores, en peregrinación a Santiago de Compostela.

El segundo momento va de 1140, fecha aproximada del *Cantar de Mio Cid,* hasta 1236, cuando el historiador Lucas de Tuy, el Tudense, acaba su *Chronicon Mundi,* ensayo temprano de historia general de España, donde se resumen, entre otras, las leyendas de *Bernardo del Carpio,* el cantar de *La mora Zaida* y la *Peregrinación del rey Luis de Francia.* Los cantares pertenecientes a este ciclo son mucho más extensos, de un arte más complejo y reflejan, en temas y estilo, la influencia de las gestas francesas.

Los dos momentos posteriores son, siempre siguiendo a Menéndez Pidal, el de "Apogeo de la poesía narrativa, juglaresca y docta: 1236-1350" y el de "Decadencia de los juglares de gesta. Primeros éxitos de los juglares de romances, 1350-1480."

Quien quiera tener idea más detallada de las fuentes historiográficas donde la materia se conserva o de otros muchos temas y leyendas no mencionados debe ver especialmente el libro *Reliquias de la poesía épica española publicadas por R. Menéndez Pidal.* Nuestro único interés ha sido el de situar en su perspectiva histórico-literaria el *Poema del Cid.*

Pero antes de entrar en su estudio aún debemos dar una idea de otro problema importante, por afectar a la esencia de la creación artística, el del origen mismo del género: cuándo, por qué y cómo entran en la literatura los temas de la épica medieval; a qué impulsos y circunstancias obedece el arte juglaresco de la poesía narrativa.

Era común iniciar el estudio de los cantares de gesta castellanos refiriéndose a las tres principales teorías sobre sus orígenes, que los investigadores discutieron largamente prohijando cada uno la que estaba más de acuerdo con su especialidad y, a veces, con sus sentimientos nacionales. Se hablaba, así, del origen francés (Gaston Paris); del origen germánico (Pio Rajna y Menéndez Pidal), y de un origen árabe o musulmán andaluz (Julián Ribera).

Hoy estos puntos de vista han sido en gran parte superados. La crítica, al menos la española, acepta la idea de un precedente germánico; mas, independientemente de ello, la cuestión se ha planteado en otro terreno: el referente a la antigüedad, historicidad y transmisión oral o escrita de la materia épica.

Los investigadores han adoptado dos posiciones fundamentales: la individualista y la tradicionalista, relacionadas con conceptos históricos y estéticos de índole más general. El tradicionalismo prolonga, con nuevas aportaciones y distingos, la idea romántica de la creación literaria como expresión de un genio colectivo. El individualismo reacciona contra tal posición y proclama que la obra de arte es siempre creación individual: no hay obra sin autor, aunque éste pueda recoger estímulos en formas o temas ya existentes. En ambas posiciones van implícitos los conceptos de cultismo y popularismo en el arte y, por lo que se refiere concretamente a los orígenes de la narración épica, la polémica sobre si sus creadores fueron clérigos o juglares.

El principal expositor de la tesis individualista fue el gran crítico francés Joseph Bédier, en su libro *Les légendes épiques.* El campeón de la teoría tradicionalista ha sido Menéndez Pidal a través de toda su obra, de la que es resumen acabado en este aspecto el libro *La Chanson de Roland y el neotradicionalismo (Orígenes de la épica románica),* recientemente publicado. Dos son los puntos importantes o, al menos, los que aquí interesan, en la tesis de Bédier: que las canciones de gesta no existen hasta que un autor les da forma varios siglos después, sin relación alguna directa con los hechos narrados, apoyándose, a lo sumo, en alguna vaga noticia de ellos; y que el arte de las canciones es de origen clerical y surge en alguna abadía o monasterio, relacionado con las peregrinaciones medievales. Dámaso Alonso resume la teoría de Bédier en esta forma: "La vía de Roncesvalles habría dado origen a la *Chanson de Roland*; otros poemas habrían salido de las rutas de peregrinación de Italia ...[No hay, pues], ni continuidad épica ni historicidad de los poemas. Los poemas habrían surgido a tres siglos fecha..."

Menéndez Pidal acepta que toda obra de arte, por modesta que sea, toma forma siempre mediante la intervención de un autor individual. Se aparta en esto de la teoría romántica de la creación colectiva. No ve contradicción, sin embargo, entre la idea de que, en un momento indeterminado, alguien, un poeta desconocido, dé forma a un tema y la de que este tema vaya trasmitiéndose durante un largo período en numerosas variantes también anónimas. Esto es lo que constituye para él la esencia del tradicionalismo poético.

Aplicando estas ideas concretamente al problema de los orígenes de la epopeya, mantiene, entre otras cosas:

1. que los cantares épicos arrancan del interés noticioso por los hechos históricos en fechas muy próximas a los hechos mismos, como se ve en el caso del *Cantar de Mio Cid*;

2. que hasta llegar a tomar la forma en que algunos de estos cantares han llegado hasta nosotros, viven una larga vida de trasmisión anónima, recitada o cantada por los juglares; un período que él llama de poesía latente;

3. que la poesía adquiere, de esta manera, un carácter colectivo-popular, producto de la colaboración de todos, llegando así a convertirse en expresión del espíritu de un pueblo, según explica en los párrafos finales de su obra:

> La gran difusión y arraigo popular de esta poesía historiográfico-novelesca, hace que, en los dos pueblos románicos de epopeya, los cantares de gesta (y en España, además, el romancero posterior) sean la forma expresiva más espontánea y viva del sentimiento nacional, a la vez que de la sensibilidad y de la fantasía, en Francia

hasta el siglo xiv, y en España hasta el xvi. Poesía no sólo *para todos,* sino también obra *de todos;* poesía colectiva, creada por labor sucesiva de varios poetas anónimos. Ésta es una gran realidad estética, enteramente desatendida. Un arte de incesante colaboración que llega a un estilo impersonal, expresión de la fuerte personalidad de un pueblo ...

En los tiempos modernos esa poesía anónima es casi nada más que la pobre poesía popular, vulgar, que vive arrinconada entre las clases más incultas de la sociedad... Pero en las edades primitivas la poesía es, lo mismo que el lenguaje, creación colectiva de todas las clases sociales, capaz de producir las grandes obras maestras, representativas del espíritu de una nación, la *Chanson de Roland* y el *Cantar de Mio Cid,* pórticos majestuosos de dos grandes literaturas que les suceden. [6]

Estas ideas que Menéndez Pidal había venido manteniendo tuvieron confirmación, antes de que publicase su último libro, en un descubrimiento de Dámaso Alonso. En 1954 dio éste a conocer el hallazgo de un texto, al que ha llamado *Nota Emilianense* (por proceder del monasterio de San Millán), en el cual aparecían los nombres de los principales héroes de las gestas francesas y un breve relato de la derrota de Roncesvalles, siguiendo aproximadamente algunos de los hechos narrados en la *Chanson de Roland.* La *Nota* fue fechada con riguroso cuidado en el tercer cuarto del siglo xi, entre 1054 y 1076, y se funda en un hipotético *Cantar de Rodlane* anterior. [7] Ello venía a probar, sin lugar a duda, la difusión en España del tema épico de Roland, unas dos o tres décadas antes de la composición del gran poema con el que, según Bédier, comenzaba, hacia el año 1100, la epopeya francesa. Lo cual sólo puede explicarse por redacciones de la leyenda, anteriores a la *Chanson* que hoy conocemos.

Resumamos: El *Cantar de Mio Cid,* lejos de ser la manifestación primera del genio literario español, es coronación de un largo proceso en el cual el arte de los juglares o el que veníamos llamando mester de juglaría ha producido, desde tiempos antiguos, numerosos relatos épicos. Lo mismo que veíamos en la lírica, hay un período de arte perdido, "latente,"

---

[6] *La Chanson de Roland y el neotradicionalismo,* pág. 467.

[7] Menéndez Pidal reconstruye en su libro la historia del tema de Roland, cuya tradicionalidad había probado ya Ferdinand Lot en 1926, a través de numerosas fuentes que arrancan de tiempos muy próximos al año 778, el de la expedición a España, y concreta su pensamiento diciendo: "Comprobada así la vida evolucionante de la épica, se hace claramente visible que a comienzos del siglo x una *Chanson de Roland,* algo parecida a la de Oxford, existía ya... (*Op. cit.,* pág. 293).

del cual, poco a poco, se han ido descubriendo restos, como el arqueólogo desentierra piedras. Así las *jarchas,* para la poesía lírica; o, para la épica, esas numerosas leyendas de un período anterior al del *Poema del Cid,* que, sólo por los resúmenes prosificados de las crónicas, se han podido reconstruir. Dentro de ese arte tradicional, latente, cuyo trasmisor es el juglar, hay que aceptar la comunicación de diversas literaturas primitivas, acaso un gran fondo común. Y de la misma manera que en la lírica, los temas de la doncella enamorada, o del alba —característicos de las *jarchas*— son comunes a varias literaturas, vemos que en la poesía narrativa, temas franceses, como el de Roland, se difunden por la península, antes de lo que se pensaba, e influyen indudablemente en el arte de los juglares castellanos. No porque éste sea estrictamente de procedencia francesa, sino por la comunicación múltiple que existía entre ambos pueblos.

Mas, independientemente de sus relaciones y orígenes literarios, que pudieran remontarse hasta el fondo común indo-germánico de toda la materia épico-legendaria europea, debe subrayarse que en la epopeya medieval encuentra expresión lo más característico del genio castellano y el tono heroico, agresivo, con que éste empieza a actuar en la historia. Así considerados, son los cantares de gesta reflejo de una situación vital y vivida, de una tensión histórica y humana en la que el castellano se afirma, sea frente a los árabes, con los que lucha y convive, sea frente al conservadurismo leonés, sea en su propia persona frente a los otros, con frecuencia los nobles y aún el rey. El castellano basa, pues, sus valores en el hacer y el hacerse a sí mismo, más que en toda autoridad jerarquizada. De todo ello hay muestras claras en las canciones perdidas: así en la del conde Fernán González como en el caso de Mudarra, el bastardo, hijo de mora y castellano, vengando a sus hermanos, los infantes de Lara, restaurando el honor de la familia y humillando la soberbia de Ruy Velázquez. Es el espíritu, en suma, que tiene su manifestación más depurada y completa en el *Poema del Cid,* y que, más tarde, constituirá la base del Romancero.

El "Poema del Cid": carácter general. —La personalidad y las hazañas guerreras de Rodrigo Díaz de Vivar, el hijodalgo que, desterrado por el rey Alfonso VI, en pocos años extiende, con la conquista de Valencia, el dominio castellano hasta las costas del Mediterráneo, parecen haber impresionado pronto a historiadores y poetas. Antes de que sus hechos aparezcan narrados en el *Cantar,* se han ocupado del Cid los historiadores árabes Ben Alcama y Ben Bassam, y dos obras latinas: el llamado *Carmen Campidoctoris,* en verso, escrito probablemente por un monje catalán hacia 1090, y la *Gesta* o *Historia Roderici,* en prosa, fechada unos quince años después de la muerte del héroe. Notemos de paso que, según Menéndez Pidal, el *Carmen* era "ya imitación latina de un canto que da exacta noticia de las hazañas reales del Cid, en vida misma del héroe (hacia 1082)." [8] Afirmación que refuerza su teoría de la épica como *historia cantada.*

Pero su consagración como símbolo nacional y como el primero de los grandes personajes de la literatura española se debe a un juglar anónimo, de origen probablemente mozárabe, nacido en Medinaceli, o quizás en San Esteban de Gormaz, en la actual provincia de Soria. Hacia 1140 compone en versos rudos y sólidos como las columnas de un claustro románico el relato de la correrías de Rodrigo Díaz, fundido con la pintura de episodios, dolores y peripecias de su existencia. Reales o inventados, dentro de un marco de historicidad bien probada, son estos episodios de la vida del Cid —la pena por la injusticia de su destierro, la separación de su mujer y de sus hijas, sus relaciones con amigos y enemigos, su noble y justa indignación ante la felonía de sus yernos y otros numerosos pasajes del *Poema*— los que dan a éste el dramatismo que aún conserva y un sentido poético de la realidad, que perdurará en la manera de concebir la poesía los españoles.

El juglar estaba, sin duda, familiarizado con el estilo épico de las canciones francesas, entre ellas con la *Chanson de Roland,* a la que imita en ciertas fórmulas narrativas, en algún incidente o en el uso de epítetos, frases y otros rasgos de estilo. Estos préstamos no significan gran cosa en comparación con la originalidad evidente del *Poema.* Originalidad de forma, en la versificación irregular. Originalidad en la composición. Y, lo que es más importante, originalidad de espíritu y concepto del arte. "Uno de los poemas más originales de la literatura europea" y "ejemplo impresionante de la profunda originalidad alcanzada con medios simples," lo ha llamado Aubrey Bell.

---

[8] Véase *La Chanson...* pág. 431. Las palabras citadas son tanto más significativas cuanto que vienen después de la polémica con Ernst R. Curtius, para quien el *Carmen* era posterior a la muerte del Cid y se derivaba de la *Historia* en prosa, y con Leo Spitzer. Véase "La épica española" y la "Literarästhetik des Mittelalters," de E. R. Curtius, en *Zeitschrift für Romanische Philologie,* LIX (1939), págs. 1-9; y "Poesía e Historia en el Mio Cid..." en *Nueva Revista de Filología Hispánica,* III (1949), págs. 113-129.

Composición y asunto. — El anónimo autor da muestras de poseer indudables dotes literarias. La composición es modelo de claridad, no sólo en la forma como van sucediéndose los episodios dentro de cada parte, sino en la gradación dramática del tema central en los tres cantares de que el *Poema* se compone.

Menéndez Pidal, destacando el tema dominante en cada uno de ellos, les dio los títulos de: "Destierro del Cid," "Bodas de las hijas del Cid" y "La afrenta de Corpes."

Consta el *Poema* de un total de 3.730 versos, distribuidos en series asonantadas, y de medida variable, con predominio de los versos de catorce sílabas, con hemistiquios bien marcados. Al manuscrito le faltan una hoja al comienzo y dos en el interior, cuyo asunto pudo reconstruir Menéndez Pidal por el relato de la llamada *Crónica de Veinte Reyes,* prosificación, en parte, de la *Historia* latina del Cid.

La parte perdida al comienzo daba cuenta de cómo el rey Alfonso había enviado al Cid a cobrar las parias del rey moro de Sevilla y de cómo éste fue atacado por el conde castellano García Ordóñez "e mesóle una pieça de la barba," afrenta de la que encontraremos repetidos ecos. Cuando el Cid vuelve a Castilla, sus enemigos, los "malos mestureros" le han indispuesto con el rey, el cual decreta su destierro. Un azar, quizás feliz, ha hecho que el texto del *Poema,* que ha llegado a nosotros, empiece en un momento emocionante y con el verso "De los sos ojos tan fuertemientre llorando," no por convencional (las lágrimas abundan en el estilo de la épica francesa) de menor efecto. Va el Cid a abandonar Castilla. Sale de Vivar, deja sus palacios desiertos y contempla las cosas mudas —puertas, usos, alcándaras. Suspira preocupado y se encomienda a Dios. Reúne a sus vasallos y parientes, quienes, sin excepción, optan por acompañarle en su destierro. A su paso por Burgos nadie osa darle asilo, temerosos de la saña del rey. Y el juglar hace sentir la solidaridad del pueblo con el héroe en el gran "duelo que avien las gentes cristianas" y en la exclamación que se oye en todas las bocas: "¡Dios que buen vassallo si oviesse buen señore!," o en las ingenuas palabras de la niña que con él dialoga desde una ventana:

> Non vos osariemos   abrir nin coger por nada;
> si non, perderiemos   los averes e las casas,
> e aun demás   los ojos de las caras.

> Çid, en el nuestro mal   vos non ganades nada;
> mas el Criador vos vala   con todas sus vertudes santas. [9]

Tras proveerse de dineros mediante el engaño de que Martín Antolínez hace víctima a los judíos Raquel y Vidas, se dirige el Cid al monasterio de Cardeña a despedirse de su mujer doña Jimena y sus dos
hijas, que quedarán allí bajo la protección del abad. Todos se lamentan
de la injusticia que el Cid sufre a causa de las malas artes de sus enemigos, "de los malos mestureros." La escena de la despedida es solemne
y conmovedora. El Cid no se cansa de mirar a su mujer y a sus hijas.
Doña Jimena le besa la mano con respeto. Al fin, llega el momento de
la separación, cuyo dolor nos hace sentir el primitivo poeta con la espontaneidad, rudeza y sencillez que caracteriza a todo el poema, en
versos de severa emoción:

> agora nos partimos,   Dios sabe el ajuntar.
> Llorando de los ojos,   que non vidiestes atal,
> assís parten unos d'otros   commo la uña de la carne. [10]

La última noche que pasa en Castilla, el sentimiento de soledad y
decaimiento se ve aliviado por un "dulce sueño" —la aparición del ángel
Gabriel, con buenos augurios—, el único episodio de carácter sobrenatural en el poema.

Ya está Rodrigo Díaz en campaña. Su misión es cabalgar, ganar el
pan para él y para sus fieles seguidores, ejerciendo su oficio guerrero.
Conquista en batalla los lugares de Castejón y Alcocer. Convive con los
moros, que muchas veces ven en él, más que a un enemigo, a un protector. Así, al salir el Cid de Alcocer, "moros e moras compeçaron de
llorar."

Termina el Cantar primero con la derrota y prisión del conde de Barcelona, a quien el Cid da la libertad después de humillar su vanidosa
soberbia.

El poeta ha logrado, sin desviarse de la narración escueta de los hechos, dar la impresión viva de la figura del Cid. Con acierto selectivo

---

[9] Por nada en el mundo nos atreveríamos a abrirte nuestras puertas ni a darte
asilo —porque, si lo hiciéramos perderíamos [según las órdenes del rey] nuestros
bienes y casas— además de los ojos —oh, Cid, en nuestro mal no vas a ganar
nada—; pero que Dios te proteja con todas sus virtudes.

[10] Ahora nos separamos, Dios sabe cuándo nos reuniremos —Nunca habéis
visto un llanto semejante— Así se separaban unos de otros como [cuando se separa]
la uña de la carne.

nos ha comunicado sus sentimientos más arraigados, como padre, como amigo y caudillo de sus vasallos, a quienes trata con llaneza y amor; su fe religiosa y su conformidad ante la desgracia, su lealtad al rey, a quien siempre manda el quinto del botín recogido, su añoranza de desterrado hacia Castilla la gentil, su firmeza ante el engreimiento de los nobles. Hemos visto alzarse al héroe desde la tristeza y preocupación ("sospiró mio Çid, ca mucho avié grandes cuidados") al ardimiento de la batalla, lleno de confianza en su valor: ("¡Yo soy Roy Díaz, el Çid de Bivar Campeador!") o, satisfecho con sus ganancias, despachar enviados a Castilla para hacer al rey partícipe de ellas. No sólo el Cid, otros muchos personajes secundarios han quedado individualizados en sus rasgos personales por el poeta: Martín Antolínez, astuto y valiente; Minaya Alvar Fáñez, el hombre seguro a quien el Cid confía las embajadas y empresas más importantes; Pero Bermúdez, etc., o Jimena, con su dolorida dignidad, en las conmovedoras escenas de Cardeña.

Si en el primer cantar domina, junto con otros motivos —el familiar y el religioso—, la nota dolorosa del destierro, el segundo es el de la gloria y el triunfo. Se centra en Valencia, ciudad conquistada por su esfuerzo. Allí, entre las duras luchas con el rey moro Yúcef, en las que ahora le acompaña otro animoso guerrero, el obispo don Jerónimo, aparece el héroe "folgando" en la abundancia. Nuevas embajadas a Castilla de su fiel Minaya, quien obtiene del rey Alfonso el permiso para que doña Jimena y sus hijas vayan a Valencia. Sale el Cid a recibirlas; orgulloso y feliz se luce con una carrera de su caballo Babieca, y les hace subir luego a lo más alto del alcázar para mostrarles, en una fina estampa, cómo yace y se extiende la ciudad hacia el mar. La mancha del destierro se limpia con el perdón final del rey, que agasaja y admira al héroe cuando se entrevistan a las orillas del río Tajo.

> Myo Cid Roy Diaz,   que en ora buena naçio
> en aquel día   del rey so huesped fo;
> non se puede fartar dél,   tántol le querie de coraçon;
> catándol sedie la barba,   que tan ainal creçio [11]

Allí se concierta el casamiento de doña Elvira y doña Sol con los infantes de Carrión, y vuelven todos a Valencia, donde se celebran las bodas con gran pompa.

---

[11] Mío Cid Ruy Díaz, el que en buena hora nació — Fue huésped del rey durante todo aquel día — El rey no se harta de estar con él, tanto le quería de corazón — Ni se cansa de mirarle la barba, que tanto le había crecido.

En el tercer Cantar, "La afrenta de Corpes," como si el anónimo juglar hubiera graduado los efectos con un sentido consciente de la composición, la obra adquiere su máximo dramatismo, y la figura del héroe se agranda, dentro siempre de sus proporciones humanas, al pedir reparación de su honor mancillado por la felonía de sus yernos. La nota patética, iniciada en la despedida familiar al principio del poema, culmina en las escenas del Robledo de Corpes y en el dolor paternal del Cid ante la crueldad de que han sido víctima sus hijas. Al comienzo, vemos la cobardía de los infantes, en el incidente del león y en la batalla con el rey Búcar. Son, a causa de ello, objeto de burla por parte de las gentes del Cid y deciden vengarse. Piden permiso para volver con sus mujeres a Castilla, y en el Robledo de Corpes, un lugar solitario donde los montes son altos, las ramas pujan con las nubes y las bestias son de "fiera guisa," azotan y escarnecen a doña Elvira y doña Sol, abandonándolas casi muertas. El dolor del Cid, su indignación al enterarse de la perfidia de sus yernos no tienen límite. Pero ya no es un ser de bárbaros instintos de venganza como los personajes de otras gestas anteriores. Es hombre de justicia. Por eso envía mensajeros al rey, para que éste, responsable de las bodas, castigue a los infantes y le devuelva su honor. Las escenas de las cortes de Toledo, donde el Cid y los suyos se enfrentan con todos los enemigos, son quizá las más solemnes del poema. La dignidad y valentía del Cid, con su gran barba crecida, contrasta con la fanfarronería cobarde de sus enemigos, los infantes de Carrión, García Ordóñez, y Pero Ansúrez. El Cid, siempre mesurado, pide primero que sus yernos le devuelvan los regalos que les hizo: las dos espadas, Colada y Tizona, y tres mil marcos de oro y plata. Satisfecha la deuda material, queda por ventilar "la rencura mayor": la reparación de su honor. Viene entonces el reto, lleno de incidentes, en los que las gentes del Cid muestran una vez más la superioridad humana sobre sus enemigos.

El juglar se complace en pintar con detalles pintorescos esa superioridad. El rey da muestras repetidas de su amor por el Cid. Lo sienta a su lado. No se cansa de mirarle su hermosa barba, que es la admiración de todos. García Ordóñez, el peor de los enemigos del Cid y causante principal de su destierro, es definitivamente humillado en un incidente que es buen ejemplo de la intención y los recursos del juglar. Se levanta García Ordóñez y trata de burlarse de la barba del Cid, tan luenga que "los unos han miedo, e los otros espanta." Habla de la alta alcurnia de los infantes, para quienes las hijas del Cid no debían servir ni de barraganas. El Cid echa en cara al conde su cobardía, mostrándole la parte de su barba que él le cortó en el castillo de Cabra, una de las mayores injurias que podían hacerse a un caballero:

> Essora el Campeador   prísos a la barba;
> "Grado a Dios   que çielo e tierra manda!
> por esso es luenga   que a deliçio fo criada.
> ¿Qué avedes vos, comde,   por retraer la mi barba?
> ca de quando nasco,   a deliçio fo criada;
> ca non me priso a ella,   fijo de mugier nada,
> nimbla messó   fijo de moro nin de cristiana.
> commo yo a vos, comde,   en el castiello de Cabra.
> Quando pris a Cabra,   e a vos por la barba,
> non i ovo rapaz   que non messó su pulgada;
> la que yo messé   aun non es eguada
> ca yo la trayo aquí   en mi bolsa alçada." [12]

Como en el episodio del conde de Barcelona del primer cantar, el poeta utiliza en éste algunos elementales recursos humorísticos. Así, en el reto de Pedro Bermúdez a Fernando, o al describir la entrada en la corte del hermano de los infantes, Asur González, que aparece arrastrando el manto y rojo por los excesos que ha cometido en el almuerzo:

> Ansuor Gonçálvez   entrava por el palaçio
> manto armiño   e un brial rastrando;
> vermejo viene,   ca era almorzado.
> En lo que fabló   avie poco recabdo. [13]

Por orden del rey, quedan concertados los desafíos entre los parientes del Cid y los de Carrión. Antes de cerrarse las cortes, dos mensajeros piden la mano de las hijas del Cid para los infantes de Navarra y Aragón. En la lid que se celebra después, los traidores son vencidos. El poema acaba con las segundas bodas de doña Elvira y doña Sol. Rodrigo Díaz

---

[12] Entonces dijo el Campeador llevándose la mano a la barba: —¡Loado sea Dios que manda en el cielo y en la tierra! — Si [mi barba] es larga es porque fue cuidada — ¿Qué tienes tú, conde, que echarle en cara a mi barba? — Porque desde que nació fue criada con regalo — que nunca me la tocó ningún hijo de mujer — ni me la mesó ningún hijo de moro ni de cristiana — como yo a ti, conde, en aquel castillo de Cabra — cuando tomé a Cabra, y también a ti por las barbas — no hubo allí muchacho que no mesase su pulgada — de la que yo te arranqué aún se te nota la falta — porque aquí la traigo guardada en mi bolsa.

[13] Asur González entra en el palacio — con manto de armiño y su brial iba arrastrando — como acababa de almorzar estaba muy colorado. — En las palabras que dijo mostró muy poco sentido.

ha pasado de su triste condición de desterrado a ser un héroe respetado de todos, señor de Valencia, y a emparentar con los linajes más altos:

> Oy los reyes d'España   sos parientes son,
> a todos alcança ondra   por el quen buena nació. [14]

Y el juglar se despide del auditorio:

> Estas son las nuevas   de mio Çid el campeador;
> en este logar   se acaba esta razón.

Valor, arte y espíritu. — El *Poema del Cid* no es simplemente una venerable reliquia arqueológica. Es una obra viva. La investigación ha descubierto lo que tiene de valor histórico, de exactitud en el relato de los hechos, en la descripción de los lugares y en el reflejo de los usos y costumbres medievales. La sensibilidad moderna ve más bien en él la riqueza del sentimiento y el encanto de su arte primitivo.

En la figura de Rodrigo Díaz supo hacer encarnar el autor un concepto de lo heroico que persiste a través de la literatura española. El héroe del *Cantar* no es un ser mítico, dotado de facultades maravillosas o sobrenaturales. Es un hombre como los demás que por sus virtudes —valor, lealtad al rey, respeto a la justicia y a los demás hombres que con él se comportan lealmente, fidelidad, amor paternal y fe religiosa— se eleva al heroísmo y pasa a ser arquetipo humano. La realidad no se elude. A lo sumo se transforma poéticamente mediante una ligera idealización. Este tomar como materia prima del arte la realidad inmediata, no sólo en su aspecto físico y externo, sino también en el moral y humano, es la base del llamado realismo español, concepto engañoso que va, estéticamente, mucho más lejos que una pura reproducción de lo aparente.

La forma primera, cómo el vínculo estético entre realidad e invención se manifiesta, es la fidelidad al hecho histórico. Hoy sabemos que toda epopeya se basa en alguna forma en la historia y es mitificación mayor o menor de ella, pero la rigurosa historicidad del *Poema* ha sido concluyentemente probada, tanto en los hechos principales como en muchos de los accesorios; del mismo modo casi todos los personajes —cristianos y moros— han sido identificados como coetáneos del Cid. Mas esta llamada historicidad cobra aún mayor significado si, junto a lo que tiene de reflejo directo del hecho acaecido, la consideramos como proyección de

---

[14] Hoy los reyes de España son parientes suyos — y a todos les toca honra a causa de aquél que nació en buena hora [el Cid].

una categoría estética, de una forma de entender la creación artística como fusión de lo real y lo mítico o legendario. Es lo que Américo Castro ha llamado estilo o género centáurico, "en el que se confunden la experiencia de lo trascendente poético y la experiencia de lo efectivamente vivido y vivible para el oyente y lector." Por este modo, relacionado con otros fenómenos, tales como la superposición de personaje y persona o el paso sin transición de lo cómico a lo grave (de procedencia, al parecer, oriental), la época se va aproximando a lo novelesco, como narración de un proceso vital.

Junto a esta actitud ante la realidad, se destacan en el *Poema del Cid* lo que, con un cierto anacronismo, se ha llamado su sentido nacional y su espíritu democrático. El primero es visible en el lugar que ocupa Castilla en la mente y en el sentimiento de los desterrados, en el acatamiento a la autoridad del rey y en la ausencia de rivalidades regionales, como la de castellanos y leoneses que hallamos en otras canciones.

El espíritu democrático está presente en todo el *Poema*. Se muestra en la elección misma de una figura de la nobleza inferior para elevarla a la categoría heroica; en la igualdad con que trata el Cid a sus compañeros; en el carácter de las virtudes que se exaltan, y en la manifiesta hostilidad contra la soberbia de los nobles, sea el conde de Barcelona, García Ordóñez o los infantes de Carrión. El vasallo queda incluso por encima del rey, a quien no niega la lealtad debida, a pesar de la notoria injusticia con que es tratado por él.

El fondo colectivo y popular de que nace el *Poema* se ve bien en esas cualidades preponderantes. El juglar no inventa, no crea el espíritu que respira toda la obra. Recoge, más bien, el tono vital e histórico de la Castilla primitiva, el condado más pobre de cuantos se constituyeron en los primeros siglos de la Reconquista, formado en la guerra por montañeses rudos sin gran patrimonio, que avanzan decididos por tierras despobladas y fronterizas. Se trata de un espíritu que aún persiste, cuatro siglos más tarde, en los conquistadores de América, y en el que se insinúa la superioridad del pueblo y de la sociedad sobre el estado, tema tan persistente en la literatura y aun en la vida española, como ha hecho notar Brenan.

El arte del *Poema* es elemental, sobrio. No tiene la variedad estilística ni la complejidad de elementos de las gestas francesas. Posee, en cambio, severidad de sentimiento y expresión clásica, casi homérica. Pero en su elementalidad de estilo el juglar alcanza notas delicadas. Sabe comunicar a su auditorio la angustia humana, crear la impresión de un paisaje sombrío como el de la sierra de Miedes, evocar la hermosura de una salida de sol o describir en media docena de versos la belleza risueña de la ciudad de Valencia, junto al mar, que llena de asombro a los castellanos de la meseta. Pinta con exactitud la violencia y el dinamismo de las batallas. En el tratamiento de los personajes demuestra una aguda intuición psicológica. Nos hace sentir lo que pasa en el alma del Cid ante un mal agüero; revela el torvo resentimiento de los infantes y gradúa con exactitud las relaciones del Cid con el rey Alfonso, con el conde de Barcelona, con sus yernos. Sabe, por último, y esto apenas si es comprensible en una obra tan temprana, individualizar, como ya hemos apuntado, a un gran número de personajes. Con razón ha dicho Dámaso Alonso: "Para encontrar una galería de retratos tan intensa y contrastada como ésta, habría que echar mano de las obras más famosas de nuestra Edad de Oro."

Comparado con el formalismo y la estilización de las gestas francesas de propósitos más deliberadamente estructurados, el arte del *Cantar* nos deja una impresión de espontaneidad, a la que probablemente no es ajena la forma irregular del verso. En su conjunto, se caracteriza por un cierto dinamismo, no incompatible con la solemnidad casi ritual y el hieratismo de algunas escenas, o la cuidadosa gradación de efectos. Sentimos, por ejemplo, la brillante movilidad de las batallas o el fluir de un tiempo vivido. En relación con este fenómeno y otros análogos, Castro ha señalado el carácter incoativo de muchas construcciones verbales, y Stephen Gilman ha estudiado la función de las formas temporales en la obra.

En general, la ley artística del *Poema* pudiera concretarse en la libre combinación de lo narrativo con lo dramático y, en menor medida, con algunos momentos líricos. Por donde aparecería ya en los comienzos una manera de entender la creación artística, que veremos repetida en otras muchas obras, al punto que casi podríamos considerarla como característica de la literatura española.

El valor y la vitalidad artística de este primitivo *Cantar* fueron reconocidos, a poco de ser descubierto, por críticos como Southey, Federico Schlegel, Wolff o Damas Hinard, y, entre los de habla española, por Andrés Bello. En 1849 Ticknor resumía en su *Historia*: "Puede asegurarse que en los diez siglos transcurridos desde la ruina de la civilización griega y romana hasta la aparición de la *Divina Comedia,* ningún país ha producido un trozo de poesía más original y más lleno de naturalidad, energía y colorido."

Estos valores de la obra explican, probablemente, un singular fenómeno literario: el de que un oscuro y local guerrero castellano haya tenido en la literatura española, y, en parte, en la universal, una fortuna poética sólo comparable casi con la de las grandes figuras míticas.

El *Cantar* fue refundido en crónicas medievales. Luego Rodrigo Díaz aparecerá en numerosas obras de la literatura española hasta nuestros días. En la europea, después de ser protagonista de *Le Cid* de Corneille, inspira a poetas de varios países, entre ellos a algunos tan eminentes como Herder, Southey, Hugo, Heredia o Leconte de Lisle. Y si bien el Cid que pasa a la literatura posterior, a través principalmente del romancero, no es el del *Cantar,* sino el de las leyendas forjadas en torno a su juventud, el de las mocedades, no es arriesgado pensar que éstas surgieron del prestigio que el primitivo juglar supo infundir a la figura.

La evolución posterior de la épica. —Si bien el *Cantar de Mio Cid* es la única gesta castellana conservada en forma que podamos juzgar de su valor literario, se sabe que, aparte de los relatos juglarescos del ciclo primitivo, antes mencionados, hubo otros muchos, de algunos de los cuales poseemos breves fragmentos. Unos trataban de luchas de la historia española, como los cantares del *Cerco de Zamora,* del *Abad de Montemayor* o de la *Mora Zaida.* Otros eran refundiciones de las gestas francesas, como el *Cantar de Roncesvalles,* del que sólo conservamos cien versos, o derivaciones indirectas de ellas, como la historia de *Bernardo del Carpio.*

Los juglares debieron de seguir durante mucho tiempo recitando sus canciones ante un auditorio variado. Pero lo característico en la evolución de la épica, a partir del siglo XIII, es que sus temas empiezan a aparecer en otras formas de poesía y a variar, por tanto, de espíritu. Ejemplo de esto es el *Poema de Fernán González,* de mediados del siglo XIII, obra de un monje castellano, escrita en el metro del "mester de clerecía" y basada, con toda probabilidad, en un perdido cantar juglaresco anterior.

De hecho, en el siglo XIII se operan dos fenómenos paralelos: al par que el poeta culto, clérigo, reelabora los asuntos de las gestas, los juglares aplican su arte narrativo a temas religiosos, propios de la poesía docta o de clerecía, tales como las vidas de santos, de lo cual veremos algunos ejemplos más adelante. También en este siglo se intensifica, a partir del Tudense y Alfonso el Sabio, la prosificación en las Crónicas de los relatos juglarescos como materia histórica.

El ciclo de la evolución medieval se cierra entre los siglos XIV y XV con la transformación del juglar de gesta en juglar de romance, es decir, con el nacimiento del romancero. Al cambio de forma, fijación de la base octosilábica, va unido el cambio en los temas y en el espíritu. Así como el Cid de las *Mocedades* será muy distinto del Cid del *Cantar,* en leyendas como la de los infantes de Lara o la del rey Rodrigo van creándose nuevos incidentes. Menéndez Pidal ha reconstruido minuciosamente la evolución de varias leyendas, a través de diferentes momentos y géneros. Sumamente indicativo de las transformaciones que puede sufrir un tema épico hasta llegar a extremos novelescos, es, por ejemplo, el estudio que hace del rey Rodrigo, "el último godo," en *Floresta de leyendas heroicas españolas.*

V. El "Auto de los Reyes Magos" y el teatro primitivo

Cronológicamente, el segundo lugar en el estudio de la literatura castellana, después del *Cantar de Mío Cid,* corresponde a unos fragmentos dramáticos, fechados hacia la segunda mitad del siglo XII y hoy conocidos con el título de *Auto* o *Misterio de los Reyes Magos.* Proceden de la catedral de Toledo, donde fueron descubiertos, en el siglo XVIII, por el canónigo Felipe Fernández Vallejo.

Se ha afirmado, basándose principalmente en el testimonio de las *Partidas* de Alfonso el Sabio, que debió de existir en Castilla un abundante teatro medieval, tanto religioso como profano, el de juegos de escarnio. Lo cierto es que este de los Reyes Magos es el único texto conservado. Aparecen, pues, los orígenes del teatro envueltos en oscuridad aún mayor que los de la lírica o la épica. Toda rebusca de textos ha sido hasta ahora infructífera, y, salvo algunas noticias sobre representaciones en algunas catedrales e iglesias, entre el *Auto* que ahora estudiamos y las *Representaciones* de Gómez Manrique, en el siglo XV, hay un vacío casi total de unos trescientos años.

La cuestión es tanto más extraña si se tiene en cuenta que, según los eruditos, el *Auto* es una de las piezas teatrales más antiguas en una lengua vulgar (no en latín) que se conocen, y el que, en opinión de Joseph Gillet, se trata de una obra "tan adelantada en caracterización y habilidad métrica que implica un considerable desarrollo anterior."

Podríamos añadir que esta pobreza del teatro medieval se hace aún más sorprendente cuando la contrastamos con la difusión del drama litúrgico en Cataluña y el arraigo del teatro religioso en la literatura española a partir del siglo XV. Debe también recordarse la supervivencia hasta el presente de representaciones populares, como el *Misterio de Elche* e, incluso, de algunas danzas litúrgicas en las iglesias, así la de los *seises* en Sevilla, que algunos creen de origen mozárabe.

Bruce W. Wardropper, en su obra *Introducción al teatro religioso del Siglo de Oro,* planteaba la cuestión en estos términos:

> Entre el drama litúrgico anónimo del siglo XII, que se suele llamar con bastante impropiedad el *Auto* o el *Misterio de los Reyes Magos,* y la *Representación del nacimiento de Nuestro Señor,* de Gómez Manrique (mediados del siglo XV), no se conoce ningún drama en España. No es verosímil que toda la actividad dramática cesara durante este período; pero la única fuente de informes sobre este punto son los documentos históricos. (pág. 144)

Y añade:

> ...en el siglo XV —¡y en el XVI!— el drama eclesiástico no difería mucho del tipo fijado en el *Auto de los Reyes Magos.* No había dado un paso adelante desde el siglo XII. La causa de este atraso no se sabe; las especulaciones no llegan a ser nunca más que teorías. (pág. 145)

Un libro reciente de Richard B. Donovan, *The Liturgical Drama in Medieval Spain,* arroja nueva luz sobre el problema. En él se llega a las siguientes conclusiones:

Que el drama litúrgico en latín no pudo difundirse en Castilla, entre los siglos IX y XI —a diferencia de lo ocurrido en Cataluña— a causa de la ocupación árabe. En Castilla continuó practicándose la vieja liturgia hispánica, el llamado rito mozárabe, y en ella no había ni canto de "tropos" ni representaciones litúrgicas. Éstas llegan a los dominios castellanos, ya en lengua vulgar, por influencia de los monjes franceses, cuando se substituye el rito mozárabe por el romano hacia el año 1080. A partir de esta fecha es posible que el teatro litúrgico cobrase algún desarrollo, cosa, sin embargo, bastante incierta en vista de la inutilidad de todas las rebuscas para descubrir textos.

Donovan hace una posible excepción en lo referente a algunas representaciones de Navidad, como el *Oficio de Pastores* (dramatización de la antífona *Quem vidistis*) y el *Monólogo de la Sibila Eritrea,* de los que dio noticia también Fernández Vallejo, descubridor del *Auto.*

Consta éste, en la forma hoy conservada, de ciento cuarenta y siete versos, y se ha dividido en cinco escenas: la aparición de la estrella con los monólogos de los tres reyes, Gaspar, Baltasar y Melchor; su viaje, ya reunidos, para adorar, después de cerciorarse de su divinidad, al nuevo

Rey, cuyo nacimiento les anuncia la estrella; su conversación con Herodes; un monólogo de éste, y la consulta con los Rabinos.

Dentro de su técnica, extraordinariamente simple, no deja de poseer algunas cualidades artísticas. La versificación es variada, con un claro e instintivo propósito de acomodar el verso a la situación dramática. El momento del descubrimiento de la estrella está expresado con ingenuo lirismo. En el monólogo de Herodes hay atisbos de una observación psicológica rudimentaria. Y los hay también expresados con humor en la consulta con los rabinos, ninguno de los cuales quiere comprometerse a dar una opinión clara sobre lo que la estrella significa.

Aunque fue común relacionar el *Auto* con el teatro litúrgico latino, procedente de Francia, en particular con un oficio de Orleans, Winifred Sturdevant, tras un estudio detenido, propugnó la idea de que sus fuentes principales eran de carácter narrativo en lengua vulgar y no dramático, idea a que se inclina asimismo Donovan.

[Selecciones: del Río, *Antología,* vol. I, págs. 1-20.]

BIBLIOGRAFÍA

1   OBRAS Y ESTUDIOS GENERALES. ORÍGENES

(Véanse algunas de las obras citadas en el capítulo anterior, especialmente las de Menéndez Pidal, Castro, Sánchez Albornoz e *Historia general de las literaturas hispánicas,* vol. I.)

J. Amador de los Ríos, *Historia crítica de la literatura española,* Madrid, 1861-1865, 7 vols.
Th. de Puymaigre, *Les vieux auteurs castillans,* Paris, 1861-1862, 2 vols.
A. Millares Carlos, *Literatura española hasta fines del siglo XV,* México, 1950.
F. López Estrada, *Introducción a la literatura medieval española,* Madrid, 1952.
L. Biancolini, *Literatura española medieval,* Roma, 1955.
A. González Palencia, *Historia de la España musulmana,* Barcelona, 1945.
C. Sánchez Albornoz, *La España musulmana...,* Buenos Aires, 1946, 2 vols.
P. A. Maravall, *El concepto de España en la Edad Media,* Madrid, 1954.
E. R. Curtius, *European Literature and the Latin Middle Ages,* trad. del alemán, New York, 1953; en español, México, 1955, 2 vols.
K. Vossler, *La ilustración medieval en España y su trascendencia europea,* en *Estampas del mundo románico,* Buenos Aires, 1946.
P. Henríquez Ureña, *Cultura española de la Edad Media,* en *Plenitud de España,* Buenos Aires, 1940.

M. R. Lida de Malkiel, *La idea de la fama en la Edad Media castellana*, México, 1952.

R. Menéndez Pidal, *Orígenes del español*, 3.ª ed., Madrid, 1950. (La parte histórica está resumida en *El idioma español en sus primeros tiempos*, Col. Austral.)

(Para la lectura de textos medievales pueden ser útiles los *Diccionarios* de Corominas, Cejador y el de Boggs, Kasten, etc.)

2. ANTOLOGÍAS

M. Menéndez y Pelayo, *Antología de poetas líricos castellanos*, en *Obras completas*, vols. XVII-XXVI. (Las introducciones que ocupan más de las tres cuartas partes de la obra constituyen aún, en términos generales, el mejor estudio sobre la poesía y los poetas de la Edad Media. Para leer los textos es mucho mejor la *Antología* de D. Alonso.)

Poetas castellanos anteriores al siglo XV, ed. Janer, BAE, vol. LVII.

J. D. M. Ford, *Old Spanish Readings*, New York, 1912.

D. Alonso, *Poesía Española, Antología. Poesía de la Edad Media y poesía de tipo tradicional*, 2.ª ed., Buenos Aires, 1942.

E. Kohler, *Antología de la literatura española de la Edad Media (1140-1500)*, París, 1957.

3. LÍRICA. ORÍGENES Y JARCHAS

R. Menéndez Pidal, *La primiitva poesía lírica española* (Discurso, 1919), en *Estudios literarios*, Madrid, 1920.

———, *De primitiva lírica española*, Col. Austral.

———, *Poesía juglaresca y orígenes de las literaturas románicas* (6.ª ed. de *Poesía juglaresca y juglares*), Madrid, 1957.

J. Cejador, *La verdadera poesía castellana...*, Madrid, 1923-1924.

M. Rodrigues Lapa, *Das origens da poesia lirica em Portugal na idade média*, Lisboa, 1929.

C. Michäelis de Vasconcelos, *Das origens da poesia peninsular*, Lisboa, 1931.

E. Asensio, *Poética y realidad en el cancionero peninsular de la Edad Media*, Madrid, 1957.

Jarchas: La colección de textos más completa, en S. M. Stern, *Les Chansons mozarabes*, ed. avec introduction, annotation sommaire et glossaire, Palermo, 1953. Los estudios son muy numerosos; tienen especial interés los de Menéndez Pidal, D. Alonso, García Gómez, Cantera, L. Spitzer, etc. Un buen resumen de la cuestión, en la Introducción de Blecua, en D. Alonso y J. M. Blecua, *Antología de la poesía española: Poesía de tipo tradicional*, Madrid, 1956; y en, R. A. Borello, *Jaryas andalusíes*, Bahía Blanca, 1959. (Con bibliografía muy completa.)

SOBRE LAS RELACIONES CON LA POESÍA ÁRABE:

J. Ribera, *Discursos leídos ante la R. Academia Española [El Cancionero de Abencuzman]* (1912), en *Disertaciones y opúsculos*, Madrid, 1928.

A. R. Nykl, *Cancionero de Aben Guzmán*, Madrid, 1933.

———, *Hispano-Arabic Poetry and its relations with the Old Provençal Troubadours*, Baltimore, 1946.

M. Menéndez Pelayo, *De las influencias semíticas en la literatura española*, en *Estudios de crítica literaria*, 2.ª serie.

A. González Palencia, *Historia de la literatura arábigo-española*, Barcelona, 1928.

E. García Gómez, *Poemas arábigo-andaluces*, Madrid, 1940.

R. Menéndez Pidal, *Poesía árabe y poesía europea*, Col. Austral.

J. M.ª Vallicrosa, *La poesía sagrada hebraico-española*, Madrid, 1940.

4.   ÉPICA

Poema de Mio Cid, ed. Menéndez Pidal, *Clásicos Castellanos*. (Para un estudio más completo, véase la edición crítica, *Cantar de Mio Cid*, texto, gramática y vocabulario, Madrid, 1906-1911, 3 vols., reimpresa en *Obras completas*, vols. I a III.) Hay varias versiones modernizadas, entre otras, de A. Reyes, en prosa, y P. Salinas en verso; también C. J. Cela ha puesto en verso el primer cantar; la de F. López Estrada, Col. "Odres Nuevos"; ed. Castalia, 1955, lleva un buen estudio preliminar.

M. Milá y Fontanals, *De la poesía heroicopopular castellana*, Nueva ed., Barcelona, 1959.

R. Menéndez Pidal, *La leyenda de los Infantes de Lara* (1896), 2.ª ed., 1934.

J. Bédier, *Les légendes épiques*, Paris, 1908-1913, 4 vols.

R. Menéndez Pidal, *L'épopèe castillane à travers la littérature espagnole*, París, 1910; ed. española, Buenos Aires, 1945.

————, *Floresta de leyendas heroicas españolas: Rodrigo, el último godo*, Clásicos Castellanos, 1925-1927, 3 vols.

————, *Historia y epopeya*, Madrid, 1934.

————, *La España del Cid*, Madrid, 1939.

————, *Reliquias de la poesía épica española*, Madrid, 1951.

————, *La Chanson de Roland y el neotradicionalismo* (Orígenes de la épica románica), Madrid, 1959.

D. Alonso, *La primitiva épica francesa a la luz de una "Nota Emilianense,"* Madrid, 1954.

La bibliografía erudita y crítica sobre el Cid y otros temas relacionados con los cantares de gesta y la épica es muy extensa. Por su interés como interpretación literaria, se recomiendan varios ensayos o artículos de A. Castro, D. Alonso y P. Salinas, recogidos en los libros de ensayos críticos citados en el primer capítulo. Pueden verse también:

A. Alonso, "¡*Dios, qué buen vasallo*! ¡ *Si oviesse buen señor*!," en RFH, VI (1944), 187-191. (Dio lugar a unos comentarios de L. Spitzer y a una réplica de Alonso, en *ibid*, VIII (1946), 132-135 y 136.)

Eleazar Huerta, *Poética del Mio Cid*, Santiago de Chile, 1948.

L. Spitzer, "Sobre el carácter histórico del *Cantar de Mio Cid*," en NRFH, II (1948), 105-107.

J. Casalduero, "El Cid echado de tierra," en *La Torre*, II (1954), núm. 7, 75-103.

S. Gilman, *Tiempo y formas temporales en el "Poema del Cid*," Madrid, 1961.

5.   TEATRO PRIMITIVO

Auto de los Reyes Magos, ed. de Menéndez Pidal, en *Revista de Archivos, Bibliotecas y Museos*, 3.ª serie, IV (1900), 453-462; y en Ford, *Old Spanish Readings*.

W. Sturdevant, *The "Misterio de los Reyes Magos,"* Baltimore, 1927.

A. A. Parker, "Notes on the Religious Drama in Medieval Spain and the Origins of the *Auto sacramental,"* en *Modern Language Review,* XXX (1935), 170-182.

J. E. Gillet, "The Memorias of Felipe Fernández Vallejo and the History of the Early Spanish Drama," en *Essays and Studies in Honor of Carleton Brown,* New York, 1940, 264-280.

R. B. Donovan, *The Liturgical Drama in Medieval Spain,* Toronto, 1958.

Teatro medieval. Textos íntegros en versión de Lázaro Carreter, Valencia. 1958 (Col. "Odres nuevos").

3 SIGLO XIII: POESÍA DOCTA Y COMIENZOS DE LA PROSA
De Berceo a Alfonso el Sabio

Si la nota más alta del siglo XII corresponde al arte juglaresco de la epopeya, en el XIII va a dominar la poesía de los clérigos letrados, fenómeno coincidente con la aparición de la prosa erudita y moral.

Esto significa que el fervor guerrero, avanzada ya la Reconquista, da paso a un ambiente de mayor cultura, cuyos centros serán los monasterios y la corte del rey. El poder moro sufre una derrota definitiva en la batalla de las Navas de Tolosa (1212). El contacto con Europa, especialmente con Francia, al que ya había dado impulso desde el siglo XI la llegada de los monjes de Cluny, se intensifica; penetran y se desarrollan en Castilla los temas de la poesía latina de la Edad Media. Continúa, sin embargo, el influjo oriental, bien visible en la prosa alfonsina y en las primeras formas de narración didáctica. No habría que olvidar la labor realizada desde hacía más de una centuria por la Escuela de Traductores de Toledo ni la fundación de universidades, como la de Palencia (1209), antecedente de la de Salamanca (1215). En el arte, el estilo gótico substituye al románico y se inicia la construcción de las grandes catedrales: Burgos, León y Toledo. Es también el siglo XIII cuando el castellano Domingo de Guzmán (Santo Domingo) crea, en Tolosa (1215), la orden dominicana o de Predicadores para combatir a los albigenses, hecho que tuvo gran importancia en la literatura, en la historia y en la cultura de la Edad Media.

I. La poesía: "Mester de clerecía"

Se da este nombre de "mester de clerecía" a un tipo de poesía que en el siglo XII empiezan a componer los poetas letrados o clérigos en una forma fija: la estrofa de cuatro versos alejandrinos, de catorce sílabas, con un mismo consonante, llamada "cuaderna vía." Tiene de común con la poesía épica de los juglares el ser narrativa. Fuera de esto, la distinción es precisa. El autor, a diferencia de los juglares, se jacta de emplear la maestría, es decir, el arte de contar las sílabas: "fablar curso rimado por la quaderna vía," como se dice en el *Libro de Alexandre*. Se preocupa además de seguir fuentes eruditas. Sus asuntos pertenecen a la tradición culta y proceden de obras compuestas generalmente en latín. Berceo, cuando llega a algún lugar en el que la historia no está clara en sus detalles, confiesa con ingenuidad: "me falta el libro," así como ante un punto delicado teme incurrir en pecado y se protege diciendo "ca ál [otra cosa] non escrevimos sinon lo que leemos." Un siglo más tarde, el Arcipreste de Hita, poeta mucho más rico y complejo, cuando moraliza tiene buen cuidado de reforzar su juicio irónicamente con las más respetables autoridades: Catón, Aristóteles, etc. Los temas que el poeta utiliza son religiosos, como los de Berceo; históricos o novelescos de la antigüedad clásica, como el *Libro de Alexandre* o el *Libro de Apolonio*, o bíblicos y coránicos, como el más tardío *Libro de Yúsuf*. Por excepción, se trata de un tema histórico nacional, como en el *Poema de Fernán González*, recreación de las viejas gestas.

No obstante la línea divisoria, existe una cierta comunidad entre la poesía del clérigo y del juglar. Berceo pretende difundir con sentido didáctico la obra religiosa entre el público no letrado, y se dirige a él con fórmulas tomadas del arte de los juglares, como la muy citada "Bien valdrá, commo creo, un vaso de bon vino." Y algunos trozos del *Alexandre* y el *Apolonio* se convierten en materia del "espectáculo juglaresco." Concluye Menéndez Pidal: "A pesar de la superioridad de que se jacta, el clérigo ofrece su mester u oficio a los oyentes, como cualquier juglar, y quiere proporcionar al público el solaz propio del oficio juglaresco."

Del mismo modo, el clérigo utiliza motivos de la lírica anónima, como prueban la canción de vela, en el *Duelo de la Virgen*, de Berceo, o la de mayo, en el *Libro de Alexandre*.

Es de notar que si la épica, el "mester de juglaría," tiene su centro principal en Castilla, la mayoría de las obras de clerecía parecen haberse creado en zonas no castellanas o, a lo sumo, fronterizas de Castilla. Berceo escribe en la Rioja, en el límite de Aragón, y en su lengua se advierten algunas particularidades dialectales. *El Libro de Alexandre* es de autor leonés y el de *Yusuf,* aragonés.

Si nos acercamos a esta poesía con criterio estético, buscando lo que aún conserva de vivo, vemos que produjo un poeta de singular encanto, Gonzalo de Berceo, y dos poemas, el de *Apolonio* y el de *Alexandre,* de interés por su variedad y por la belleza de algunos trozos narrativos, descriptivos y líricos.

Gonzalo de Berceo, poeta religioso. —Casi todos los temas de la cultura religiosa de su tiempo están representados en la obra de Berceo. En primer lugar, la literatura mariana, el culto medieval a la Virgen María, sea como fuente de milagros y de ayuda lo mismo para el devoto que para el pecador: *Milagros de Nuestra Señora*; sea como Mater Dolorosa, *Duelo de la Virgen el día de la Pasión de su Fijo*; sea en fin como objeto de devoción y amor, *Loores de Nuestra Señora.*

Trata también el tema hagiográfico en tres vidas de santos: *Santo Domingo de Silos, San Millán* y *Santa Oria,* y en el fragmento el *Martirio de San Lorenzo*; y temas diversos litúrgicos, exegéticos o bíblicos: *El Sacrificio de la Misa* o *Los signos que aparecerán antes del Juicio.*

De su vida tenemos escasas noticias. Sabemos que nació, probablemente hacia fines del siglo XII, en Berceo, pueblo de La Rioja, cuyo nombre tomó, y que fue clérigo educado en el monasterio de San Millán. En cuanto a los años en que vivió, los únicos datos se encuentran en varios documentos fechados entre 1220 y 1246. Debió de iniciar su obra hacia 1230 con la *Vida de Santo Domingo,* y se cita aún su nombre en un documento de 1264. Pero si las noticias de su biografía son escasas, su personalidad, en cambio, queda bien definida en su obra. Y es grato imaginárselo, según hizo Azorín en una bella semblanza, [1] como un cura humilde e ingenuo, lleno de fe y de amor por la Virgen, escribiendo sus versos hasta bien entrada la noche en la pobre celda del monasterio a que estaba adscrito. A diferencia, por ejemplo, del autor del *Libro de Alexandre,* nunca presume de poeta letrado. Es común, por el contrario, que se llame a sí mismo trovador y juglar, no recatándose en decir que quiere escribir en la lengua del pueblo, en "roman paladino," y para que le entienda todo el mundo: "Quiero fer la pasión de señor Sant Laurent/ en romanz, que la pueda saber toda la gent." Actitud que cuadra bien con el sabor espontáneo, el

---

[1] Véase Azorín, *Al margen de los clásicos.*

gozo simple, natural, y la fe firme, sin complicaciones, que se desprenden de mucho de su lirismo, aún en los momentos más inspirados.

No creemos necesario entrar aquí en detalles sobre las fuentes de Berceo ni sobre el carácter particular de cada una de sus obras. De éstas, la más importante o, al menos, la que mayores atractivos poéticos posee para un lector moderno es *Milagros de Nuestra Señora.* Se compone de veinticinco relatos breves, en cada uno de los cuales Berceo cuenta un milagro efectuado por la intercesión de la Virgen, o de "la Gloriosa," como él suele llamarla. Todos, con una sola excepción, siguen fuentes muy conocidas en su tiempo. Berceo, de acuerdo con una norma común en la Edad Media, no inventa. Intenta tan sólo divulgar. Logra, no obstante, dar a su narración tono personal en sentimiento y estilo.

La nota sobresaliente es el fervor candoroso, directo, con que humaniza el sentimiento religioso. Los ejemplos se encuentran en casi todos los milagros. Véase cómo en el de "El clérigo embriagado," la Virgen, después de librar tres veces de las garras del diablo a un sacerdote devoto suyo, muy amigo del vino, acuesta al trastornado bebedor con gesto maternal:

> El monge que por todo esto avía pasado,
> De la carga del vino non era bien folgado,
> Que vino e que miedo avienlo tan sovado,
> Que tornar non podió a su lecho usado.
>   La Reina preciosa e de precioso fecho
> Prísolo por la mano, levólo poral lecho,
> Cubriólo con la manta e con el sobrelecho,
> Pusol so la cabeza el cabezal derecho. [2]

Es curioso percibir también en Berceo un vivo sentimiento popular, no muy distinto del que se ve en el *Poema del Cid.* En numerosos milagros, los favores de la Virgen suelen ir hacia la gente humilde e ignorante, de fe simple, o hacia pecadores que caen fácilmente en tentaciones: "El clérigo y la flor," "El pobre caritativo," "El ladrón devoto," "La abadesa encinta," etc. El hecho depende, sin duda, en gran parte, de las fuentes y del carácter del cristianismo medieval. Pero lo significativo es la pre-

---

[2] El monje que había pasado por todo esto—no se había aún librado de los efectos del vino—porque el vino y el miedo le habían hecho tanto efecto—que no pudo volver a su lecho.—La Reina preciosa autora de obras hermosas—le tomó por la mano y le acostó—le cubrió con la manta y con la colcha—le puso derecha la almohada bajo la cabeza.

ferencia de Berceo, visible en la elección de temas y, sobre todo, en el modo de tratarlos. Así en el relato de "El prior y el sacristán" se nos dice cómo el convento valía más por la presencia del sacristán: "valie más ca non menos por elli la mongía." En "El clérigo ignorante" la Virgen censura duramente la soberbia de un obispo que ha prohibido a un pobre cura que celebre la misa de Santa María, la única que sabía decir:

> Dixoli brabamientre: "Don obispo lozano,
> Contra mi ¿por qué fuste tan fuerte e tan villano?
> Io nunca te tollí valia de un grano,
> E tu asme tollido a mí un capellano." [3]

Y en una escena de la *Vida de Santo Domingo de Silos*, cuando el rey don García de Navarra habla al Santo, abad del monasterio, con altiva soberbia, éste le responde en un tono parecido al que usan los castellanos frente a los reyes leoneses y al que usarán muchos villanos del teatro clásico:

> Puedes matar el cuerpo, la carne maltraer
> Mas non as en las almas, rey, ningún poder.

Hasta por el concepto recordamos inmediatamente unas conocidas palabras de Pedro Crespo en *El alcalde de Zalamea*, de Calderón. Quizás podría relacionarse también con ese sentimiento popular, es decir, con un común sentir —realidades castellanas y espíritu de reconquista— la aparición de San Millán y Santiago en la *Vida* del primero "Catando a los moros con torva catadura/espadas sobre manos, un signo de pavura."

En el estilo puede verse el tono personal y rasgos que asociamos, por lo común, con el concreto sentir del castellano: abundancia de detalles de un realismo pintoresco, llaneza de expresión con muchas voces populares y repetidos giros dialectales, humor y familiaridad con que se tratan las cosas sagradas, ambiente campestre con símiles o metáforas rurales. De una gracia natural y encantadora son, por ejemplo, los diálogos de la Virgen con Don Diablo, en el ya citado milagro de "El clérigo embriagado." Tierra y cielo, la materia y el espíritu se hermanan como en

---

[3] Le dijo muy enfadada: Don obispo orgulloso—¿Por qué has sido tan severo y tan malo en contra mía?—Yo nunca te quité a ti cosa que valga un grano—Y tú me has quitado a mí un capellán.

esa invocación extraordinaria a la Virgen: "Reina de los cielos, Madre del pan de trigo," verso del que dice Jorge Guillén que condensa el mensaje de Berceo.

Un exquisito lirismo caracteriza a las descripciones alegóricas de la Introducción a los *Milagros,* uno de los trozos de más alta poesía que escribió Berceo. Se presenta allí el poeta hablando en primera persona, "Yo maestro Gonçalvo de Verçeo nomnado," como romero que busca reposo en la frescura de un prado "verde e bien sencido" (intacto, no cortado), lleno de toda clase de flores, donde los ruiseñores cantan y los árboles de sombra soberana dan frutos dulces y sabrosos. Declara luego Berceo la significación de su alegoría: "Tolgamos (quitemos) la corteza —dice— en el meollo entremos." Y si en la detenida exégesis de los varios símbolos cae a veces en el didactismo que le han reprochado algunos críticos, principalmente extranjeros, recobra el vuelo poético al declarar el sentido total de su visión. En ajeno moramos, es decir, vivimos en un mundo que no nos pertenece; nuestra vida no es sino una romería —camino para la otra, dirá luego Jorge Manrique— y el romero puede encontrar descanso, "repaire," en su camino, acogiéndose a la protección de la Gloriosa, que es lo que simboliza el prado.

A diferencia de la mayoría de los milagros, cuya fuente directa parece haber sido un manuscrito latino descubierto por Richard Becker en la Biblioteca de Copenhague, no se ha señalado el modelo preciso de la hermosa introducción. No fue, sin embargo, invención del clérigo riojano: del jardín místico alegórico o la visión paradisíaca hay bastantes ejemplos en la poesía latina y francesa. Curtius, al hablar del "paisaje ideal" en la literatura de la Edad Media, encuentra antecedentes de la visión de Berceo en San Agustín y en las *Etimologías* de San Isidoro.

Nada de ello disminuye el valor de nuestro poeta ni la belleza evidente de sus inspirados versos. Tradición y originalidad es la eterna ley de toda creación artística, y la tradición pesa particularmente, como hemos visto, en estos siglos medievales. Lo que da autenticidad a un poeta no es la materia, sino la imaginación con que sabe recrearla, temblor y tono personal que en ella infunde.

Otras muchas notas de genuina poesía se hallan en la obra de este poeta primitivo, con una sorprendente variedad de tonos. Menéndez Pelayo, por ejemplo, llamó la atención sobre la grandeza apocalíptica de algunas descripciones de los días del Juicio Final en *Los signos que aparecerán antes del Juicio.* Un suave encanto emana de la visión mística de Santa Oria en el poema dedicado a la narración de su vida, donde por primera vez se intenta en la literatura española pintar los efectos de la íntima experiencia religiosa con "el alejamiento del gran dulzor," "la gran cuita y el soberano dolor" que Oria siente al despertar del sueño durante el cual había ascendido al cielo:

> Abrió ella los ojos, cató enderredor,
> Non vido a las mártires, ovo muy mal sabor;
> vídose alongada de muy gran dulzor,
> avía muy grande cuita e sobejo dolor.

Trozo este de la *Vida de Santa Oria* —obra escrita en su vejez, según declara el poeta— comparable en belleza al de la Introducción de los *Milagros,* y quizás de un lirismo más concentrado y desprovisto de tono didáctico. Algunos críticos han recordado, al hablar de él, las visiones de Dante, aunque huelga decir que no hay relación directa entre el humilde clérigo español y el poeta florentino, fuera de las que se derivan de fuentes comunes en aquel tiempo, como *La leyenda áurea.*

Como hizo notar Solalinde, muchos autores contemporáneos —Azorín, Pérez de Ayala, Antonio y Manuel Machado, Rubén Darío, etc.— han gustado del ingenuo primitivismo de Berceo o lo que a ellos tal les parecía en su sensibilidad prerrafaelita. Mas junto a esa sensación de poeta ingenuo, espontáneo y casi popular, que la lectura de su obra nos produce, debemos señalar que Berceo reúne en sí muchas de las características del poeta culto: posee una lengua abundante, que maneja con seguridad, y es en muchos pasajes un consumado artífice que cuida la regularidad y "maestría" de su verso.

Poemas inspirados en la antigüedad. Los libros de Apolonio y Alexandre. — Con estos dos "libros" entran en la literatura castellana los temas del mundo clásico o lo que de ellos conserva y reelabora el arte medieval. Ambos proceden de fuentes latinas y francesas, y en ambos, sobre el fondo moral, religioso y didáctico, se destacan los motivos de la épica culta, de origen homérico y virgiliano, o la materia novelesca: el espíritu caballeresco, la aventura fantástica, el viaje por lugares remotos y exóticos. María Rosa Lida, en su obra *La idea de la fama en la Edad Media castellana* y a través de un detallado análisis de los dos poemas, ha puesto de manifiesto cómo el ideal ascético y moral que inspira a los clérigos poetas, voceros de la Iglesia, se funde en ellos, con un ideal de gloria mundana, móvil del espíritu caballeresco. Bifurcación de la mente medieval. Si lo religioso domina el pensamiento, la acción se encamina a lo mundano. Y la Iglesia tuvo buen cuidado en no descuidar estímulos tan vivos en la sociedad. Para que su enseñanza fuese más eficaz "debió atender a su vez a las aficiones y tendencias de su grey. Resultado de esa actitud contemporizadora son las obras profanas ... como el *Apolonio* y el *Alexandre*, con que la Iglesia condesciende a entretener al vulgo." Tan sugestiva idea se complementa con el análisis de los varios lugares en los que el espíritu épico o caballeresco —gloria, honra, fama— se filtra en obra tan devota como la de Berceo. [4]

El *Libro de Apolonio* relata las andanzas, peripecias y desgracias de Apolonio, rey de Tiro; de Luciana, su mujer, y de su hija Tarsiana. La sucesión de aventuras y encuentros inesperados, el fondo histórico o pseudohistórico, los naufragios y viajes lo sitúan en la tradición de la llamada novela bizantina. Se ha creído por mucho tiempo que su fuente era una versión latina de la leyenda, la *Historia Apollonii regis Tyri*. Klebs y García Blanco se inclinan a pensar en otros modelos posibles. Este último crítico ha hecho resaltar además, mediante la comparación con la *Historia*, la originalidad del poema español, en la ampliación y alteración de muchos episodios o en diversos modos de originalidad expresiva. Por su parte, María Rosa Lida nos dice que "está entretejido de emociones y aspiraciones cortesanas y caballerescas, totalmente ausentes de su original latino." Parece, pues, injustificado el tomar estas obras del "mester de clerecía" como meras traducciones de interés lingüístico o erudito que en nada reflejan las circunstancias en las que la creación artística nace. Dentro del fondo común se transparentan valores o preferencias. Algo de ello ocurre con los valores literarios o poéticos, y el *Apolonio* no está desprovisto de bellezas poéticas, de cuadros animados o descripciones sugestivas y aciertos de expresión, o escenas dramáticas, como la del reconocimiento de Tarsiana, perceptibles cuando logramos vencer la barrera que su prolijidad, la monotonía de la estrofa y sus abundantes moralizaciones oponen a nuestro gusto de lectores modernos. De interés particular es el ambiente musical y juglaresco de algunas escenas.

Posterior y más extenso, el *Libro de Alexandre* —atribuido a Berceo en un manuscrito, y en otro al clérigo leonés Juan Lorenzo de Astorga, a quien generalmente se considera como autor— representa probablemente la culminación del poema narrativo de clerecía en el siglo XIII, antes de que este arte adquiera en el siguiente nuevas modalidades y mayor libertad creativa por la genialidad poética de Juan Ruiz. Narra los hechos de la vida del emperador Alejandro, convertido en héroe legendario en varios relatos medievales. Dos de ellos sirvieron, al parecer, de fuente al autor español (el poema latino *Alexandreis* de Gautier de Châ-

---

[4] Véase *op cit.*, págs. 137-138.

tillon y el *Roman de Alexandre* de Lambert le Tors y Alexandre de Bernay), mas lo mismo que Berceo o el anónimo autor del *Apolonio,* Juan Lorenzo de Astorga, no se limita a traducir, sino que interpreta y crea por su cuenta, a veces con rica imaginación.

Muestra el *Libro de Alexandre* cómo la mente medieval reconstruye poéticamente los recuerdos de la antigüedad, cómo un personaje histórico se convierte en un héroe fabuloso y cómo se mezclan en la narración elementos muy extraños. Hay en él de todo: episodios derivados de la épica homérica, como el sitio de Troya; descripciones fantásticas de lugares exóticos (Babilonia, visita a la reina de las amazonas, el palacio de Poro, visita de Alejandro al fondo del mar o su viaje por los aires en una máquina voladora, tema al parecer de origen oriental); recuerdo de mitos y fábulas antiguas; alegorías como la del descenso a los infiernos; elementos moralizadores o puramente didácticos. El héroe, más que como un personaje de la antigüedad, está tratado como un personaje caballeresco. Representa, por tanto, el poema un cruce interesante de actitudes y motivos: religiosos y paganos, caballerescos y ascéticos, novelescos o, en otro sentido, de preocupaciones de cultura y de conocimiento. A veces el libro adquiere un carácter casi enciclopédico al hablar, por ejemplo, de la educación del protagonista, o en diversos pasajes geográficos e históricos. El estilo, sin el encanto del de Berceo, demuestra imaginación literaria en algunas descripciones, como la de la tienda, del amor, y algunos trozos poseen genuino valor poético. Muy agradable es la "Descripción de un lugar ameno," donde Alejandro descansa y celebra consejo, que recuerda la del prado en la Introducción a los *Milagros* de Berceo. Y una poesía fresca y graciosa inspira la "Descripción de la primavera" —el canto al mes de mayo y al amor— tema común en la poesía medieval:

> El mes era de mayo, un tiempo glorioso,
> cuando fazen las aves un solaz deleitoso,
> son vestidos los prados de vestido fermoso,
> da sospiros la dueña, la que non ha esposo, etc.

A diferencia del *Apolonio,* que rara vez es mencionado en la literatura posterior, el *Libro de Alexandre* tuvo resonancia e influjo, y su héroe fue muy citado en la Edad Media. Luego fue olvidado, hasta que, como Berceo y el Cid, fue publicado por don Tomás Antonio Sánchez.

El "Poema de Fernán González" y la recreación erudita de la épica. — Recordemos cómo la materia heroica de las antiguas gestas se transmite por tres conductos: la recitación de los juglares, de donde saldrá el romance; la prosificación en las crónicas, y la recreación poético-erudita. De este último fenómeno el ejemplo más notable nos lo ofrece el poema en cuaderna vía sobre el conde castellano Fernán González. Es el fruto más tardío del mester de clerecía en el siglo XIII. Fue compuesto hacia 1255 por un monje del monasterio de Arlanza, cerca de Burgos, en el corazón de Castilla la Vieja.

Tiene, sin duda, como antecedente un cantar juglaresco recogido en la *Crónica Najerense,* pero la inspiración del *Poema* está muy influida por el espíritu de escuela: Berceo y, sobre todo, el *Libro de Alexandre,* que el autor admira y al que imita en el estilo y en muchos temas. Marden y Menéndez Pidal apuntaron varias reminiscencias literarias, desde la Biblia a alusiones a las gestas francesas. Puede verse un buen resumen en la introducción de Zamora Vicente a la edición de *Clásicos Castellanos.* Aparte del valor narrativo de varios episodios, algunos de carácter fantástico, lo que da interés al *Poema* es el cruce de temas y motivos, mayor si cabe que en las otras obras de la misma escuela: el religioso, el caballeresco, derivado del *Alexandre,* el heroico popular. Menéndez Pidal resume:

> El monje de Arlanza quiere hermanar la vieja materia heroica, no sólo con los sentimientos y la milagrería monacales, sino con los recuerdos de la antigüedad clásica, imitando mezcladamente el estilo narrativo y el espíritu guerrero de las gestas, por una parte, y, por otra, la devota inspiración de las vidas de santos y la erudita amenidad del *Libro de Alexandre.*

Independientemente de la mezcla de tan diversos elementos, posee el *Poema* unidad de tono y espíritu en el fuerte castellanismo que todo él respira: austeridad, rebeldía, orgullo regional y, sobre todo, sentimiento democrático y fervor religioso en la lucha contra los moros. Ya sea cuando el caudillo reúne, como hacía el Cid, a sus compañeros para tomar una decisión, o cuando el poeta hace pelear a su lado, contra Almanzor, al apóstol Santiago con gran compañía de "caveros" (caballeros). En esto, como en otros rasgos, es el *Fernán González* buena guía para entender algunos móviles de la Reconquista.

II. Otras obras poéticas

Coetáneos de los largos poemas que acabamos de estudiar son varios textos poéticos de carácter menos preciso. Semicultos o semijuglarescos, narrativos o líricos y, en el caso de los debates, con algún trazo de representación dramática. Todos ellos pertenecen al siglo XIII y tienen de común su origen francés o provenzal. Ilustran, por tanto —igual que las obras del mester de clerecía— la difusión en Castilla o sus zonas limítrofes, Aragón y León, de temas y formas creadas más allá de los Pirineos.

Hay, entre estas obras, una *Vida de Santa María Egipciaca* y el *Libro de los tres Reys d'Orient* sobre la adoración de los Magos y otros temas del Nacimiento. Ambas pertenecen a la primera mitad del siglo XIII, están escritas en versos pareados de medida irregular con predominio de los de nueve sílabas y tienen algunos rasgos de dialectalismo aragonés. Aunque el gustador de vieja poesía pueda encontrar algún pasaje o verso que le agrade por su sabor arcaico, el interés de estos poemas es únicamente erudito.

De otro tipo son la *Disputa del alma y el cuerpo,* 37 versos largos, con predominio de los de catorce sílabas, conservados en un manuscrito de 1201, de carácter alegórico y sobre un tema muy extendido en la Edad Media; y la *Disputa de Elena y María,* fechada hacia 1280, de mayor valor, con algún sentido cómico en las alabanzas respectivas de los méritos, como amigo o enamorado, del caballero y el clérigo (el defensor y el orador, según los estados medievales). Predomina en esta última el verso octosílabo y el dialectalismo leonés.

También predomina el octosílabo, mezclado con el eneasílabo, en los pareados del poema que, sin duda, posee más subidas calidades líricas y mayor significación literaria, el llamado *Razón de amor,* perteneciente a la primera mitad del siglo. Se relaciona con la poesía escolar y con el arte de las *pastourelles*: encuentro del escolar y la dueña en un huerto. Combina con un cierto encanto expresivo motivos alegóricos, campestres, cortesanos ("para aprender cortesía"), de goce erótico ("besóme la boca e por los ojos"), raro en la poesía castellana de estos tiempos, y quizás alguna relación con la poesía tradicional paralelística de la canción de amigo ("¡Ay, meu amigo / si me veré ya más contigo!"). Menéndez Pidal, atendiendo a algunos de sus temas —momento del encuentro, calor sofocante, frescor del agua, huerto, etc.— ha propuesto el nuevo título de *Siesta de abril*.[5] El encuentro amoroso se continúa con un debate cómico, los *Denuestos del agua y el vino*.

En el siglo XIII hay que situar también la poesía, de carácter vario y bastante distinto a todas las demás, que aparece en la *Historia troyana en prosa y verso* sobre temas clásicos, en los que se pueden destacar la narración de los "Amores de Troilo y Briseida" o la "Profecía de Casandra."

Terminemos recordando que la épica, los poemas de clerecía o estas diversas muestras de quehaceres poéticos varios coexisten en la Península con la lírica gallega de los *Cancioneros,* la poesía trovadoresca catalana y la posible lírica tradicional y anónima a que aludimos al estudiar las *jarchas*.

III. *Alfonso X el Sabio y los comienzos de la prosa*

La aparición de las primeras obras en prosa en el siglo XIII coincide con el desarrollo de la poesía culta —mester de clerecía— que acabamos de estudiar, y lleva, por tanto, un retraso de más de cien años con respecto a la poesía juglaresca. Lo sorprendente no es el retraso, ya que la aparición tardía de la prosa es fenómeno común a todas las literaturas, sino el rápido incremento que adquiere en algunos aspectos. Ello es debido al impulso del rey Alfonso X, que hace de la prosa un instrumento literario y científico.

Con la prosa se abren a la literatura medieval nuevos campos: el pensamiento moral y jurídico, la historia, la ciencia, los primeros intentos del arte narrativo. Hasta aquí la poesía culta se había limitado a la exposición de temas religiosos o a divulgar una visión semifabulosa de las culturas antiguas. La prosa alfonsina trae, en cambio, un propósito de conocimiento científico del mundo y de la historia (hasta donde hoy podemos dar valor científico a la mentalidad del medioevo) juntamente con una actitud doctrinal y moral encaminada a dar modelos de conducta al hombre en sus diferentes estados· Se comienza, de este modo, a vislumbrar la posibilidad de ir construyendo una imagen del universo que prepara la entrada en España, dos siglos después, de las ideas y formas de sensibilidad renacentista, aunque la España cristiana, por razones complejas, contribuyera escasamente al pensamiento especulativo de

---

[5] *Poesía juglaresca...*, pág. 138.

la filosofía medieval. No así la España árabe, algunos de cuyos pensadores, como el cordobés Averroes (1126-1198), tuvieron una influencia considerable sobre la escolástica. Curtius resume las razones de tal fenómeno: "España no tomó parte en el Renacimiento del siglo XII. La cultura islámica del Sur era muy superior a la cultura cristiana del Norte."

Los antecedentes: traducciones al latín y primeros ensayos de prosa histórica y didáctica. — La obra de Alfonso el Sabio no se produce en el vacío, sino en un ambiente culto de cierta densidad en el que se funden las corrientes occidentales, latino-eclesiásticas, aludidas al comienzo del capítulo, y el fuerte influjo oriental. Procedía éste del florecimiento de la cultura árabe en los siglos anteriores, cuyos intermediarios cerca del monarca castellano fueron principalmente algunos colaboradores judíos. Tenía, pues, la prosa antecedentes muy precisos.

El primero y más importante fue el de una larga tradición de versiones al latín de obras científicas, y algunas literarias. Y aunque es común el adscribir esta labor, limitándola en el tiempo y en el espacio, a la llamada Escuela de Traductores de Toledo, debe recordarse que si bien es allí donde el movimiento adquirió mayor ímpetu, hubo otros centros de traducciones en el reino de Aragón, y en ciudades como Tarragona, Segovia, León, etc., y que Federico II había llevado a cabo en Sicilia una labor análoga, o al menos paralela, a la de Alfonso el Sabio en Castilla.

Entre los iniciadores de traducciones científicas se cita ya en el siglo X a Gerberto de Aurillac —más tarde Papa con el nombre de Silvestre II— que, al parecer, visitó Córdoba, centro entonces del saber musulmán y judío, y estudió en Ripoll y en Vich. Otro nombre importante entre los precursores es el de Mosé Sefardí (n. ca. 1062), judío aragonés convertido al catolicismo con el nombre de Pedro Alfonso (o Petrus Aldefonsi), y que, aparte de traducciones de obras científicas, compiló en latín su famosa colección de apólogos, *Disciplina Clericalis,* fuente de la difusión en España y Europa de muchos relatos orientales y antecedente de la literatura narrativa con fines didáctico-morales en la Edad Media.

Dentro de esta tradición, el arzobispo Don Raimundo (1126-1152) estimuló la formación en Toledo de una escuela de traductores. La ciudad se convirtió en centro importante de transmisión de la cultura oriental y el saber antiguo al occidente, que así pudo conocer la obra de muchos autores griegos, traducida antes al árabe, reinterpretada y enriquecida por autores musulmanes. Más que de una escuela debería hablarse de un movimiento o labor conjunta de versiones al latín, en la que colaboraron en diferentes momentos estudiosos de muy diversas naciones y procedencias junto con los españoles —cristianos, judíos o conversos. Entre todos se destacó como iniciador Domingo Gonzalvo (o Dominicus Gundisalvus), una de las pocas figuras castellanas cuyo pensamiento tuvo irradiación fuera de España en el medioevo: por ejemplo, su libro *De divisione philosophie*. Con Gundisalvus colaboró el converso Juan Hispano (el judío Ben David), que según Menéndez Pidal suele confundirse con otro traductor, Juan de Sevilla o Joannes Hispalensis.

La labor de la escuela toledana continuó hasta bien entrado el siglo XIII y enlaza, de manera más o menos directa, con los comienzos de las traducciones alfonsinas al romance. La continuidad pudiera estar representada por algunas figuras como la de Hermán el Alemán, traductor de Averroes al latín y, luego, de los *Salmos* al castellano, ya en época del rey Sabio.

Independientemente de esta tradición de versiones latinas, la obra alfonsina tuvo otros precedentes.

En el terreno histórico, los compendios en latín del arzobispo de Toledo, Rodrigo Jiménez de Rada (1170?-1247), en especial *De rebus Hispaniae* o *Historia Gothica,* y el *Chronicon Mundi* de Lucas de Tuy, el Tudense (m. 1249); ya en romance, los *Anales Toledanos*; en el jurídico, la traducción del *Fuero Juzgo*; y en la literatura didáctica, colecciones varias de máximas, anécdotas y sentencias como *Los diez mandamientos,* el *Libro de los doce sabios,* el *Libro de los capítulos*, etc.

La personalidad del Rey Sabio. Los comienzos de su obra y caracterización general. — Alfonso X (1221-1284) ocupó el trono de Castilla en 1252 a la muerte de su padre, Fernando III el Santo, y si bien el estudio de su significación política queda fuera de nuestros propósitos, no es ajeno a la comprensión de su obra literaria el destacar algún rasgo de su personalidad histórica. Dos ambiciones firmes, en ambas de las cuales fracasó, parecen caracterizar su reinado: la de continuar el magnífico impulso que su padre había dado a la Reconquista con la toma de Sevilla y la aspiración a la corona imperial. Indicio, acaso, la primera del sentimiento nacional que inspira su historia de España, tuvo como resultado la incorporación a Castilla del reino de Murcia y la captura de varias plazas andaluzas, entre ellas Cádiz, en el extremo peninsular. Quiso proclamarse Emperador de las Españas y llevar la guerra hasta las costas de África. Su candidatura al Sacro Imperio Romano, basada en los derechos de su madre, Beatriz de Suabia, denota el universalismo que alienta en casi toda su obra y muestra cómo Castilla gravitaba, cada vez más, hacia la órbita europea. Y es significativo que esta orientación creciente hacia Europa coincida con el gran influjo de las culturas semíticas en la labor científica del monarca y de sus colaboradores.

El ímpetu de los primeros años fue cediendo a graves trastornos financieros y políticos y, tras la muerte del primogénito, Don Fernando. Con la rebeldía de su segundo hijo, Don Sancho, y de sus nietos los Infantes de la Cerda, se inicia un largo período de luchas internas entre la nobleza, de anarquía feudal, que durará, con breves treguas, hasta los Reyes Católicos.

Sobre este fondo turbulento de ambiciones y móviles diversos, se proyecta la magna empresa científico-literaria que hizo a Alfonso acreedor al epíteto de Sabio. Bajo su inspiración se realiza en el terreno de los conocimientos pragmáticos —astronomía, derecho, historia y saberes varios— una labor que podría relacionarse con otros fenómenos de la cultura medieval en el siglo XIII: la síntesis filosófica de Santo Tomás, el desarrollo de las universidades o la arquitectura de las grandes catedrales góticas.

No tuvo, desde luego, la obra alfonsina repercusión equiparable a la de estos fenómenos, y, por razones que sería largo explicar, raro es hoy el historiador de la cultura europea que la recuerda. Lo cual en nada disminuye su valor. Resultado de circunstancias peculiares que hicieron posible la adopción de la lengua vulgar como instrumento de alta cultura, se separaba por este hecho del resto de la cristiandad, cuya sabiduría se expresaba, y aún siguió expresándose por mucho tiempo, en latín.

Desde su juventud, años antes de subir al trono, Don Alfonso fue estableciendo los cimientos de su obra. Intervino probablemente en la versión al castellano del *Fuero Juzgo,* hecha en 1241 por orden de su padre, el rey Fernando. Una vez coronado, su corte se convirtió en centro de constante actividad intelectual. En Toledo, Murcia, Sevilla, rodeóse de sabios y juristas, de trovadores y músicos, que, bajo su inspiración y, muchas veces, con su colaboración personal, fueron dando forma a un número cuantioso de libros que, por su importancia y la variedad de temas, representan el máximo esfuerzo de España en el campo de la cultura durante la Edad Media.

Varias cuestiones de carácter general se han planteado al considerar en su conjunto la obra alfonsina: ¿Cuál fue realmente la participación del rey en la totalidad de sus labores? ¿A qué estímulos obedeció? ¿Qué le indujo al uso del castellano en contra de lo habitual en su tiempo?

Parece probado, en primer lugar, que el estímulo inicial procedía de la tradición toledana, la Escuela de Traductores (y acaso, remontándose aún más, de algunas cortes de la España musulmana), y que con ella enlaza el que Menéndez Pidal ha llamado "Primer período de la escuela alfonsí," dedicado principalmente a traducir obras científicas: *Libro de la Açafeha,* del astrónomo cordobés Azarquiel, *Libro de la ochava esfera* y otros. Hacia 1270 comienza un "segundo período," al que corresponden las *Tablas astronómicas alfonsíes* (1271), el *Lapidario* (1279) y el *Libro de Ajedrez* (1281).

Respecto al procedimiento, Alfonso y sus colaboradores continuaron un método de traducción por pareja o equipo establecido en Toledo y del cual tenemos un ejemplo en la noticia dada por Juan Hispalense de cómo se hizo la traducción de *De anima,* de Avicena. Él, Juan, trasladaba el árabe a la lengua vulgar, y Dominico Gonzalvo redactaba la versión latina. El castellano, pues, era, en Toledo, la lengua intermedia. La innovación alfonsina consistirá en adoptarla como definitiva y prescindir de la versión latina. Gonzalo Menéndez Pidal ha estudiado en detalle la cuestión en su artículo *Cómo trabajaron las escuelas alfonsíes,* donde se da noticia, además, de varios equipos o parejas de traductores.

Hecha la traducción al castellano, varias obras fueron pronto vertidas al latín o al francés, y con ello se facilitó su divulgación por Europa. Así ocurrió con las famosas *Tablas Alfonsíes,* texto importante del saber astronómico medieval. Análogo es el caso del *Libro de la Escala,* o ascensión de Mahoma al paraíso, cuya traducción al castellano se ha perdido, pero del que se descubrieron y dieron a conocer en 1949 las versiones latina y francesa. En él fundó Asín Palacios su estudio sobre la influencia de la escatología musulmana en la *Divina Comedia,* con lo cual la gran creación poética de Dante quedaba en alguna forma vinculada a la obra del monarca castellano.

A medida que la labor de los traductores avanzaba, fue el rey concibiendo y realizando obra de mayor empeño y originalidad: sus grandes recopilaciones jurídicas, históricas, o, en el plano poético, las *Cantigas.* La versión de textos anteriores cedía en importancia, o al menos se supeditaba, al acoplamiento de materiales procedentes de muy diversas fuentes. Aquí la intervención del rey fue más directa y personal. Ya no era sólo el empresario o animador. Dos textos, entre otros varios, dan clara idea de su intervención. En uno de la *General Storia* se dice:

El Rey faze un libro, non por quel escriva con sus manos, mas porque compone las razones dél, e las enmienda ... e endereça e muestra la manera de cómo se deven fazer, e desí escrívelas qui él manda, pero dezimos por esta razón que él faze el libro.

Y al hablar de la *Crónica general* explica:

> Nos don Alfonso mandamos ayuntar cuantos libros pudimos aver
> de historias de fechos de España ... escogí dellos los más verda-
> deros e los mejores que y sopé, e fiz ende fazer este libro.

Queda, pues, claro que al rey se debe tanto el estímulo general como
la concepción de una gran parte de su obra, aunque no la "escribiera
por sus manos" y sean perfectamente conocidos los nombres de muchos
de sus colaboradores. Tuvo también participación muy directa en dar
normas unificadoras al lenguaje —ortografía, vocabulario, estilo— según
declara ya en uno de los primeros libros, el de la *Ochava esfera*: "tolló
[quitó] las razones que entendió eran sobejanas et dobladas et que non
eran castellano drecho ... ; et cuanto al lenguaje endereçolo él por sise."

Quedaría por explicar el problema de mayor alcance: por qué fue
Castilla el primer país, y casi el único en esta época, que empleó la
lengua vulgar como instrumento científico. No faltan en otros lugares
tendencias hacia la secularización de la cultura, y el florentino Brunetto
Latini, por ejemplo, iniciará las traducciones al italiano o compone en
francés el *Tesoro* o *Li Livres dou Tresor,* de carácter enciclopédico. Más
tarde, Dante, su amigo y discípulo, hará el elogio de la lengua vulgar.
Pero aparte de la coincidencia de haber sido Latini embajador en la
corte de Don Alfonso, nada hubo de paralelo en Europa. La explicación
debe buscarse en las razones aducidas por Américo Castro: la amplia
intervención de sabios judíos y conversos en el fenómeno que él llama
"castellanización de la cultura islámica," ya que habían sido los judíos
los que más estrecho contacto habían tenido con ella. Castro concluye:
"aquel deseo de vulgarización [el del rey sabio] ... casaba con el escaso
interés del judío castellano por el latín, medio expresivo que reflejaba
la unidad cristiana de Occidente."

Y en otro lugar de su obra Castro recalca lo que tuvo de peculiar
el fenómeno como síntesis de los dos mundos que convivían en España:

> En aquella a modo de *Summa Pragmatica* organizada por Alfon-
> so X ingresaron la Biblia, la historia universal, el derecho, la astrono-
> mía, los lapidarios e incluso el deporte del ajedrez. Oriente y Occi-
> dente confundían sus límites en tan gigantesca tarea, y Castilla se
> encontró así con una literatura en vulgar, sin equivalente en Europa
> a mediados del siglo XIII, con lo cual aún se apartaba más del
> gremio de la sabiduría europea, cuyo verbo expresivo era el latín. [6]

---

[6] Véase, *La realidad...*, págs. 458 y 357.

Sólo en Sicilia y Cataluña se dio, aunque con marcadas diferencias y en escala mucho menor, un fenómeno en algo semejante. Así, dos figuras coetáneas, el médico valenciano Arnau de Vilanova y el gran escritor mallorquín Ramón Llull, escriben algunos de sus tratados en prosa catalana. En ambos encontraríamos, sin embargo, un sentido distinto: espiritual, religioso y filosófico.

Es, sin duda, la amplitud de su monumental esfuerzo lo que da trascendencia a la obra del Rey Sabio. Es innecesario detenerse en sus varias obras de carácter científico y didáctico. No ocurre lo mismo con otras de indudable trascendencia literaria en tres campos: el jurídico, el histórico y el poético.

Las Partidas. — Muy superior al resto de las obras jurídicas atribuidas a Alfonso X o compuestas por su iniciativa, tales como *El espéculo* y el *Fuero Real,* es el *Libro de las leyes,* dividido en siete partes, conocido comúnmente con el título de *Las siete Partidas.* Fueron compuestas entre 1256 y 1265, y, además de los códigos citados, tuvieron, al parecer, como antecedente a *El Setenario.* Su valor legislativo, social y literario ha hecho que se considere como una de las mayores creaciones de la literatura medieval española, y Donoso Cortés, en un rapto de elocuente entusiasmo, pudo decir que eran, juntamente con la catedral de Colonia y la *Divina Comedia,* una de las tres obras maestras de la Edad Media. Concebidas en principio como una recopilación legislativa, la más amplia de las hechas hasta entonces desde los tiempos de los grandes jurisconsultos romanos, *Las Partidas* son para el lector moderno mucho más que eso. Sus títulos y leyes se agrupan en siete partes, que tratan respectivamente de la religión, del rey, de la administración de justicia, del matrimonio, de los contratos, de los testamentos, y de los delitos y penas.

Pero al legislar sobre estas cuestiones, los juristas que bajo la dirección del rey redactaron la obra expusieron la doctrina jurídica acompañada frecuentemente de sus fundamentos filosóficos y nos dejaron un cuadro riquísimo de la vida de su tiempo. Usos, costumbres, mentalidad, detalles sobre la población, diversiones y tareas domésticas, los derechos de todos los estados e individuos, y otros muchos aspectos de la existencia, están cuidadosamente registrados en las innumerables leyes reguladoras de las relaciones humanas en la complicada sociedad del medioevo, en la cual cada clase, cada religión, oficio o pueblo tenía sus propias leyes. A esta animada pintura de una existencia, tan distinta de la nuestra y, sin embargo, tan humana, unida al sentido inmediato, y al mismo tiempo transcendente de la ley, debe la obra de Alfonso X el interés que aún conserva hasta para lectores enteramente profanos.

Como ocurre con tantos libros antiguos hacia los que la mayoría de los lectores modernos sienten un respeto distanciado y reverente, creyéndolos lectura reservada a los eruditos, *Las Partidas* del Rey Sabio nos proporcionan, cuando nos acercamos a ellas, un inesperado deleite, como todo lo que abre una nueva visión sobre el mundo del pasado.

Obras históricas. — Inspiró Don Alfonso la redacción de la *Estoria de España* o *Primera Crónica General* y la *Grande e General Estoria.* Corresponden ambas al segundo período de producción, es decir, al que comienza en 1270, y en ellas culmina su legado literario.

Es la *Crónica* un extensísimo resumen (1.134 capítulos) de todas las noticias existentes en su época sobre España, desde los tiempos primitivos y legendarios, a través de las sucesivas invasiones de la Península, hasta el reinado de Fernando III, o sea hasta el momento en que fue concebida. Se interrumpió su redacción cuando surgió el proyecto de componer una historia universal, la *General Estoria,* y fue, por eso, continuada y terminada en tiempos del sucesor de Don Alfonso, su hijo Sancho IV. La parte redactada en vida del Rey Sabio llega hasta el capítulo 565 y termina con la invasión musulmana, la pérdida de España. La continuación narra los hechos de la Reconquista a partir de Pelayo.

El valor de la obra consiste, entre otras cosas, en la amplitud con que está concebida, la riqueza de sus fuentes —latinas, árabes, cronicones y anales castellanos— y el espíritu nacional que la informa. No se limita a una comarca o reino ni a hechos particulares. Aspira a dar noticia de "fechos de España." Tenía conciencia Don Alfonso de que Castilla era ya el núcleo central sobre el que se unificaría el país. Y así, al referirse a la lengua, se lee a veces "nuestro lenguaje de Castilla" o "de Castilla dezimos," pero otras se lee "llamamos en lenguaje de España." Expresión del mismo espíritu son dos pasajes muy conocidos y citados: "Del loor de España," derivado de San Isidoro y convertido ya antes del Rey Sabio en tópico (el *laus Hispaniae*), y la lamentación por la pérdida de España o "Del duelo de los godos."

Entre las muchas fuentes utilizadas ("cuantos libros pudimos aver de historias"), dos debieron de servir de patrón inicial: la obra del arzobispo Jiménez de Rada, *De Rebus Hispaniae,* cuyo prólogo sirve de base al de la *Crónica,* y la historia universal en latín *Speculum Historiae,* de Vicente de Beauvais. De esta última toma, por ejemplo, el texto de Suetonio sobre la *Vida de los Césares.* Y aunque sólo aparezcan en la parte redactada en tiempos de Sancho IV —la de la Reconquista— es de gran trascendencia literaria, el haber utilizado, prosificándolos, los relatos épicos juglarescos que por la *Crónica* se transmiten a la posteridad. Aparte de lo que el hecho tiene de singular innovación histórico-literaria, por él ha sido posible, como sabemos, la reconstrucción de la epopeya medieval llevada a cabo por Menéndez Pidal y su escuela.

Como en todo, impuso el rey castellano en la utilización de las fuentes un método claro: selección, valoración, comparación y acoplamiento para reconstruir un suceso, y, por último, ampliación al narrar o al exponer.

La *Crónica* fue el comienzo y piedra angular de la historiografía española. Pasó, casi a partir del primer momento, por sucesivas redacciones y refundiciones. Florián de Ocampo publicó en 1541 el texto de la *Tercera Crónica General,* y el influjo de la obra es visible en los historiadores clásicos, como el Padre Mariana, y en los eruditos del siglo XVIII. A pesar de ello, la versión original, la *Primera Crónica,* permaneció inédita hasta que fue editada en 1906 por Menéndez Pidal.

De mayor amplitud, si cabe, en su concepción fue la *Grande e General Estoria.* Se basa en la Biblia, cuyos libros sigue cronológicamente, pero utiliza otras muchas fuentes clásicas y medievales que le permiten ir reconstruyendo toda la historia de la antigüedad hasta los orígenes del cristianismo. Inédita hasta nuestro tiempo, Solalinde publicó la primera parte en 1930; y en 1957 ha aparecido la segunda, que los discípulos del erudito español, en la Universidad de Wisconsin, siguieron preparando. De la extensión de la obra puede dar idea el contenido de lo ya publicado. La parte publicada por Solalinde comprende sólo los cinco libros del Pentateuco y termina con la muerte de Moisés; la segunda (362 capítulos) llega a la de David y dedica una sección considerable a narrar la historia de Tebas, tomada, al parecer, del texto francés *Roman de Thèbes.*

Más que un simple relato de hechos, es la *Estoria,* como afirma Solalinde, "una rica enciclopedia," en la que se encuentra "cuanto la Edad Media sabía de la antigüedad." Su influjo fue, como el de la *Crónica,* muy grande. María Rosa Lida habla "de la insospechada importancia de la *General Estoria* en la formación literaria de Juan de Mena" y rastrea ecos alfonsinos en las fábulas mitológicas del Siglo de Oro.

Como ocurre en las *Partidas* y, aun en mayor medida, en las obras históricas, el valor literario es inseparable del lingüístico. Si en la recopilación jurídica la riqueza del vocabulario es reflejo de la variedad de materias, en la historia lo es del esfuerzo para adaptar a una prosa que se está formando el estilo variadísimo de sus fuentes, sean clásicas, religiosas o poéticas, o por dar vida narrativa a muy diversas situaciones humanas, históricas o legendarias. Aparte de invenciones de estilo y de la unificación ortográfica, es enorme el caudal de voces nuevas que por lo común el rey o los autores por él inspirados tienen buen cuidado de definir, aclarando su significado.

El poeta. Las "Cantigas". — Además de ser el creador reconocido de la prosa castellana y el sistematizador de obras jurídicas, históricas y científicas, Alfonso X ocupa un puesto muy señalado, y en parte único, en la historia de la poesía medieval. Como ha ocurrido con su labor de prosista, también se va aclarando poco a poco la participación del rey en sus creaciones poéticas: un número de cantigas de escarnio o maldición y de amor, que aparecen bajo su nombre en los *Cancioneros de la Vaticana* y de *Colocci-Brancuti,* y la extensa colección de las *Cantigas de Santa María.* En muchos casos el propio rey se declara como autor diciendo "eu compuse," "eu fiz"; en otros, afirma que ordenó que se escribieran o cita algún colaborador, como el trovador y clérigo gallego Airas Nunes.

El fenómeno se explica si consideramos que la corte literaria y musical del rey no fue menos numerosa que su corte de sabios, juristas e historiadores.

Juglares de todas las procedencias, trovadores provenzales y segreles gallegos rodeaban al monarca y obtuvieron su protección. Son conocidas la *Suplicatió* o ruego que Giraldo Riquier de Narbona dirigió "per lo nom dels juglars" a Don Alfonso, y la *Declaratió* subsiguiente, escrita, al parecer, por el mismo Riquier, pero inspirada por el rey. De enorme interés son, además, algunas miniaturas del códice de las *Cantigas,* donde se representa la corte literaria.

Veamos cómo Menéndez Pidal describe una de ellas, reproducida en *Poesía juglaresca:*

En medio de una cámara de arcos ojivales, encortinada con lujo, aparece el rey sentado en su escaño: tiene en la mano un libro abierto, y dicta una poesía dirigiéndose con dedo imperativo a los escribas que a sus pies están sentados en el suelo, el oído y la pluma pendientes de la palabra del rey; un poco más lejos, clérigos con corona (uno de ellos será Airas Nunes) repasan libros para ayudar con su erudición al regio poeta; y aparte, a otro lado, están los juglares templando sus vihuelas o tañéndolas con el arco y la pluma. [7]

Y un poco más adelante, completando este cuadro de asalariados del rey, se refiere Menéndez Pidal a "juglares moros y judíos, especialistas en instrumentos determinados, bandas de tromperos y tamboreros, saltadores moros y juglaresas de todas esas diversas razas y religiones."

Conjunción tan variada pone de manifiesto lo que las *Cantigas de Santa María* tienen de síntesis artística y poética. En los códices hoy conservados, las melodías con que se cantaban y acompañaban, documento musical extraordinario, y las preciosas miniaturas que las ilustran, constituyen un tesoro y dan a la obra valor como testimonio del espíritu y el arte de inspiración gótica y de las costumbres de la época.

En cuanto a la significación específicamente poética, hay, en las 430 composiciones de que consta la obra, narraciones sugestivas y cuadros animados o momentos de genuino sentimiento lírico; mas no es el encanto expresivo ni la manifestación de una personalidad, como en el caso de Berceo o poco después, en mucha mayor medida, en el de Juan Ruiz, lo que da relieve y trascendencia a las *Cantigas* alfonsinas. Su valor reside principalmente en lo que tienen de suma artística y poética. Representan, por de pronto, el temario más rico de milagros de la Virgen o temas mariales en la literatura española de su tiempo, y una variedad de formas métricas sin paralelo en el siglo XIII. En esto, como en todo lo demás, es rasgo característico del arte alfonsino la integración de los más diversos elementos: la narración o relato de milagros, que se dan en series de diez, alternan con el loor o canto y alabanza lírica; y el zéjel, estrofa predominante (335), de origen árabe, según sabemos, con esquemas métricos variados. Se conjuga así, no sólo en forma, sino también en espíritu y estilo, el arte trovadoresco y cortesano con el tradicional; y del mismo modo se conjuga lo profano con lo sobrenatural. Por último, el sentimiento histórico-nacional se aúna con el religioso que envuelve la obra toda y se declara de manera precisa en el prólogo. En él expresa el rey su deseo de ser el trovador de Santa María, rogando ser acogido por la Madre de Dios como tal:

> E o que quero é dizer loor
> da Virgen, Madre de nostro Sennor,
> Santa María ....

---

[7] *Op. cit.*, págs. 180-181.

.......................; e por aquest'eu
quero seer oy mais seu trovador,
e rógo-lle que me queira por seu
  trovador, e que queira meu trovar
reçeber ...

Toda la obra poética del Rey Sabio, religiosa y profana, con excepción de una breve poesía, está escrita en gallego; hecho, en cierto modo, sorprendente, si se considera el antecedente de Berceo y que el monarca mostró en su política cierta hostilidad hacia Galicia. La explicación comúnmente aceptada es la de que se trataba de una tradición y una moda en la lírica culta. Explicación que algunos críticos modernos, Castro entre otros, han encontrado insuficiente, y cuyo examen detenido traspasaría los límites de nuestros propósitos.

IV. Orígenes de la prosa didáctica novelesca

Fenómeno coetáneo de Alfonso X es el desarrollo incipiente de varias corrientes de prosa narrativa, antecedente más o menos directo y preciso de lo que, andando el tiempo, se llamará novela, entendido lo novelesco en el sentido amplio que le dio Menéndez Pelayo en su libro sobre los *Orígenes*. Independientemente de los catecismos morales aludidos al hablar de la obra del Rey Sabio, toma el fenómeno tres formas, relacionadas con temas diversos: el cuento y apólogo de origen oriental, los relatos de la antigüedad en torno a la guerra de Troya y los relatos histórico-legendarios de las Cruzadas.

La entrada de los cuentos orientales en prosa castellana, con su precedente latino en la *Disciplina clericalis* de Pedro Alfonso, está representada en esta época por dos libros: el de *Calila e Dimna* y el *Sendebar* o *Libro de los engannos et de los assayamientos de las mugeres.* Ambos de origen indio y traducidos del árabe. Ha sido común fechar el primero en 1251 y atribuir su traducción a la iniciativa del rey Alfonso, en su juventud, antes de ser coronado. Solalinde puso en duda tal atribución y sugirió una fecha más tardía. [8] De resultar cierta la conjetura de Solalinde, sería *Calila* posterior al *Libro de los engaños,* mandado a traducir

---

[8] Por una confusión se dice, en la nota introductoria a las selecciones en del Río, *Antología General,* que Solalinde propone treinta años antes de 1251. Debería decir "treinta años después." Sirva esta aclaración para los que la utilicen.

por el infante Don Fadrique, hermano de Don Alfonso, en 1253. Tiene este libro, además, mayor unidad, sea en el elemental artificio novelesco, sea en el tema central, la maldad de las mujeres, antecedente por tanto del antifeminismo que encontraremos en los siglos posteriores. Consta de veintitrés relatos o ejemplos, en los cuales se debate la suerte del hijo del rey Alcos de Judea [posiblemente, por India], condenado a muerte por acusaciones de una de las mujeres de su padre. Intervienen en el debate, es decir, en la narración alternativa de los varios ejemplos, el rey, siete de sus privados o sabios, el infante condenado y la mujer acusadora, que, demostrada la maldad de las mujeres, termina por ser quemada.

A este tiempo debe de corresponder también la entrada en España del tema de Barlaam y Josafat, de origen indio como los anteriores, en el que se cristianiza la leyenda de la juventud de Buda. Aunque las traducciones castellanas conocidas sean mucho más tardías, el tema aparece ya en varios autores del siglo XIV y en el *Libro de los Estados* de Don Juan Manuel.

Finalmente, entre 1292 y 1293 parece que se compuso, o al menos empezó a componerse, el libro *Castigos y documentos del rey Don Sancho,* colección de consejos, relatos, exemplos y erudición varia relacionada con el tema de la educación de príncipes.

Los relatos, inspirados en las guerras de Troya y más directamente en el poema *Roman de Troie,* de Benoît de Sainte-More, tuvieron varia difusión en el siglo siguiente, mas la primera versión parcial parece haber sido la *Historia troyana en prosa y verso,* ya citada al hablar de la poesía y fechada por Menéndez Pidal en 1270.

Sin duda la obra de mayor importancia de la prosa narrativa en este tiempo es la llamada *Gran conquista de Ultramar,* sobre cuya fecha tampoco están de acuerdo los investigadores. Se supone compuesta entre 1284 y 1295, pero algunos la sitúan, al menos en parte, a principios del siglo XIV. Obra muy extensa, inspirada en una historia latina de las Cruzadas de Guillermo de Tiro (m. en 1184) y en diversos relatos franceses, combina lo histórico, lo legendario y lo novelesco. El relato de la expedición ultramarina de Godofredo de Bouillon aparece enriquecido con diversas leyendas, de que es buen ejemplo la del *Caballero del Cisne.* Es, pues, la *Gran conquista* texto importante en el estudio de los orígenes de la materia caballeresca (en ella está, por ejemplo, la leyenda de *Maynete,* o sea el joven Carlomagno), que por esta época debió de entrar en la Península, sea a través de las gestas francesas o de la *Crónica de Tur-*

pín, sea en relatos del ciclo artúrico que, según Entwistle, tuvieron una difusión bastante temprana.

[Selecciones del Río, *Antología,* vol. I, págs. 20-53.]

BIBLIOGRAFÍA

(Véanse obras y estudios generales en el capítulo anterior)

1   MESTER DE CLERECÍA Y OTROS POEMAS

Gonzalo de Berceo, *Milagros de Nuestra Señora,* ed. Solalinde, *Clásicos Castellanos,* Madrid, 1922; ed. G. Menéndez Pidal, [selecciones], Zaragoza, Ebro, 1941; ed. modernizada, de D. Devoto, en Col. "Odres nuevos," Castalia, 1957. (Hay edición separada del prólogo, glosario y notas.)
————*Vida de Santo Domingo de Silos,* ed. Fitzgerald, París, 1904; ed. Andrés, Madrid, 1958.
————*El sacrificio de la misa,* ed. Solalinde, Madrid, 1913.
————*Cuatro poemas de Berceo,* ed. Marden, Madrid, 1928.
Libro de Apolonio, ed. Marden, Baltimore-París, 1917.
Libro de Alexandre, ed. Willis, Princeton-París, 1917.
Poema de Fernán González, ed. Zamora Vicente, *Clásicos Castellanos,* Madrid, 1946.
G. Cirot, "Sur le *mester de clerecía,*" en *Bulletin Hispanique,* XLIV (1942), 5-16.
————, "Inventaire estimatif du *mester de clerecía,*" en *ibid.,* XLVIII (1946), 193-209.
P. Henríquez Ureña, "La cuaderna vía," en RFH, VII (1945), 45-47.
R. Lanchetas, *Gramática y vocabulario de las obras de Gonzalo de Berceo,* Madrid, 1900.
C. Guerrieri Crocetti, *Studi sulla poesia de Gonzalo de Berceo,* Torino, 1942.
Ch. R. Post, *Mediaeval Spanish Allegory,* Cambridge, 1915 (ch. IX).
A. del Campo, "La técnica alegórica en la introducción a los *Milagros de Nuestra Señora,*" en RFE, XXVIII (1944), 15-75.
M. García Blanco, "La originalidad del *Libro de Apolonio,*" en *Revista de Ideas Estéticas,* núm. 11 (1945), 351-378.
A. Morel Fatio, "Recherches sur le texte et les sources du *Libre de Alexandre,*" en *Romania,* IV (1875), 7.
E. Alarcos Llorach, *Investigaciones sobre el Libro de Alexandre,* Madrid, 1948.
M. R. Lida, "Notas para el texto del *Alexandre* y para las fuentes del *Fernán González,*" en RFH, VII (1945), 47-51; véase también la reseña sobre ed. de Zamora Vicente, en NRFH, III (1949), 179-189.

SOBRE OTROS POEMAS PRIMITIVOS:

C. Michäelis de Vasconcelos, "Alguns textos lyricos da antigua poesia peninsular," en *Rev. Lusitana,* VII (1902), 1-32.

R. Menéndez Pidal, *Poema del Cid y otros monumentos de la primitiva poesía española,* Madrid, 1919.

2 ALFONSO X Y PROSA PRIMITIVA

Las siete partidas, ed. Real Academia de la Historia, Madrid, 1807, 3 vols.; trad. inglesa, New York, 1931.
La primera crónica general, ed. Menéndez Pidal, NBAE, Madrid, 1906; ed. Filgueira Valverde, Zaragoza, Ebro, 1943 [selecciones].
General Estoria, primera parte, ed. Solalinde, Madrid, 1930; segunda parte, Madrid, 1957.
Cantigas de Santa María, ed. Valmar, Real Academia Española, Madrid, 1889, 2 vols.; J. Ribera, *La música de las Cantigas* (Tercer vol. de la Academia), Madrid, 1922; ed. Rodrigues Lapa, Lisboa, 1933 [selecciones]; ed. W. Mettman, vol. I, Coimbra, 1959.
Alfonso X el Sabio: Antología, ed. Solalinde, Madrid, 1923, 2 vols. (También en Col. Austral).
J. A. Sánchez Pérez, *Una bibliografía alfonsina,* Anales de la Universidad de Madrid, 1933.
———*Alfonso X el Sabio,* Madrid, 1929.
J. B. Trend, *Alfonso the Sage and other Spanish Essays,* London, 1926.
G. Menéndez Pidal, "Cómo trabajaron las escuelas alfonsíes," en NRFH, V (1951), 363-380.
A. Castro, "Acerca del castellano escrito en torno a Alfonso el Sabio," en *Filología Romanza,* I (1954), 1-11.
R. Menéndez Pidal, *Crónicas Generales de España,* Madrid, 1918.
A. G. Solalinde, "Fuentes de la *General Estoria* de Alfonso el Sabio," en RFE, XXI (1934), 1-28; XXIII (1936), 113-142.
M. R. Lida, "La *General Estoria:* Notas literarias y filológicas," en *Romance Philology,* XII (1958), 111-142; XIII (1959), 1-30.
A. Rey, "Índice de nombres propios y de asuntos importantes de las *Cantigas de Santa María,"* en *Boletín de la Real Academia Española,* XIV (1927), 327-448.
H. Anglés, *La música de las Cantigas de Santa María del rey Alfonso el Sabio,* Barcelona, 1943.
J. Guerrero Lovillo, *Las Cantigas. Estudio arqueológico de sus miniaturas,* Madrid, 1949.

PROSA PRIMITIVA:

Escritores en prosa anteriores al siglo XV, Ed. Gayangos, BAE, vol. LI.
Calila y Dimna, ed. Alemany, Madrid, 1915; ed. Solalinde, Madrid, 1927.
El libro de los engaños ..., ed. Keller, Chapel Hill, N. C., 1953.
Castigos e documentos para bien vivir ordenados por el rey don Sancho IV, ed. A. Rey, Bloomington, Indiana, 1952.
Historia Troyana en prosa y verso, ed. Menéndez Pidal, Madrid, 1934.
La Gran Conquista de Ultramar, ed. Gayangos, BAE, vol. XLIV.
M. Menéndez Pelayo, *Orígenes de la novela,* en *Obras completas.*
G. T. Northup, *"La Gran Conquista de Ultramar* and its problems," en *Hispanic Review,* II (1934), 297-302.
W. J. Entwistle, *The Arthurian Legend in the Literatures of the Spanish Peninsula,* London, 1925.

4 LA LITERATURA DEL SIGLO XIV

I. Panorama histórico cultural

Bajo el título "La crisis europea (1300-1450)" traza Henri Pirenne el cuadro de hondas transformaciones que, a partir de comienzos del siglo XIV, se operan en las formas de la vida medieval, preludio de lo que otro historiador, Huizinga, llamará el "otoño de la Edad Media."

"No se puede imaginar —dice Pirenne— nada más complicado, desconcertante y lleno de contrastes que el período que se extiende desde el comienzo del siglo XIV hasta la mitad del XV aproximadamente. Toda la sociedad europea, de lo más profundo a la superficie, se hallaba como en estado de fermentación." Y páginas más adelante se refiere de nuevo a este período, diciendo que "ofrece el espectáculo de una sociedad perpleja y atormentada, en lucha contra la tradición que la oprimía, sin poder encontrar el medio de librarse de ella." [1]

Lo característico del período no es tanto una revolución radical como una serie de alteraciones constantes y sin dirección clara. La Iglesia y el Estado, en sus posiciones respectivas, se mantienen, al menos en principio, como en el siglo XIII. Lo mismo ocurre con las bases de la estructura social y económica, y en el mundo de la creación artística e intelectual, con la arquitectura gótica y el pensamiento escolástico. Mas dentro de este marco, al parecer incambiable, la agitación es creciente y perturbadora, como de una sociedad que se disuelve. Las transformaciones de mayor trascendencia son, según Pirenne, las económicas. En

---

[1] H. Pirenne, *A History of Europe,* New York, University Book Publishers (1936), págs. 379 y 501.

términos generales, el fenómeno podría resumirse en un hecho: la aparición, como fuerza social y económica, del Tercer Estado, el estado general o llano —burguesía, artesanos, ciudades y clases comerciales. En cambio, el espíritu caballeresco se debilita después de las Cruzadas; y, a medida que la monarquía adquiere poder frente a los señores feudales, tiende a reunir en torno suyo a una nueva aristocracia, la "nobleza de corte."

No son de menor alcance las agitaciones en el seno de la Iglesia, tras el apogeo de su poder en el siglo XIII. Se altera la influencia y jerarquía de las órdenes religiosas. Si intelectualmente los dominicos —que habían suplantado el poder rector de los benedictinos— mantienen la primacía, frente a ellos se alza el influjo sentimental y social de las órdenes menores: los franciscanos. Se multiplican los intentos y focos de herejía y se extiende una corriente de piedad antimonástica, laica y secular, representada por las asociaciones de begardos y beguinas, originadas más de cien años antes en los Países Bajos y condenadas en el Concilio de Viena (1311). Con la peste negra (1344-1348), la exaltación religiosa toma formas extremas, como la de los flagelantes. Con todo ello se relaciona la preocupación creciente por la pobreza.

Los dos máximos acontecimientos históricos —al par reflejo y resultado de la crisis— fueron la división del papado, con el traslado de la corte pontificia a Avignon, seguida del Gran Cisma, y la guerra de los Cien Años entre Francia e Inglaterra.

Tan hondos trastornos tuvieron su repercusión en España, que, aunque aislada y un poco al margen, tendía a gravitar hacia la órbita europea. Por eso es útil recordarlos para una comprensión cabal de ciertos fenómenos literarios o históricos: el reflejo, por ejemplo, de la guerra de los Cien Años en las contiendas entre Don Pedro I y sus hermanos, o algunas preocupaciones religiosas de Pero López de Ayala.

España pasa además en esta época por una crisis propia, cuyo resumen puede verse en el capítulo titulado "Nuevas situaciones desde fines del siglo XIII" en *La realidad histórica* ... de Américo Castro.

La mayor perturbación, de la que en parte dependen todas las demás, es la que representa el largo período de discordias dinásticas y rebeliones de la nobleza. Casi dos siglos de luchas internas, que se inician con la guerra de Sancho IV y sus sobrinos los Infantes de la Cerda, continúan en los reinados siguientes —Fernando IV y Alfonso XI— y llegan a su mayor intensidad en tiempos de Pedro I el Cruel (1350-1369). El conflicto seguirá, como veremos, en el siglo XV, sobre bases y en circunstancias algo distintas, hasta que los Reyes Católicos den la batalla definitiva a la nobleza rebelde, fortifiquen la autoridad monárquica y establezcan la unidad nacional. El centro de los mayores disturbios será Castilla. Portugal y Aragón procurarán, en cada momento, limitar o fortalecer, en beneficio propio, el poder de las distintas facciones. Lo cual no les impedirá iniciar su expansión marítima, hecho de capital importancia para el futuro peninsular: la mediterránea e italiana de Aragón, tan ligada a ciertos rasgos del Renacimiento español, y la atlántica de los navegantes portugueses, que abrirá a España las rutas hacia el Nuevo Mundo.

También en la estructura social se operan cambios importantes, paralelos a los de otros países: preponderancia de algunas ciudades, nuevas empresas económicas, con un incipiente espíritu burgués que, como ocurre con el feudalismo, no llega a cuajar en términos europeos; enorme acrecentamiento del poder y las ambiciones de las órdenes militares y de la nobleza enriquecida por las concesiones de grandes señoríos. Y en contraste con ello, el auge del poder popular de las villas o ciudades, organizadas en Hermandades, sobre las que se apoyarán a veces los reyes para contener los desmanes de la nobleza díscola.

En el campo de la cultura se debe señalar como fenómeno interesante la intensificación de las dos corrientes contrarias y, a la larga, convergentes, que dan su fisonomía peculiar a lo hispánico. Por un lado, los lazos con el occidente se hacen más visibles y fuertes; por otro, se intensifica el influjo islámico, aunque en forma distinta a la del período anterior, y aumenta lo que Castro ha llamado la presión cultural de los hispano-hebreos.

Si el contacto con Europa se refleja en la adopción, con rasgos peculiares, del espíritu caballeresco, en la influencia de temas y formas literarias francesas, latinas o eclesiásticas, lo oriental y semítico se filtra en forma quizás más sutil, y los hispano-hebreos adquieren un poder económico y social que producirá, a fines de siglo, una reacción antisemítica, de origen principalmente popular, preludio de la expulsión un siglo más tarde.

En relación con estos cambios, veremos aparecer nuevas preocupaciones y formas de sensibilidad, tales como un sentimiento personal, que va desde una cierta manera de autobiografismo —la presencia del escritor en su obra, como en Don Juan Manuel y el Arcipreste de Hita— hasta un tono de intimidad dolorida en la poesía de López de Ayala.

Justamente esos tres nombres dominan el panorama literario, y el hecho es significativo. Tres personalidades poderosas establecen el contraste con el carácter genérico y anónimo o semianónimo de la creación literaria en los dos siglos anteriores, en los que, incluso un Berceo, único escritor de personalidad definida, pone su verso al servicio de temas y sentimientos impersonales.

Del mismo modo, aunque la literatura se supedita hasta cierto punto a un propósito didáctico, el didactismo adquiere signo distinto. No va encaminado ya a la propaganda religiosa (mester de clerecía), o a la divulgación científica (obra alfonsina), sino al adoctrinamiento del hombre, sea en situaciones vitales y hasta íntimas, sea en sus tratos con los demás (amor, amistad o enemistad) o con la sociedad. Un didactismo de enorme amplitud comparado con el anterior, en el que caben los jocundos consejos del Arcipreste a los enamorados, el moralismo intelectual de Don Juan Manuel y la severidad ascética de Ayala.

II. El Infante Don Juan Manuel y el desarrollo de la prosa

En los comienzos del siglo XIV la prosa sigue los caminos abiertos en la obra de Alfonso X: libros de divulgación científica, historia y corriente didáctico-moral: exemplos, máximas, castigos o consejos con un ligero apoyo narrativo —cuentos o apólogos— como en el *Libro de los engaños.*

Al campo de la historia pertenecen las derivaciones y amplificaciones de la *Crónica general* (*Crónica de 1344, Crónica de veinte reyes, Tercera crónica general*); el comienzo de las crónicas de reinados particulares, como las de Sancho IV, Fernando IV y Alfonso XI; y la obra del historiador aragonés Juan Fernández de Heredia, autor de una *Gran crónica de España* y traductor del *Libro de Marco Polo* y las *Vidas paralelas* de Plutarco.

"El Caballero Cifar" y la primitiva literatura caballeresca. — Capítulo cuya confusión no se ha aclarado —pese a haberse vertido mucha tinta sobre él— es el de las obras a que da lugar en España la difusión de la materia caballeresca. Menéndez Pelayo, en los *Orígenes de la novela,* clasificó por extenso las leyendas procedentes de dos diferentes ciclos —carolingio, bretón o artúrico, de la antigüedad clásica— y muchos investigadores —Bonilla, Entwistle, Wagner, Bohigas, etc.— han aportado noticias, textos perdidos y reconstruidos en parte. Lo cierto es que hasta avanzado el siglo XV ni se manifiesta el espíritu caballeresco, tal y como se entendía en Francia, por ejemplo, ni la literatura española produce en este campo ninguna obra precisa de significación literaria.

Ya hemos visto cómo en la *Gran conquista de Ultramar* se da entrada a varios relatos caballerescos, o cómo la recreación de temas clásicos, visible ya en el *Libro de Alexandre,* se difunde en la *Historia troyana,* procedente de Benoît de Sainte-More. El mismo asunto aparece en las *Sumas Troyanas* o *Sumas de Leomarte,* del siglo XIV, derivadas de la *Historia troyana* de Guido de Colonna. Se conocen también otros relatos, como *Flores y Blancaflor,* o el *Baladro* o *Profecías de Merlín,* y fragmentos de la *Demanda del Santo Grial.* Al recuerdo de noticias y alusiones podría agregarse el hecho de que, según Menéndez Pidal, algunos romances novelescos con temas de la épica francesa u otras fuentes caballerescas pueden remontarse hasta fines del siglo XIII. [2] A pesar de todo ello, la inseguridad y falta de precisión cronológica no termina de esclarecerse.

Ilustrativo es a este respecto lo ocurrido con el libro que mayor importancia tendrá en el literatura española, casi dos siglos después: el *Amadís.* Se habla de una redacción primitiva, cuya fecha puede remontarse al siglo XIII y cuya paternidad se han disputado portugueses y franceses. Que existió tal redacción parece indudable, mas nadie sabe de quién o cómo fuera, sino por noticias y conjeturas que han permitido, por ejemplo, a María Rosa Lida intentar una reconstrucción, no sin reconocer antes que "a primera vista, cavilar en la estructura del *Amadís* primitivo parece quimera del mismo jaez que evocar el fantasma conjetural de Ur-Ilias." [3]

Por su parte, Edwin B. Place, el mejor conocedor hoy de la debatida "cuestión del Amadís," llega al siguiente resumen: que la primera mención de la obra es de 1345-1350; "que esta mención la hizo un español [Juan García de Castrojeriz], que la pretensión portuguesa sigue careciendo de pruebas, mientras que hoy día nadie atribuye importancia a las reclamaciones francesas," [4] a lo que se une el hecho, citado también por Place, de que el único vestigio de versiones manuscritas son los escasos fragmentos fechados a principios del siglo XV, descubiertos y publicados no ha mucho por Antonio R. Moñino.

---

[2] Cf. *Romancero Hispánico,* vol. I, págs. 159-160.

[3] "El desenlace del *Amadís* primitivo," en *Romance Philology,* vol. VI (1953), pág. 283.

[4] Véase "Nota literaria e histórica," en la edición de Place, Madrid, 1959, vol. I, pág. 18.

Es indudable que la materia caballeresca de origen francés o bretón y las leyendas popularizadas por la *Crónica de Turpín,* o la *Historia regnum Britanniae,* de Jofre de Monmouth, se difunden por España desde fines del siglo XIII y en el siguiente en versiones diversas, crónicas, posiblemente en los primeros romances. Paralelamente, un cierto espíritu caballeresco penetra en las capas altas de la sociedad. Conviene recalcar, sin embargo, que el rasgo saliente de la literatura castellana en esta época es precisamente el escaso peso del estilo caballeresco —lo fabuloso, novelesco y sentimental— tal y como se entiende al otro lado de los Pirineos. Es la diferencia que se advierte ya en la épica primitiva, entre el historicismo o verismo del *Cantar del Cid* y las gestas francesas. El tema de la formación del caballero en Don Juan Manuel (y acaso podría decirse lo mismo del mallorquín Raimundo Lulio) se basa en otro orden de valores. Nada más opuesto a las maravillas y exaltación del amor perfecto que el arte del Arcipreste o el espíritu de un caballero de verdad como López de Ayala. Frente al vuelo de la imaginación se impone en Castilla la ejemplaridad moral, el didactismo con un sentido muy directo de la vida real. Sólo al avanzar el siglo XV, con el entrecruzarse de muy diversas corrientes, arraiga en la literatura y en los hábitos señoriales el estilo de la caballería medieval. Lo cual explicará la gran boga tardía del género en el siglo XVI.

Todo ello hace comprensible la extraña traza del único libro de caballerías en la literatura castellana de esta época: la *Historia del cavallero Zifar,* que su editor moderno, Wagner, ha logrado fechar bastante convincentemente en el año 1300. Es obra muy extensa, dividida en cuatro libros, y de interés lingüístico y literario, en la que se narran las andanzas, trabajos, venturas y desventuras de Cifar, Grima, su mujer, y sus hijos Garfín y Roboam. Tiene mucho de centón o amasijo y combina elementos muy varios: motivos orientales, leyendas fantásticas de origen artúrico, piedad religiosa, y un realismo cómico, casi picaresco, en los cuentos del Ribaldo, el escudero de Cifar. Lo que domina es el exemplo, y la parte tercera, "Castigos del Rey de Menton," reproduce el libro *Flores de Filosofía,* uno de los catecismos político-morales del siglo XIII. Se ensalza el amor legítimo, carece de erotismo y más que por la fama o la gloria se lucha por necesidad o provecho.

María Rosa Lida sintetiza muy bien el carácter de la obra cuando dice que "es un no logrado maridaje de narración didáctica y de novela caballeresca. Evidentemente era quien lo escribió un clérigo muy devoto, muy predicador y a la vez muy amigo de golpes y batallas, y muy lector de toda suerte de narración, pero con clara preferencia por sus normas eclesiásticas." [5]

Don Juan Manuel (1282-1349?). — Sobre el fondo general de su tiempo, reuniendo en su obra de prosista las diversas corrientes que hemos señalado, se alza la figura de este Infante de Castilla. Era sobrino de Alfonso X y ocupó altos cargos de gobierno. Después de intervenir muy activamente en las contiendas familiares y en las guerras contra los moros, empleó su madurez entregado al estudio en el castillo de Peñafiel. Hombre de sangre real, guerrero, político y escritor, Don Juan Manuel es representación viva de una nueva clase señorial de gran riqueza y poderío que va a dominar la vida castellana hasta que los Reyes Católicos limiten el poder de la nobleza.

Un triple ideal, caballeresco, religioso y literario, no incompatible con la violencia injusta y aun con la doblez que caracterizó a veces su conducta, rige la vida de Don Juan Manuel, como la de otros grandes señores. Aún estamos lejos, en su caso, del refinamiento cortesano de una figura como la del marqués de Santillana, en tiempos de Juan II, un siglo después. En el ambiente en que vive Don Juan Manuel quedan todavía restos de los siglos en que una nobleza ruda, de infanzones modestos y en guerra casi permanente contra los moros, da el tono en Castilla, tierra de castillos fronterizos más que de cortes amorosas y señoriales. Con todo, en el siglo XIV, vencido ya el poder árabe, las costumbres aristocráticas se entronizan en la sociedad española. El rey Alfonso XI crea la Orden de Caballería de la Banda; y cunden las justas, torneos y alegrías que se describen, por ejemplo, en la Crónica de ese rey.

Es característico de las varias obras de nuestro autor, que en todas ellas —en unas más y en otras menos— se perciba como motivo dominante la preocupación caballeresca, con notas muy específicas, a las que ya hemos aludido y que trataremos de precisar distinguiéndolas de la imagen convencional que lo caballeresco evoca. *El libro de la caza* se ocupa de un deporte de caballeros, y las *Reglas cómo se debe trovar* —libro perdido con el *Libro de los cantares* y otros varios, enumerados en el prólogo del *Conde Lucanor*— es el tratado castellano más antiguo de versificación, pasatiempo también de señores; el *Tratado de las armas* es una genealogía, en la que se expresa un sentimiento personal; y el *Libro infinido* es un catecismo doctrinal para aleccionamiento de su hijo, con

---

[5] *La idea de la fama* ..., pág. 259.

acusadas notas autobiográficas y relacionado con el tema de la educación de príncipes.

Más visible aún que en estas creaciones secundarias del ingenio de Don Juan Manuel está el ideal caballeresco en el *Libro del caballero y el escudero* y en el *Libro de los Estados,* las dos obras que, juntamente con el *Conde Lucanor,* sustentan su fama. En ambas la religión, combinada con la caballería, sirve de base a un pensamiento en el que parece quererse dibujar ya la imagen del perfecto caballero cristiano, que algunos ensayistas modernos han señalado como el supremo ideal del espíritu español. A veces, según se ha insinuado ya, si nos atenemos a una mentalidad moderna, esa imagen está en pugna con las intrigas, la deslealtad y la violencia a que, sea su orgullo y ambición personal, sea el ambiente turbulento de su tiempo, llevaron a Don Juan Manuel. Ni se compadece bien el ideal de perfección cristiana con algunos consejos de Patronio a su señor. La conducta del sobrino de Alfonso X fue con frecuencia reprobable, por ejemplo, durante las minorías de Fernando IV y Alfonso XI, y en algún momento no se detuvo ni ante la defección frente a los moros. Pero aquí no interesa juzgar la figura histórica, sino la del gran escritor, como uno de los primeros arquitectos de la prosa española y reflejo fiel del pensar de su tiempo en el nivel social más alto.

En el *Libro del caballero y el escudero,* escrito en forma de diálogo o "fabliella," un joven es aleccionado por un viejo caballero sobre "qué cosa es la caballería." Muy influido por el *Libre del orde de cavallería* del escritor mallorquín Raimundo Lulio, es una especie de tratado enciclopédico, dentro de la concepción del didactismo medieval, en donde el maestro, que ha abandonado la vida caballeresca por la de ermitaño, informa a su joven oyente acerca del fin para que Dios creó paraíso, infierno, ángeles, planetas, árboles, piedras, metales, etc., es decir, del orden de la creación natural, y le explica después la finalidad de la vida humana.

De mayor amplitud son la visión social y los problemas morales que se presentan en el *Libro de los Estados,* cuyo tema es la descripción de los estados religiosos —"de clerecía"— y laicos que forman la jerarquía medieval. Don Juan Manuel cree que los primeros son aquellos en los que puede ganar el hombre más fácilmente la salvación, aunque los de los legos —defensores y labradores— sean igualmente útiles para la sociedad. La obra es una especie de tratado político y religioso, de gran valor para la comprensión del pensamiento medieval y de algunas actitudes peculiares a la sociedad española, producto de la simbiosis europeo-oriental. Así, las ideas, rigurosamente ortodoxas— de influjo do-

minicano, como ha mostrado María Rosa Lida en unas páginas ilumina-
doras ("Don Juan Manuel y la Orden de los dominicos")—, se pliegan
a un pragmatismo nada rígido, sólo comprensible en el ambiente español, caracterizado por el cruce de motivos divinales y terrenos. Tolerancia
hacia otras creencias: las de los moros; distingos y reservas ante la
guerra santa; sentido de la honra, más unido a la opinión y al provecho
que a la gloria. En todas estas cuestiones, o en otras, como las relaciones
entre lo temporal y lo espiritual —Papado e Imperio— muestra el *Libro
de los Estados* divergencias interesantes dentro de su marco escolástico.

Elemento importante en él es el novelesco. La exposición doctrinal
está sostenida por una trama sumamente simple, inspirada en *Barlaam
y Josafat*. El rey pagano Morován confía la educación de su hijo, el
príncipe Johas, al preceptor Turín, advirtiéndole que debe ocultarle las
cosas imperfectas, entre ellas la muerte. Encuentra el príncipe un cadáver.
Ante las interrogaciones del discípulo, Turín se ve obligado a explicarle
la condición del hombre. Todos somos iguales en tres cosas: "nacer,
crecer y morir." Nos distinguimos por el estado o función que desem-
peñamos. Incapaz Turín de resolver los problemas suscitados por la
curiosidad de Johas, pide ayuda al predicador cristiano Julio, oriundo
de Castilla, el cual expone la doctrina sobre cada uno de los estados
sociales y convierte a los otros personajes al cristianismo como único
camino para alcanzar la salvación del alma.

Por el modo de tratar el tema religioso en relación con las diferentes
clases sociales, desde el Papa al labrador, así como por la importancia
del problema de la muerte en el destino humano, esta obra de don Juan
Manuel es la primera muestra en la prosa castellana de una preocupación que va a agitar a la mentalidad medieval, ya en vísperas de su otoño.
Desde las "danzas de la muerte" hasta la poesía inspirada en el rápido tránsito de las glorias humanas, que en España encontrará su expresión más
alta en las *Coplas* de Jorge Manrique, las interrogaciones sobre el sentido
de la vida van a abundar en la literatura posterior, sobre todo en el
siglo xv. En don Juan Manuel, sin embargo, el tema carece del patetismo
que adquirirá más tarde: responde a una concepción intelectual, no sentimental.

Los cuentos del "Conde Lucanor". — Abundaban ya en la literatura
española del siglo xiv los elementos novelescos, bien en colecciones de
apólogos traducidas del árabe, bien en relatos y fábulas. Estaba reservado
a don Juan Manuel el dotar de estilo al arte de narrar. Eso significa la
colección de los cincuenta y un cuentos reunidos en la primera parte de

la obra titulada *Libro de los exemplos del conde Lucanor* o *Libro de Patronio,* terminada en 1335, trece años antes del *Decamerón* de Boccaccio, con el cual puede agruparse —aunque ambas obras sean bastante diferentes— como una de las primeras fuentes de la novela europea.

El plan del libro es muy sencillo. El conde Lucanor, cada vez que tiene que hacer frente a una situación difícil, consulta a su servidor Patronio, el cual le relata, con el objeto de que sirva de guía al conde en su decisión, un cuento o ejemplo, cuya moraleja se resume al fin en unos brevísimos versos. Es pues lo típico del libro plantear una situación específica de relaciones humanas o ilustrar un rasgo del carácter.

En el aspecto moral es sorprendente la cantidad de cualidades y problemas humanos de que se trata: la vanidad, la avaricia, el desinterés, la hipocresía, la resignación ante la pobreza o el infortunio, la ingratitud, las relaciones del poderoso con el pobre, las cuestiones matrimoniales y familiares, las mañas de las mujeres, los múltiples engaños de que puede ser víctima el hombre, o problemas de tipo más abstracto, como la predestinación. Sólo una zona importante del mundo psicológico parece terreno vedado a la pluma de don Juan Manuel: la zona amorosa. En contraste con el papel del tema de la amistad, falta en *El conde Lucanor* el elemento erótico, tan abundante en Boccaccio, en los "fabliaux" franceses, en Chaucer, y, dentro de la literatura española, en el Arcipreste de Hita. Con esta excepción, para casi todas las manifestaciones de la naturaleza humana, tiene don Juan Manuel una enseñanza llena de encanto y de indulgencia, como fruto de un maduro meditar. Con frecuencia nos sorprende su sentido práctico, ligeramente cínico, de la vida. No es raro encontrar ejemplos en exceso pragmáticos y en los que se aconseja el disimulo o la desconfianza como las armas mejores contra los engaños del trato humano.

Presenta el libro también un rico muestrario de las corrientes, formas y temas del apólogo conocidos en la Edad Media. El caudal mayor procede de las fábulas esópicas y de las colecciones orientales: el raposo y el cuervo; la golondrina cuando vino a sembrar lino; el raposo y el gallo; los cuervos y el buho; la raposa que se hizo la muerta; el hombre, la golondrina y el pardal. Otros, sin tratar de animales, proceden también de fuentes orientales: así, el del hombre pobre que comía altramuces; el de doña Truhana y la olla de miel. Hay cuentos de tipo novelesco: el hombre que se hizo amigo del diablo. Los hay de magia, como el del deán de Santiago y don Illán; los hay de carácter alegórico, como el del Árbol de la mentira; hay, por último, alguno que recoge leyendas, episodios o anécdotas de personajes históricos en la vida medieval: los dos de Fernán González, el del adelantado Pero Meléndez, el rey Abenavente de Sevilla y su mujer, los canónigos de la catedral de París y los hermanos de San Francisco. Hay muy pocos de devoción religiosa.

En cuanto al sentido y propósitos de la obra, combina don Juan Manuel el arte de enseñar por ejemplos de origen oriental, reforzado en su caso por la influencia de los dominicos, con una preocupación por el hombre y la conducta moral, encarnada en la persona dentro de unas circunstancias. Forma de entender la realidad el español, en la que se engendrará la novela moderna: *Celestina, Lazarillo,* y, más lejos, Cervantes. De acuerdo con ello, hay en el *Lucanor* riqueza de personajes de ambos sexos, con un ligero esbozo de carácter dentro del tipo o clase social que representan.

Arte, pues, nacido en parte, de la observación. De ahí la escasez de elementos eruditos. "Apenas podría mentarse autor didáctico medieval —dice M. R. Lida— que muestre más despego que don Manuel a la venerada antigüedad grecorromana, ni menos gana de lucir su saber de clerecía." Y Américo Castro ha mostrado cómo la visión de don Juan Manuel está modelada por una idea del hombre. [6]

Es, pues, el *Libro de Patronio* de suma significación histórica y literaria. Mas su valor artístico, el hecho de que se haya salvado del olvido entre tantas otras colecciones de ejemplos medievales, es debido, ante todo, al arte personal de su autor: sencillez, medida y un fino humor, una ironía suave de singular eficacia, sin la amargura que luego tendrá, dos siglos más tarde, la moralización de la picaresca.

En casi ningún cuento falta la gracia satírica, pero hay algunos —"De lo que aconteció a un Deán de Santiago con don Illán, el gran maestro de Toledo," "De lo que aconteció a un rey con los burladores que hicieron el paño," "De lo que aconteció a un mancebo que casó con mujer brava"— que son, sin disputa, pequeñas obras maestras.

No se trata de un arte inconsciente, espontáneo, a pesar de su gran naturalidad. Don Juan Manuel es, como dijo Menéndez Pelayo, el primer prosista de la literatura castellana que tiene estilo. El primero, además, que se propuso tenerlo, que formula en el prólogo del *Conde Lucanor* y en el de otras obras un ideal artístico: escribir con buenas palabras, "palabras falagueras y apuestas," con hermosos latines y declarar las razones

---

[6] Véase el interesantísimo estudio "The Presence of the Sultan Saladin" en *The Romance Literatures,* donde se confronta el modo de tratar el mismo tema en el *Lucanor* (Ej. L: "Lo que sucedió a Saladino con la mujer de un vasallo suyo") en la literatura italiana (Boccaccio) y en la francesa. Aparte de las otras consideraciones de Castro, es reveladora aquí también la ausencia del elemento erótico.

"con las menos palabras que pueden seer," para lo cual acudirá a veces a formas concisas del lenguaje popular, como el refrán. A esa conciencia artística corresponde también su deseo de conservar las obras, expresado en el prólogo del *Libro del caballero y del escudero,* y el haber hecho catálogo de ellas.

El libro de don Juan Manuel tuvo una gran influencia. Engendró numerosas obras del mismo tipo: se convirtió en una de las colecciones de cuentos más leídas de la literatura española. Argote de Molina lo hizo imprimir en 1575; continuó imprimiéndose en los siglos siguientes, y se ha traducido al francés, al inglés y al alemán. Algunos de sus temas se encuentran, entre otros autores, en Shakespeare, Calderón y La Fontaine. Baltasar Gracián, tan exigente en materias de arte, admiraba mucho a este escritor primitivo.

Aparte de sus méritos artísticos, en don Juan Manuel podemos ver, acaso por primera vez en la literatura castellana, la encarnación de un ideal persistente. Es el primero de los grandes señores letrados, de una estirpe que continuarán don Pero López de Ayala, el marqués de Santillana, los Manrique, y otros muchos. Y el primero en quien se logra esa extraña unión, sobre base religiosa, entre el soldado y el escritor, el ideal de fundir las armas y las letras, que aún enaltecerán Cervantes y Saavedra Fajardo en la literatura de los siglos de oro.

III. El Arcipreste de Hita

Contemporáneo de don Juan Manuel es Juan Ruiz, Arcipreste de Hita, autor del libro más extraordinario y más leído hoy de la literatura castellana de la Edad Media. Poeta el uno, prosista el otro, presentan además un contraste absoluto en cuanto a personalidad y al sentido de sus respectivas creaciones. Coinciden tan sólo en el propósito didáctico-moral. Pero la jocunda y a veces desvergonzada sátira del Arcipreste nada tiene en común con la mesurada ironía de don Juan Manuel. Ambos son, sin embargo, expresión de una misma época y de una misma tierra. Sólo si unimos sus obras tendremos una imagen adecuada de lo que fue el siglo XIV. Don Juan Manuel representa la preocupación doctrinal de las altas clases señoriales, que quieren asumir un papel rector. Hita es el creador genial, espontáneo, quizá un poco anárquico, como buen español, que recoge su inspiración en la propia vida y en la existencia multiforme de todas las clases sociales, hecho no incompatible, a nuestro ver, con que casi todos los materiales del libro —ejemplos, episodios, tópicos, etcétera— sean de procedencia literaria y hayan sido utilizados por numerosos autores medievales.

Aristocrático, don Juan Manuel, eminentemente popular Hita, vemos en ellos marcada, por primera vez, la dualidad, o, si se quiere, la compleja y contradictoria riqueza de extremos que reviste el arte español en todas las épocas. No es que Juan Ruiz carezca de cultura; la multiplicidad de sus fuentes demuestra lo contrario. Es que el gusto de la vida, lo espontáneo y popular, irrumpen con fuerza en la obra y dan el tono total hasta hacernos olvidar su erudición y la delicadeza de que es capaz en algunos pasajes líricos. Este fenómeno de que lo popular, espontáneo y vital irrumpa en la obra de los artistas de mayor cultura y termine predominando es bastante frecuente en la historia del arte español. En este sentido, Hita nos hace pensar en casos posteriores, como el de Quevedo, cuyo humanismo y severidad doctrinal son perfectamente compatibles con la obscenidad y el desgarro de muchas de sus sátiras, o en Goya, amigo, en su época, de enciclopedistas y reformadores, pintor de altísimo saber, pero en quien lo popular y la fuerza de la personalidad terminan también por imperar.

Vida y personalidad. — Carecemos por completo de documentos referentes a la vida de Juan Ruiz. En resumidas cuentas, sólo sabemos su nombre y que fue arcipreste de Hita. Lo demás son conjeturas basadas en algunos pasajes del libro y el equívoco de su autobiografismo. Nació al parecer en Alcalá de Henares, hacia 1283; fue clérigo, estudió probablemente en Toledo, y sufrió una larga prisión por orden del Arzobispo de Toledo, don Gil de Albornoz. Parece que parte de su libro, si no todo, fue escrita durante los años de encarcelamiento. [7] Se ignora la fecha de su muerte, anterior probablemente a 1351, cuando ya ocupa otra persona, un tal Pedro Fernández, el arciprestazgo que él desempeñaba. Obsérvese que Juan Ruiz, como otros escritores contemporáneos suyos, nació y pasó casi toda su vida en Castilla la Nueva, en las actuales provincias de Guadalajara, Toledo y Madrid, donde sitúa además varios episodios de su obra, como sus andanzas por la sierra del Guadarrama. El centro de

---

[7] Recogemos esta noticia, procedente del copista Alfonso de Paradinas, por ser ya lugar común de la mínima y supuesta biografía de Juan Ruiz; pero Battaglia, Spitzer y últimamente M. R. Lida, en forma bastante convincente, la han puesto en tela de juicio. Véase "La prisión del arcipreste," en *Nuevas notas para la interpretación del Libro de Buen Amor.*

la vida literaria e histórica de España, que en la épica y los primeros poemas del "mester de clerecía" estaba en Castilla la Vieja —Burgos, Soria, la Rioja— va trasladándose, con el avance de la Reconquista, hacia el sur.

Aunque la poesía del Arcipreste tenga a veces un carácter semipopular y parezca nacer de un medio colectivo, encontramos ejemplificado en el *Libro de Buen Amor* un rasgo que, si no exclusivo, es bastante característico de la literatura española. Nos referimos a la intervención y hasta la aparición personal del autor en la obra, del que serán ejemplos eminentes algunas páginas de Cervantes o de Lope y el cuadro *Las Meninas* de Velázquez. El Arcipreste escribe una obra autobiográfica, se pone él mismo como ejemplo, se describe físicamente, describe sus aventuras y habla de su oficio de poeta. Aún más, el sello inconfundible de su temperamento está estampado en todas las páginas. Los eruditos han discutido inútilmente, interpretando versos y afirmaciones contradictorias, sobre cómo era en realidad el carácter de Juan Ruiz, "clérigo tabernario y nocherniego" o moralista severo. Era probablemente las dos cosas. Conocía el "amor humanal," como confiesa en su libro, y el amor divino. Fue devoto de la Virgen y se entregó a amores menos puros. Amó la vida y sentiría, de vez en cuando, la necesidad ascética de retiro. Y es probablemente sincero al denunciar en muchos pasajes, especialmente en la "Cántiga de los clérigos de Talavera," las costumbres licenciosas de los eclesiásticos. El caso es también típico. Recordemos especialmente el nombre de Lope de Vega, gran poeta religioso y del amor profano, del amor tierno y del amor frenético.

El autobiografismo, cuyo sentido ha tratado y sigue tratando de aclarar la crítica, es sin duda uno de los rasgos esenciales del libro. A él debe en parte su unidad y carácter. Hoy nadie lo toma ya literalmente. Juan Ruiz no pretende contar su vida. Siguiendo usos medievales, se pone como ejemplo, y lo hace en tal forma, con tal genialidad que, caso único en la literatura medieval, se convierte en sujeto poético y se nos aparece hoy como *persona viva*. Nada sabemos en concreto de lo que hizo, ni si fue o no verdad su prisión, ni cuántas de las aventuras del arcipreste son reales o pura invención. Mas pocos escritores tienen para nosotros igual realidad. Cuando evocamos su figura, como lo hizo Azorín, o cuando decimos "Juan Ruiz" o "el Arcipreste," surge ante nosotros la briosa y jocunda imagen de este clérigo medieval discurriendo por calles en busca de nuevos amoríos, o zanqueando por la sierra en espera de toparse con alguna garrida serrana.

El "Libro de Buen Amor": Carácter y estructura. — Con este título —usado por el Arcipreste en algunos pasajes y sugerido por Menéndez Pidal— es conocida hoy la única obra de Juan Ruiz. El marqués de Santillana, en el siglo XV, la llama el *Libro del Arcipreste de Hita,* y el erudito Florencio Janer propuso el de *Libro de los cantares.* El texto se conserva en tres códices con variantes diversas, y, como el *Cid* y el *Alexandre,* fue impreso por primera vez en la Colección de Tomás Antonio Sánchez.

La estructura de la obra, al menos aparentemente, es la de un Cancionero personal, en el que el Arcipreste reunió muchas composiciones sin claros propósitos de unidad. Él mismo alude en una estrofa a la diversidad de sus labores poéticas:

> Después fiz muchas cántigas de dança é troteras
> Para judíos é moros é para entendederas.

Sigue enumerando cantares de ciegos, cantares para escolares, cazurros, y de burlas. No todo lo que compuso está posiblemente en el libro. (Dice que sus cantares no cabrían en diez pliegos.) Pero hay indicios para creer que éste se forma por acumulación, entre los años 1330 y 1343, o que, terminada una redacción en 1330, la revisa y amplía en 1343. Menéndez Pidal, a quien se debe la feliz caracterización del arcipreste como "clérigo ajuglarado," sugiere que el libro está concebido a la manera de los juglares, como un repertorio de materia poética, apta para la recitación, en la que se puede añadir o quitar cuanto se quiera. Cerca del fin explica en un pasaje "cómo se ha de entender su libro" y dice:

> Qualquier ome, que l'oya, sy bien trobar sopiere,
> Puede más añedir é enmendar si quisiere.

Y en el prólogo había declarado que lo compuso "para dar lección y muestra de versificar y rimar y trovar."

El mejor resumen general de los elementos que contiene es el siguiente, que hizo Menéndez Pelayo:

1. Novela autobiográfica de aventuras amorosas, que forma la trama.

2. Colección de "ejemplos," fábulas y cuentos.

3. Paráfrasis del *Arte de amar* de Ovidio.

4. Imitación —en el episodio de don Melón y doña Endrina— de la comedia latina del siglo XII, *Pamphilus.*

5. Parodias de poemas burlescos y alegóricos: batalla de don Carnal y doña Cuaresma, Triunfo del amor, etc.

6. Varias sátiras y elogios: propiedades del dinero, alabanza de las dueñas chicas, etc.

7. Poesías líricas religiosas y profanas, morales y ascéticas.

El tema central es el de las aventuras amorosas del propio Arcipreste o de personajes como don Melón, con quien el Arcipreste se confunde. Hay, además, una idea dominante que parece dar finalidad a los multiformes elementos de la obra: la de contrastar los goces del amor divino —el buen amor— con los peligros del humano. Está expuesta en la Introducción con grandes consideraciones devotas, poco convincentes. Leído el libro, más bien nos parece que Juan Ruiz, sin dejar de ser sincero en sus buenos propósitos, se complace en llevar a cabo su programa de mostrarnos las maneras del amor humano: "Enpero —dice— porque es umanal cosa el pecar, si algunos (lo que non les consejo) quisieren usar del loco amor, aquí fallarán algunas maneras para ello." Y en otro lugar se jacta de su buena fortuna amorosa: "Ove de las mujeres a veces mucho amor." Es inútil escandalizarse porque un clérigo hable así, ni sospechar que era insincero en sus elogios de la moral o en sus loores a la Virgen. Aparte de que el propósito moralizante lo exigía, no debe olvidarse que en la Edad Media todo, el bien y el mal, la virtud y el pecado, tiene su puesto fijo en la escala de valores; ni que la hipocresía moral en el arte es un producto de los tiempos modernos.

En la manera de ordenar la materia poética se advierte en el libro un encadenamiento de los temas, que va de lo general a lo concreto, de lo abstracto a la experiencia propia por vía de ejemplo. Si tomamos el tema central, el del amor —loco o divino— vemos que los elementos del libro se suceden —prescindiendo de interpolaciones menores— en la forma siguiente:

Introducción, oraciones y poesías a la Virgen, en las que se invoca y anuncia el tema en su doble significado: contraste del mundo devoto con la fuerza del amor concebido, bajo la autoridad de Aristóteles, como ley natural y móvil, con la "mantenencia," de todos los afanes humanos. ("De cómo según natura los hombres y las otras animalias quieren haber compañía con las hembras.") — Primera alusión a cómo el Arcipreste fue enamorado. Después de algún ejemplo, aparición del amor como personaje, en forma alegórica, relacionada con la astrología (el Arcipreste ha nacido en el signo de Venus). — Sigue el diálogo directo del amor y el Arcipreste. Éste se defiende porque el amor humano es fuente de todos los pecados: "Contigo siempre traes los pecados mortales." — Ejemplos sobre los pecados: codicia, avaricia, soberbia, lujuria, envidia, poder persuasivo del dinero, etc. — El amor responde al Arcipreste: consejos toma-

dos del *Ars Amandi* de Ovidio. Le recomienda que busque una interce-
sora. Aparece la alcahueta Trotaconventos. — De aquí se pasa al episodio
básico del libro: el encuentro con doña Endrina, versión libre y recreación del *Pamphilus,* pero ¡con qué gracia y fuerza poética! (Véase la pre-
sentación de doña Endrina: "¡Qué talle, qué donaire, qué alto cuello de
garza!") — Después los motivos se multiplican: Retiro del Arcipreste
a la sierra, relacionado con el tema religioso y folklórico de la proximidad
de la cuaresma. Penitencia poco rigurosa, aliviada por los encuentros con
las serranas. Batalla alegórica entre don Carnal y doña Cuaresma, con la
derrota del primero. Pasada la época de la continencia, el día de Pascua
mayor, entrada de la primavera y recibimiento triunfal del amor ("De
cómo clérigos e legos e flaires e monjas e dueñas e joglares salieron a
recibir al Amor"). Es el punto culminante de la obra después del episodio
de doña Endrina. En la parte restante se intensifica el carácter misceláneo
de formas y temas poéticos. Nuevas aventuras del Arcipreste. Nuevos
ejemplos. Muerte de la Trotaconventos, a la que sucede en su oficio el
criado don Furón, antecedente de rufianes y pícaros. Poesías diversas, satíricas o líricas, y "Cántica de los clérigos de Talavera," imitación de los
poemas goliardescos de Walter Map, aunque, como todo en el libro, adquiera carácter local y concreto.

Como se ve, existe, pese a la impresión de obra disforme que el libro
produce a primera vista, un plan bastante claro, con idea precisa de la
composición, y un sentido de la graduación de efectos y temas, que muestra la conciencia artística del Arcipreste.

Valor y significación del libro. — No nos es posible analizar en detalle
la riqueza de una obra llamada justamente "epopeya burlesca" y "comedia
humana" de la Edad Media. Nos limitaremos a señalar algunos aspectos
capitales de su significación.

En primer lugar, su valor histórico de síntesis. Síntesis de las corrientes
más importantes de la cultura medieval: clásica (Ovidio y sus derivaciones medievales, Esopo, Fedro, alusiones a Catón, Aristóteles, etc.); latino-
eclesiástica (teología, alusiones litúrgicas, oraciones, lugares canónicos y
morales, goliardismo); árabe (numerosos apólogos); europea ("fabliaux,"
temas comunes con el *Roman de la Rose* y con Chaucer, formas líricas
derivadas de la poesía trovadoresca).

Síntesis poética en la variedad de metros (de 16, 14, 8, 7, 6, 5 y 3 sílabas, además de endecasílabos y versos de arte mayor dudosos) y estrofas
desde dos hasta diez versos con diversas combinaciones de rima. Aunque
en los pasajes líricos predomina el zéjel, la parte mayor del libro está

escrita en "cuaderna vía." Por eso puede considerarse al Arcipreste como el poeta cumbre del mester de clerecía. Mas ni por el espíritu ni por la forma es fácil de encuadrar su personalidad en una escuela. Cultiva, como apuntamos antes, todas las formas del arte juglaresco y popular, hasta las más humildes (cantares cazurros y de ciegos), y el arte de los trovadores, en sus canciones, serranillas y loores a la Virgen. Es juglar, trovador y clérigo en una pieza, o más bien "clérigo ajuglarado," según la denominación exacta de Menéndez Pidal.

Dentro de este carácter de síntesis que la obra posee, un aspecto ha cobrado, en la crítica reciente, singular papel revelador, merced al penetrante análisis de Américo Castro: la fusión de los diversos elementos dentro del molde cristiano-oriental. Sólo situándolo en esa perspectiva que ha estudiado el autor de *La realidad histórica de España,* es explicable el dualismo, no racional, sino vital, del libro: el paso constante (lo que Castro llama "transición y deslizamiento") de lo espiritual e invisible a lo material y visible.

Dice el Arcipreste que se propone hacer un libro "que los cuerpos alegre y las almas preste." Y Castro comenta: "Mas bien que una ascensión gradual de lo mundano a lo religioso, del apetito terreno al propósito de refrenar la conducta, hay aquí un trenzado constante entre afán vital y conciencia moral." [8]

Peculiaridad cristiano-oriental que explicaría asimismo la estructura poética, basada en el hecho insólito de tomar como tema, mantenido a través de toda la obra, la narración de las experiencias amorosas de un personaje —clérigo pecador en este caso y prefigura, al mismo tiempo, de don Juan y del pícaro que sermonea.

Muestra Castro más específicamente la relación del *Libro de Buen Amor* con *El collar de la paloma* de Ibn Hazan. Y María Rosa Lida amplía y puntualiza este fondo hispano-semítico, sugiriendo el enlace con el *Libro de las delicias* del médico hebreo Meir Ibn Sabarra. [9]

Queda así bien filiado el arte de Juan Ruiz en la doble tradición de la clerecía cristiana, con sus derivaciones juglarescas, y la hispano-oriental. Doble vertiente mudéjar, de la que dimana la tensión de la obra entre lo lírico y lo moral, la piedad y el erotismo.

En su complejidad es el libro testimonio de una época y una de las creaciones más personales de la literatura castellana. Como testimonio de época nos da el retrato cabal de la sociedad de su tiempo. Podemos es-

---

[8] *Op. cit.,* pág. 387.
[9] Véase *Nuevas notas ...*

tudiar en él las formas de la vida medieval en sus detalles más variados, como, por ejemplo, la comida, los instrumentos musicales, etc. ; los hábitos, caracteres y vicios de todas las clases, desde las serranas hasta los caballeros y clérigos ; la sensibilidad de la época. Es reflejo, además, de la transformación que se está operando en el mundo con la crisis moral que preludia el fin de la Edad Media, evidente en la denuncia abierta de la corrupción eclesiástica y la abundancia de motivos, de lo que, por oposición a la caballeresca y aristocrática, se ha llamado en Francia la literatura burguesa de los "fabliaux" y el *Roman de Renart*. Con el libro del Arcipreste, como con otras obras contemporáneas o anteriores y de espíritu análogo —el *Roman de la Rose,* los cuentos de Chaucer, Boccaccio— las literaturas europeas dan un paso gigantesco. Entran en el arte la realidad y el espectáculo social de la vida cuotidiana. Advertimos un desenfreno vital, mayor aún en la centuria siguiente, que como todo vitalismo lleva, como correlativa necesaria, la presencia de la muerte. En el Arcipreste aparece en forma humorística, pero no por humorística menos grave, en el epitafio de la Trotaconventos, con las consideraciones que la desaparición de esta "leal compañera" le inspiran.

En Juan Ruiz culmina el arte de la Edad Media y se vislumbra ya el de los siglos siguientes. Los elementos del libro, igual que la sociedad en él retratada, son íntegramente medievales. Pero en más de un aspecto se presiente el mundo renacentista : alusiones a autores clásicos, soplo de alegría vital, reflexión sobre el hecho humano y el extraño fenómeno de un escritor que en plena Edad Media vierte su propia personalidad en una obra de arte. En la literatura europea de la época, sólo en Chaucer y los grandes italianos —Dante, Petrarca, Boccaccio— se opera un fenómeno parecido, aunque le falte a Juan Ruiz la elevación intelectual que estos últimos tienen. Por eso, en la literatura española se ha considerado el *Libro de Buen Amor* como un antecedente de *La Celestina,* de la picaresca y de Cervantes. En el Arcipreste están esbozados temas, personajes y actitudes que en ellos se desarrollarán, y su obra es la primera de la literatura castellana en que aparece lo cómico con un doble sentido muy español, directo y transcendente, grave y risueño, real y fantástico a un tiempo. Es, en suma, Juan Ruiz, como dice Menéndez Pelayo, el más antiguo de los humoristas españoles, "el que reveló antes que otro alguno el matiz especial de nuestra sonrisa y aquella forma de lo cómico que nos es peculiar." Forma de lo cómico que el mismo Menéndez Pelayo define con las siguientes palabras de Fernando Wolf, maestro de los medievalistas europeos : "aquella profunda ironía, grave y sentenciosa, a la cual nada resiste, que no tiene equivalente más que en el *humour* de los ingleses y con la cual no pueden ser comparados ni el chiste delicado y fino de los franceses, ni la bufonada de los italianos, ni la sátira pedantesca y pesada de los alemanes." [10]

Todo ello se logra, claro está, por la capacidad creadora del autor, fuente fundamental del valor literario, o, dicho en otras palabras, por la expresión de una personalidad concretizada en un estilo. La obra ofrece, en este sentido, igual plasticidad y fuerza expresiva, mayor riqueza de recursos estilísticos y sentimiento vivo de la lengua: una lengua, no debemos olvidarlo, que está aún por hacer y depende todavía de sus modelos. Pero, ¡cómo cobran éstos animación expresiva en manos de Juan Ruiz! Bastaría confrontar cualquier pasaje o figura con su fuente inmediata, sea la vieja Trotaconventos con la tercera del *Pamphilus*, o el desfile exuberante del Triunfo del Amor, o la fantasía burlesca de la Batalla de don Carnal, donde todo —personas, animales, objetos— cobra expresión y movimiento, tan distinto de las convencionales alegorías; o comparar la violenta rusticidad y brío de las cánticas de serrana con algunas estilizadas pastorelas francesas y provenzales. El arte de Juan Ruiz tiene algo de desmesurado. Es el primer escritor que utiliza en sus más variados registros la lengua hablada —refranes, dichos, chistes, epítetos, nombres de gracia popular— extremada hasta lo caricaturesco. Con esta inclinación hacia lo popular y la lengua viva se relaciona, sin duda, su sentido de la realidad, su poder de localizar, dentro de lo geográfico, real y cuotidiano de la vida castellana, todo lo que toca.

Sentido de la realidad, que, dentro de las normas y temas literarios de su momento, da al libro su sabor tan español, y anuncia, como hemos apuntado, el de las grandes obras del Siglo de Oro. Se vislumbra también en la visión de Juan Ruiz la posibilidad cervantina de insuflar lo íntimo y espiritual en el plano de lo material y grotesco, de donde nacerá el equívoco inherente a una obra como el *Quijote*, y, en general, a lo mejor del arte español.

IV. Poetas y obras menores

La poesía doctrinal y culta. — La figura de Juan Ruiz domina la poesía de su tiempo. Si exceptuamos los *Proverbios* morales del rabino Santob,

---

[10] Véase Menéndez Pelayo, *Antología de poetas líricos*, vol. III, págs. 97-98.

sólo a fines del siglo encontramos en López de Ayala otro poeta de acento personal.

Sobresale como nota de época la preocupación didáctico-moral en el *Libro de miseria de omne*, representativo de la corriente ascética de crítica social; la *Doctrina cristiana* de Pedro de Veragüe; la *Revelación de un ermitaño*, derivada de la antigua *Disputa del alma y el cuerpo*; y la *Danza de la muerte*, cuya redacción castellana corresponde a fines del XIV o principios del XV.

Coincide el auge del didactismo con la decadencia de las escuelas poéticas del siglo XIII, "clerecía" y "juglaría." Tan sólo la *Vida de San Ildefonso* y el *Poema de Yúsuf*, son típicos del "mester de clerecía" por su carácter narrativo y el empleo de la "cuaderna vía." La estrofa sigue usándose, como sabemos, en la obra de Juan Ruiz y en poemas didácticos como el *Libro de miseria de omne*. Pero en las otras obras morales citadas encontramos ya heptasílabos (Don Santob) y el verso de arte mayor (*Revelación de un ermitaño* y *Danza de la muerte*) que alcanzará su pleno desarrollo en el siglo siguiente.

Los poemas citados apenas tienen otro interés que el de completar el cuadro y evolución de unas formas y unos temas en contacto con las corrientes de la clerecía medieval e ilustrar diferentes fenómenos literarios, ya perceptibles en el libro del Arcipreste.

El de Yúsuf tiene como particularidad el estar escrito en aljamiado, es decir, en romance con caracteres árabes, probablemente por un morisco aragonés, y tratar un tema bíblico: la historia de José. En el *Libro de miseria de omne*, inspirado en *De contemptu mundi* de Inocencio III, ha destacado Dámaso Alonso un interesante pasaje —"estampa de las lamentables condiciones de los siervos en contraste con la holganza de los señores." Alonso lo considera como expresión de una "postura ante los hechos sociales que no he de vacilar en calificar de revolucionaria." [11] Lo relaciona al mismo tiempo con algunas de las diatribas de Juan Ruiz contra el dinero y los poderosos.

La *Revelación* y la *Danza* combinan, ya en los umbrales del siglo XV, la alegoría y el ascetismo.

Entre esta poesía de lugares comunes se destaca, con personalidad acusada en forma, temas y actitud, la obra de Santob de Carrión, que González Llubera ha identificado con el escritor y rabino Sem Tob Ibn Ardutiel b. Isaac. Compuso entre 1355 y 1360 los *Proverbios morales* o *Con-*

---

11 V. D. Alonso, "Pobres y ricos en los libros de *Buen Amor* y de *Miseria de omne*," en *De los siglos oscuros* ..., págs. 105-113.

sejos al rey don Pedro dedicados a Pedro I el Cruel, con los que se inicia en España, salvo una versión coetánea de escaso mérito de los *Proverbios de Salomón,* la poesía proverbial de tradición bíblica.

Américo Castro le ha dedicado unas sugestivas páginas, en las que afirma que es Santob el "primer caso de auténtica expresión lírica en castellano," el primero, por ejemplo, en poetizar la belleza de las flores a través de un sentimiento puramente personal, y el primero también en quien la poesía adquiere sentido intelectual y tonos filosóficos, o en quien asoma el tema del "amargo vivir," que Castro ve como característica del hispanohebreo. [12]

Evolución y fin del "mester de juglaría." — También en el siglo XIV se transforma el arte juglaresco, como se ve en el *Poema de Alfonso XI,* de Rodrigo Yáñez. Si por el tema histórico —la narración detallada del reinado que le da nombre— es continuación de la épica popular, en cambio, el espíritu caballeresco, varios recursos estilísticos y algunos temas literarios, procedentes, por ejemplo, del *Libro de Alexandre* o del *Fernán González,* lo sitúan en la tradición culta.

Todos estos aspectos, y otros de igual interés para la historia literaria del medioevo, están bien documentados en varios estudios recientes de Diego Catalán. En ellos se hace un fino análisis histórico y literario de diversos aspectos, se fija la fecha del poema en 1348 y se establece su relación muy directa con la *Gran Crónica* (inédita) de Alfonso XI. Dos fenómenos quedan especialmente aclarados: la relación de poesía épica y prosificaciones (Gesta: Crónica) y cómo el autor de la *Gran Crónica* compone ya su historia con un sentido artístico antes de López de Ayala, a quien se venía atribuyendo la transformación de la historiografía medieval.

Más típico de la evolución y decadencia del arte juglaresco es el cambio que se opera en el tema del Cid. A principios del siglo debió componerse un cantar, hoy perdido, de las *Mocedades del Cid,* prosificado poco más tarde en la *Crónica de 1344.* De esta prosificación procede el *Cantar de Rodrigo* o *Crónica Rimada del Cid,* fines del XIV o comienzos del XV, fuente de la fortuna literaria posterior del héroe castellano en los romances y en el teatro. Se recogen o inventan las leyendas de su juventud, sin el espíritu sobrio ni el verismo del antiguo cantar. El Cid aparece en sus años mozos como un caballero arrogante. Uno de los episodios principales es el de los amores y casamiento de Rodrigo y Jimena, a quien se hace

---

[12] V. "Don Santob de Carrión," en *La realidad* ..., págs. 525 y ss.

hija del conde don Gómez de Gomar, muerto por el joven Cid en desafío. Es el tema que llevarán al teatro Guillén de Castro y Corneille.

Ambas obras dejan entrever el cambio más trascendental que en la decadencia de la juglaría se está operando: entrada de episodios y temas literarios y novelescos; predominio del verso de dieciséis sílabas, dividido en octosílabos; fragmentación de las antiguas gestas en relatos breves; creación, en una palabra, de los romances, que por este tiempo entran o han entrado ya en lo que Menéndez Pidal llama "época aédica oral."

Fenómeno coetáneo e ilustrativo de las hondas transformaciones de la poesía castellana al acercarse el último siglo de la Edad Media, es el comienzo de una poesía exclusivamente lírica, trovadoresca y cortesana, que estudiaremos en el capítulo siguiente al tratar del *Cancionero de Baena*.

V. Don Pero López de Ayala

El siglo XIV, como se habrá advertido, es relativamente pobre en caudal literario. Su importancia se debe a la existencia de dos escritores en su primera mitad, don Juan Manuel y el Arcipreste de Hita, y a la del canciller Pero López de Ayala (1332-1407) en la segunda. Ayala, al valor representativo de su figura humana, añade el interes de ser al mismo tiempo el prosista y el poeta más importante de su generación. Su prosa de historiador no posee el encanto de los breves cuentos de don Juan Manuel. Es, sin embargo, mucho más rica en recursos, amplitud y dramatismo. Como poeta, más severo que Juan Ruiz, queda muy lejos de él en facultades creadoras. Pero, en cambio, por su compleja personalidad, supera probablemente a los dos en significación histórica.

Protagonista y testigo de la agudización de la crisis —política, religiosa, social— que hemos bosquejado al principio de este capítulo, Castro no vacila en considerar su obra como uno de los productos más importantes de su tiempo. Y así dice, al hablar de la situación espiritual de España en la segunda mitad del siglo XIV, que sus "rasgos más significativos resultan ser la fundación de la Orden de San Jerónimo, el nacimiento del Romancero y la obra espléndida del canciller Pero López de Ayala."

Vida y carácter. — Se ha dicho que Ayala es uno de los primeros casos de hombre moderno en la literatura española, entendiendo por moderno el tipo humano que, por oposición al de la Edad Media, caracterizará la época iniciada con el Renacimiento. Destacan en su personalidad varias notas: activismo, severidad, reflexión y un nuevo sentimiento de lo individual. Hidalgo de nacimiento, fue ascendiendo en la escala de la nobleza y el poder, hasta ser uno de los dirigentes del destino de Castilla. Intervino en las turbulencias del reinado de Pedro I el Cruel y de sus sucesores, los Trastámara, preludio del agotamiento definitivo de la Edad Media. Como político ocupó altos cargos en cuatro reinados —que luego historió— y llegó a ser miembro del Consejo de Regencia y Canciller de Castilla en el de Enrique III. Al parecer, recibió en la adolescencia formación eclesiástica con su tío el cardenal Pedro Gómez Barroso, y con él debió de visitar la corte pontificia de Aviñón. Fue paje y protegido del rey don Pedro, cuya causa sirvió durante varios años, hasta pasarse al bando de Enrique II cuando la fortuna empezó a mostrársele a éste favorable. Se inició como guerrero en las luchas contra Aragón (1359). Años después, y ya en el bando de don Enrique, tomó parte en la batalla de Nájera (1376), donde fue hecho prisionero por los ingleses, bajo el mando del Príncipe Negro, aliado de don Pedro. Desempeñó después embajadas en Aragón, Francia y Portugal. Y en Portugal estuvo preso tras el descalabro de los castellanos en Aljubarrota (1385). Allí, durante el cautiverio, escribió parte del *Rimado* y un *Libro de la caça de las aves*. Como don Juan Manuel, consagró sus últimos años principalmente a su obra literaria.

Es, pues, López de Ayala uno de los primeros escritores castellanos cuya vida se proyecta en cierto modo sobre un plano internacional. Puede decirse que es también uno de los primeros humanistas o pre-humanistas españoles, si no el primero. Su sobrino Fernán Pérez de Guzmán dejó en *Generaciones y semblanzas* un retrato del Canciller, en el que resume bien sus cualidades y el radio de sus preocupaciones intelectuales. Fue, dice,

> ... de muy dulce condición e de buena conversación, y de gran conciencia, e que temía mucho a Dios. Amó mucho las ciencias, dióse mucho a los libros e historias, tanto, que como quier que él fuese asaz caballero e de gran discreción en la práctica del mundo, pero naturalmente fué inclinado a las ciencias, e con esto gran parte del tiempo ocupaba en el leer e estudiar, no en las obras de derecho, sino en filosofía e historias. Por causa dél son conocidos algunos libros en Castilla que antes no lo eran: ansí como el Tito Livio, que es la más notable historia romana; los *Casos de los Príncipes;* los *Morales* de San Gregorio; Isidoro, *De summo bono;* el Boecio; la *Historia de Troya*. Él ordenó la historia de Castilla desde el rey don Pedro hasta el rey don Enrique el tercero, e hizo un buen libro de caza, que él fué muy cazador, e otro libro *Rimado del Palacio*.

Y añade que "Amó mucho mujeres, más que a tan sabio caballero como él se convenía."

La mayoría de los historiadores modernos han juzgado con severidad las aparentes veleidades de este sabio caballero. Se le censura no tanto la deserción del partido de don Pedro, como las negras tintas (justificadas sin duda por los hechos) con que pinta en su *Crónica* las crueldades y vesania del monarca. Menéndez Pelayo dice que bien podría Maquiavelo tomar a Ayala como aventajadísimo precursor. Y más recientemente, Julio Caro Baroja ha hablado del puritano que sabe cohonestar su propio interés con un supuesto ideal. "Pero en el fondo, en sus actos —dice— hay un acomodo de ideales e intereses que va muy en consonancia con la moral puritana." [13]

Como escritor, Ayala, todavía sobre un fondo medieval, inicia tres direcciones: erudición clásica, sentido crítico ante lo histórico y lo social y actitud personal en lo religioso.

Para los aficionados a ver en la cultura el reflejo de la geografía, añadiremos que es la primera figura importante en las letras españolas de origen vasco (nació en Vitoria) y que en su carácter se advierten cualidades personales, severidad, tesón, fuerza, que coinciden con las de otras grandes figuras de igual oriundez: Ignacio de Loyola o, en nuestro tiempo, Unamuno, Baroja y Maeztu.

El historiador. — Escribió Ayala en cuatro *Crónicas* la historia de los reinados de Pedro I, Enrique II, Juan I y los cinco primeros años del de Enrique III, hasta 1395. Marca la prosa histórica de Ayala la transición de las anteriores crónicas generales o particulares, como la de Alfonso XI, a la historiografía del siglo XV, que tendrá sentido más humano e inmediato, tanto en el tema —literatura de retratos, biografía y de hechos particulares— como en la actitud del autor, más psicológica e interpretativa. Ayala no se limita a narrar. Escribe historia viva, si así puede decirse. Toma como modelo, con espíritu prerrenacentista, la historia clásica de Tito Livio. Juzga hechos y personas. Interrumpe la narración con discursos y consideraciones. El diálogo tiende a reflejar el carácter del personaje.

El cronista tiene conciencia de los tiempos, y de las conductas; aspira, sobre todo —según declara en el Proemio— a dar testimonio de la verdad de lo que él mismo vio y vivió o de lo visto por testigos fidedignos. Ello no impide que a veces utilice relatos poéticos, como algunos romances o leyendas caballerescas.

---

[13] V. Julio Caro Baroja, *Razas, pueblos y linajes*. Madrid, 1957, pág. 63.

Muy superior a las otras es la *Crónica de Pedro I*, en parte por el dramatismo de los hechos, en parte por la pasión que el narrador pone y el ambiente de violencia y fatalidad. El cronista sabe graduar los efectos hasta convencer al lector cómo la furia destructora del rey fue causa de su trágico destino. Sale de su pluma la figura de don Pedro, no sin cierta grandeza, víctima de sus propios desafueros y del castigo de Dios: "E mató muchos en su reino, por lo cual le vino todo el daño que habéis oído." Y concluye: "Ca gran juicio e maravilloso fue éste e muy espantable."

Hay, pues, en la prosa de Ayala experiencia, vigor, reflexión, sentido del destino humano y sentido de lo concreto en el espacio y en el tiempo. De ahí la impresión de modernidad que produce. Con ella, afirma Sánchez Albornoz, la historiografía castellana alcanza su más alta cumbre, no superada en su tiempo ni por la historiografía italiana ni por la francesa:

> Ninguna obra histórica contemporánea le iguala —ni Froissart ni Mateo Villani poseyeron el profundo sentido histórico, ni la casi moderna concepción de la historia, ni el dramatismo y la belleza de expositor que Ayala— y ningún cronista castellano supo emularle, ni siquiera el más inteligente de todos los del siglo XV: Fernán Pérez de Guzmán. La genial personalidad del Canciller constituye por ello un mojón señero en la historiografía de la tardía Edad Media, que sólo iba a ser superado por los historiadores del Renacimiento.

El "Rimado de Palacio." —Esta obra poética, como la del Arcipreste de Hita, es un libro satírico-moral en el propósito; un cuadro de la sociedad medieval en el contenido; y una agrupación miscelánea de temas y formas en la estructura. Está igualmente formado por la acumulación de fragmentos o poesías sueltas, escritos en diversos momentos, entre 1380 y 1404. Y como el del Arcipreste, el libro de Ayala carece de título; el que hoy tiene es adición moderna basada, probablemente, en las palabras antes citadas de Pérez de Guzmán. Pero en estos rasgos —comunes a la época— termina la semejanza entre los dos libros. La inspiración de Juan Ruiz es vital; la de Ayala, política. El *Libro de Buen Amor* es alegre, risueño, cómico; el *Rimado* es severo, rígido, de tono moral elevado. El Arcipreste, por ejemplo, describe la licencia de sus compañeros, los eclesiásticos de su tiempo. Ayala, en uno de sus pasajes más inspirados, el "Dictado sobre el cisma de Occidente," denuncia con tremenda austeridad la crisis de la Iglesia, en grave peligro, no tanto por la corrupción personal de sus representantes, como por las disputas teóricas y las luchas internas que minan su autoridad. El Arcipreste expresa ingenuamente su fe en los "loores a la Virgen." En los dictados líricos de Ayala —recuérdese uno muy bello que comienza "Non entres en juisio con el tu siervo, Sennor"— aparece ya la intimidad religiosa con un acento pesimista de inquietud, que, al decir de Américo Castro, constituye el "primer caso de individuación sentimental" en las letras de Castilla. [14]

Los temas del *Rimado* se han resumido de la siguiente manera:

1. Parte religiosa personal: Declara sus pecados siguiendo el orden de los diez mandamientos, pecados capitales, obras de misericordia, etc.

2. Parte social: Poema satírico sobre la sociedad: "del gobernamiento de la república, de los mercaderes, de los letrados, de la guerra," etcétera.

3. Parte política: "De los fechos de palacio": consejos al rey y a los privados.

4. Dictado sobre el Cisma de Occidente.

5. Paráfrasis de los libros morales de San Gregorio Magno.

Intercalados entre estas partes importantes se encuentran poesías varias: cantigas, decires, oraciones, letrillas, etc.

En cuanto a la forma, dentro de la variedad, predomina aún la "cuaderna vía," pero hay muestras abundantes de otras formas líricas, como el zéjel y el verso de arte mayor. En éste como en otros aspectos, singularmente el tono íntimo y cierta preocupación filosófica que rebasa el didactismo medieval, es ya Ayala precursor y probablemente maestro de los mejores poetas del siglo siguiente.

En las partes política y social —gobernamiento de la república o de los hechos de palacio— el poeta fustiga con dureza a prelados, caballeros, jueces, mercaderes, letrados, y toda clase de abusos y falsedades. El moralismo no es simple exposición de lugares comunes o crítica de clases y estados; se concretiza en la conducta, y pudiera decirse que asoma en el arte de Ayala algo que puede relacionarse ya, si bien remotamente, con la pintura de caracteres y el cuadro satírico de costumbres de épocas posteriores. Lapesa habla con acierto de "aguafuertes realistas" al referirse a algunas escenas.

En contraste con la amarga denuncia satírica están las reflexiones ascéticas y melancólicas sobre la vida humana que anuncian el estoicismo del siglo siguiente (véase "Consejo para toda persona"), o la sincera y

---

[14] Véase "Lo hispánico y el erasmismo," en *Revista de Filología Hispánica,* 1942, vol. IV, pág. 8.

emocionada devoción de sus imprecaciones. Dice Castro: "Ya se piensa aquí en la realidad íntima de la oración, y no en la pura magia de sus palabras", y relaciona el sentir religioso de Ayala con sus viajes a Francia, donde pudo entrar "en contacto con la moderna religiosidad de aquel tiempo, basada en emotividad...," y también con el anacoretismo lírico y emotivo de los jerónimos, orden por la que el Canciller sintió preferencia.

El vincular a los escritores con el espíritu de ciertas órdenes religiosas es sumamente sugestivo y esclarecedor: y así, Berceo responde al influjo benedictino, dominante en su tiempo; don Juan Manuel, como hemos visto, a la ejemplaridad dominica; Ayala, al ascetismo jerónimo, que, en consonancia con otras corrientes, da una base individual y de conducta a la nueva piedad. Quedaría Juan Ruiz en este esquema como el representante de la clerecía libre y secular con sus puntas de goliardismo.

[Selecciones: del Río *Antología,* vol. I, págs. 53-99.]

BIBLIOGRAFÍA

1   PROSA CABALLERESCA

Leomarte. Sumas de Historia Troyana, ed. A. Rey, Madrid, 1932.
A. Rey y A. G. Solalinde, *Ensayo de una bibliografía de leyendas troyanas en la literatura española,* Indiana University Press, 1942. (V. *Historia troyana,* cit. en cap. anterior.)
El libro del cavallero Zifar, ed. Wagner, Ann Arbor, 1929.

Sobre la cuestión de los "libros de caballerías" puede verse un buen resumen y amplia bibliografía en el capítulo de P. Bohigas, en *Historia general de las literaturas hispánicas.*

SOBRE EL AMADÍS PRIMITIVO:

M. R. Lida, "El desenlace del *Amadís* primitivo," en *Romance Philology,* VI (1953), 283-289.
E. B. Place, "Fictional Evolution: The Old French Romances and the Primitive *Amadís...*," en PMLA, LXXI (1956), 521-529.
El primer manuscrito del Amadís de Gaula (con noticias y estudios de A. R. Moñino, A. Millares y R. Lapesa), Madrid, 1957.

DON JUAN MANUEL:

Escritores en prosa anteriores al siglo XV, ed. Gayangos, BAE, vol. LI.
El Conde Lucanor, ed. Knust, Leipzig, 1900; ed. González Palencia, ed. Ebro,

1947; ed. Moreno Báez en versión moderna, "Odres nuevos," 1953; trad. inglesa de J. York, London, 1924 (Broadway Translations).

Libro infinido y Tractado de la Asunción, Univ. de Granada, 1952 (Buena introducción de J. M. Blecua).

Menéndez Pelayo, *Orígenes...*

A. Giménez Soler, *Don Juan Manuel, Biografía y estudio crítico,* Zaragoza, 1932.

M. Gaibrois de Ballesteros, *El príncipe don Juan Manuel y su condición de escritor,* Madrid, 1945.

J. M.ª Castro y Calvo, *El arte de gobernar en las obras de don Juan Manuel,* Barcelona, 1945.

M. R. Lida, "Tres notas sobre don Juan Manuel," en *Romance Philology,* IV (1950-51), 155-194.

A. Castro, "The Presence of the Sultan Saladin in the Romance Literatures," en *Diógenes,* 1954, 1-24 (Pub. en español, en *Hacia Cervantes*).

ARCIPRESTE DE HITA

Libro de Buen Amor, ed. J. Ducamin, Toulouse, 1901; ed. J. Cejador, *Clásicos Castellanos,* Madrid, 1913; Selecciones, ed. M. R. Lida, Buenos Aires, 1941; ed. María Brey en versión moderna, "Odres Nuevos"; trad. inglesa de E. K. Kane, New York, 1933.

Menéndez Pelayo, *Antología...,* III.

Julio Puyol, *El Arcipreste de Hita. Estudio crítico,* Madrid, 1906.

Felix Lecoy, *Recherches sur le "Libro de Buen Amor" de Juan Ruiz,* París, 1938.

M. R. Lida, "Notas para la interpretación, influencia, fuentes y texto del *Libro de Buen Amor,*" en RFH (1940), 106-150.

———, "Nuevas notas para la interpretación del *Libro de Buen Amor,*" en NRFH, XIII (1959), 1-82.

Thomas R. Hart, *La alegoría en el "Libro de Buen Amor,*" Madrid, 1959.

L. Spitzer, *En torno al arte del Arcipreste de Hita,* en *Lingüística e historia literaria.*

Henry B. Richardson, *An Etymological Vocabulary to the "Libro de Buen Amor" of Juan Ruiz,* New Haven, 1930.

SOBRE SANTOB Y POEMA DE ALFONSO XI

I. González Llubera, *Santob de Carrión, Proverbios morales,* Cambridge, 1947.

Diego Catalán, *Poema de Alfonso XI: Fuentes, dialecto, estilo,* Madrid, 1953.

———, *Un prosista anónimo del siglo XIV: La Gran Crónica de Alfonso XI. Hallazgo, estilo, reconstrucción,* La Laguna (s. a.).

LÓPEZ DE AYALA

Crónicas de los Reyes de Castilla, BAE, vols. LXVI y LXVIII.

Rimado de Palacio, BAE, vol. LVII; ed. Huersteiner, New York, 1920.

Menéndez Pelayo, *Antología...*

Marqués de Lozoya, *Introducción a la biografía del canciller Ayala,* Madrid, 1941 y *El canciller Ayala,* Bilbao, 1943.

A. Castro, "El canciller López de Ayala," en *Aspectos del vivir hispánico,* Santiago de Chile, 1949, 62-72 [Libro que reproduce con algunos cambios el estudio *Lo hispánico y el erasmismo,* citado en notas].

R. Lapesa, "El canciller Ayala," en *Historia general de las lits. hispánicas,* vol. I, 493-512; 516-517.

C. Sánchez Albornoz, "El canciller Ayala, historiador," en *Españoles ante la historia,* Buenos Aires, 1958, 111-154.

5 FIN DE LA EDAD MEDIA. PRERRENACIMIENTO

I. Introducción al siglo XV. Historia y cultura

El proceso de la cultura humana no se interrumpe, no tiene soluciones de continuidad. Considerada así la historia, todos los momentos son de transición. En todos mueren unas cosas y nacen otras. Hemos visto que desde el siglo XIII, en obras como el *Libro de Alexandre* o las de Alfonso el Sabio, típicamente medievales, asoman temas que pueden ser considerados como antecedentes del Renacimiento. La sensación de acercarnos a una nueva época se intensifica al leer a don Juan Manuel o a Juan Ruiz. De Ayala dijimos que, para parte de la crítica, era ya un hombre moderno. En rigor, la idea aceptada en el siglo pasado de que el Renacimiento significaba una ruptura total con la Edad Media ha sido casi descartada. Hay historiadores y críticos que llevan sus antecedentes hasta el siglo XI y, desde luego, todos reconocen ya el enlace entre la gran cultura medieval del siglo XIII y la renacentista.

Ahora bien; tiene la historia momentos de plenitud y de decadencia, dentro de ciertos ciclos y de una civilización determinada. El orden y la confusión alternan. Tiempos de decadencia y confusión son aquellos en los que desaparecen ciertas formas de vida, en tanto que las que nacen no han adquirido aún su definitiva arquitectura. El siglo XV es una época de este tipo en la cultura europea, con la posible excepción de Italia, que ahora toma la dirección artística y cultural del occidente. Lo es sin duda en la literatura española. Suelen tener estas épocas de encrucijada un gran interés. Pero la crítica, sobre todo la del siglo pasado, en el que, bajo el influjo del positivismo, se buscaba en todo la certeza y la clasificación rigurosa, se limitó a tacharlas de decadentes, y pasó sobre ellas de prisa. Hoy, en cambio, nos sentimos atraídos por estos momentos otoñales e inseguros, quizá porque les encontramos cierto paralelismo con el tiempo actual. De ahí que últimamente la atención de muchos críticos haya ido hacia el siglo xv: el otoño de la Edad Media. Lo mismo ocurre con el xviii, otra centuria no bien definida de la literatura española. Castro en su libro *Aspectos del vivir hispánico* resume el gran viraje de la historia de España entre los siglos xiv y xv, diciendo que entonces aparecen sincrónicamente "nuevas formas del sentimiento religioso, nuevos modos de expresión literaria y, en general, una nueva postura del hombre frente a su mundo."

En esta época no hay cumbres ni una representación fija del mundo, como, por ejemplo, en el *Poema del Cid* o en el *Libro de Buen Amor*. Ni hay tampoco un estilo perfecto y definido. Faltan, en suma, escritores de primer orden. Hay, en cambio, una actividad literaria asombrosa, y sólo la lista de autores sería interminable, sin que ninguno, salvo contadas excepciones, logre descollar sobre los demás. Por eso consideramos preferible dedicar en este siglo más atención a sus tendencias representativas que al estudio de escritores particulares, aunque haya que destacar alguno de ellos como Santillana o Juan de Mena.

El hecho saliente de la época —dicho en términos simples y muy generales— es que en ella se acaba la Edad Media y empieza la moderna, que en la historia universal se hace arrancar, como es sabido, de la toma de Constantinopla por los turcos en 1453; y, en la de España, del comienzo del reinado de los Reyes Católicos en 1474, o, si se quiere, del año 1492, por tantas razones decisivo.

En el tiempo cuyos rasgos históricos tratamos ahora de resumir, los antiguos reinos y condados de la Reconquista han sido asimilados por dos monarquías poderosas: la aragonesa, que ha iniciado ya su expansión por el Mediterráneo, y la castellana. Quedan aparte el pequeño reino de Navarra y el de Portugal, que desde el siglo xiii tiene su historia independiente.

En Castilla, durante el largo reinado de Juan II (1406-1454) y el de su sucesor, impera la anarquía de los nobles en constante rebelión. Dos hechos, entre otros muchos, pueden recordarse como muestra de las perturbaciones de este tiempo: el encumbramiento, gobierno, caída y muerte en el cadalso del valido don Álvaro de Luna, fracasado al fin en el propósito de dominar a los grandes señores, y el espectáculo de ruina y desbarajuste que ofrece la corte de Enrique IV, el Impotente (1454-1474).

En las costumbres sociales, es época de esplendor aristocrático. A los castillos fuertes de los primeros siglos de la Reconquista han sucedido otros lujosos, donde la nobleza, como el marqués de Santillana o los Infantes de Aragón, vive una existencia fastuosa, cortesana, entre las justas, paramentos, bordaduras, danzas, músicas e invenciones, que evocará melancólicamente Jorge Manrique. Algunos nobles, como el mismo marqués de Santillana, cultivan la poesía en sus castillos, remedo tardío de los de Provenza, y reúnen allí grandes bibliotecas. Otros, como don Enrique de Villena, se entregan a la magia y a toda clase de extravagancias o, como el rey don Enrique, a decadentes placeres sensuales. La vida, igual que el arte, está representada por la refinada elegancia del gótico florido.

Se acrecienta la crisis interna de la Iglesia, la institución medieval más importante, cuyas divisiones hemos visto denunciar a Pero López de Ayala. A través de todo el siglo xv la crítica de su corrupción, que en toda Europa está produciendo herejías anunciadoras de la Reforma, adquiere en la literatura castellana una cínica desvergüenza en algunas coplas como las "del Provincial." Se debilita la firme fe de los siglos anteriores. La religiosidad oscila entre extremos de misticismo —es el momento de los grandes místicos en los Países Bajos— el pesimismo y la irreverencia.

El pueblo, como clase autónoma, al aflojarse la rigurosa jerarquía medieval, empieza a intervenir en la vida pública. Hay rebeliones de campesinos contra los nobles y los maestres de las poderosas Órdenes Militares. Los reyes tratan, a veces, de apoyarse en la nueva fuerza popular para contrarrestar, como había hecho ya Pedro I, las demasías de los señores. La literatura refleja en coplas satíricas, como las de *Mingo Revulgo,* el desamparo o el resentimiento del pueblo —ganado sin pastor. De origen plebeyo y clerical fueron también las primeras persecuciones contra los judíos a partir de la de Sevilla en 1391, manifestación externa de un antisemitismo creciente, que conducirá a la Inquisición.

Es difícil dar idea de la suma complejidad de un momento histórico en el que hace quiebra un orden social. Aunque parezca paradójico, crecen al mismo tiempo los poderes más contradictorios, antes equilibrados por la jerarquía medieval: el poder real, el de la nobleza, el del pueblo, el de la Iglesia y el de la nueva burguesía. De ahí la tensión y choque de voluntades.

La misma paradoja se hace visible si examinamos la intensificación de atracciones en los dos polos hacia los que se orienta la historia española, en un juego constante de conflictos y armonías: el occidental o europeo y el semítico-oriental. Más que en ningún momento de la historia medieval, se acentúan ahora las relaciones con otros países europeos en todo orden

de actividades. Desde tiempos de Pedro I y de su lucha contra los Trastámara, España se ha visto envuelta en la contienda franco-inglesa de los
cien años; el estilo caballeresco triunfa en la vida y en la literatura, como
se ve en el *Victorial* o el *Suero de Quiñones*; la poesía adopta íntegramente, por primera vez en Castilla, la tradición provenzal, las ficciones y
temas alegóricos y el humanismo incipiente; abundan en la prosa y en
el verso las influencias de los tópicos de la literatura latina medieval;
hasta la profunda preocupación por la muerte —el *memento mori*, que
tanto arraigará en el espíritu español— es de origen europeo. A la tradicional influencia francesa se une ahora la de Italia y la de los Países Bajos,
visible, por ejemplo, esta última en las artes plásticas.

Incluso en la esfera económica, España empieza a pesar en el comercio europeo. Castilla desarrolla la cría de ovejas y la lana castellana empieza a competir con la inglesa. Pirenne, tan atento a los factores económicos, nota el hecho y cómo no sólo la lana, sino también el hierro, el
aceite, las naranjas y otros frutos entraban en los mercados del norte de
Europa.

Brujas —dice— era el mercado central, y en la primera mitad del
siglo XV la nación española tenía en esa ciudad una representación
casi tan fuerte como la de la Hansa. Esta orientación económica [de
España] hacia el norte, no debe ser pasada por alto; en rigor, es
difícil no ver en ella ya una preparación para la alianza dinástica,
que en 1494 iba a unir a Castilla con los Países Bajos.

Y después de resumir otros hechos de la historia peninsular, especialmente la expansión marítima de Aragón en el Mediterráneo y de Portugal
y la misma Castilla en el Atlántico, concluye:

Así, en la mitad del siglo XV... España había alcanzado una posición en el mundo, cuyas posibilidades futuras nadie podía todavía
prever... Y si pensamos que el pueblo español se había endurecido
en las guerras contra el Islam, que tenía la más profunda confianza
en sí mismo y que era un pueblo a la vez militar y navegante, no nos
será difícil darnos cuenta de la fuerza de este nuevo factor que se
aprestaba a jugar su papel en la vida de Europa. [1]

Mas esto nos presenta sólo una cara: la nueva situación española en
relación con el mundo ultrapirenaico; la otra, la interna, hay que verla

---

[1] *A History of Europe...*, págs. 492-493.

en función de la influencia creciente, especialmente la intelectual, de una nueva clase, la de los conversos. El antisemitismo popular, la separación —hecho nuevo— que se establece entre razas y religiones que en los siglos anteriores habían convivido, va acompañada del prestigio en las letras, en las ideas e incluso en los altos medios sociales de una "élite" intelectual compuesta en su mayoría por cristianos nuevos. Conversos fueron, al parecer, muchos de los humanistas y escritores que dan carácter a la literatura de la época y estimulan las corrientes prerrenacentistas: los Cartagena, Mosen Diego de Valera, Fernando y Alfonso de la Torre, probablemente Juan de Mena, Diego de San Pedro, Lucena, Cota, Montoro, y, a fines de siglo, el creador de *La Celestina,* Fernando de Rojas.

Rasgo digno de notarse es el de la alianza o simpatía entre el grupo intelectual y el aristocrático, lo que explica, por ejemplo, la defensa del judío que hace Pérez de Guzmán en el retrato de Pablo de Santa María.

Castro no vacila en hacer la afirmación siguiente:

La nueva y muy apretada situación de los judíos respecto de los cristianos durante el siglo xv fue mucho más decisiva para el rumbo de la vida española que el resurgimiento de las letras clásicas, los contactos con Italia o cualquiera de los acontecimientos que suelen usarse para vallar la llamada Edad Media y dar entrada a la Moderna. [2]

Y un discípulo de Castro, Juan Marichal, en unas páginas de su estudio "El proceso articulador del siglo xv: De Cartagena a Pulgar" (en el libro *La voluntad de estilo*), explica cómo se forja en el medio de los conversos una nueva sensibilidad, y hace arrancar de ella la creación del ensayismo español, enraizado en un doble y contradictorio fenómeno: "el deseo de nueva sociabilidad y el afán de individualidad expresiva."

La influencia árabe no ha desaparecido por completo. El moribundo esplendor del reino granadino ejerce su seducción, visible en ciertos refinamientos sensuales de la corte de Enrique IV o en la creación de los temas literarios moriscos, que los poetas cultos del siglo xvi prohijarán. Por entonces nace, entre Granada y Antequera, el romance fronterizo, y un Rodrigo de Narváez rivaliza en gentileza con los caballeros árabes, o los jóvenes Abencerrajes, adoptan una casuística sentimental, cercana a la poesía de los cancioneros, cerrándose así un círculo de mutuas influencias, si, como parece cada día más evidente, el amor cortés de los

---

[2] *La realidad...,* pág. 496-497.

trovadores provenzales procede, al menos en parte, de la primitiva poesía árabe.

Nos encontramos, en suma, ante una época preñada de posibilidades y de conflictos; de formas artísticas y sociales que llegan tardíamente, y ya estereotipadas, a Castilla, y de impulsos hacia una nueva expresión; de cosas caducas y de gérmenes.

Es preciso tener en cuenta tan complejas circunstancias para entender con algún sentido el abigarrado panorama literario del cuatrocientos en la literatura española, encrucijada entre claras corrientes prerrenacentistas y la persistencia de formas y actitudes medievales de carácter muy peculiar.

II. El humanismo

Por lo que se refiere a la literatura, el aspecto quizá de mayor significación en una visión global de la época, no tanto por su valor intrínseco sino como base de los cambios que advertiremos en la poesía y en la prosa, es el desarrollo de un humanismo incipiente, clara anticipación del renacentista. Debido, en parte, a la influencia italiana y, en parte, a tardíos brotes del saber medieval, este humanismo adquiere ímpetu en la época de Juan II, y está representado quizá mejor que por nadie por la figura de Alonso de Cartagena (1384-1456), hijo de Pablo de Santa María (Salomón Haleví), gran rabino de la sinagoga de Burgos y, luego de convertido al cristianismo, obispo de su diócesis y una de las primeras figuras de la Iglesia española, tutor y canciller de Juan II. Inició los estudios bíblicos y hebraicos en este primer momento del humanismo español. Su hijo, obispo también de Burgos, asistió al Concilio de Basilea y fue amigo de uno de los humanistas italianos más influyentes entonces, Eneas Silvio Piccolomini, el Papa Pío II. En Basilea pronunció un discurso para justificar la precedencia de Castilla sobre Inglaterra, de gran significación para conocer el sentimiento nacional y religioso de una época en la que se está forjando el futuro —bajo signo nacional y religioso— de la España moderna. Tradujo, entre otros autores clásicos, a Séneca y a Cicerón; comentó la *Ética* de Aristóteles. Dice Menéndez Pelayo que el nombre de Cartagena se encuentra en toda empresa de cultura durante el reinado de Juan II.

Discípulos suyos o beneficiarios de su inspiración fueron otros cultivadores distinguidos de las humanidades: Diego Rodríguez de Almela, autor del *Valerio de las historias escolásticas;* Alonso de Palencia, cronista en latín de Enrique IV y de los Reyes Católicos, traductor de Plutarco y antecesor de Nebrija en la redacción de un *Vocabulario en latín y en romance;* o Juan de Lucena, autor del diálogo de *Vita Beata,* en el cual Cartagena departe sobre la felicidad con el marqués de Santillana y Juan de Mena. Las relaciones del obispo de Burgos con estos dos poetas y con Fernán Pérez de Guzmán son de particular interés para la comprensión de la nueva sensibilidad. Cartagena fue, con Enrique de Villena, quien difundió el gusto por las humanidades entre la alta nobleza ; y Santillana le dirigió en 1444 una consulta (*Questión fecha ... al muy sabio e noble perlado don Alonso de Cartagena*) sobre las obligaciones de los caballeros de su tiempo comparadas con las de los romanos, inspirada en algunos pasajes del libro *De Militia* de Leonardo Bruni d'Arezzo. De la *Respuesta* de Cartagena dice Marichal que "es quizás el primer *ensayo* de las letras castellanas." Más reveladora aún es la correspondencia con el autor de *Generaciones y semblanzas,* que dio lugar al *Tractado que se llama el oracional de Fernán Pérez porque contiene respuesta a algunas questiones que fizo el noble cauallero Fernán Pérez de Guzmán al reuerendo perlado don Alfonso de Cartagena ...* López Estrada y Carlos Clavería han señalado la influencia de este libro en la retórica, los valores éticos y la espiritualidad de su momento.

En el cuadro del humanismo cuatrocentista y entre los escritores de filosofía moral, debe recordarse también al Bachiller Alfonso de la Torre, converso, cuya *Visión deleitable de la filosofía y artes liberales,* alegoría enciclopédica, tuvo gran éxito en su época y en los dos siglos posteriores. Curtius resume las varias influencias —Martianus Capella, Alain de Lille, San Isidoro, Al-Ghazzali, la *Guía de descarriados* de Maimónides— y comenta :

> Lo que [Torre] ha transmitido a España... es una combinación ecléctica de conocimientos científicos sacados de la antigüedad, de los principios de la Edad Media... del renacimiento latino del siglo XII en Francia, del aristotelismo herético de los pensadores españoles y árabes del siglo XII. [3]

Y Marcel Bataillon considera la *Visión deleitable* "como un eslabón curioso entre los pensadores judeo-árabes de la Edad Media y Spinoza por su gusto de una ética demostrada *more geometrico.*" [4]

---

[3] E. R. Curtius, *La littérature européenne et le Moyen Âge Latin,* 1956, página 656.

[4] M. Bataillon, *Collège de France. Résumé des Cours 1950-1951,* cit. por Castro, *La realidad ...,* pág. 550, núm. 43.

Podrían aún recordarse en el cuadro del humanismo prerrenacentista a Mosén Diego de Valera, escritor de obra prolífica y vida activa, o la curiosa figura de don Enrique de Aragón, marqués de Villena, personaje singular y extraña combinación de medievalismo decadente —magia, superstición, astrología— y de sabiduría. Su influencia como difusor del humanismo sólo cede en importancia a la de Cartagena. Fue ensalzado por los poetas y gozó de gran reputación, pero al mismo tiempo fue combatido y denunciado por no haberse detenido en las ciencias notables y católicas, cultivando "algunas viles e raeces artes de adivinar, e interpretar sueños y estornudos y señales e otras cosas tales, que ni a príncipe real, e menos a católico cristiano convenían," según se dice en la semblanza de Fernán Pérez. No hay por qué citar sus varias obras. Tradujo parte de la *Eneida* y la *Divina Comedia*. Compuso, también, un *Arte de trovar* que, perdido el de don Juan Manuel, se reputa como el primero en castellano.

Otro foco del humanismo español debe tenerse en cuenta en una visión de conjunto; Cataluña, que contaba ya con prosistas como Bernat Metge o con poetas como Ausias March. Además, hacia la mitad del siglo, en 1443, Alfonso V de Aragón conquista el reino de Nápoles y preside allí una corte literaria, que rivaliza ventajosamente, como más próxima a las fuentes del Renacimiento, con la castellana de Juan II. Se cultiva en ella como lengua principal el latín, y junto a famosos humanistas italianos, como Lorenzo Valla, se distinguen otros de procedencia aragonesa, valenciana o catalana, como Luciano Colomer o Ferrando Valenti.

Humanismo y medievalismo van íntimamente asociados —anacrónica combinación— en la obra de estos prosistas, como lo irán en la poesía y otras manifestaciones literarias. Según se ha sugerido en la Introducción y han mostrado con diferentes enfoques Castro y Bataillon, todo ello se relaciona con la nueva religiosidad, manifiesta luego en la devoción moderna y el erasmismo.

Del mismo fondo nacen o adquieren boga muchos temas literarios —fama, fortuna, providencia, fortaleza, sabiduría, templanza y otras virtudes— que, en forma casi siempre alegórica, darán carácter a un gran número de obras.

III. La poesía

Visión de conjunto. — La evolución de la poesía en esta época se caracteriza por los siguientes fenómenos:

a)   Fin de las escuelas y tendencias anteriores: clerecía y juglaría.

b)   Aparición de una escuela trovadoresca castellana, representada por el *Cancionero de Baena* y otros cancioneros contemporáneos o posteriores.

c)   Desarrollo de una poesía doctrinal culta, que da sus poetas máximos en Santillana y Juan de Mena.

d)   Desarrollo de la poesía alegórica en tres aspectos: amoroso, histórico-político, didáctico-moral.

e)   Poesía satírica, sea dentro de la tradición provenzal de escarnio, vituperio y maldecir, sea en la sátira político-social en lenguaje plebeyo, desvergonzado y rústico, como en las *Coplas del Provincial,* las de ¡*Ay panadera!* y las de *Mingo Revulgo.*

f)   Composición de *los romances viejos,* aludidos ya por el marqués de Santillana y otros escritores de este tiempo, pero cuyo estudio haremos en el capítulo correspondiente al Renacimiento, por ser entonces cuando empieza a formarse el Romancero y el potente río de la poesía popular desemboca en la poesía culta.

Sin entrar en precisiones cronológicas, puede decirse que casi todas estas manifestaciones son coetáneas y entrecruzadas. Aunque haya poetas que destacan en una u otra, es común que varias de ellas aparezcan combinadas, como se ve en poetas menores de los Cancioneros o, especialmente, en el marqués de Santillana y aun en Juan de Mena, si bien en la obra de éste predomina lo doctrinal, humanístico y alegórico.

El florecimiento tardío de la lírica cortesana, de origen provenzal y gallego, así como la entrada de otras formas cultas, se refleja en transformaciones importantes. Una de ellas es la evolución de una poesía compuesta para el canto hacia una poesía destinada a la recitación o a la lectura, que se concreta, por ejemplo, en el paso de la *cantiga* (palabra que ha ido siendo desplazada por la de *canción*) al *dezir,* operado, según Lapesa, entre 1360 y 1425. Como se recordará, ambas formas coexisten ya en la obra de López de Ayala. Se difunden también otros tipos de composición procedentes de la lírica gallega y provenzal. Los versos dominantes serán el octosílabo, y, en la poesía doctrinal, el de arte mayor, éste en octavas y aquél en variantes del zéjel o en la copla de pie quebrado.

En cuanto a la actitud artística y al espíritu, surge, en contraste con el juglar y aún con el trovador, el tipo de poeta en quien se funde el humanista y el hombre de letras. Bajo el influjo petrarquista, siente este nuevo poeta "el anhelo de la obra de arte acabada y perfecta ... al par que el deseo de eternizarse y poder eternizar a otros mediante la fama conseguida por los versos."

Lapesa, de quien son las palabras citadas, resume acertadamente el fenómeno en la introducción a su estudio sobre Garcilaso:

Esta actitud del literato humanista estaba casi reservada en Castilla, dentro del dominio poético, a las creaciones narrativo-alegóricas o doctrinales. La distinción que a propósito de micer Francisco Imperial establece Santillana entre los términos "decidor o trovador" y "poeta", cobra así pleno sentido: a la ambición artística del "poeta" correspondían las alegorías de Imperial, como después la *Comedieta de Ponça* o las *Trescientas*; pero las coplas, canciones, decires, villancicos y motes caían dentro de las habilidades cortesanas del trovador y frecuentemente eran producto de la improvisación.

Como ocurre con las formas, temas y actitudes, el cruce de influencias es variado y complejo. Es difícil en muchos casos especificar fuentes, como han demostrado varios estudios recientes sobre Santillana, Mena o algunos poetas menores. Hay, sin embargo, tres corrientes bien establecidas: la gallega y peninsular, la provenzal y francesa; y la italiana.

Con respecto a la primera, es indudable la estrecha relación, y aun dependencia en su origen, de la lírica cortesana con sus antecedentes galaico-portugueses. Bilingües son los poetas más antiguos del *Cancionero de Baena,* desde Macías o Villasandino. Mas la influencia peninsular no se limita a lo galaico-portugués. Existen también lazos entre poetas castellanos y aragoneses e influencia de algunos poetas catalanes, como Jordi de San Jordi y Ausias March, en quienes la tradición provenzal se ha enriquecido con un petrarquismo más profundo que el de los castellanos de este período.

Los influjos provenzales, fuente común a todos, llegan por diversos conductos y también por tardíos reflejos directos. De origen provenzal son varias formas y casi toda la casuística del amor cortés. Al provenzalismo recreado se une, con nuevas modalidades, la influencia de la poesía francesa —*Román de la Rose,* Machaut, Deschamps, Alain Chartier— mayor de lo que se suponía, como vio hace tiempo Post en el caso de las alegorías y han especificado varios estudiosos, especialmente P. Le Gentil.

Finalmente, la influencia italiana: la de Dante, que algunos consideraron casi única en el aspecto alegórico, con detrimento de otras fuentes medievales; la de Boccaccio y, sobre todo, la de Petrarca, que antecede en un siglo al petrarquismo mucho más fecundo de Boscán y Garcilaso.

Lapesa hace una sugestiva síntesis:

... los cancioneros castellanos del siglo xv y principios del xvi añaden a su peculiar tradición lírica de origen trovadoresco un indudable caudal petrarquista, no sólo en la concepción general, sino también en temas literarios concretos. Pero divergen de Petrarca en el gusto por la improvisación y en un distinto sentido de la forma poética, apoyado en la posesión de una métrica propia muy flexible y elaborada.

En tan complicada red de influjos, la nota original castellana es, por un lado, la gravedad moral y didáctica; por otro, el análisis de sentimientos interiores y la escasez de complacencia en la belleza exterior sea la de la amada, sea la de la naturaleza. El paisaje es casi siempre convencional y alegórico.

Es criterio ya establecido por la crítica desde Amador de los Ríos y Menéndez Pelayo el de condenar una gran parte de esta poesía cuatrocentista, por convencional y artificiosa, eco tardío de un poetizar estereotipado. Sin duda lo es. Ahora bien; la saturación de actitudes y elementos poéticos, la renovación de temas y lenguaje, la difusión de una nueva sensibilidad, el culto del sentimiento y entrada del elemento imaginativo en la creación que trasvasa también a varias formas de la prosa, la fecundación, en fin, de preocupaciones intelectuales, constituye un fenómeno literario muy considerable, en el que no faltan, además —aun descontando excepciones siempre aceptadas, como las serranillas de Santillana o las *Coplas* de Manrique— canciones de delicada expresión o trozos de noble poesía. Hoy empezamos a tener una comprensión mayor de este interesante momento poético merced al interés general por la época y a los estudios específicos de María Rosa Lida, Lapesa o Le Gentil, que se citan en la bibliografía, o a los de otros críticos, como Place, Green, Blecua, Aubrun, Asensio, etc.

Queda por aclarar en esta visión de conjunto el aspecto cronológico. En rigor, desde los primeros ecos trovadorescos al tiempo de los Reyes Católicos, cuando la poesía de los Cancioneros se enriquece con nuevas aportaciones y la gran corriente tradicional, nos encontramos con un período de más de cien años. Fiel al concepto de lo cortesano, ha sido común estudiar esta poesía agrupándola por reinados: especialmente los de Enrique III (1390-1406), Juan II (1405-1454) y Enrique IV (1454-1474). Más claro nos parece hablar de generaciones. La primera estaría constituida por un grupo de trovadores gallego-castellanos, del siglo xiv, contemporáneos de López de Ayala: Macías, Pedro González de Mendoza, abuelo de Santillana, el Arcediano de Toro y Pero Ferruz, el único que usó exclusivamente el castellano. Alfonso Álvarez de Villasandino, que vivió hasta 1424, serviría de vínculo con la siguiente, que es la de Francisco Imperial y su escuela de Sevilla, entre 1400 y 1450. Coetáneos de Imperial son, entre otros, Ruy Páez de Rivera, Fray Diego de Valencia, Sánchez Calavera y varios próceres, como Diego Hurtado de Mendoza, padre de Santillana, Enrique de Villena y Fernán Pérez de Guzmán.

Son las dos generaciones mayores representadas en el *Cancionero de Baena*.

Tras ellas viene la de Santillana y Mena y, por último, en tiempos de Enrique IV, la de Jorge Manrique, que, como otros muchos de sus coetáneos, enlaza con el tiempo de los Reyes Católicos.

Los pocos nombres citados, apenas si dan idea de la proliferación del arte poético que sólo en tiempo de Juan II contaba con más de doscientos cultivadores, según Amador de los Ríos.

El "Cancionero de Baena" y otros cancioneros. —El primero y el más notable de los *Cancioneros* españoles del siglo xv es el reunido por Juan Alfonso de Baena, que le da su nombre, antes de 1445. Consta de treinta y cinco composiciones anónimas y quinientas setenta y seis de cincuenta y cuatro poetas conocidos. Algunos de ellos son de fines del siglo xiv, la primera generación a que nos hemos referido, y marcan el paso de la lírica de lengua gallega a la castellana; pero la mayoría corresponde al tiempo de Juan II.

Baena explica en un bello prólogo, eco de las poéticas provenzales, el espíritu que le anima, "fundado sobre la muy graciosa y sutil arte de la poesía e gaya ciencia." La colección, más que por el valor de la lírica en ella reunida, no toda desdeñable, nos interesa hoy como documento de vida poética e histórica, visibles en temas, cuestiones, debates y aún en la personalidad, confusamente reflejada, de muchos de los poetas. Macías el Enamorado, Alfonso Álvarez de Villasandino (el poeta de mayor calidad y el más ampliamente representado en el *Cancionero,* al punto que sus poesías ocupan casi la mitad de él), Garci Fernández de Jerena, Diego de Valencia, Ferrán Sánchez Calavera, el Arcediano de Toro, Francisco Imperial, para citar sólo los más famosos, son, cada uno con su propio temperamento y muy desiguales en posición social, ejemplo del ambiente literario de la época.

En el *Cancionero* están presentes los varios tipos de poesía antes enumerados, que pueden reducirse a los tres dominantes:

1. La poesía de tradición trovadoresca, cuyo máximo representante es Villasandino, centrada en el amor cortés: servicio, sufrimiento, prisión, recuestas, despedida del amor, elogio a la hermosura de la dama o quejas por sus desdenes.

2. La alegoría, sea amorosa, sea sobre las virtudes, sea político-histórica, como en los decires dedicados a Juan II y otros, de Imperial o sus secuaces.

3. La poesía doctrinal, muy ligada a la anterior, que debate graves cuestiones en torno al destino humano o a la muerte, como en el decir de Sánchez Calavera sobre Ruy Díaz de Mendoza.

No falta la poesía religiosa en cantigas a la Virgen o envuelta en preocupaciones morales, y, a veces, el motivo religioso se aplica al amor mundano. Y en tan vario repertorio no debe olvidarse cuánto hay de poesía mercenaria, de encargo, o de lo que María Rosa Lida llama "periodismo versificado" con elogios desmesurados o cínicos vituperios.

En el espíritu, lo que la obra tiene más significativo —confirmación de cuanto hemos dicho sobre la época— es la mezcla de lo medieval con lo nuevo, la supervivencia de formas y temas en vísperas de desaparecer y el reflejo confuso de apetencias e incitaciones de una sensibilidad aún no bien definida.

Veamos cómo definen estos aspectos de la obra dos críticos autorizados. Dice Castro:

> Al ponerse al descubierto el panorama de la intimidad propia, a consecuencia de haberse desplazado el horizonte humano, la minoría culta de Castilla se lanzó por un tiempo a la orgía vital, con confusión y entremezcla de principios y clases... En el *Cancionero*, escritores profanos como Sánchez Calavera se acercan audazmente a las sutilezas teológicas, y un franciscano, Diego de Valencia, descubre su ardor por una doncella muy famosa y muy resplandeciente. Y allí está Garci Fernández de Jerena practicando un anacoretismo entre cínico y literario, para mostrarnos cómo tanto delicioso desbarajuste enlazaba con la actitud religiosa. [5]

Y Lapesa, al hablar de la generación de Imperial y de su didactismo:

> Saben silogizar, están versados en leyes y decretales. Pagados de su agudeza escolástica, la ostentan en retorcimientos de concepto y juegos de palabras que Baena llama "metáforas escuras." Su cu-

---

[5] "Lo hispánico y el erasmismo," en *Revista de Filología Hispánica,* 1942, IV, pág. 30 n.

riosidad y atrevimiento alcanzan a las más diversas cuestiones: Ferrant Manuel, por ejemplo, emplaza "a todos los sabios poetas seglares e los religiosos de grant descriçión" para que le contesten
cómo se mueven los astros, qué columnas sirven de apoyo a los
elementos, dónde se encuentra el Empíreo, cuándo se inflaman los
planetas Saturno y Marte y qué influencias ejercen entonces. Los
problemas teológicos despiertan especial interés: profesionales y
aficionados se preguntan si Dios era Trinidad antes de la Encarnación, o discuten si la Virgen fue concebida sin pecado. Los temas
que más apasionan son los que atañen al destino humano: la muerte, la caducidad de las glorias mundanas; la predestinación, el libre
albedrío y el origen del mal; la Fortuna, hados y Providencia. En
algún caso —Ferrant Sánchez Calavera— las preguntas revelan
efectiva y torturada inquietud. La huella de Ayala es bien perceptible en estas preocupaciones, así como en las frecuentes citas y reminiscencias de la Biblia, sobre todo del Libro de Job. [6]

Una visión completa de la poesía de esta época tendría que tener en
cuenta otros muchos Cancioneros, algunos de los cuales sólo en los últimos quince o veinte años han empezado a ser estudiados. Citemos el
Cancionero de Palacio, editado en 1945 por Francisco Vendrell; el de
Lope de Stúñiga (1458), de poetas aragoneses de la corte de Alfonso V;
el de Herberay; el *General*, de Hernando del Castillo (1511), y el portugués bilingüe de *Resende* (1516). Su examen, sin embargo, no añadiría
nada a nuestro objeto, y ciertos fenómenos no tratados del arte cancioneril
los veremos mejor en poetas posteriores al tiempo que ahora estudiamos.

El Marqués de Santillana y Juan de Mena. — Entre los poetas de la
época de Juan II sobresalen por la calidad de su verso, la altura de la
inspiración o la variedad de temas, don Íñigo López de Mendoza (1398-
1458) y Juan de Mena (1411-1456). Ambos presiden y sintetizan, con personalidad inconfundible, las direcciones varias de la poesía de su tiempo.
El primero, el marqués de Santillana, fue gran señor y figura poderosa en
las luchas de la nobleza contra el condestable don Álvaro de Luna. En su
vida comparte el ejercicio de la caballería con el de las letras. En cuanto
a su importancia como mecenas y propulsor del humanismo, dice Lapesa:
"Difícil es resumir en unas líneas la tarea de Santillana como patrocinador
de la empresa cultural más importante de su tiempo: la propagación del
saber humanístico." Y concluye que la obra que don Íñigo apadrinó sólo

---

[6] Lapesa, *La obra literaria del Marqués de Santillana*, págs. 32 y 33.

fue "superada en grandeza y trascendencia por la gigantesca suma de las traducciones y compilaciones alfonsíes."

Directa o indirectamente a su influjo se debió la versión castellana y la difusión de la *Ilíada,* el *Fedón,* la *Eneida,* las *Metamorfosis* de Ovidio, las *Tragedias* de Séneca, la *Divina Comedia* y obras de Cicerón y Boccaccio, así como de los Evangelios y otros textos religiosos antiguos. Conocía las literaturas provenzal, francesa, italiana, gallega y catalana, de las cuales, juntamente con la castellana, trazó un breve esbozo en el *Prohemio* a una colección de sus canciones y decires enviada en 1449 al condestable don Pedro de Portugal. Es este *Prohemio e Carta,* el ejemplo más antiguo de crítica histórico-literaria en castellano y, aparte de la importancia de sus noticias (que tanto sirvieron en el siglo XVIII a Tomás Antonio Sánchez y al Padre Sarmiento), es un notable texto de teoría poética. No es la poesía para el marqués mero pasatiempo, sino arte de utilidad moral y docente. En el *Prohemio* se distinguen los tres grados del desarrollo poético: el "sublime" (poesía griega y latina); el "mediocre" (poesía en lengua vulgar); y el "ínfimo" (poesía popular y tradicional, propia de los rústicos). A éste pertenecían los romances que don Íñigo, como hombre docto, desdeñaba. Muchas de las ideas del *Prohemio* proceden, según Farinelli, de la *Genealogia deorum,* de Boccaccio, aunque no falten ideas propias o tomadas de otros autores.

Entre los varios escritos en prosa, de importancia secundaria, debe sólo apuntarse el prólogo a los *Proverbios.* Y como curiosidad, entre las múltiples empresas literarias, puede también recordarse la colección de "refranes que dizen las viejas tras el fuego," repertorio paremiológico recogido "a ruegos del rey don Juan," cuya atribución a Santillana, puesta en duda por Foulché-Delbosc, no ha sido aclarada en forma concluyente.

Es, pues, don Íñigo figura prócer en la cultura española del cuatrocientos. Mas su permanencia y rango en la historia literaria se debe especialmente a su obra poética, en la cual hay que destacar dos rasgos: en términos generales, la variedad de formas, temas y tonalidades; y en términos específicos, la gracia, expresividad y belleza de algunas composiciones.

Amador de los Ríos clasificó la poesía de Santillana en la forma siguiente: obras doctrinales e históricas; obras devotas; obras de recreación; y obras de amores. Lapesa, con sentido más moderno, la estudia agrupada en cuatro secciones: la lírica menor (serranillas, canciones y decires líricos); los decires narrativos; los sonetos; la poesía moral, política y religiosa. Señala además tres momentos en la evolución de la personalidad literaria. El primero, hasta la muerte de don Enrique de Villena en 1434, bajo cuya influencia conoce la obra de Virgilio y Dante, así como las poéticas provenzales y catalanas; conquistó entonces la jefatura de su generación literaria a fuerza de brillantes novedades y ansia de superación. En el segundo período, el de plenitud, "produce las obras de fondo más grandioso y mayor riqueza ornamental, y se mantiene como guía literario de sus contemporáneos, único e indiscutido." En el tercero, el lujo ornamental y retórico cede a la reflexión, a la sobriedad de estilo y a la inclinación por la filosofía estoica y las devociones. Comparte ahora con Mena su papel directivo.

Temas amorosos —sueño, prisión, quejas, alegorías, ya de tradición medieval o inspiradas en Dante y en Imperial; elegías y plantos con reflexiones sobre la muerte, el paso de grandes señores, el destino y la fortuna, ecos del amor cortés o de Petrarca. Todo se combina en las canciones y decires, ya líricos, ya narrativos, de Santillana. En tan varia materia supera a sus contemporáneos y alcanza con frecuencia el tono de verdadera poesía. Pueden recordarse varios títulos: *Infierno de los enamorados, Triunfete de Amor, El sueño,* el *Planto de la reina Margarida,* la *Defunción de don Enrique de Villena* o la *Coronación de Mosén Jordi de Sant Jordi.*

Probablemente la obra de más aliento es la *Comedieta de Ponza,* donde lo narrativo, lo alegórico y lo elegíaco se unen para lamentar la derrota naval de la casa de Aragón en Ponza el año 1435, con la prisión de Alfonso V y sus hermanos, don Juan y don Enrique. Está escrita en estrofas de arte mayor, como convenía a lo elevado del asunto. Toma la forma de visión o sueño y se inspira en las *Caídas de príncipes* de Boccaccio, que aparece en la obra consolando a las cuatro damas reales que lamentan la muerte de sus maridos. En cuanto al espíritu, el tema central es el de la Fortuna y sus veleidades, aún sometidas aquí a los designios de la Providencia ("Yo soy aquella que por mandamiento del Dios uno e trino..."). [7]

Otro es el caso del *Diálogo de Bías contra Fortuna,* poesía de claro abolengo estoico y senequista. Sólo la razón y el ánimo esforzado pueden

---

[7] Charles V. Aubrun, en el estudio "Alain Chartier et le Marquis de Santillana," *Bull. Hispanique,* XL (1938), págs. 129-149, relaciona la obra, como han hecho otros eruditos, con el *Livre des quatre Dames* de Chartier e interpreta el tema de la Fortuna en forma un poco distinta y que no deja de ser sugestiva: "En Francia, en esta época la imagen de la Fortuna coincide con la noción positiva del azar, favorable o no, de la felicidad o la desdicha. En España, más que una convención poética, heredada de la mitología grecolatina, la Fortuna es una categoría filosófica, procedente del andaluz Averroes, que la toma de la escuela alejandrina. Así, la derrota de Ponza fue decretada por la Fortuna, que administra la ley del equilibrio de las fuerzas humanas. Noción equívoca, peligrosa para la

oponerse a los males y dolores con que la Fortuna y la muerte deciden ciegamente el destino de los seres humanos. Tema tratado también, aunque en forma más concreta y personal, con connotaciones políticas en el *Doctrinal de privados,* sobre la caída de su enemigo don Álvaro de Luna.

En el recuento de la abundante producción de Santillana, no deben olvidarse los cuarenta y dos *Sonetos fechos al itálico modo.* Encontramos en ellos los mismos temas que en el resto de la obra —amorosos, políticos, religiosos, morales. La influencia italiana, y más concretamente la de Petrarca, es clara, y si bien es tal vez lo menos logrado en la obra del prócer poeta y el endecasílabo, casi siempre torpe, está muy lejos de la flexibilidad que adquirirá en Garcilaso, constituye un precedente interesante del petrarquismo castellano.

Independientemente del valor, no desdeñable, de muchos poemas, en su conjunto la obra de Santillana marca un hito importante en la evolución poética. Hecho que, a veces, se olvida, para recordar sólo algunos de sus poemas menores de tipo tradicional —las ocho serranillas— que el gusto de la posteridad ha mantenido en las antologías. Gusto y fallo desde luego aceptables, si no redunda en ignorancia de otros aspectos, porque es en las serranillas donde encontramos la voz más pura de la poesía. Compuestas a lo largo de los años, entre 1423 y 1440, tratan el viejo tema del encuentro del caminante —caballero y escolar— con la serrana, moza o vaquera, que en la literatura española procedía de una doble tradición: la de la cántiga de serrana y la de la pastorela franco-provenzal. Comparadas con su antecedente más famoso en lengua castellana, las cánticas del Arcipreste de Hita, pronto percibimos las diferencias de estilo, de personalidad y de ambiente estético. Las del Arcipreste se limitan a las sierras cercanas a Madrid y tienen un sabor rústico más fuerte. Las de Santillana, más variadas en su localización geográfica —desde las sierras del Norte a las andaluzas— aunque conserven el tono rústico y la localización geográfica suficiente para comunicar un sentimiento de realidad, dejan la impresión de un lirismo estilizado, de gracia encantadora y elegante.

Junto a las serranillas y acaso en un punto aún de mayor delicadeza poética, hay que mencionar el delicioso Villancico ("Por una gentil floresta") con su exquisita utilización de estribillos populares. [8] Es una

---

Fe, que Juan de Mena hará depender más tarde de la noción ortodoxa de la Providencia divina."

[8] Sobre la atribución del "Villancico" a Suero de Ribera y un resumen de las varias opiniones, véase Lapesa, *op. cit.,* págs. 67 y ss.

de las primeras muestras en castellano de la fusión de lo popular y lo artístico, que tanta importancia adquirirá en la literatura posterior. Y es curioso que el antecedente más señalado en esta vena (casi el único que se conserva) sea la *cosaute* "a aquel arbor que mueve la foja" de don Diego Hurtado de Mendoza, padre de nuestro poeta.

Sin llegar al encanto que tienen algunas composiciones del autor de las serranillas, el cordobés Juan de Mena le aventaja probablemente en importancia histórica y en la amplitud de su concepción. Escribió, como tantos otros, poesías de tipo diverso —amorosas, satíricas, políticas, morales y devotas— pero su renombre e influjo lo debe al poema el *Laberinto de Fortuna*.

Trece años más joven que Santillana, Mena acató su magisterio, y en 1438 compuso en su honor el poema alegórico en quintillas la *Coronación* con un comentario en prosa. Santillana es coronado en el Parnaso, con el desfile y evocación de poetas y personajes ilustres. A través de los años, se cruzaron entre los dos poetas, como era uso del tiempo, preguntas y respuestas o poesías de tipo vario. Y, al fin, Mena, con el *Laberinto* (terminado en 1444), alcanzó el puesto directivo de su generación poética y fue desplazando al marqués en la estimación de los doctos.

Las diferencias entre las dos personalidades son significativas: Santillana es el ricohombre, el gran señor (como don Juan Manuel, López de Ayala, Pérez de Guzmán o los Manrique) que cultiva las letras, si no como puro pasatiempo, sí como ocupación accesoria a su condición de aristócrata y caballero. Mena, estudiante en Salamanca y, luego, en Roma, es el puro hombre de letras (tal vez el primero), el poeta intelectual, el humanista, dentro de lo que de incipiente y peculiar tiene el humanismo del prerrenacimiento español. De ahí la preferencia de los doctos y de que, a partir de Nebrija y Juan del Encina, la obra de Santillana quede relegada, en tanto que se exalta la de Mena. Por otro lado, no es extraño el que Mena, nombrado secretario de cartas latinas de Juan II, en las contiendas civiles de la época, se muestre partidario de don Álvaro de Luna, cuya apología ("magnífico y grand condestable") hace en uno de los pasajes más famosos de El Laberinto.

No hay por qué detenerse, en un libro como el nuestro, en la prosa de Mena —la *Ilíada en romance,* [9] el comentario a la *Coronación,* etc.—

---

[9] Por tratarse de una noticia al parecer errónea, repetida por todos los críticos e historiadores desde Menéndez Pelayo, haremos notar que, según María Rosa Lida, la versión de Mena no se basa en Ausonio, sino en la *Ilias Latina,* del supuesto Píndaro Tebano. Véase *op. cit.,* págs. 34, 138-143.

ni en su poesía menor, en la que sobresale alguna acción amorosa o, en el plano doctrinal, las *Coplas contra los pecados mortales.* Tampoco podemos entrar en las muchas cuestiones de fuentes, temas, sentido, alusiones y ambiente, estilo, que una obra como el *Laberinto* plantea. Todo ello ha sido puntualizado —tras la crítica, no siempre favorable a Mena, del siglo XIX— en el prólogo de J. M. Blecua a la edición de *Clásicos Castellanos,* y con más detalle y precisión en un exhaustivo estudio de María Rosa Lida. Nos interesa únicamente fijar, en términos generales, la significación del poema.

Aunque también se le haya dado el título de *Las trescientas,* por el número de sus estrofas, consta el *Laberinto* de 297 coplas de arte mayor. Es una larga alegoría que tiene por asunto la descripción de las ruedas y círculos del Palacio de la Fortuna, que el poeta visita guiado por la Providencia. Siguiendo el modelo de Dante, se evoca, en cada uno de los círculos y bajo el signo de los planetas (Luna, Venus, Marte, etc.), a grandes figuras de la antigüedad o la historia y, con mayor detenimiento, a personajes coetáneos. Examina, así, el poeta casos y hechos, juzgando, a veces con pasión, conductas y destinos, exponiendo sus ideas y haciendo la crítica de su tiempo. Por la inspiración alegórica, moral, histórica; por la riqueza de símbolos, descripciones e imágenes; por la docta imitación de grandes modelos, el poema representa el ápice de la literatura culta en la España del siglo XV. Representa también la creación de un lenguaje específicamente poético que, depurado de un excesivo cultismo —predominio de neologismos y formas latinizantes— se mantendrá en los poetas posteriores.

Es importante asimismo la obra por la riqueza de fuentes que recoge y unifica a su manera. No sólo Dante, como suele afirmarse, sino muchos lugares y tópicos de la tradición alegórica medieval, de origen francés, como mostró Post y ha puntualizado María Rosa Lida. Entre los antiguos, Virgilio, Lucano, Ovidio. La concepción de la Fortuna parece derivar de Boecio; la descripción del mundo, del tratado de *De imagine mundi* (anónimo al parecer, y no de San Anselmo a quien se venía atribuyendo), y aún podrían recordarse otras varias fuentes, mayores o menores. Tal acumulación de materia, las novedades estilísticas no bien asimiladas y una excesiva retórica explican que el *Laberinto* no sea lectura fácil ni grata para un lector profano. Lo ha sido y sigue siendo de eruditos o amantes de la vieja poesía. Ganó pronto y conservó la estimación de los doctos y tuvo influencia duradera. A pesar de ello, ya en el siglo XVI, según dice el Brocense en el prólogo a su edición, había quien le tachaba de "poeta pesado y lleno de antigüedades." La defensa del Brocense —Francisco Sánchez de las Brozas, erudito, humanista y teorizador de la literatura— define bien por qué los doctos admiraban a Mena, a quien considera como el primer poeta que ha ilustrado la lengua castellana; "porque la materia de que trata es una filosofía moral y dechado de la vida humana, ilustrada con diversos ejemplos de historias antiguas y modernas, donde se halla doctrina, saber y elegancia"; y continúa: "no advierten [los que dicen que es pesado] que una poesía heroica como ésta... tiene necesidad de usar palabras graves y antiguas."

Varios elementos o temas cobran, además, relieve, situados en la perspectiva histórica del prerrenacimiento español con su conjunción de medievalismo y nuevas corrientes humanísticas: la posición de Mena ante la antigüedad y sus modelos, el sentido de la forma, el individualismo y la idea de la fama; y, acaso, por encima de todo, el sentido histórico con la crítica de la sociedad de su época y la clara expresión de una idea nacional, dispersa en el poema y concentrada, al final, en el vaticinio de la Providencia sobre el reinado de Juan II. [10]

La generación siguiente. Gómez Manrique y el teatro medieval. — Si nos atenemos a un riguroso criterio cronológico, sería inexacto hablar de una nueva generación. Los poetas que mejor representan el momento siguiente al de Santillana y Mena, son coetáneos suyos con poca diferencia de años: Antón de Montoro nace en 1404, seis años antes que Mena; Pero Guillén de Segovia, en 1413, dos después; y Gómez Manrique, entre 1412 y 1415. Mas los tres sobreviven muchos años, hasta llegar a los tiempos de los Reyes Católicos, alcanzan fama poética en el período que es común asociar en las historias de la literatura a la corte de Enrique IV y, sobre todo, reconocen la supremacía y magisterio de Santillana y Mena. Guillén de Segovia y Gómez Manrique continúan las *Coplas contra los pecados mortales* del cordobés, y Montoro le imita en otras composiciones.

Nada radicalmente nuevo aporta este momento a las corrientes poéticas dominantes. Se acentúa el pesimismo sentimental, dentro de las convenciones retóricas de la poesía amorosa; se acentúa también lo elegíaco en torno a la meditación sobre la muerte. En el extremo opuesto, y de acuerdo con un fenómeno que suele ser común en las épocas de tono pesimista, se intensifica la poesía burlesca y la sátira, en la obra de un Montoro, en poemas antifeministas, o, más especialmente en la crítica política y social. Son los años de las tres sátiras más desvergonzadas y

---

[10] Para una explicación detenida de estos aspectos, véase la conclusión del libro de María Rosa Lida.

mordaces de la poesía española, por lo menos de la anterior a Quevedo y el siglo XVII: las Coplas, ya citadas, de ¡*Ay panadera*! (del tiempo de Juan II), de *Mingo Revulgo* y el *Provincial* (del de Enrique IV).

Entran las coplas —como el resto de las formas y temas poéticos de la época— en el cuadro de corrientes comunes a otros países. Huizinga estudia el fenómeno en la literatura francesa y habla del "libelo político con vestidura de égloga" (caso del *Mingo Revulgo*). Pero la denuncia de abusos y corrupción social refleja, sin duda, una realidad histórica, y Américo Castro ha hecho notar la significación de que las tres obras se atribuyesen, con mayor o menor fundamento, a conversos como Mena, Montoro, Hernando del Pulgar, Cota, etc.

Entre los poetas del momento se destaca Gómez Manrique, cuyo nombre, asociado al de su hermano el Maestre don Rodrigo, y a los hijos de éste, Pedro y Jorge (todos cultivadores de poesía), compendia la tradición del poeta señorial. Fueron los Manrique sobrinos del marqués de Santillana, a quien Gómez dedica *El planto de las virtudes e poesía por el magnífico señor don Íñigo López de Mendoza,* y tanto don Rodrigo como Gómez ocuparon cargos importantes y tomaron parte activa en diversas campañas guerreras. Entre sus obras de inspiración varia se recuerdan algunas canciones amorosas; *Exclamación y querella de la gobernación* y *regimiento de príncipes,* de tipo político; y las *Coplas para el señor Diego de Ávila,* elegía que se ha considerado como antecedente inmediato de la de su sobrino Jorge.

De mayor interés histórico es el hecho de que Gómez Manrique compusiese las primeras obras teatrales de autor conocido que han llegado hasta nosotros en la literatura castellana. Son dos breves piezas de teatro sacro, en las que la calidad poética supera a los valores estrictamente dramáticos. Una de ellas, la más notable, *Representación del nacimiento de Nuestro Señor,* fue escrita para un monasterio de monjas del que era vicaria la hermana del poeta. La otra trata de la Pasión de Jesucristo, tema que, como el de la Natividad, es importante en el desarrollo del drama litúrgico. Se titula *Lamentaciones fechas para la Semana Santa.* Es muy breve y sin movimiento escénico; está constituida simplemente por una serie de trozos poéticos. También compuso Gómez Manrique algunos *momos* o fragmentos de teatro profano.

Comparadas con el *Auto de los Reyes Magos,* único resto de la primitiva literatura dramática, las dos obras de Gómez Manrique significan un avance enorme. Los temas y figuras del drama medieval aparecen estilizados por una sensibilidad delicada. Sobre todo la *Representación del Nacimiento* posee gracia ingenua, limpia emoción en algunas escenas y

trozos de encantador lirismo. En la combinación de motivos bíblicos, alegóricos y pastorales, dentro de una tonalidad todavía primitiva, anticipa
ya aspectos del teatro de Juan del Encina.

Las "Coplas" de Jorge Manrique. —En el ambiente de artificialidad
poética de estos años, sólo recordables por los intentos dramáticos de su
tío, don Gómez, surge la pura voz elegíaca del joven Jorge Manrique
(1440?-1479) que escribe una de las composiciones más justamente famosas de la literatura castellana: las *Coplas por la muerte de su padre.*

Perteneció Jorge Manrique, según ya se ha dicho, a una familia de la
alta nobleza y, como sus deudos, fue guerrero de profesión. Murió joven,
en el campo de batalla, luchando, bajo la bandera de Fernando e Isabel,
contra los partidarios de doña Juana, "la Beltraneja." Las varias composiciones amorosas, devotas o satíricas que forman su *Cancionero,* apenas
si se distinguen, por una innata elegancia, de las de cualquier otro poeta de
la época. Su fama la debe a un momento de inspiración. Cuando muere
su padre, el Maestre don Rodrigo Manrique, compone sus *Coplas.* Pocas
veces la devoción filial enaltecida por la fe religiosa, por la emoción del
pasar del tiempo y el sentimiento de la muerte, se ha expresado con un
acento tan sincero, majestuoso y perdurable, ni con sencillez tan grande.

Como ocurre con casi todos los aciertos definitivos en el arte, las
Coplas de Jorge Manrique son expresión acabada de la sensibilidad de su
tiempo y de la particular concepción de la vida que distingue a su pueblo.
Nada tienen, aparentemente, de original ni en la forma ni en los temas.
La forma —coplas de pie quebrado— es una de las más usadas en la
poesía del siglo xv. Los temas centrales son también comunes a casi toda
la poesía de fines de la Edad Media. La añoranza del tiempo pasado, la
fugacidad de los placeres, el do fueron las glorias de antaño —variación
del viejo tema latino "ubi sunt qui ante nos in mundo fuere"— se encuentran en infinitos poetas. "Il trionfo della morte" de Petrarca y la
"Ballade des dames du temps jadis" de François Villon, son sólo dos
ejemplos eminentes entre otros muchos. En la literatura española las
lamentaciones de Jorge Manrique en forma de interrogaciones retóricas
—"¿Qué se fizo el rey don Juan?" etc.— se encuentran en López de
Ayala, en Sánchez Calavera, en el marqués de Santillana, en Gómez
Manrique y en otros. En el espíritu, Jorge Manrique tampoco inventa casi
nada. La resignación ante la muerte, la aceptación de la realidad, la preferencia de la vida eterna sobre la temporal o la de la gloria, el considerar
esta vida como lucha en la defensa de la religión y camino hacia otra
existencia más alta, que ganamos por nuestros méritos, el llegar, en fin,

sereno a la muerte y recibirla como liberación de nuestros trabajos en espera del premio eterno —que constituyen las ideas principales de las *Coplas*— son al mismo tiempo cifra del profundo sentimiento ético, católico y estoico de los españoles y, en la mayoría de los casos, lugares comunes de la literatura moral, procedentes de la Biblia.

Pedro Salinas, al estudiar el problema de "tradición y originalidad" en la obra de Manrique, hizo el mejor análisis de todos sus antecedentes, y Huizinga, en su magnífico panorama del otoño de la Edad Media, resume los motivos cardinales del sentimiento elegíaco:

> Tres temas —dice— suministraban la melodía de las lamentaciones que no se dejaba de entonar sobre el término de todas las glorias terrenales. Primero: ¿dónde han venido a parar todos aquellos que antes llenaban el mundo con su gloria? Luego, el motivo de la pavorosa consideración de la corrupción de cuanto había sido un día belleza humana. Finalmente, el motivo de la danza de la muerte, la muerte arrebatando a los hombres de toda edad y condición. [11]

Pero Jorge Manrique no repite, sin más, la misma melodía. Su arte es selectivo y está enraizado en una emoción muy castellana. Ni se complace en la pintura de la corrupción ni en el ascetismo de la *Danza de la Muerte* —aspectos ambos de importación más tardía en el arte español. Proclama, por el contrario, la serenidad y el consuelo, con la esperanza de una gloria duradera. Tiene, además, una originalidad más alta: la de la justeza en el sentimiento y la expresión. Desde que leemos sus primeros versos:

> Recuerde el alma dormida,
> avive el seso y despierte,
>   contemplando
> cómo se pasa la vida,
> cómo se viene la muerte
>   tan callando,

percibimos un tono no oído antes, y sentimos que el poeta ha sido tocado por la gracia inefable de la poesía. Tono solemne, justo, y gracia —don poético— se mantienen con apropiadas matizaciones hasta el final, sin caer un solo momento en lo falso, en el exceso. Vemos que el poeta va guiado por un estricto sentido de selección que le salva de las ingeniosidades, artificios, superficialidades y adornos de casi toda la poesía de

---

[11] J. Huizinga, *El otoño de la Edad Media,* Madrid, 1930, pág. 202.

su época o de meras evocaciones eruditas y retóricas ("Dejemos a los troyanos").

Rasgo fundamental es, en cambio, la capacidad, tan característica del arte español, de recrear el tópico, con un sentido vivo y personal de la realidad. El poeta dice "nuestras vidas [no, la vida] son los ríos." Como Castro observa, "ese símil posee la deliciosa virtud de convertir en *nuestro* el deslizarse de cuanto corre mansamente hacia *su* nada." Siguiendo esta observación podría examinarse la función, repetida y extraordinaria, del pronombre posesivo en todas las *Coplas*. Un ejemplo más bastará: "en la *su* villa de Ocaña vino la Muerte a llamar a *su* puerta." Y tras el diálogo sereno que sigue a la llamada, morirá el caballero rodeado de los *suyos*: mujer, hijos, deudos. Algo semejante ocurre con la evocación del tiempo ido, según explicó mejor que nadie Antonio Machado en una bella página del "Arte poética de Juan de Mairena," donde analiza cómo Jorge Manrique supo *actualizar y materializar* casi el pasado (en vestidos, olores, músicas y ropas chapadas), en el recuerdo, es decir, recreándolo como experiencia vivida.

El lenguaje es elevado y, al mismo tiempo, sencillo; el sentimiento, austero, y la estructura está mantenida con sabio equilibrio en el desarrollo temático que va de las consideraciones abstractas con que se inician las *Coplas,* a través de la evocación del tiempo inmediato y de la descripción del padre, hasta la presencia real de la muerte ante el lecho mortuorio del caballero. Todo lo cual se logra en un ritmo adecuado a la idea y al sentimiento. Las *Coplas* dejan la impresión de un lamento melódico o una sonata elegíaca, cuyos temas entrelazados serían la meditación general sobre la vida, la muerte y la fugacidad del placer (Coplas una a trece); evocación del pasado inmediato (catorce a veinticinco); retrato moral del protagonista (veinticinco y siguientes); aparición de la muerte, diálogo con don Rodrigo, para terminar con un final lento: la oración del maestre y los acordes serenos de la última estrofa:

> Así con tal entender,
> todos sentidos humanos
> conservados,
> cercado de su mujer,
> de sus hijos y hermanos
> y criados,
> dio el alma a quien se la dio,
> el cual la ponga en el cielo
> en su gloria,
> y aunque en la vida murió,

nos dejó harto consuelo
su memoria.

Terminaremos el análisis de las *Coplas* llamando la atención sobre un rasgo muy significativo. Nos referimos a la ausencia del elemento sensual, tan común en la poesía pesimista coetánea de Villon y otros poetas franceses. Cuando Villon lamenta la desaparición de las damas de antaño o trata de la muerte, sentimos en ella ante todo el aniquilamiento de la belleza física, el dolor de la carne por el acabamiento del placer. En Manrique, la desaparición de las galas, de las fiestas antiguas, sólo nos conmueve como una simple imagen de la fugacidad del tiempo. Sentimos ante todo el dolor del espíritu, añorante de permanencia ante lo fugitivo.

IV. La prosa

Un desarrollo paralelo al de la poesía, igualmente variado en modalidades e igualmente confuso en la busca de nuevos rumbos, encontramos en la prosa. Se transforman los géneros tradicionales: el histórico y didáctico. Se crean incipientemente otros nuevos. Nada de relieve extraordinario hay antes del final del siglo. Todo revela confusión e intento de llegar, mediante síntesis de corrientes opuestas, a formas definidas. Se advierte una voluntad de estilo, en el que se mezclan lo caballeresco y lo histórico; la sátira y lo filosófico; elementos cultos y elementos populares. Aparece en la literatura el latinismo al lado de la imitación de la lengua hablada por el pueblo. Como resultado, la prosa se hace más abstracta, culta e intelectual, y, al mismo tiempo, más realista, concreta y popular.

Sátira, didáctica y moralidad: "El Corbacho". — Quien mejor ejemplifica algunos de los rasgos apuntados es, en el terreno de la prosa didáctica, Alfonso Martínez de Toledo, Arcipreste de Talavera (1398?-1470?), autor de *El Corbacho o Reprobación del amor mundano.* [12] La obra consta de cuatro partes, de las cuales la más conocida por su valor literario es la segunda, donde dice el autor que trata "de los vicios, tachas e malas

---

[12] El autor no le quiso poner título, según declara explícitamente al principio: "Sin bautismo sea por nombre llamado Arcipreste de Talavera, dondequier que fuere llevado." Se repite así el caso del *Libro de Buen Amor,* que también Juan Ruiz dejó sin título.

condiciones de las malas e viciosas mugeres, las buenas en sus virtudes aprobando." A tal propósito responde una serie de cuadros animados y la pintura, cómica en sus exageraciones, de toda clase de flaquezas femeninas: avaricia, murmuración, envidia, mentira, vanidad, infidelidad, incontinencia verbal, etc.

Libro divertido, lleno de páginas que aún se leen con regocijo, *El Corbacho* es además importante como reflejo de nuevas tendencias literarias. Es la primera obra en la que se dibuja el doble camino que va a seguir la lengua clásica después del Renacimiento: cultismo latinizante en el vocabulario y la sintaxis, caracterizado por un excesivo uso del hipérbaton, y el empleo artístico del lenguaje del pueblo, puesto por Martínez de Toledo con una verba magnífica, salpicada de refranes y dichos, en boca de las mujeres toledanas.

A esa dualidad del lenguaje, se une en *El Corbacho* la dualidad entre su elevada doctrina moral y el realismo descarado de algunas escenas populares y de algunos cuentos intercalados. Representa por este realismo, dentro de la literatura española, el puente entre el *Libro de Buen Amor* y *La Celestina*.

Ciertos aspectos del arte de Martínez de Toledo —viveza de la lengua, plasticidad de algunas figuras, ironía, contraste del amor mundano y el divino— recuerdan a Juan Ruiz; otros, lo relacionan con Boccaccio. Sin embargo, el libro está más bien en la tradición del moralismo medieval, y se le han señalado como fuentes más directas el *Libro de las donas* del catalán Francisco Eximenis y *De reprobatione amoris* de Andreas Capellanus. Nada se sabe, en cambio, del único autor que en el prólogo se cita como modelo: "un dotor de Paris, por nombre Juan de Ausim." [13]

Independientemente de sus fuentes, *El Corbacho* está vinculado a corrientes muy de su tiempo, como la sátira social y religiosa o los debates feministas. La literatura en pro o en contra de la mujer, actualizada por Boccaccio, abunda en el siglo xv. Tan típicas son las apologías al modo del *Triunfo de las donas* de Juan Rodríguez de la Cámara o el *Libro de las claras y virtuosas mujeres* de don Álvaro de Luna, como los ataques misóginos que se encuentran en el *Maldecir de mujeres*, del poeta catalán Pedro Torrellas, o la *Repetición de amores* de Luis de Lucena y otras obras.

También abunda la sátira religiosa y social con carácter moralizador, tanto en la poesía como en la prosa. De ella podrían ser ejemplo los

---

[13] Véase sobre esto la reseña de la edición de Mario Penna, hecha por E. B. Place, en *Speculum*, XXXI (1956), págs. 398-399.

cuentos del *Libro de los gatos* (versión de las *Fabulae* del clérigo inglés Odo de Cheriton), que, con el *Libro de los exemplos* de Clemente Sánchez Varcial, representa la continuación de la literatura de apólogos y cuentos de tradición medieval.

A su importancia en la evolución de la prosa, al sabor popular de su lenguaje, a la viveza de sus diálogos y monólogos, a la animación y gracia de su pintura de las mujeres, claro anticipo todo ello de la novela realista, se suma en el *Corbacho* su interés como reflejo de muchos temas y actitudes de su época, especialmente en el aspecto religioso, que la crítica suele pasar por alto. Ha ocurrido con el libro de Martínez de Toledo como con otros de la literatura castellana, en los que la tendencia, muy del siglo XIX, a sobreestimar el arte llamado realista ha dificultado la comprensión de otros valores.

La prosa histórica. — El ejemplo de López de Ayala, el dramatismo de la época con sus turbulencias y el interés creciente por lo personal determinan un desarrollo considerable de la prosa histórica, género en el que sobresalen la *Crónica de Juan II* y la *Crónica de don Álvaro de Luna*. La primera, atribuida a varios autores, fue obra, en gran parte, de Alvar García de Santa María; la segunda, tenida por anónima, parece ser de Gonzalo Chacón, un servidor del condestable. Posteriormente, el reinado de Enrique IV fue historiado por Diego Enríquez del Castillo y Alonso de Palencia, y por Mosén Diego de Valera en el *Memorial de diversas hazañas*.

El biografismo y la tendencia a dramatizar sucesos y personajes que entran en la historiografía de este momento reflejan la transición de lo medieval y el influjo del humanismo prerrenacentista, fenómenos aún más visibles en otros dos aspectos: la inserción de lo novelesco —fantasía, ansia de aventuras e ideales caballerescos— en la historia y la literatura de retratos de personajes ilustres.

El espíritu novelesco inspira las llamadas "Crónicas de sucesos particulares," como el *Libro del Paso honroso...* de Suero de Quiñones y el relato del *Seguro de Tordesillas*. Entra también en la literatura biográfica, según muestra un libro valioso, de amena e interesante lectura: *El Victorial* o *Crónica de don Pero Niño,* de Gutierre Díez de Games. Es muy rico en materia: narrativa, descriptiva, de aventuras, de conceptos y exposición de ideales caballerescos. Ramón Iglesia no vaciló en considerarlo de mayor interés que las biografías más conocidas, de caballeros franceses, por ejemplo, la del "mariscal Boucicaut." Y Juan Marichal lo ve como lograda combinación del ilusionado afán, a la vez literario y caballeresco, del autor, Díez de Games, y el ímpetu de aventuras del biografiado, el aristócrata Pero Niño. Aunque artificial y exagerado en alguna de sus partes, es *El Victorial,* en suma, expresión acabada del culto a lo heroico, a la fama y a las virtudes del caballero perfecto que caracterizó a un sector de la sociedad castellana en la época del gótico florido. En la misma corriente biográfica, pero con carácter distinto, está también la *Relación de los fechos del condestable Miguel Lucas Iranzo,* más fiel a la historia y a la realidad social de la época.

Ejemplo quizás extremo de novelización de la historia sería la *Crónica Sarracina* de Pedro del Corral. Algunos la toman como antecedente o comienzo de la novela histórica. Pérez de Guzmán la tachó de "trufa o mentira paladina." Gozó, a pesar de este ataque, de alguna boga y fue fuente principal de las leyendas de don Rodrigo, el último rey godo.

El ambiente de novela y aventura, unido a la curiosidad por conocer el mundo que el humanismo estimulará, es perceptible igualmente en la literatura de "libros de viajes" con su tendencia a lo fantástico. Nos hallamos en los umbrales de los grandes descubrimientos. Por otro lado, el género tiene antecedentes medievales en los viajes del judío español Benjamín de Tudela, de Marco Polo y del desconocido Sir John de Mandeville. En las letras castellanas del siglo xv produce dos obras interesantes: *Historia del gran Tamorlán,* de Ruy González de Clavijo, relación del viaje que el autor y otros emisarios de Enrique III hicieron a la corte persa; y *Andanzas y viajes de Pero Tafur por diversas partes del mundo.*

Literatura de retratos: Fernán Pérez de Guzmán. — Esta nueva modalidad de la prosa histórica y el biografismo están, ante todo, representados por la obra *Generaciones y semblanzas* de Fernán Pérez de Guzmán, Señor de Bartres (1376-1460). Fue, como se habrá deducido de las varias alusiones que a él hemos hecho, figura importante en la época. Sobrino de López de Ayala y tío de Santillana, se da en él también la coyunda de armas, política y letras, y, como ellos, podría ser considerado Pérez de Guzmán ejemplo del aristócrata letrado. Sus relaciones muy estrechas con Alonso de Cartagena le vinculan al humanismo naciente. Como poeta no destaca sobre el nivel común, aunque sea quizá el de mayor rango en la generación anterior a Santillana y Mena. Su obra más famosa es los *Loores de los claros varones de España,* dedicada a la glorificación de grandes figuras, como lo estarán sus dos obras en prosa, *Mar de historias* y *Generaciones.* Fue ésta publicada como parte de aquélla, pero son independientes. La primera es traducción, no se sabe si fiel, porque el asunto no ha sido estudiado, de *Mare historium* de Giovanni di Colonna. La segunda es original y es la que aquí nos interesa. Está compuesta de un prólogo más treinta y cuatro breves semblanzas de los personajes notables en los reinados de Enrique III y Juan II. Varias cualidades avaloran el libro: objetividad en la concepción de la historia, expuesta en el prólogo, según la cual el historiador debe ante todo ser veraz; penetración psicológica del carácter moral de los personajes retratados; severidad en la denuncia de la anarquía, codicia y abuso del poder por parte de los nobles, suavizada por una natural templanza en el juicio de los problemas del tiempo, incluso cuando se trata de don Álvaro de Luna, de quien Pérez de Guzmán fue enemigo; mesura, concisión, elegancia de estilo. Ramón Iglesia, buen conocedor de la literatura histórica española, pone las *Generaciones y semblanzas* por encima de cualquier obra análoga en su tiempo, citando en su abono el juicio del historiador suizo Fueter, para quien en su género "Ninguna obra del humanismo iguala a esta colección española de bocetos biográficos en cuanto a perspicacia psicológica, conocimiento preciso del mundo, independencia de juicio y realismo en la expresión." [14]

Añadamos que el libro ha atraído en años recientes la atención de varios críticos: José Luis Romero, López Estrada y Clavería, que han aclarado muchas cuestiones, situándolo en la tradición de la retórica y el humanismo medievales, relacionándolo con modelos antiguos, como Suetonio, y también con las varias corrientes coetáneas.

Pérez de Guzmán deja adivinar en algunos pasajes una clara conciencia nacional y sensibilidad aguda para entrever los problemas españoles, primera muestra acaso de ese afán un poco pesimista de autocrítica que distinguirá a sus compatriotas. Así, en el retrato de Pablo de Santa María, al aludir a su condición de converso, censura bastante abiertamente el antisemitismo de sus contemporáneos; y al hablar de la anarquía del reinado de Juan II, en la biografía de don Álvaro de Luna, la más larga de la colección, exclama: "¡Quién bastará a relatar e constar el triste e doloroso proceso de la infortunada España e de los males en ella acaecidos!" A él también pertenece la frase "Castilla, que hace los hombres y los deshace."

El género iniciado por Pérez de Guzmán se continúa en el período siguiente con otro libro notable, *Claros varones de Castilla* (1486), de Hernando del Pulgar.

---

[14] Ed. Fueter, *Histoire de l'Historiographie moderne,* París, 1914, p. 112, cit. por Iglesia en *Cronistas e historiadores de la conquista de México,* México, 1942, págs. 101-102, n.

Comienzos de la novela sentimental. — Signo de la proximidad de una nueva era literaria es el hecho de que surja, junto a una poesía dramatizada —las *Representaciones* de Gómez Manrique— una novela de tipo más moderno que la mayoría de los relatos medievales: la llamada novela sentimental o amorosa.

Hasta este momento, la prosa novelesca se había manifestado o en el cuento, narración breve de propósito casi siempre didáctico, o en los relatos caballerescos, producto de importación en la literatura castellana hasta que el género se españolice con una nueva y definitiva versión del *Amadís*. Ahora va a aparecer y tomar forma definida, también en España, una novela de carácter predominantemente psicológico —estudio de una pasión o un proceso amoroso— aunque envuelto en toda clase de convencionalismos literarios: alegorías, casuística amorosa que extrema los conceptos del amor cortesano, exaltación sentimental y caballeresca, pesimismo trágico, etc. Tal será el caso de la *Cárcel de amor* de Diego de San Pedro, que había venido fechándose por los años que estamos estudiando, pero que según Gili Gaya pertenece al tiempo de los Reyes Católicos, donde la estudiaremos. La precede, sin embargo, en la época de Juan II, el *Siervo libre de amor* (hacia 1440) del trovador gallego Juan Rodríguez de la Cámara o del Padrón. Primer esbozo del género, combina, sobre un fondo poético y alegórico, un relato autobiográfico, que al parecer fue causa de su destierro de la corte, y otro caballeresco: *Estoria de los amadores Ardanlier y Liesa*. María Rosa Lida resume su tema y contenido con las siguientes palabras: "Sobre un fondo de aventuras en tierras extranjeras..., traza un breve relato trágico, de escenario ya cortesano, ya agreste y sobrenatural, para exaltar, fiel a la convención caballeresca, el servicio y la lealtad amorosa."

Es la novela sentimental, con toda su artificialidad literaria de génesis bastante compleja, una muestra más de la tendencia hacia lo personal, que hemos visto en toda la literatura de la época.

[Selecciones en del Río, *Antología,* I, págs. 100-167.]

BIBLIOGRAFÍA

1   GENERAL Y HUMANISMO

(Véanse obras generales citadas en capítulos anteriores, especialmente Amador de los Ríos, Menéndez Pelayo (*Antología* y *Orígenes de la novela*), Castro, M. R. Lida (*Idea de la fama*), Post (*Medieval Allegory*), Puymaigre, M. Menéndez Pelayo, *Bibliografía hispano-latina clásica* en *Obras completas.*)

D. Rubio, *Classical scholarship in Spain,* Washington, 1934.
L. Serrano, *Los conversos D. Pablo de Santa María y D. Alfonso de Cartagena* ..., Madrid, 1942.
J. Marichal, *Voluntad de estilo* (los dos primeros capítulos y la bibliografía correspondiente), Barcelona, 1957.

2   POESÍA

Cancionero de Baena, ed. P. J. Pidal, Madrid, 1852 (reeditado en Buenos Aires, Anaconda, 1949); ed. facsímile, H. S. of America, N. Y., 1926.
Cancionero Castellano del Siglo XV, ed. Foulché-Delbosc, NBAE, vols. XIX y XXII.
El Cancionero de Palacio, ed. F. Vendrell, Barcelona, 1945.
Le Chansonnier espagnol d'Herberay des Essarts, ed. Ch. V. Aubrun, Bordeaux, 1959.

La bibliografía de y sobre los *Cancioneros* es enorme. Como resumen, pueden verse la Introducción y notas de A. Rodríguez Moñino, en *El Cancionero General* (Valencia, 1511-Anvers 1573), *Noticias bibliográficas* ..., Madrid, 1958. Véase también la *Literatura española hasta fines del siglo XV* de Agustín Millares, 209-213.

F. Vendrell, *La corte literaria de Alfonso V de Aragón* ..., Madrid, 1933.
Ch. V. Aubrun. *Inventaire des sources pour l'étude de la poésie castillane du XVe siècle,* en *Estudios dedicados a Menéndez Pidal,* IV (1953), 297-330.
P. Le Gentil, *La poésie lyrique espagnole et portugaise à la fin du Moyen Âge,* Rennes Plihon, 1949-1953, 2 vols.
O. H. Green, "Courtly Love in the Spanish Cancioneros," PMLA, LXIV (1949), 247-301.
Marqués de Santillana. Véase *Cancionero castellano* ..., ed. Foulché-Delbosc.
———, *Obras,* ed. Amador de los Ríos, Madrid, 1852.
———, *Los sonetos "al itálico modo* ...," ed. Vegue y Goldoni, Madrid, 1911.
———, *Canciones y decires,* ed. García de Diego, *Clásicos Castellanos,* Madrid, 1913.
———, *Proverbios* ..., ed. Rogerio Sánchez, Madrid [1929].

Marqués de Santillana, *Serranillas*, ed. Lapesa, Santander, 1958.

———, *Prose and Verse*, Chosen by J. V. Trend, London, 1940.

Juan de Mena. Véase *Cancionero*, ed. F. D.

———, *El Laberinto de Fortuna o las Trescientas*, ed. Blecua, *Clásicos Castellanos*, Madrid, 1943.

M. de Santillana y Juan de Mena, *Poesía*, Selección de E. Villamana, Ebro, Zaragoza, 1950.

Comte de Puymaigre, *La cour littéraire de don Juan II*, París, 1873.

M. Schiff, *La Bibliothèque du Marquis de Santillana*, París, 1905.

R. Lapesa, *La obra literaria del Marqués de Santillana*, Madrid, 1957.

R. Foulché-Delbosc, "Étude sur le *Laberinto* de Juan de Mena," en *Rev. Hispanique* IX (1902), 73-138. (Trad. castellana de A. Bonilla y San Martín, Madrid, 1903.)

Inez McDonald, "The 'Coronation' of Juan de Mena: Poem and Commentary," en *Hisp. Review*, VII (1939), 115-124.

M. R. Lida, *Juan de Mena, poeta del prerrenacimiento español*, México, 1950.

Bol. de la Real Academia de Córdoba, XXVIII (1957). Número dedicado a Juan de Mena. [Diez estudios de diversos autores.]

Gómez Manrique, *Cancionero*, ed. Paz y Meliá, Col. de Escr. Cast., Madrid, 1885.

C. Rodríguez, "El teatro religioso de Gómez Manrique," en *Religión y Cultura*, XXVII (1934), 327-342.

J. Manrique, *Cancionero*, *Clásicos Castellanos*, Madrid, 1941.

Anna Krause, "Jorge Manrique and the cult of death in the cuatrocientos," Berkeley, 1937 (Pub. of the Univ. of California, vol. I, núm. 3, 79-178); tr. española en *Anales de la Universidad de Chile*, CXVIII (1960), 7-60.

M. R. Lida, "Una copla de Jorge Manrique y la tradición de Filón en la literatura española," en RFH, IV (1942), 152-171.

L. Sorrento, *Jorge Manrique*, Palermo, 1946.

P. Salinas, *Jorge Manrique o tradición y originalidad*, Buenos Aires, 1947.

A. Castro, "Muerte y belleza. Un recuerdo de Jorge Manrique," en *Semblanzas y estudios españoles*, Princeton, 1956, 45-51.

———, "Cristianismo, Islam. Poesía en Jorge Manrique," en *Origen, ser y existir de los españoles*, Madrid, 1959, 70-86.

S. Gilman, "Tres retratos de la muerte en las *Coplas* de Jorge Manrique," en NRFH, XIII (1959), 305-324.

3   PROSA

Prosistas castellanos del siglo XV, ed. Mario Penna, BAE, Madrid, 1959.

Alfonso Martínez de Toledo, El Arcipreste de Talavera, o sea El Corbacho, ed. Simpson, Berkeley, 1939; ed. Mario Penna, Turín, 1955.

V. García Rey, "El Arcipreste de Talavera ...," en *Rev. de la Bib. Arch. y Museo* [*del Ayuntamiento de Madrid*], V (1928), 298-306.

E. von Richthofen, "Alfonso Martínez de Toledo und sein *Arcipreste de Talavera* ...," Halle, 1941 (*Zeitschrift für Romanische Philologie*, LXI (1941), 417-537).

D. Alonso, "El Arcipreste de Talavera a medio camino entre moralista y novelista," en *De los siglos oscuros* ..., 125-136.

El libro de los gatos, ed. Keller, Col. *Clásicos Hispánicos*, Madrid, 1958.

Colección de Grandes Crónicas Españolas, ed. Mata Carriazo, Madrid, 1940-1947, 8 vols. (Entre otras, publica *El Victorial* y las *Crónicas* de don Juan II y don Álvaro de Luna, con importantes estudios preliminares.)

Gutierre Díez de Games, *El Victorial, Crónica de don Pero Niño, conde de Buelna,* Selección de R. Iglesia, Col. Primavera y Flor, Madrid, 1936; tr. inglesa (selecciones) de Juan Evans, 1928, en *Medieval Broadway Library.*

A. González Palencia, "Don Pedro Niño y el condado de Buelna," en *Hom. a Miguel Artigas,* Madrid, 1932, II, 105-146.

J. Marichal, "Gutierre Díez de Games y su *Victorial,*" en *Voluntad de estilo,* 53-76.

Fernán Pérez de Guzmán, *Generaciones y semblanzas,* ed. Domínguez Bordona, *Clásicos Castellanos,* Madrid, 1924; Selección de Blecua, Ebro, Zaragoza, 1945.

B. Sánchez Alonso, *Historia de la historiografía española,* vol. I, Madrid, 1941.

J. L. Romero, *Sobre la biografía y la historia,* Buenos Aires, 1945.

R. Foulché-Delbosc, "Étude bibliographique sur Fernán Pérez de Guzmán," en *Rev. Hispanique,* XVI (1907), 26-55.

F. López Estrada, "La retórica en las *Generaciones y semblanzas* ...," en RFE, XXX (1946), 310-352.

C. Clavería, *Notas sobre la caracterización de la personalidad en "Generaciones y semblanzas,"* Murcia, 1953 (Pub. de la Univ. de Murcia).

Obras de Juan Rodríguez de la Cámara, ed. A. Paz y Meliá, Bibliófilos Españoles, Madrid, 1884.

M. R. Lida, "Juan Rodríguez del Padrón: Vida, obra, influencia," en NRFH, VI (1952), 313-351; y VIII, 1954, 1-38.

Sobre la novela sentimental en conjunto, véase el capítulo siguiente

6 EL RENACIMIENTO. ÉPOCA DE LOS REYES CATÓLICOS

En las últimas décadas del siglo XV ocurren en España hechos de gran trascendencia. En pocos años, durante el reinado de los Reyes Católicos, pasa de ser un país relativamente aislado, dividido y de rango secundario, a ser el primer estado europeo donde se realiza con eficacia, no igualada entonces, el ideal de unidad de las modernas nacionalidades. Entra en una era de poderío hegemónico. En torno a España, como gran potencia, va a girar por cerca de dos siglos, la historia del continente. Compartirá además con la otra monarquía ibérica, la portuguesa, la revolucionaria empresa de los descubrimientos oceánicos y el dominio de los inmensos territorios hasta entonces desconocidos.

El espíritu y la cultura de los cincuenta años anteriores son reflejo de la disolución medieval. Tiempos de caos, en los cuales han ido gestándose, sin embargo, formas de vida, nuevos valores espirituales y actitudes literarias que empiezan a definirse en el momento que ahora estudiamos. Durante el reinado de Fernando V e Isabel I, España entra plenamente en los caminos del Renacimiento. Un Renacimiento producto en parte, como en el resto de la Europa culta, del retorno al cultivo de las humanidades clásicas, iniciado en Italia; pero también creación de su propio carácter nacional. Renacentistas son, y no medievales ni resultado directo de la influencia italiana, muchos de los modos de vida modernos, así como los nuevos ideales políticos —monarquía absoluta e imperio— que en España toman su forma primera, porque el Renacimiento, según este concepto se entiende hoy, no se limita al mundo del arte y de las letras, sino que es más bien una transformación histórica en todos los aspectos de la actividad humana.

En las esferas del arte y la literatura, donde menos visible sería la línea divisoria con los años anteriores, España encuentra también su propio estilo en las obras y fenómenos literarios de la época: *La Celestina*, el *Amadís*, el teatro de Juan del Encina y el interés de las gentes cultas por la poesía popular.

Participan estas obras literarias, igual que las artes plásticas o los ideales políticos coetáneos, de un particular carácter histórico que ha dificultado su comprensión y ha hecho que se divulgue la idea errónea de que el espíritu del Renacimiento no penetró en España. Ese carácter particular consiste en que todos los fenómenos aludidos, literarios, artísticos, políticos, religiosos, etc., presentan una conjunción de lo medieval y lo moderno, habiendo sido esto último, es decir, lo que llamamos moderno, lo único que la crítica ha considerado como renacentista. En qué consiste esa conjunción lo veremos más adelante al hablar de las obras literarias. Ahora sólo aludiremos al arte llamado plateresco, estilo típicamente español de la época de los Reyes Católicos, del que son ejemplos las iglesias de San Pablo y San Gregorio en Valladolid, y la Universidad y el Palacio de Monterrey en Salamanca. Es lo característico del arte plateresco el combinar la planta neoclásica con la decoración y otros elementos secundarios del gótico florido. Es decir, la utilización de motivos medievales sobre una estructura moderna. Por eso, al ver que el fenómeno puede ampliarse a otras esferas creativas y particularmente a la literatura, algunos críticos han venido definiendo con este concepto de lo plateresco, restringido antes a la arquitectura, el estilo de las obras literarias de este período. Ya Menéndez Pelayo había aludido a las "finas labores" que lo caracterizan al hablar del estilo del *Amadís* en *Orígenes de la novela*.

I. El ambiente de la época. Historia, vida, cultura

En 1474, seis años después de su matrimonio con el príncipe Fernando, Isabel I sube al trono de Castilla. Pasarán todavía cinco años hasta que Fernando herede la corona de Aragón, en 1479. Se realiza así, en esta fecha, la fusión de las dos monarquías españolas, base de la unidad nacional. Sometida pronto por la energía de los reyes la nobleza díscola y echadas las bases de un nuevo estado, el país entra entonces en un momento de enorme vitalidad. Pero no es una vitalidad limitada a la acción militar y política, aunque éstas sean quizá los terrenos más propicios. Se transfunde también a la lengua, a la vida, a la cultura.

Unidad política y religiosa. — Los primeros pasos de los Reyes Católicos se dirigen a reforzar la unidad política —conseguida mediante la fusión de los dos reinos— hasta convertirla en verdadera unidad de espíritu. A realizar la unidad religiosa se encaminan el establecimiento en 1478 de la Inquisición, órgano tan político como religioso; la conquista del reino moro de Granada, único residuo del antiguo poder musulmán; la expulsión de judíos no convertidos al cristianismo, seguida pocos años después de la primera expulsión de los moriscos; y la reforma moral e interna de la Iglesia —clero secular y órdenes religiosas— inspirada por el cardenal Cisneros. Al mismo tiempo, la unidad del Estado se consigue mediante la incorporación a la corona de muchos privilegios o formas de autoridad que dentro de la jerarquía medieval pertenecían a los nobles, a las órdenes militares, a los municipios o a las cortes. Se crea una policía rural dependiente de los reyes, la Santa Hermandad, y se organiza en los Concejos todo un nuevo sistema administrativo. Los reyes se apoyan en el sentimiento popular. De ahí la fuerza de la unidad nacional y el carácter único de la España del siglo xvi entre las naciones de Europa. España es entonces, como dijo Oliveira Martins, "una democracia presidida por la monarquía." [1]

Unidad lingüística. — A estas formas básicas del nuevo Estado que, considerablemente reforzadas por Carlos V y Felipe II, harán de la monarquía española de los Austrias el modelo de las otras monarquías absolutas, se suma la unidad lingüística, no por imposición de la corona sino como resultado necesario del naciente espíritu nacional. El gallego había dejado de cultivarse literariamente hacía casi un siglo. El catalán, que todavía poco antes contaba con escritores eminentes como el poeta petrarquista Ausias March (m. 1460), dejará de serlo pronto. Gallego y catalán, lenguas hermanas del castellano, quedarán reducidas casi exclusivamente a la categoría de hablas familiares hasta principios del siglo xix, cuando inician su resurgimiento literario. En tanto que la lengua de Castilla afirma su primacía, el más esclarecido de los humanistas españoles, Antonio de Nebrija, da normas para su unificación en el *Arte de la lengua castellana* (1492), la primera gramática impresa de una lengua vulgar, en cuyo prólogo —elocuente documento del espíritu de la época— anuncia todo un programa de expansión de la lengua, "compañera —dice— del imperio." Contribuyendo también a la unificación del castellano, un

---

[1] *Historia de la civilización ibérica*, pág. 243.

grupo de gentes altas, presidido por la reina, a quien Nebrija había dirigido su prólogo, empieza a dar criterios sociales —selección, naturalidad, buen gusto— para elevar el nivel de la lengua hablada purgándola de localismos.

Expansión e imperio. — El año 1492, el mismo de la toma de Granada, la expulsión de los judíos y la publicación de la *Gramática* de Nebrija, Cristóbal Colón sale del puerto de Palos en busca de nuevos caminos hacia la India y se encuentra con un mundo desconocido. Entra así en la historia un continente que, al ser conquistado pocos años después, dará al imperio español una extensión muy superior a la de todos los de la antigüedad.

El Nuevo Mundo es sólo una de las rutas del desbordamiento español. Fernando el Católico aspira a extender su influencia por Europa, y, siguiendo la tradición mediterránea del reino de Aragón, se enfrenta en Italia con la casa francesa de Anjou, hasta que el triunfo de las armas españolas, bajo el mando de Gonzalo de Córdoba, el Gran Capitán, le aseguran el dominio del reino de Nápoles. Le ayuda —aunque no siempre— en su política italiana el hecho de que el Papa Alejandro VI sea de origen aragonés, de la familia valenciana de los Borja o Borgia, que desde Calixto III, un cuarto de siglo antes, era la más poderosa de Roma. Fue también Alejandro el Papa que hizo la demarcación de los dominios españoles y portugueses en el nuevo continente. El rey Fernando planea al mismo tiempo una serie de alianzas matrimoniales para limitar el poder de Francia, la potencia rival. Casa al príncipe don Juan con Margarita de Austria; a doña Juana con Felipe el Hermoso, hijo, como Margarita, del emperador Maximiliano; y a la infanta Catalina con el príncipe Arturo de Inglaterra y, al enviudar, con el futuro Enrique VIII. Por su parte Isabel, reina de Castilla, se siente heredera del espíritu de cruzada de la Reconquista y se prepara a continuarlo en Marruecos, Argelia y Túnez. Al morir en 1504 encarga en su testamento "que no cesen en la conquista de África," encargo que cumplirá fielmente su ministro y antiguo confesor el Cardenal Francisco Jiménez de Cisneros.

Se echan así los cimientos de ese inmenso poderío español que llega a su cumbre con Felipe II, el biznieto de los Reyes Católicos. La energía española se derrama por los cuatro puntos cardinales del planeta. Se abre la política española a la rosa de los vientos, como dirá Ángel Ganivet en el *Idearium español,* llevando ya, invisibles en su propia ambición, los gérmenes de su futuro agotamiento.

Humanismo y esplendor. — Entre tanto, en el interior de España misma florecen las artes de la paz. Muchas ciudades se enriquecen con el comercio de lanas y granos. Otras, como Sevilla, centro de la comunicación con América, pasan pronto a rivalizar con los grandes puertos del Mediterráneo, como Génova o Venecia, aunque a la larga será Amberes, y no un puerto español, el centro de la nueva hegemonía comercial, desplazada del Mediterráneo al Atlántico. Artistas flamencos, alemanes y de otros países acuden a España y desarrollan las artes plásticas, de cuyo florecimiento son muestra exquisita en estos años numerosos retablos religiosos, obras de arquitectura civil y religiosa y algunas joyas de la escultura funeraria. En la cámara del príncipe don Juan se cultiva la música con un sentimiento refinado, y en el palacio de los duques de Alba, Juan del Encina, músico y poeta, organiza representaciones teatrales.

Índice mayor de este ambiente renacentista es el gran auge que adquieren los estudios de humanidades bajo el influjo de la creciente y estrecha comunicación con el humanismo italiano. La Universidad de Salamanca, donde profesa Nebrija después de pasar diez años en Italia, inicia sus días de mayor gloria, que se prolongarán durante todo el siglo XVI. Allí estudian Juan del Encina y el bachiller Fernando de Rojas. Cisneros funda la de Alcalá e invita a helenistas, hebraístas y sabios conocedores de otras lenguas antiguas para la preparación de la *Biblia Poliglota Complutense,* publicada de 1514 a 1517. Se prodigan las traducciones de los clásicos latinos y algunos griegos. La reina Isabel aprende latín con Beatriz Galindo la Latina. Antonio y Alejandro Giraldino educan en las humanidades a los hijos de los reyes. La nobleza hace venir también de Italia a otros maestros para sus hijos. El Almirante de Castilla, don Fadrique Enríquez, trae al siciliano Lucio Marineo Sículo, y el conde de Tendilla, embajador en Roma, trae a Pedro Mártir de Anghiera, el primer historiador de los descubrimientos en sus *Decades de orbe novo,* el cual deja, al explicar por qué ha ido a España, un testimonio precioso del ambiente de la época: "Italia —dice— está en paz en el extranjero y en guerra dentro. España está en paz dentro y en guerra en el extranjero. Italia está dividida en facciones; España está unida en todo. Los príncipes de Italia están en discordia. Los de España de acuerdo." [2]

Son tiempos de esplendor. Un esplendor que dista mucho del refinamiento, la sensualidad y el sentido estético característicos de las ciudades

---

[2] Pedro Mártir, *Epistolae,* núm. I, cit. en Caro Lynn, *A College Professor of the Renaissance: Lucio Marineo Sículo among the Spanish Humanists,* The University of Chicago Press, 1937, pág. 94.

italianas. Francisco Guicciardini, legado pontificio a la corte del Rey Católico, hará notar en su diario de viaje la severidad de la vida española comparada con la italiana. Es que España pone en su esplendor una nota austera que para muchos contemporáneos será al mismo tiempo indicio de buen gusto. En todo caso, este sentido de la medida en lo estético, junto con la presencia constante de la preocupación religiosa y moral, será norma de la literatura española en esta época.

Para Menéndez Pidal, todo en la gran empresa de los Reyes Católicos fue resultado de un planeamiento riguroso llevado a cabo en etapas bien definidas: pacificación interior tras la anarquía y desmoralización de los tiempos de Enrique IV; conquista de Granada; unificación religiosa y política; descubrimientos; expansión europea y africana. Muestras del éxito de estos planes fueron la admiración de Maquiavelo por la astucia y buena fortuna del rey Fernando, o el que Castiglione hablase en el *Cortesano* de la "divina manera de gobernar" de la Reina Católica.

Dieron forma e impulso a una nación que hasta entonces había ocupado un puesto marginal en los destinos de Europa, y pusieron la energía española al servicio de grandes ideales, como el de la paz cristiana. Mas debe reflexionarse que la noble ambición de los reyes llevaba en sí gérmenes peligrosos. La fusión de Iglesia y Estado iba a enfrentar a España, en tiempos del nieto, Carlos V, con el nacionalismo religioso desatado por la Reforma; la expulsión de los judíos, aunque necesaria para los fines inmediatos de la unidad religiosa, iba a tener graves efectos económicos y espirituales; la Inquisición —que no era ciertamente invención española, sino de un Papa medieval, hacia 1233, para combatir a los albigenses— adquirió un poder sin paralelo en ningún otro país, que, al cimentar la unidad religiosa y la ortodoxia más estricta, dificultó en los siglos posteriores la difusión y arraigo de muchas ideas modernas. Finalmente, la orientación de la política hacia el dominio europeo para satisfacer ambiciones dinásticas de sus príncipes desvió a España de su ruta histórica, que era, como la reina Isabel quería, la de expansión africana y por las nuevas tierras de América.

No hay que descontar, sin embargo, el influjo de la fatalidad en el destino de los pueblos. Varias muertes —la del heredero natural, el príncipe don Juan, en 1497; la de su hermana mayor Isabel, casada con el rey de Portugal, en 1498; y la del primogénito de ésta, don Miguel— hicieron que la herencia fuese a parar a doña Juana la Loca, a su marido y, finalmente, a Carlos V, en quien los intereses españoles vinieron a confundirse con los de la casa de Borgoña y el Imperio. Hacia el príncipe don Juan parecían converger "los anhelos de un pueblo en momento de plenitud vital", dice Américo Castro en una bella semblanza. Con su vida se fueron —añade— quién sabe qué destinos de la raza española. "Sin Felipe el Hermoso, nuestra intervención en la Europa Central habría sido mínima; la política de España era mediterránea y ultramarina." [3] Algo análogo piensa Pirenne cuando, hablando de estas muerte, dice: "Pero una vez más la Naturaleza favoreció a los Ausburgos. La muerte les despejó el camino."

No son el conocimiento y recuerdo de estos hechos indiferentes a la comprensión de la literatura que en el período de los Reyes Católicos se está gestando y continuará, sin grandes desviaciones, por más de un siglo —el llamado de Oro. Más que en ningún otro momento, la creación literaria —poesía, teatro, novela, mística— estará imbuida de los ideales nacionales y religiosos que toman forma en este primer impulso nacional y renacentista.

II Romancero. Poesía tradicional y poesía culta

En tanto que la poesía culta continuaba las corrientes del período anterior —cortesana y trovadoresca, doctrinal, alegórica— se operó un cambio del gusto, de consecuencias duraderas y de alto valor en el rumbo de la creación poética castellana. Primero en la corte aragonesa y napolitana de Alfonso V, y poco después en la castellana de Enrique IV y de la reina Isabel, empezaron a ponerse de moda los romances y villancicos populares, que poco antes desdeñaban como poesía ínfima, propia de gente rústica, los poetas de la corte de Juan II, según sabemos por el juicio de Santillana en su *Carta proemio,* cuando alude a "aquellos que sin ningún orden, regla ni cuento facen estos cantares y romances de que las gentes de baja e servil condición se alegran."

Músicos y poetas, humanistas y aristócratas empiezan ahora, tiempos de los Reyes Católicos, a interesarse por la poesía tradicional, conservada hasta entonces sólo por trasmisión oral anónima o en los cantos y bailes del pueblo. Los aires refrescantes de una vigorosa tradición soterrada vinieron, así, a fecundar un ambiente artificial que, en substancia, no hacía sino prolongar temas y formas ya caducas, como eran las trovadorescas.

Aunque a veces suele considerarse este fenómeno de la simbiosis entre lo popular o tradicional y lo culto como fenómeno exclusivo de la

---

[3] "El príncipe don Juan," en *Santa Teresa y otros ensayos,* págs. 150-151.

literatura española, no es así. Por el mismo tiempo, fines de la Edad Media, la canción y la música tradicional se ponían de moda en otras cortes europeas, e incluso en Italia —sede de los continuadores del petrarquismo— dos escritores muy representativos, como Lorenzo de Medicis y Policiano, se inspiraron en la poesía de tradición popular. Lo mismo que con las canciones, ocurría con las formas de poesía legendaria afines al romance, que el hispanista inglés W. J. Entwistle estudió en su libro *European Balladry*. Lo que sí es característico y casi podríamos decir privativo del popularismo o tradicionalismo [4] poético español es la amplitud, intensidad y persistencia, como veremos más adelante, con que el hecho se repite en algunos de sus más grandes poetas desde el Renacimiento hasta nuestros días.

El fenómeno se manifiesta en dos campos bien deslindados, aunque confluyentes; el de la poesía narrativa: romance; y el de la canción lírica.

El Romancero: origen y carácter general. — El romance, conjetura Menéndez Pidal, "se inicia en la segunda mitad del siglo XIII y tiene su período de mayor actividad desde la segunda mitad del siglo XIV." [5] Mas independientemente de su antigüedad y existencia tradicional (sobre las que Menéndez Pidal parece haber dicho la última palabra, aunque sus afirmaciones no sean aceptadas por todos), el romance como género poético sólo se difunde y adquiere validez literaria en la época de los Reyes Católicos, que ahora estudiamos. El interés por el romance, como por otras formas de la poesía popular, anónima y cantada, se manifiesta en un doble movimiento: el de su conservación y el de utilizar letra y música con propósitos artísticos. Es el momento también en el que la palabra misma, "romance," adquiere la significación con que ahora la usamos. En su origen, designaba primariamente a la lengua vulgar, acepción que aún persiste cuando hablamos de "lenguas romances," luego se aplicó alguna vez a las canciones de gesta o a narraciones de tipo afín.

Definido en términos generales, es el romance una composición no muy extensa, predominantemente narrativa, con un número variable de

---

[4] Usamos popular y tradicional, o popularismo o tradicionalismo, como términos equivalentes. Seguimos, pues, un uso arraigado, para evitarnos explicaciones un poco complicadas. Pero debe tenerse en cuenta que Menéndez Pidal ha dedicado muchas páginas de sus diversas obras sobre la épica, el Romancero y la primitiva poesía lírica a deslindar los dos conceptos. Hoy, de acuerdo con las ideas del maestro, empieza a generalizarse el término de poesía tradicional para lo que se ha venido llamando poesía popular. Véase por ejemplo un deslinde claro en los prólogos de D. Alonso y J. M. Blecua a su *Antología de poesía de tipo tradicional*.

[5] Véase *Romancero hispánico*, I, pág. 58.

versos por lo común octosílabos, asonantados los pares y sin rima los impares; su forma original debía de ser el verso asonantado de dieciséis sílabas dividido en hemistiquios. Dentro del esquema del romance cabe, sin embargo, mucha variedad: los hay de verso más largo, y más corto (romancillo); los hay agrupados en cuartetas. En cuanto al tema, si bien casi siempre conserva una vaga continuidad narrativa, hay muchos de carácter lírico. Cuando en el siglo XVI empiezan a recogerse y publicarse agrupados, se generaliza la palabra "Romancero," que viene a designar cosas muy distintas. Se aplica al conjunto de todos los romances, y así los románticos llamarán a España "el país del Romancero"; a colecciones parciales de ellos; o a un grupo particular que trata de un tema determinado, como en el caso del "Romancero del Cid." Por último, numerosos autores usarán la palabra como título de sus propias colecciones de romances sobre uno o varios temas. Así, José de Valdivielso, *Romancero espiritual del Santísimo Sacramento* (1612) o, en nuestros días, Miguel de Unamuno, *Romancero del destierro,* y Federico García Lorca, *Romancero gitano.*

En su origen, según la teoría hoy más aceptada —la de Milá Fontanals, Menéndez Pelayo y Menéndez Pidal— procede el romance de las canciones de gesta medievales, y parece haberse popularizado hacia el siglo XIV por la fragmentación de los temas épicos a través de la recitación de los juglares. Quiere esto decir que los juglares recitaban pasajes sueltos de los cantares de gesta, probablemente los que más interesaban al público, y esos trozos sueltos venían a constituir narraciones breves, desligadas, que al irse popularizando se convertían en lo que hoy llamamos romance viejo o tradicional. Al mismo tiempo que se opera esta fragmentación, parecen haber aparecido los primeros romances sobre hechos particulares coetáneos, a los que Menéndez Pidal llama "noticieros" y que tratan temas del siglo XIII y del primer tercio del XIV. Los más característicos, hasta llegar a formar un ciclo romancesco equivalente al de los temas épicos anteriores, son los que narran hechos relacionados con el reinado de don Pedro el Cruel. A medida que la gran corriente romancista avanza, hacia la segunda mitad del siglo XV, los juglares empiezan a componer romances sobre otros muchos temas: novelescos, carolingios, bretones, o tomados de las baladas divulgadas en Europa. Se va formando así una gran corriente de materia romanceada, en la cual, repitamos, el tema histórico o épico, de gesta, coincide y se desarrolla paralelamente al de procedencia de muy diversas fuentes.

Los temas del romance tradicional e histórico. — Si no es siempre fácil delimitar el carácter épico-tradicional, noticiero o juglaresco de un romance, podemos distinguir, en cambio, los ciclos temáticos de los romances tradicionales que han llegado a nosotros agrupados por asuntos. Los fundamentales de la tradición épica son los siguientes:

Don Rodrigo y la pérdida de España (amor ilegítimo del último rey godo por Florinda, hija del conde don Julián; venganza de éste, que prepara la invasión árabe; derrota de don Rodrigo en Guadalete y penitencia del rey).

Bernardo del Carpio (héroe legendario, sobrino de Alfonso II el Casto, que derrota a los franceses en Roncesvalles).

Fernán González (rebelión del conde castellano y rivalidades entre castellanos y leones).

Los siete infantes de Lara (episodios procedentes de esta gesta: con la muerte de los infantes y la venganza del expósito Mudarra, hermano de las víctimas).

El Cid (en el que predominan las hazañas de las mocedades de Rodrigo Díaz y sus amores con Jimena).

El cerco de Zamora (luchas entre los hijos de Fernando I; ataque del rey don Sancho a Zamora, perteneciente a su hermana doña Urraca; asesinato de Sancho por el traidor Bellido Dolfos; reto de los castellanos a la ciudad).

A estas figuras heroicas primitivas se suman pronto otras, como Fernando IV o Pedro I. Las justicias o crueldades de don Pedro forman un ciclo de romances, cuyo influjo perdura en un grupo de comedias de Lope y, mucho más tarde, en algunos romances históricos del duque de Rivas o en el drama romántico de Zorrilla, *El zapatero y el rey*. Un testimonio interesante de la popularidad del romance o romances sobre el emplazamiento de Fernando IV se encuentra en un pasaje de *El Laberinto* de Juan de Mena:

> ... del qual se dice morir emplazado
> de los que de Martos ovo despeñado,
> según dicen rústicos de éste cantando.

El suceso, tal y como la tradición lo recoge, era extraordinario y se explica que impresionase a la imaginación popular: habiendo el rey condenado a los hermanos Carvajales a ser arrojados por la peña de Martos, los reos, proclamando su inocencia, le emplazaron para comparecer ante

Dios a los treinta días a dar cuenta de su injusticia. El plazo se cumple, según la leyenda, con la muerte del rey.

El romance fronterizo y morisco. — De particular interés, dentro de los romances sobre temas históricos, son los llamados "fronterizos." El primero, o por lo menos el primero de los que han llegado a nosotros, relacionado también con el rey don Pedro, es el que comienza "Cercada tiene a Baeza," inspirado en el sitio de esa ciudad andaluza en 1368. Pero el auge de este romance "fronterizo", sobre hechos de armas o la convivencia entre moros y cristianos en la frontera granadina, no se alcanza hasta cuarenta o cincuenta años más tarde, cuando en tiempos de Juan II y del regente Fernando de Antequera se inicia la guerra de Granada que, con largas interrupciones, se prolonga hasta 1492. El primero de la nueva serie, relativo a otro cerco de Baeza, es, según Menéndez Pidal, de 1407 y comienza "Moricos los mis moricos." Hay entre los romances fronterizos algunos de los más bellos y divulgados, tales como "Abenámar, Abenámar," "La pérdida de Alhama," "Jugando estaba el rey moro," etc.

Prueba de la dificultad de hacer un deslinde preciso en las denominaciones de los romances, es lo ocurrido con los términos "fronterizo" y "morisco." Nunca, perfectamente diferenciados, se llegó a hacer una separación bastante específica considerando al romance morisco como romance de elaboración artística en torno al amor caballeresco y al moro galante y enamorado, forma que no se define, o al menos no florece, hasta muy avanzado el siglo XVI, entre 1575 y 1585, y cuya boga produce la obra de Pérez de Hita *Las guerras civiles de Granada.* Frente a esto, Menéndez Pidal, en *El Romancero hispánico,* vuelve a hablar de "romances moriscos" primitivos, coetáneos de los fronterizos. La distinción parece consistir en que el fronterizo da noticia de hechos de guerra o se inspira en ellos; en tanto que el morisco ve la guerra desde el punto de vista moro o expresa su maurofilia en otras formas, iniciando ya el tema del moro galante o recreando escenas privadas, como en el bello romance "Yo me era mora Moraima."

Cualquiera que sea su forma y carácter, fronterizo o morisco, constituyen estos romances de moros y cristianos una de las ramas más conocidas del romancero. Muchos son pequeñas joyas poéticas que han recorrido el mundo e inspirado a poetas y novelistas, desde Pérez de Hita y el anónimo autor de la *Historia de Jarifa y Abindarráez* hasta Lope de Vega, Madame Lafayette, Chateaubriand, Byron o Víctor Hugo.

El fronterizo es la última modalidad del romance histórico, aunque a fines del siglo XV la muerte del Príncipe don Juan todavía sirva de inspiración a algunos, que se conservan en la tradición oral.

Junto a los temas de la épica antigua o los de personajes y hechos históricos, otros muchos romances recogen temas de las gestas extranjeras y de la literatura caballeresca. Figuras procedentes del ciclo carolingio —Carlomagno y don Roldán, Gerineldo, el conde Claros, don Gaiferos, Valdovinos y el Marqués de Mantua— llegan a ser popularísimas. Los hay también del ciclo bretón o artúrico —Tristán y Lanzarote. Y a estas fuentes principales de la tradición romancista —épica, hechos históricos, materia caballeresca— se irán sumando otras de tipo más literario (en contraposición con la literatura de difusión oral), y entran así en la gran corriente del romancero temas de la antigüedad clásica, como la guerra de Troya o de la historia de Roma.

El romance se noveliza y recoge bien temas de la balada épico-lírica europea o adquiere carácter sentimental. Surge así otro tipo de romance, no siempre fácil de distinguir de los anteriores a no ser por la delicadeza que algunos de ellos alcanzan: "Blanca niña," "El conde Olinos," el "Romance del prisionero," "Fontefrida," "Rosafresca" o el del misterioso encuentro del conde Arnaldos con el marinero, que Menéndez Pidal estudió como muestra de la depuración lírica a que puede llegar la tradición poética.

Transmisión, evolución y difusión del romance. —Menéndez Pidal sitúa entre 1460 y 1515 el momento de auge del romance en la corte castellana, que señala el paso de la tradición oral cantada al de una vida literaria plena. Ocurren entonces tres fenómenos convergentes: la entrada del romance en la corte y los altos medios aristocráticos; su recreación y utilización por poetas y músicos cultos, y, finalmente, su publicación y conservación.

Ya se ha dicho cómo a la castellana precede la corte napolitana de Alfonso V en la estimación de la poesía popular. Es allí también donde el poeta Carvajales compone los primeros romances de autor conocido: uno amoroso y otro titulado "Romance por la Señora Reina de Aragón" que aparecen en el *Cancionero de Stúñiga.*

En cambio, no hay romance en el *Cancionero de Baena,* y Mena y Santillana dejan constancia, como hemos visto, de su desdén por este tipo de poesía. Menéndez Pidal conjetura, sin embargo, que también en Castilla debieron por entonces los poetas de componer algún romance. Y en efecto, en el *Cancionero del Museo Británico* se atribuyen a Rodríguez del

Padrón tres de los más conocidos: el del "Infante Arnaldos," "Rosaflorida" y "La hija del rey de Francia." La moda romanceril empieza a triunfar en Castilla, en la corte de Enrique IV, y toma ímpetu en la de los Reyes Católicos. En ella y en los palacios señoriales se cantan romances con melodías compuestas o arregladas por Juan de Anchieta, maestro de capilla del príncipe don Juan, y por Juan del Encina. Poetas como Diego de San Pedro, Garci Sánchez de Badajoz o Florencia Pinar imitan o glosan romances conocidos, y Fray Ambrosio Montesino, a petición de la princesa Isabel, hija de los reyes, escribe un "Romance hecho por mandado de la Reina Princesa a la muerte del Príncipe de Portugal, su marido," en el que se lamenta la muerte del príncipe don Alfonso, que pronto se popularizó e hizo tradicional.

Se entra ahora en lo que Menéndez Pidal ha llamado la época "aédica literaria" o de florecimiento del romance, que sucede a la "aédica oral," la de transmisión anónima del romance viejo y noticioso. En ella se origina otro tipo de romance, "el trovadoresco" —como son los de los poetas aludidos— compuesto a imitación de los antiguos o sobre temas principalmente amorosos. Parece ser que éste es el momento en que se fija el verso de ocho sílabas para la métrica, hasta entonces variable, del romance tradicional.

Al interés y la moda siguen los primeros intentos de conservar los romances, imprimiéndolos. Se hace esto en dos formas, correspondientes a dos períodos: el de pliegos sueltos, poco después de 1500, y el de las colecciones de romances o Romanceros. Con el período inicial de los pliegos sueltos coincide la aparición de un número de romances trovadorescos o anónimos en varios *Cancioneros* —el de Londres, el de Constantina, el General de Hernando del Castillo. En cuanto a colecciones especiales, las primeras fueron el *Cancionero de romances,* publicado en Amberes por Martín Nucio entre 1547 y 1549, y la *Silva de varios romances,* publicada en Zaragoza en 1550 y 1551. Se multiplican durante todo el siglo XVI las colecciones, muchas de ellas aún inéditas, hasta la aparición de la más completa, el *Romancero General,* 1600-1605. No podemos seguir aquí la historia de esta enorme proliferación romanceril. Aparte de los muchos trabajos de Menéndez Pidal y otros, el señor Rodríguez Moñino ha reproducido recientemente las *Fuentes del Romancero General.* El romance se difunde en la obra literaria de numerosos poetas y en la musical de vihuelistas y compositores, compitiendo con la gran boga del italianismo en los poetas cultos. Hacia 1580 se inicia otro gran momento, cuando, pasado el apogeo del italianismo, los mejores poetas, con Lope a la cabeza, adoptan el romance y se inicia lo que, en contraposición al "romancero viejo,"

se llamará "romancero nuevo." Época de incremento del romance "artístico" —en el que rivalizan poetas como Lope y Góngora— de temas muy
variados con predominio de los moriscos, pastorales y amorosos. Fecunda
al mismo tiempo otros géneros, como el teatro y la novela. Tras el gran
florecimiento de los siglos XVI y XVII, el interés por el romance sufre un
eclipse hasta los albores del romanticismo. Avivado entonces por Herder
y los románticos el interés por la poesía primitiva y por el espíritu popular,
aparecen las grandes colecciones modernas, reimpresión de las antiguas
(Grimm, Durán, Wolf, Menéndez Pelayo, etc.), a las que se añadirán después nuevas versiones orales, descubiertas por la investigación folklórica. El
redescubrimiento del *Romancero,* si así puede llamarse al movimiento iniciado por los románticos, ha ido creciendo con las aportaciones de muchos
investigadores españoles y extranjeros hasta Menéndez Pidal, su más sabio
comentador en el siglo presente.

Paralelamente se despierta el interés de los más grandes poetas: Juan
Ramón, Machado, García Lorca, interés que Pedro Salinas ha estudiado
en su trabajo "El romancismo y el siglo XX."

Pero la vida tradicional de este inmenso cauce, por el que más que
ningún otro transcurre el genio de la lengua castellana, no se interrumpe.
A su existencia puramente literaria se une además el de su transmisión
oral en todos los ámbitos del mundo hispánico. De Castilla pasó a Cataluña y Portugal. Los judíos expulsados lo llevaron al oriente mediterráneo,
donde se refugiaron. Los conquistadores lo esparcieron por toda América,
y todavía el indio del Perú, del Ecuador o de México, el campesino de
Castilla o el judío sefardita de Constantinopla cantan con música y letra
que han sufrido ciertamente algunas variaciones, pero que conservan, sin
marchitarse, su espíritu, estas viejas historias que vienen del fondo, hoy
fabuloso, de la Edad Media castellana. No para ahí la vitalidad del romancero. Su carácter popular y juglaresco sobrevive en la inspiración de
cantores rústicos que, como el ciego de feria en España, el payador argen-
tino o el autor de corridos en México, componen en metro romance relaciones de sucesos triviales o heroicos, sangrientos o regocijados, y mantienen así entre el pueblo el sentimiento vivo de la poesía.

Poesía culta y poesía popular. — Como ya hemos apuntado, por el
mismo tiempo y por las mismas razones que el romance, se pone de moda
entre los poetas cortesanos el villancico y la canción popular.

En el plano de la poesía culta se continúa, estiliza y conceptualiza
cada vez más la poesía trovadoresca de cancionero, especialmente la amorosa, de la que serían buen ejemplo en este momento las obras de Juan

Álvarez Gato y Garci Sánchez de Badajoz. Continúa también la otra corriente representativa del período anterior: la alegórica de arte mayor.

Acaso la novedad más significativa es la importancia que adquiere la poesía religiosa en temas y sentimiento, obedeciendo al fervor espiritual, anuncio del misticismo, tan característico de estos años. El monje Juan de Padilla, el Cartujano, sigue el modelo del arte de Juan de Mena, pero sobre temas del Nuevo Testamento: *Retablo de la vida de Cristo* y los *Doce triunfos de los doces apóstoles.* Y dos poetas franciscanos, fray Íñigo de Mendoza, autor del poema *Vita Christi,* entre otras obras, y fray Ambrosio Montesino, en su *Cancionero,* expresan el sentimiento de esta poesía neo-cristiana —temas del Nacimiento y de la Pasión— con un delicado lirismo, lleno de sencillez y de ternura, que hace pensar en los mejores momentos de las "representaciones" de Gómez Manrique. El fervor religioso se comunica también a poetas profanos, como el ya citado Álvarez Gato, autor en su madurez de bellos "cantares a lo divino."

Un poco aparte está Rodrigo Cota, cuyo *Diálogo entre el amor y un viejo* es interesante por el cruce de motivos que presenta. Si por un lado prolonga la línea medieval de los debates, por otro refleja incitaciones y actitudes vitales de tipo renacentista. Mezcla curiosa de pasión y de burla amarga en una forma cercana a la dramática.

Mención debe hacerse, por último, de la poesía satírica, cínica y desvergonzada, prolongación de la de tiempos de Enrique IV, recogida principalmente en el *Cancionero de burlas provocantes a risa* (1519).

Casi todo esto es medievalismo rezagado, aunque en la sensibilidad de varios poetas apunten, con temas nuevos, rasgos modernos. El aire renovador vendrá de la lírica tradicional y se manifestará en el villancico, la glosa y recreación de cantares populares, y de la música y baile que los acompaña.

Ya en la Edad Media hay contactos ocasionales entre lo culto y lo popular: Berceo (canción de vela); Juan Ruiz; y, en tiempos más próximos, la cosaute de Diego Hurtado de Mendoza "Aquel árbol que mueve la hoja" o el villancico de Santillana. Pero la síntesis de los dos mundos —fruto renacentista— sólo cobra fuerza en la época de los Reyes Católicos. De ella resulta, junto a la labor de conservación de los cantares anónimos en los *Cancioneros,* la poesía más fresca que entonces se escribe. Algunos de los poetas citados, Álvarez Gato, Mendoza, Montesino, otros muchos del *Cancionero general* de 1511 (la colección más completa), el marqués de Astorga, Pedro Manuel Ximénez de Urrea, Escrivá, Costana, Cartagena, escriben en el nuevo estilo pequeñas joyas de limpia belleza. El cantarcillo popular, al ser recreado por una mano culta, continúa enriqueciendo los varios temas tradicionales: alba, vela, romería, camino, lamento o endecha; en el amoroso, se matiza con las sutilezas de la tradición trovadoresca, en tanto que algunos poetas —Montesino, por ejemplo— lo vuelven "a lo divino" para expresar la piedad religiosa con cándida ternura.

En la época que estudiamos, el gusto por las canciones del pueblo no se limita a los escritores. Penetra en las costumbres sociales de las clases elevadas, y en *La Celestina* vemos a Melibea entretener su ansiedad, mientras espera a Calisto en el jardín, con canciones de estilización popular, de un lirismo primoroso, como puede apreciarse en este ejemplo:

> Papagayos, ruiseñores
> que cantáis al alborada,
> llevad nueva a mis amores
> cómo espero aquí asentada.
> La media noche es pasada
> e no viene;
> sabedme si hay otra amada
> que lo detiene.

La recolección y conservación de la poesía anónima se inicia ya parcialmente en el *Cancionero de Herberay* (de mediados del siglo xv) y se continúa en valiosísimas colecciones, de las que pueden ser ejemplo el *Cancionero musical* publicado por Barbieri en 1890 o el *Cancionero de Upsala*. Como el romance, la canción tendrá una vida fecunda en la música, la poesía y el teatro de los siglos xvi y xvii desde Juan del Encina y Gil Vicente a Lope y sus contemporáneos. Su redescubrimiento moderno, al menos a fondo, es más tardío que el del romance. Pero desde comienzos de nuestro siglo, musicólogos como Pedrell, Torner o Higinio Angles y críticos como Dámaso Alonso, José M. Blecua o Margit Frenk de Alatorre, o han publicado colecciones inéditas o han ahondado en el estudio de las conocidas. Alonso incluye una bella selección en su *Antología: Poesía de la Edad Media y poesía de tipo tradicional*, ampliada más tarde en otra antología en colaboración con Blecua.

Resultado de este redescubrimiento será el neopopularismo de poetas como García Lorca o Rafael Alberti, que van a inspirarse, por ejemplo, en el arte de un Gil Vicente.

III. Los comienzos del teatro. Encina y Torres Naharro

Poesía popular y culta, cruce de motivos religiosos y profanos o de lo divino y lo humano, el aire de la aldea que penetra en los salones de la corte, fusión de la música, del baile y del diálogo hablado o cantado. Todo ello encarna en la persona de un escritor, Juan del Encina (1463?-1529?) y va a combinarse en la creación de un género: el teatro renacentista.

Juan del Encina. — Es tal vez la personalidad literaria más representativa de esta primera etapa del Renacimiento en España. Hijo de un zapatero, Juan de Fermoselle, nació o en Salamanca, donde su padre ejercía su oficio, o en Encina, lugar próximo a la ciudad, cuyo nombre tomó. En la universidad, donde fue discípulo de Nebrija, se graduó de bachiller en Leyes y respiró los primeros aires del humanismo. Fue músico, poeta y mozo de coro de la catedral. En 1492 entró al servicio del duque de Alba, en cuyo castillo de Alba de Tormes inició sus representaciones dramáticas. En 1498 marchó a Roma y alternó su vida en la ciudad eterna con varios viajes a España, tras obtener algunas prebendas papales después de ordenarse de sacerdote. En 1519 hizo un viaje a Jerusalén, que narró en el poema titulado *Trivagia*. Sus últimos años parece haberlos pasado en su cargo de Prior de la catedral de León. Vivió la experiencia del comienzo de la grandeza de su país, el esplendor pagano de la Roma pontificia y asistió a los primeros choques entre la exaltación vital renacentista y la transformación del cristianismo medieval, de la que surgirían Reforma y Contrarreforma. Si los datos de su vida no se conocen en detalle, contamos con un libro reciente de J. Richard Andrews, en el que se analizan con lucidez el carácter del hombre y las presiones a que estuvo sometido, propias de una época de conflicto entre lo viejo y lo nuevo actuando sobre un temperamento inquieto y ávido.

Casi toda su obra poética y dramática está recogida en su *Cancionero,* publicado por primera vez en 1496 y al que en sucesivas ediciones se fueron añadiendo las obras nuevas. Encontramos además un número considerable de poesías con música del propio Encina en el *Cancionero musical* de Barbieri.

Compuso poesía de todos los tipos en boga: religiosas y devotas, sin nada que las distinga; alegóricas como el *Triunfo de la Fama* o la bella y sentida *Tragedia trovada a la dolorosa muerte del príncipe don Juan;* poesía de amores y burlas, entre las que se hicieron famosas *La almoneda* y los *Disparates trovados;* y finalmente, poesías de inspiración popular —canciones, villancicos y romances. Son éstas las que el gusto actual prefiere, vena en que sólo será superado, lo mismo que en el drama, por el lirismo exquisito de Gil Vicente.

Es autor también de un *Arte de trovar,* el primero conservado en la literatura castellana, y de una adaptación de las *Églogas* de Virgilio: nueva conjunción de lo medieval y lo clásico renaciente.

Como músico y poeta iguala o supera a todos los contemporáneos. Mas su importancia en la evolución de la literatura se debe a haber sido el primero en dar forma al drama castellano. Por eso se le ha llamado el "padre" o "patriarca del teatro español."

En su obra dramática se ve, quizás más que en ningún otro aspecto, el tránsito de lo medieval —religioso y popular— hacia lo moderno, secularización renacentista con la mezcla de elementos que caracteriza al estilo plateresco. Se marca el cambio en dos épocas: la de Alba de Tormes y la que se inicia con el primer viaje a Roma.

En la primera época, el teatro de Encina es fundamentalmente una estilización de las representaciones medievales, religiosas o profanas. Procede de la tradición litúrgica del *Officium Pastorum* y tiene como antecedentes a Gómez Manrique, y, más cercano, a Íñigo de Mendoza, que en un diálogo pastoril, intercalado en la *Vita Christi,* hace hablar a sus pastores en lengua rústica. Rusticismo de lenguaje convencional que en un plano opuesto, el de la violenta sátira política, había aparecido también en las *Coplas de Mingo Revulgo.* Al ciclo religioso pertenecen dos Representaciones de la Pasión y la Resurrección y tres Églogas de Navidad. Encina utiliza en ellas los temas medievales, pero su drama ya no es litúrgico ni eclesiástico. Está escrito para ser representado en el palacio de los duques de Alba como teatro cortesano. Sobre el fondo tradicional Encina imprime su propio arte, con modificaciones esenciales. Sus pastores no son ya las figuras simbólicas, sin realidad, de los Misterios aunque lleven nombres de evangelistas (Mateo, Marcos, Lucas, Juan). Son seres vivos, del campo salmantino, que hablan una lengua rústica —el llamado dialecto de Sayago— dicen chocarrerías y dialogan sobre temas comunes. En una misma égloga se pasa de pronto de la sencillez realista en las escenas rústicas a un mundo enteramente ideal de exquisita poesía religiosa. Así ocurre en la llamada "de las grandes lluvias," la más tardía del grupo navideño, donde al anunciar el ángel el Nacimiento del Señor, todo se transforma: los pastores, que aquí ya tienen nombre rústico —Rodrigacho,

Antón, Miguelejo— abandonan sus juegos y bromas para adorar al Niño y terminar con le canto alegre de los villancicos, fin convencional en todas las obras de Encina. Es el de estas primeras églogas un teatro estático, sin movimiento, una sucesión de estampas como en un retablo antiguo. Y sin embargo, la animación del diálogo unida al aire poético que todo lo envuelve al final logran darle un ritmo dramático, capaz de cautivar nuestra atención.

Las obras profanas de su primera época tienen también lenguaje rústico, y derivan en parte de los juegos escolares de la Edad Media. Son dos *Representaciones de carnaval o del Antruejo* y el *Auto de Repelón*, burlas entre pastores y estudiantes.

Tres de las piezas de Encina marcan la transición entre las dos épocas y suponen un avance perceptible en la secularización del teatro. Son la *Representación del amor* (o *Triunfo de amor*), escrita al parecer con motivo de las bodas del príncipe don Juan; la *Égloga representada en recuesta de unos amores;* y su continuación, la de *Mingo, Gil y Pascuala.* Influidas por el espíritu del Renacimiento, se inspiran en un mundo disociado ya de los motivos medievales, en el que el amor muestra su imperio, tema y orientación visibles, por otro lado, en el *Diálogo* de Cota.

La última de las citadas cierra el *Cancionero* primitivo y marca el fin de la asociación de Encina con los duques de Alba, según se ve en la descripción del *Argumento:*

> Égloga representada por las mesmas personas que en la de arriba van introduzidas / que son vn pastor que de antes era escudero llamado Gil / y Pascuala / y Mingo y su esposa Menga que de nuevo agora aqui se introduze. Y primero Gil entro en la sala adonde el duque y duquesa estavan. Y Mingo que yva con el / quedo se a la puerta espantado que no oso entrar / y despúes importunado de Gil / entro y en nombre de Juan del Enzina llego a presentar al duque y duquesa sus señores la copilación de todas sus obras / y alli prometio de no trobar mas salvo lo que sus señorias le mandassen...

Mucho más elaboradas artísticamente, dentro de este nuevo camino, son las tres églogas de la llamada segunda época, compuestas después del viaje a Italia, con influencia directa del teatro renacentista italiano. Sus pastores han perdido el carácter rústico. Pertenecen al mundo del bucolismo literario, de la égloga pastoral. La acción es más complicada; la métrica más variada; en el espíritu se trasluce la influencia del erotismo paganizante y de la novela sentimental con algún recuerdo de *La Celestina*. Intervienen dioses paganos, y el elemento alegórico no es medieval y religioso, sino mitológico.

La concepción dramática gira en torno a la fuerza irresistible del amor. En la *Égloga de Fileno, Zambardo y Cardonio,* el amor conduce al suicidio. En la de *Plácida y Vitoriano* triunfa de la misma muerte cuando el dios Mercurio resucita a Plácida, que se quitó la vida por no poder resistir los desdenes de su amante. En la de *Cristino y Febea* se antepone al ideal religioso: Cristino, respondiendo a incitaciones de Cupido, abandona su retiro de ermitaño para gozar del amor de Febea y de los deleites de la vida pastoril, más atractiva para él que la ascética.

Desde la ingenuidad religiosa de su Égloga del Nacimiento, a través de las gracias del *Auto del Repelón,* hasta llegar a la glorificación casi pagana de los ideales renacentistas, con sus temas bucólicos y mitológicos, la musa dramática de Juan del Encina presenta una rica gama de matices.

Con elementos, como se ve, que responden a corrientes opuestas, Encina logra sin embargo la armonía. Su teatro tiene un estilo inconfundible. No es ni puramente medieval ni réplica del italiano. Es algo original, que en su técnica combina además música, poesía y acción dramática. Es el estilo que, enriquecido con nuevos aportes, transformará Lope de Vega para crear el gran teatro nacional español y que, a través de dos siglos de constante progreso, llega en sus líneas básicas hasta Calderón.

Poco después que Encina empiezan a escribir los continuadores de su teatro. El más cercano es su imitador Lucas Fernández, salmantino y sacerdote como él. Obtuvo el puesto de cantor de la catedral a que Encina aspiraba. Escribió varias *Farsas y églogas al modo pastoril* y un *Auto de la Pasión,* su obra más notable, en la que en cuanto a dramatismo y fervor religioso supera al maestro. En este auto se encuentra —según Wardropper— la primera alusión a la Eucaristía en el teatro castellano, hecho interesante como anticipo o anuncio del "auto sacramental."

Bartolomé de Torres Naharro. — El rigor cronológico obliga a situar aquí a este autor, en quien rara vez pensamos como estrictamente coetáneo de Encina. Ello es debido a que en Torres Naharro casi no existen supervivientes medievales. Incluso su primera obra, el *Diálogo del Nacimiento,* única de tema religioso, escrita hacia 1504 a imitación del maestro salmantino, tiene aspectos divergentes muy claros. El resto de su teatro va por rumbos muy distintos, los de la comedia renacentista italiana, y supone un avance, tanto en los temas como en la forma, en otra dirección. Y, sin embargo, su obra dramática está ya completa en 1517, cuando publica la *Propalladia*; es decir, pertenece íntegramente a la época de los Reyes Católicos.

Otro es el caso de Gil Vicente, cuya primera obra se fecha hacia 1502. Sin embargo, su producción se prolonga hasta la tercera década del siglo XVI con una riqueza y diversidad de elementos nuevos, pertenecientes ya al momento de la "plenitud renacentista," que estudiaremos en el capítulo siguiente. [6]

Torres Naharro era extremeño, de la provincia de Badajoz, y murió hacia 1531. Se trasladó joven a Italia, donde pasó gran parte de su vida en Roma y Nápoles. Allí se desvió de la imitación de Encina y del tema religioso, para inspirarse en otros, de costumbres y novelescos, tomados de la comedia latina y del ambiente italiano. Es, por tanto, el creador en la literatura castellana, de un teatro profano moderno que influirá en el desarrollo de las formas dramáticas. Reunió sus ocho comedias —*Trofea, Soldadesca, Tinelaria, Jacinta, Calamita, Aquilana, Serafina* e *Himenea*— en el libro ya citado, la *Propalladia* (que significa "primicias de Palas o Minerva"), publicado en Nápoles en 1517, con un largo proemio, importante para la historia del teatro español. Es la primera exposición teórica en castellano de una doctrina teatral con reglas técnicas, como el número de actos en que debe dividirse el drama —que son cinco— o el de interlocutores, variable entre seis y doce. En cuanto a la teoría, quizá lo más notable es la división que Naharro hace entre la comedia "a noticia" o sea la realista, de cosa vista en la realidad, y "a fantasía" o sea la poética, de cosa fingida, imaginada.

De sus obras, las más vivas para un lector moderno son probablemente las dos realistas, *Soldadesca* y *Tinelaria,* cuadros de costumbres romanas con carácter picaresco y satírico. Del resto, la más interesante es *Himenea,* verdadera comedia de capa y espada sobre motivos del honor —aparente seducción de Febea, intento del marqués, su hermano, de recobrar la honra familiar dando muerte a Febea y casamiento al fin de los amantes.

Carece Naharro del genio poético de Gil Vicente. Su teatro marca, sin embargo, un considerable progreso técnico como antecedente de las formas de Lope. Igual que el de Gil Vicente, presenta una gran variedad de personajes realistas y de la tradición literaria clásica. Respira, además,

---

[6] Tanto en la primera edición de este *Manual* como en nuestra *Antología* habíamos agrupado a Torres Naharro con Gil Vicente, ateniéndonos al carácter innovador de su teatro y a que la cronología de las creaciones literarias no siempre coincide con la cronología biográfica o histórica. Sin embargo, las razones aducidas nos han inclinado a esta nueva agrupación que nos parece más clara.

un pleno aire renacentista de libertad y ambiente internacional. El cosmopolitismo se traduce en la mezcla de lenguas que los personajes hablan. También refleja Naharro, en el desenfado con que trata temas eclesiásticos y pinta la vida de la Roma pontificia, posibles concomitancias con el erasmismo, aunque Bataillon lo atribuya más bien al influjo de un anticlericalismo medieval.

IV. La novela sentimental y caballeresca. El "Amadís de Gaula"

La confluencia de medievalismo y nuevas corrientes prerrenacentistas o renacentistas, tan característica de los hechos literarios que venimos estudiando, se ve también en la renovación de la prosa narrativa: novela sentimental y reelaboración de la materia caballeresca en una nueva y definitiva versión del *Amadís* medieval.

La "Cárcel de Amor". — Ya vimos en el capítulo anterior cómo el tipo sentimental se esboza en la obra del trovador gallego Juan Rodríguez del Padrón, pero su verdadero modelo será la *Cárcel de Amor* de Diego de San Pedro, publicada en 1492, y cuya fecha de composición ha establecido Samuel Gili Gaya entre 1483 y 1485, rectificando la idea de que era anterior a 1465. Pertenece, pues, a los años de los Reyes Católicos, a los comienzos del Renacimiento. Tanto ella como las varias novelas del mismo género, que poco después se componen, nacen de un ambiente común a la creación del *Amadís* y de la misma *Celestina*.

La *Cárcel de Amor* supone un avance claro, en el camino de la novela moderna, sobre el *Siervo libre de amor* de Rodríguez del Padrón, aunque conserve, ampliándolos, muchos de sus elementos: ficción caballeresca dentro de un marco alegórico y análisis de los sentimientos del caballero enamorado extremando el concepto de la lealtad amorosa. Tiene también como antecedente otra obra del mismo Diego de San Pedro, el *Tratado de amores de Arnalte y Lucena* (compuesta hacia 1477, publicada en 1491), y finalmente Gili y Gaya ha sugerido la relación con el Amadís penitente de la Peña Pobre. Temas y formas de indudable filiación medieval. Mas en su génesis influyen asimismo dos obras italianas: la *Fiammetta* de Boccaccio y la *Historia de duobus amantibus* de Eneas Silvio Piccolomini.

La obra produce hoy, sin duda, un efecto de extremada artificiosidad y de notoria exageración en la expresión de las pasiones. Vista con la perspectiva de su época, aparece como lograda síntesis de varios componentes. Unos son temáticos: el encuentro en la sierra del caballero preso del deseo, las complicaciones sentimentales, el imperativo del honor por el que Laureola rechaza a Leriano, el debate sobre las virtudes o culpas de la mujer, la patética muerte de Leriano; otros son formales: descripción, narración, alegoría, cartas y discursos. A esta unidad y a su tono de exaltación sentimental se debe el gran éxito que tuvo en su tiempo, éxito y difusión en España y fuera de España, compartido por el *Amadís* y las novelas sentimentales que siguieron, muy especialmente las de Juan de Flores, *Breve tratado de Grimalte y Gradissa* y la *Historia de Grisel y Mirabella,* en las que el género llega a su culminación.

Ni la obra de San Pedro ni sus imitaciones logran cristalizar en un espíritu enteramente moderno. Su novedad consiste en el intento de describir la intimidad de sus personajes, incorporando así al arte narrativo el elemento psicológico, tan importante en la novelística posterior.

El "Amadís de Gaula". — Unido a lo sentimental en el ambiente literario cortesano estaba lo caballeresco que iba a dar en España sus últimos resplandores y transmitir, tranformados, a la Europa renacentista una serie de mitos e ideales que venían del fondo legendario de la alta Edad Media.

A partir de fines del siglo XIV había continuado en diversas formas la difusión de relatos caballerescos —Carlomagno y los Doce Pares, Oliveros de Castilla y Artús de Algarbe; Roberto el Diablo, Flores y Blancaflor, Magalona y Pierres de Provenza. Las obras históricas se fueron tiñendo de espíritu caballeresco y de fantasías, como en el caso de la *Crónica Sarracina* de Corral. Y en la literatura catalana, *Curial y Güelfa,* novela entre sentimental y caballeresca, y *Tirant lo Blanch,* verdadero libro de caballerías con tendencia realista y aún burlesca, iniciaron la hispanización de la materia del género. Recuérdese que también por este tiempo, hacia 1470, en Inglaterra Sir Thomas Malory hace el gran compendio de la materia artúrica en su obra *The Book of King Arthur and His Knights of the Round Table,* más conocido con el título de *Morte d'Arthur.*

Dentro de estas corrientes, poco después de 1492, a juzgar por una alusión del prólogo, un regidor de la ciudad de Medina del Campo, Garci Rodríguez de Montalvo, tomó tres libros de un antiguo relato caballeresco, probablemente del siglo XIV, y les dio nueva forma. He aquí el modo cómo Montalvo describe sus propósitos y los cambios que él hizo: "E corrigióle de los antiguos originales que estaban corruptos e compuestos en antiguo estilo... quitando muchas palabras superfluas e poniendo otras de más polido y elegante estilo...; animando los corazones gentiles de mancebos belicosos, que con grandísimo afecto abrazan el arte de la milicia corporal; animando la inmortal memoria del arte de la caballería, no menos honestísimo que glorioso." Montalvo, a la nueva redacción de los tres libros, añadió uno de su cosecha. La obra resultante apareció impresa, no se sabe si por primera vez, en Zaragoza, el año 1508 con el título de *Los cuatro libros del virtuoso caballero Amadís de Gaula,* y al poco tiempo de publicarse se convirtió en uno de los libros más leídos en toda Europa y de mayor progenie literaria.

Los eruditos han debatido interminablemente la llamada "cuestión del Amadís": sus orígenes, fechas, autor de las supuestas redacciones primitivas y relación de éstas con la de Montalvo. No es problema que importe aquí.[7] Para todos los efectos de valoración, de significación e influencia, el *Amadís* que nos interesa es el de Montalvo, porque su mérito como obra literaria, su éxito entre los contemporáneos y su calidad de progenitor de la familia caballeresca del siglo XVI se fundan en el "más polido estilo," al par que en el propósito de animar los corazones y la inmortal memoria del arte de la caballería de que Montalvo habla en el prólogo.

Cuando ya los ideales caballerescos de la Edad Media se apagaban en los umbrales del mundo moderno, España los resucita con un espíritu nuevo, por medio de la pluma elegante, un tanto artificiosa, de este regidor de una ciudad castellana.

La obra, síntesis de los relatos del antiguo ciclo bretón, Tristán, Lanzarote, etc., narra las extraordinarias aventuras, los infortunios y trabajos, los mil hechos gloriosos de Amadís, el Doncel del Mar, flor de los caballeros y dechado de enamorados, hijo de Perión, rey de Gaula y de la princesa Elisena; los fieles amores de Amadís con la bella Oriana, hija del rey Lisuarte de la Gran Bretaña; su encuentro y combate con sus hermanos Galaor y Florestán, y otros infinitos episodios de encantamientos, defensa de doncellas desvalidas, peleas con gigantes, caballeros soberbios y criaturas monstruosas, como el endriago de la isla del Diablo, hasta que al fin Amadís, reunido y casado con Oriana, después de vencer dolorosas separaciones y dificultades, ve armado caballero a su hijo Es-

---

[7] Véase lo dicho sobre el *Amadís* primitivo en el capítulo IV, pág. 95 y la bibliografía allí citada.

plandián, llamado como su padre a grandes destinos, según el vaticinio de la sabia Urganda la Desconocida.

Hoy se lee poco el *Amadís*. La artificialidad de su prosa, el cúmulo de episodios fantásticos, sus exageraciones idealistas, no son manjares agradables para atraer el gusto de lectores formados en la tradición realista del siglo pasado o en la intelectual del nuestro. Es posible que el gusto cambie y que este derroche de fantasía en un mundo enteramente poético vuelva a ejercer atracción sobre el lector moderno.

El hecho de que el *Amadís* hoy no se lea no debe hacernos olvidar el valor histórico de una obra de la que Menéndez Pelayo dijo que era "una de las grandes novelas del mundo, una de las que más influyen en la literatura y en la vida."

Era el *Amadís* el primer ejemplo en las literaturas modernas de la narración larga en prosa con un héroe y un tema central. Unificados y transformados, transmitía a la Europa renacentista una serie de mitos e ideales que venían del fondo legendario de la alta Edad Media : valor sin igual, origen misterioso del héroe, fuerza extraordinaria para llevar a cabo las empresas más arriesgadas o facultad de invocar la ayuda de los poderes sobrenaturales. Montalvo supo "convertir —como dice Place— un cuento medieval en una obra maestra y creó en esta forma un género nuevo destinado a disfrutar durante algún tiempo de una popularidad mundial."

Más que sentimientos feudales, la obra de Montalvo refleja un ideal monárquico y cortesano. De ahí la recomendación de Urganda a Amadís cuando augura las hazañas de Esplandián : "Toma ya vida nueva con más cuidado de gobernar que de batallar como fasta aquí fecistes." Y por su espíritu —exaltación poética del amor, de la justicia, de la lealtad, de la galantería, de la aventura y de la gloria, con un sentimiento más humano que el de los viejos *romans,* o poemas caballerescos— es comprensible que entusiasmase a una sociedad como la del Renacimiento que buscaba en todo la perfección y que en todo se sentía llamada a realizar altas empresas. Su estilo, ejemplo del hablar galante y expresión de toda una dialéctica amorosa, fue modelo de caballeros y amadores. Por eso se leyó en toda Europa desde el palacio de Francisco I, a cuyas incitaciones se debió la traducción francesa de Nicolás Herberay des Essarts en 1540, hasta los estratos más humildes. Cuando Bernal Díaz del Castillo en su *Historia de la Conquista de la Nueva España* quiere ponderar el espectáculo grandioso que a los ojos de los soldados de Cortés ofrece la ciudad de México, no se le ocurre comparación más adecuada que la de las maravillas que se cuentan en el *Amadís.* San Ignacio y Santa Teresa nos dicen que fue lectura favorita de su infancia.

En Inglaterra, Alemania, Francia y otros países surgieron numerosas imitaciones. Sus huellas se advierten en Ariosto y Tasso, en el teatro inglés y en el español. Y a no ser por el *Amadís,* Cervantes no hubiera concebido seguramente a don Quijote.

La difusión del *Amadís,* como la de la novela sentimental, era el comienzo de la influencia literaria española en el resto de Europa, que iba a durar hasta bien entrado el siglo XVII.

Por lo que se refiere a sus continuaciones en la literatura castellana, los libros de caballerías gozaron de sin igual popularidad, y al convertirse en pasto para todos los gustos, desaparecieron el espíritu y la elegancia para extremar lo fabuloso. La invención se hizo cada vez más disparatada y el estilo más vulgar, más falsamente enrevesado.

V. "La Celestina"

Con la *Comedia de Calisto y Melibea,* impresa en Burgos en 1499, aparece la primera obra realmente clásica y moderna de la literatura española, en el sentido con que, por oposición a lo medieval, usamos esos términos cuando hablamos de la literatura de los siglos XVI y XVII. Clásica, por la riqueza y expresividad de la prosa, por la originalidad de su forma, por la hondura en la representación de la vida y de los sentimientos humanos. Moderna, por su manera de tratar las pasiones individuales y las situaciones vitales que el juego de esas pasiones, es decir, el choque de voluntades e intereses, produce. Clásica y moderna, en fin, por la actitud del autor ante sus personajes y ante el mundo.

La Celestina —título derivado de su personaje central y que ha prevalecido sobre el primitivo— tuvo una gestación poco clara. Ni en la edición de 1499 ni en otra recientemente descubierta (Toledo, 1500) se menciona el nombre del autor. Éste, Fernando de Rojas, se da a conocer en unos versos acrósticos en la tercera edición de las hoy conocidas (Sevilla, 1501), versos cuya clave se da, al final, en otros versos atribuidos al corrector Alonso de Proaza. Esta edición de dieciséis actos, como las dos anteriores, lleva a manera de prólogo una carta del "autor a un su amigo," donde declara que él continuó un acto que encontró en un manuscrito de autor desconocido, añadiendo los quince restantes. Por fin, en otra edición del año siguiente (Sevilla, 1502) la obra aparece con el título de *Tragi-*

comedia de Calisto y Melibea, y antes de terminar el acto XIV (primera y única entrevista de los amantes en el huerto en la redacción anterior) se intercalan cinco más que enlazan con el XIX de la versión en veintiún actos, considerada como definitiva tras desecharse como apócrifo otro acto (el de Traso) añadido en una edición de 1526. También en la edición de 1502, en la carta introductora se añade la atribución del primer acto a Juan de Mena o Rodrigo de Cota.

Las declaraciones de Rojas y la forma irregular de la publicación han suscitado dudas entre los eruditos con respecto a dos puntos principales: quién sea el autor del primer acto y quién el de los cinco añadidos en 1502. El criterio hoy imperante, no el unánime, es el de que Rojas compuso todos los actos, con excepción del primero, porque éste, aparte de la afirmación del mismo Rojas, presenta divergencias considerables en el lenguaje y en las fuentes.

Independientemente de estos problemas, si lo que interesa es el valor de la creación artística, debe considerarse la obra en su unidad tal como ha llegado a nosotros. Eso han hecho dos de sus mejores intérpretes: Menéndez Pelayo y recientemente Stephen Gilman.

También la personalidad de Fernando de Rojas aparece rodeada de un misterio análogo al de la gestación de la obra. La investigación ha fijado algunos puntos referentes a su biografía: que nació en Puebla de Montalbán, que era de ascendencia judía y que estudió en Salamanca, donde fue probablemente discípulo de Nebrija y se graduó de Bachiller; que vivió en Talavera de la Reina; que apareció como testigo en dos procesos inquisitoriales contra algunos familiares suyos; y que murió en 1541. Pero poco o nada sabemos de su carácter, del ambiente en que se movía ni de que escribiese ninguna otra obra, cosa bien extraña en escritor de genialidad tan evidente. Es impresionante además la impersonalidad de que Rojas da muestras. Ni en un solo momento de *La Celestina* asoma el sentimiento del autor. Los personajes caminan a su destino trágico, sin que por parte de su creador advirtamos la menor emoción o simpatía. Más bien parece complacerse en hacer resaltar fríamente, dentro del ambiente de tragedia, los elementos cómicos del diálogo, la debilidad de sus personajes para luchar contra sus propias pasiones y la atmósfera sórdida de muchas escenas como contrapunto a la exaltación erótica de los amantes y al mundo social y espiritual en que viven.

Se ha apuntado que el hecho de pertenecer a una familia de conversos puede explicar el misterio existente en torno a la personalidad de Rojas, así como el pesimismo de la obra, sin igual en la literatura coetánea. En este aspecto Cervantes acertó en su juicio, al llamar a *La Celes-*

tina libro divino si encubriera más lo humano. Divino, en efecto, por sus valores de creación artística, pero libro excesivamente humano porque en él el hombre, arrebatado por el viento de la pasión, parece moverse en un mundo sin Dios.

El argumento de *La Celestina* se expone en el libro a continuación del título:

> Calisto fue de noble linaje, de claro ingenio, de gentil disposición, de linda crianza, dotado de muchas gracias, de estado mediano. Fue preso en el amor de Melibea, mujer moza, muy generosa, de alta y serenísima sangre, sublimada en próspero estado, una sola heredera a su padre Pleberio, y de su madre Alisa muy amada. Por solicitud del pungido Calisto, vencido el casto propósito de ella (interviniendo Celestina, mala y astuta mujer, con dos sirvientes del vencido Calisto, engañados y por ésta tornados desleales, presa su fidelidad con anzuelo de codicia y de deleite), vinieron los amantes y los que les ministraron, en amargo y desastrado fin. Para comienzo de lo cual dispuso la adversa fortuna lugar oportuno, donde a la presencia de Calisto se presentó la deseada Melibea.

La pasión de Calisto nace de un puro azar, del que nos informa el argumento del primer acto. El halcón de Calisto entra en el huerto de Melibea. Calisto le persigue y ve a ésta. Sin más preparativo empieza el diálogo. La pasión se enciende instantáneamente. Una vez encendida, nada la contiene. Para Calisto no habrá ya más dios en el mundo que su amada, ni su vida tendrá otro fin que el de gozar el amor de Melibea. "Tú no eres cristiano" —le advierte su criado Sempronio. A lo cual replica, "¿Yo? Melibeo soy y a Melibea adoro y en Melibea creo." Y más adelante: "Melibea es mi dios, es mi vida." En ayuda de Calisto interviene Celestina, "mala y astuta mujer," la más grande figura del drama, porque ella lo mueve todo. Rojas nos revela su poder supremo en la vida de la ciudad, porque con sus artes satisface los apetitos de todo linaje de gentes, de ricos y pobres, de eclesiásticos y seglares, de caballeros y rufianes, de doncellas enamoradas y mujeres de prostíbulo. Celestina, valiéndose de sus tretas, logra entrar en casa de Melibea, y con la gran sabiduría de su oficio de alcahueta, aviva el fuego de su juventud apasionada. Calisto goza, en la dulzura poética de la noche en el huerto de Melibea, la belleza de su amada. Escena (acto décimonono) de sin igual embriaguez erótica. La tragedia sigue a este momento de felicidad.[8] Después de haber asesinado

---

[8] En la primera redacción (la de 16 actos) la catástrofe ocurría tras la entrevista de los amantes en el huerto (acto XIV) y estaba más conforme con el espí-

a Celestina para arrebatarle el premio de su tercería, reciben muerte los criados de Calisto: Sempronio y Pármeno. Vienen sus amigos en busca de venganza al jardín donde Calisto y Melibea se entregan a su delirio. Calisto acude a ver lo que ocurre, cae de la escala y muere. En el acto siguiente, tras una patética confesión al padre, Melibea se arroja de la torre. La obra acaba con el angustiado plañido de Pleberio por la muerte de su hija: consideración melancólica sobre la caducidad de todos los bienes; querella dolorida contra el mundo, por haberle dado el ser, para dejarle penado, triste y solo en este valle de lágrimas.

Cumple así la *Tragicomedia* su propósito moralizador anunciado en el título, el de ser "reprehensión de los locos enamorados" y "aviso de los engaños de las alcahuetas y malos y lisonjeros criados." Este fin trágico, donde la pasión y el pecado recogen necesariamente su fruto de dolor y muerte, se presta a interpretar *La Celestina* como obra nacida del fondo moralizador de la Edad Media. Mas su medievalismo es sólo aparente, porque nada hay en toda la *Tragicomedia* que nos haga pensar en un castigo impuesto por la ley moral de una Providencia que rige al mundo. Más bien al contrario, el castigo, producido por un accidente, aparece como ley fatal de la existencia humana, del juego de los sentimientos y de las pasiones, igualmente de las nobles, como el amor de Calisto por la belleza superior de Melibea, que de las bajas y viles, como las de Celestina y su corte de prostitutas y rufianes: sensualidad, interés, resentimiento.

Precisamente esta filosofía fatalista de la pasión, reforzada por la penetración psicológica en el retrato de todos los personajes, altos o ínfimos, es lo que hace de *La Celestina* una obra plenamente moderna, tan moderna que es preciso llegar al complejo mundo pasional del drama de Shakespeare para encontrarle parangón en la literatura europea del siglo XVI.

Ilustra *La Celestina*, con mayor amplitud que ninguna obra anterior, la tendencia de la literatura española del Renacimiento a utilizar motivos medievales con un sentido inconfundiblemente nuevo, el de presentar una síntesis de elementos literarios que sólo Cervantes superará. En sus fuentes aúna influencias medievales (Hita, Arcipreste de Talavera) con otras clá-

---

ritu de la tragedia. En la versión final, Rojas —aunque no todos los críticos estén de acuerdo— al prolongar el proceso "del deleite de estos amantes," ha enriquecido la obra en motivación y desarrollo de los personajes. Como Gilman afirma, van éstos adquiriendo carácter novelesco, refinando su experiencia. "Nos aproximamos —dice— a las fronteras de la novela, género de la sentimentalidad y la experiencia inmediata." Véase *The Art of "La Celestina,"* págs. 204-5.

sicas o renacentistas (Terencio y la comedia latina, Boccaccio, etc.). La moral de sus sentencias, tomadas de la Biblia y de los Santos Padres, se moderniza bajo la influencia del humanismo petrarquista. Y la sensualidad en el trato de los criados con sus amigas y las cínicas alusiones de Celestina aparecen junto a la deificación que Calisto hace de la belleza de su amada. Participa del carácter idealista de la novela sentimental —muerte y suicidio por amor— y aun caballeresca —perfil de los amantes—, pero mezclado con el vigoroso retrato cómico y realista de las costumbres rufianescas. En el lenguaje (latinizante y popular), en su doble serie de personajes (nobles y plebeyos) combina el arte aristocrático y refinado con el popularismo realista. Y en su estructura presenta el original injerto del drama escrito para la lectura, no para la representación, y la novela dialogada.

Más que en las de ninguna otra obra española, se advierte en las interpretaciones de *La Celestina* la simplicidad engañosa de los conceptos críticos. Se ha dicho que es compendio del realismo español. Y sin embargo, pese a su lenguaje, sólo en parte popular, y a lo descarnado en la pintura de la vida en sus capas inferiores, no es obra realista en la acepción común de la palabra. Si hay realismo en *La Celestina,* como en efecto lo hay, es un realismo más complejo de lo que suele entenderse por tal. Es el realismo que aspira, no a pintar lo externo de una sociedad determinada, sino a captar el palpitar íntimo de la vida en los sentimientos humanos. Su esencia es universal, pero de un universalismo basado en lo individual y concreto.

Sus personajes, por ejemplo, pertenecen a la tradición literaria —los altos, a la poética; los bajos, a la comedia latina o a la de Juan Ruiz— y podría decirse que representan aspectos diversos de lo genérico humano. Mas su valor como creación literaria consiste en que todos ellos —lo mismo Celestina o Calisto y Melibea que Sempronio, Pármeno o Areusa y Elicia— están perfectamente individualizados en su experiencia personal. Las situaciones, una vez planteadas, se mueven por la fuerza interna, vital, de la pasión. Lo que lleva a los personajes a su destrucción son sus propios apetitos, que Celestina sabe despertar y encender, siempre atenta a sus fines, sin darse cuenta de que está fraguando también su propia destrucción.

La obra no tiene ni lugar ni tiempo identificables. Muchos eruditos, con un concepto falso del realismo, se han desvelado para descubrir la ciudad donde la acción ocurre —Sevilla, Toledo o Salamanca. Todos sus desvelos han sido inútiles y gratuitos. Pero es evidente el paso que *La Celestina* supone hacia una literatura donde lo real y hasta lo social —espacio y tiempo— tienen su influjo. Frente a los escenarios alegóricos convencionales de las narraciones sentimentales y caballerescas o al indefinido de la comedia latina en su tradición medieval, el ambiente de *La Celestina* es plenamente ciudadano y burgués. La ciudad está siempre presente: en las calles por donde camina haldeando la vieja alcahueta en busca de víctimas o de ocasiones para ejercer su oficio; en las casas señoriales o de mala nota; o en el huerto de Melibea, donde los amantes, olvidados de todo, son sorprendidos por la tragedia. El hecho de que a su vez el jardín de Melibea sea resonancia de un viejo tópico literario, no le resta realidad dentro del ambiente total de la obra. Pero aún más que en lo físico, está la ciudad en su significación social: juego o interrelación de vidas humanas, contraste y conflicto —humano y psicológico más que propiamente social— de clases altas y bajas, de señores, criados y rufianes.

Se ha sugerido que el conflicto central, nacido del secreto en los amores, en lugar de llevar éstos por cauces legales, obedece al origen judaico de Melibea, por pertenecer Pleberio, comerciante adinerado, a la clase de los conversos. Puede ello ser cierto y no tendría nada de extraño, dada la condición de Rojas. De ser así, añadiría quizá una nueva dimensión social, histórica y humana a la obra. Mas aparte de que las sugerencias, de existir, son muy vagas, el hecho no es esencial para el concepto trágico de la obra, ya que el amor ilícito era lugar común en toda la literatura amorosa de la época.

En el manejo y unificación de los diversos elementos supera Rojas todas las tradiciones literarias y crea una obra de poderosa originalidad, sin paralelo en las literaturas europeas de su tiempo, buen ejemplo, como afirma Gilman, de lo que su maestro Américo Castro ha definido como integralismo español basado en la experiencia personal.

De ahí también su estructura y forma peculiar; obra agenérica en la frontera del drama y la novela moderna y sostenida por el diálogo, por la palabra hablada, con una expresividad, lindante en desmesura, pocas veces igualada.

Diálogo de esencia dramática; individualidad de los personajes que adelantándose a la novela moderna se están haciendo a través de la experiencia, en el proceso de sus pasiones; vidas movidas por la sensualidad, o el interés, en un mundo indiferente hecho de conflictos y contradicciones, sin más ley que la del azar. Providencia y Fortuna, personificaciones de los designios divinos o humanos que rigen la vida, quedan reducidos a puros tópicos y apenas si juegan papel alguno en la tragedia de Rojas, donde el puro accidente parece gobernar el destino de los seres humanos. He aquí algunos de los rasgos salientes por los que, casi sin excepción, ha sido considerada la *Tragicomedia de Calisto y Melibea* como una de las grandes creaciones de la literatura española, sólo superada, según algunos, por el *Quijote*.

VI. Prosa histórica y didáctica

Son los años de los Reyes Católicos —como hemos visto— fecundos en valiosas novedades y creaciones literarias. Aparecen corrientes, formas y géneros que llegarán a su esplendor en los siglos siguientes: poesía, teatro, novela. En el campo indefinido de la literatura didáctica, no hay, en cambio, ni grandes nombres ni grandes novedades fuera del enriquecimiento del ambiente humanístico que representa, por ejemplo, el magisterio de Nebrija. Continúa la obra de historiadores y cronistas, cultivadores casi todos de otras tendencias y ya conocidos en el período anterior. Escritores como Alonso Fernández de Palencia, Diego Rodríguez de Almela, Diego Enríquez del Castillo y Diego de Valera.

Sobresale entre todos, como autor más representativo del período, Hernando del Pulgar (1430?-1495?), autor de una crónica de los *Reyes Católicos,* de un libro de semblanzas a la manera de Pérez de Guzmán, *Claros varones de Castilla,* y de una serie de *Letras* o cartas de gran interés. Escribió también unas glosas a las *Coplas de Mingo Revulgo.* Es Pulgar figura muy representativa de su tiempo. Era, al parecer, converso y fue secretario de la reina Isabel, a quien está dedicado el libro de los *Claros varones.* Consiste éste en una serie de retratos o esbozos biográficos de personajes ilustres en los reinados de Juan II y Enrique IV. Sigue en lo fundamental el método de Pérez de Guzmán: linaje, resumen de rasgos físicos y morales. Pero el arte y la prosa de Pulgar son más modernos. Las influencias renacentistas son más evidentes; se percibe mayor preocupación por el sentido de la persona y de la historia; el ambiente es más amplio y el juicio de los hechos más concreto; tras la figura histórica se intenta presentar al "hombre esencial," como se dice en la semblanza del Conde de Haro, una de las más logradas.

Junto a la de Pulgar, la obra histórica de mayor valor en el estilo y el enfoque es la *Historia de los Reyes Católicos don Fernando y doña Isabel* de Andrés Bernáldez, donde se da ya noticia detallada de los descubrimientos de Colón.

Se inicia, pues, la literatura de Indias, cuyo arranque serían, sin embargo, las cartas del propio Colón y la obra *Decades de orbe novo* que compuso en latín entre 1511 y 1516 el humanista Pedro Mártir de Anglería.

[Selecciones en del Río, *Antología,* I, págs. 167-238.]

BIBLIOGRAFÍA

1   GENERAL: HISTORIA Y AMBIENTE

W. H. Prescott, *History of the Reign of Ferdinand and Isabella the Catholic of Spain,* New York, 1838. (Hay varias ediciones posteriores y tr. española.)

J. H. Mariejol, *The Spain of Ferdinand and Isabella.* Translated and edited by B. Keen, Rutgers Univ. Press, 1961 [obra publicada originalmente en francés, 1892].

R. B. Merriman, *The Rise of the Spanish Empire,* New York, 1917-1934, 4 vols.

W. Th. Walsh, *Isabella of Spain,* New York, 1930.

L. Fernández de Retana, *Cisneros y su siglo ...,* Madrid, 1929-1930.

Juan de Contreras, Marqués de Lozoya, *Los orígenes del Imperio. La España de Fernando e Isabel,* Madrid, 1930.

R. Menéndez Pidal, "Reyes Católicos," en *España y su historia,* vol. II, páginas 9-61.

Vida y obra de Fernando el Católico (por varios autores), Zaragoza, Institución "Fernando el Católico" (C. S. I. C.), 1955.

F. Serrano y Sanz, *Orígenes de la dominación española en América,* NBAE, XXV.

SOBRE RENACIMIENTO Y HUMANISMO:

O. H. Green, "A Critical Survey of Scholarship in the Field of Spanish Renaissance Literature, 1914-1944," en *Studies in Philology,* XLIV (1947), 228-264.

A. F. G. Bell, "Notes on the Spanish Renaissance," en *Rev. Hispanique,* XXX; trad. esp., Zaragoza, 1941.

F. de Onís, "El concepto del Renacimiento aplicado a la literatura española," en *Ensayos sobre el sentido de la cultura española,* Madrid, 1932.

R. Schevill, *Ovid and the Renaissance in Spain,* Berkeley, 1913.

M. J. Bayo, *Virgilio y la pastoral española del Renacimiento (1480-1530),* Madrid, 1959.

B. Croce, *España en la vida italiana durante el Renacimiento,* trad. de J. Sánchez Rojas, Madrid, s. a.

H. Hatzfeld, *Italienische und spanische Renaissance,* en *Literaturwissenschaftliches Jahrbuch der Gorres-Gesellschaft,* 1926, I.

V. de la Fuente, *Historia de las Universidades...,* Madrid, 1884-1885.

Antonio de Nebrija, *Gramática castellana,* ed. González Llubera, Oxford, 1926; ed. Rogerio Sánchez, Madrid, 1931; ed. crítica P. Galindo y L. O., 2 vols., Madrid, 1942-1946.

P. Lemus y Rubio, "El maestro Elío Antonio de Lebrija..." en *Rev. Hispanique*, XXII (1910), 459-508, y XXIX (1913), 13-120.

Félix G. Olmedo, *Humanistas y pedagogos españoles: Nebrija...*, Madrid, 1942.

——, *Nebrija en Salamanca*, Madrid, 1944.

J. H. Mariejol, *Un Lettré italien à la cour d'Espagne (1488-1526): Pierre Martyr d'Anghiera, sa vie et ses œuvres*, Paris, 1887.

Caro Lynn, *A College Professor of the Renaissance: Lucio Marineo Sículo among the Spanish Humanists*, The Univ. of Chicago Press, 1937.

A. Castro, "El príncipe Don Juan," en *Santa Teresa y otros ensayos*, 139-151.

R. Menéndez Pidal, "La lengua en tiempo de los Reyes Católicos (Del retoricismo al humanismo)," en *Cuadernos Hispanoamericanos*, V, 1950, 9-24.

2   ROMANCERO. POESÍA TRADICIONAL Y POESÍA CULTA

Para *Cancioneros*, véase bib. en cap. anterior.

Romancero General, ed. A. Durán, BAE, vols. X y XVI.

Primavera y flor de romances, ed. Wolf y Hoffman, en M. Pelayo, *Antología...*, vols. VIII y IX de Ed. Nacional.

Las fuentes del Romancero General de 1600, ed. Rodríguez Moñino, Valencia, 1958.

SELECCIONES MODERNAS DE CARÁCTER DIVULGADOR O ESCOLAR:

Spanish Ballads, ed. Morley, New York, 1911.

Flor nueva de romances viejos, ed. M. Pidal, 2.ª ed., Madrid, 1933.

Romancero, ed. G. Menéndez Pidal, Madrid, Instituto Escuela, 1933.

Romancero español, ed. Santullano, 5.ª ed., Madrid, Aguilar, 1946.

Romances viejos, Ebro, 1950.

Romances y canciones de España y América, ed. Santullano, Buenos Aires, 1955.

ESTUDIOS:

M. Milá y Fontanals, *De la poesía heroico-popular castellana*, 1874.

M. Menéndez Pelayo, *Tratado de los romances viejos*, en *Antología*, vols. VI y VII de la Ed. Nal.

M. Menéndez Pidal. De sus numerosos trabajos sobre el Romancero sólo citaremos *El Romancero: Teorías e Investigaciones*, Madrid, 1928 y la obra en la que resume y sintetiza más de cincuenta años de labor: *Romancero Hispánico... Teoría y práctica*, Madrid, 1953, vols. 9 y 10 de *Obras completas*.

W. J. Entwistle, *European Balladry*, Oxford, 1939.

M. García Blanco, *El Romancero*, en *Historia General de las Lits. Hispánicas*, Barna, 1951, vol. II (Pre-Renacimiento y Renacimiento), 3-51. (Buen resumen de todas las cuestiones relativas al tema y amplia bibliografía.)

POESÍA:

Cancionero General de Hernando del Castillo, Valencia, 1511; ed. modernas, Madrid, Bibliófilos Españoles, 1882; (facsimilar) New York, 1904.

Cancionero musical de los siglos XV y XVI, ed. Asenjo Barbieri, Madrid, 1890.

Cancionero de Juan Fernández de Constantina, ed. Foulché-Delbosc, Madrid, 1914.

D. Alonso y José M. Blecua, *Antología de la poesía española: Poesía de tipo tradicional,* Madrid, 1956.

J. Romeu Figueras, "La poesía popular en los cancioneros musicales españoles de los siglos XV y XVI," en *Anuario Musical,* IV, 1949, 57-91.

M. Frenk Alatorre, *La lírica popular en los siglos de Oro,* México, 1946.

H. Anglés, *La música en la corte de los Reyes Católicos,* Barcelona, 1947.

B. W. Wardropper, *Historia de la poesía lírica a lo divino en la cristiandad occidental,* Madrid, 1958.

F. Márquez Villanueva, *Investigaciones sobre Juan Álvarez Gato. Contribución al conocimiento de la literatura castellana del siglo XV,* Madrid, 1960.

3   TEATRO: ENCINA Y TORRES NAHARRO

J. del Encina. *Cancionero,* ed. Facsimile, Madrid, 1928; *Poesías,* en *Cancionero musical...; Teatro completo,* ed. M. Cañete y F. A. Barbieri, Madrid, 1893; *Representaciones,* ed. Kohler, Bib. Románica, núms. 208-210, 1913; *Égloga de Plácida y Victoriano...,* Ebro.

Lucas Fernández, *Farsas y Églogas,* ed. Cañete, Madrid, 1867; *Farsas y Églogas...,* ed. Cotarelo, Madrid, 1929.

B. de Torres Naharro, *Propalladia and other works,* ed. Gillet, Bryn Mawr, 1943-1961, 4 vols.

M. Cañete, *El teatro español del siglo XVI,* Madrid, 1885.

A. Bonilla y San Martín, *Las Bacantes o del origen del teatro,* Madrid, 1921.

J. P. W. Crawford, *The Spanish Pastoral Drama,* Philadelphia, 1915.

———, *Spanish Drama before Lope de Vega,* Philadelphia, 1937.

B. W. Wardropper, *Introducción al teatro religioso del Siglo de Oro (La evolución del auto sacramental: 1500-1648),* Madrid, 1953.

E. Cotarelo, *Juan del Encina y los orígenes del teatro español,* en *Estudios de historia literaria de España,* 2.ª serie, Madrid, 1901.

L. H. Tieck, *Juan del Encina and the Spanish Renaissance,* Univ. of California Press, 1933.

J. Richard Andrews, *Juan del Encina: Prometheus in search of Prestige,* Berkeley and Los Ángeles, 1959.

M. Menéndez Pelayo, Prólogo a la *Propalladia,* en ed. *Libros de Antaño,* vol. IX, y en *Est. de Crítica Literaria,* II.

J. G. Gillet, "Torres Naharro and the Spanish Drama of the sixteenth century," en *Hom. a Bonilla,* II, 1930.

4   NOVELA SENTIMENTAL Y CABALLERESCA. AMADÍS

Diego de San Pedro, *Obras,* ed. Gili Gaya, *Clásicos Castellanos,* Madrid, 1950.

Menéndez Pelayo, *Orígenes de la novela.*

B. Matulka, *The Novels of Juan de Flores and their European Diffusion,* New York, 1931.

G. Reynier, *Le Roman sentimental avant l'Astrée,* Paris, 1908.

A. Farinelli, *Italia e Spagna,* I, Torino, 1929.

Ch. E. Kany, *The Beginning of the Epistolary Novel in France, Italy and Spain,* Berkeley, 1937.

Amadís de Gaula, en *Libros de Caballerías,* BAE, vol. XL.

———, ed. Place, Madrid, 1959, vol. I.

A LOS TRABAJOS SOBRE EL *AMADÍS* PRIMITIVO CITADOS EN CAP. IV, AÑÁDANSE:

H. Thomas, *The Romance of Amadis of Gaul,* London, 1912.
F. G. Olmedo, *El "Amadís" y el Quijote...,* Madrid, 1947.
E. B. Place, "The Amadis Question," en *Speculum,* XXV (1950), 357-366.
————, "El Amadís de Montalvo como manual de cortesanía en Francia," en RFE, XXXVIII (1954), 151-169.

5 LA CELESTINA

Fernando de Rojas, *Tragicomedia de Calixto y Melibea,* ed. Foulché-Delbosc, New York, 1909; ed. Cejador, *Clásicos Castellanos,* Madrid, 1913; ed. Criado de Val y G. D. Trotter, Madrid, 1958. [Hay dos traducciones al inglés: la de Simpson, 1955, y la de Singleton, 1958, y una adaptación dramática de E. Bentley.]
Menéndez Pelayo, *Orígenes...*
R. Foulché-Delbosc, "Observations sur la Célestine," en *Rev. Hispanique,* VII (1900), 28-70, y IX, 1901, 171-199.
G. Reynier, *Les origines du roman réaliste,* Paris, 1912.
F. Castro Guisasola, *Las fuentes de "La Celestina,"* Madrid, 1925.
A. Castro, "El problema histórico de *La Celestina,*" en *Santa Teresa y otros ensayos.*
C. Samonà, *Aspetti del retoricismo nella "Celestina,"* Roma, 1953.
Clara L. Penney, *The Book called Celestina,* New York, 1954.
S. Gilman, *The Art of "La Celestina,"* Univ. of Wisconsin Press, 1956.
D. W. McPheeters, "The Present Status of *Celestina* Studies," en *Symposium,* XII (1958), 196-205.
A. D. Deyermond, *The Petrarchan Sources of "La Celestina,"* Oxford, 1960.

6 PROSA HISTÓRICA Y DIDÁCTICA

Hernando del Pulgar, *Obras,* ed. Domínguez Bordona, *Clásicos Castellanos,* vols. 49 y 99; selecciones en Ebro.
————, *Crónica de los Reyes Católicos,* ed. Mata Carrianzo, Madrid, 1943, Col. de Crónicas Españolas, vols. V y VI.
J. L. Romero, "Hernando del Pulgar y *Los claros varones de Castilla,*" en *Sobre la biografía y la historia,* págs. 153-169.
Andrés Bernáldez, *Historia de los Reyes Católicos,* ed. Lafuente y Alcántara, Granada, 1856, 2 vols., ed. C. Rusell, BAE, LXX.

7 SIGLO XVI: PLENITUD RENACENTISTA. LA CREACIÓN DE NUEVAS FORMAS LITERARIAS

I. Introducción al Siglo de Oro

Esquema cronológico. Aclaraciones. — Con el reinado de Carlos V (1516-1556), nieto de los Reyes Católicos, se consolida la hegemonía española. La política europea, concebida por Fernando V, culmina en la coronación del nieto como emperador de Alemania. La Cruzada africana, iniciada por Isabel la Católica y Cisneros, se prolonga en la toma de Orán y de Túnez y en las rivalidades y guerras con Solimán, emperador de los turcos. A la era de los descubrimientos sigue la de exploración y conquista del Nuevo Mundo que terminan, en pocos años, Cortés, Pizarro y los demás conquistadores. España, a pesar de sus poderosos rivales —Francia, Inglaterra, el mismo Papado— maneja las riendas de la política universal durante casi todo el siglo xvi.

Se abre así una larga época de plenitud, comúnmente llamada Siglo de Oro, que algunos historiadores sitúan entre 1500 y 1680, y otros, fieles a la significación literal de la palabra "siglo," entre 1550 y 1650. También se habla, a veces, de los "siglos de oro," es decir, el xvi y el xvii.

Conviene aclarar lo que la denominación significa por tratarse de una época muy larga, en la cual, tanto en el terreno histórico como en el literario y artístico, pueden señalarse varios períodos en los que se suceden hechos y movimientos muy diversos y hasta contradictorios.

Si, por un lado, el hablar de un Siglo de Oro responde a una doble realidad —poderío político y grandes creaciones literarias y artísticas—, por otro, el concepto valorativo que tal denominación lleva implícito dificulta la comprensión de varios fenómenos.

Ocurre, por ejemplo, que el poderío político no coincide con el momento de plenitud literaria y artística. Los grandes escritores —de Cervantes a Gracián— como los grandes pintores —desde el Greco a Velázquez— realizan su obra cuando se ha iniciado ya la decadencia política, cuando la ilusión imperial cede a un espíritu de desengaño y aislamiento, y cuando el afán de pompa y grandiosidad no logra ocultar un estado de postración económica.

Si se enfoca el problema desde otro punto de vista, el de la sucesión de movimientos y estilos —que responden, no sólo a formas literarias o artísticas, sino también a formas de vida y a actitudes espirituales o sociales—, vemos que no es fácil ni el deslinde cronológico ni la caracterización precisa. Términos como clasicismo renacentista, post-renacimiento y barroco tienen un valor relativo. Los estilos o formas que designan no se suceden en forma cortante y rigurosa. Se refieren, más bien, al desenvolvimiento, unas veces por superación, otras por intensificación y otras por reacción, de formas y actitudes cardinales, todas las cuales tienen su raíz en lo que el Renacimiento trae de nuevo en relación con la Edad Media. De ahí la unidad de la época dentro de su múltiple variedad.

Es significativo, a este respecto, lo ocurrido con el término de "barroco." Aplicado, en un principio, a la arquitectura y las artes plásticas, fue generalizándose a la historia literaria e incluso a la caracterización total de una época que se hacía coincidir en bloque con el siglo XVII. Llevaba también implícita, en un principio, una connotación peyorativa, la de decadencia y descomposición de los valores clásicos renacentistas, traducida en un exceso de ornamentación y mal gusto: culteranismo y conceptismo, en la literatura española; marinismo, en la italiana; eufuismo, en la inglesa; preciosismo o "préciocité," en la francesa. A medida que la crítica, en especial la alemana, ha ido ahondando en el análisis y la comprensión del fenómeno, el término se ha aclarado considerablemente al par que se ha ampliado su radio cronológico hasta vincular sus comienzos a los de la Contrarreforma católica. Por otro lado, hoy se tiende a considerar como barrocos no sólo a los artistas y escritores del mundo católico, España e Italia principalmente, sino también a los del mundo protestante, Shakespeare o Milton, o a los grandes representantes del clasicismo francés (no ha mucho tenidos por la antítesis de lo barroco) como Corneille o incluso Racine.

Por lo que se refiere concretamente a España y la literatura española —quizás la más representativa en este tiempo— debe tenerse en cuenta otro factor: el de que algunos gérmenes del barroco se dan en ella muy temprano y en escritores de espíritu muy renacentista. Así en la prosa pre-conceptista de Antonio de Guevara o en la poesía de Fernando de Herrera. España es, además, avanzada de la Contrarreforma con la Compañía de Jesús, fundada por Ignacio de Loyola y el grupo de españoles que le rodea. Cuando Menéndez Pelayo (para quien todavía barroquismo y mal gusto eran sinónimos) concebía el Renacimiento, especialmente el español, como la confluencia de la tradición clásica, greco-latina, y el espíritu cristiano, estaba adelantando una fórmula que luego han adoptado algunos críticos para definir el barroco como integración de la naturaleza pagana y del universo de la fe católica.

Estas consideraciones y salvedades sirven de fundamento a la ordenación de los capítulos que siguen.

Bajo el título de "plenitud renacentista" estudiamos la literatura de un período que, en un sentido amplio, abarca casi todo el siglo XVI y que en una delimitación más precisa podría situarse entre 1536 y 1580. Sus notas dominantes son, en el aspecto histórico, la definición de la idea imperial de Carlos V; en el literario, el triunfo del italianismo y el clasicismo humanístico. Cabría distinguir, dentro de él, un subperíodo, cuyo comienzo, entre 1550 y 1560, coincide con el retiro de Carlos V a Yuste y el auge de la literatura religiosa: mística y ascética. Dedicamos a este período dos capítulos. En el primero nos ocupamos de los géneros propiamente creativos o de imaginación —poesía, teatro, novela— hasta que llegan a cristalizar, a fines de siglo, en nuevas formas y en la obra de los grandes ingenios. En el segundo, de la literatura didáctico-moral: humanismo y mística. Es decir, estudiamos por separado la literatura en que predomina el elemento estético y aquélla en la que predomina el elemento ideológico, aunque tanto en el desarrollo cronológico como en el estilo y las formas, ambas manifestaciones son inseparables. Así ocurre que la poesía más hermosa es la de dos poetas religiosos, y la mejor prosa anterior a Cervantes, con alguna excepción, la de algunos humanistas.

El segundo período se inicia hacia 1580, fecha, como todas, convencional, cuando empieza a definirse el estilo barroco, coincidiendo con lo que se ha llamado fin del humanismo y transición del post-renacimiento a la plenitud del barroco. Está presidido por dos grandes figuras: Cervantes y Lope de Vega, a las que dedicamos sendos capítulos. Con Cervantes estudiamos la novela de su momento, y con Lope la obra de los dramaturgos y poetas que se agrupan en torno suyo.

Finalmente, estudiamos el momento más característicamente barroco, que va asociado al concepto de la decadencia, no porque lo sea en cuanto a valores literarios o artísticos, sino porque coincide con el declinar político y el estancamiento de la sociedad española, que en alguna medida refleja. Sus grandes nombres son, en el mundo literario, Góngora, Quevedo (ambos coetáneos de Lope), Calderón y Gracián; en el artístico, Velázquez.

En cada caso trataremos de definir los caracteres específicos, las diferencias, dentro de la unidad de la época.

Huelga decir que tratándose de una época rica en valores creativos individuales son éstos lo importante, pero creemos que facilitará su comprensión el tener una idea de las corrientes históricas y espirituales sobre las que se sustentan la individualidad de un autor y el carácter de su creación.

La España de Carlos V y Felipe II. — El período que hemos llamado de "plenitud renacentista" —por dar en él su fruto las nuevas ideas, formas y tendencias que se dibujan en el tiempo de los Reyes Católicos— coincide con el reinado de los dos monarcas más poderosos de España: Carlos V y Felipe II. Conviene recordar que al asumir España la dirección de los asuntos europeos las circunstancias históricas presentan una conexión estrechísima con los fenómenos espirituales.

Las direcciones del país vienen marcadas desde el período anterior: unidad nacional, fervor religioso, humanismo, nuevo sentido vital, individualismo artístico frente al colectivismo de la Edad Media. Esas direcciones se siguen en lo esencial durante un largo tiempo, mientras la visión del mundo creada por el Renacimiento continúa su evolución. Pero nuevos factores de suma trascendencia van a determinar desviaciones importantes. Europa entra, como consecuencia en gran parte de las ideas renacentistas, en un proceso de diversificación de la cultura, frente a la universalidad de la Edad Media. Ante este fenómeno, el de mayor alcance sin duda en los comienzos de la época moderna, España adopta una actitud peculiar y, en cierto modo, paradójica. Por un lado presenta una gran cohesión nacional; por otro, se empeña en salvar, vivificándolas con la savia humanista, las concepciones morales y universalistas del medioevo. Extremo nacionalismo basado en la absoluta unidad ideológica y extrema catolicidad o catolicismo.

Los comienzos del siglo XVI se dibujan llenos de posibilidades: España está próxima a realizar su ideal de armonizar las nuevas ideas con el legado espiritual del pasado. Mas al realizarse con la Reforma protestante la escisión definitiva de la conciencia religiosa europea —primer paso hacia una definitiva escisión de intereses nacionales— España entra en un momento difícil que, en gran medida, determina todo su posterior recorrido histórico. Carlos V, dirigido espiritualmente por un grupo de consejeros formados en los estudios humanísticos e influidos por las ideas de Erasmo, ensaya una actitud conciliadora con los protestantes en la dieta de Worms (1521) y en la asamblea de Augsburgo (1530). Fracasados los intentos de conciliación, y encontrando al mismo Papa remiso a colaborar en sus ideales de paz cristiana, Carlos V, secundado por los españoles o quizá inspirado por ellos, va a supeditar toda su política a la defensa del catolicismo.

En la decisión del Emperador se conjugaban la voluntad imperial de origen germánico y el espíritu de cruzada o guerra santa, engendrado en España durante las luchas contra los moros y heredado de sus abuelos españoles.

Veamos la génesis de esta conjunción, clave de la historia de España, a partir del siglo XVI. Como ya apuntamos, al quedar los Reyes Católicos sin sucesión masculina directa, e inhabilitada Doña Juana, por su locura, para ejercer el mando, ascendió al trono su hijo, Carlos de Gante, de educación enteramente flamenca y heredero de las tradiciones de los Habsburgos y de la Casa de Borgoña. Vinieron a confluir en su persona tres dinastías y tres historias: Austria, Borgoña, España, cuyos intereses no eran fácilmente conciliables. Cuando el joven monarca llegó a España (1517) no conocía el país de su madre. Llegaba, además, rodeado de extranjeros. Los primeros años fueron de choque con sus nuevos súbditos, agravados por los gastos para la elección a la corona imperial y el viaje a Alemania para ser coronado. Todo ello, junto con otras causas, provocó la guerra de las Comunidades castellanas (1520-1521).

Vencidos los Comuneros, se inicia, sin embargo, la progresiva hispanización del monarca. Los consejeros flamencos fueron substituidos por españoles, y no hay duda de que la política imperial llegó a identificarse con los designios de España ya esbozados, en parte, por Fernando e Isabel. Se ha dicho que, a la larga, Carlos I, de España, terminó predominando sobre Carlos V, de Alemania. Menéndez Pidal ha puesto de relieve cómo ya en las Cortes de la Coruña (1520), el rey Carlos había declarado por boca de un clérigo español, el doctor Mota, que había aceptado el imperio para acometer la empresa contra los enemigos de la santa fe católica y que había determinado "vivir y morir en este reino, en la cual determinación está y estará mientras viviere... El huerto de sus placeres, la fortaleza para defensa, la fuerza para ofender, su tesoro, su espada, ha de ser España." Se afirma la fe en el destino superior de España, que invoca Hernando de Acuña —poeta y soldado, como Garcilaso— en un soneto célebre "Al Rey nuestro Señor" ("Ya se acerca, Señor, o ya es llegada"): la monarquía española como cabeza de un imperio universal y el Emperador Carlos V —"a quien ha dado Cristo su estandarte"— como pastor de un estado único: "un Monarca, un Imperio y una Espada."

Estos ideales, la voluntad del Emperador ya hispanizado, o simplemente las circunstancias históricas, impusieron a España la necesidad de financiar, mantener y dirigir una política de guerras, en las que quizás no se hubiera visto envuelta de haber seguido rumbos más nacionales: guerras con Francisco I de Francia; guerras con los protestantes; guerras con el Papa mismo, cuando el papado se siente remiso a secundar la política del Emperador o para convocar el Concilio general, en el que Carlos cifra su última ilusión de mantener la unidad cristiana. Su ideal está claramente definido en un famoso discurso, pronunciado en Roma en 1536 ante el Papa Paulo III, cuando proclama la universalidad de la lengua española. Reta caballerescamente a Francisco I a que combata con él para resolver la disputa entre los dos países católicos, y termina diciendo enérgicamente "una vez y tres: que quiero paz, que quiero paz, que quiero paz." [1] No incluimos en la incompleta enumeración que antecede la conquista de América ni las guerras en el Mediterráneo y el Norte de África porque obedecían a causas independientes del Imperio: a los rumbos marcados por Isabel la Católica y Cisneros.

Aunque triunfante en las armas, Carlos V se dio cuenta del fracaso de su idea de unidad cristiana y de una monarquía universal. Se retiró entonces a Yuste, en 1556, y abdicó en su hijo, Felipe II.

Varias consecuencias se desprenden de la política imperial de Carlos V:

1.ª La indisoluble combinación de intereses políticos y religiosos en todas las empresas del Emperador.

2.ª La sangría económica para un país que acababa de lograr su unidad nacional, ya que para costear sus guerras tuvo Carlos V que acudir a

---

[1] Por lo que tiene de testimonio del espíritu de la época reproducimos las palabras del reto de Carlos V: "Por tanto, yo prometo a V. Sd. delante deste sacro collegio, y de todos estos cavalleros que presentes están, si el rrey de Francia se quiere conducir conmigo en armas de su persona a la mía, de conducirme con él armado, o desarmado, en camisa, con una espada o puñal, en tierra, o en mar, en una puente, o en ysla, en campo cerrado, o delante de nuestros exercitos; o do quiera, o como quiera que él querrá y justo sea."

los banqueros alemanes, dando como garantía la riqueza de América, en tanto que se abandonaba en España misma el desarrollo de sus propias fuentes de riqueza.

3.ª La interrupción del proceso integrador de los diferentes reinos españoles, separados durante la Edad Media. Hay ciertamente unidad nacional durante todo este período, pero se trata de una unidad impuesta desde arriba, fundada en una fe imperial y religiosa y sin una base firme. Cuando esos ideales fueron perdiendo impulso la unidad se resintió y resurgieron, desde el siglo XVII, las tendencias opuestas de las diferentes regiones o antiguos reinos. Tampoco logró España resolver el problema interno de la asimilación total de los conversos, según han mostrado algunos estudios recientes sobre la obsesión de la limpieza de sangre en la sociedad española de los siglos XVI y XVII.

En el estudio "Idea imperial de Carlos V" ha resumido con claridad Menéndez Pidal la significación de su reinado en los aspectos que hemos apuntado:

> Carlos V se ha hispanizado ya y quiere hispanizar a Europa. Digo hispanizar porque él quiere trasfundir en Europa el sentido de un pueblo cruzado que España mantenía abnegadamente desde hacía ocho siglos...

Ese sentido de pueblo cruzado vino a concretarse, como hemos visto, en la idea de la unidad católica.

> Pero esa idea —continúa Menéndez Pidal— tuvo muy corta vida. Carlos V vio por sus propios ojos la ruina de su obra unitaria. La Reforma, abrazada por los príncipes alemanes, hizo imposible todo pensamiento ecuménico...

Mas aunque fracasada

> ... la idea de la *universitas christiana* que mantuvo Carlos V, de tan hispana que era, continuó siendo la base de la política, la literatura y la vida toda peninsular: a ella sacrificó España su propio adelanto en el siglo de las luces, queriendo mantener, en lo posible, la vieja unidad que se desmoronaba por todas partes...

Cuando la Reforma se consolida y se ve que la disciplina misma de la Iglesia se relaja por influjo del ambiente y las ideas renacentistas, Ignacio de Loyola funda, en 1540, la Compañía de Jesús, que será brazo de la lucha religiosa contra el protestantismo. En 1545, el Papa reúne, al fin, un

Concilio, por cuya convocatoria venían clamando hacía años el emperador y sus consejeros. Es el Concilio de Trento (1545-1563), donde, al menos en una de sus fases, los teólogos españoles —con Diego Laínez, el segundo general de los jesuitas, a la cabeza— inspiran una rígida reforma interna de la Iglesia, se hace más severa la disciplina moral, se reacciona contra el paganismo renacentista y se suprime todo posible motivo de disidencia dogmática. Se entra en el período de la Contrarreforma.

Con Carlos V en Yuste la sombra del desengaño se cierne sobre las ilusiones del Imperio y sobre el poder efectivo de su monarquía. Mientras piensa en la muerte lee o relee probablemente sus autores favoritos, entre los que están, junto a César, Castiglione, Maquiavelo y Erasmo, Boecio, San Agustín y el *Caballero determinado* de Olivier de la Marche, mezcla de caballería y renunciación, cuyo influjo en el Emperador y en el ambiente que le rodeaba estudió Carlos Clavería en un libro de gran interés. En él encontramos una buena estampa de estos años de renunciamiento:

> Y luego, por último, esa vida en Yuste, en el seno de una orden española medievalizante, mezcla de retiro y preocupación religiosa y de goce de menudos placeres, que conserva, a distancia, el tono de la vida borgoñona con su vivo contraste entre la pompa mundana y la obsesión de la muerte implacable. Período de preparación a la muerte es Yuste, a pesar de toda la agitación política que remueve al Emperador en sus meses de retiro... [2]

Gran paradoja este fin del monarca más poderoso del mundo, que, al parecer, adoleció toda su vida de ataques de depresión y melancolía. A ello podrían agregarse dos hechos no menos paradójicos y que determinan, en gran medida, rasgos fundamentales de la historia y la cultura españolas a partir de este momento.

El monarca que imprime sello indeleble a España, que crea lo que ha venido llamándose en los últimos tiempos la Hispanidad, fue un extranjero que conservó hasta el fin, pese a su hispanización, muchos de los rasgos de carácter y de los ideales de su formación y juventud borgoñona y flamenca.

El monarca más rico, poseedor de varios reinos europeos y de gran parte del Nuevo Mundo, inició el empobrecimiento económico de su país,

---

[2] Carlos Clavería, *"Le Chevalier délibéré" de Olivier de la Marche y sus versiones españolas del siglo XVI*, Zaragoza, 1950, pág. 70.

y en algún momento, al decir de Erasmo, careció de dinero para pagarse la comida.

Felipe II (1556-1598), el rey católico por excelencia, fue el ejecutor de los designios adoptados en el reinado de su padre, el sostenedor y adalid de la Contrarreforma. Guerreó con Francia por el dominio de Italia y con el Papa Paulo IV, aliado de los franceses. Logró dar un golpe decisivo al poder turco en Lepanto (1571). El más grave de los muchos conflictos en que se vio envuelto surgió en los Países Bajos, con la sublevación de Flandes en 1566. De allí había salido Carlos de Gante para gobernar a España y hacerla base de su idea imperial y católica cincuenta años antes. Eran los Países Bajos la frontera entre protestantes y católicos, en la que se iba a decidir la suerte de la Europa moderna. Es ésta la contienda que fue minando el poder español, en un prolongado desgaste, y que sirvió a los enemigos de España para la propaganda de su descrédito, para inventar lo que se ha llamado "la leyenda negra".

Felipe quiso entenderse con Inglaterra, nueva potencia en la política europea, que apoyaba a los rebeldes. Muerta su segunda mujer, María Tudor, intentó casarse con la reina Isabel que, al fin, vino a ser su enemiga irreconciliable. Conocidas son en términos generales las consecuencias para el poderío español del fracaso de la Armada Invencible, enviada para invadir Inglaterra en 1588. España seguirá todavía hasta el siglo XVIII en posesión de muchos de sus dominios, pero, a partir de la derrota de la Armada, empezará a estar a la defensiva.

Los acontecimientos internos: rebelión de los moriscos, unidad con Portugal, consolidación del Imperio en América, interesan menos en este esquema general del sentido de la historia española en su período culminante.

En cuanto a la estructura misma de la nación, con Felipe II se define aún más claramente la constitución de España como una monarquía absoluta en la que todos los poderes residen en el rey. Hombre de carácter burocrático y minucioso, establece en Madrid, el año 1561, una capital permanente, cabeza del gran imperio. Decrecen la vitalidad e iniciativa de las regiones, antiguos reinos medievales, y de la periferia. Surge, en cambio, una corte que va a jugar un papel importante en la vida política y social de España. Y también, como veremos, en la vida literaria.

La fusión de Iglesia y Estado se hace más fuerte e indisoluble. Las crisis económicas se agudizan y el monarca, a pesar de sus riquezas y de su poder, tiene que declararse dos veces en bancarrota.

Al comienzo de su reinado, para celebrar la batalla de San Quintín (1557) sobre las tropas francesas, hizo construir Felipe II el grandioso y austero Monasterio del Escorial, donde pasó una gran parte de sus últimos años, y es símbolo de la austeridad ascética, que en medio de su grandeza, da carácter a la España de Felipe II.

Y a las paradojas ya aludidas, que presenta la historia de España en estos siglos de oro, acaso podría añadirse la mayor de todas. Cuando todo el mundo europeo llamado moderno se encamina a la conquista de la tierra con un nuevo sentido de los valores económicos y a la exaltación del poder ilimitado del hombre individual, el país que poseía más tierras y mayores riquezas y en el que el valor humano de la persona ha sido siempre esencial, pone su meta en la desvalorización ascético-estoica del mundo y del hombre, como ser finito: en la diferencia entre lo temporal y lo eterno, como repetirá toda la literatura de la época. Y así, el desengaño se convertirá en el gran tema del barroco español.

Los países anglo-germánicos protestantes irán desarrollando en la época de la Contrarreforma una estricta moralidad en la vida individual (puritanismo) y un sentido social anclado en lo económico, en los valores inmanentes. Los católicos desarrollarán un sentido de libertad individual y moral (libre albedrío), asentado en valores trascendentes, posición que, unida a un espíritu de renunciamiento, se extremará en España.

Por eso oscilará todo el arte español entre la exaltación poética y la negación; entre la ilusión y el desengaño; entre la pompa y el misticismo; entre el gesto grandioso y la renuncia ascética, con su cínica secuela de burla en la picaresca.

Los conflictos y paradojas, el hecho de que en medio de su gran apogeo se adviertan en la historia española síntomas de desilusión o empiecen a vislumbrarse la decadencia y el fracaso histórico de una idea excesivamente ambiciosa —la unidad del mundo en la creencia católica— no debe hacernos olvidar que es éste un período de verdadera plenitud. El español se convierte, en los principios del siglo XVI, en lengua universal. Obras como *La Celestina,* el *Amadís,* las novelas sentimentales, los libros de Antonio de Guevara se difunden en innumerables ediciones y se traducen al italiano, al francés y también, aunque en menor medida, al inglés y al alemán; los géneros que la literatura española va a crear —comedia o novela— así como la obra de autores religiosos como Santa Teresa o el Padre Granada, van a ser fuente y modelo de muchos escritores en varias lenguas.

En España misma y en la corte imperial de Carlos V, en los primeros cuarenta años del siglo, domina un aire de universalidad, del que son encarnación perfecta algunos erasmistas, poetas como Garcilaso o un pensador como Luis Vives, que si bien pasó fuera de España una gran parte de su vida, comulgaba con muchos de los ideales españoles. El aire universal irá cediendo al imperativo de unidad, y al ambiente de libertad humanística sucederá la vigilancia por la pureza de la fe.

Todo ello responde a algo más profundo: el intento de salvar lo medieval en lo moderno. Son muchos los críticos e historiadores, y entre ellos Menéndez Pelayo, Menéndez Pidal, Castro, Bell, Onís, etc., que han señalado el hecho como fenómeno básico del Renacimiento español, y, en cierto modo, como peculiaridad de la literatura española moderna. Veamos cómo lo resume, por ejemplo, Menéndez Pidal:

> Notemos que casi toda la gran actividad española de los siglos de oro consiste en la realización floreciente de ideas que en otros países del Norte europeo habían tenido ya su vigor y desarrollo durante la Edad Media, las cuales al ser reelaboradas por España en el ambiente de la época moderna, adquieren novedad y valor inesperados. Desde la concepción del imperio universal, aliado de la Iglesia, la Compañía de Jesús, la nueva mística de Santa Teresa y San Juan de la Cruz, la nueva escolástica de Vitoria y Suárez, que produce el moderno derecho internacional, hasta la novela caballeresca, el romancero, el teatro, podíamos mencionar muchos reflorecimientos así, que fueron espléndidos precisamente por venir, con tardía madurez, a llenar el tiempo en que aún no podían lograrse nuevas sazones.

> Todos estos productos de los siglos de oro no son arrenacentistas como alguien dice, sino renacentistas con su fisonomía especial; muy medievales, pero muy modernos.

> ... muy modernos, pues si España cultivó las supervivencias medievales, no fue estacionariamente, sino fecundándolas con el pensamiento renacentista. [3]

En términos parecidos, aunque en forma más general, se expresa Dámaso Alonso:

> Lo esencialmente español, lo diferencialmente español en literatura es esto: que nuestro Renacimiento y nuestro Post-renacimiento barroco son una conjunción de lo medieval hispánico y de lo renacentista y barroco europeo. España no se vuelve de espaldas a lo medieval al llegar el siglo XVI (como lo hace Francia), sino que, sin

---

[3] *La España del Cid*, Madrid, 1929, págs. 701-702.

cerrarse a los influjos del momento, continúa la tradición de la Edad Media. Ésta es la gran originalidad de España y de la literatura española, su gran secreto y la clave de su desasosiego íntimo.

En el campo de las ideas lo que da carácter al siglo XVI español es el intento de cristianización del humanismo. De ahí el florecimiento de la literatura religiosa y la obra de sus teólogos, o la pugna entre conquistadores y misioneros en América que produjo, en el terreno teórico, las grandes controversias sobre la licitud de la conquista. Se ha dicho, parece que no con gran fundamento,[4] que Carlos V pensó en renunciar a la soberanía del Nuevo Mundo o al menos del Perú. Lo que sí es cierto es que en 1542 y 43 promulgó las Nuevas Leyes de Indias, muy influidas por el pensamiento de juristas y teólogos.

Al iniciarse la reacción contrarreformista, la universalidad ideológica, humanística, de algunos de estos teólogos de la primera mitad del siglo XVI empieza a perder fuerza, se cortan algunos brotes de protestantismo y el movimiento erasmista queda interrumpido. Finalmente, Felipe II, al prohibir en 1559 que los españoles estudien en universidades extranjeras y que se importen libros sospechosos, establece el aislamiento del espíritu español. España se acoraza en su ortodoxia. En un principio, ese encerrarse dentro de sí misma más bien parece acrecentar su fuerza creativa. El ímpetu adquirido desde el momento de su unidad nacional con los Reyes Católicos da todavía a España victorias resonantes y, sobre todo, se traduce en realizaciones artísticas y literarias que, en conjunto, dan a la literatura española una superioridad indiscutible, entre 1550 y 1650.

Las desviaciones del mundo histórico a que hemos aludido tienen una inmediata repercusión en la literatura. Después del Concilio de Trento dos ideales dominan la espiritualidad española y saturan sus formas artísticas: el ideal de perfección religiosa y el ideal nacional, fundidos en el acatamiento a la monarquía católica, personificada en los reyes de la casa de Austria. Juntos los vemos en la poesía de Herrera y fray Luis de León; en el teatro de Lope de Vega y Calderón. Durante la segunda mitad del siglo XVI, el misticismo o sus fenómenos correlativos —idealismo estético e idealismo de la acción— dan el tono, y un aire casi irreal envuelve a la vida española. El español parece vivir en una capa intermedia de la at-

---

[4] Véase M. Bataillon, "Charles-Quint, Las Casas et Vitoria," en *Charles-Quint et son temps,* Paris, Editions du Centre National de la Recherche Scientifique, 1959, págs. 77-92.

mósfera, entre la tierra y el cielo. Es la atmósfera alucinada de los cuadros del Greco, no incompatible con una vena realista que va de *La Celestina* al *Lazarillo* y se extrema a partir de Mateo Alemán. Después, al entrar el siglo XVII, la preocupación por la decadencia política y económica, unida a la crisis de los valores humanísticos, se manifiesta en una literatura crítica, pesimista, cuya nota espiritual es el desengaño, según vemos en la picaresca, en los últimos escritores ascéticos y en la sátira de Quevedo. Paralelamente se exagera el idealismo estético de la época precedente. Exageración cuyas manifestaciones extremas encontramos en la poesía de Góngora, en el teatro de Calderón y en la prosa de los culteranos.

A la larga, la falta de comunicación con el mundo debía llevar a España al agotamiento. Es lo que ocurrió, en efecto. Primero fue la debilidad política y económica. Luego vino la decadencia espiritual.

Entre tanto, el resto de Europa está creando la nueva filosofía racionalista, base de la ciencia moderna. España, imposibilitada para adaptarse a esta nueva manera de entender el mundo, incompatible con su posición mística, queda rezagada.

Debe insistirse en que la España del siglo XVI, al dar preeminencia a los valores religiosos y nacionales, no rechaza los ideales humanísticos del Renacimiento, ni ve incompatibilidad entre unos y otros. Al contrario, el cuidado de la forma, la glorificación poética de la naturaleza y del sentimiento individual, el platonismo y otras direcciones del humanismo saturan la literatura española. Si sus productos son distintos de los que encontramos en otras literaturas es debido a que el humanismo se impregna del genio peculiar de lo español, pierde el sentido predominantemente pagano que tiene en Italia, y se yuxtapone al fondo de medievalismo que continúa vivo en España. El no entender esto ha sido la causa de las torcidas interpretaciones de la cultura española. Lo que la España de la Contrarreforma rechaza, separándose de casi todo el resto de la Europa moderna, incluso de países católicos como Francia e Italia, es el libre examen de los protestantes y el naturalismo científico de algunos humanistas italianos. En una palabra, rechaza lo incompatible con la ortodoxia. Cuando el espíritu libre del artista o del pensador entran en conflicto con la fe católica es necesario plegar dentro de los moldes del dogma la idea peligrosa. Sólo en los campos de la forma o de la ilusión se siente el escritor enteramente libre. En ellos se expresa, sobre todo, el alma española en estos momentos cumbres. El hecho de que en la cultura occidental hayan dominado, en los cuatro últimos siglos, concepciones opuestas no debe cegarnos para la apreciación de la pura belleza y de las creaciones que en el terreno del conocimiento del hombre realiza el arte español. No se trata, en último término, de concepciones superiores o inferiores, sino distintas.

Es indudable, sin embargo, que la peculiaridad de la cultura española explica la falta de comprensión y la actitud negativa de una gran parte de la crítica moderna. Muchos juicios desencaminados o el simple desconocimiento son productos, en parte, de la "leyenda negra," que, como hemos apuntado, empezó a forjarse en torno a España en el tiempo de Felipe II y de su lucha contra los protestantes.

Hoy parece haberse superado, y son muchos los críticos e historiadores que reconocen el papel decisivo de la literatura española en la literatura europea moderna. Sin acudir al testimonio de grandes hispanistas como Vossler, Bataillon, Bell, Spitzer, Hatzfeld, etc., podría citarse el juicio autorizado de Ernst Curtius:

> A comienzos del siglo XVI comienza el Siglo de Oro español, que dominará durante más de cien años el campo de las literaturas europeas. El conocimiento de la lengua y de la literatura española es para la "ciencia literaria europea" tan importante como el conocimiento de la pintura española para la historia del arte. Francia no se emancipa definitivamente de las tutelas españolas e italianas más que a comienzos del siglo XVII para alcanzar, a su vez, el primer puesto que no le será disputado hasta alrededor de 1780.

Y añade Curtius más adelante:

> Jamás la unión de las Musas y de Marte se ha realizado en la vida en forma tan brillante como en el Siglo de Oro español. Basta pensar en Garcilaso de la Vega, en Cervantes, en Lope de Vega, en Calderón. Todos eran poetas que practicaban también el ejercicio de las armas. [5]

Idea recogida ya en obras de carácter general como *Outline of Comparative Literature* de Werner P. Friederich, donde se afirma que España fue "El gran *leader* intelectual del Barroco" (pág. 105) y que las letras españolas alcanzaron su "expresión más bella y más verdaderamente nacional" en tiempos de Felipe II (pág. 107).

---

[5] *La littérature européenne et le Moyen Âge...*, págs. 41 y 220.

II. La nueva poesía: adopción de los metros italianos

La poesía es el género que primero asimila íntegramente la estética del Renacimiento mediante la imitación directa de los poetas italianos, por Juan Boscán. Boscán cuenta en una carta dirigida a la duquesa de Soma cómo se decidió, en 1526, a escribir en lengua castellana "sonetos y otras trovas usadas por los buenos autores de Italia" a instancias del embajador veneciano Andrés Navagero, y cómo fue su amigo Garcilaso de la Vega quien le animó a seguir por el nuevo camino. Garcilaso mismo cultivó las nuevas formas, y fueron sus poesías, no las de Boscán, las que aseguraron el triunfo de la escuela hispano-italiana. El resultado fue una completa revolución literaria. Las formas poéticas tradicionales no desaparecieron, pero ocuparon por el momento un lugar secundario. Todos los grandes poetas del siglo XVI adoptaron la manera italiana, cuyo elemento distintivo era el verso endecasílabo en diferentes combinaciones estróficas: soneto, terceto, octava real, etc., algunas de las cuales habían usado, en la Edad Media, Imperial y el marqués de Santillana, sin que llegasen a ser aceptadas por la generalidad de los poetas ni a transformar la lengua poética.

De mayor transcendencia que las innovaciones métricas —aunque fueron éstas las que suscitaron la oposición de los tradicionalistas— fue la difusión del nuevo espíritu que latía en ellas. Al incorporarse a la poesía castellana la tradición greco-latina, recreada por los italianos, se enriquece la lengua con ritmos y armonías hasta entonces no oídos, con un nuevo vocabulario poético y una nueva capacidad de expresión metafórica. Entran también en la poesía los temas bucólicos o pastoriles y mitológicos. Pero, sobre todo, el poeta aspira a expresar sus sentimientos íntimos, el amor o el dulce desmayo que en su alma produce la contemplación de la naturaleza, y adopta una actitud enteramente nueva ante la realidad, idealizándola. El poeta descubría el mundo de su propia intimidad, envuelto hasta entonces en las abstracciones de la tradición trovadoresca, y adquiría conciencia de la belleza exterior, espejo, de acuerdo con las ideas neoplatónicas, de la belleza suma, inmóvil y perfecta. Como dirá Herrera, uno de los grandes continuadores de Garcilaso, en un soneto dedicado a la mujer amada,

Que yo en esa belleza que contemplo

... ...

la inmensa busco, i voy siguiendo al cielo.

El italianismo fue común a todas las literaturas europeas. Con él empieza la historia de la lírica propiamente moderna. Pero a España llega antes. En Francia se aclimata con Ronsard y los poetas de la Pléiade, después de 1550. En Inglaterra se introduce en 1557 con la publicación de las *Canciones y sonetos* de varios petrarquistas, entre los que destacan Wyatt y Surrey. Ningún país aparece, en la primera mitad del siglo XVI, más saturado de italianismo que España.

La poesía de Garcilaso. — El papel de Boscán fue simplemente el de iniciador. El valor de su obra poética —composiciones de tipo tradicional, sonetos, canciones, la epístola a don Diego de Mendoza y un largo poema titulado "Octava rima"— no ha perdurado. Aunque acierte en la expresión de algunos sentimientos, especialmente el de paz horaciana en el retiro del campo, sigue muy de cerca a sus modelos: Petrarca, Bembo y otros italianos. Le falta el genio de la expresión armoniosa. Su prestigio literario, fuera del puesto que como innovador le corresponde en la historia, lo debe a la prosa de su traducción de *El Cortesano* de Baltasar de Castiglione, publicada en 1534. Boscán, hombre modesto, reconoció, en la carta antes citada a la duquesa de Soma, su lugar secundario y la gloria de su amigo Garcilaso de la Vega.

Las poesías de Garcilaso fueron publicadas, juntamente con las de Boscán, por la viuda de éste, doña Ana Girón de Rebolledo, en 1543, y tuvieron un éxito inmediato: dieciséis ediciones hasta 1560. Años después, el Brocense, gran autoridad de la crítica, y Fernando de Herrera las reeditaron con anotaciones en 1574 y 1580, respectivamente, elevándolas a la categoría de modelo supremo de la nueva lírica y examinando en detalle sus fuentes, lenguaje y procedimientos poéticos.

Es Garcilaso de la Vega, como ser humano, arquetipo de un momento en el que los valores de la vida se ennoblecen con todas las gracias del arte. Nació en Toledo, la ciudad imperial, en 1503. Era de la nobilísima estirpe del marqués de Santillana, de Pérez de Guzmán y de otras grandes figuras literarias de la Edad Media. Poseía, al decir de su biógrafo Tamayo de Vargas, gran hermosura viril. Conocía el griego, el toscano, el francés y el latín y compuso versos en esta última lengua. Pasó varios años de su vida adulta fuera de España. En la corte del emperador, en Nápoles y otras ciudades italianas fue favorecido por el amor y conceptuado como modelo de galanes cortesanos. Se casó en 1525 con doña Elena de Zúñiga y tuvo varios hijos; pero, a diferencia de su amigo Boscán que ensalza la felicidad doméstica, la musa de Garcilaso, el gran amor que le inspiró los melancólicos acentos de su obra, fue Isabel Freyre, dama portuguesa del séquito de la Emperatriz. En su profesión de guerrero desde los veinte años dio repetidas muestras de valentía, y murió heroicamente asaltando "sin casco ni coraza, sólo con rodela y espada," la torre de Muey, cerca de Fréjus en la Provenza. Tenía entonces treinta y tres años.

La nobleza de su carácter y de su vida deja sello inconfundible en su creación poética. Ésta no es muy abundante. Consta de tres églogas, dos elegías, una epístola dirigida, como la elegía segunda, a su amigo Boscán; cinco canciones u odas, y treinta y ocho sonetos, además de ocho canciones en versos cortos a la manera tradicional.

Dos notas preponderan en la poesía de Garcilaso: la bucólica de las églogas, imitadas de Virgilio y Sannazaro; y la amorosa, imitada de Petrarca. Imitó también a otros poetas italianos, Bembo, Tansillo, Bernardo de Tasso y varios más. Muchos versos son traducción casi directa. Y sin embargo, toda su poesía es ejemplo de estilo personalísimo y supera en belleza, en musicalidad, en suave melancolía y sentimiento directo del paisaje a casi todos sus modelos.

Poeta de genio indudable, expresa sobre la pauta de estos modelos, recreándolos en sentimiento y lenguaje, un mundo propio y auténtico. Es decir, la imitación no le resta valor.

Por otro lado, el italianismo no significa una ruptura completa con la tradición poética española, como suele creerse. En Garcilaso, lo mismo que en Boscán —poeta de la escuela trovadoresca catalana hasta su encuentro con Navagero— persisten no sólo el octosílabo en algunas composiciones menores, sino, lo que es más importante, temas y actitudes. Así hay en Garcilaso reminiscencias de la poesía "cancioneril" trovadoresca, como las hay de Mena y hasta de *La Celestina*. Y la imitación, muy directa, de Petrarca, viene ya coloreada por el petrarquismo de Ausias March, cuyo influjo en nuestro poeta no es nada desdeñable, como ha mostrado con suma claridad Rafael Lapesa. A ese fondo español, reforzado por inclinaciones temperamentales, hay que atribuir, sin duda, lo que más distingue a Garcilaso de sus maestros italianos: la grave naturalidad, el intimismo sentimental, no intelectualizado: su "dolorido sentir."

En las *Églogas,* formadas principalmente por las lamentaciones amorosas de los pastores convencionales de todo el bucolismo —cortesanos disfrazados— es donde la poesía de Garcilaso alcanza su perfección, donde se nos muestra más rica en motivos. Especialmente hermosa en su unidad y vibración emocional es la Égloga I, donde el poeta, desdoblado en los pastores Salicio y Nemoroso, lamenta ("dulce lamentar") ya el desdén de la amada, Galatea, ya la muerte de la divina Elisa (ambas identificadas con Isabel Freyre) haciendo al campo mudo testigo de su dolor. Adecuación perfecta de paisaje, expresión y sentimiento. La II (compuesta, al parecer, antes) es de carácter más narrativo y más complicado en el entrecruce de motivos, centrados en el relato del amor de Garcilaso por doña Isabel y el elogio del duque de Alba. En la III predomina lo descriptivo con evocaciones neoclásicas, como el delicado cuadro de las ninfas que en las orillas del Tajo bordan en sus telas escenas mitológicas: Eurídice y Orfeo, la muerte de Adonis, la persecución de Dafne.

En las elegías, canciones y sonetos predominan la emoción personal y el amor platónico, matizado éste por una actitud melancólica. Famosa entre sus canciones es la quinta, "A la flor de Gnido." No es de las más intensas poéticamente pero, junto a su belleza y maestría, tiene el interés histórico de que en ella usa Garcilaso una estrofa —imitada de Bernardo de Tasso— importante en la poesía posterior: la "lira", denominación tomada del primer verso: "Si de mi baja lira." Algunos de los sonetos se cuentan entre los más bellos y perfectos de la literatura castellana.

Junto a los motivos centrales —bucolismo y petrarquismo— la poesía de Garcilaso ofrece gran riqueza de temas, sentimientos e ideas. Trozos evocadores y elogios, como el del río Tormes y el de la casa del duque de Alba, en la Égloga II; ideas de la filosofía estoica y de la poesía horaciana, como el anhelo de paz; el tema heroico, las armas en contraste con los denuestos contra la guerra; conceptos sobre la fama, la gloria y la fortuna; y reflexiones sobre la muerte, en la Elegía I. Encontramos también el tema de la soledad, que se convertirá en uno de los más característicos de la lírica española. Falta casi por completo, y ello es sintomático del espíritu plenamente neoclásico dominante en este momento renacentista, el tema religioso, en el cual el alma castellana dará su nota poética más elevada en la lírica de fray Luis de León y de San Juan de la Cruz. Lo que aún seduce en Garcilaso y hace de él uno de los grandes poetas del Renacimiento en la literatura europea es la armonía que en su mundo poético hay entre la expresión, pocas veces superada en fluidez, musicalidad y delicadeza, el sentimiento individual y la representación de la belleza sensible. Es la suya, en suma, poesía humana y apasionada; pasión que se templa por la melancolía y el sentido clásico, o neoclásico, de la forma.

Discípulos y continuadores de Garcilaso. — Aceptado el triunfo del italianismo, la poesía española entra realmente en su Siglo de Oro. Los poetas de la escuela tradicional —en la que van unidas ya las formas trovadorescas con el legado popular, que pocos años antes ha dado en Gil Vicente frutos de exquisita belleza— se oponen a la innovación, acaudillados por Cristóbal de Castillejo (1490?-1550), personaje y escritor interesante, pero en el que no debemos detenernos. Desaparecen en esta época algunas de las formas típicas de la Edad Media, como el verso de arte mayor; pero la poesía de canciones y coplas en octosílabos, a la antigua usanza castellana, todavía se cultiva por excelentes poetas. El mismo Castillejo, Gregorio Silvestre, Antonio Villegas, Sebastián de Horozco, Jorge de Montemayor y Diego Hurtado de Mendoza producen, en la vena tradicional, poesía no desdeñable. Sin embargo, la poesía italianizante es superior en calidad, hasta que, al acercarse el siglo XVII, Lope de Vega, Góngora, Quevedo y otros innumerables poetas logran igual excelencia en las dos escuelas y hasta cierto punto las funden. Entonces lo italiano se nacionaliza por decirlo así y depende menos de sus modelos; se empapa del espíritu propiamente español en ciertos temas, por ejemplo en los religiosos. A su vez, lo popular tradicional se asimila en los romances, letrillas y canciones de Lope o Góngora mucho del estilo poético, formado por influjo del italianismo.

Entre los italianizantes contemporáneos de Garcilaso o de las generaciones inmediatas sobresalen Hernando de Acuña, Gutierre de Cetina, Francisco de Figueroa, Francisco de Aldana y algunos de los ya citados entre los poetas tradicionalistas, que terminan también por adoptar el italianismo. Escriben además en castellano, ya en los metros tradicionales ya en los italianos, algunos de los mejores poetas portugueses. A los nombres de Gil Vicente, Gregorio Silvestre y Jorge de Montemayor, antes mencionados, hay que añadir los de Francisco Sá de Miranda, el introductor del italianismo en Portugal, autor de varias composiciones castellanas, y el del mayor de todos los poetas portugueses: Camoens, el creador de *Os Lusiadas,* que compuso en castellano églogas, sonetos y canciones, en nada inferiores a los escritos en su propia lengua.

Fernando de Herrera. — La lírica de la segunda mitad del siglo está dominada por tres grandes poetas: Fernando de Herrera (1534?-1597), fray Luis de León (1528?-1591) y San Juan de la Cruz (1542-1591). De los dos últimos nos ocuparemos en el capítulo siguiente al estudiar la literatura religiosa. Herrera, llamado el Divino, representa la nacionalización del italianismo en la poesía castellana. En sus *Anotaciones a las obras* *de Garcilaso de la Vega* (1580), que suscitaron apasionadas controversias, estableció las normas teóricas de la escuela imprimiéndole un sentido culto, aristocrático, estrictamente neoclásico, que es el que llega hasta Góngora. En estas normas se prestaba atención extrema al cuidado en la forma y el lenguaje, hasta en cuestiones aparentemente poco importantes como la ortografía. Por eso es considerado Herrera como el verdadero iniciador del cultismo en la poesía del Siglo de Oro y su estilo marca la etapa intermedia entre el primer momento del clasicismo renacentista e italianizante —el de Garcilaso— y el último, que será el de Góngora y los culteranos.

A diferencia de otros ingenios contemporáneos suyos, cuya vida fue modelo de activismo, Herrera residió siempre en Sevilla, su ciudad natal, como un modesto sacerdote, consagrado al estudio y a la poesía. Fue allí figura central en la academia literaria del humanista Juan de Mal Lara y en el grupo que reunía en su casa el conde de Gelves: poetas, humanistas, pintores y eruditos que constituían un círculo selecto. Entre ellos se contaban Francisco de Medina, Diego Girón, Juan de la Cueva, Baltasar del Alcázar —poeta castizo y jocoso, de estro muy diverso al de Herrera— y el canónigo Francisco Pacheco, cuyo sobrino, del mismo nombre, editó en 1619 las obras de Herrera y trazó su semblanza biográfica en su interesante *Libro de verdaderos retratos*. Suelen agruparse estos nombres y otros de la generación siguiente bajo la denominación de "escuela sevillana", opuesta a "la salmantina" de fray Luis de León. Hoy estas clasificaciones, un tanto imprecisas, van perdiendo significación. Aparte del nexo geográfico designan simplemente tendencias y afinidades que, por lo que se refiere a los poetas de Sevilla, podrían caracterizarse por el predominio de ciertas cualidades técnicas, el culto a la belleza formal, la fidelidad a los modelos clásicos y la pureza de la lengua poética, frente a la espiritualidad menos retórica —o de una retórica menos aparente— de los salmantinos. Se considera a Herrera como jefe e inspirador de esta supuesta escuela. Lo que sí es cierto es su prestigio como ejemplo y modelo de un gran número de poetas posteriores, hasta los sevillanos neoclásicos de fines del siglo XVIII.

Es de interés secundario a nuestro objeto el entrar en detalles sobre la obra poética de Herrera y el problema de sus textos, muy discutido recientemente. [6] Consta de un número considerable de sonetos, elegías, canciones y algunas églogas y estancias. Poeta de suma perfección, sin

---

[6] Pueden verse sobre esto las obras de Macrí y Blecua que se citan en la bibliografía.

la gracia y dulzura de Garcilaso, ni la profundidad espiritual de fray Luis, ni el sentimiento vivo, aunque artificioso, de la belleza, verdadera embriaguez de los sentidos, de su continuador Góngora, Herrera se destaca, sin embargo, como el poeta más intenso en dos cuerdas aparentemente opuestas: la patriótica de sus odas y canciones y la amorosa de sus sonetos y elegías. En la primera, de la que son modelo la "Canción en alabanza de la divina Majestad, por la victoria del Señor don Juan" y "Por la pérdida del Rey don Sebastián", el castellano clásico adquiere resonancias heroicas y un acento bíblico en el que se vierte el sentimiento patriótico reforzado por el religioso, que no excluye la invocación mitológica, presente siempre en el neoclasicismo de Herrera. En la segunda —la poesía amorosa— es el poeta profano más penetrado de neoplatonismo y el imitador más directo en España de la lírica petrarquista. Toda la poesía erótica de Herrera se inspira en su amor platónico, no exento de auténtica pasión, por la condesa de Gelves, doña Leonor de Milán.

El gusto académico del siglo XIX prefirió la voz tonante, la sonoridad retórica del poeta patriótico. La crítica actual, más inclinada a buscar en la poesía los valores líricos, prefiere al Herrera de las elegías y sonetos, apasionado —en su aparente frialdad— por la belleza y el amor ideal; capaz en algunos momentos no sólo de construir versos perfectos, sino también de sentir y expresar una rica gama de emociones, desde la gloria del amor logrado hasta la melancolía del desengaño.

En la poesía de Herrera, el clasicismo, a pesar de su rigor, deriva hacia el barroco, y se advierten ya claros algunos de los caracteres del nuevo estilo: fusión de motivos nacionales, históricos y religiosos, lenguaje exclusivamente culto —ideal de una lengua poética que Herrera representa hasta el extremo— y concepción absoluta de la belleza separada o abstraída de la realidad.

Al decir de su biógrafo Pacheco, escribió de joven "muchos romances, glosas y coplas castellanas." Hizo también traducciones de poetas clásicos e italianos y fue autor de varias obras en prosa, además de las *Anotaciones* a Garcilaso: una sobre la guerra de Chipre y la batalla de Lepanto; otra sobre Tomás Moro, y una *Istoria general del mundo,* al parecer, definitivamente perdida.

La épica renacentista. — Un género muy cultivado, pero que en lengua castellana, a pesar de su abundancia, no logra crear obras de valor perdurable, es el largo poema épico-narrativo, imitación de los italianos Ariosto y Tasso, y de *Os Lusiadas* de Camoens. El momento de mayor desarrollo del género, con un carácter predominantemente barroco, es el de los últimos años del siglo XVI y primeros del XVII. En el período que ahora estudiamos podría recordarse *La Austriada* (1584) de Rufo, sobre las campañas de don Juan de Austria contra los moriscos granadinos. Y al mismo tiempo corresponde el único poema de este tipo que ha conservado su interés para un lector medio: *La Araucana* de Alonso de Ercilla, publicado en tres partes (1569-78 y 89), narración de la guerra entre españoles y araucanos en la conquista de Chile.

El asunto central se interrumpe constantemente, según era frecuente en el género, con evocaciones de mitos clásicos o alusiones a sucesos contemporáneos. *La Araucana* ha sobrevivido al desvío actual hacia los poemas de su tipo por la relativa abundancia de pasajes de bella poesía, y, más aún, por ser la primera obra poética de sentimiento americano, perceptible en las descripciones de la naturaleza, en la detallada pintura de las costumbres y en la idealización del indio, cuyos caudillos Caupolicán, Lautaro, Colocolo superan en noble heroísmo, a través de la visión de Ercilla, a los mismos españoles.

III. El teatro

Entre los nuevos géneros que reciben en la literatura española de esta era fecunda sus primeras formas modernas, el teatro se adelanta a la novela. Como hemos visto, novela y drama aparecen fundidos e indiferenciados en *La Celestina;* así como drama y poesía, especialmente la de tipo tradicional, en la obra de Juan del Encina. Hasta cierto punto, la integración o síntesis de varios géneros para producir algo distinto va a ser tendencia característica de la literatura española: Cervantes y Lope serán los dos ejemplos eminentes. Sin embargo, cada forma literaria seguirá un proceso, bien diferenciado. En relación con el drama europeo, es el español el primero también —junto con el inglés, de desarrollo un poco distinto y en algunos aspectos más tardío— en adquirir carácter nacional. Independientemente de la *commedia dell'arte* —espectáculo más que creación literaria— el teatro italiano, después de arrojar, como en otros campos artísticos, la semilla renacentista, interrumpe su evolución. Las comedias de Ariosto, Aretino y Maquiavelo no tienen continuadores de nota. Italia, según dice un historiador de su literatura, Richard Garnett, "se encuentra sola entre las grandes naciones del mundo moderno, en la posición poco envidiable de no poseer un teatro nacional y literario al mismo tiempo." El drama inglés, descontadas algunas tragedias de Sackville y Norton, no encuentra su forma característica hasta el final del siglo con los precursores de Shakespeare: Greene, Kyd, Marlowe. El francés inicia también su historia moderna, salvo precedentes de escasa importancia, ya avanzado el siglo, con Garnier y Alejandro Hardy, y algunos autores, al igual que Corneille, reflejan influencia española.

El teatro español, en cambio, continúa sin interrupción desde Encina a Lope de Vega, en cuyas manos recibe su definitivo estilo nacional. En su evolución presenta, como rasgo particular, la amplitud estética, esbozada por Encina, según la cual tiende a integrar, con técnica y espíritu nuevos, elementos diversos. Salva y recoge la tradición de las representaciones medievales con sus temas religiosos: se asimila ciertas formas de lo clásico y de la comedia italiana del Renacimiento; e introduce muchos elementos modernos, vertiéndolo todo en un molde inconfundiblemente español. El resultado de esta integración lo veremos al examinar en qué consiste la creación de Lope de Vega, inventor de la "gran máquina de la comedia" que dijo Cervantes. Ahora nos limitaremos a exponer en líneas generales las tendencias de la literatura dramática del siglo XVI, anterior a Lope, más significativa por su acumulación de nuevas maneras y temas que por la calidad literaria. Con excepción de la obra de Gil Vicente, el más grande de los prelopistas que sólo en parte pertenece a la literatura castellana, el teatro no ofrece en esta época valores estéticos comparables a los de la poesía —Garcilaso o Herrera, Fray Luis o San Juan de la Cruz— a los de una novela como el *Lazarillo* o a los de la literatura mística, donde encontraremos los escritores españoles verdaderamente universales anteriores a Cervantes.

Podemos distinguir, en el transcurso del siglo, dos etapas bien diferenciadas: la de los continuadores inmediatos del teatro cortesano de Encina, en especial Gil Vicente y Torres Naharro; y la de los prelopistas, entre quienes sobresalen Lope de Rueda y Juan de la Cueva.

Gil Vicente. — La superación del teatro de Encina se debe, en una dirección específica que ya hemos estudiado, a Torres Naharro, y, en otra más amplia, al portugués Gil Vicente, nacido poco después que el maestro salmantino, hacia 1470. Músico, poeta y orfebre, Gil Vicente, de cuya vida no sabemos mucho, posee una compleja personalidad artística. Es el primero de los grandes portugueses bilingües. Escribió cuarenta piezas, de las cuales doce están en castellano. En algunas otras aparece el castellano alternado con el portugués. En sus comienzos —*Auto pastoril castelhano, Auto dos Reis Magos*— apenas si se desvía del teatro rústico-religioso a la manera de Encina. Después, entre 1510 y 1536, segunda etapa señalada por Ángel Valbuena, su mundo dramático adquiere variedad y movimiento. En el teatro religioso inicia el drama simbólico-alegórico en la *Trilogía das Barcas* —*Infierno, Purgatorio y Gloria*— y en al *Auto dos quatro tempos,* antecedentes de los autos calderonianos. En obras como la *Tragicomedia da Serra da Estrella* o el *Triunfo do inverno,* la inspiración bucólica se enriquece con el sentimiento directo de la naturaleza. Trata los temas caballerescos en *Don Duardos y Amadís*; los fantásticos, en *Auto das Fadas y Comedia de Rubena*; y los delicadamente humanos en la *Sibila Casandra,* una de sus obras más bellas; cultiva el teatro satírico de costumbres en farsas y comedias: *Comedia do viuvo, Farsa das ciganas, de Inés Pereira, dos Físicos.* Tiene, en fin, contenido ideológico en obras como el *Auto da feira* o la *Historia de Deos.*

La obra dramática de Gil Vicente supone un progreso inmenso sobre la de Encina, en el aumento de temas y motivos literarios; en la gran riqueza de personajes, tanto de la tradición literaria como tomados de la realidad.

La personalidad artística de Gil Vicente se ha revalorizado en los últimos cincuenta años. Aparte de los trabajos críticos, casi todos entusiastas, de Teófilo Braga, Carolina Michaëlis, Mendes dos Remedios, Fidelino de Figueiredo, el inglés Aubrey F. G. Bell y Dámaso Alonso, algunos poetas contemporáneos, como Rafael Alberti, se han inspirado en el lirismo popular del poeta portugués, el más perfecto de todos los cultivadores de la lírica tradicional en el siglo XVI. Signo de esta revalorización, que al parecer transcendió más allá del hispanismo, es el juicio del ya citado historiador de la literatura italiana Richard Garnett, que al esbozar el cuadro del teatro europeo de la época, dice: "Sólo un pequeño rincón de Europa poseía en los comienzos del siglo XVI un teatro vivo, nacional y admirable como literatura a un tiempo. Nada en la historia literaria es más sorprendente que la distancia entre Gil Vicente y sus contemporáneos, clásicos o románticos."[7] En efecto, el genio de Gil Vicente, al infundir exquisito lirismo en una visión dramática extraordinariamente rica para su tiempo, no tiene igual entre los escritores coetáneos.

Realismo cómico, sátira y fantasía; música, poesía, baile y tensión dramática; sentido de lo familiar y candor religioso, todo lo logra aunar en una forma simple y natural, sin complicaciones argumentales. A diferencia de lo que ocurre en el teatro de Torres Naharro, la unidad del de Gil Vicente depende, más que de la acción, del tono y la sensibilidad, del

---

[7] *A History of Italian Literature,* New York, 1928, pág. 225.

instinto artístico. Particularmente característica es la riqueza de elementos poéticos tradicionales: villancicos y letras para cantar. En cuanto al fondo ideológico, en el que también se combinan ideas medievales y renacentistas, se ha destacado repetidamente la sátira eclesiástica de algunas obras —por ejemplo las *Barcas* y el *Auto da Feira*— atribuyéndola a la influencia de Erasmo, influencia que con autoridad y argumentos convincentes rechaza Bataillon.

No es exagerado afirmar que dentro de unas líneas primitivas, percibimos en el drama vicentino como un germen del movimiento animado y la gracia popular de Lope, un sentimiento poético afín al de algunas obras de Shakespeare y al simbolismo de Calderón, así como esbozos claros del realismo entremesil.

De los primitivos a los prelopistas. — Bajo este título agrupa Ángel Valbuena —el más autorizado historiador del teatro en nuestro tiempo varios nombres y tendencias entre la primera y segunda mitad del siglo, momento que caracteriza con las siguientes palabras: "Cerrado con Gil Vicente y Torres Naharro el gran ciclo de los primitivos, el drama español del XVI sigue una línea ondulante hasta la aparición de Lope de Vega."

La tendencia principal será la de los continuadores del teatro religioso de Encina y Gil Vicente, entre los que hay que destacar el nombre de Diego Sánchez de Badajoz. De carácter un poco distinto es el teatro de Micael Carvajal, autor de la *Tragedia Josefina* —sobre el tema bíblico de José— e introductor en el teatro del tema de la danza de la muerte, en la *Farsa o Auto de las Cortes de la Muerte*.

La mayoría, sin embargo, de las obras representativas de esta tendencia se encuentra en dos colecciones anónimas: el *Códice de autos viejos,* editado en 1901 por Léo Rouanet con el título de *Colección de autos, farsas y coloquios del siglo XVI* y siete obras manuscritas editadas por Vera Beck y Alice Kemp. Obras variadas que prolongan el teatro medieval con temas predominantemente bíblicos y hagiográficos.

Especial carácter e interés, dentro del conjunto, tiene la génesis del "auto sacramental," forma muy peculiar del teatro español. Bruce Wardropper, que ha puntualizado su historia primitiva, define el fenómeno en estos términos:

> El auto sacramental es la fructificación de cierta tradición literaria... Es también el producto de cierto pueblo —el español— y de cierta época —el siglo XVI—.

Lo específico de esta forma es, junto al carácter alegórico, el tratar el tema de la Eucaristía. En su origen se relaciona con las representaciones eclesiásticas del Corpus Christi. Fuera de las obras anónimas, tres autores parecen haber contribuido especialmente a su evolución histórica, antes de que Lope y más tarde Calderón lo lleven a su culminación. Esos tres autores son: Hernán López de Yanguas, a quien Wardropper atribuye la primera obra específica sacramental, de 1520-21; el citado Sánchez de Badajoz y Juan de Timoneda, ya cercano a los tiempos de Lope, autor entre otras piezas, del bello *Auto de la oveja perdida*.

Dos prelopistas: Lope de Rueda y Juan de la Cueva. —A medida que avanza la segunda mitad del siglo, la producción dramática aumenta. Crece el número de autores y el de corrales o casas de comedias en varias ciudades; el teatro religioso, los autos, dejan de ser representados por sacerdotes, que son substituidos por actores y compañías profesionales. Sabemos, por ejemplo, que en 1561 se encargó a la compañía de Lope de Rueda la producción de los autos de Toledo. Lo que dará origen a un teatro ambulante. En forma y tema se ensayan nuevas tendencias. Hay, junto al teatro bíblico y religioso, imitaciones de comedia italiana de tema novelesco, comedia pastoril, teatro cómico. Cervantes, al recordar en el prólogo de sus *Entremeses* cómo Lope de Rueda, a quien él vio representar de chico, "fue el primero que en España las sacó [a las comedias] de mantillas," describe en qué consistía una representación:

> Las comedias eran unos coloquios como églogas, entre dos o tres pastores y alguna pastora; aderezábanlas y dilatábanlas con dos o tres entremeses, ya de negra, ya de rufián, ya de bobo y ya de vizcaíno: que todas estas cuatro figuras y otras muchas hacía el tal Lope con la mayor excelencia y propiedad que pudiera imaginarse.

En los círculos cultos la tendencia que, al ir acercándonos a Lope de Vega, parece imponerse es la de un teatro clasicista —tragedia y comedia humanística— inspirado en el latino y el griego siguiendo en forma más bien imprecisa los preceptos aristotélicos de las unidades, etc. Es el teatro que inicia, con traducciones y arreglos de Sófocles, Eurípides y Plauto, el humanista Fernán Pérez de Oliva, contemporáneo de Torres Naharro y Gil Vicente. Aunque son varios los que siguen esta tendencia, sólo un escritor, Cristóbal de Virués (1550-1609), tiene alguna significación. Compuso cinco tragedias de escaso mérito, salvo *Elisa Dido*. Es la dirección que trató de continuar Lupercio Leonardo Argensola y que siguen, al comienzo de su obra, Juan de la Cueva y Cervantes. Frente a ella, "la comedia vieja," se alzará la creación de Lope de Vega: "la comedia nueva." Cervantes, el más ilustre de los clasicistas, abandonará el intento de componer tragedias y comedias al modo antiguo y reconocerá el triunfo de los ideales de un teatro nacional en la comedia lopesca.

Como precursores de Lope en este teatro nacional descuellan los escritores sevillanos Lope de Rueda (1510?-1565) y Juan de la Cueva (1550?-1610?). El primero, actor de profesión como hemos visto, es en la mayor parte de sus obras imitador directo de la comedia italiana. De ello son ejemplo sus piezas *Eufemia, Los engañados, Medora, Armelinda*, escritas en prosa. Pero ya en ellas usa un diálogo vivo, popular, realista, que, unido a la precisión para retratar los tipos populares, da a otra parte de su teatro —sus pasos o entremeses: *Las aceitunas, La carátula*, el *Diálogo sobre la invención de las calzas, Los criados, Cornudo y contento*, etc.— una calidad cómica no conocida hasta entonces. Es por esto tenido Lope de Rueda como el verdadero creador del teatro de costumbres, cuyas escenas, lenguaje y tipos —el bobo, por ejemplo— pasan al teatro posterior e inician además una corriente separada que seguirá cultivándose en todas las épocas; la del pequeño cuadro cómico: paso, entremés, sainete o el llamado género chico en nuestro tiempo.

La importancia de Juan de la Cueva como antecesor del teatro lopista puede resumirse brevemente. Dentro de su orientación clasicista inició la comedia de asunto histórico nacional y expuso en el *Exemplar poético* una teoría dramática que suponía un avance sobre la de Torres Naharro, y adelantaba ideas que amplió Lope de Vega en su *Arte nuevo de hacer comedias*.

Parte de su obra trata temas clásicos en forma de tragedia —*Ayax Telamón, La muerte de Virginia*, etc.— pero en la *Comedia de la muerte del rey don Sancho*, la *Tragedia de los Siete Infantes de Lara* y la *Comedia de la libertad de España por Bernardo del Carpio*, descubre el filón de la épica medieval, que será una de las fuentes más ricas del teatro a partir de Lope. En otra comedia suya, *El infamador*, introduce también el espíritu romántico-novelesco.

Según se ve, el teatro posee en España, desde los primeros años del siglo, una gran densidad. Nacía y era reflejo a la vez de un fenómeno de vida literaria, quizás único en su tiempo: el interés enorme del público, traducido desde mediados de siglo en la multiplicación de corrales o casas de comedias, a las que acudía toda clase de gentes. La confluencia de la saturación de materia literaria con el gusto del pueblo prepara el ambiente en el que va a surgir el genio creador de Lope de Vega.

IV La novela

La dualidad estética del Renacimiento —idealismo neoplatónico y observación crítica de la realidad— es visible en la polarización de las obras narrativas del siglo XVI hacia dos extremos, de cuya conjunción saldrá la novela moderna. De un lado, la narración poética, idealizada o de pura invención fantástica: libros de caballerías, novela sentimental, morisca y pastoril; de otro, la imitación de la vida, pintura crítica de la sociedad, en la novela llamada realista, a falta de denominación más precisa, puesto que, en último término, la materia prima de todo el arte es siempre la realidad humana. La divergencia de materia temática se corresponde con dos niveles de la prosa: el poético, retórico y artificioso, y el de la elaboración literaria de la lengua vulgar o hablada comúnmente. Debe advertirse que en ambas direcciones va la literatura acercándose a la intimidad humana, a la pintura de la existencia y de los sentimientos en relación con la vida: sentimientos nobles —amor, heroísmo, cortesía, fidelidad, fuga hacia lo fantástico— en las novelas poéticas; sentimientos bajos —satisfacción de las necesidades primarias, reacción negativa hacia los valores ideales— en las realistas, cuya forma representativa será la novela picaresca. Cervantes unirá los dos mundos en una visión más compleja de la realidad. En los tres primeros tercios del siglo XVI, aparecen separados. Apuntemos también que en ambas direcciones España precede a las otras literaturas europeas. Toma de la novela italiana ciertos antecedentes, pero la creación de formas narrativas es mucho más variada y amplia en España que en Italia, donde los "novellieri" continúan casi exclusivamente la tradición de la novela corta creada por Boccaccio. Hasta un género de origen italiano, como el pastoril, recibe en España una forma más definida.

Los libros de caballerías. — El tipo de novela más difundido en toda la primera mitad del siglo XVI es el de la caballeresca, que, por muchos años, hasta aproximadamente 1530, comparte su inmensa boga con las novelas sentimentales de Juan de Flores y otros autores.

Rodríguez de Montalvo, después de completar la historia de Amadís, relató en otro libro, *Las sergas de Esplandián,* las aventuras igualmente inauditas de su hijo. Amadís y Esplandián engendran en sus doce continuaciones una innumerable familia de caballeros —Lisuarte, Amadís de Grecia, Florisel, Rogel de Grecia, Silves de la Selva— cuyas hazañas cada vez más maravillosas relatarán escritores como Feliciano de Silva en un estilo cada vez más ampuloso y artificial. Al linaje de los Amadises se une el de los Palmerines, iniciado con *Palmerín de Oliva* (1511); Don Duardos, Primaleón, Felixmarte de Hircania o Cirongilio de Tracia. Juntos ambos linajes forman la caterva infinita de libros cuya lectura secó el cerebro de Don Quijote.

Esta inmensa fortuna de la literatura caballeresca, reminiscencia medieval empapada de un falso idealismo y de furor inventivo, tiene significación no sólo como fenómeno literario, sino como muestra de la apetencia por lo excepcional que alimentaba la fiebre de aventuras de los españoles.

Hoy a nadie, fuera de algún erudito, interesan tales libros, pero debe subrayarse el hecho literario-social que representan. En él se combinan el desvío del gusto, la comercialización de la literatura —que la difusión de la imprenta y ciertos cambios sociales hicieron posible— con una tendencia sumamente compleja y reveladora, una especie de embriaguez literaria que no distingue de clases. Si la literatura caballeresca lleva por un lado al disparate y la perversión del gusto, por otro inspira una obra de valor poético y dramático como la *Tragicomedia de Don Duardos,* de Gil Vicente. Su boga entre toda clase de gentes —causa de la comercialización— se relaciona en alguna forma con la existencia de un público de teatro, incluso en pueblos y aldeas, o la difusión de otros tipos de literatura, como el derivado de *La Celestina.* No parece casual que un escritor como Feliciano de Silva, prolífico autor de libros caballerescos y a quien Cervantes elige como objeto de sus burlas, lo sea también de la *Segunda Celestina,* o que Francisco Delicado componga el relato libre y desvergonzado de *La lozana andaluza* y sea al mismo tiempo editor del *Amadís* y de *Primaleón,* exaltando su valor como enseñanza del "verdadero arte de la caballería."

El éxito de esta literatura no se limitó a España y dejó huellas en casi toda Europa. Pero es en España donde por estos años se multiplican todas las ficciones de encantamientos, protección de doncellas cuitadas, hechos de valor sobrehumano y enderezamiento de entuertos que disparaban la imaginación hacia un mundo irreal. Moralistas como Luis Vives condenaron su lectura; críticos como Juan de Valdés censuraron la falsedad de su estilo. Todo fue inútil. Los españoles de todas clases seguían leyendo libros de caballerías como el hombre actual lee novelas detectivescas y probablemente no para escapar de la realidad —"escapismo"— sino para satisfacer su sed de lances extraordinarios.

Sólo al surgir nuevas formas narrativas, hacia 1550, empieza a decaer la literatura caballeresca, que seguirá sin embargo cultivándose, ya en lamentable decadencia, hasta Cervantes. Todavía en 1602 se publica la

Historia de Policisne de Beocia, con la que, al parecer, se extingue el género.

Mencionemos, para completar el cuadro de esta literatura fantástica o de lances extraños, la desviación de los llamados libros de caballerías celestiales, a lo divino, o las adaptaciones de las llamadas novelas bizantinas, como las traducciones e imitaciones de *Teágenes y Claridea,* de Heliodoro, o la obra *Selva de aventuras* (1565) de Jerónimo Contreras. Y señalemos el hecho de que los erasmistas, críticos severos de la literatura caballeresca, mostraron, en cambio, predilección por la novela bizantina. Erasmista fue Francisco de Vergara, el traductor de la obra de Heliodoro. Esta misma predilección mostrará Cervantes al escribir *Los trabajos de Persiles y Sigismunda,* la más valiosa continuación del género en la literatura castellana.

La novela pastoril. — Con la aparición de la *Diana* (1559?) de Jorge de Montemayor, otro tipo de novela poética, la pastoril, inicia una nueva moda literaria. A diferencia de los libros de caballerías, leídos por todos, la novela pastoril se dirigía a lectores aristocráticos. Su difusión no debió salir de los círculos más cultos.

El género significa la entrada del bucolismo en la prosa y es, por tanto, fenómeno paralelo, aunque posterior en sus comienzos, al del triunfo de la poesía italianizante. Sus antecedentes, salvo el rusticismo poético de las pastorales medievales, eran clásicos: poesía de Teócrito y Virgilio; y más directamente, italianos: Petrarca (*Carmen bucolicum*), Boccaccio (*Ninfale fiesolano* y *Ameto*), y Jacopo Sannazaro, cuya *Arcadia* (1504), traducida al castellano en 1547, parece que fue el modelo de Montemayor.

En la península ibérica dos autores portugueses sintieron antes que nadie la atracción del lirismo amoroso de este género. Bernardín Ribeiro escribe en portugués *Menina e moça* novela (publicada en 1554) bastante distinta, en la inspiración, de los modelos italianos; y Jorge de Montemayor, portugués castellanizado, crea en la *Diana* el verdadero prototipo de novela pastoril, más amplia en su estructura que la italiana de Sannazaro. Tras de Montemayor y de Gil Polo, que en 1564 publica la *Diana enamorada,* el género se propaga y es cultivado por autores de la importancia de Cervantes (*La Galatea,* 1585) y Lope de Vega (la *Arcadia,* 1598). En Europa es también la obra de Montemayor, más que la de sus precursores italianos, la que servirá de modelo a la *Arcadia* de Sidney, en la literatura inglesa, y a la *Astrée* de Honorato d'Urfé, en la francesa.

Si la novela caballeresca significa, por disparatada que hoy parezca, la idealización de la vida guerrera, y la sentimental, la de la pasión amorosa, la pastoril, que asimila la substancia de estas dos formas novelescas precedentes, significa la idealización de la vida campestre, de la naturaleza. En esto, como en su estilo e ideales, es expresión del espíritu renacentista y género italianizante, a diferencia de las otras dos —caballeresca y sentimental— que prolongan el espíritu medieval del gótico tardío.

La *Diana* cuenta los amores de la pastora Diana, "cuya hermosura fue extremadísima sobre todas las de su tiempo." Amada por Silvano, a quien no corresponde, y enamorada de Sireno, que tiene que ausentarse, termina casándose con el pastor Delio. Este cuadrángulo amoroso se complica con la sutil dialéctica de conceptos eróticos, en la que en verso o en prosa se expresa una gama variada de sentimientos: fidelidad y gloria del amor logrado o celos y desesperación del amor ausente y no correspondido. En la novela se relatan otros muchos incidentes —sentimentales, de aventuras o maravillosos— relacionados con el tema central. Los problemas íntimos de los diversos personajes se resuelven al beber el agua del olvido de la sabia Felicia que hospeda a los pastores en el palacio de las ninfas.

La novela pastoril —convencional, artificiosa y aristocrática (el disfraz rústico oculta la identidad de personajes cortesanos y los amores literarios son trasunto de amores reales)— aunque hoy nos parezca enteramente falsa, no lo era del todo. Encierra un idealismo que en el siglo XVI debía de ser sentimiento vivo en ciertas clases sociales. Representa la desviación de los ideales activistas hacia la intimidad. En la novela caballeresca domina la acción; en la pastoril se analiza, aunque en forma artificial, el mundo interior de los personajes. Cervantes vio esto, como tantas otras cosas, con perfecta claridad, cuando derrotado don Quijote, ante la necesidad de renunciar a sus andanzas, piensa dedicarse a la vida pastoril y a cantar sus sentimientos hacia Dulcinea.

Un ideal domina y da tono a la novela pastoril, el del amor platónico, cuya teoría exponen la sabia Felicia y otros personajes en el libro IV de la *Diana* en un pasaje que es traducción casi literal de León Hebreo. El platonismo erótico es sólo, sin embargo, uno de los varios sentimientos e ideales que caracterizan el sueño bucólico de evasión de la realidad, entre los cuales se cuentan la melancolía y la soledad, el anhelo de paz, la huida del mundo activo con el correlativo contraste entre corte (ciudad) y campo, un paradisiaco sentimiento, entre cristiano y pagano, que identifica la inocencia y la felicidad.

Tiene la *Diana,* como algunas de sus continuaciones, especialmente la obra de Gil Polo, bellos trozos descriptivos y hermosos versos. En el estilo significa la transfusión a la prosa de un léxico, ciertas cadencias y otros elementos estrictamente poéticos. En la evolución de las formas narrativas, la novela pastoril, como la concibe Montemayor, supone un avance hacia una estructura más moderna que la de la sentimental o caballeresca. La acción está ya encuadrada parcialmente en un lugar preciso —riberas del río Esla en León— aunque se pinte con colores poéticos. La prosa alterna con la poesía y los episodios y relatos intercalados ya no son mera acumulación de materias inconexas, según ocurre en las formas narrativas de la Edad Media, sino que se ordenan dentro del mundo total de la novela. Todo ello en forma todavía muy relativa. La novela, si bien se localiza al principio, transcurre luego en un tiempo y espacio convencionales, desrealizados. Y los varios episodios y relatos no están fundidos por entero dentro de la acción; algunos son totalmente ajenos a ella. Es decir, nos hallamos en un plano distinto, en cuanto a concepción literaria, de la novela como experiencia vivida, que esboza el *Lazarillo* y desarrolla Cervantes. En una palabra, la pastoral no es imitación, sino sublimación de la vida. El pastor no es aún personaje novelesco en el sentido moderno. Por eso puede alternar, como alterna en la *Diana,* sin que en nada nos sorprenda, con personajes fantásticos o con ninfas y otros seres mitológicos.

Lo más moderno en el género pastoril es lo que tiene de análisis psicológico. En esto se relaciona muy directamente con la novela sentimental. Novela sentimental, con influjo también de la novela de aventuras, es la historia de Felis y Felismena, una de las partes más interesantes en la obra de Montemayor.

En cuanto al género sentimental mismo evoluciona también en el sentido de dar mayor relieve a lo psicológico, como puede verse comparando el *Processo de cartas de amores,* de Juan de Segura —novela casi enteramente epistolar, contemporánea de la *Diana* (se publica en 1548)— con las obras de Diego de San Pedro y Juan de Flores.

La novela morisca. — Una forma novelesca de tema y origen puramente españoles es la llamada novela morisca, cuya primera muestra, *El Abencerraje o Historia de Abindarráez y Jarifa,* aparece intercalada en algunas ediciones de la *Diana* de Montemayor.

De sus varias versiones en el siglo XVI, se considera como más perfecta la que apareció en el *Inventario* del poeta Antonio de Villegas, obra publicada en 1565, pero anterior posiblemente a 1551, cuando el autor pide licencia para imprimirla. Lo que no se sabe es si esta primera redacción contenía *El Abencerraje.*

El relato cuenta con encantadora delicadeza una historia de armas y amores en la frontera granadina, en tiempos del infante don Fernando de Antequera. Empieza con el encuentro, en una escaramuza, del moro Abindarráez y el capitán español Rodrigo de Narváez. Vencido y prisionero Abindarráez, joven, valeroso y galante, comunica a su vencedor que se dirigía a casarse en secreto con la bella Jarifa, de quien estaba enamorado desde la infancia. Añade todas las circunstancias del tierno idilio, y Narváez no sólo deja al moro en libertad para acudir a su cita, con la promesa de que una vez desposado volverá a la prisión, sino que interviene cerca del padre de Jarifa para que dé su consentimiento a los amores de los dos jóvenes. Un ambiente de cortesía y caballerosidad, reflejo del romance fronterizo, envuelve esta breve relación, que es uno de los productos menores de la prosa clásica española que con mayor gusto se lee hoy.

El género adquiere su máximo desarrollo en la primera parte de las *Guerras civiles de Granada* de Pérez de Hita, publicada en 1595. Lleva esta parte como título especial el de *Historia de los bandos de Zegríes y Abencerrajes* y presenta, en un cuadro animado por brillantes descripciones, las luchas, los amores y las costumbres de los árabes granadinos en los últimos tiempos de su dominación hasta que la ciudad capitula con la triste partida de Boabdil. El fondo histórico, inspirado en los romances moriscos —muchos de los cuales se reproducen en la novela— e idealizado con mesura, se tiñe con suaves tintas de nostalgia.

En los siglos XVI y XVII se encuentran otros ejemplos de novela morisca, como la *Historia de Ozmín y Daraja,* incluida en el *Guzmán de Alfarache.* También en el teatro de Lope y sus discípulos hay comedias inspiradas en *El Abencerraje* o en la obra de Pérez de Hita.

Marca este tipo de novela la estilización de la historia con un espíritu caballeresco y sentimental, purgado de las extravagantes aventuras de los libros de caballerías, y más especialmente la idealización de los temas moriscos y orientales, en torno a la figura del moro galante, muy difundida en los romances artísticos. Como otras formas de narración que venimos estudiando, tuvieron estos relatos moriscos un gran éxito. Tras de las imitaciones españolas y extranjeras en el siglo XVII, renacerán con fuerza en el romanticismo extranjero con Chateaubriand, Hugo, o Washington Irving, y en el español con Martínez de la Rosa, el duque de Rivas y Zorrilla.

El Lazarillo y la novela picaresca. — En tanto se desarrollan los varios tipos de ficción narrativa de que nos hemos ocupado, se crea en la literatura española lo que se llamará más tarde novela picaresca, antecedente claro del realismo moderno en el arte de novelar. El contraste entre maneras tan distintas de invención literaria en una misma época ha sido objeto de confusiones que la atención a algunos hechos pudiera aclarar.

Cuando en 1554 se imprime en tres ediciones diferentes (Burgos, Alcalá y Amberes) *La Vida de Lazarillo de Tormes y de sus fortunas y adversidades,* obra de la que derivará el género picaresco, todavía no se ha divulgado la invención poético-novelesca del moro galante (*El Abencerraje*), ni ha aparecido la *Diana,* primera novela pastoril, aunque tanto lo morisco como lo bucólico hayan tenido ya otras manifestaciones literarias: poesía y teatro.

Por otro lado, y dejando aparte el problema de una posible edición anterior del *Lazarillo,* se ha conjeturado —sin llegar a conclusiones definitivas— que la genial novelita pudo ser compuesta mucho antes de su publicación, en un período cuyos límites extremos se sitúan entre 1525 ó 1526 y 1550, fecha esta última a la que parece inclinarse ahora Marcel Bataillon, que en varios momentos ha estudiado el problema.

Recordemos que justamente entre esos años —en rigor, en casi toda la primera mitad del siglo— la vena realista y satírica toma formas muy acusadas en la prosa literaria: numerosas continuaciones e imitaciones de *La Celestina*; libros misceláneos de cuentos, anécdotas, burlas y chistes; coloquios y obras varias de influencia erasmista, que en alguna forma (aunque la cuestión siga siendo debatida) se relacionan con la sátira eclesiástica y social del *Lazarillo*; un relato de episodios de vida licenciosa, como *La lozana andaluza* (1528) del clérigo Francisco Delicado, obra desvergonzada que, si bien vinculada a *La Celestina,* siempre se ha considerado como antecedente de la picaresca.

Si atendemos a otros géneros, vemos cómo crítica social, sátira y realismo se combinan con diversos elementos en el teatro de la misma época: algunas comedias de Torres Naharro; farsas de Gil Vicente y otros dramaturgos menos conocidos; visión realista, cómica, en el primer teatro que pudiéramos llamar autóctono, los "pasos" de Lope de Rueda, fechados de 1546 en adelante.

Ya en un trabajo de 1935, "Perspectiva de la novela picaresca," señalaba Américo Castro la existencia, por estos años en que aparece el *Lazarillo,* de obras muy varias (de Vasco Díaz de Tanco, Antonio Porras, Diego Sánchez de Badajoz, Miguel de Carvajal, Sebastián de Horozco y otros) "por las cuales se difunde la raigambre de la picaresca en lo que tiene de reacción contra el mundo nobiliario y eclesiástico." Reacción que se asocia al despertar de una conciencia individual y de protesta, estimulada por el humanismo-cristianizado que es, según Castro, lo que "prepara los ánimos a la rebeldía, lo que hace erguirse al humilde [como se erguirá Lázaro de Tormes al contar su historia], que dice *aquí estoy*."

Según todas estas consideraciones debería rectificarse la idea muy generalizada de que el *realismo* del *Lazarillo* surge como una reacción ante el *idealismo* de otro tipo de relatos. Parece indudable, en cambio, que el mundo antiheroico del pícaro es una respuesta negativa ante el falso y degenerado heroísmo —medievalismo tardío— de la literatura caballeresca y sentimental, o quizás ante ideales que existían también por la misma época en ciertos ambientes.

Pudiera hablarse asimismo de las dos tendencias del espíritu renacentista: la que lleva a la poetización de la vida —platonismo, culto a la belleza y a los valores superiores; y la que lleva a la observación del hombre y de la naturaleza y a la crítica severa de formas de vida religiosa o social. Es cierto (y a ello obedece la generalización que tratamos de aclarar) que cuando las formas consideradas como idealistas —caballeresca, sentimental, pastoril, morisca— desaparecen, la novela de crítica social y pintura amarga de las bajas realidades, es decir, la picaresca, seguirá su curso en la literatura española del siglo XVII, de la que pasa a otras literaturas con Grimmelshausen, Smollett, Fielding, Sterne, Lesage, etc.

Como resumen de este planteamiento, más bien podríamos concluir, invirtiendo los conceptos o términos aceptados, que el *Lazarillo* se engendra en el ambiente de crítica satírica, digamos realista, de la primera mitad del siglo XVI, y que el movimiento pendular —para no hablar de reacciones— apunta, en la segunda mitad, al menos en lo que se refiere a la prosa, hacia lo poético y espiritual: novela pastoril (que llega hasta Cervantes y Lope), literatura mística y ascética. A fines de siglo, con Mateo Alemán, es cuando se impone definitivamente la picaresca.

Otros varios problemas, aparte del de la fecha, se han planteado en torno al *Lazarillo*: autor, fuentes y génesis y peculiaridades de composición. Respecto a este último punto no se ha dado explicación satisfactoria a la desproporción entre los tres primeros tratados y los restantes. Se ha sugerido, pero no de manera convincente, que el cuarto y sexto pudieran ser simple esbozo, que el autor no llegó a desarrollar. En cuanto a las fuentes, se han señalado antecedentes ya tradicionales y folklóricos (la historia de la paja y el vino, las uvas, la longaniza, etc., y hasta el propio nombre de Lázaro), ya literarios, como la farsa *Le garçon et l'aveugle*, o la novela cuarta del *Novellino* de Masuccio Salernitano, en la que se basa el episodio del buldero (Tratado V).

Más debatida ha sido la cuestión del autor, habiéndose dado como posibles, con todo lujo de argumentos, Diego Hurtado de Mendoza, Sebastián de Horozco, Fray Juan de Ortega, Juan de Valdés o persona a él allegada. Por el momento, sin embargo, la cuestión no está resuelta ni es probable que se resuelva. De lo que no cabe dudar es de que el autor, quien quiera que fuese, era hombre culto, de formación humanística, quizás converso y, desde luego, escritor muy personal que supo crear una obra originalísima —pese a todos los antecedentes que se le han señalado— y de extraordinario mérito literario.

En ella se cuenta la historia de un muchacho —Lázaro de Tormes— perteneciente a una clase social ínfima, que sirve como criado sucesivamente a un mendigo ciego, a un clérigo, a un escudero, a un fraile de la Merced, a un buldero, a un capellán, maestro de pintar panderos, y a un alguacil. Al fin obtiene un oficio real, el de pregonero en la ciudad de Toledo y, protegido por el señor arcipreste de San Salvador, contrae matrimonio. Malas lenguas murmuran que la protección del arcipreste no era del todo desinteresada, porque la mujer de Lázaro frecuentaba demasiado, en calidad de sirvienta, la casa del protector. Mas Lázaro, después de haber sufrido hambres y malos tratos con todos sus amos, no es muy sensible a los estímulos del honor y considera que ha llegado a la prosperidad y cumbre de su buena fortuna.

Al narrar las relaciones de Lázaro con sus diversos amos, presenta el autor una galería de tipos humanos y esboza una visión, en gran parte nueva, de la realidad social. La novedad consistía principalmente en el carácter autobiográfico de la narración, mediante el cual la visión del mundo se nos daba a través de los ojos y de la experiencia vivida de un personaje. Dos notas altamente reveladoras caracterizan a este personaje, a Lázaro: es un niño, es decir, un inocente, sin idea previa de los valores convencionales (sólo a través de su experiencia se creará su propio concepto de tales valores) y es lo que más adelante se llamará un *pícaro*. El resultado será una nueva perspectiva, que a través de un complejo desarrollo, vendrá a formar el núcleo, o al menos uno de los núcleos importantes, de la novela moderna.

En el *Lazarillo* ya no se trata de las hazañas de un héroe dotado de cualidades extraordinarias, sino de los hechos vulgares en la existencia cuotidiana; de lo que, por oposición al protagonista caballeresco o de otras formas de ficción, se ha llamado el anti-héroe. Y el relato no estará ya constituido por una serie de aventuras fantásticas e inconexas, sino por el testimonio de la dura lucha del protagonista, en su relación con otras personas y en unas circunstancias que se nos presentan como reales. En una palabra, lo que el narrador describe es el proceso en la formación de su propia personalidad y su destino, ciertamente elementales, pero que, por elementales, acusan con mayor vigor lo humano.

El sentido antiheroico se define ya con incuestionable ironía en el prólogo, y se hace sentir desde el comienzo de la narración cuando Lázaro da cuenta de su nacimiento (recuérdese a Amadís y otros personajes legendarios ilustres) y de las miserables circunstancias familiares en su infancia. Cuando sale al mundo para hacerse hombre, confiado por su madre a la tutela pedagógica del astuto ciego, el sentido educativo de sus primeras experiencias consiste en ser víctima de diferentes engaños y en las admoniciones —que serán bien aprovechadas— de su maestro: "Necio, aprende, que el mozo del ciego un punto ha de saber más que el diablo." Cuando Lázaro, huyendo del "trueno" (el ciego) va a dar en el "relámpago" (el avariento clérigo) la visión se hace, si cabe, más sórdida. La vida no es más que engaño, hambre, crueldad, hipocresía. En el Tratado III, la mezquina atmósfera parece iluminarse con un tenue rayo de luz. Vislumbramos un mundo de valores superiores: honor, amor, gentil continente y sentido de la dignidad humana del desdichado y vanidoso hidalgo; conmiseración y hasta sacrificio del hambriento servidor:

> Contemplaba yo muchas veces mi desastre, que, escapando de los amos ruines, que había tenido, y buscando mejoría, viniese a topar con quien, no sólo no me mantuviese, mas a quien yo había de mantener. Con todo, le quería bien, con ver que no tenía ni podía más, y antes le había lástima que enemistad. Y muchas veces, por llevar a la posada con que él lo pasase, yo lo pasaba mal.

Todo ello envuelto, por supuesto, en punzante ironía y sarcasmo. Se entrevé, sin embargo, una dualidad, que se trunca en los brevísimos tratados que siguen. Al acelerarse el relato, la experiencia queda simplemente aludida, sin desarrollarse hasta que la visión del mundo y sus valores se cierra, en el último tratado, con el cinismo total del narrador, que ya no es el niño, inocente en apariencia, sino el hombre sin escrúpulos, sin la menor noción moral.

Creación de un nuevo personaje literario, de una nueva perspectiva y, como resultado, de un nuevo género con todas sus posibilidades. Ya esto sería bastante para dar rango a la obra. Mas su valor histórico aparece realzado por la calidad literaria. Es el *Lazarillo*, pese a su aparente sencillez, o quizás por ella, una creación artística lograda, que muchos han calificado de genial. Libro, además, que siempre se lee con gusto y regocijo. En él, la sátira, con toda su tremenda mordacidad, aparece mitigada por una gracia pintoresca e ingenua; los personajes, dibujados con gran naturalidad, no tienen la exageración caricaturesca que adquirirán en obras posteriores del mismo género; y el conjunto, mantenido por un estilo vivo, de engañosa sencillez, tiene el equilibrio de las obras maestras, dejando la impresión de máxima economía y de máxima autenticidad.

Se ha dicho que los personajes son típicos, genéricos, tomados de la tradición, y ciertamente es así. Pero el autor supo darles vida y hasta individualidad. El ciego no será ya un ciego cualquiera, sino el ciego del *Lazarillo,* con su astucia, su buen humor, su hipocresía y sus mil tretas; el cura avaricioso no es uno de tantos clérigos de la literatura satírica y erasmista, sino el cura de Magueda. Y el desdichado escudero se destacará siempre con perfil inconfundible entre los innumerables hidalgos sin dinero y muertos de hambre que desfilan por la literatura española y que probablemente abundaban en las ciudades de España.

Hasta las cosas están dotadas de contorno y relieve: nabo y longaniza, llave y arcón, o espada toledana y aquella capa que el hidalgo tiende sobre el poyo de la desmantelada casa con gesto cortesano y cuidadoso. Con el tema del hambre y las varias tretas para satisfacerla, otro rasgo dominante en la novela es el de la sátira eclesiástica, la censura de las malas inclinaciones y hábitos poco cristianos de sacerdotes y frailes. Ha solido interpretarse como muestra del erasmismo del autor, interpretación que hoy tiende a rechazar la crítica, y muy especialmente Bataillon, el gran investigador del erasmismo, relacionando más bien dicha sátira con la larga tradición de la literatura antieclesiástica de la Edad Media. Sería, pues, una muestra más de la combinación de lo medieval y lo moderno, que caracteriza a la literatura del Renacimiento español.

En este aspecto, como en todos los demás que atañen al ambiente social de la novela, la crítica ha debatido la cuestión del *realismo.* La tendencia más reciente se inclina a negar la significación social, documental, por decirlo así, de la obra y a dar mayor importancia al elemento creativo, a sus puros valores literarios. Reacción explicable frente al positivismo sociológico de las teorías realistas del siglo XIX. Lo cual no debería llevar al extremo opuesto de creer que el *Lazarillo,* como toda la picaresca posterior, nace en el vacío y es puro producto del desarrollo de unos temas tradicionales, de unas ciertas estructuras literarias o de la invención del autor. Lo cierto parece ser que la picaresca, como cualquier otra clase de literatura, es, desde luego, invención literaria, pero producto, al mismo tiempo, de un ambiente social e histórico que en ella se refleja. Hecho que confirmaría el examen, no sólo de las obras citadas por Castro a que hemos aludido, sino también de las numerosas obras de crítica económica, política, social y religiosa —muy poco conocidas— que desde tiempos de

Carlos V denuncian y se enfrentan con situaciones y problemas muy reales y no muy distintos de los que asoman a las páginas del *Lazarillo* y más especialmente de la picaresca posterior.

El *Lazarillo* tuvo un éxito inmediato, como atestiguan las tres ediciones en un mismo año y una continuación también anónima, impresa en Amberes, en 1555. En 1559 fue puesto en el *Índice*, y en 1573 apareció un *Lazarillo* "todo corregido y enmendado," del que, a partir de este momento, abundan las ediciones. La obra se difundió también fuera de España.

Lo curioso es que pasará medio siglo hasta que la novela picaresca, firmemente esbozada en el *Lazarillo*, cuaje en un género definido y continuado con la publicación, en 1599, de la Primera parte de *Guzmán de Alfarache*. Al estudiar esta obra puntualizaremos los rasgos formales, técnicos, que caracterizan al género como tal, así como la intensificación de un espíritu en gran medida nuevo en la visión de la vida y del ser humano. Amargura, severidad, pesimismo y desengaño que en el *Lazarillo*, si no enteramente ausentes, están compensados por la frescura de estilo y visión, por el ligero y magistral toque de su ironía, por la fina gradación del arte y la sutil pintura de los procesos psicológicos, por primarios que éstos puedan parecernos.

[Selecciones: del Río, *Antología*, I, 241-251; 257-272; 314-367.]

BIBLIOGRAFÍA

1 GENERAL: HISTORIA, CULTURA, LITERATURA

(Para estudios generales sobre el Renacimiento véase cap. anterior)

R. B. Merriman, *The Rise of the Spanish Empire in the Old World and the New*, New York, 1917-1934, 4 vols.

E. Ibarra, *España bajo los Austrias*, Barcelona, 1927.

R. Trevor Davies, *The Golden Century of Spain (1501-1621)*, London, 1937.

M. Serrano y Sanz, *Orígenes de la dominación española en América*, NBAE, vol. XXV.

C. Pereyra, *La obra de España en América*, Madrid, 1930.

A. Morel Fatio, *Historiographie de Charles-Quint*, París, 1913.

R. Menéndez Pidal, "Carlos V," en *España y su historia*, II, 65-126.

R. Carande, *Carlos V y los banqueros. La vida económica de España en una fase de su hegemonía (1516-1556)*, Madrid, 1948.

G. von Schwarzenfeld, *Charles V, Father of Europe* (trad. del alemán), Chicago, 1957.

J. A. Maravall, *Carlos V y el pensamiento político del Renacimiento*, Madrid, Inst. de Est. Políticos, 1960.

W. Th. Walsh, *Philip II*, New York, 1937; tr. esp. Madrid, 1943.

G. Mattingly, *The Armada*, Cambridge, 1959.

J. Juderías, *La leyenda negra y la verdad histórica*, Madrid, 1914.

F. Figueiredo, *Las dos Españas*, Santiago de Compostela, 1933.

F. de los Ríos, *Religión y estado en la España del siglo XVI*, New York, 1929; 2.ª ed. con otros ensayos sobre el siglo XVI, México, 1957.

L. Pfandl, *Cultura y costumbres del pueblo español en los siglos XVI y XVII: Introducción al estudio del Siglo de Oro*, Barcelona, 1929.

——, *Historia de la literatura española en la Edad de Oro*, Barcelona, 1933.

A. González Palencia, *La España del Siglo de Oro*, New York, 1939.

A. Valbuena Prat, *La vida española en la Edad de Oro*, Barcelona, 1943.

K. Vossler, *Introducción a la literatura española del Siglo de Oro*, Madrid, Cruz y Raya, 1934.

——, *La soledad en la poesía española*, Madrid, 1941.

R. Menéndez Pidal, *El lenguaje del siglo XVI*, en *Cruz y Raya*, 1933; en *La lengua de Colón*, Austral, 1947.

B. Isaza Calderón, *El retorno a la Naturaleza. Los orígenes del tema y sus direcciones fundamentales en la literatura española*, Madrid, 1934.

2 POESÍA

J. J. López de Sedano, *Parnaso español. Colección de poesías escogidas de los más célebres poetas castellanos*, Madrid, 1768-1779, 9 vols.

J. N. Böhl de Faber, *Floresta de rimas antiguas castellanas*, Hamburgo, 1821-1825, 3 vols. (Contiene algunas poesías medievales, pero la mayoría son del Siglo de Oro.)

M. J. Quintana, *Poesías selectas castellanas*, Madrid, 1830-1833, 6 vols. (Desde Juan de Mena hasta el siglo XIX.)

Poemas líricos de los siglos XVI y XVII, BAE, vol. XXXII y XLII.

A. Bonilla y San Martín, *Flores de poetas ilustres de los siglos XVI y XVII*, Madrid, 1918.

M. A. Buchanan, *Spanish Poetry of the Golden Age*, Toronto, 1942.

Garcilaso, *Obras*, ed. Navarro Tomás, *Clásicos Castellanos*, Madrid, 1924.

Garcilaso y Boscán, *Obras poéticas*, ed. Díez-Canedo, Madrid, 1917.

Garcilaso, *Poesía*, ed. Blecua, Ebro.

H. Keniston, *Garcilaso de la Vega, A Critical Study of His Life and Works*, New York, 1922.

M. Arce, *Garcilaso, contribuición al estudio de la lírica española del siglo XVI*, Madrid, 1930.

R. Lapesa, *La trayectoria poética de Garcilaso*, Madrid, 1948.

D. Alonso, "Garcilaso y los límites de la estilística," en *Poesía española*, Madrid, 1950, 43-109.

Fernando de Herrera, *Poesías*, ed. García de Diego, *Clásicos Castellanos*, Madrid, 1914.

——, *Rimas inéditas*, ed. Blecua, Madrid, 1948.

A. Coster, *Fernando de Herrera el divino*, París, 1908.

A. Vilanova, "Fernando de Herrera," en *Hist. Gen. de las literaturas hispánicas*, Barna, II, 689-751.

O. Macrí, *Fernando de Herrera*, Madrid, 1959.

J. M. Blecua, "De nuevo sobre los textos poéticos de Herrera," en *Bol. de la R. Acad. Española*, XXXVIII (1958), 377-408.
Alonso de Ercilla, *La Araucana*, ed. Medina, Santiago de Chile, 1910-1918, 5 vols.
A. Royer, *Études littéraires sur "L'Araucana*," Dijon, 1880.
S. A. Lillo, *Ercilla y "La Araucana*," en *Anales de la Universidad de Chile*, 1928, VI.

3   TEATRO

[Ver obras de Crawford, Bonilla y San Martín, y Wardropper, citadas en cap. anterior.]

Gil Vicente, *Obras completas*, ed. Marqués de Braga, 3.ª ed., Lisboa, 1958, 6 vols.
————, *Poesías*, ed. D. Alonso, Madrid, *Cruz y Raya*, 1934.
————, *Tragicomedia de Don Duardos*, ed. D. Alonso, Madrid, 1942.
Four Plays by Gil Vicente, ed. A. Bell, Cambridge, 1920.
C. Michaëlis de Vasconcelos, *Notas Vicentinas*, Coimbra, 1921.
Georgiana G. King, *The Play of the Sibyl Cassandra*, Bryn Mawr, 1921.
[Sobre la *Sibila Casandra* véanse también tres trabajos interesantes, aparecidos en 1959, de Spitzer y Révah (en *Hisp. Review*) y de M. R. Lida, en *Filología*.]
A. F. G. Bell, *Gil Vicente*, Oxford, 1921.
I. S. Révah, *Recherches sur les œuvres de Gil Vicente*, Lisbonne, 1951.
P. Teyssier, *La Langue de Gil Vicente*, París, 1959.
Juan de la Cueva, *Tragedias y comedias*, ed. Icaza, Bibliófilos Españoles, Madrid, 1917.
————, *El Infamador, Los siete infantes de Lara y El ejemplar poético*, ed. Icaza, *Clásicos Castellanos*, Madrid, 1924.
E. Walberg, *Juan de la Cueva et son "Exemplar Poético*," Lund, 1904.
M. Bataillon, *Simples reflexions sur Juan de la Cueva*, en *Bull. Hisp.*, XXXVI (1935).
Lope de Rueda, *Obras*, ed. Cotarelo y Mori, Madrid, 1908, 2 vols.
————, *Teatro*, ed. Moreno Villa, *Clásicos Castellanos*, Madrid, 1924.
E. Cotarelo, *Lope de Rueda y el teatro español de su tiempo*, Madrid, 1898.

4   NOVELA

a)   CABALLERESCA, PASTORIL Y MORISCA

Libros de caballerías, ed. Gayangos, BAE, XL.
————, ed. Bonilla y San Martín, NBAE, VI y XI.
M. Pelayo, *Orígenes* ...
H. Thomas, *Spanish and Portuguese Romances of Chivalry* ..., Cambridge, 1920.
L. Irving, *Romances of Chivalry in the Spanish Indies* ..., Berkeley, 1933.
Novelistas anteriores a Cervantes, BAE, III.
Jorge de Montemayor, *Los siete libros de la Diana*, ed. López Estrada, C. C., Madrid, 1946; Selecciones en Ebro; ed. Moreno Báez, Bib. Sel. de Clas. Españoles, RAE, Madrid, 1955.
M. Pelayo, *Orígenes*, vol. IV. (Contiene *La Diana* y *La Diana enamorada*, de Gil Polo.)

E. B. Place, *Manual elemental de novelística española,* 1926.

H. Rennert, *The Spanish Pastoral Romances,* Philadelphia, 1912.

(Véanse especialmente las introducciones de López Estrada y Moreno Báez a las ediciones citadas.)

B. W. Wardropper, "The Diana de Montemayor: Revaluation and Interpretation," en *Studies in Philology,* XLVIII (1951), 126-144.

J. B. Avalle Arce, *La novela pastoril española,* Madrid, 1959.

(Aunque no tiene relación directa con lo español, salvo en alguna referencia a Cervantes o Góngora, como interpretación del tema pastoral en la literatura, recomendamos el estudio de Renato Poggioli, "The Oaten Flute," en *Harvard Lib. Bull.,* XI (1957), 147-184.)

Heliodoro, *Historia etiópica de los Amores de Teágenes y Cariclea,* traducida en romance por Fernando de Mena, ed. López Estrada, Bib. Sel. de Clas. Españoles, RAE, Madrid, 1954.

Juan de Segura, *Proceso de cartas de amores,* A Critical and Annotated Edition of this First Epistolary Novel (1548) together with an English Translation, by Edwin B. Place, Evanston, Ill., 1950.

El Abencerraje, ed. Adams and Starck, New York, 1947.

El "Abencerraje" de Toledo, 1561, ed. crítica y comentarios de López Estrada, en *Anales de la Universidad Hispalense,* XIX (1959), 1-60.

El "Inventario" de Antonio de Villegas, ed. López Estrada, Madrid, Col. de Joyas Bibliográficas, 1955.

Ginés Pérez de Hita, *Guerras civiles de Granada,* ed. Blanchard-Demouge, Madrid, 1913-1915, 2 vols.

V. H. Merimée, "*El Abencerraje* d'après diverses versions publiées en XVIme siècle," en *Bull. Hisp.,* XXX (1928), 147-181.

G. Cirot, "La maurophilie littéraire en Espagne en XVIme siècle," en *Bull. Hisp.,* XL (1938), 150-157, 281-296, 433-447; XLI (1939), 65-68, 345-351; XLII (1940), 213-227; XLIII (1941), 265-289; XLIV (1942), 96-102; XLVI (1944), 5-25.

E. Moreno Báez, "El tema del Abencerraje en la literatura española," en *Miscelánea Filológica en memoria de Amado Alonso,* Archivum, IV (1954), 310-329.

María Soledad Carrasco Urgoiti, *El moro de Granada en la literatura* (Del siglo xv al xx), Madrid, 1956.

A. Rumeau, "*L'Abencérage,* Un texte retrouvé," en *Bull. Hisp.,* LIX (1957), 369-395.

b) LAZARILLO Y PICARESCA

— *La Vida de Lazarillo de Tormes y de sus fortunas y adversidades,* ed. Cejador, *Clásicos Castellanos,* Madrid, 1914; ed. L. J. Cisneros, Buenos Aires, 1946; ed. Hesse and Williams, Madison, 1948 (con una introducción de A. Castro); ed. González Palencia, Ebro.

—*La vie de Lazarillo de Tormés (La vida de Lazarillo de Tormes),* París, 1958. (Texto bilingüe con la traducción francesa de Morel-Fatio y una larga introducción de Bataillon, que amplía y modifica, en parte, sus estudios anteriores sobre el tema.)

—*El Lazarillo de Tormes,* ed. Moreno Báez, Cieza, 1959. (Reproduce en facsímil los textos de las tres ediciones de 1554: Alcalá, Burgos y Amberes.)

La novela picaresca española, cd. Valbuena Prat, Madrid, Aguilar, 3.ª ed., 1956.

F. W. Chandler, *Romances of Roguery,* New York, 1899.

F. de Haan, *An Outline of the "History of the 'Novela Picaresca' in Spain,"* New York, 1903.

M. Herrero García, *Nueva interpretación de la novela picaresca,* en RFE, XXIV (1937), 343.

M. Bataillon, *Le roman picaresque,* París, 1931.

A. Morel-Fatio, "Recherches sur L. de T.," en *Études sur l'Espagne,* 1 série, París, 1895, 109-166.

R. Foulché-Delbosc, "Remarques sur L. de T.," en *Rev. Hisp.,* VIII (1900), 81-97.

Es abundantísimo el número de artículos y estudios sobre el *Lazarillo.* Entre los de mayor interés general aparecidos en los últimos veinte años pueden verse los de González Palencia (en *Del "Lazarillo" a Quevedo*); A. Castro (la versión castellana de su introducción a la ed. de Hesse y Williams, en *Hacia Cervantes*); P. Salinas (en *Ensayos de lit. hispánica*); F. Ayala (en *Experiencia e invención*); E. Carilla, en *Estudios de Literatura Española.*

No recogidos en libro, que sepamos, hay estudios interesantes de A. Marasso, en *Bol. de la Acad. Argentina* ..., A. Sicroff, en NRFH, 1957, y C. Guillén, R. S. Willis y M. J. Asensio en *Hisp. Review,* 1957 y 1959. Para una bibliografía de estudios muy completa, véase A. del Monte, *Itinerario del romanzo picaresco espagnuolo,* Florencia, 1957.

8 SIGLO XVI: PLENITUD RENACENTISTA. PROSA DIDÁCTICA. HUMANISMO, ERASMISMO Y MÍSTICA

Tanto como en los géneros de imaginación —poesía, teatro, novela— la plenitud del Renacimiento en España se revela en lo que podemos llamar literatura de ideas —didáctica, doctrinal, filológica y hasta científica— favorecida en su desarrollo por el auge de los estudios humanísticos y el ambiente de libre especulación anterior al Concilio de Trento. Centros propulsores de este florecimiento ideológico fueron las universidades, con Salamanca y Alcalá a la cabeza. Eran importantes también las de Valladolid, Valencia y algunas que se crearon por entonces, como la de Sevilla. Factor digno de tenerse en cuenta es el internacionalismo, la comunicación con otros países: Italia, Francia, Inglaterra, los Países Bajos. Son muchos los españoles que tienen contacto con universidades extranjeras, que mantienen correspondencia con humanistas europeos. Luis Vives, el más grande de los pensadores españoles de esta época, pasa casi toda su vida fuera de España. El erasmismo es fruto, en gran medida, de esta libre comunicación. No hay que olvidar tampoco cómo la Compañía de Jesús adquiere pronto carácter internacional. Cuando al aproximarse la Contrarreforma se vigilan más estrechamente las desviaciones de la ortodoxia religiosa salen de España escritores sospechosos, como Juan de Valdés, o francamente adheridos al protestantismo como Francisco de Encinas, Cipriano de Valera o Miguel Servet, médico y teólogo, a quien se atribuye el descubrimiento de la circulación de la sangre.

No es fácil establecer el límite entre las ideas y las formas. Poesía o creación y pensamiento o doctrina van frecuentemente unidos en la misma obra. Si la mayoría de los poetas (sirvan de ejemplo Herrera o Fray Luis) son humanistas —y lo mismo podría decirse de dramaturgos y novelistas— numerosos críticos, filólogos, teólogos y tratadistas de temas políticos, filosóficos o morales manifiestan una preocupación marcada por la forma, por el estilo. De hecho, la prosa más perfecta, original y rica en primores artísticos, anterior a Cervantes, se encuentra en obras de carácter moral y crítico o en los grandes místicos: Luis de León, Santa Teresa, San Juan de la Cruz, los escritores de mayor espiritualidad en prosa y verso.

Fundidas en el mismo autor, o predominando por separado en cada uno de ellos, se perciben las corrientes ideológicas características del Renacimiento: el neoplatonismo o amor ideal y culto a la belleza —divulgado principalmente por la lectura de los *Diálogos de amor* de León Hebreo, judío de origen español; el neoaristotelismo; el estoicismo, dominante en los moralistas, con un sentimiento cristiano más que naturalista y pagano; el erasmismo, con sus ideales de religiosidad interior y su acerba sátira contra los malos religiosos; y, finalmente, el interés por los estudios bíblicos. Con estas tendencias entra en el estilo y en el pensamiento la influencia de muchos escritores clásicos, particularmente latinos: Cicerón, Tácito, Plutarco, Horacio, Marco Aurelio, Epicteto, Séneca. Más que en ningún otro aspecto de la creación literaria, percibimos también en la literatura de pensamiento o didáctica la norma del Renacimiento español: yuxtaposición de lo moderno sobre lo medieval, de lo universal sobre lo nacional, del culto por las formas clásicas sobre la substancia religiosa, bíblica, cristiana.

A esta tendencia a unir corrientes opuestas se debe, en parte, el hecho tantas veces señalado de la escasa aportación de España, pese a la cuantía de su humanismo, al campo de la filosofía moderna. Sólo dos nombres —quizás excesivamente olvidados— han entrado, en lugar muy secundario, en la historia universal de las ideas: el de Luis Vives y, ya en el neo-escolasticismo de la segunda mitad del siglo, el del jesuita Francisco Suárez. Mas, en contraste con la pobreza en la especulación filosófica y científica, hay que señalar en el humanismo español la importancia de sus dos aspectos dominantes: el teológico y el filológico-estético. De la teología renacentista dimanan la obra de los grandes místicos y un pensamiento jurídico, que echa las bases de un nuevo derecho de gentes. Y las doctrinas, sumamente independientes, en materia de creación literaria, de varios filólogos, retóricos y preceptistas, no serán ajenas a la originalidad con que los españoles marcan nuevos rumbos a la creación literaria, originalidad e independencia que culminarán en las obras de Cervantes y Lope de Vega.

Muchos nombres podrían citarse, cultivadores de muy varias disciplinas: Francisco de Vitoria, renovador de los estudios teológicos en Salamanca, considerado hoy, en la historia del pensamiento jurídico, como el fundador del Derecho Internacional en sus famosas *Relectiones* (o conferencias), especialmente la *De indii et de jure belli*; otros dos teólogos de la Universidad salmantina, muy unidos a Vitoria, Domingo de Soto y Melchor Cano; Juan Ginés de Sepúlveda, contrincante del Padre Las Casas en la polémica americana; Sebastián Fox Morcillo, filósofo neoplatónico. Y ya en un terreno más afín al de las letras pueden destacarse entre los muchos humanistas, filólogos, traductores y comentadores, los nombres de Hernán Núñez (llamado "Pinciano" y el "Comendador Griego"), Hernán Pérez de Oliva, Francisco Sánchez de las Brozas, "el Broncense," Pedro Simón Abril, Alonso López Pinciano y el famoso escriturario Benito Arias Montano, encargado por Felipe II de dirigir la *Biblia Poliglota* de Amberes.

La mayoría de las obras, si no todas, de estos humanistas y otros no citados, están escritas en latín. Son además, cuando no traducciones, comentarios a autores antiguos, es decir: filológicas, de carácter erudito o estrictamente didáctico Su estudio corresponde por tanto a la historia de la cultura, de las ideas, o de disciplinas especiales, no a la historia de la literatura. Es importante, sin embargo, no olvidar que la creación literaria en este período está íntimamente vinculada a este medio saturado de humanismo; que existe una relación estrecha entre el humanismo renacentista, en todas sus ramas, y el sentimiento artístico, porque lo dicho de la literatura podría aplicarse igualmente a las artes plásticas o a la música de un compositor como Tomás Luis de Victoria o de un teórico como Francisco de Salinas, el amigo de Fray Luis de León.

I. La prosa didáctica y el erasmismo

En el conjunto del humanismo renacentista, esbozado en las páginas anteriores, hay un aspecto que entra de lleno en el estudio de la literatura: la obra de los humanistas, o de escritores muy influidos por el humanismo, que escribieron en castellano con propósitos literarios, con una actitud personal, esto es, con voluntad de estilo, análoga a la que señalábamos en algunos prosistas del prerrenacimiento. Tratan temas morales, históricos, políticos y religiosos. La materia didáctica toma en ellos un sesgo con frecuencia crítico y satírico. Las cuestiones doctrinales alternan con una erudición varia y miscelánea de anécdotas o de observaciones de la propia experiencia. Algunos de ellos se cuentan entre los creadores, o al menos precursores, de la gran prosa clásica. Tal es el caso de Antonio de Guevara, de Alfonso y Juan de Valdés o de otros escritores menos conocidos que, con los hermanos Valdés, formaron el núcleo del movimiento erasmista.

Antonio de Guevara y la literatura moral. — Entre los prosistas de este tiempo fue Antonio de Guevara (1480?-1545) uno de los que alcanzaron fama en España y fuera de ella. Justamente la busca del éxito mundano y literario parece haber sido móvil fundamental de su vida. Se educó en la corte de los Reyes Católicos, quizás al lado del príncipe don Juan. Fue fraile franciscano; a partir de 1504, orador sagrado de renombre, Inquisidor en Valencia, obispo de Guadix y Mondoñedo. Ostentó los títulos de Predicador y Cronista oficial de Carlos V, acompañó al emperador en la expedición de Túnez y en el viaje a Italia en 1535, y llegó, al parecer, a ocupar en la corte un puesto más influyente del que habían sospechado sus biógrafos, si, según ha demostrado Menéndez Pidal, se deben a la pluma de Guevara algunos discursos importantes de la política imperial.

Autor bastante prolífico, sólo nos interesan tres de sus libros: *Relox de Príncipes* (1529), *Menosprecio de corte y alabanza de aldea* (1539) y *Epístolas familiares* (1539). En los tres hallamos un estilo muy personal, un ingenio fértil en invenciones y una variada erudición, cuya solidez y autenticidad fue ya puesta en entredicho por sus contemporáneos.

El *Relox de Príncipes y Libro de Marco Aurelio,* fusión un tanto arbitraria de dos obras diferentes, es una biografía novelada y enteramente apócrifa del emperador Marco Aurelio, combinada con un tratado político sobre la educación del príncipe cristiano y el buen gobierno del estado a la manera de los doctrinales de la Edad Media. Hay en la obra de todo: discursos sobre el matrimonio y la familia; invectivas antifeministas; una comparación entre el cristianismo y las religiones antiguas; ideas sobre la guerra y otros temas políticos; reflexiones sobre la muerte; cartas, anécdotas, consejos, ejemplos y episodios diversos, que en la mayoría de los casos nada tienen de histórico. Son pura fantasía del travieso ingenio de Guevara. Hay, con todo, páginas que conservan su viveza e interés. Así, las dedicadas a Faustina, la mujer del emperador, y más especialmente la larga "plática del villano del Danubio," el trozo más logrado de la obra y el de mayor fortuna literaria. Por boca de su villano (posible antecedente de la idea del "buen salvaje"), Guevara enaltece la vida natural y ataca la corrupción de Roma, totalmente desinteresada de la miseria de sus remotos vasallos. Bajo el ropaje antiguo se advierte la crítica de graves problemas del tiempo: imperialismo, espíritu bélico y más concretamente, como han apuntado René Costes y Américo Castro, colonización americana y problema del indio.

En el *Menosprecio,* Guevara transporta a la estructura misma de la obra el artificio estilístico, básico en toda su prosa: la antítesis amplificada retóricamente. El libro presenta un contraste, mantenido en una cadena interminable, entre los goces de la vida rústica y los peligros de la corte para la salud del cuerpo y del alma. La vida de la aldea es buena porque allí disfruta el hombre de mil deleites naturales, como la alimentación abundante, el descuido en el vestir, el trato sin cumplimientos enfadosos con los vecinos, y de una independencia sólo posible en el retiro de los afanes mundanos. En cambio, la corte es escuela de vicios y encrucijada donde se despluma al inocente; no existen allí ni justicia, ni lealtad, ni honestidad, ni virtud. Tiene el cortesano que solicitar, adular y estar siempre pendiente de los favores o disfavores del poderoso. La semejanza, en algunos aspectos, con las ideas que inspiran la "plática del villano del Danubio," es evidente. La obra entremezcla los ideales del humanismo estoico —alabanza de la vida retirada, de la paz del campo— con la complacencia con ciertos goces no muy estoicos, como el buen comer, y un moralismo cristiano para el que lo más importante es la salvación del alma. Todo ello en forma divertida a veces pero poco convincente.

En las *Epístolas,* cartas dirigidas a diversas personas y escritas probablemente pensando en el público, aunque Guevara lo niegue, se tratan todos los temas imaginables con un espíritu inquieto, curioso, mundano, de humor fácil y viva imaginación. Un grupo tiene interés político e histórico, como el que se ocupa de la guerra de los Comuneros. Algunas comentan textos sagrados; en otras se discurre sobre la influencia de los humores en las enfermedades, el tocado de las damas, o los enojos que las enamoradas dan a sus amigos, sobre todo si son viejos. Moral, erudición, historia, anécdotas muy variadas, consejos pintorescos y toda clase de noticias acerca de la vida corriente, forman la urdimbre de las epístolas en las que algunos críticos han visto como un antecedente remoto del ensayismo moderno. Para otros está Guevara todavía, en lo fundamental, dentro de la corriente del didactismo medieval.

Medieval también y continuación de usos del siglo xv parece ser la base retórica de su estilo. Ahora bien; esta base retórica se combina, renovándose, en forma muy peculiar, con la lengua hablada, o al menos

Guevara sabe dar esa impresión en medio de todos sus artificios: aliteraciones, contrastes, construcciones paralelas, similicadencias, parejas de sinónimos y juegos de palabras con una superabundancia a veces fatigosa.

No poco debió de contribuir este estilo a su éxito, visible en las múltiples ediciones y traducciones. La huella de Guevara puede verse en muchos autores posteriores, incluso Cervantes, y, particularmente, en las ingeniosidades y agudezas de culteranos y conceptistas. Su influjo no se limita al estilo. Por ejemplo, en Guevara encontramos —al hacer la crítica de la vida cortesana— la figura del hidalgo hambriento y pretencioso, así como esbozos de rufianes, embaucadores de bolsas, hampones, truhanes y busconas, que aparecen luego en la picaresca. Fuera de España, Montaigne fue lector de las *Epístolas,* y hay en sus ensayos reminiscencias del obispo de Mondoñedo. Siempre se ha dicho que Guevara influyó en la génesis del "eufuismo" inglés. Algunos críticos lo ponen hoy en duda. Es cierto, sin embargo, que John Lyly, el autor de *Euphues,* fue lector atento de Guevara, especialmente de *Dial of Princes,* la traducción del *Relox,* hecha por Sir Thomas North.

De Guevara arranca también la tendencia, aneja al ensayo, que podríamos llamar el moralismo laico o mundano del Siglo de Oro para distinguirlo de la moral estrictamente religiosa de los escritores ascéticos y místicos. Como todo en Guevara, tiene este moralismo sus antecedentes medievales o prerrenacentistas (siglo xv), pero en él toma formas más precisas. La distinción entre la literatura moral de Guevara (o de un Saavedra Fajardo y un Gracián, en el siglo xvii) y la de los escritores místicos o ascéticos consiste en el problema que a cada grupo preocupa.

Para el místico, la moral es medio de alcanzar la perfección necesaria para la unión con Dios. Para moralistas como Guevara o Gracián, medio de gobernarse en la vida, de hacer frente a las situaciones que el trato social plantea. El moralista laico se ocupa de la vida exterior, de las relaciones del hombre con los otros hombres; el místico, de la vida interior, de las relaciones del hombre consigo mismo y con Dios. Unos piensan en el éxito del individuo en la sociedad; otros, los místicos, en la salvación del alma. De ahí nace una clara separación en el estilo: sentencioso, conceptista y satírico en los moralistas laicos; poético y espiritualista en los místicos. No debe entenderse por esto que Guevara o los moralistas afines a él eran ajenos a las preocupaciones religiosas del tiempo, ni tibios en su fe. Todos están inmersos en la atmósfera católica de España en los siglos xvi y xvii, y personalmente muchos de los cultivadores del moralismo laico, como el mismo Guevara, eran religiosos de profesión. Son simplemente manifestaciones literarias distintas.

Los hermanos Valdés y el erasmismo. — Un movimiento espiritual que durante la primera mitad del siglo XVI tuvo una gran importancia en España fue el erasmismo, impulsado por un selecto grupo de humanistas, personajes políticos y dignatarios de la Iglesia. Constituye uno de los capítulos esenciales de la espiritualidad española en los albores de su gran literatura religiosa y profana del siglo XVI. Ha sido estudiado en un libro magistral y casi exhaustivo de Marcel Bataillon. Aquí sólo daremos unas indicaciones sumarias sobre su origen y desarrollo antes de ocuparnos de sus manifestaciones literarias más importantes.

Facilitada, en un principio, por las relaciones políticas con los Países Bajos, la influencia de Erasmo, el humanista de Rotterdam, aunque tardía y circunscrita a un período no muy largo, se extendió entre los españoles y alcanzó una gran intensidad.

A 1516 se remontan los primeros contactos directos, cuando el abad de Husillos dirige una carta a Cisneros manifestando su entusiasmo por la traducción del Nuevo Testamento e incitando al Cardenal a que invitase a Erasmo a colaborar en la *Poliglota complutense*. Invitación que Cisneros hizo en efecto y que el sabio holandés no llegó a aceptar. Consejero del joven Carlos I, corresponsal y amigo de varios humanistas españoles, en especial de Luis Vives, la influencia de Erasmo fue creciendo rápidamente. En 1520 aparece la primera traducción castellana de una de sus obras, *El tractado de la querella de la paz* (*Querella pacis*) del canónigo sevillano Diego López de Cortejana. En Palencia, Alcalá, Sevilla hay grupos importantes de erasmistas. "Durante los años 1522 a 1525 —dice Bataillon— comienzan a congregarse en torno a Erasmo todas las fuerzas locales de renovación intelectual y religiosa; en este momento es cuando nace el erasmismo español." Y en 1526 se publica el *Enquiridion o Manual del caballero cristiano*, traducido por el arcediano de Alcor, Alonso Fernández de Madrid, la obra que probablemente alcanzó más difusión. A partir de ese año se multiplican las traducciones de los libros de Erasmo, que, según Bataillon, "disfrutaron en España de una popularidad... en lengua vulgar cuya analogía se buscaría en vano en cualquier otro país de Europa."

A facilitar el influjo de las doctrinas de Erasmo contribuyó el ambiente de humanismo cristiano iniciado por Cisneros. Una de sus manifestaciones externas fue la espiritualidad exaltada del iluminismo con los excesos de *alumbrados* y *dexados*. Erasmismo e iluminismo se confunden en ciertos medios, y algunos de los erasmistas más ilustres, como Juan de Vergara y Juan de Valdés, tuvieron contacto con los alumbrados.

En su momento culminante, uno de los centros fuertes de erasmismo fue la corte imperial. Tuvieron también inclinaciones erasmistas dos de las más altas dignidades eclesiásticas: Alonso de Fonseca, arzobispo de Toledo, y Alonso de Manrique, arzobispo de Sevilla e Inquisidor General. Es justamente al morir Manrique, en 1538, cuando el partido antierasmista, muy fuerte desde el comienzo, logra poner coto al movimiento. Aumentan los procesos inquisitoriales, hasta que en 1559 las obras de Erasmo aparecen en el *Índice* y, por tanto, quedan prohibidas. Ya se ha reunido, hace años, el Concilio de Trento, entramos en la Contrarreforma y el erasmismo se liquida, aunque el influjo del humanista de Rotterdam, especialmente del autor de los *Coloquios,* no desaparezca por entero en la creación literaria.

Entre sus discípulos españoles las doctrinas de Erasmo se reflejaron en varias tendencias:

a) Crítica de la corrupción eclesiástica, basada en la fórmula de *monachatus non est pietas.* Es decir, que la perfección espiritual, la piedad, no se alcanza sólo y automáticamente por vestir el hábito religioso o pertenecer a una orden y practicar sus reglas; puede alcanzarse igualmente en un estado laico.

b) Defensa de la religión interior y crítica de las manifestaciones externas, ritos, ceremonias, oración puramente verbal, cuando no nacen del verdadero sentimiento religioso.

c) Vuelta a la simplicidad del cristianismo primitivo, a la pura doctrina de Cristo.

d) Ideal de una vida simple, honesta, basada en la fe y en la práctica de la verdadera caridad, tal y como la explicó San Pablo en sus *Epístolas.*

Los erasmistas se limitaron a atacar al Papa en su política temporal y, como Erasmo, nunca pusieron en duda la autoridad de la Iglesia en materias dogmáticas ni pretendieron romper la unidad católica.

Como forma literaria los erasmistas cultivaron con preferencia el diálogo satírico, imitación directa de los *Coloquios* de Erasmo e indirecta de los diálogos griegos de Luciano, escritor satírico-alegórico del siglo II y modelo del humanista holandés. Las dos obras más representativas de este movimiento en la literatura española son el *Diálogo de Lactancio* o *Diálogo de las cosas ocurridas en Roma* y el *Diálogo de Mercurio y Carón.* Tras una complicada historia crítica se ha probado que ambos fueron escritos por Alfonso de Valdés (1490-1532), que emerge así como la figura más notable del erasmismo español en el aspecto moral, literario y político junto a su hermano Juan, que lo es en el puramente religioso y humanístico.

Alfonso —de quien se dijo que era más erasmista que Erasmo— fue Secretario y Consejero de Carlos V. Sus dos diálogos tienen una motivación predominantemente política, y gran parte de su contenido se encamina a defender la conducta del emperador en sus diferencias con el Papa Clemente VII. El de *Lactancio* trata del saqueo de Roma en 1527 y justifica este hecho por la oposición del Papa a la política de unidad cristiana en que se inspiraba Carlos V y por la corrupción de la corte pontificia. En el de *Mercurio y Carón,* el tema político es el de las rivalidades del monarca español con Francisco I de Francia, Enrique VIII de Inglaterra y con el mismo Papa.

Fuera de su significación política, ambos diálogos tienen importancia como exposición de la moral erasmista. En el de *Mercurio y Carón* especialmente, Valdés da una visión crítica de la sociedad y del hombre, mediante el examen que Carón hace a las diferentes almas que llegan a su barca: predicadores, frailes, obispos, reyes, consejeros, etc. Aquellos que han practicado una religión falsa, externa, especialmente los eclesiásticos, se condenan; los que han hecho una vida inspirada en la caridad, trabajando honestamente en su oficio o pensando en el bien de los demás antes que en el suyo propio, aun habiendo descuidado las prácticas externas de la religión, se salvan; son los verdaderos cristianos.

Un aspecto particular merece señalarse en estas ideas de Valdés, coincidente desde luego con el pensamiento de Erasmo, pero de significación especial en la España del siglo xvi: es la insistencia en la importancia del trabajo manual: "ordené —dice el buen rey— que todos mis caballeros bezasen a sus hijos artes mecánicas juntamente con las liberales en que se ejercitasen"; y para dar ejemplo, añade: "comencé a poner mis hijos e hijas en que aprendiesen oficios." Idea que se repite en varios lugares del diálogo y que en el *Lactancio* extiende Valdés a los mismos clérigos, cuando, al atacar el celibato eclesiástico, contesta a las objeciones del Arcediano: "esos inconvenientes muy fácilmente se podrían quitar si los clérigos trabajasen de imitar la pobreza de aquellos cuyos sucesores se llaman y entonces no habrían vergüenza de hacer aprender a sus hijos con diligencia oficios con que honestamente pudiesen ganar de comer." No se trata tan sólo de la repetición de un tema retórico, el de la alabanza de los oficios mecánicos, frecuente en la Edad Media, ni tampoco de un simple eco de Erasmo. La actitud de Valdés en este punto contaba con antecedentes no literarios importantes, por ejemplo, el ideal que —según mostró Castro— mueve la fundación de la Orden de los Jerónimos, y coincide con la de Luis Vives, quien considera el trabajo productivo como una de las bases al par que uno de los fines de su pedagogía. También en América muchos de los misioneros educados en el humanismo aplicarán el mismo ideal a sus enseñanzas y fundaciones para la educación de los indios. Valdés, igual que Vives y otros escritores españoles del siglo XVI, aparte de considerar los oficios mecánicos como ocupación dignificadora del hombre, piensa, probablemente de una manera concreta, en la amenaza que para el equilibrio social suponía el desprecio hacia el trabajo manual, alentado por fuerzas poderosas en la vida española.

A la agudeza satírica en la pintura de los personajes se une, en la obra de Alfonso de Valdés, el valor literario de su prosa, una de las más puras del siglo XVI: exacta, elegante y natural, sin los excesos retóricos de la de Guevara ni las artificiosidades que encontramos en la novela.

Si Alfonso de Valdés es el gran moralista del erasmismo español, Juan (m. 1541) es su primer humanista y escritor místico. Durante mucho tiempo se atribuyeron a Juan las obras de su hermano. Hoy la personalidad de cada uno de ellos parece definitivamente fijada. Se sabe que Juan estudió en Alcalá con Francisco de Vergara y que formó parte del grupo iluminista de Escalona, inspirado por Pedro de Alcaraz, en el palacio de don Diego López Pacheco, Marqués de Villena. A don Diego dedica Valdés su primera obra piadosa, el *Diálogo de la doctrina cristiana* (1529), donde expone una concepción religiosa y mística, según la cual "todo el negocio cristiano consiste en confiar, creer, amar." Salió de España ante el peligro de posibles persecuciones y, tras una estancia de tres años en Roma, pasó a Nápoles, donde presidió un círculo de personas refinadas, entre las que Valdés extendió sus doctrinas espiritualistas, cuyo fervor y radicalismo místico ha hecho difícil clasificar. Valdés se apartó del catolicismo sin que pueda filiársele de protestante, como a algunos discípulos suyos del grupo de Nápoles, Bernardino Ochino, por ejemplo.

En Italia compuso las dos obras más importantes como exposición de sus doctrinas: el *Alfabeto cristiano,* diálogo con la bella Julia Gonzaga, la discípula más próxima a Valdés, y las *Ciento diez consideraciones divinas.* Y para sus amigos italianos escribió también el *Diálogo de la lengua,* la obra que más nos interesa aquí, compuesta hacia 1535, pero no publicada hasta el siglo XVIII. Es, después de la *Gramática* de Nebrija, el libro capital para el estudio de la historia de la lengua en los comienzos de la época moderna. En él se analiza el origen y carácter de la lengua castellana, con numerosas y a veces detalladas observaciones sobre la ortografía, la gramática, el vocabulario y otros aspectos. Frente a Nebrija, sevillano, toma como norma el lenguaje cortesano de Toledo. En el estilo, muéstrase Valdés opuesto a la afectación, y, como buen erasmista, toma los refranes como modelo de pureza y sencillez. Con este criterio se encuentran en el *Diálogo* interesantes juicios literarios sobre Mena, Encina, *La Celestina,* Torres Naharro, los libros de caballerías, etc. Con la teoría y con el ejemplo encabeza una tendencia hacia la naturalidad que veremos compartida por alguno de los grandes prosistas posteriores. He aquí definido el ideal estilístico de Juan de Valdés:

> El estilo que tengo me es natural y sin afectación ninguna, escribo como hablo, solamente tengo cuidado de usar de vocablos que signifiquen bien lo que quiero decir, y dígolo cuanto más llanamente me es posible...

Otras obras de influencia erasmista y otros escritores didácticos. — Además de las obras de los hermanos Valdés y de numerosos escritos religiosos de carácter no literario, la inspiración erasmista se encuentra en muchos autores y libros de literatura profana: los *Coloquios satíricos* de Antonio de Torquemada; *El viaje de Turquía,* que Bataillon atribuye hoy con pruebas suficientes al Doctor Andrés Laguna; el *Diálogo de las mujeres* de Cristóbal de Castillejo; la *Filosofía vulgar* de Juan de Mal Lara, colección y glosa de refranes castellanos según el modelo de los *Adagia* de Erasmo.

Caso especial es el de Cristóbal de Villalón, escritor cuya identidad no parece enteramente aclarada. Con su nombre figuran una serie de obras muy diversas, alguna sin relación, ni formal ni de tema, con el erasmismo. Se le atribuyeron otras y muy particularmente el *Viaje de Turquía.* Y todavía hoy Bataillon pone en duda que pueda ser el autor de uno de los libros más notables, dentro de la tendencia que ahora estudiamos, el *Crotalón,* publicado bajo el enigmático nombre de Cristóforo Gnósofo. Obra a la que debe añadirse otra de tipo análogo, y también atribuida a Villalón, el *Diálogo que trata de las trasformaciones de Pitágoras,* como la anterior, de carácter lucianesco.

Forman las obras citadas, y otras afines que no mencionamos, un grupo importante, testimonio de lo que Bataillon ha llamado "la estela del erasmismo en la literatura profana." En casi todas ellas se puede rastrear la sátira de filiación erasmista en forma de diálogo, con una materia variadísima de anécdotas, cuentos, observaciones y erudición. Todavía en el período siguiente las huellas de esta concepción literaria de origen erasmista serán perceptibles en autores de la importancia de Cervantes, una de cuyas obras, el *Coloquio de los perros,* procede, en la forma al menos, de esta corriente.

Con Erasmo y el erasmismo tuvo también alguna relación uno de los humanistas más conocidos en su tiempo, el sevillano Pero Mexía (1497-1551), hombre de gran saber, autor de la *Historia Imperial y Cesárea* y de la *Historia del Emperador Carlos V*, así como de *Coloquios* y *Diálogos*. Su obra más notable, muy difundida igual que otros libros de este tiempo, y lectura, al parecer, también predilecta de Montaigne, como lo fueron las *Epístolas* de Guevara, es la titulada *Silva de varia lección* (1540), miscelánea erudita, de noticias, narraciones y observaciones científicas.

Las colecciones de dichos, chistes, cuentos y relatos de diversa índole, reflejo o residuo de las corrientes de varia erudición que hemos señalado, debieron de ser muy populares en el siglo XVI. Recordaremos, por haber sido muy leídas y haber servido de fuente a la novelística posterior, la *Floresta española de apotegmas y sentencias...* (1574) de Melchor de Santa Cruz; *Los seiscientos apotegmas* (1596) de Juan Rufo, y la *Sobremesa y alivio de caminantes* (1563) de Juan de Timoneda, escritor, librero y actor, cuyo nombre va unido a la historia del romancero, del teatro y la novela. Su obra *El Patrañuelo* (1567) es la primera colección conocida de novelas cortas a la manera italiana.

En el grupo de humanistas españoles del siglo XVI, relacionados en alguna forma con la evolución literaria, debe mencionarse, por último, el nombre del médico Juan Huarte de San Juan (1530?-1591?) autor del libro *Examen de ingenios para las ciencias*, donde con sólida erudicion desarrolla el tema de los humores, el temperamento y las aptitudes intelectuales. Su influencia es visible en escritores, por ejemplo, tan distintos como Cervantes y Baltasar Gracián.

La historia. — De los géneros didácticos, la historia es, desde Alfonso X, el más próximo a la literatura. La noticia de la vida real, la narración de los sucesos, la caracterización de los personajes, propósito todo ello de la historia, tienen evidente relación con la materia de la novela o de otros géneros imaginativos. Algunos historiadores son maestros de la prosa castellana. Esto ocurre particularmente en el período clásico. El humanismo, interés por el hombre y por el pasado, inspira tanto la obra del historiador como la del poeta. No es raro, por otro lado, que en este tiempo el relato histórico dé cabida a acontecimientos legendarios y fantásticos para realzar el interés. Poesía e historia son dos mundos en los que se mueve con igual soltura la mente del escritor renacentista. El héroe histórico se proyecta con frecuencia sobre un plano poético, como el poético sobre un plano histórico, real. Y el suceso vivido se pinta con los colores del suceso imaginado.

La historia es, en los siglos XVI y XVII, género muy abundante. Toma muchas formas, renovación unas de las crónicas medievales; inspiradas otras en modelos clásicos; ya producto del nuevo sentimiento nacional, ya reflejo de hechos particulares de la época.

Expresión de los ideales nacionales fomentados por los Reyes Católicos son las varias historias o compendios de Florián de Ocampo, refundidor de la *Crónica general de Alfonso X*; Jerónimo de Zurita, autor de los *Anales de la corona de Aragón*; Ambrosio de Morales y Esteban de Garibay. En los cuatro, el espíritu nacional está unido a un concepto erudito y humanístico de la historia, que conserva, a la vez, algo de la tradición de los cronistas medievales.

Otro grupo de obras está formado por las crónicas o historias de los reinados de Carlos V y Felipe II. A él pertenecen la obra ya citada de Pero Mexía, la *Crónica de Carlos V* de Alonso de Santa Cruz y, años más adelante, la *Historia de la vida y hechos del emperador Carlos V* de Prudencio de Sandoval; la *Historia de Felipe II* de Luis Cabrera de Córdoba, y la *Historia general del mundo en tiempo de Felipe II* de Antonio de Herrera, las tres publicadas a principios del siglo XVII.

Aunque pueda parecer extraño el que se mencionen en este grupo dos obras, distantes en su fecha de composición y mucho más en el tema y en el espíritu, recordaremos aquí la *Crónica* (1527) del bufón de Carlos V, don Francesillo de Zúñiga —libro satírico, malicioso, de tono divertido y picaresco— y la *Historia de la Orden de San Jerónimo* (1600-1605) de fray José Sigüenza —uno de los mejores ejemplos de la prosa del siglo XVI— donde, al narrar la creación y construcción del monasterio del Escorial, se deja el testimonio quizás más logrado literariamente del carácter y espíritu de Felipe II.

Entre las historias de hechos particulares se destacan el *Comentario de la guerra de Alemania* de Luis de Ávila, y muy especialmente la obra de don Diego Hurtado de Mendoza (1503-1575), *La guerra de Granada*. Fue Hurtado de Mendoza personalidad de gran relieve, aristócrata de muy ilustre linaje, humanista, diplomático, maestro de la literatura epistolar, poeta que cultivó con distinción las formas italianas y las tradicionales. Se le atribuyó por mucho tiempo el *Lazarillo de Tormes*, atribución que, como hemos dicho, hoy tiende a descartarse. Su prosa histórica refleja el sentido humanístico en la fidelidad a los modelos clásicos —Salustio y Tito Livio— y en la elegante perfección del estilo. Del mismo tema que la obra de Hurtado de Mendoza —la rebelión de los moriscos granadinos en 1568— trata la segunda parte de las *Guerras civiles de Granada*, de Ginés

Pérez de Hita, inferior literariamente a la primera, de cuya significación en el desarrollo de la novela morisca ya se habló en el lugar correspondiente.

La tendencia hacia obras de carácter amplio con un espíritu nacional culmina, ya a fines de siglo, en la *Historia general de España,* del padre jesuita Juan de Mariana, escrita primero en latín y publicada en castellano en 1601. Es la obra clásica por excelencia de la historiografía española. Con sus aciertos y errores tuvo influencia muy duradera en la visión de España de la literatura histórica y pseudo-histórica. Mariana, moralista, teólogo y tratadista de temas políticos, además de historiador, es una de las figuras importantes de la prosa didáctica. Contemporáneo y hermano de orden de Mariana fue otro historiador y tratadista, Pedro de Ribadeneyra, cuya *Vida de San Ignacio* es acaso la obra más valiosa del humanismo en la historia de tipo biográfico.

Los historiadores de Indias. — Por varias razones es útil separar del conjunto de la historiografía española en el siglo xvi la llamada literatura de Indias, compuesta por las obras que tratan del descubrimiento, exploración y conquista del Nuevo Mundo y, en general, de la historia de América. En tema, espíritu y hasta en la forma representan un género con caracteres muy particulares. A un mundo nuevo, con todas las posibilidades que significaba su descubrimiento, corresponde una nueva visión de la realidad, intensificada por lo que de extraño y maravilloso presentaban el espectáculo de una naturaleza casi virgen, la psicología primitiva de sus habitantes y el brillo deslumbrador de algunas de las antiguas culturas americanas —la azteca y maya de México o la incaica del Perú— a los ojos de los conquistadores, o a la imaginación de los que de lejos seguían sus hazañas. A esto se añade la actitud de muchos de los cronistas, hombres de empresa, que narraban sus propias experiencias extraordinarias en un mundo igualmente extraordinario, que se consideraban además testigos, protagonistas e intérpretes de algo real y fabuloso al mismo tiempo. Eran gentes cuya psicología, a medida que se adentraban en el continente desconocido, iba cambiando hasta llegar a sentir y a pensar de manera muy diferente a la de sus compatriotas europeos. Con ellos, sin dejar de ser españoles, se iniciaba una forma nueva de ser español: la del español americano, de doble raíz, la de su viejo solar europeo, y la de las nuevas tierras donde, casi sin excepción, se quedaron.

Las consecuencias literarias de estos hechos son evidentes y complicadas. Su manifestación más visible es la de que gran parte de la literatura de Indias se caracteriza por un estilo distinto del de la historia de moldes tradicionales. Incluso los historiadores cultos que escribieron sin haber pisado América tuvieron que crear fórmulas no usadas antes para describir una naturaleza y unas costumbres tan diferentes de las que ellos conocían. Pero la mayoría de los cronistas fueron misioneros, que bajo la impresión de los hechos vividos, crearon una historia viva en un lenguaje vivo y no erudito.

Es ésta una literatura que hoy pertenece tanto como a la historia de las letras castellanas a la de literatura colonial hispanoamericana. Aquí, señalado el hecho de su importancia y sus principales caracteres, tenemos que limitarnos a enumerar algunas de sus obras más destacadas, ejemplos representativos de los diferentes aspectos que el género ofrece.

Como vimos, la primera noticia, al par que el primer intento de interpretación de lo que las nuevas tierras eran, se debe al mismo Cristóbal Colón en su *Carta sobre el descubrimiento* y en el *Diario* del primer viaje. Después de Colón, muchos otros navegantes y conquistadores redactaron sus impresiones o hicieron el relato de los hechos en que intervinieron. Así Hernán Cortés, en sus *Cartas de relación* sobre la conquista de Méjico, o Álvar Núñez Cabeza de Vaca, en el relato de sus *Naufragios*.

Resumen de las noticias de varios descubridores es la primera historia de conjunto, *Decades de orbe novo* (1511-1530), escrita en latín por el humanista Pedro Mártir. Obra de conjunto es también, de extraordinario valor documental como descripción de las nuevas tierras, flora, fauna, metales, costumbres, etc., la *Historia general y natural de las Indias* (1535) de Gonzalo Fernández de Oviedo, soldado y hombre de estudio, nombrado cronista oficial por Carlos V.

Obra culta, humanística, de proyección heroica de las empresas de Cortés, escrita en una prosa clásica, es la *Historia general de las Indias* (1552) de Francisco López de Gómara, de carácter general sólo en la primera parte; limitada a la conquista de Méjico, en la segunda.

La crítica apasionada de la conquista, juntamente con la defensa de los indios, inspira a fray Bartolomé de las Casas la *Historia de las Indias* y, sobre todo, la *Brevísima relación de la destrucción de las Indias* (1552), libro que se leyó mucho en todo el mundo, que abrió la gran controversia sobre la acción de los españoles en América y sirvió de fuente a la "leyenda negra" de los conquistadores.

De carácter especial y una de las más hermosas muestras del género es la *Historia verdadera de la conquista de la Nueva España*, de Bernal Díaz del Castillo. Este libro, redactado en la vejez por uno de los soldados de Cortés, hombre de acción, actor y testigo de las hazañas que narra, es reflejo del espíritu popular y colectivo que inspiraba a los conquistadores. La naturalidad con que Bernal Díaz relata los hechos más extraordinarios grabados en el recuerdo, la exactitud en el detalle, la espontánea humanidad de sus juicios, la simpatía sin sentimentalismo por los sufrimientos de los indios, y, finalmente, su prosa un poco ruda, sin retórica, pero abundante y expresiva, explican que la obra de este soldado haya sido preferida por la crítica y haya sobrevivido a las historias compuestas con mayores preocupaciones literarias.

Habría que citar a otros muchos autores: Cervantes de Salazar, Bernardino de Sahagún, Cieza de León, Antonio de Herrera, o al padre José Acosta y su valiosa *Historia natural y moral de las Indias* (1590). Pero de las obras un poco posteriores sólo recordaremos los *Comentarios reales* (1609-1617) del Inca Garcilaso de la Vega, el primer escritor propiamente hispanoamericano, hijo de un capitán español y de una princesa india. Nació en el Perú y pasó toda su vida adulta en España. De niño se educó oyendo los relatos de las viejas glorias incaicas; de hombre estudió a los humanistas y tradujo los *Diálogos de amor,* de León Hebreo. Por su pluma habla con elocuencia, por vez primera, el alma criolla: ideas europeas y sentimiento americano. Los *Comentarios* añaden a su valor artístico y espiritual, el de ser la noticia más completa sobre las antiguas civilizaciones peruanas y la mejor historia, si se exceptúa la *Crónica* de Cieza de León, de la conquista del Perú con todas su guerras civiles. Es autor también Garcilaso de *La Florida del inca o historia del adelantado Hernando de Soto,* obra de valor histórico y narrativo, aunque quizás no alcance el vivo interés de los *Comentarios*.

Rivalizando con los historiadores en sentir la atracción de una realidad con todos los atributos de lo maravilloso, surgieron los poetas cantando, ya en poemas épicos, ya en obras de carácter histórico, escritas en verso, los descubrimientos y conquistas o la naturaleza de América. A Ercilla siguieron otros, especialmente Pedro de Oña en Chile, Bernardo de Balbuena en Méjico y Juan de Castellanos en Nueva Granada.

II. Los místicos: introducción

Significación general del misticismo en la literatura castellana. —Antes de que Cervantes y Lope de Vega realicen en el terreno del arte profano la síntesis de los elementos que caracterizan al Renacimiento español, la han llevado a cabo en el arte de inspiración religiosa los grandes escritores místicos. Es el misticismo, en su totalidad y en la obra particular de sus autores representativos, la manifestación literaria más valiosa y genuina de España en el tránsito del Renacimiento a la Contrarreforma y el barroco, al promediar el siglo XVI, entre los reinados de Carlos V y Felipe II. Hagamos algunas aclaraciones:

Primera: Al hablar de síntesis en relación con Cervantes y Lope o en relación con los escritores religiosos, queremos decir que en ellos se funden y adquieren sello nacional elementos —temas, formas, tendencias ideológicas— de muy diversa índole y procedencia. A esto se refiere, por ejemplo, Dámaso Alonso al estudiar a Fray Luis de León como cifra del Renacimiento español, o cuando habla de las dos sendas —poesía a la manera italiana y poesía a la manera tradicional o, en otro sentido, poesía y teología— que confluyen en San Juan de la Cruz. Por su parte, Menéndez Pidal en su estudio "El lenguaje del siglo XVI" destaca, como rasgo distintivo del período que llama "de los grandes místicos," la creación de una lengua nacional superando normas, bien locales, bien de tipo literario, imperantes en los períodos anteriores, el de Nebrija y el de Garcilaso y los Valdés. Período de los grandes místicos, que Menéndez Pidal hace justamente preceder al de Cervantes y Lope.

Segunda: Usamos el término "misticismo" —siguiendo una convención aceptada— con significado muy amplio y, en cierto modo, inexacto, referido al conjunto de la literatura religiosa del siglo XVI y al fervor y espiritualidad que la inspira. El misticismo es, en rigor, un estado individual y muy pocos lo alcanzan. Sólo Santa Teresa y San Juan entre los escritores que vamos a estudiar. Pero el místico se forma en un ambiente espiritual, y ambos están, como veremos, muy ligados a su tiempo y a las otras grandes figuras religiosas.

Tercera: Nos interesa el misticismo con sus formas afines de sentimiento religioso en cuanto es expresión literaria. Y debe señalarse como algo peculiar, si no único, de la literatura española el hecho de que sus más grandes místicos se cuenten, a la vez, entre sus más grandes escritores, sus más excelsos poetas.

Situados en esta perspectiva vemos cómo uno de los rasgos capitales de la literatura mística es el que en ella se armonizan las contradicciones del alma española en el Siglo de Oro, así como las tensiones y conflictos que en dualidad permanente parecen caracterizar al ser español en su integralismo radical, en su "vivir desviviéndose."

Realismo e idealismo, separados hasta entonces en la novela o en la poesía, se equilibran. El espíritu medieval, aún vivo, se templa, moderniza y adquiere nueva expresión fecundado por el humanismo en su triple dirección: la clásica, la hebraica y la cristiana. El sentimiento de la belleza terrestre se sublima por el ansia de absoluto, por la percepción y apetencia de Dios, creador e imagen perfecta, a la vez, de esa belleza. Y la embriaguez de divinidad se humaniza por el sentimiento vivo de la realidad, que el místico español, aun en los casos extremos de éxtasis, nunca pierde. Juntos van ardor y abandono, contemplación y activismo, ilusión y desengaño del mundo, sentimiento poético y rigor teológico, la doctrina y la experiencia personal.

Históricamente, el misticismo español aparece como un fenómeno tardío porque, si bien el neoplatonismo renacentista había renovado las fuentes del sentimiento de lo absoluto, el misticismo era, en lo esencial, un fenómeno característico de la Edad Media, cuya continuación en la Moderna dificultaban las concepciones naturalistas y racionalistas del Renacimiento. Y sin embargo, España, que es casi el único país que no produce ningún gran escritor místico en el medioevo, salvo los árabes y el mallorquín Raimundo Lulio, crea en plena Edad Moderna una literatura mística que es en gran medida la más perfecta, la más ardiente y profunda de todas.

Las causas del fenómeno son complejas y ninguna de las explicaciones que de su origen se han dado satisface por entero. Para algunos es resultado del fermento semítico absorbido durante la larga convivencia con los árabes y que en el siglo XVI, en el momento de máxima tensión espiritualista, sale a la superficie. Otros lo interpretan como explosión de la energía espiritual acumulada en ocho siglos de guerras religiosas; como mera supervivencia medieval; o como consecuencia del contacto español con los países germánicos donde en los últimos siglos de la Edad Media habían surgido las grandes figuras del misticismo —el maestro Eckhart, Tauler, Ruysbroeck, Thomas à Kempis. Se ha apuntado también (Américo Castro, Bataillon) que el misticismo fue la vía de escape abierta a la espiritualidad española dentro de la ortodoxia católica, después de que el Concilio de Trento y la Contrarreforma terminaron con el fervor de intimidad religiosa representado por los erasmistas y cerraron las posibilidades nacionales de satisfacer, fuera de la más estricta ortodoxia, los anhelos de conocimiento interior y de conocimiento del mundo que el humanismo había despertado.

Todas estas interpretaciones son válidas pero parciales. Hay en el misticismo español indudables reminiscencias (señaladas en detalle por Asín y otros arabistas) del misticismo semítico; los místicos alemanes y de los Países Bajos son fuente inmediata de muchas de las doctrinas de los místicos españoles; el activismo combativo de todos ellos, su espíritu de propaganda, su decidida oposición a cualquier ligero brote de disidencia heterodoxa, muestran la supervivencia del espíritu de cruzada y guerra santa, heredado de la Reconquista, reforzado ahora por el ardor de la Contrarreforma. En cuanto al fervor de intimidad religiosa es evidente también su semejanza con el de algunos erasmistas. La afinidad espiritual del más caracterizado de ellos, Juan de Valdés, con los místicos ortodoxos es prueba irrecusable. Y una de las corrientes más claramente perceptibles en la filosofía y en la forma —concepto del amor y diálogo— de algunas de las obras místicas es el neoplatonismo renacentista.

Es, pues, el misticismo resultado de causas muy diversas y de una combinación de ellas.

No tanto suma como síntesis. Hatzfeld ha estudiado la influencia conjunta de Raimundo Lulio ("probable eslabón entre el misticismo musulmán y el cristiano") y de Van Ruysbroeck en el lenguaje —conceptos, metáforas, vocabulario— de los místicos españoles. Y lo mismo podrían señalarse otras influencias de distinto origen. Ahora bien; la síntesis no se hubiera producido sin una tendencia, profundamente enraizada en el espíritu español, que le hace lanzarse con ímpetu voluntarioso a querer convertir en realidad viviente los ideales absolutos (no es otra cosa el quijotismo), ni sin una serie de factores históricos, sociales, religiosos. No debe olvidarse que España se pone entonces a la cabeza de la ofensiva contrarreformista y combate, por igual, a los protestantes, a los turcos, la relajación pagana de la Italia papal y renacentista o cualquier desviación heterodoxa en su propia casa.

Es, pues, esta explosión de energía espiritual un fenómeno peculiarmente español del siglo XVI. Con razón dijo G. C. Rawlinson que si la faz de la Inglaterra isabelina es la del "hombre que conquista el mundo," la de Castilla en la misma época es la del "hombre que asalta las alturas del cielo." [1]

El fenómeno es paralelo e idéntico en sus raíces a otros muchos fenómenos artísticos, vitales y hasta políticos de la misma época. Sólo enfocándolo así se puede entender su transcendencia y su valor como expresión de lo más profundo del alma española —quizá fuera mejor decir castellana— en su momento de máximo poder creativo. Después de la extraordinaria vitalidad de los cincuenta años anteriores, el alma española va a volverse hacia dentro; su cultura entra en un proceso de involución. Nótese que aquella vitalidad no había tomado sólo el camino de la acción, aunque sea en este terreno donde se muestra más visible. Se muestra con el mismo ímpetu, por ejemplo, en la creación de los géneros literarios;

---

[1] *An Anglo-Catholic's Thoughts on Religion,* London, 1924, pág. 71, cit. por E. A. Peers, *Studies* ..., I, pág. XV.

en la asimilación de las formas de la cultura moderna; en la obra de sus humanistas. Agotados, al iniciarse la crisis del humanismo, los caminos de la acción y resistiéndose a entrar en las vías del racionalismo moderno, siente el español la necesidad de renunciar a la posesión de lo fugitivo, después de aceptar intelectualmente como única explicación valedera de la vida la de la doctrina católica. Todo su dinamismo aún vivo, todo lo que le queda aún de voluntad combativa, lo va a aplicar a la defensa de esa doctrina con la espada y con la letra. Oliveira Martins, intérprete penetrante de la civilización ibérica, definió exactamente el fenómeno: "El español —dice— encuentra en el misticismo un fundamento para su heroísmo e hizo del amor divino la mejor arma para su brazo." [2]

También Unamuno considera el misticismo como síntesis de las contradicciones del alma castellana y como móvil inspirador de su activismo: "Afirmaba el alma castellana castiza ... dos mundos y vivía a la par en un realismo apegado a sus sentidos y en un idealismo ligado a sus conceptos ... Intentó unirlos y hacer de la ley suprema ley de su espíritu, en su única filosofía, su mística, saltando de su alma a Dios." Y concluye: "El espíritu castellano, al sazonar en madurez, buscó en un ideal supremo el acuerdo de los dos mundos y el supremo móvil de acción." [3]

La literatura mística no es, por tanto, algo aislado o especial, sino la expresión cimera de un estado colectivo. Traduce un complejo estado del alma nacional con una sensibilidad artística, una espiritualidad y un lenguaje —prosa o verso— igualado por muy pocos escritores profanos.

En un sentido u otro, consecuencia del mismo estado de alma, son otras muchas formas de la cultura española entre 1550 y 1650: el arte idealista del Greco, que en sus cuadros —recuérdese el *Entierro del conde de Orgaz*— graba la imagen plástica de esos caballeros castellanos, fatigados de la acción, que vuelven su encendida mirada al cielo; Cervantes, combinando con su humor sin igual el idealismo más arrebatado con la melancolía de la desilusión; el desengaño de los moralistas y satíricos del siglo XVII; la riqueza imaginativa de la poesía y el teatro barrocos. Todo nace de fuentes próximas a las del misticismo, de un estado de conciencia parecido. El que esta embriaguez de lo divino, como la llamaría Santa Teresa, coincidiese con un estado social hasta cierto punto abyecto de pícaros, rufianes y vagabundos, que también deja su huella importante en la literatura, no invalida la interpretación. Recuérdese la profunda vena ascética de la picaresca. El espíritu español de la época, como su arte,

---

[2] Oliveira Martins, *Historia de la civilización ibérica*, pág. 268.
[3] Unamuno, *En torno al casticismo*, págs. 101 y 105.

se afirma en los extremos. Y el pícaro es igualmente característico de una posición intelectual que se niega a aceptar la realidad aparente como la única realidad cognoscible. Esta aceptación es la base de toda la filosofía naturalista y racionalista moderna. El español no se satisface con ello y busca una realidad superior en la que quepan Dios y el hombre individual, no el hombre abstracto del racionalismo; la tierra con todas sus cosas, bajas o altas, feas o bellas, y el cielo, imagen del sumo bien, de la suma belleza, de la suma verdad. Ésta es la significación del misticismo español en el que se ha señalado precisamente, como carácter específico, su capacidad de combinar la fe y las obras, el éxtasis contemplativo con la acción en la vida (activismo), con la percepción de la belleza sensible (realismo) y con la individualidad de la persona (sentido directo de lo humano).

Clasificación, génesis histórica y caracteres de la literatura mística. — Según Menéndez Pelayo, se escribieron en España durante el Siglo de Oro más de tres mil libros de tema religioso. Todos ellos se inspiran sin duda en el espíritu que hemos señalado más arriba, pero sólo una pequeña parte reúne los caracteres específicos del misticismo, y tal vez no pasen de una centena los de valor literario indiscutible. Hay libros de todas clases: comentarios bíblicos, vidas de santos, obras de controversia teológica, manuales de confesión, etc. Dentro de lo propiamente literario y de lo que puede aceptarse como obra mística, hay que diferenciar dos grandes grupos: las obras de ascética cristiana, entendiendo por ascética la descripción de las prácticas morales o ejercicios que preparan el alma para la perfección; y las puramente místicas. La ascética es una parte de la mística e inseparable de ella, un paso necesario de preparación del alma para la comunión con Dios. Místico, en el sentido riguroso de la palabra, es sólo aquél que por voluntad y amor y gracia, como don divino, llega a la unión con Dios; es decir, que llega al conocimiento directo de Dios por vía sobrenatural y no racional.

Dicho en otros términos, "Misticismo es el conocimiento experimental de la presencia divina, en que el alma tiene, como una gran realidad, un sentimiento de contacto con Dios. Es lo mismo que contemplación pasiva ..." [4] El escritor ascético escribe guías de conducta, tratados de moral y consejos para despojar al alma de sus ataderos terrenales. El místico describe psicológicamente sus propias experiencias del éxtasis, las fundamenta teológicamente o comunica por vía poética la presencia de Dios, su unión con el Amado, con el Esposo.

---

[4] D. Attwater, *A Catholic Dictionary,* cit. por Hatzfeld, *Estudios,* pág. 13.

La mística castellana, en cuanto describe estados y experiencias del alma, coincide en su contenido con la de todos los otros países y tiempos; es una manifestación más del misticismo universal, según está definido ya en Platón, en Plotino y en los primeros místicos cristianos. Los estados por los que el místico pasa, son:

1. Deseo de Dios y despertar del alma cuando presiente a Dios. Conversión.

2. Purificación o vía purgativa. Penitencia, disciplina, alejamiento de las cosas de los sentidos para alcanzar el estado de gracia.

3. Vía iluminativa, contemplación, meditación, concentración del alma —voluntad, intelecto y sentimiento— en Dios.

4. Noche oscura del alma; y

5. Vía unitiva: matrimonio, unión espiritual con Dios.

Partes del proceso son la preparación ascética, la meditación y la oración contemplativa.

La descripción y doctrina de estos estados espirituales forman en los místicos españoles, como en todos los demás, la materia de sus obras. La nota diferencial de los castellanos —Santa Teresa o San Juan de la Cruz, por ejemplo— es, como ya hemos apuntado, la de combinar la vida pura del espíritu místico con un activismo, un realismo y un sentimiento directo de la vida, que suelen considerarse incompatibles con el estado contemplativo y el aniquilamiento de las facultades humanas que la perfección mística requiere.

Por esa combinación y por ser el más tardío, surgido en pleno Renacimiento, el misticismo castellano aparece como una de las manifestaciones más complejas y radicales en toda la historia de la espiritualidad religiosa. En el conocimiento de lo humano, ascéticos y místicos revelaron aspectos del mundo interior, en sutiles análisis de la experiencia, que abrían nuevas vías a la psicología moderna. En cuanto a la literatura, crearon, para expresar esos estados inefables, una expresión poética, figurada, conceptual a veces y a veces realista. Es sabido que bastantes metáforas de la lengua literaria moderna fueron concebidas por Santa Teresa u otros místicos españoles y pasaron más tarde a casi todas las lenguas. En los escritores místicos y ascéticos recibe el español clásico su forma definitiva, fundiendo lo vivo de la lengua hablada con lo culto del latinismo renacentista y lo poético del estilo bíblico. De la lengua de los místicos nace también uno de los caracteres primordiales del barroco literario: la tendencia a expresar lo real por símbolos espirituales y lo simbólico-espiritual por medio de imágenes reales. Esto que la literatura posterior exagera está, en los grandes místicos, contenido por el sentido de equilibrio humanístico que es la nota artística dominante en todos ellos.

El punto culminante de la literatura religiosa española no se alcanza hasta la segunda mitad del siglo, aunque haya antes escritores y maestros de importancia, como Bernardino de Laredo (1482-1540), Alejo Venegas del Busto (1493?-1554), Francisco de Osuna (1497?-1541?), San Pedro de Alcántara (1499-1562), Juan de Ávila (1500-1569) y Alonso de Orozco (1500-1591).

El movimiento, visto en su conjunto y con sus varias causas, tendencias y circunstancias, tuvo una clara génesis histórica a partir del fervor espiritual en la época de los Reyes Católicos. De un lado, la piedad, la poesía a lo divino, la devoción cristiana representada por un Ambrosio de Montesino, traductor de la *Vita Christi* de Ludolfo de Sajonia, o del cartujo Juan de Padilla; de otro, la gran obra de Cisneros, propulsor, en Alcalá, de los estudios bíblicos y teológicos, así como de una reforma espiritual de devoción y ascetismo muy anterior a Trento. Erasmismo e iluminismo, con la extrema exaltación de los alumbrados, contribuyeron también no poco a crear un clima propicio. Al modo cómo, en un sentido opuesto, la severa disciplina intelectual y ascética de los *Ejercicios espirituales* de Ignacio de Loyola contribuyó, al riguroso dominio del sentimiento y la voluntad.

En cuanto a las escuelas y tendencias en que cabe agrupar toda esta literatura muy variada, Menéndez Pelayo las clasificó en cinco grupos correspondientes a las órdenes religiosas de mayor influencia: "ascéticos dominicos, cuyo prototipo es fray Luis de Granada; ascéticos y místicos franciscanos, serie muy numerosa en la cual descuellan ... San Pedro de Alcántara, fray Juan de los Ángeles, fray Diego de Estella; místicos carmelitas ... Santa Teresa, fray Jerónimo Gracián, fray Miguel de la Fuente, San Juan de la Cruz, etc.; ascéticos y místicos agustinos ... fray Luis de León, Malón de Chaide, el venerable Orozco, etc.; ascéticos y místicos jesuitas... San Ignacio de Loyola, San Francisco de Borja, Luis de la Puente, Nieremberg, etc." [5] Hay que añadir, al menos, dos figuras de místicos heterodoxos: Juan de Valdés, de quien ya hablamos, y más tarde, en el siglo XVII, Miguel de Molinos, el creador del quietismo.

La tradición de las órdenes religiosas influye, pues, en la orientación, ya intelectual, ya de acción, ya de sentimientos de los diversos autores. Mas por encima de las diferencias está la unidad de espíritu y doctrina. Lo

---

[5] Menéndez Pelayo, *Historia de las ideas estéticas,* vol. II, pág. 127.

esencial en cada caso será la individualidad del escritor: su temperamento, estilo y poder creativo.

III. Cuatro grandes figuras: Granada, Santa Teresa, Luis de León y San Juan de la Cruz

A la historia literaria interesan, sobre todo, cuatro grandes escritores. Cada uno de ellos, con una personalidad marcada, es cumbre de la tendencia particular de su grupo o escuela, y dechado, en su estilo, de armonía espiritual y artística: fray Luis de Granada, Santa Teresa, fray Luis de León y San Juan de la Cruz.

Fray Luis de Granada: retórico y escritor ascético. — Cronológicamente, el primero de los cuatro es Luis de Sarriá (1504-1588), conocido por su nombre de religión, fray Luis de Granada. Hombre de origen humilde, se elevó, como otras figuras sobresalientes del catolicismo, a una alta posición social dentro del ambiente de España. Fue el predicador de más autoridad en su tiempo y consejero y confesor de nobles —como los duques de Alba y de Medina Sidonia— y de los reyes de Portugal, país en el que residió muchos años y donde fue, durante cuatro, provincial de su Orden. A pesar de su fama e influencia y de la admirativa protección de la reina doña Catalina, hizo vida de ejemplaridad ascética rechazando honores y cargos como el arzobispado de Praga.

Respondiendo a la tradición intelectual y combativa de su orden, la de los dominicos u orden de predicadores —de origen español, fundada por Santo Domingo en el siglo XIII para combatir la herejía de los Albigenses— se consagró especialmente al púlpito y la confesión. Fue teólogo de vasta cultura religiosa y clásica y de fe ardiente. Su obra tiene carácter práctico y de divulgación. Es, más que místico, escritor ascético. No tuvo ni la fuerte originalidad personal de Santa Teresa, ni la elevación filosófico-poética de fray Luis de León, ni el espíritu iluminado de San Juan de la Cruz. Sus cualidades dominantes fueron un temperamento intelectual equilibrado, una viva imaginación andaluza, meridional y una delicada sensibilidad artística. Combinándolas, creó una prosa cuya abundancia y armonía tomaron como modelo inmediatamente muchos escritores religiosos y profanos. Por ella es considerado Granada como uno de los mejores prosistas clásicos.

Tradujo, con el título de la *Escala espiritual,* la obra *Scala Paradisi* de San Juan Clímaco, y se le ha atribuido también —atribución hoy discutida— la traducción de la *Imitación de Cristo* de Kempis. Influyeron en él San Ignacio y Juan de Ávila, y recogió, especialmente en su primera obra, *Libro de la oración y meditación,* ecos inconfundibles de Erasmo. A este respecto, dice Bataillon: "A Luis de Granada estaba reservado fundir de manera más decisiva la herencia de interioridad del erasmismo con muchas otras tradiciones antiguas o recientes, pero, sobre todo, con una tradición dominicana de oración mental que venía de Savonarola." [6]

De sus numerosas obras en castellano —escribió también en latín y portugués— nos ocuparemos sólo de las dos más importantes: *Guía de pecadores* (escrita en 1556, refundida con ampliaciones considerables en 1567) e *Introducción del símbolo de la fe* (1582).

La *Guía de pecadores,* el libro ascético por excelencia, es a la vez un tratado doctrinal y un manual de confesión. Exhorta al hombre para que, abandonando los cuidados del mundo, entre en soledad espiritual y elija el camino más conveniente para su salvación, que es el del bien, el de la virtud. A practicarlos está obligado el ser humano por ser Dios quien representa los valores supremos: justicia, hermosura, verdad; por agradecimiento a los dones que de él ha recibido: creación y redención; y por temor a las postrimerías: muerte, juicio, infierno. El hombre, de acuerdo con la doctrina del libre arbitrio, ha recibido de Dios la facultad de elección y es el responsable de su propia vida. La parte central de la obra va encaminada a mostrarle los beneficios de la virtud y la manera de sustraerse a las tentaciones del mundo. No sólo resuelve el hombre por medio de la virtud el problema mayor de su existencia, que es ganar la vida futura, sino que en ella, en la virtud, encuentra la única felicidad posible en esta vida, en la temporal. Vemos así cómo el humanismo, con su preocupación por la felicidad terrena, se infiltra en el pensamiento religioso.

En las otras tres partes explica la necesidad que el hombre tiene de la religión, hace la apología de la Iglesia y analiza los misterios, especialmente el de la Redención.

La exposición que podemos llamar filosófica es, aunque prolija a ratos, modelo de claridad. De mayor interés es su parte psicológica, análisis profundo del pecado, y del mecanismo de las pasiones e instintos humanos.

---

[6] Véase *Erasmo en España* II, págs. 192 y ss. Señala Bataillon también las relaciones entre la *Guía de pecadores* y el *Enchiridion,* problema al cual aportó Dámaso Alonso algunas precisas confrontaciones textuales (Cf. "Erasmo y Fray Luis de Granada," en *De los siglos oscuros...*).

Si el sistematizador de las ideas morales se muestra con todo su poder intelectual en la *Guía,* el artista imaginativo escribe las mejores páginas en la primera parte de la *Introducción del símbolo de la fe.* Al describir Granada las maravillas de la naturaleza, como creación a la vez que espejo de la belleza divina, alcanza su pluma matices de extraordinaria delicadeza; su elocuencia cobra vida y sentimiento poéticos. Es aquí, en la vibración espiritual ante la belleza sensible, donde la doctrina teológica se tiñe de reflejos de emoción mística.

Con ser en el pensamiento un expositor admirable, la gran creación de Granada es su estilo elocuente, ciceroniano, de amplio vuelo y, al mismo tiempo, preciso en el detalle, ordenado en la disposición de las cláusulas, lleno de esos deliciosos primores descriptivos, que tanto ha admirado Azorín. Al estilo, más probablemente que a la doctrina, debe fray Luis su fama de prosista y la gran influencia que tuvo. Los místicos posteriores se formaron, en parte, leyendo sus obras, y el sello de su elocuencia se percibe en todos los grandes oradores, religiosos o profanos, hasta Castelar y otros más recientes. En otros países, Francia por ejemplo, la *Guía de pecadores* fue libro muy leído, y algunos de los grandes oradores y apologistas, como Bourdaloue o Bossuet, deben sin duda algo al Padre Granada, aunque en ellos predomine el raciocinio sobre el sentimiento fogoso, que siempre termina por arrebatar al predicador andaluz. Granada es, además de ejemplo vivo de elocuencia en sus sermones y obras doctrinales, uno de los teóricos importantes de la oratoria, como género literario, en la *Retórica eclesiástica,* escrita en latín y no traducida al castellano hasta el siglo XVIII. En sus ideas acerca del estilo, lo mismo que en la práctica, su maestro es Cicerón. Sorprende ver, sin embargo, que para él no es la abundancia ni el fuego lo más importante. Prefiere la simplicidad, la claridad y el buen orden. Condena, en cambio, la afectación y el "tumultuario amontonamiento de vocablos."

Santa Teresa: humanización de la mística. — Once años más joven que fray Luis de Granada, Teresa de Cepeda (1515-1582), la santa de Ávila, representa la plenitud del misticismo español. Es, además, uno de los seres en los que el genio castellano, en lo que tiene de local y en lo que tiene de universal, se expresa con mayor evidencia. Es dura y enérgica como el paisaje de su tierra. Es también jugosa y capaz de inmensa ternura. Siendo muy femenina, dio muestras de una voluntad sin desmayo para vencer su debilidad física, acrecentada por graves enfermedades; para realizar, frente a la oposición de las autoridades eclesiásticas, la reforma de la Orden del Carmelo, en la que había profesado en 1534; para establecer numerosos conventos, y para atender después a las necesidades económicas y espirituales que el mantenimiento de los nuevos conventos requería. Atenta a todos los detalles de la existencia diaria, hasta a los más insignificantes, hay en la historia de la espiritualidad pocas almas tan inflamadas por el amor divino como la suya.

El gusto por la lectura de los libros de caballerías, la vocación de heroicas aventuras que, según cuenta, sintió en la adolescencia, se trocaron, al abrazar la vida religiosa, en el tesón de explorar los más extraordinarios misterios de la experiencia interior. Tras una vida de actividad constante, no incompatible ni con una considerable obra escrita ni con los estados de pasividad mística, murió en el convento de Alba de Tormes, donde se conservan sus restos. Fue canonizada en 1622.

Gustaba de mostrarse como una monja humilde e ignorante que escribía por mandato de sus confesores para dejar testimonio de sus experiencias espirituales, sin creer ella que tuvieran nada de extraordinario; y, sin embargo, aunque su cultura no sea comparable a la de otros grandes escritores religiosos, a través de sus lecturas y del influjo de maestros como San Pedro de Alcántara, Osuna o Bernardino de Laredo, alcanzó un considerable y suficiente saber teológico.

Es ejemplo eminente de activismo, al par que de entrega total al éxtasis contemplativo.

Es, en suma, Santa Teresa cifra de la unidad que el misticismo español consigue conjugando realidad y espíritu, vida interior y actividad exterior, lo divino y lo humano. Santa Teresa no es un caso aislado. Es sólo el ejemplo más claro de una capacidad común a casi todos los místicos españoles del siglo XVI. La capacidad de vivir intensamente una vida de contemplación religiosa y de luchas humanas, de hacer arte y filosofía con la substancia de la existencia diaria, de elevarse a veces hasta lo más abstracto y conceptual, no por un proceso lógico de deshumanización, sino intensificando, por decirlo así, lo específicamente humano: sentimiento, imaginación, voluntad e instinto, todas las potencias del alma. Resultan así los místicos —y Santa Teresa más que ninguno— ejemplo de una característica frecuente en el arte español, la necesidad de inmersión del autor como persona viva en su obra. Todos los libros de Santa Teresa, hasta los puramente doctrinales como *Camino de perfección* y *Las moradas,* son autobiográficos.

Juan Marichal ha apuntado que acaso lo más característico de su voluntad de estilo sea "el esfuerzo ... por verter, mediante la palabra escrita, al correr de la pluma, la totalidad vital de la persona." Se quiere así expresar "no lo que se ha leído, sino lo que se ha experimentado íntimamente."

En el *Libro de su vida,* el de mayor importancia, después de recordar algunos episodios de la infancia y de la juventud, describe detalladamente sus experiencias místicas, hasta llegar a la unión completa con Dios, y sus andanzas de fundadora. Como todo lo dice, es un testimonio de valor incalculable para estudiar los estados místicos, ya se interpreten como don divino, ya como manifestación psicológica. Es también un tratado completo de oración y de doctrina, síntesis de la mística experimental en sus diversos grados y vías: purgativa, iluminativa y unitiva. Es, por último, obra maestra en el género de confesiones o memorias íntimas. Nada hay probablemente comparable en este aspecto desde las *Confesiones* de San Agustín, a cuya lectura fue aficionada la santa. Se caracteriza, también, por la naturalidad pintoresca de muchas comparaciones para dar plasticidad a lo inefable y por una ardiente convicción sobre la realidad de los dones sobrenaturales, de los fenómenos extremos de comunicación de la gracia divina —estigmas, transverberación, presencia corporal de Cristo. Conceptuada como uno de los primeros ejemplos de introspección en lo recóndito de la conciencia y del mundo sentimental, esta extraordinaria biografía abrió cauces nuevos para la literatura profana tanto como para la religiosa.

El *Libro de las relaciones,* el de las *Fundaciones,* historia de su labor como reformadora y fundadora, y sus numerosas *Cartas* son complemento o ampliación de las noticias que sobre su incansable actividad religiosa da en la *Vida.*

La más perfecta de sus obras doctrinales es *El castillo interior o las Moradas.* La materia mística que en la *Vida* se describe como resultado de la experiencia personal, se ordena en las *Moradas* en un tratado completo sobre el alma y sus relaciones con Dios. Por medio de ingeniosos símbolos, pinta el alma como una casa o castillo, dividida en siete cámaras o moradas correspondientes a los siete grados de oración, en cuyo centro está Dios. Cuando, guiado por el amor divino y tras larga práctica —purgación ascética, recogimiento y quietud— el ser penetra en la última morada, se realiza la unión con el Amado, se llega al supremo estado de la escala mística: el matrimonio espiritual. La obra tiene trozos de gran belleza. Es impresionante el equilibrio que en casi toda ella se mantiene entre el más alto sentir religioso y la noción de las realidades de la vida, que se manifiesta en las constantes admoniciones a sus monjas, a quienes se destina el libro, para que el éxtasis y la oración no les hagan olvidarse de los deberes de cada hora; y en la desconfianza, en fin, ante la imaginación, "la loca de la casa," que, desviándonos de la realidad, puede conducirnos por el camino de la falsa vida espiritual. Se ve aquí, quizá más que en la *Vida,* el sentido inmediato del mundo exterior, por el que Santa Teresa, siendo el más espiritual de los místicos, es, al mismo tiempo, el más humano. A Dios se llega por todos los caminos. La contemplación no excusa la negligencia de nuestras obligaciones, sino que se afirma en su cumplimiento: "que no, hermanas, no; obras quiere el Señor."

Las dos actividades, la espiritual y la material, se confunden y apoyan mutuamente en Teresa de Jesús. De sus éxtasis sale fortificada para la lucha en el terreno religioso, hacia la que le conducían su propio temperamento y las circunstancias de España en el siglo XVI. Y, viceversa, en la acción como organizadora, en el contacto diario con los problemas de sus conventos y de cada una de sus monjas, encontraba nuevos estímulos para su anhelo de Dios.

Santa Teresa escribió también algunas poesías, ejemplo de canciones a lo divino. Sólo siete de las que se le han atribuido parecen ser auténticas. Una de ellas, la glosa que empieza "Vivo sin vivir en mí — y tan alta vida espero — que muero porque no muero," es conocidísima. Llega a veces —en algún villancico— a comunicar una genuina ternura, y siempre es visible el ardor de su alma. No era, sin embargo, el verso la forma más adecuada de expresión a un espíritu como el suyo, que parece complacerse en la llaneza. Si alcanza, como efectivamente ocurre en su prosa, las altas esferas del arte es por la virtud espontánea de su temperamento, por el vigor de su personalidad, inflamada por el amor divino.

Como los otros grandes escritores religiosos que estamos estudiando, se cuenta Santa Teresa entre los más insignes creadores de la lengua clásica. Su estilo es inconfundible, mas en su caso lo extraordinario es que el valor artístico es totalmente ajeno a todo propósito retórico, intelectual o literario. Declara reiteradamente que escribe por mandato de sus superiores y trata de hacerlo con máxima sencillez. Su pauta es la lengua hablada de todos los días Por eso mismo, el detalle realista del habla popular de Castilla la Vieja y los objetos familiares adquieren insospechado sentido metafórico. Recuérdese, entre otros muchos ejemplos, las comparaciones del agua y el huerto en el *Libro de su Vida.* Es maestra, a pesar suyo, en crear símbolos, o las antítesis más nuevas y sabrosas —vocablo este muy de su gusto— para traducir a un lenguaje vivo, pintoresco, eficaz y plástico los complicados sentimientos de la gracia y la contemplación, sus hondas experiencias místicas. Sabe conjugar, como nadie, luz y oscuridad, amargura y dulzor, sequedad y frescura, pena y gloria. Sólo San Juan de la Cruz, en un plano poético más alto, irá más lejos en el uso de las antítesis cargadas de sentimiento e inefable espiritualidad.

Fray Luis de León: poeta y humanista. — Espíritu activo, vehemente y dotado de un sentimiento directo de la realidad del mundo como el resto de los místicos españoles, fray Luis de León (1528-1591) es, entre ellos, el escritor de temperamento intelectual por excelencia, en quien idea y forma, cultura y vida, humanismo y religión, percepción de la belleza y austera concepción moral se funden indisolublemente por la fuerza de una excelsa sensibilidad poética. De ahí que críticos como Menéndez Pelayo, Unamuno, Federico de Onís, A. F. G. Bell, Dámaso Alonso u Orestes Macrí hayan visto encarnada en su figura la máxima armonía a que, en su madurez, llega el Renacimiento español.

Nació en Belmonte, provincia de Cuenca, en Castilla la Nueva. Era de familia acomodada, con algunos antepasados conversos. Su padre, abogado de Corte, se trasladó pronto a Madrid. A los catorce años fue el joven Luis a Salamanca, donde ingresó en la Orden de San Agustín y donde pasó la mayor parte de su vida, salvo estancias más o menos prolongadas en diversas ciudades —Toledo, Soria, Alcalá, Granada, Madrid— y los años de encarcelamiento en las prisiones inquisitoriales de Valladolid. Se dedicó al estudio de la Sagrada Escritura, de la Teología y de los clásicos. Fue en la Universidad salmantina discípulo de Melchor Cano y de Domingo de Soto, y, más tarde, uno de sus profesores más famosos.

Casi desde el comienzo de su vida como catedrático se vió envuelto en las tremendas luchas y controversias universitarias fomentadas por rivalidades personales y de las órdenes religiosas. En esas luchas se fraguó el largo y duro proceso inquisitorial con sus cinco años de cárcel (1572-1576). El motivo inmediato fueron las discusiones entre los teólogos salmantinos sobre la reimpresión de la Biblia de Vatable. Fray Luis y sus compañeros, que formaban el bando hebraísta —partidario de consultar el texto hebreo para la interpretación de lugares dudosos— fueron tachados de judaizantes y acusados formalmente, entre otras cosas, de irrespetuosos con la interpretación de los santos, de ser afectos a las "novedades" y de poner en duda la autoridad de la Vulgata, en contra de lo decretado en Trento. En el caso de fray Luis se le acusaba de haber traducido, años antes, en 1561, el *Cantar de los Cantares*.

Salió de la cárcel vindicado y volvió triunfante a Salamanca. Se dice que en las paredes de la prisión dejó escrita la décima "Aquí la envidia y mentira/ me tuvieron encerrado," y existe también la leyenda de que reanudó sus lecciones universitarias con la frase "Decíamos ayer." Si los versos citados muestran el lado combativo de su temperamento, la frase con que volvió a la cátedra, verdadera o falsa, es símbolo de la serenidad de su alma. Muestran las persecuciones de fray Luis, como las que sufrieron

Santa Teresa o San Juan, que la Iglesia oficial y la Inquisición miraban con desconfianza la fe ardiente, el acento íntimo de los místicos y, en el caso de nuestro autor, su libertad de espíritu, que nunca trascendió los límites de la ortodoxia. No hay que olvidar el ambiente de polémica religiosa y doctrinal del siglo XVI hasta llegar a afirmarse la inflexible unidad de la Contrarreforma.

No cesaron con su liberación las persecuciones de sus enemigos, pero la fama de fray Luis fue creciendo y los últimos años de su vida fueron más tranquilos. Los dedicó principalmente a defender la reforma teresiana y a preparar, en Madrid, la edición de las obras de la Santa, a la que parece que no conoció personalmente. Murió en Madrigal, poco después de haber sido elegido Provincial de su Orden.

En su obra se aúnan la tradición del cristianismo medieval y la tradición castellana, la hebraica de la Biblia y la clásica. Esta última en varias direcciones: Platón en las ideas, el estoicismo en la moral; Virgilio y Horacio en la poesía, además de lo neoclásico italiano, absorbido directamente y a través de Garcilaso. Importante es también la influencia que en su compleja formación dejó el carácter de su orden, orden estrictamente intelectual, pero en la que, por reflejo de San Agustín, su fundador, el intelectualismo conserva un sentido místico y contemplativo, a diferencia del intelectualismo raciocinante de los escolásticos dominicos, discípulos de Santo Tomás. Fueron éstos, los dominicos, quienes encabezaban el partido de los enemigos de fray Luis en la Universidad. De San Agustín procede la sentencia que, según el Padre Ángel Custodio de la Vega, podría servir de lema para fray Luis: "Unidad en las cosas necesarias, libertad en las dudosas y caridad en todas."

La combinación de tan diversas tendencias explica la armonía de su espíritu, siempre presente, tanto en las ideas y actitudes como en el estilo. El lenguaje de fray Luis es modelo de supremo equilibrio. La lengua popular, de la que hizo el mejor elogio en uno de los prólogos a *Los nombres de Cristo,* la lengua que, según dice, allí "maman con la leche los niños y hablan en la plaza las vendedoras," se ennoblece, concierta y matiza con la gravedad del asunto y con todas las sutilezas de la lengua culta. Y ésta, aprendida en las mejores fuentes al traducir pasajes de la Biblia o de los grandes clásicos, cobra vida en su pluma. El resultado es un estilo único, sobrio en la abundancia, selecto y espontáneo, preciso y luminoso; poético y natural al mismo tiempo.

En la obra de fray Luis la poesía y la prosa no forman dos mundos separados. Son únicamente dos manifestaciones distintas de un mismo espíritu, de idénticos anhelos. La poesía es siempre en él poesía de meditador: en ella las ideas alimentan el sentimiento. La prosa es prosa de poeta; en ella el sentimiento da vida a las ideas. El estilo es en ambas igualmente perfecto y hasta podría decirse que a veces la pura belleza poética de la lengua se expresa con mayor evidencia y mayor fuego en algunas páginas de los *Nombres de Cristo* que en su verso.

Llegó a la perfección por estudio y esfuerzo consciente, por el deseo de elevar el castellano al rango de las lenguas clásicas. La estrofa dominante (casi la única) en su poesía original (no en la traducida) es la lira, una de las más ceñidas y exactas. En cuanto a su idea del estilo, declara en el prólogo antes aludido (el dirigido a don Pedro Portocarrero en el tercer libro de los *Nombres*) que el hablar, o sea el escribir bien

> "... no es común, sino negocio de particular juicio, ansí en lo que se dice como en la manera como se dice; y negocio que de las palabras que todos hablan elige las que convienen y mira el sonido de ellas, y aún cuenta a veces las letras y las pesa y las mide y las compone, para que no solamente digan con claridad lo que pretenden decir, sino también con armonía y dulzura."

Sus poesías originales no llegan a cuarenta. El resto de su producción poética está formado por traducciones de fragmentos bíblicos —salmos, algunos capítulos del *Libro de Job,* el *Cantar* ..., *Proverbios*—; de poetas clásicos —Virgilio, Horacio, Píndaro, Tibulo—; y de algunas canciones o sonetos de Petrarca y Bembo. En el verso de fray Luis se advierten vestigios de estos poetas traducidos por él, a quien sin duda tomó por maestros. Pero vestigios asimilados en una expresión y un acento personalísimos, como nacidos de un alma profunda de poeta.

La obra poética quedó inédita hasta que la publicó Quevedo en 1631, pero debió de circular bastante entre sus amigos, a juzgar por el número de manuscritos que se conservan. En un prólogo, dirigido también a Portocarrero, cuando fray Luis pensó en dar a la luz sus poesías, habla de ellas como de "obrecillas" de su mocedad. La mayoría se han fechado, sin embargo, alrededor de 1570, o en años posteriores. Es decir, son obras de madurez, compuestas ya cumplidos los cuarenta.

El mundo poético de fray Luis, sobrio y concentrado, presenta unidad inconfundible, centrada en varios sentimientos cardinales: *a)* ansia de soledad y retiro íntimo en comunión con la naturaleza; *b)* contemplación del orden natural —huerto, otoño, noche— y, a través de esa contemplación, escape de la realidad; *c)* anhelo de paz; y *d)* elevación hasta que llega a sentir la armonía del universo, creación y reflejo de la armonía divina, en consonancia con la calma serena de su propia alma. Así, el poeta horaciano (separación del mundo) y el virgiliano (percepción de la belleza natural sensible) van integrándose con el meditador platónico. Por su platonismo, fecundado por la fe religiosa, fray Luis, que no es místico experimental en la acepción estricta de la palabra como lo es Santa Teresa, por ejemplo, llega, sin embargo, a estados de contemplación muy semejantes a los del verdadero misticismo.

Hay quien, fundándose en un significado riguroso de la palabra, ha negado en absoluto tal misticismo. Así Hatzfeld, que llega a motejarle de "tardío filólogo erasmista y seudomístico agustino" y, en otros lugares, de manierista y repetidor de tópicos.[7] Frente a esta interpretación, a todas luces excesiva, preferimos la más meditada y exacta de Dámaso Alonso, quien, tras de citar algunas estrofas de la "Oda a Salinas" y la "Noche serena", en las que mejor se logra la expresión de un sentimento contemplativo, pregunta: "¿Merecerá, acaso, Fray Luis, el nombre de místico?" Y contesta:

> En algún instante, bien que por vía intelectual, llega al éxtasis... Si por misticismo entendemos el impulso místico, el ansia de elevarse a la unión con Dios, Fray Luis es místico, porque éste es el sentido de toda su poesía. Si entendemos la función con Dios, como está intuida en Santa Teresa o en San Juan de la Cruz, nada más lejos del misticismo que nuestro poeta. Su posición es la del desterrado que mira con envidia los prados altos y cencidos. [8]

Y, en efecto, el sentimiento cardinal es, en su poesía, el de la "nostalgia del desterrado." Hombre entregado a los combates del mundo, exclama una y otra vez y en diversos tonos:

> ¿Cuándo será que pueda
> libre de esta prisión volar al cielo...?
> *(A Felipe Ruiz)*

> Morada de grandeza,
> templo de claridad y hermosura,
> el alma que a tu alteza
> nació, ¿qué desventura
> la tiene en esta cárcel baja, escura?
> *(Noche serena)*

---

[7] H. Hatzfeld, *Estudios literarios sobre mística española,* pág. 211 y passim.
[8] "Notas sobre Fray Luis de León y la poesía renacentista," en *Ensayos sobre poesía española,* págs. 167-68; véase también *Poesía española,* págs. 169-70 y 195-96.

De acuerdo con los sentimientos y temas dominantes podemos ordenar la poesía de fray Luis en varios planos coordinados:

1.   Plano horaciano, caracterizado por el ansia de retiro y el deseo de olvido de los combates del mundo, partiendo del sentimiento directo de la naturaleza: "Vida retirada," "Al apartamiento," "Al otoño." De Horacio toma también la estructura de algunas odas.

2.   Plano platónico-pitagórico, caracterizado por la vocación contemplativa, el sentimiento de la armonía del mundo y la visión del orden universal: "Noche serena," "A Felipe Ruiz" (¿Cuándo será que pueda?), "A Francisco de Salinas," oda en la que acaso culmina el anhelo contemplativo del poeta, su sentimiento de la belleza pura.

3.   Plano místico-religioso: "Morada del cielo," "En la Ascensión."

Hay otras poesías de índole diferente: de inspiración moral, como "A Felipe Ruiz, sobre la avaricia," "Contra un juez avaro"; de tema patriótico, histórico y acento bíblico, como "Profecía del Tajo," "A Santiago"; de tema enteramente profano, como "De la Magdalena," "Las sirenas de Cherinto."

Todas las poesías participan de un lirismo inconfundible y en todas la serenidad es resultado de un contenido palpitar humano; la imaginación está siempre sometida al espíritu, sirve de auxiliar, no de guía, a la voluntad de conocimiento, y la sabiduría, humanizada por el sentimiento, cae rara vez en lo didáctico. Es esa serenidad, conseguida a fuerza de combates y de elevación, la clave de la grandeza de fray Luis y de la gran atracción de su poesía, cuyo valor está por encima de las variaciones del gusto. Podrá haber momentos en que se prefiera, de acuerdo con las modas imperantes, a otros poetas —Garcilaso, Lope, Góngora— pero el lirismo de fray Luis, como el de Jorge Manrique, halla siempre eco en el alma del lector. En ambos, poesía y sentido moral son inseparables.

Su prosa participa de los mismos caracteres y refleja más ampliamente la doctrina, el sentimiento y el espíritu que vemos concentrados en su obra lírica. Más importante por su valor ideológico, no ha alcanzado sin embargo la difusión de su poesía. Parte de la prosa es también traducción de libros de la Biblia. Entre las obras originales, la fundamental es *De los nombres de Cristo,* diálogo a la manera platónica, en el que tres interlocutores discurren, en la paz del huerto, acerca del contenido y significación de los nombres que se dan a Jesucristo en la Sagrada Escritura: —Pimpollo, Faces de Dios, Camino, Pastor, Monte, Padre del Siglo Futuro, Brazo de Dios, Rey de Dios, Príncipe de Paz, Esposo, Hijo de Dios, Amado y Jesús. Es un tratado de filosofía religiosa, de teología, de mística. Un compendio de las ideas de fray Luis sobre Dios, la naturaleza, el hombre y la sociedad. En sus páginas asoma el espíritu humanístico y humano de fray Luis, inflamado de justicia, de sentimiento, de comprensión. La idea básica es que Dios, al encarnar en su hijo, vino a derramar nueva gracia en el mundo. Cristo recapituló —de ahí sus varios nombres— todo lo creado.

Hay pasajes de ardorosa poesía, y otros de gran belleza descriptiva. Es, en fin, según opinión general, una de las obras más bellas de la prosa castellana. Pero no es libro fácil; requiere para gozar de su estilo o penetrar en su doctrina —síntesis de saber humanístico y teológico— lectura lenta, reposada.

Sabido es el entusiasmo que algunas de sus páginas suscitaba en Menéndez Pelayo. Para Macrí representa la culminación del Renacimiento en la literatura católica: "... el clasicismo cristiano —dice— tiene en los *Nombres* su máximo texto ejemplar." Y, según Bataillon, "... es el libro que se levanta por encima de toda la literatura espiritual de la época de Felipe II." Y añade, más adelante: "Su perfección, su complejidad, su profundidad, anuncian a un genio literario y religioso absolutamente excepcional." [9] La más conocida de las obras en prosa de fray Luis es *La perfecta casada,* libro encantador por su naturalidad, por su penetración psicológica del alma femenina, por la sabiduría humana de sus consejos, inspirados en Salomón, y por lo vivo de muchas descripciones de las costumbres de su tiempo.

Y aunque suele ser olvidada en recapitulaciones de este tipo, no debía serlo la prosa de la *Exposición del libro de Job,* donde, acaso más que en ningún otro lugar, vibra el espíritu ardoroso del hombre y el pensador atormentado por la injusticia y el dolor del mundo.

En torno a fray Luis, reconociéndole como maestro e inspirador, brillaron otros escritores y prosistas, de espíritu afín y cultivadores de un estilo análogo. Se ha solido dar a este grupo el nombre de Escuela de Salamanca, contrapuesta a la de Sevilla, representada por Herrera, ésta más atenta a la belleza de la forma y a la pureza del concepto poético, más inspirada en los modelos de la poesía neoclásica. La de Salamanca, más sobria en la expresión, más atenta al contenido espiritual y humano; inspirada en la idea antes que en la forma.

Se asocian comúnmente a fray Luis o a la escuela salmantina personalidades muy distintas. En primer lugar, a su hermano de religión, Pedro Malón de Chaide, autor del bello libro en prosa, con poesías intercaladas,

---

[9] Véase *Historia de las ideas estéticas*; Macrí, *Poesíe,* págs. XXXV-XLI; Bataillon, *Erasmo,* II, págs. 382-383.

La conversión de la Magdalena; a dos altos poetas, Francisco de la Torre y Francisco de Aldana, y con menos fundamento, a Francisco de Medrano, nacido en Sevilla y de una generación posterior. Por último, el Padre Alonso de la Vega encasilla también en la escuela de fray Luis al agustino Miguel de Guevara, muerto en México en 1640, a quien se atribuye (atribución, como tantas, disputada) el *Soneto a Cristo crucificado* —"No me mueve, mi Dios, para quererte"— uno de los más famosos de la literatura castellana.

San Juan de la Cruz: mística y poesía pura. — Juan de Yepes, canonizado con el nombre de San Juan de la Cruz, es el último de los grandes místicos: el más abstracto y metafísico en la doctrina; el de mayor entrega al mundo interior; el más intenso y puro en la expresión poética. Se ha dicho de él que es el más alto poeta entre los místicos y el más alto místico entre los poetas: suma y pináculo del misticismo universal.

Nació en 1542. Es importante fijarse en la cronología para entender la unidad de la literatura ascético-mística en este período y las influencias que existieron entre los grandes escritores, no obstante la diversa orientación de sus respectivas órdenes y las diferencias de personalidad. Santa Teresa aprende la doctrina ascética leyendo las obras del Padre Granada, su precursor. Luis de León lee también a Granada (su *Libro de la oración* es uno de los pocos que pide durante su encarcelamiento), admira a Santa Teresa, trece años mayor, apoya el movimiento reformador que ella inicia, edita sus obras. Es el primero en proclamar su valor. Al prologar la *Vida,* ensalza los primores del estilo de la Santa y dice: "dudo que haya en nuestra lengua escritura que con ellos se iguale." San Juan de la Cruz, veintiséis años más joven que Santa Teresa y trece que fray Luis de León, es el discípulo predilecto de la reformadora de Ávila. Es paisano suyo, de Fontiveros, y su alma gemela; pertenece a la misma Orden del Carmelo y es su colaborador más activo en la reforma carmelitana. En su vida y en su obra, San Juan une el ardor humano de Santa Teresa con el ardor intelectual de fray Luis y, aunque hasta ahora no se han visto nexos entre la poesía de ambos, es muy probable que el joven Juan de Yepes —o más bien de Santo Matía, nombre que tomó al entrar en religión— estudiante en Salamanca entre 1564 y 1568, conociese algún poema del maestro León, especialmente su versión del *Cantar de los Cantares.* Aparte de la preferencia de ambos por la *lira* y de estar los dos en la corriente de una doble tradición —la bíblica y la italiana renacentista que arranca de Garcilaso—, hay temas, imágenes, vocabulario y símbolos comunes: noche, valle, aire, fuente, etc. [10]

Son así, tanto la doctrina mística como la obra poética de San Juan, resultado, en parte, de una integración, y vértice de tradiciones muy complejas. Misticismo el suyo depurado, absoluto, producto de una larga evolución. Por eso se le ha llamado "suma y pináculo del misticismo universal." Claro está que la experiencia mística es siempre individual e independiente de todos los antecedentes, producto exclusivo de la gracia y el amor. Pero ni la doctrina ni el lenguaje —palabra, símbolo, imagen— con que esa experiencia se expresa son enteramente individuales. Son, más bien, una recreación. Y en esto es en lo que San Juan va más lejos que nadie hasta llegar al prodigio único de su decir poético. En él, amor o experiencia, poesía o expresión metafísica o doctrina de teología mística llegan a una tensión casi incomprensible ya, a la misma pureza. La misma Santa Teresa, su maestra, dirá, reconociéndose casi incapaz de seguirle: "es demasiado refinado...; espiritualiza demasiado."

La vida de San Juan, en contraste con el absoluto desprendimiento terrenal de su creación literaria, tiene de común con la de los demás místicos su actividad incansable, el celo reformador y propagandista. Sufrió prisión en Toledo, en 1577, con penitencias y castigos severos, durante la cual compuso, según una tradición, los versos inmortales del *Cántico espiritual* y algún otro poema; y también, como Santa Teresa, tuvo que sobreponerse, a fuerza de voluntad, a la debilidad física de una naturaleza enfermiza, agravada por los extremos ayunos. Huyó de la cárcel y se refugió en un monasterio.

Los últimos años de su existencia fueron, como en el caso de otros místicos, los más apacibles. Vivió durante ellos en diversos lugares y ocupó varios cargos, principalmente en Andalucía, entregado, después de las batallas de la juventud, a la santa soledad. En ella se hallaba muy bien, según escribe, pocos meses antes de morir en Úbeda, el 14 de diciembre de 1591. Fue canonizado en 1726.

A diferencia de otros místicos, Santa Teresa, por ejemplo, vida y obra están en él disociadas en cuanto no se trata de la experiencia interior. En el relato que de ésta hace la Santa siempre aparece *lo personal*. Lo que siente va mezclado con lo que hace como fundadora o directora de monjas. El caso de San Juan es distinto. Su característica como escritor es el desli-

---

[10] El Profesor Francisco García Lorca tiene muy avanzado un trabajo en el que la relación Fray Luis-San Juan, con sus entronques comunes —*Cantar* - Garcilaso— queda a nuestro juicio concluyentemente probada.

gamiento del mundo real. En su poesía aparece reflejado lo sensible en imágenes de luminosa belleza, pero falta la emoción directa del paisaje, tan viva en fray Luis de León. La Naturaleza, tan rica, aparece transfigurada en símbolo. Su misticismo es sin duda resultado de la experiencia psicológica, pero no describe estas experiencias. Las transfunde y proyecta sobre un plano puramente poético, metafísico. En su escala ascendente hacia la unión perfecta con el Amado, con Dios, parte casi del límite a que llegan los otros místicos, de la "noche oscura," pasividad y sufrimiento de la vía purgativa, en las fronteras ya de la vía unitiva.

Su doctrina se basa en el aniquilamiento de las potencias del alma, que resume en algunos aforismos:

"Quien supiere morir a todo, tendrá vida a todo."

"Para venir a gustarlo todo, no quieras tener gusto en nada; para venir a saberlo todo en todo, no quieras saber algo en nada. Para venir a serlo todo, no quieras ser algo en nada."

Es la filosofía de la unidad absoluta. De la negación de lo accidental para penetrar en las esencias.

A diferencia también de Santa Teresa, en quien el sentimiento de la humanidad y de la corporeidad de Cristo es tan vivo, San Juan se desentiende de todo lo real y casi rechaza el culto a las imágenes. Llega así en su exaltación a los linderos del quietismo heterodoxo; linderos que no traspasa porque, dotado de una auténtica humildad, acepta siempre sinceramente la doctrina de la Iglesia.

Todo, en fin, aparece transfigurado en la obra de San Juan· Obra de evasión absoluta de la realidad, de pura e intensa vibración espiritual. Por eso, doctrina, sentimiento, experiencia de la vida interior, se resumen en la obra más breve que se conoce de un poeta mayor, en tres poemas cortos (dejando ahora aparte lo que podemos llamar poesía menor) en los que vemos recorrer a su alma los estados completos de la escala mística:

Noche oscura del alma o "Canciones del alma que se goza de haber llegado al alto estado de la perfección que es la unión con Dios, por el camino de la negación espiritual."

El cántico espiritual o "Canciones entre el alma y el Esposo."

Llama de amor viva o "Canciones del alma en la íntima comunicación con Dios."

En total cincuenta y una liras, estrofa que en su poesía y en la de fray Luis de León, que también la cultiva con preferencia, llega a la perfección. En ellas se concentra, con la máxima espiritualidad, la vehemencia erótica de un amor inefable. A fuerza de espiritualizar el mundo sensible, llega

San Juan a extremos donde la casta exaltación de su alma tiene que acudir a imágenes de una sensualidad ardiente. Así en algunas estrofas del *Cántico espiritual* —inspirado en el *Cantar de los Cantares*— o en las finales de la *Noche oscura,* cuando el Amado se abandona sobre el pecho florido de la esposa, del alma, acariciado por las suaves brisas de los cedros.

Expresa así San Juan la unión absoluta del místico con Dios: el matrimonio espiritual. Rara vez la entrega amorosa se ha cantado con mayor intensidad, emoción y belleza. Véase cómo termina:

> Quedéme y olvidéme,
> el rostro recliné sobre el Amado,
> cesó todo, y dejéme
> dejando mi cuidado
> entre las azucenas olvidado.

Ardor, vuelo del espíritu, sentimiento de lo inefable, misterio y luz, todo con una armonía del lenguaje nunca superada en español. Si la poesía de fray Luis alcanza universalidad en cuanto representa la alianza entre el sentimiento y la contemplación intelectual, la de San Juan es la más pura en cuanto a la alianza de la belleza y la íntima tensión del espíritu. Sería ilustrativo para explicar las diferencias entre los dos poetas la comparación de la *Noche serena* de fray Luis con la *Noche oscura* de San Juan. Fray Luis parte de la sensación directa del cielo estrellado para elevarse de la emoción a la idea. En San Juan, la noche es simple imagen o más bien símbolo de un estado interior desde el que su alma sale y se lanza hacia la unión absoluta en la que, como él dice, todos los sentidos quedan suspendidos.

Jean Baruzi mostró, en un estudio fundamental, cómo poesía, doctrina y experiencia mística se aúnan en la obra del Santo. Y, más tarde, Dámaso Alonso ha hecho el mejor análisis del estilo y los contenidos poéticos, desde lo que él llama "esta ladera," es decir, la humana, la literaria. Se ve bien cómo en los tres poemas citados se concentra una larga tradición con dos corrientes. Una, antigua, la bíblica; otra, más reciente, aunque de origen también antiguo, greco-latino: la italiana, que llega a San Juan a través de Garcilaso, bien directamente o bien, vuelto a lo divino, en un libro mediocre de Sebastián de Córdoba, *Obras de Boscán y Garcilaso trasladadas a materias cristianas y religiosas* (1575), que el poeta del *Cántico espiritual* indudablemente conocía. Así resulta que en esta obra la égloga bíblica con su sentido pastoril se une con un paisaje —valles, prados, ríos sonorosos— de pastoral renacentista.

Ha observado Alonso la riqueza y variedad del léxico, sorprendente dentro de obra tan breve, desde palabras de sabor rústico —"majada," "ejido," "otero"— hasta vocablos cultos y poéticos. El estilo no puede por menos de tener rasgos muy personales, muy distintos de la común retórica greco-latina-italiana: enorme preponderancia del substantivo, uso muy deliberado del verbo (hay por ejemplo alguna estrofa sin verbo; en otras se acumulan varios con propósito intensificativo o para acelerar el ritmo del verso) y del adjetivo, que suele ir siempre al final, rara vez como epíteto.

La naturaleza aparece con extraordinaria riqueza: montes, aguas, vientos, cavernas, flores, animales, y siempre como símbolo, alegóricamente. Y sin embargo, con un fuerte sabor en la palabra y en la evocación de la realidad con su frescura, casi con sus olores y sensaciones. Los contrarios más absolutos —noche y luz, música y silencio, llama y frescor— se combinan en una poesía "de concentración máxima en la forma y la materia." Ello explica el hecho de una lírica cuya emoción y belleza se dejan sentir inmediatamente por escasa sensibilidad que se posea y el que San Juan haya atraído, muy especialmente en nuestro tiempo, a poetas tan exigentes como un Paul Valery, un T. S. Eliot o un Jorge Guillén.

Sin llegar a la concentrada precisión de los tres poemas místicos por excelencia, la poesía menor —5 canciones, 10 romances, 2 glosas a lo divino— participa de su carácter. Hay en este grupo poemas muy hermosos y significativos: "El pastorcito," "Tras un amoroso lance," "Que bien sé yo la fonte que mana y corre." Ilustran además un fenómeno muy característico: el de la poesía popular a lo divino, que sitúa a San Juan en otra de las importantes tradiciones poéticas: la castellana con su doble vertiente: la estrictamente popular, anónima, y la cortesana, trovadoresca o cancioneril.

San Juan es, ante todo, para el lector profano, el poeta. Ahora bien; el interesado en el estudio del fenómeno religioso encontrará en su prosa obra de igual valor y altura, junto con una exposición cabal de la teología mística. Está constituida la obra en prosa por cuatro largos tratados en los que explica, verso por verso, la doctrina de sus poemas mayores. A la *Noche oscura* dedica dos tratados: uno del mismo título, y la *Subida del monte Carmelo*. Los otros dos, de título análogo al de las poesías correspondientes, son el *Cántico espiritual* y *Llama de amor viva*. Literariamente tienen un doble valor: el de la belleza de su prosa y el de ser una explicación completa, en forma que pocas veces se encuentra en la literatura, de la significación espiritual y estética de cada palabra e imagen de las usadas por el poeta.

Su capacidad de abstracción es extraordinaria. Por eso no encuentra la prosa de San Juan en el lector ni el eco que responde a su poesía ni el que responde a la prosa humana de Santa Teresa o a la prosa, modelo de equilibrio intelectual, de fray Luis. Es en el fondo el mundo de San Juan, mundo que sólo por la virtud poética se comunica, difícil de racionalizar. Él mismo lo advierte en un pasaje del prólogo al *Cántico espiritual*:

> Y así —dice aludiendo a los misterios del estado místico— aunque en alguna manera se declaran, no hay para qué atarse a la declaración, porque la sabiduría mística, la cual es por amor, de que las presentes canciones tratan, no ha menester distintamente entenderse para hacer efecto de amor y aflicción en el alma: porque es a modo de la fe en la cual amamos a Dios sin entenderle.

En San Juan de la Cruz se subliman y se agotan las posibilidades de este fervor, religioso y estético a la vez, que inspira al misticismo español. Ni en el concepto ni en la forma se puede llegar más lejos. Es una cumbre. La literatura religiosa entra después en la declinación. Aún persiste, y muy abundantemente, en el siglo XVII. Pero ya como mero eco de los maestros.

Tras de los grandes místicos, los escritores más importantes sin duda en la literatura castellana de su tiempo, la capacidad de creación poética pasa a los escritores profanos. Con ellos, sobre todo con Cervantes y Lope de Vega, el arte español llega a su plenitud.

Coincide el auge del misticismo con la época de Felipe II y el fervor inicial de la Contrarreforma. Pasada la coyuntura, el conformismo contrarreformista verá cada vez con mayor desconfianza los raptos del espíritu individual. La reacción es ya patente a comienzos del mismo reinado y a partir del *Índice* de 1559. De ella son prueba las persecuciones de los escritores estudiados, con excepción de Granada; las resistencias que Santa Teresa y sus carmelitas reformadas, las descalzas, tuvieron que vencer o el que se viera en la obra de San Juan nuevos brotes de iluminismo. En el siglo XVII el único místico de alguna significación, Miguel de Molinos, es un heterodoxo, en tanto que, como veremos, la literatura religiosa toma otro carácter.

Es interesante, en cambio, apuntar el influjo de los españoles en el misticismo francés posterior: San Francisco de Sales, Marie de l'Incarnation, Fénelon. Y Hatzfeld afirma que "el influjo del misticismo español sobre los poetas metafísicos ingleses y sobre toda la literatura barroca europea constituye hoy una de las máximas preocupaciones de los críticos literarios."

[Selecciones: en *Antología*, I, págs. 272-314, 370-409.]

BIBLIOGRAFÍA

(Véase bibliografía general del capítulo anterior)

1   PROSA DIDÁCTICA Y ERASMISMO

Obras escogidas de Filósofos, BAE, vol. LXV.

Escritores del siglo XVI. ibid., vol. XXVII y XXXVII.

Epistolario español, ibid., XIII.

A. Bonilla y San Martín, *Luis Vives y la filosofía del Renacimiento*, 2.ª ed., Madrid, 1929, 3 vols.

M. Solana, *Historia de la filosofía española. Época del Renacimiento* (siglo XVI), Madrid, 1941.

Antonio de Guevara, *Menosprecio de corte y alabanza de aldea*, ed. Martínez de Burgos, *Clásicos Castellanos*, Madrid, 1915.

———, *Reloj de Príncipes y Libro de Marco Aurelio* (Selecciones), ed. Rosenblat, Primavera y Flor, Madrid, 1936.

———, *Epístolas familiares* (Selecciones), Col. Austral, Buenos Aires, 1942.

R. Costes, *Antonio de Guevara, sa vie, son œuvre*, París, 1925.

A. Castro, *Antonio de Guevara, un hombre y un estilo del siglo XVI*, Bogotá, 1945. (*Bol. del Inst. Caro y Cuervo*, vol. I.)

M. R. Lida, *Fray Antonio de Guevara*, en RFH, VII (1945), 346 y ss.

J. Marichal, *La originalidad renacentista en el estilo de Guevara*, en *Voluntad de estilo*.

Alfonso de Valdés, *Diálogo de las cosas ocurridas en Roma y Diálogo de Mercurio y Carón*, ed. Montesinos, *Clásicos Castellanos*, 2 vols., Madrid, 1928-1929. (Con excelentes introducciones.)

Juan de Valdés, *Trataditos*, ed. Boehmer, Bonn, 1880.

———, *Diálogo de la doctrina cristiana*, ed. Bataillon, Coimbra, 1925.

———, *Diálogo de la lengua*, ed. Montesinos, *Clásicos Castellanos*, Madrid, 1928.

A. Bonilla y San Martín, "Erasmo en España," en *Rev. Hispanique*, XVII, 1907, 379-548.

A. Castro, "Erasmo en tiempo de Cervantes," en RFE, XVIII (1931), 329-389. (Recogido en *Hacia Cervantes*.)

———, *Lo hispánico y el erasmismo* (publicado originalmente en RFH, 1941-42 y reproducido con adiciones en *Aspectos del vivir hispánico*).

M. Bataillon y D. Alonso, Prólogos, en *Erasmo, El Enquiridión o Manual del caballero cristiano*, Madrid, RFE, Anejo XVI, 1932.

M. Bataillon, *Érasme et l'Espagne*, París, 1937; trad. esp. de A. Alatorre, corregida y aumentada por el autor, México, Fondo de Cultura, 1950, 2 vols. (Obra fundamental y completa.)

D. Alonso, *El crepúsculo de Erasmo,* en *De los siglos oscuros.*

E. Asensio, "El erasmismo y las corrientes ajenas," en RFE, XXXVI (1952), 31-99.

F. Caballero, *Conquenses ilustres, Alfonso y Juan de Valdés,* Madrid, 1875.

M. Bataillon, *Alfonso de Valdés, auteur du "Diálogo de Mercurio y Carón,"* en *Homenaje a Menéndez Pidal,* vol. I.

B. Wiffen, *Life and Writings of Juan de Valdés,* London, 1865.

D. Ricart, *Juan de Valdés y el pensamiento religioso europeo en los siglos XVI y XVII,* El Colegio de México, 1958.

2 OTROS ESCRITORES DIDÁCTICOS

El crotalón, en M. Pelayo, *Orígenes de la novela,* II.

Viaje de Turquía, en *Autobiografías y memorias,* NBAE, II.

M. Bataillon, "Andrés Laguna, auteur du *Viaje de Turquía,*" en *Bull. Hispanique,* LVIII (1956), 121-181.

F. Sánchez Escribano, *Juan de Mal Lara: su vida y sus obras,* New York, 1941.

A. Farinelli, *Dos excéntricos: Cristóbal de Villalón. El Dr. Juan Huarte,* Madrid, RFE, Anejo XXIV, 1936.

C. Clavería, *Humanistas creadores,* en *Hist. de las Lit. Hisp.,* Barna, vol. II.

3 HISTORIA

P. Juan de Mariana, *Obras,* BAE, vols. XXX y XXXI.

Historiadores de sucesos particulares, BAE, vol. XXI.

B. Sánchez Alonso, *Historia de la historiografía española: II De Ocampo a Solís,* Madrid, 1944.

G. Cirot, *Mariana historien,* Bordeaux, 1905.

A. González Palencia y E. Mele, *Vida y obras de D. Diego Hurtado de Mendoza,* Madrid, 1941-43, 3 vols.

4 HISTORIADORES DE INDIAS

M. Fernández de Navarrete, *Colección de los viajes y descubrimientos que hicieron por mar los españoles desde fines del siglo XV,* Madrid, 1825-1837.

Historiadores primitivos de Indias, BAE, vols. XXII y XXVI.

Bernal Díaz del Castillo, *Historia verdadera de la conquista de Nueva España,* ed. Ramírez Cabañas, México, 1939.

El Inca Garcilaso de la Vega, *Los comentarios reales,* ed. Urteaga, Lima, 1918-1921, 6 vols.

———, *El reino de los incas del Perú* (Selecciones de *Los comentarios*), ed. Bardin, Boston, 1918.

———, *Páginas escogidas,* ed. García Calderón, Bib. de Cultura Peruana, París, 1938.

R. Iglesia, *Cronistas e historiadores de la conquista de México,* México, 1942.

———, *El hombre Colón y otros ensayos,* México, 1944 (Tres estudios sobre Bernal Díaz).

R. B. Cunninghame Graham, *Bernal Díaz del Castillo,* London, 1915.

J. Fitzmaurice-Kelly, *El Inca Garcilaso de la Vega,* London, 1921.

5   LOS MÍSTICOS

P. Rousselot. *Les mystiques espagnols*, París, 1867.

M. Menéndez y Pelayo, *De la poesía mística en España*, en *Estudios de crítica literaria*.

M. de Unamuno, "De mística y humanismo" (cap. IV de *En torno al casticismo*, Madrid, 1902).

W. James, *The Varieties of Religious Experience*, New York, 1902.

E. A. Peers, *Spanish Mysticism*, London, 1924.

———, *Studies on the Spanish Mystics*, London, 1927-30, 2 vols.

P. Sáinz Rodríguez, *Introducción a la historia de la literatura mística en España*, Madrid, 1927 (con abundante bibliografía).

M. Asín, *El Islam cristianizado*, Madrid, 1931.

H. Hatzfeld, *Estudios literarios sobre mística española*, Madrid, Gredos, 1955.

Luis de Granada, *Obras*, BAE, VI, VIII y XI; ed. crítica y completa, Fr. Justo Cuervo, Madrid, 1906-8, 14 vols.

———, *Guía de pecadores*, París, Garnier, s. f.; ed. Martínez de Burgos, *Clásicos Castellanos*, Madrid, 1929.

———, *Introducción del símbolo de la fe* (Selecciones), Ebro.

J. Cuervo, *Biografía de Fr. Luis de Granada*, Madrid, 1906.

Azorín, *Los dos Luises y otros ensayos*, Madrid, 1921.

R. Switzer, *The Ciceronian Style in Fray Luis de Granada*, New York, 1927.

P. Laín Entralgo, *La antropología de Fray Luis de Granada*, Madrid, 1947.

Santa Teresa, *Escritos*, BAE, vols. LIII y LV.

———, *Obras*, ed. P. Silverio de Santa Teresa, Burgos, 1922, 9 vols.; ed. Santullano, Madrid, Aguilar.

———, *Las moradas*, ed. Navarro Tomás, *Clásicos Castellanos*, Madrid, 1922.

———, *Vida*, ed. Cirot, Estrasburgo, 1924.

G. Cunninghame-Graham, *Santa Teresa: Her Life and Times*, London, 1894.

Th. Vasseroth, *Ste. Thérèse et le développement de sa théologie mystique*, París, 1904.

M. Mir, *Santa Teresa de Jesús, su espíritu y sus fundaciones*, Madrid, 1913, 2 vols.

J. Domínguez Berrueta, *Santa Teresa de Jesús y San Juan de la Cruz*, Salamanca, 1915.

R. Hoornaert, *Ste. Thérèse écrivain, son milieu, ses facultés, son œuvre*, París, 1922.

A. Castro, *Santa Teresa y otros ensayos*.

W. Th. Walsh, *Saint Teresa of Avila*, New York, 1954.

J. Marichal, "Santa Teresa en el ensayismo hispánico," en *Voluntad de estilo*, 103-115.

Luis de León, *Obras*, ed. A. Merino y C. Muiños, Madrid, 1885, 4 vols.

———, *Poesías*, ed. Academia, 1928.

———, *Poesie*. Texto criticamente riveduto, traduzione, introduzione e commento a cura di Oreste Macrí, Firenze, 1950.

———, *De los nombres de Cristo*, ed. Onís, *Clásicos Castellanos*, Madrid, 1914-1921, 3 vols.

———, *La perfecta casada*, ed. Bonilla y San Martín, Madrid, 1917.

F. Blanco García, *Luis de León*, Madrid, 1904.

L. G. Alonso Getino, *Vida y procesos de Fray Luis de León*, Salamanca, 1907.

A. Coster, *Fray Luis de León*, en *Rev. Hispanique*, 1921-1922, LIII y LIV.

A. F. G. Bell, *Luis de León: A Study of the Spanish Renaissance*, Oxford, 1925 (Trad. española, Barcelona, 1927).

A. Lugan, *El gran poeta del Siglo de Oro español: Fray Luis de León*, New York, 1924.

G. Diego, *Actualidad poética de Fray Luis*, en *Publicaciones del Centro gallego, IV y V curso de conferencias*, Montevideo, 1930.

Alain Guy, *La pensée de Fray Luis de León*, París, 1934.

D. Alonso, *Fray Luis de León y la poesía renacentista*, en *Universidad de la Habana*, 1937, III, núm. 15. (Reproducido en parte en *Ensayos sobre poesía española*.)

———, "Ante la selva (con Fray Luis)," en *Poesía española*, 111-204.

P. Ángel Custodio Vega, "Fray Luis de León," en *Historia general de las literaturas hispánicas*, Barna, vol. II, 543-685.

San Juan de la Cruz, *Obras del Místico Doctor* ..., ed. P. Gerardo de San Juan de la Cruz, Toledo, 1912-1914, 3 vols., ed. P. Silverio de Santa Teresa, Burgos, 1929-1931.

———, *El cántico espiritual*, ed. Martínez de Burgos, *Clásicos Castellanos*, Madrid, 1924.

———, *Poesías completas*, ed. Salinas, Primavera y Flor, Madrid, 1936; ed. Blecua, Ebro.

[Hay varias traducciones al inglés, lo mismo que a otras lenguas, de la poesía. Especialmente recomendable, la reciente de Roy Campbell.]

M. Domínguez Berrueta, *El misticismo en la poesía: San Juan de la Cruz*, Salamanca, 1894.

D. Lewis, *Life of St. John of the Cross*, London, 1897.

R. Hoornaert, *L'âme ardente de Saint Jean de la Croix*, París, 1928.

P. Crisógono de Jesús Sacramentado, *San Juan de la Cruz, su obra científica y su obra literaria*, Ávila, 1929, 2 vols.

J. Baruzi, *St. Jean de la Croix et le problème de l'expérience mystique*, 2.ª ed., París, 1930.

D. Chevalier, *Le cantique spirituel de St. Jean de la Croix* ..., París, 1930.

E. Allison Peers, *Saint John of the Cross*, Cambridge, 1932.

D. Alonso, *La poesía de San Juan de la Cruz*, Madrid, 1942. Véase también *Poesía española*, 227-321.

P. Sabino de Jesús, *San Juan de la Cruz y la crítica literaria*, Santiago, Chile, 1942.

J. A. de Sobrino, S. J., *Estudios sobre San Juan de la Cruz y nuevos textos de su obra*, Madrid, 1950.

J. Guillén, "The Ineffable Language of Mysticism: San Juan de la Cruz," en *Language and Poetry*, Harvard Univ. Press, 1961, 77-121. (Pub. en español, en *Papeles de Son Armadans*, núm. 58 y 59, enero y feb. 1961.)

Romancero y cancionero sagrado, BAE, XXV.

L'Anthologie de la littérature spirituelle du XVIème siècle. Textes préséntés et traduits en français par Pierre Groult. Paris, 1959 (Coll. Témoins de L'Espagne, Textes bilingues, 4).

9 CERVANTES Y LA NOVELA DEL SIGLO XVII

Todas las corrientes de la literatura anterior confluyen en Cervantes y en su obra se transforman radicalmente. Por algún tiempo se le creyó "un ingenio lego" —esto es, escritor de pocos estudios y escasa cultura— y se llegó al extremo de decir que el *Quijote* era un acierto casual y muy superior al resto de su obra. Superior lo es sin duda, pero hoy es consenso de los entendidos el ver en las otras creaciones cervantinas de la madurez rasgos evidentes de su genio y un sentido artístico semejante al que produjo la gran novela. Tras las investigaciones de Castro, Toffanin, Casella, Bataillon y Casalduero, nadie duda de que Cervantes conociese bien —o, al menos, en forma suficiente para sus propósitos artísticos— la cultura renacentista de cuyo espíritu estaba penetrado. Fue un autodidacta. Mas es evidente que en su obra el humanismo cristaliza en nuevas formas y en un nuevo concepto de la vida y del hombre. A semejanza de Tasso en Italia, Montaigne en Francia y Shakespeare en Inglaterra, Cervantes supera la crisis del humanismo y canaliza su legado hacia una nueva manera de entender las relaciones del ser humano con su mundo. La tradición renacentista cuaja así en contenidos literarios que permiten, sin abandonar sus ideales estéticos, explorar las preocupaciones morales del hombre, supeditadas en la visión poética del siglo XVI a unos arquetipos de belleza cada vez más artificiosos. Como en el drama de Shakespeare —el escritor coetáneo que, pese a diferencias de forma y fondo, más se le parece— entran en la novela de Cervantes la poesía y la historia, la preocupación por la verdad y las angustias del ser humano, las observaciones de la experiencia y el vuelo de la imaginación.

Situada así, la personalidad literaria de Cervantes emerge como la cumbre de su período. En la evolución de la prosa narrativa ocupa un puesto análogo al de Lope de Vega en la del teatro español. Por eso se acostumbra a dividir la historia de la novela y el teatro españoles en dos grandes períodos: novelistas anteriores y posteriores a Cervantes, dramaturgos anteriores y posteriores a Lope. Ambos forman, cada uno en su género, la divisoria.

Cervantes, como figura central, lo renueva todo. En el terreno de los géneros literarios funde, en una técnica que él inventa en gran parte, las formas de la novela cultivadas hasta entonces, de todas las cuales hay muestras en el *Quijote* y en las *Novelas ejemplares*. Pero en Cervantes cada una de esas formas, sin perder enteramente sus caracteres literarios distintivos, se ordena dentro de un conjunto, del que sale la novela transformada en lo que después fue: el intento de reproducir, por medio del arte narrativo, la vida en su compleja totalidad, con lo que el hombre hace, piensa, siente e imagina; y con la reacción que eso que él hace, piensa, siente e imagina suscita en los otros hombres con quienes entra en contacto.

En el terreno del estilo, la prosa cervantina armoniza la retórica culta, característica de la lengua escrita en casi todos los autores del siglo XVI, con la naturalidad familiar de la lengua hablada, de la que aprovecha incluso las maneras más extremas, como la germanía de rufianes y pícaros. Manipula los más diversos estilos —el de Boccaccio y la novela italiana, el pastoril, el caballeresco y cortesano, el picaresco y el rústico, el cómico y el dramático— para fundirlos con un ritmo nuevo. Y dentro de una riqueza, en verdad inagotable, deja la impresión de una extraordinaria espontaneidad, bajo la cual quedan disimulados todos los artificios.

En el terreno del espíritu, de la concepción del hombre y de la vida, los ideales del Renacimiento y del siglo XVI —heroísmo, culto platónico de la belleza, busca de la perfección en los estados humanos— no desaparecen, pero se templan al ser sometidos al escrutinio de la razón y al ser contrastados con la realidad en su doble sentido: la realidad íntima del ser humano y la realidad objetiva, externa, de la vida social.

Dentro de la historia del espíritu español, él como nadie entiende, reflejándolas en su obra, las dos posiciones extremas del alma castellana: la realista, que ignora la poesía que trasciende de las cosas, y la idealista, incapaz de sentir las limitaciones que al ideal y a la acción pone el mundo. O acaso sería más exacto hablar del radical realismo español (concepto contra el cual ha reaccionado la crítica del siglo XX en forma excesiva) con su capacidad de ver los objetos —la materia— en sus perfiles netos y dando significado ideal a las cosas vulgares, y de ver al ser humano a través del sentimiento vivo de la persona, de lo que se ha llamado el hombre de carne y hueso. Los ejemplos serían múltiples, desde los místicos a la picaresca, y en la pintura del XVII, Velázquez o los magníficos bodegones y naturalezas muertas.

Hasta puede verse, y de hecho se ha visto simbolizado en el *Quijote*, el trance decisivo de la historia de España: ese momento dramático en el que el ímpetu del español comienza a apagarse al entrar en el largo descenso de la decadencia.

Hemos tratado hasta aquí de definir en términos generales la significación histórica de Cervantes como eje de la literatura española de su tiempo, adelantando algunas ideas que nos sirvan de referencia en el análisis de su personalidad y de su obra.

I. Biografía y carácter

Relaciones entre vida y creación en Cervantes. — Hay escritores cuya biografía no interesa. Ello se debe a que, en muchos casos, la creación artística nace de resortes independientes de la experiencia vital. Pero hay otros en los que la obra es proyección del sedimento que en su alma ha ido dejando el contacto con el mundo. Cervantes es ejemplo de esta relación entre vida y arte; entre la experiencia y la invención poética. Así, el conocimiento de su biografía ilumina y explica muchos aspectos de su obra. Vemos reflejados en ella el recuerdo de sus ilusiones juveniles y la melancolía de sus fracasos en la madurez, junto con los frutos de la meditación sobre esas ilusiones y fracasos.

Hecho muy significativo es, por de pronto, que Cervantes escribiese sus mejores novelas después de cumplir los cincuenta años; caso poco común en la historia del arte. A esto debe añadirse que uno de los rasgos capitales de la época es la conexión entre vida y literatura. El escritor vive inmerso en una atmósfera literaria, a cuyos estímulos obedece; y viceversa, la literatura se impregna de substancia vital. Cuando estudiemos a Lope de Vega veremos cómo el fenómeno se manifiesta en él con evidencia, por ejemplo, en la fuerza del estímulo erótico en vida y obra. La actitud de Cervantes es distinta; no arranca de lo amoroso como en Lope, sino de un ilusionismo heroico que inspira todos sus actos, al menos los de su juventud. La existencia personal de Cervantes aparece regida por el signo —¡tan español!— de la aventura, por el anhelo de las largas peregrinaciones que, según dice en *El Licenciado Vidriera* y repite insistentemente en otros lugares, "hacen a los hombres discretos."

Además, Cervantes ve y siente artísticamente el mundo, no tanto en lo general, abstracto y formal como en lo particular: hombre, circunstancia, realidad.

De acuerdo con esto, Cervantes encuentra una fuente importante de su arte en su propia vida y en las ideas, sentimientos y reacciones de toda índole que el espectáculo de España y del mundo le sugieren. Por eso se ha dicho muchas veces que la figura de don Quijote es símbolo, trasunto y encarnación, por un lado, de la personalidad humana de Cervantes mismo; por otro, de la España de su tiempo y del carácter español. Los sueños, ilusiones y fracasos del hidalgo don Miguel de Cervantes y Saavedra, que llega a su vejez manco, maltrecho y pobre después de muchos trabajos heroicos, aparecen depurados por la gracia del arte en las páginas de la novela inmortal; y el caballero loco de la Mancha es como una imagen burlesca de su creador, redimida por el nimbo ideal que la rodea. Si a esto se une que Cervantes, lejos de presentar como ser humano una fisonomía excepcional, es más bien tipo representativo de lo que podríamos llamar el español corriente de su época, se entiende cómo al proyectar en su obra los sueños y desengaños propios, está, en rigor, proyectando los sueños y desengaños del pueblo español en el momento culminante de su historia. En forma misteriosa, como si se tratase de un predestinado, parecen concurrir a su vida las circunstancias y situaciones más significativas de la vida de España.

Infancia y educación. — Nace Cervantes en Alcalá de Henares, ciudad universitaria del Renacimiento, probablemente el 29 de septiembre de 1547, día del Arcángel San Miguel, cuyo nombre lleva. Fue bautizado el 9 de octubre. Su padre, Rodrigo de Cervantes, era un modesto hidalgo que, como otros españoles pertenecientes al rango inferior de la nobleza, ejercía una profesión, en su caso, la de cirujano. Sobre los primeros veinte años de la vida de Cervantes existen pocos datos precisos. Se ignora, por tanto, casi todo lo referente a sus estudios. Se sabe que su familia salió pronto de Alcalá, en 1551, y vivió, siguiendo los obligados traslados profesionales del padre, en ciudades importantes —Valladolid, Córdoba, Sevilla, Madrid— y que en esta última fue Cervantes discípulo de Juan López de Hoyos. Se conjetura también, sin gran fundamento, que pudo asistir al colegio de los jesuitas de Sevilla y a las aulas de la universidad salmantina.

En sus andanzas juveniles por las ciudades más populosas, haciendo en ellas, sin duda, la vida de estrecheces económicas, pero de cierta libertad que la modesta posición de su familia le permitía, Cervantes debió de absorber, con los ideales españoles que en todas estas ciudades se respiraban en un momento todavía de plenitud, el gusto de la vida andariega. Adquirió así desde la niñez ese conocimiento directo, preciso, de la existencia en diversas capas sociales que luego, madurado por la meditación y por nuevas experiencias, lleva al *Quijote* y las *Novelas ejemplares*. Es la suya una educación viva, hecha en el contacto diario con la realidad, más que educación de libros, aunque ésta no debió de faltar enteramente. Hay, por otro lado, algunos testimonios de su afición infantil por la lectura.

En cuanto a sus únicos estudios conocidos con exactitud —los que hizo con López de Hoyos— Américo Castro y Bataillon han probado la filiación erasmista del maestro, que sin duda dejó alguna huella en el discípulo, traducida probablemente en su apetencia de saber y en el fervoroso culto que rinde constantemente a la libertad como uno de los grandes anhelos del hombre.

Llega, pues, a los veinte años Cervantes con un espíritu andariego, formado en una adolescencia de viajes por España y con una doble ansia de saber y de libertad. Así nació sin duda en él el deseo de ir a Italia, meta entonces de todos los amantes de la cultura y de la vida libre. El viaje a Italia pudo obedecer, sin embargo, a motivos menos elevados. Se ha supuesto que por este tiempo tuvo el futuro novelista sus primeros encuentros con la justicia, pues existe una orden de prisión contra un Miguel de Cervantes, no enteramente identificado, por haber herido a un tal Antonio de Segura.

Italia: las armas y las letras. El cautiverio. — Se trasladó a Italia hacia 1569. Fue allí servidor del cardenal Acquaviva, y poco después entró en el ejército. Luchó heroicamente, bajo las banderas de don Juan de Austria, en la batalla de Lepanto (1571), donde recibió dos heridas, una de ellas en la mano izquierda. Después de curado, tomó parte en otras campañas, especialmente las expediciones contra Túnez y la Goleta. En 1575 se embarcó para España con su hermano Rodrigo y cartas elogiosas de sus superiores; volvía con la ilusión probable de ver allí bien pagados sus servicios. La galera en que iba fue apresada por los piratas. Empezaron entonces cinco años de cautiverio en Argel, al fin de los cuales, en 1580, fue rescatado por unos frailes trinitarios y regresó a su patria.

Había pasado Cervantes doce años fuera de España, los decisivos en la vida del hombre, entre los veinte y los treinta y tres. Llegaba cargado de experiencias, apagada en parte su sed de aventura, con la sombra de las primeras pesadumbres. Durante su estancia en Italia es lógico conjeturar que Cervantes, amante del saber, leyese a los autores italianos, cuya influencia es evidente en su obra, penetrando, no irreflexiva sino muy meditadamente, según demostró Américo Castro, en la substancia del pensamiento renacentista, base ideológica, en gran medida, de su concepción del mundo. Italia será, además, escenario de varias novelas ejemplares, y en Roma hará terminar la larga peregrinación de Periandro y Auristela, los protagonistas de *Persiles.*

Pero sobre el culto de las letras prevalece en su juventud la vocación heroica de las armas, que en el alma de Cervantes se manifestó con tanta fuerza como su inclinación hacia las letras, a juzgar por las repetidas muestras que de ello quedan en sus libros. Recuérdense varios pasajes del *Quijote,* o la vida de Tomás Rodaja, el Licenciado Vidriera, o las irónicas quejas del soldado fanfarrón en *La guarda cuidadosa.*

La valentía de Cervantes se probó durante el cautiverio en cuatro intentos de rebelión para conseguir, con su propia libertad, la de todos sus compañeros. Era credo suyo que "por el honor y la libertad se debe arriesgar la vida." Con tanta insistencia como los recuerdos de Italia, muy abundantes, aparecen en la obra cervantina los de Argel. En varias comedias, en el episodio del Cautivo, del *Quijote,* en alguna novela ejemplar, la imagen del mundo oriental pasa a las páginas de Cervantes con suaves tintas ideales, románticas. En nada mejor que en esta capacidad de recrear con bella melancolía los recuerdos de una época dura de su vida, olvidando las miserias que entonces debió de sufrir, se percibe el noble temple del espíritu cervantino.

La vida en España: Cervantes, escritor. — Cuando vuelve a España, en 1580, todavía le aguardaban a Cervantes numerosos sinsabores. Pronto ve desvanecerse la esperanza de obtener el premio de sus servicios. Empieza así una lucha sin tregua con un destino poco clemente. Se instala en Madrid. Pasa luego en Portugal algún tiempo. No encuentra asiento fijo. Se hace escritor. Produce obras de diferente género, sobre todo teatrales, buscando probablemente la aclamación del público y algunos ingresos, pero no logra gran éxito. Tiene, por estos años, una hija natural, Isabel de Saavedra. En 1584 se casa con doña Catalina de Salazar, y tampoco en el matrimonio parece que encontró la felicidad. Reside algún tiempo en Esquivias, el pueblo de su mujer, en el corazón de la Mancha. De sus recuerdos manchegos nacerá Don Quijote. Se ve obligado a vivir de empleos humildes, entre ellos el de comisario de provisiones para la Armada Invencible. Reside diez años en Sevilla y otros lugares de Andalucía; viaja por sus pueblos. Es pobre y debió de pasar apuros para asegurarse la subsistencia. En 1597, por la quiebra de un banquero con quien había depositado ciertos fondos públicos, es encarcelado en Sevilla. En estos años frecuenta seguramente el trato de gentes bajas, que quizá le atrajeran por su humanidad más que las altas. No le faltarían tampoco ocasiones de contemplar las mil formas de vida picaresca que abundaban en Sevilla, emporio económico entonces de España y puerto de salida hacia las Indias. Allí se forja el estupendo tipo de Monipodio con su corte de pícaros. Conoció asimismo por ventas y caminos gentes de toda condición, la vida de la España andariega, el ambiente campesino y el ambiente ciudadano, que van dejando en su mente impresiones de la mayor importancia. Con ellas teje su obra. En 1590 intenta que le den un cargo en América. Más que el espíritu de aventura, amenguado en la madurez, le induce a ello probablemente, como al *Buscón* de Quevedo y a otros muchos desgraciados, el deseo ilusorio de mudar de fortuna mudando de tierra.

Después de otra temporada de encarcelamiento en la ciudad andaluza (1602) se traslada, en 1604, a Valladolid. Se ve envuelto allí también en cuentas con la justicia a consecuencia de un suceso en el que un caballero, don Gaspar de Ezpeleta, fue herido a las puertas de su casa. En el proceso se probó que ni Cervantes ni su familia tuvieron participación en el hecho, pero aparecen declaraciones poco favorables para una hermana suya y para Isabel, su hija natural.

Entre tanto, ha aparecido el *Quijote* (1605). Su éxito de público fue inmenso, casi sin precedentes. Sin embargo, no produjo ni dinero, porque Cervantes seguirá quejándose de pobreza hasta la muerte, ni la estimación de los compañeros de letras. Se ha exagerado, sin duda, la falta de reconocimiento de la importancia literaria de Cervantes entre sus contemporáneos. Hay muchos testimonios de que no fue así. Mas él se queja siempre de ser víctima de la envidia. Lope, en pleno triunfo, le trata siempre con desdén; Lupercio L. de Argensola habla en contra de él al conde de Lemos, cuya protección había solicitado Cervantes para pasar a Italia en su séquito; Avellaneda, pseudónimo del autor del falso *Quijote,* cuya identidad no se ha descubierto, le hace víctima de ataques e insultos. Sólo obtuvo, en pequeñísima medida, el favor de Lemos y del Arzobispo de Toledo, don Bernardo de Sandoval, mientras otros mecenas poderosos colmaban de mercedes a escritores mediocres.

A pesar de todo, los últimos años de su vida, en los que, a partir de 1606, fija la residencia en Madrid, parecen haber sido bastante apacibles. Cervantes ha dominado con paciente serenidad el dolor de sus desdichas. Las grandes obras se suceden: las *Novelas ejemplares* (1613), la segunda parte del *Quijote* (1615), *Persiles y Segismunda* (obra póstuma, publicada

en 1617). Se va afirmando en él la conciencia del propio valer y de la inmortalidad de sus creaciones, la mayor satisfacción que puede sentir un escritor. En los prólogos al *Quijote* o a las *Novelas ejemplares* hay pruebas
repetidas de que Cervantes conoce el alcance de su creación. Pocos días
antes de morir escribe el prólogo de *Persiles,* página de la que ha dicho
con razón Ángel Valbuena que es "uno de los momentos de más intensa
humanidad en la producción cervantina."

El autor, Cervantes, va caballero, como el héroe inmortal creado por
su fantasía, en un rocín tardo por los caminos de la Mancha, y encuentra
en pleno campo a varios viajeros. Alguien menciona su nombre y un estudiante le saluda con exagerados epítetos. Cervantes acepta agradecido y
cortés los elogios de su admirador, no sin rechazar, como error, "en que
han caído muchos ignorantes," su fama de escritor festivo y regocijado.
Luego, "con el pie ya en el estribo, con las ansias de la muerte," según
dice en la dedicatoria del mismo libro, se despide con tranquila alegría
de la vida: "A Dios, gracias; a Dios, donaires; a Dios, regocijados amigos; que yo me voy muriendo y deseando veros presto contentos en la
otra vida." Días después fallece en Madrid el 23 de abril de 1616.

No hay por qué lamentar las desgracias de Miguel de Cervantes ni el
nivel aparentemente vulgar de su vida. Pudo así, a fuerza de experiencia,
que rara vez se obtiene en el triunfo y la riqueza, conocer, observar y pul-
sar el temple de la vida española en su grandeza y su miseria, en su ilusionismo heroico y en la triste realidad de una decadencia ya inminente.
De ella iba a dejarnos en sus libros el trasunto más fiel, reflejado en
múltiples perspectivas, con agridulce ironía y humor penetrante. Hemos
aludido a la presencia constante de sus recuerdos personales en la obra.
Tipos, personajes y episodios numerosísimos proceden del contacto con la
realidad vivida, incluso los que parecen más extraños. Un ejemplo entre
otros muchos: de las noticias recogidas en su estancia en Montilla, hacia
1591, saldrán los al parecer fantásticos relatos de Berganza, en el *Coloquio
de los perros,* sobre la Camacha y otras hechiceras de aquella ciudad, cuya
existencia (muy transformada, claro está, por el arte cervantino) han demostrado varios documentos. [1]

Es frecuente, además, que Cervantes aparezca en su propia obra. Recuérdense algunos pasajes del *Quijote* y del *Viaje del Parnaso.* Y en va-

---

[1] A las noticias de Amezúa, Rodríguez Marín y otros eruditos pueden añadirse los documentos publicados por Raúl Porras, entre ellos el curioso "Testamento de Elvira García, la Camacha, otorgado en Montilla ... el 17 de abril
de 1559." Véase "Cervantes, la Camacha y Montilla" en *El Inca Garcilaso en Montilla ...,* Lima, 1955.

rios prólogos hizo juicios sobre sí mismo, llenos de serenidad, así como diseñó un autorretrato completo en el de las *Novelas ejemplares*. Otras veces se proyecta directa o indirectamente en sus personajes, y acaso la imagen más reveladora del propio Cervantes es la del peregrino anónimo en el capítulo primero del libro IV de *Persiles*:

> Yo, señores —dice— soy un hombre curioso: sobre la mitad de mi alma predomina Marte, y sobre la otra mitad, Mercurio y Apolo; algunos años me he dado al ejercicio de la guerra, y algunos otros, y los más maduros, en el de las letras; en los de la guerra he alcanzado algún buen nombre, y por los de las letras he sido algún tanto estimado; algunos libros he impreso, de los ignorantes no condenados por malos, ni de los discretos han dejado de ser tenidos por buenos; y como la necesidad, según se dice, es maestra de avivar los ingenios, este mío, que tiene un no sé qué de fantástico e inventivo, ha dado en una imaginación algo peregrina y nueva ...

II. La poesía. "La Galatea" y el teatro

La publicación del *Quijote* divide la obra literaria de Cervantes, que hasta ese momento (1605) no encuentra la forma adecuada a la total expresión de su genio. Así vemos que sus primeros frutos literarios durante casi veinticinco años representan, en conjunto, la actividad de un autor profesional distinguido que escribe poesía, teatro y novela pastoril, formas que no abandonó por completo a lo largo de su vida. Incluso en el caso de la narración pastoril, es sabido que una de sus ilusiones más persistentes fue continuar *La Galatea.*

El poeta. — La afición a las letras debió de despertar pronto en él. Alrededor de los veinte años (1568) escribe los primeros versos que conocemos. Son cuatro composiciones publicadas por su maestro López de Hoyos en las *Exequias de la reina Isabel de Valois,* con motivo de la muerte de la tercera mujer de Felipe II.

Durante su estancia fuera de España siguió cultivando ocasionalmente la poesía. En el cautiverio redacta la "Epístola a Mateo Vázquez" (1577). Aunque su autenticidad se ha puesto en duda, las noticias sobre su captura, la relación de sus servicios y el acento de generoso patriotismo parecen justificar la atribución. La vocación temprana hacia la poesía le acompaña ya toda su vida. Es un anhelo insatisfecho del que habla insistentemente y que define en unos conocidos versos del *Viaje del Parnaso:* "Yo que siempre me afano y me desvelo —por parecer que tengo de poeta— la gracia que no quiso darme el cielo."

De sus composiciones sueltas se conservan unas treinta y nueve, recogidas en diferentes colecciones de la época o descubiertas después. Son poesía de circunstancias, elogios de escritores de su tiempo sin otro interés que el de mostrarle vinculado a la vida literaria: "A Pedro de Padilla," "A la *Austriada* de Juan Rufo," "A la muerte de Fernando de Herrera," "Los éxtasis de la beata Madre Teresa de Jesús" o "A Lope de Vega en su *Dragontea.*" Escribió también poesías patrióticas, de las que son ejemplo las "Dos canciones a la Armada Invencible." Hay, por último, romances pastorales y amorosos, sonetos y canciones de tono diverso. Casi todo ello, convencional en el tema, en el sentimiento y en la expresión. Tono más personal tienen los sonetos humorísticos "Al túmulo del Rey Felipe II" ("Voto a Dios que me espanta esta grandeza") y "A un valentón metido a pordiosero" ("Un valentón de espátula y gregüesco—que a la muerte mil vidas sacrifica.").

De mayor calidad que esta poesía suelta son, por lo general, los numerosos versos intercalados en algunas comedias o en sus obras en prosa. En la abundante poesía de *La Galatea* o en la "Canción de Grisóstomo" del *Quijote* hay bellas reminiscencias de Garcilaso y su escuela. En los romances y canciones de Preciosa en *La gitanilla,* o en otras muchas muestras de la poesía popular estilizada en varias novelas, se advierte que Cervantes iba poco a poco alcanzando la gracia de la palabra poética, aunque le faltase casi siempre el acento auténtico de los grandes líricos.

Queda, sin embargo, patente su culto a la Poesía, de la cual hace las más fervorosas apologías en múltiples lugares de su obra, así como no se cansa de zaherir con ingenio a los malos poetas. El primer canto a la Poesía se encuentra en su obra más temprana, *La Galatea,* donde, en el último libro, la musa Calíope se alza, envuelta en fuego, de la tumba de Meliso y, antes de hacer el elogio de numerosos poetas, declara: "Mi oficio y condición es favorecer y ayudar a los divinos espíritus cuyo loable ejercicio es ocuparse en la maravillosa y jamás alabada como se debe ciencia de la Poesía." Y casi al final de su vida, en 1614, publica el *Viaje del Parnaso,* de carácter y desarrollo temático distintos, pero con propósitos semejantes: alabanza y defensa de la poesía con la evocación y crítica de los poetas de su tiempo.

Es el *Viaje* un poema narrativo, muy extenso, escrito en tercetos, y pertenece a un tipo de alegoría literaria puesto en boga en la Italia del siglo XIV y muy cultivado por los españoles en el Siglo de Oro. El modelo de la obra cervantina fue el *Viaggio in Parnaso,* de Cesare Caporali. Todos los elementos de este tipo de obra —viaje, sueño, asalto al Parnaso por los malos poetas y defensa por los buenos que vienen en apoyo de Apolo, etcétera— están presentes en el poema. Dentro de la monotonía de la narración y de la falta de fluidez del verso, hay episodios y momentos bastante logrados. Para el estudioso de la historia literaria posee el interés de las noticias y juicios sobre un considerable número de poetas, la mayoría hoy olvidados, aunque noticias y juicios semejantes no varían mucho de los que se dan en otras muchas obras análogas. Para el lector corriente, los pasajes aún más vivos son los de carácter autobiográfico, en los que Cervantes se presenta a sí mismo con melancólica ironía, viejo, pobre y sin haber logrado conquistar la gloria ("cisne en las canas y en la voz un ronco—y negro cuervo"). Emprende la jornada con muy ligero bagaje (unas pobres alforjas, con un pan candeal y un poco de queso). Cuando Mercurio le encuentra y se extraña de su escaso equipaje e indumentaria, le dice:

> —¡Oh Adán de los poetas, oh Cervantes!
> ¿Qué alforjas y qué traje es éste, amigo?

El viajero contesta:

> —Señor: voy al Parnaso, y como pobre,
> con este aliño mi jornada sigo.

La nota de humanidad, tan persistente siempre que Cervantes habla de sí mismo, no oculta la conciencia igualmente persistente de su propio valer: "Tus obras —le hace decir a Mercurio en este mismo diálogo (Cap. I)— los rincones de la tierra ... descubren, y a la envidia mueven guerra." Tras de lo cual vino el epíteto justo con que se caracterizó a sí mismo: "Pasa, raro inventor, pasa adelante—con tu sotil designio."

El pasaje más detallado y elocuente es aquel en que Cervantes, al no encontrar asiento entre los que rodean a Apolo, "en pie ... despechado, colérico y marchito," hace "con turbada lengua," en el Cap. IV, su propia defensa y la enumeración de sus servicios a la literatura. Y al recordar sus propias creaciones, reitera la capacidad de su don inventivo —"Yo soy aquel que en la invención excede a muchos...;" y proclama su amor constante por el arte y por la poesía. "Desde mis años tiernos amé el arte dulce en la agradable poesía." Es allí también donde, a la invitación de Timbreo —"dobla tu capa y siéntate sobre ella"— replica:

—Bien parece, señor, que no se advierte,
le respondí, que yo no tengo capa.

Es la honda humanidad de Cervantes, mezcla de humildad y de certeza en su propio valer, lo que aún conmueve al leer estos versos, de tono muy semejante al de otras muchas páginas autobiográficas en casi todos sus libros. Y un lector del siglo XX no puede menos de pensar en otros dos poetas de gran calidad humana y fervorosos admiradores de Cervantes, en los que resuena una actitud parecida. Antonio Machado, dispuesto a emprender su última jornada "ligero de equipaje ... casi desnudo, como los hijos de la mar," o León Felipe cuando exclama: "¡Qué voy a cantar si soy un paria/que apenas tiene una capa!"

Al *Viaje* añadió, en prosa, la *Adjunta al Parnaso*, páginas humorísticas, donde, entre otras cosas, satiriza las comedias y enumera algunas de las que él compuso, varias de ellas perdidas.

"La Galatea". — Pocos años después de volver a España, compone Cervantes esta novela pastoril, género que la *Diana* de Montemayor había iniciado con gran éxito, y la publica en 1585. Faltan en ella, como en la mayoría de las narraciones del mismo tipo, la unidad de acción y, sobre todo, el palpitar de vida real de sus novelas posteriores. Su prosa tiene un cierto ritmo poético, pero no es ese ritmo perfecto dentro de su naturalidad, que es uno de los prodigios del *Quijote*. En la estructura es poco más que un ininterrumpido desfile de pastores de ambos sexos —Elicio, Erastro, Galatea, Lisandro, Florisa, Teodolinda, Lenio, Timbrio, Nísida, Mireno, Orompo, Damón, Lauso (con quien se ha identificado al mismo Cervantes) y otros— que en verso y prosa cuentan su historia, entablan repetidos debates sobre el amor y lamentan el triste suceso de sus aventuras sentimentales. Como en las demás novelas del mismo género, los nombres y el disfraz pastoriles encubren la identidad de personajes reales.

Lo característico de la *Galatea* es el exaltado idealismo platónico, idealismo anejo a toda la literatura bucólica del siglo XVI, pero, al mismo tiempo, arraigado profundamente en el alma de su autor.

El culto a la belleza, la visión ideal del mundo, el sentimiento elegíaco de la intimidad amorosa —productos del alma renacentista, tan acusados en *La Galatea*— son inseparables de la concepción literaria cervantina y forman el anverso de su dual imagen del mundo. En tal sentido esta obra juvenil, por la que sintió Cervantes debilidad —cuya segunda parte deseó siempre escribir— no es meramente una creación casual y de circunstancias de la que podamos prescindir. Es tan representativa de su espíritu artístico y del conflicto en que éste se apoya, como puedan serlo las páginas más realistas. Es preciso no olvidar entre los antecedentes del idealismo, traspasado de ironía, de un Cervantes más maduro, esta primera "objetivación del mundo ideal de las aspiraciones sentimentales" que es *La Galatea,* según definición exacta de Mario Casella.

Y con otro punto de vista, Américo Castro ha observado la importancia de la exploración de la intimidad humana en el relato pastoril, para la génesis del moderno personaje novelesco. Es decir, la significación de *La Galatea* con su "intuición del fenómeno íntimo" como antecedente del *Quijote,* dentro del orbe cervantino.

Las comedias. — Tampoco alcanzó Cervantes las cimas del arte en el género dramático. A pesar de ello, es uno de los dramaturgos más importantes entre los anteriores a Lope de Vega y, en un aspecto al menos, en el arte cómico de sus *Entremeses* no tiene rival en todo el teatro clásico español.

Suele dividirse la producción teatral de Cervantes en dos épocas, siguiendo las noticias que él mismo da en el prólogo a sus *Ocho comedias y ocho entremeses* (1615). Dice que, tras de haber compuesto hasta veinte o treinta obras, dejó "la pluma y las comedias," a causa —da a entender— del triunfo de Lope y su nuevo arte: "entró luego el gran monstruo de la naturaleza, el gran Lope de Vega, y alzóse con la monarquía cómica."

De la primera época, entre 1581 y 1587 aproximadamente, sólo se conservan *Los tratos de Argel* y *La Numancia,* aunque conocemos los títulos de otras obras por la *Adjunta al Parnaso.* Se jacta en dicho prólogo de que todas sus obras se representaron y también de haber sido el primero en reducir a tres las jornadas de las cinco que antes tenían las comedias, y en llevar a ellas "las imaginaciones y los pensamientos del alma, sacando figuras al teatro."

Asertos no conformes con los hechos, pero que sugieren la importancia de Cervantes en la evolución del arte dramático de su tiempo. Cuando, años más tarde, volvió a intentar fortuna con nuevas obras, no encontró favor en el público o, mejor dicho, entre los representantes ("no hallé autor que me las pidiese"), porque Lope —dice— "avasalló y puso debajo de su jurisdicción a todos los farsantes." Defraudado, sin duda, se decidió a publicar sus nuevas producciones en la obra citada, hecho bastante insólito y revelador, como ha observado Casalduero.

La vocación por el teatro —como la que sintió por la poesía— se mantiene a lo largo de toda su vida, y todavía en el prólogo, es decir, en 1615, un año antes de morir, anuncia otra comedia de título, por cierto, bien cervantino: *El engaño a los ojos*. Le preocupó, asimismo, la teoría dramática, sobre la que dejó textos muy específicos en el capítulo 48 de la primera parte del *Quijote* y en pasajes de *El rufián dichoso* y *Pedro de Urdemalas*. En la teoría y en la práctica fue aceptando algunas de las innovaciones lopescas. Se ve, además, su preocupación estética por lo que el nuevo arte tenía de espectáculo y representación imaginativa. A este respecto, es altamente sugeridora la proyección de un cierto barroquismo teatral —espectáculo, invención, cuadros y figuras— en la segunda parte del *Quijote*. En lo fundamental, sin embargo, siguió fiel a un concepto clasicista del teatro —el dominante en su juventud— pensando, aparte de problemas técnicos como el de las tres unidades, que la poesía dramática debía concentrarse en la fuerza de las pasiones y la pintura de los caracteres.

Presentan las comedias conservadas gran variedad de temas, riqueza de observación psicológico-moral y la permanente dualidad cervantina. Su inspiración, aquí como en el resto de su obra, nace de dos mundos opuestos y en ellos se apoya: la vida, incluyendo en gran medida aspectos de carácter autobiográfico, y el vasto campo de la ficción; es decir, la realidad y la poesía.

Cuatro de las comedias se inspiran en recuerdos de su propio cautiverio, proyectados sobre un marco romántico de temas orientales: *Los tratos de Argel* —escrita en la primera época, hacia 1580, cuando aún tenía frescas en la memoria las impresiones de la vida argelina— *El gallardo español, La gran sultana* y *Los baños de Argel*.

El mundo caballeresco y pastoral, con fondo amoroso e imaginativo, tomado de la novela italiana, está representado por *La casa de los celos* y *El laberinto de amor*. De aventura, intriga y enredo, pero con implicaciones morales y psicológicas poco usuales en las obras de su tipo, es *La entretenida*, una de las que hoy se leen con mayor gusto.

Pero probablemente las comedias superiores son las de carácter más realista, picaresco, aunque realidad y picarismo sean en ellas sólo motivos artísticos que aparecen fundidos con aspectos ideales. En *El rufián dichoso*, lo picaresco del primer acto se presenta en contraste con el tema religioso de la conversión y de la comedia de santos en los actos restantes. Basada en la historia de fray Cristóbal de Lugo, vemos al protagonista pasar de una juventud turbulenta a una ardorosa vida espiritual en tierras de Nueva España. En la otra, *Pedro de Urdemalas*, lo picaresco, pintado en cuadros deliciosos de la vida baja de los gitanos, está mezclado con escenas fantásticas de gracia ligera que alivian su peso.

Lugar separado merece la *Comedia del Cerco de Numancia,* que no se publica hasta el siglo XVIII. Es en rigor una tragedia, una alegoría del patriotismo español, basada en la historia de la ciudad celtibérica, que en el siglo II a. d. J. C. resistió el asedio de los romanos, y en la que todos sus habitantes prefirieron la muerte a la deshonra de la rendición. Larga, informe, con una gran abundancia de personajes reales y alegóricos no bien dibujados, más que por su arte, vale la *Numancia* por la elevación del tono, por la intensidad del sentimiento patriótico y el vigor del aliento colectivo que hace del pueblo todo el verdadero protagonista del drama. Ello explica el entusiasmo que inspiró a algunos románticos como Shelley y Goethe, y el que en varios momentos difíciles de la historia de España —la guerra de la Independencia o la última guerra civil— se haya resucitado con éxito. Es, con todos sus defectos, la obra más inspirada que la imitación de la tragedia clásica produjo en España y un ejemplo patente del noble espíritu heroico que en todo momento encontramos en Cervantes.

En la estructura se caracteriza por una gran variedad, dentro del sentido estético de la tragedia: variedad en la versificación; ir y venir de personajes que dan al drama su carácter colectivo, alternando con la aparición de las figuras alegóricas —España, el río Duero, la Guerra, la Enfermedad, el Hambre, la Fama; escenas de amor, vaticinios, lamentos, motivos líricos y momentos patéticos que culminan cuando, al acercarnos al final, el niño Bariato, único superviviente, se arroja de la torre para quitar su gloria a Escipión.

Cervantes se propuso, y lo logró, nacionalizar la tragedia clásica, aunque Casalduero llega a la conclusión, a través de un detallado análisis, que se trata más de cristianización de la tragedia que de nacionalización.

El epíteto épico-trágico —dice— se ha convertido en una acción triste, que ha encontrado un armónico horrendamente patético en el tema del hambre, para convertirse en esa alegría final cristiana de la muerte que es vida, vida inmortal.

En el conjunto participan las comedias de los rasgos característicos del mundo y el arte cervantinos. Presentes están los valores ideales —fama, honra, amor, libertad— como lo está la riqueza inventiva, que a veces resulta en una acumulación excesiva de episodios y personajes. No faltan el elemento cómico, con tendencia a lo grotesco, ni el juego equívoco entre la fantasía —lo que se imagina— y la vida —lo que es. Digamos, por último, que esparcidos por las comedias se encuentran algunos de los mejores versos de Cervantes, por lo común en metros tradicionales.

Los entremeses. — Sin negar a las comedias un mérito superior al que suele dárseles, creemos, con la mayoría de la crítica, que donde Cervantes acierta más plenamente, dentro del teatro, es en los *Entremeses,* pequeños cuadros cómicos a la manera de los "pasos" de Lope de Rueda, pero mucho más ricos en movimiento, variedad de los personajes y observación psicológica. Son ocho, como las comedias, todos en prosa, salvo el segundo y tercero: *El juez de los divorcios, El rufián viudo, La elección de los alcaldes de Daganzo, La guarda cuidadosa, El vizcaíno fingido, El retablo de las maravillas, La cueva de Salamanca* y *El viejo celoso.* Además, se le han atribuido posteriormente *Los habladores, La cárcel de Sevilla, El hospital de los podridos* y algún otro.

En unos predomina el diálogo; en otros, la acción; pero en todos encontramos la naturalidad del lenguaje, vivo e ingenioso, el fiel y a la vez irónico reflejo de las costumbres, y la maestría en delinear tipos y caracteres. Son también estas pequeñas piezas modelo de humor comprensivo de las debilidades humanas y de esa extraordinaria capacidad cervantina para entender los móviles de la conducta en la vida real. Numerosos tipos —valentones, jaques, viejos lascivos, mujeres despreocupadas, maridos confiados, estudiantes, soldados, alcaldes, jueces, escribanos y alguaciles— quedan perfilados en la escena con mano maestra. Con espíritu libre de farsa se ríe Cervantes de la tontería humana o plantea y resuelve cómicamente arriesgadas situaciones morales. En *El juez de los divorcios, El viejo celoso* o *La cueva de Salamanca,* por ejemplo, se tratan con gran tolerancia problemas de burlas o desavenencias matrimoniales.

Pero quizá lo más sorprendente y característico de los entremeses sea la destreza en llevar a un ambiente al parecer enteramente realista y cómico la sombra de la poesía, de lo maravilloso, del "engaño a los ojos" que la realidad es para Cervantes. La apostura arrogante, el gesto desproporcionado del soldado en *La guarda cuidadosa* son la estilización grotesca de lo falso heroico. En *La cueva de Salamanca,* el barbero, el sacristán y el estudiante, confabulados con dos mujeres desenvueltas, acuden al subterfugio de la magia para embaucar a Pancracio, el crédulo marido de Leonarda. En *El retablo de las maravillas,* dos actores pícaros, Chanfalla y la Chirinos, explotan la credulidad y un prejuicio, como el de la limpieza de sangre, para sugestionar a un pueblo entero con los más grandes disparates, pura invención de la fantasía. Y en *Los habladores,* Cervantes, si el entremés es en realidad suyo, muestra, con un humor puramente lingüístico, el poder también engañoso de la palabra, de la pirotecnia verbal.

Es decir, que hasta en un plano tan aparentemente real, de literatura costumbrista, como el de los entremeses, encontramos ese doble fondo permanente de la visión genial de Cervantes: la disonancia y armonía entre vida y poesía; entre el mundo necesario, condicionado, de las realidades materiales y el mundo libre, arbitrario, de la imaginación. En el descubrimiento de la interrelación entre esos mundos y en haber sabido dar plasticidad artística a ese descubrimiento consiste la gran invención de Cervantes. Es la base estética y espiritual de la historia del caballero manchego.

III. El *Quijote*

La primera parte de *El ingenioso hidalgo don Quijote de la Mancha* se publicó en 1605; la segunda, diez años más tarde, en 1615. Al poco tiempo de aparecer se difundió en numerosas ediciones y se tradujo a las lenguas más importantes de Europa. Luego se ha traducido a casi todas las del mundo. Surgieron también pronto las imitaciones en España y fuera de España, empezando por el falso *Quijote* de Avellaneda, publicado en 1614, cuando Cervantes iba escribiendo la segunda parte. No sólo la obra en su totalidad, sino muchos de sus episodios aislados han servido de inspiración a artistas de todos los géneros: novelistas, dramaturgos, poetas, pintores, escultores, dibujantes, compositores musicales. Las mentes más finas y los pensadores más profundos la han comentado, tratando de desentrañar su sentido. Los nombres de don Quijote y Sancho, igual que los de Dulcinea, Rocinante y otras criaturas de la fantasía cervantina, han pasado a ser figuras proverbiales. Y el amo y el criado, el caballero loco y el escudero cuerdo, iban a quedar como uno de los primeros ejemplos de personajes literarios autónomos, con vida propia fuera del libro, y como símbolos de la dualidad humana, con su sentido ideal de la ilusión y su sentido práctico del interés. Polarización válida y, a la vez, excesivamente simplista.

Es, en suma, el *Quijote* una de las obras universales y clásicas por excelencia, entendido lo clásico como la capacidad de la obra de arte para conservar una significación viva en todos los tiempos y lugares, para todas las clases de la humanidad y para todas las edades de la vida. Sobre lo que ha significado en el campo de la literatura, a través de sucesivas interpretaciones, pueden verse las obras de Ríus, Icaza y Paul Hazard, citadas en la bibliografía. Lo que significa para el ser humano en las diferentes edades de la vida lo definió, mejor que nadie, el mismo Cervantes en el capítulo III de la segunda parte, donde dice el bachiller Sansón Carrasco que es historia "tan clara que no hay cosa que dificultar en ella; los niños la manosean, los mozos la leen, los hombres la entienden y los viejos la celebran."

Señala así Cervantes el rasgo que, en efecto, distingue su libro de otros de análoga importancia: la claridad, la naturalidad, la sencillez y el encanto de su estilo; la facilidad con que en él se suceden innumerables aventuras, sin más propósito aparente que el de entretener al lector. Por eso, entre todas las grandes obras con las que es común compararlo —la *Biblia,* la *Divina Comedia, Hamlet* o *Fausto*— es la única de carácter cómico y la única que ha pasado a ser lectura de los niños, al par que uno de los libros al que los hombres vuelven siempre en busca de pasatiempo y de motivo de meditación.

El *Quijote* es, pues, a primera vista, una historia divertida; pero es también una genial epopeya cómica que encierra una visión de los problemas espirituales del hombre junto con la síntesis simbólica de las aspiraciones y fracasos del pueblo en cuyo seno fue concebido. Tiene, por tanto, un múltiple sentido. Cosa que ocurre, en rigor, con toda gran obra de arte, independientemente de que el autor se propusiera o no poner en ella lo que sus intérpretes posteriores han ido descubriendo. Ahora bien: la distancia entre lo que la obra es en apariencia y su significación o significaciones es en el *Quijote* mayor, acaso, que en ningún otro libro del mundo.

Don Quijote: gestación de la obra y carácter del personaje. — En su punto de arranque, la obra va a ser simplemente la historia de un pobre hidalgo —ser común y corriente entre los españoles contemporáneos de Cervantes— que en el corazón de España, en una oscura aldea de la Mancha, pierde el juicio de tanto leer libros de caballerías. La locura de este desgraciado hidalgo, Alonso Quijano, consiste en creer que son verdad las disparatadas invenciones de aquellos libros fantásticos. Sale al campo en un rocín flaco, con unas armas inservibles arrumbadas en un rincón de la casa. Imagina que el mundo está poblado de endriagos, encantadores, gigantes y doncellas cuitadas; y que él está llamado a resucitar la gloria de la inmortal caballería, reparando injusticias, defendiendo a los débiles y luchando por que en el mundo reinen el heroísmo, la bondad, el amor y la justicia. Lo que encuentra por los caminos de España, como encontraría por los de cualquier parte del mundo, es la realidad de todos los días. Muchas injusticias que reparar, pero también una humanidad burlona y egoísta poco dispuesta a hacerlo. Sus nobles ideales sólo le acarrean descalabros. Mas él no desmaya: los sostendrá, con fe inquebrantable y después de incontables derrotas, hasta el fin, cuando reniega, ya en el lecho de muerte, de su locura.

De aquí parte Cervantes sin más propósito, al parecer, que escribir una sátira contra los libros de caballerías. El modo cómo esta limitada intención inicial va adquiriendo transcendencia es uno de los ejemplos mayores del proceso misterioso que es la génesis semiconsciente de una obra de arte.

Había, sin duda, en el punto de partida un designio enormemente audaz por su originalidad. La obra se concibe dentro de una serie de contradicciones coordenadas: elegir a un ser corriente, un desocupado hidalgo de pueblo, pobre y viejo, como encarnación de unos ideales personificados, en toda la literatura poética anterior, en seres extraordinarios y casi sobrehumanos; contrastar lo que la imaginación había presentado hasta entonces como remoto y mítico con la realidad más inmediata; es decir, traer el mundo de la poesía al tiempo actual y a un escenario de todos conocido; y, finalmente, identificar el heroísmo, el más alto de los valores humanos, con la locura, el más lastimoso de los estados.

Tan cargado de posibilidades estaba sin duda este designio nacido en la mente de Cervantes como producto de su experiencia, que a medida que escribe va agrandándose el tema. Lo que al principio se concibió probablemente como el relato de unas cuantas aventuras triviales, se convierte en uno de los más vastos cuadros de la vida española, de la variedad de caracteres humanos y de contenido de la realidad que hayan sido trazados jamás. El mundo de la ficción va entrelazándose, a medida que la obra se desarrolla, con el de la realidad social de su tiempo, que había observado en sus constantes peregrinaciones. Todavía en un plano espiritual más profundo ocurre un cambio insospechado: los ideales del héroe grotesco van adentrándose en el alma de su creador.

Y así don Quijote, aventura tras aventura, al mismo tiempo que es víctima constante de palos y burlas, adquiere por la fuerza de su fe una virtud extraordinaria: la de transmutar las más bajas manifestaciones de la vida en seres del mundo ideal, haciéndoles cobrar nueva existencia que, al fin, es la que conservan en el recuerdo del lector. Las mozas de partido se transforman en princesas; el ventero pícaro, en el noble señor de un soberbio castillo; los molinos, en gigantes; los criminales, en víctimas inocentes de la autoridad; los porqueros, en enanos; la bacía de un barbero rústico, en el yelmo de Mambrino, y una labradora manchega, Aldonza Lorenzo, a quien Alonso Quijano hace en su locura dama de sus pensamientos, pasa a ser Dulcinea del Toboso, imagen del amor perfecto, de la gloria y de la inmortalidad que don Quijote perseguía y que, en una forma u otra, buscan todos los hombres.

Tales son, en términos generales, los rasgos salientes en la gestación y desarrollo interno de la figura de don Quijote, sin que los varios antecedentes que se le han señalado resten nada a la trascendencia de la invención cervantina.

Enumeramos a continuación algunos de esos antecedentes, dejando aparte los intentos, poco felices, de identificar al hidalgo manchego con algún modelo vivo que Cervantes pudo conocer en sus andanzas. En rigor, más que de antecedentes, se trata de tendencias que directa o indirectamente pudieron influir en la gestación de la obra:

1. La épica burlesca italiana: Pulci, Boiardo y, sobre todo, Ariosto (*Orlando furioso*).

2. La reacción general del humanismo contra la literatura de imaginación y, en concreto, contra los libros de caballerías, encabezada por los erasmistas; reacción que, en el terreno de la literatura narrativa, hay que relacionar con la novela pastoril y su interés por lo psicológico, de un lado, y el antiheroísmo del *Lazarillo,* de otro.

3. El influjo general de las ideas renacentistas, que estudiaron Castro y Casella. Se ha sugerido también (Bertini) que su concepción de la épica en prosa puede proceder de los *Discorsi sopra il Poema eroico* de Tasso, bien directamente, bien a través de la *Philosophia antigua poetica* de Pinciano.

4. La posible relación con el *Tirant lo Blanch* de Martorell, obra caballeresca con elementos realistas, de la que se dice en el escrutinio: "es el mejor libro del mundo: aquí comen los caballeros, y duermen y mueren en sus camas, y hacen testamento." También se ha hablado, quizás con menos fundamento, del "Ribaldo" del *Caballero Cifar* como posible antecedente de Sancho.

5. La indudable influencia, como estímulo inicial, del *Entremés de los romances* —donde el labrador Bartolo enloquece de tanto "leer el Romancero"— estudiado por Menéndez Pidal.

En una forma u otra, todo ello debió de influir en Cervantes, cuya capacidad para la síntesis de múltiples elementos literarios es extraordinaria. Ahora bien: Cervantes imita en lo episódico, toma de aquí y de allí; nunca imita en lo esencial, que obedece siempre a una originalidad absoluta, a una visión única del mundo, tanto del literario como del real.

Don Quijote y Sancho. — En un momento de la gestación de la obra aparece, para no separarse ya nunca de su señor, Sancho Panza, el fiel escudero. Sancho, el labrador torpe, zafio, gordo e interesado, es aparentemente la antítesis humana de don Quijote. Su papel es el de corregir, con un sentido limitado a ver sólo el lado material de las cosas, los errores de la imaginación quijotesca. Pero Cervantes, igual que termina, sin desvirtuar lo cómico del relato, por sentir una simpatía viva hacia las locuras de don Quijote, es conquistado asimismo por la agudeza rústica y honrada simplicidad del escudero. Toda la novela se centra entonces en el contraste y atracción mutua de los dos personajes. Ambos comparten la aflicción en las derrotas y la alegría en los escasos triunfos, o se consuelan y alientan mutuamente en sus sabrosísimos diálogos. Cuando don Quijote se ve reconocido como caballero auténtico en casa de los duques, Sancho obtiene el gobierno de la supuesta ínsula, y la afinidad de su alma, independiente del carácter de cada uno, llega a revelarse, con toda su evidencia, en el regocijado alivio que los dos sienten al recobrar la libertad cuando salen de casa de los duques para volver a ser lo que realmente son.

Lo básico del *Quijote* se resuelve así en un doble juego, equilibrio de contradicciones, que se transmite a todos los aspectos estéticos, ideológicos y morales de la obra. Por ese doble juego, un loco, don Quijote, se convierte en dechado de los más altos valores humanos: de la fe, del ideal, de la libertad, de la justicia y hasta de la razón misma, puesto que nadie pone en duda lo discreto de sus razonamientos cuando no se trata de su manía, ni duda de que el mundo sería mejor si fuese como él lo concibe en su locura, limpio de maldad y de interés. Y Sancho, glotón, interesado, a veces malicioso, se convierte en dechado de la sencilla bondad natural, de lealtad a prueba de desgracias, de buen sentido y, más que nada, de la capacidad de ilusión del hombre simple, puesto que en el fondo es el único que cree en las locuras de su amo, que le sigue hasta el fin y que, aun a sabiendas ya de que sólo le esperan molimientos y calamidades, no puede ni quiere separarse de su señor.

Amo y criado, el loco y el cuerdo, se compenetran hasta aparecer cada uno como la mitad del ser humano, e ilustran el descubrimiento de la complejidad del hombre y de la contradicción inmanente en la vida a que llega el humanismo renacentista.

La segunda parte. — Cervantes no percibe las últimas posibilidades de la obra hasta la segunda parte, inferior a la primera sólo en cuanto invención de la pura fantasía, más rica en el contenido moral y psicológico.

Es en la segunda parte cuando adquieren don Quijote y Sancho su gran dimensión humana y espiritual.

En la primera parte las aventuras se suceden sin que don Quijote, ante la evidencia de sus descalabros, reconozca su error. Para él, las ventas siguen siendo castillos; los molinos, gigantes; los borregos, ejércitos; y Dorotea, la princesa Micomicona. El que los demás personajes, Sancho particularmente, no lo adviertan así, se debe a su ínfima condición, a su ignorancia de la ciencia caballeresca o a engaños de los encantadores.

Mas en la segunda parte don Quijote ya no es meramente un personaje cómico y burlesco, paródico. La experiencia del mundo adquiere significación moral y psicológica. Se nos revela su intimidad. Así, la soledad fingida en la penitencia de Sierra Morena se convierte en el sentimiento de soledad angustiosa, cuando Sancho se separa de él para ir al gobierno de la ínsula ("Cuéntase, pues, que apenas se hubo partido Sancho cuando don Quijote *sintió su soledad*," Cap. XLIV). Y se recuesta *"pensativo y pesaroso."* El novelista va acusando, con toques ligerísimos, el despertar de la conciencia entre las brumas de la locura; y cualquier lector atento puede seguir el proceso del desengaño, que pasa a ser el eje de la novela. Empieza por la desilusión, que él no confiesa, pero que en lo íntimo siente, de ver a Dulcinea transformada en una tosca labradora por la industria de Sancho. Huye del campo de batalla en la aventura del rebuzno, y, salvo en el encuentro con el león, rara vez muestra el ímpetu y la voluntad de la primera parte. Es víctima de la burla más cruel, la de sentirse agasajado como caballero de verdad y ser, al mismo tiempo, *pasivamente,* objeto de ridículo, bufón de los duques y luego de los señoritos barceloneses. Se ve atropellado por animales inmundos. Sancho se le insubordina y le maltrata. El golpe final es su derrota por el bachiller Sansón Carrasco.

Al agotarse su fe, entra la cordura y, con la cordura, la muerte. La ilusión se acaba, pero no por eso disminuye la grandeza de la figura. Corona sus hazañas ficticias con la más grande de todas las hazañas reales, que es, según él reconoce, la de vencerse a sí mismo. Entonces nos revela Cervantes, ya en el terreno de la realidad más alta, la realidad moral, la verdadera significación de su héroe. Porque, loco o no, el pobre hidalgo de la Mancha es, ante todo, encarnación de la bondad: Alonso Quijano, el Bueno, que nunca, ni en el desenfreno de su locura, ha hecho, a sabiendas, mal a nadie. Queda así satirizado con genial ironía lo quimérico y falso de la caballería, en tanto que se salva, sublimado, lo noble de su ideal, que es la más elevada de las aspiraciones del hombre: el poner la vida al servicio del bien.

No es menos sorprendente ni significativa la transformación de Sancho. Comete aquí —en la segunda parte— algunas de sus mayores bellaquerías: la farsa del encantamiento de Dulcinea, la agresión a su señor. No desvirtúa Cervantes, por tanto, su naturaleza ni su individualidad. Y, sin embargo, el escudero fiel se salva, revelándose lo más auténtico de su calidad humana: su honradez natural, que resplandece en la intachable conducta de su gobierno, del que sale desnudo como entró, y ese fondo de ilusión latente allí en la oscuridad de su mente simple que le induce a querer reanimar los ideales de su señor cuando el desaliento se apodera de don Quijote.

En el capítulo final, digna coronación de la obra, Cervantes no deja duda sobre la estrecha fraternidad que une a esta extraña pareja: el noble caballero loco, que sólo de ideales vive, y el rústico hombre del pueblo, para quien la vida no tiene, en apariencia, más horizonte que el de la satisfacción de las necesidades inmediatas.

Dice don Quijote en la hora de la verdad suprema, recobrado ya enteramente el juicio a las puertas de la muerte: "y si estando yo loco fui parte para darle el gobierno de la ínsula, pudiera agora, estando cuerdo, darle el de un reino, se lo diera, porque la sencillez de su condición y fidelidad de su trato lo merecen." Añadiendo: "Perdóname, amigo, de la ocasión que te he dado de parecer loco como yo, haciéndote caer en el error en que yo he caído." A lo cual Sancho, ya completamente quijotizado, responde alentando a su señor a que no se muera y persista en la consecución de sus ideales, con palabras que muestran hasta qué extremo se ha identificado con la vida de su señor, sin la cual la suya carecerá ya de razón de ser.

Así cierra Cervantes, en una página de conmovedora melancolía, la singular historia del hidalgo loco.

La obra como creación literaria: su complejidad y valor. — Hemos señalado la distancia entre lo que el *Quijote* es como obra de puro entretenimiento —propósito en el que Cervantes insiste— y la profundidad y significación que sus lectores han ido descubriendo en ella. Y nos hemos detenido especialmente en la gestación y desarrollo del protagonista y su inseparable compañero. Al concebirlos, altera Cervantes radicalmente el carácter del personaje novelesco y crea algo distinto de todos sus antecedentes, por ejemplo los de *La Celestina, El Lazarillo,* y, en otra dirección, los pastores enamorados de la literatura bucólica. La esencia del nuevo personaje —don Quijote, y, en plano más simple, Sancho— consiste en que está visto como ser vivo actuando en un mundo real, cosa que sólo en parte, y dentro de toda clase de convenciones, ocurre en obras anteriores. Unido a ello va algo mucho más importante: que el personaje aparece movido por una voluntad de ser y entregado a un destino no previsto, ley de la existencia humana. En una palabra, el personaje se está haciendo según vive y va cambiando a lo largo de la novela. Por eso no es casual que Ortega y Gasset encontrase la fórmula inicial de su filosofía, "yo soy yo y mi circunstancia," al meditar justamente sobre el sentido de la creación cervantina.

Mas la concepción del hidalgo manchego, don Quijote-Alonso Quijano, no es el único elemento ni la única novedad de la obra. Por de pronto, está rodeado y entra en contacto con otros innumerables personajes de toda condición: literaria, moral, social y psicológica. Y este vastísimo número de personajes se mueve en un ámbito novelesco de episodios, cuadros, incidentes, en el que Cervantes acumula y funde un caudal enorme de tradición literaria —poesía, novelas, cuentos, figuras y figuraciones— con un caudal no menos grande de escenas, observaciones y hechos tomados directamente de la España real de su tiempo. Por ello se ha dicho que en el *Quijote* Cervantes crea o recrea dos mundos —el de la poesía y el de la historia, el de la imaginación y el de la experiencia, el de la literatura y el de la vida. Lo sorprendente y lo cervantino es que ambos mundos son comunicables del principio al fin de la obra (fundidos están ya en la naturaleza misma del personaje), formando como el trasunto de una realidad mucho más amplia y compleja que la que se percibe a simple vista. Realidad de la que forman parte la vida cotidiana —los objetos, tal y como son o parecen ser— y lo que el hombre siente, imagina y piensa. Es decir, lo que lleva en la cabeza, ya sean los delirios de Don Quijote, producto de su lectura, ya sean las apetencias de Sancho, el pragmático, que jamás pone en duda, por ejemplo, la realidad de su Ínsula Barataria.

Para mayor claridad, los elementos que entran en la composición del *Quijote* podrían ordenarse en tres planos:

1. El objetivo, natural e histórico-social, la realidad visible.

2. El poético-literario o realidad imaginada.

3. El psicológico, simbólico y espiritual, realidad sentida y mundo de los valores.

Al primero pertenecen el hidalgo loco, Alonso Quijano; Sancho, su vecino, y todos los personajes que encuentra: venteros, labradores, arrieros, galeotes, bachilleres, duques, canónigos, etc.; pertenecen, asimismo, los objetos: ventas, molinos, rebaños, bacía, etc.

El imaginativo está presente, sobre todo, en las novelas y episodios intercalados, de tipo sentimental, de aventuras, psicológicas como *El curioso impertinente*; y también en la doble naturaleza de muchos personajes, especialmente de la primera parte: Grisóstomo, Marcela, Cardenio, Dorotea, el Cautivo, etc., que si por un lado se presentan como personajes reales, por otro participan de caracteres ya preformados por la literatura anterior: pastoral, sentimental, morisca, etc. Con referencia a este tipo de personajes, pertenecientes en su mayoría a las novelas intercaladas, observó Leo Spitzer cómo en ellas sigue Cervantes una técnica opuesta a la de la acción principal. En ésta se presenta primero lo objetivo y luego la transformación que sufre merced a la locura de don Quijote. En las narraciones intercaladas se parte siempre de una situación aparentemente fantástica e irreal que se resuelve en la realidad del personaje. Reales son Dorotea, Cardenio, el Cautivo, etc.

En la segunda parte el enfoque y la naturaleza de los personajes cambian, pero a esta categoría de personajes "anfibios," es decir, reales y literarios a un tiempo, pueden pertenecer los bandoleros de Roque Guinart, Claudia Jerónima o Ana Félix. Lo normal es que el plano imaginativo de la segunda parte —concebida ya plenamente dentro del estilo barroco— se nos dé, sea en la transformación de una realidad ya conocida por el lector (bachiller-caballero de la Blanca Luna, labradora-Dulcinea, servidores de los duques y el papel que representan), sea teatralizada, como representación (retablo de Maese Pedro, bailes del Amor y el Interés en las bodas de Camacho, desfiles en el palacio de los duques, cabeza encantada, etc.).

El plano simbólico-espiritual es más difícil de definir. A él pertenecen los problemas últimos de la obra y su sentido: relaciones de la realidad con la imaginación, autonomía del personaje y sentido trascendente de la experiencia quijotesca como expresión del significado de la existencia humana.

Los planos apuntados se corresponderían, en otros términos, con los que Gilman resumió en su estudio sobre "Cervantes y Avellaneda." Para Gilman lo característico de la novela, según la concibe Cervantes, sería el reflejar un mundo complejo que abarca tres niveles: el del mito (el hombre en relación con su trascendencia), el social (el hombre en relación con su clase) y el de los sentimientos y opiniones (el hombre en relación con su inmanencia).

En el siglo XVIII, Fielding y otros novelistas ingleses empiezan a imitar la fórmula cervantina. Poco después, los románticos alemanes (Schelling, F. Schlegel, etc.) se enfrentan con su significación como novela. Friedrich

Schlegel percibe la complejidad de la obra, su "confusión artísticamente ordenada," "la simetría en las antítesis" y "la combinación alternada de entusiasmo e ironía." Desde entonces la crítica no ha cesado en su empeño de definir, interpretar y valorar la genial creación. Paso importante en este proceso ha sido el de la crítica española del siglo XX. Con interpretaciones como la mítico-simbólica de Ganivet, la subjetiva de Unamuno, la impresionista de Azorín, la histórico-pragmática de Maeztu, la psicológica de Madariaga, hasta que Ortega, Castro y Casalduero se enfrentan con la totalidad del *Quijote* como obra de arte y pensamiento.

Por ellos y varios críticos extranjeros —Casella, Spitzer, Hatzfeld, etcétera— podemos leer hoy con mayor conciencia la novela de Cervantes y captar su sentido.

Sabemos, por ejemplo, que las interpretaciones consabidas de la dualidad —serio-cómica, épico-burlesca, idealismo-realismo— eran acertadas, pero insuficientes, porque, tanto en la estructura como en el sentido, la ley del *Quijote* consiste en la tensión y equilibrio de los opuestos: pasado-presente, ser-parecer, locura-discreción, drama-comedia, realidad-fantasía, etc., de donde resulta lo que Castro llamó "realidad oscilante" y podría llamarse también "realidad-equívoca."

Tales oposiciones no se presentan simplemente como puras antítesis, sino que, en su variedad, sólo pueden ser captadas mediante lo que Ortega llamó el perspectivismo, bien analizado después por Spitzer, fijándose en un solo aspecto: el del juego equívoco, y en apariencia caprichoso, de los nombres en el *Quijote*. Este perspectivismo es el que le permite a Cervantes dar el paso, literariamente gigantesco, de llevar el mundo mítico de la épica al mundo de la novela, es decir, de la representación de lo actual. El mito caballeresco vive en la realidad porque el hombre lo lleva en la cabeza y, en alguna forma, opera psicológicamente en su existencia. Así, en el *Quijote* las fantasías de los libros de caballerías eran, a la par, móvil de las acciones disparatadas del pobre hidalgo loco y sustrato de donde nacen los grandes ideales del caballero, que, a pesar de su anacronismo y de las catástrofes que producen, conservan su validez. En rigor, desde Cervantes no ha habido gran personaje novelesco que no vaya movido por una quimera. Los ejemplos serían innumerables en Balzac, o en Dickens, o Flaubert, o Tolstoi, o Dostoiewski, y, en la literatura española, en Galdós, el gran discípulo y heredero de Cervantes.

Sería interminable tratar de compendiar lo que se ha dicho sobre otros muchos aspectos del *Quijote*: la autonomía del personaje, su significación como obra renacentista o post-renacentista y barroca; su significado, sea como resultado y reflejo de la propia experiencia cervantina —es decir, el elemento autobiográfico, la intrusión del autor en la obra— o como reflejo del problema histórico de España y del carácter nacional —es decir, su relación con la decadencia y, en otro sentido, con el catolicismo contrarreformista. O, si nos atenemos a la forma, el modo según el cual Cervantes, al dar ser y alma a un nuevo tipo de personaje o héroe literario, consigue también crear una fórmula para la novela posterior: soltura, fluidez, espontaneidad de la narración, que deja en el lector la impresión de una realidad viva y natural. Temas son éstos que sólo pueden quedar apuntados.

Debemos añadir, sin embargo, algo relativo a lo que se ha llamado la filosofía del *Quijote*: su significado en la historia del pensamiento de su época. Decía Unamuno que la filosofía española hay que buscarla en sus obras literarias, en escritores como Cervantes y los místicos, principalmente.

Es evidente que, entre burlas y veras, Cervantes sugiere en el *Quijote* problemas del conocimiento de la realidad y de la condición humana, del sentido de la vida y de la acción del hombre en el mundo. Es lo propio de su arte no teorizar a la manera de los novelistas más modernos, ni moralizar meramente a la manera de los escritores de su tiempo. De ahí su diferencia fundamental con la literatura picaresca. Y ya se sabe que no faltan elementos picarescos en su obra. Cervantes narra, cuenta y deja que el lector saque sus propias consecuencias.

Cervantes no da soluciones. Lo que parece desprenderse del *Quijote* y, en menor medida, de otras obras suyas —alguna novela ejemplar, algún entremés— es que el mundo del hombre, la vida humana, es, ante todo, equívoco; que no hay certeza posible, que el mundo es susceptible de varias interpretaciones.

El hombre post-renacentista y barroco descubre en la existencia un juego, a veces cómico, a veces trágico, de contradicciones. El racionalismo del XVII (Descartes, Spinoza), partiendo de la duda, proclama a la razón, al pensamiento del hombre, como único criterio de la verdad en un mundo geométrico o abstracto. Razonadores son, en el terreno moral, los personajes del teatro francés (Corneille y Racine), como lo serán, dentro del rígido esquema de la escolástica católica —diferencia entre lo temporal y lo eterno— los personajes de Calderón. Mas antes que la literatura entre en las vías racionalistas del último barroco, Shakespeare y Cervantes se han enfrentado, cada uno a su manera, con el angustioso problema del ser y no ser, de un mundo en el que el hombre no puede o no sabe distinguir entre la verdad y la imagen de la verdad que él mismo se forja, movido por sus instintos, sentimientos, pasiones, ilusiones y apetencias.

Es éste el gran tema trágico del dramaturgo inglés, que suele poner las grandes verdades en boca de sus bufones y locos, mientras el héroe dramático sucumbe a sus pasiones. Algo de esto ocurre en el contraste entre el caballero y el gracioso en la comedia española. Ahora bien: en el teatro, la verdad del gracioso suele ser la verdad inmediata de lo real, en puro contraste con las fantasías —las más de las veces puro fingimiento retórico— del señor. Cervantes va más lejos porque confronta y al fin hermana la verdad ideal, creada por la fe de don Quijote, con la verdad pragmática de Sancho. Y, en un juego sutilísimo de verdades e ilusiones, de locura y buen sentido, deja entrever cómo el escudero va quijotizándose, en tanto que su amo empieza a aceptar, en el proceso de su desengaño, la visión sanchesca.

Perspectivismo, equívoco y relativismo cervantino, mediante el cual quedan planteados en la obra los problemas más altos que el hombre del post-renacimiento descubre en las contradicciones de la existencia: angustia hamletiana del ser y no ser, últimas raíces del dolor y del amor, relación moral de la persona con su mundo. Problemas que Cervantes dejará sin contestación precisa, pero claramente sugeridos en una serie de interrogaciones implícitas:

¿Qué es el bien y qué es el mal? ¿Está el bien en la pureza de los ideales de don Quijote, o hay en esos ideales, que fracasan al ponerse en práctica, algo moralmente erróneo, ya que resultan siempre en la desgracia del propio don Quijote y de los desvalidos a quienes trata de ayudar?

¿Qué es la verdad? ¿Es aquello que descubre la razón y comprueba la experiencia, o hay una verdad ideal como la que don Quijote presiente en su locura? ¿Son las cosas lo que parecen, o cada ser humano ve en ellas aquello que el fondo de su personalidad le hace ver? Y el hombre mismo, ¿es lo que los demás creen de él, o aquello de que él tiene íntima conciencia? ¿Es el verdadero héroe cervantino el pobre hidalgo mortal Alonso Quijano o el inmortal Caballero de la Triste Figura?

Y la acción en la vida, la voluntad de obrar, ¿es útil en sí, o el camino de la felicidad se encuentra en el renunciamiento, en adaptarse a las vulgares circunstancias de lo cotidiano? ¿Hubiera sido Alonso Quijano más dichoso cuidando de su pobre hacienda que lanzándose por los caminos de la Mancha a luchar por sus ideales aunque no recibiera más que desengaños? Esto se relaciona, a su vez, con la significación propiamente nacional del libro: ¿es el *Quijote* una burla cruel de los ideales españoles y una lección de desaliento que contribuyó —como algunos críticos han sugerido— a acelerar la decadencia de España, o es más bien una sublimación irónica de esos mismos ideales, que Cervantes compartió en su juventud, de la que sale España espiritualmente justificada?

En esta última interrogación que Cervantes deja, como las otras, humorísticamente sin contestar, se basa precisamente el reparo mayor que se ha hecho a la novela: el de haber destruido con la burla los ideales de su patria. Byron dijo del *Quijote* que era un gran libro que había matado a un gran pueblo; y, en nuestro tiempo, Ramiro de Maeztu desarrolló esta tesis, tratando de probar que, al ridiculizar la ciega confianza de don Quijote en la acción, Cervantes suscita la duda en la mente de sus compatriotas e indirectamente produce la pérdida del imperio español. El reparo es infundado. Las causas de la decadencia de España son muy otras. A lo sumo Cervantes refleja un estado de ánimo existente en la España de su tiempo. Pero lo genial de Cervantes consiste precisamente en que, al criticar los resultados de la acción, mostrando el fracaso de su héroe, logra, irónicamente, salvar el valor espiritual de los estímulos que le mueven a emprender sus locas aventuras. El hidalgo manchego fracasa siempre en el mundo de la realidad. No fracasa, en cambio, en el del espíritu. Deja el ejemplo de su nobleza humana, encarnación de la aventura espiritual del hombre en busca de un absoluto ideal y ético.

En cuanto al problema de más alcance, el del conocimiento de la realidad y el sentido de la vida, la solución del barroco contrarreformista español es la del desengaño: la que veremos en Quevedo (el mundo como pesadilla), la de Calderón (el mundo como teatro o sueño, cosas fingidas) o la de Gracián (el mundo como engaño, cueva de la nada). Tras de todo lo cual está la realidad verdadera, la de la otra vida, y la gloria perdurable que el hombre tiene que conquistar con su voluntad, ayudado por la gracia divina.

La solución sugerida por Cervantes, al menos en el *Quijote*, no parece tan simple y racional, pese a la renuncia final del caballero al renegar de su locura y prepararse a bien morir. Y el haber dejado en el equívoco su pensamiento no es la menor genialidad de Cervantes porque la misión del artista y del poeta no es dar soluciones, sino recrear la realidad, la vida, en toda su complejidad y con todas sus contradicciones. Ya dijo Ortega y Gasset que el *Quijote* es un gran equívoco. Y el dramaturgo norteamericano Tennessee Williams parece haberlo entendido bien cuando en su obra, *Camino Real,* hace decir al caballero manchego:

Life is an unanswered question, but let's still believe in the dignity and importance of the question.

[La vida es una pregunta sin respuesta. Creamos, sin embargo, en la dignidad e importancia de la pregunta.]

Cuando en la fantasía de Williams —muy influida toda ella por una visión cervantina— don Quijote aparece reencarnado en medio de una humanidad doliente y sin rumbo, asistimos a otra de las consecuencias de la extraordinaria invención cervantina. Entre todos los grandes personajes literarios, el loco de Alonso Quijano es uno de los pocos cuya existencia se prolonga fuera del libro en innumerables resurrecciones y reencarnaciones. Cervantes, como se recordará, quiso dejarlo bien muerto, con todos los testimonios necesarios "para quitar la ocasión de que algún otro autor que Cide Hamete Benengeli le resucitase falsamente e hiciese inacabables historias de sus hazañas." No lo ha conseguido. Hazaña artística y caso extraordinario el suyo, ya que, extremando la paradoja, podría decirse que supo dar vida a un personaje cuyo último y único triunfo —si hemos de creer al fervoroso quijotista don Miguel de Unamuno— ha sido oscurecer y casi matar a su creador.

IV. Las "Novelas ejemplares" y el "Persiles"

"Novelas ejemplares". — Con este título publicó Cervantes, en 1613, una colección de doce novelas cortas, escritas probablemente en diferentes momentos. Las llamó así, según explica en el prólogo, porque no había ninguna entre ellas de la que no se pudiese sacar "algún ejemplo provechoso." Añade que él es el primero que había novelado en lengua castellana. Se refería concretamente a la originalidad de los asuntos porque, decía, "las muchas novelas que en ella andan impresas todas son traducidas de lenguas extranjeras y éstas son mías propias, no imitadas ni hurtadas." Adaptaba, pues, Cervantes a la literatura española con estas narraciones, análogas a El curioso impertinente y El cautivo, incluidas en el Quijote, el arte del relato breve sobre temas modernos, tal y como se había divulgado en Italia por los continuadores de Boccaccio, que es a lo único que se daba entonces el nombre de novela, a diferencia de otras formas narrativas anteriores: libros de caballerías, historias pastoriles, vidas de pícaros, etc. Mas la originalidad de Cervantes no se limitaba a la adaptación de un género y ni siquiera a la invención de nuevos asuntos. Hoy la vemos, ante todo, en una nueva actitud estética.

Las doce novelas ejemplares no pretenden ser un reflejo fiel de la vida. Son más bien, igual que el *Quijote*, una interpretación poética y moral de ella. Cervantes transforma la materia que observa con un criterio fundamentalmente artístico. De aquí que, sólo con ciertas reservas, deba aceptarse la clasificación que la crítica ha venido haciendo de estas novelas, dividiéndolas en dos tipos separados: novelas realistas, por creer que reproducen fielmente cuadros y tipos de la realidad, especialmente del bajo mundo social; y novelas idealistas, por creer que todo en las de este género es poético y ficticio. De acuerdo con esta clasificación, suelen considerarse realistas, en su totalidad o en los aspectos dominantes, las siguientes:

Rinconete y Cortadillo, historia de dos muchachos que salen en busca de aventuras; y cuadros de la vida picaresca sevillana, centrados en el patio de Monipodio, adonde van a parar los dos protagonistas.

El celoso extremeño, matrimonio del indiano viejo Carrizales con una joven, seducción de ésta (consumada en la primera redacción, no consumada en la segunda), perdón final de la mujer infiel cuando el viejo se da cuenta de que ha obrado contra la naturaleza casándose con una niña y pretendiendo tenerla secuestrada celosamente.

El casamiento engañoso, episodio típico de vida licenciosa: engaño del Alférez Campuzano por la buscona Estefanía de Caicedo.

El coloquio de los perros, continuación de la anterior: sátira de la vida contemporánea, por boca de los perros Cipión y Berganza.

El licenciado Vidriera, crítica también social y satírica, aquí por boca de un loco, cuya historia se cuenta, y final retorno a la cordura.

La gitanilla, cuadros de la vida gitanesca, enlazados por el relato de los amores de Preciosa, la Gitanilla, con un joven caballero convertido pasajeramente en gitano.

La ilustre fregona, aventuras de dos estudiantes nobles, del amor de uno de ellos por la sirvienta de un mesón en Toledo, que, igual que Preciosa en *La gitanilla*, resulta ser también de origen aristocrático.

Habría que agregar a las novelas de este pretendido carácter realista *La tía fingida*, si fuese de Cervantes.

Las clasificadas como idealistas son:

Las dos doncellas, aventuras de dos muchachas que siguen en hábito masculino al hombre que ambas aman.

El amante liberal, complicada historia de aventuras y amores de los cautivos Ricardo y Leonisa, con ambiente oriental.

La fuerza de la sangre, violación de una doncella por un desconocido, de la que nace un hijo; encuentro final de los padres y santificación del amor ilegítimo por el matrimonio.

La española inglesa, amores ideales de la española Isabela, transportada a Londres, con el inglés Recaredo; amores llenos de obstáculos hasta reunirse los amantes en Sevilla.

La señora Cornelia, unión también de dos amantes, Cornelia y el duque de Ferrara, después de numerosas peripecias y equívocos; fondo italiano.

Ésta es, como hemos dicho, la clasificación tradicional de las novelas cortas de Cervantes. Pero ni el realismo de las primeras es tan literal y evidente como la crítica ha pretendido, ni el idealismo de las segundas está tan alejado de la vida y de los problemas centrales que en su visión preocupan a Cervantes.

Las diferencias entre unas y otras son más tenues. Las primeras, las llamadas realistas, se caracterizan más bien por tener como escenario la vida española —Sevilla, Toledo, Salamanca, Valladolid, etc.— por la pintura de costumbres contemporáneas y por presentar tipos y caracteres tomados de la realidad, con predominio de un ambiente social bajo: pícaros, gitanos, estudiantes, soldados y aventureros. Las segundas tienen casi siempre un escenario extranjero o exótico —Oriente, Italia, Inglaterra— y un ambiente aristocrático; las aventuras y los personajes son, en parte, de carácter poético, de tradición literaria.

Independientemente de su realismo o idealismo —categorías hoy superadas por la crítica— cabe clasificar las novelas ateniéndonos a su técnica y sentido. En este aspecto, como en otros muchos, es el propio Cervantes quien nos da el criterio más acertado cuando hace decir a Cipión en el *Coloquio* que "los cuentos, unos encierran y tienen la gracia en ellos mismos; y otros, en el modo de contarlos." Es decir, en unas novelas lo importante es la acción, las aventuras y peripecias de los personajes; en otras, las descripciones, comentarios y anécdotas. De ahí que Ortega y Gasset haya distinguido en la novela cervantina dos series: obras que cuentan "casos de amor y de fortuna" y otras que son cuadros estáticos. En unas nos interesan los personajes y sus andanzas; en otras, la visión.

Pero las interferencias entre la doble o quizás múltiple manera de novelar y los mundos que ellas representan son constantes. Lo distintivo realmente del arte novelístico de Cervantes es su capacidad de unificar, como ya vimos en el *Quijote,* temas, visiones e ideas de muy diversa procedencia: lo que toma del mundo literario de la ficción, sus experiencias personales —viaje a Italia, cautiverio, ambientes de ciudades, etcétera— y las invenciones de su siempre fértil fantasía. A la unidad técnica que le permite casar materiales tan distintos y acumular, sin alterar el ritmo narrativo, toda clase de digresiones, episodios y descripciones, corresponde una unidad de visión. Mediante ella, los hechos más fantásticos e irreales —por ejemplo, la pérdida de la belleza y vuelta a su ser natural, de Isabela en *La española inglesa,* o los inesperados lances de *La señora Cornelia*— cobran verosimilitud, en tanto que las formas inferiores de lo real —por ejemplo, las tretas de Estefanía de Caicedo en *El casamiento engañoso,* o la criminalidad de los subordinados de Monipodio en *Rinconete y Cortadillo*— se redimen de su bajeza a través de la estilización cómica. Tan poéticos son, en el fondo, los gitanos de *La gitanilla* como las damas y caballeros de *Las dos doncellas,* y hasta el mundo picaresco que aparece en varias novelas adquiere calidad poética por la gracia sutil del arte narrativo. En todas, con excepción posible del *Coloquio* y quizá también de *El licenciado Vidriera,* en las que se hace crítica directa de la vida social, la realidad está sustentando de alguna manera al ideal, y la narración se centra en torno al juego, tan cervantino, entre realidad y poesía, entre la aventura y el estudio psicológico.

Si en la esfera estética prepondera la ilusión, en la de los valores morales el espíritu termina siempre por sobreponerse a las pasiones e instintos, dando significación a la ejemplaridad enunciada en el título. Son así muchas de las novelas paradigma del triunfo del esfuerzo y de la honestidad, del valor y de la virtud, de la discreción y de la gracia sobre toda clase de circunstancias adversas. Por eso es obligado en ellas el desenlace feliz. Como reflejo del neoplatonismo renacentista, que es una de las muchas corrientes ideológicas de su tiempo que Cervantes se asimila, la belleza ideal aparece encarnada en la belleza física, y el amor puro, honesto, se presenta en contraste con el amor lascivo y termina por triunfar casi siempre. Así, por ejemplo, en *La fuerza de la sangre,* donde la violación de Leocadia se repara con el arrepentimiento de su forzador y se santifica con el matrimonio. Hasta en los casos de aparente realismo extremo, el espíritu recobra sus fueros. Rincón, el aprendiz de pícaro, muchacho de buen entendimiento y buen natural, nos dice Cervantes, se propone, al fin de la novela, abandonar la escuela de Monipodio y aconsejar a su compañero Cortado que "no durasen mucho en aquella vida tan perdida y tan mala, tan inquieta, y tan libre y disoluta." En *El celoso extremeño,* el viejo Carrizales enmienda sus desvaríos perdonando con nobles palabras la ligereza de su joven esposa Leonora, de la cual reconoce que es él el principal responsable:

La venganza que pienso tomar de esta afrenta —declara— no
es ni ha de ser de las que ordinariamente suelen tomarse; pues
quiero que así como yo fui extremado en lo que hice, así sea la venganza que tomare, tomándola de mí mismo como del más culpado
en este delito, que debiera considerar que mal podía estar ni com-
padecerse en uno los quince años desta muchacha con los casi
ochenta míos.

Mas si el idealismo estético de Cervantes traspasa pocas veces los
límites de la verosimilitud, su idealismo moral rara vez le lleva —y éste
es uno de los rasgos que más le diferencian de casi todos sus contemporáneos— a falsear la naturaleza de sus personajes o a olvidar los valores humanos, entre los cuales ocupan probablemente el primer lugar, igual
que en el *Quijote*, la libertad y la honra. Los elogios de la libertad aparecen en toda la obra de Cervantes con insistencia significativa. A veces
son retóricos, como otros muchos que podrían citarse en las obras de
sus contemporáneos, pero más frecuentemente llevan el sello de un sentimiento real del poder esclavizador de los convencionalismos sociales.
Recuérdese la descripción de la vida libre que hace el viejo de *La gitanilla.*

En cuanto a la honra, uno de los temas centrales de toda la literatura
de su tiempo, Cervantes adopta una posición moderna, identificándola con
la virtud y con la tranquilidad de haber obrado de acuerdo con la propia
conciencia.

La verdadera deshonra —le dice el padre a Leocadia en *La fuerza de la sangre*— está en el pecado, y la verdadera honra, en la
virtud; con el dicho, con el deseo y con la obra se ofende a Dios;
y pues tú ni en dicho ni en pensamiento ni en hecho le has ofendido, tente por honrada, que yo por tal te tendré, sin que jamás te
mire sino como verdadero padre tuyo.

Supera así Cervantes el concepto común en su época, según el cual la
honra o la deshonra dependían casi exclusivamente de la opinión ajena.

Por la riqueza imaginativa, la calidad del estilo, la variedad de personajes y la capacidad extraordinaria para pintar toda clase de ambientes,
es consenso de la crítica que las *Novelas ejemplares* sólo ceden en importancia al *Quijote,* dentro de la producción cervantina. En el estilo, la
naturalidad se combina con el artificio; el diálogo es a veces retórico y
enfático, a veces, vivo, directo, chispeante, pero lo común es que artificio

y naturalidad estén fundidos en ese ritmo y armonía peculiares por los cuales la lengua de Cervantes, a pesar de haber tenido innumerables imitadores, es siempre única e inconfundible. Al dominio del lenguaje se une el arte de la composición, de la perspectiva y, en algunos casos (patio de Monipodio, por ejemplo), el de un movimiento casi escénico de las figuras. Los varios episodios y cuadros aparecen ensamblados dentro de la narración, en contraste con la técnica de mera yuxtaposición o sucesión de episodios que caracteriza a las obras narrativas anteriores a Cervantes. De la misma manera, los personajes están individualizados sin perder en valor representativo como tipos sociales o literarios; y los detalles de color o forma, descripciones de trajes, de interiores, de calles y plazas, de una escena cualquiera, adquieren relieve en cada momento, cuando el narrador enfoca hacia ellos su atención sin romper por esto la unidad del conjunto.

Y si todo esto es así, en cuanto se refiere al arte particular de cada novela, lo es también en la trabazón estrecha de la colección completa, cuya unidad analizó Casalduero. Hay que considerar, dice, a las doce novelas como formando un conjunto orgánico en torno a tres temas —amor, matrimonio y vida. Son, desde luego, los temas permanentes en Cervantes. Recuérdese que amor y matrimonio, con las peripecias y trabajos de la pareja amorosa, son esenciales en las historias intercaladas en el *Quijote,* como lo serán en *Persiles*. Ha analizado también Casalduero, con un sentido estético que faltaba en comentaristas anteriores, el enlace entre imaginación y realidad, heroísmo y virtud, vocación y destino en el mundo de las novelas, que él ordena en cuatro grupos: Mundo ideal *(Gitanilla, Amante, Rinconete, Española);* Pecado original *(Licenciado, Fuerza);* Virtud y libertad *(Celoso, Ilustre fregona);* Mundo social *(Doncellas, La señora Cornelia, Casamiento, Coloquio).*

El "Persiles". — Cervantes acaba su obra con *La historia de los trabajos de Persiles y Segismunda,* escrita en los últimos años de su vida y publicada uno después de su muerte. [2]

El creador del *Quijote,* el raro inventor, no cae en el desaliento que por aquellos mismos años invade las páginas de la novela picaresca. Se entrega, por el contrario, a los impulsos de la imaginación, y crea en el *Persiles* un mundo en el que no faltan sufrimientos, desdichas, dramas,

---

[2] Aunque se ha tratado de probar que la composición del *Persiles* es muy anterior (Mack Singleton, "The Mystery of the *Persiles*"), los argumentos aducidos no han sido suficientes para rectificar la idea aceptada de que se trata de su última obra.

muertes ni cuadros de palpitante realidad, pero en el que todo aparece purificado por la belleza ideal, por el triunfo de la nobleza de espíritu, encarnada en la figura de los dos amantes protagonistas.

Por el tema, la técnica y el desarrollo, se clasifica al *Persiles* entre las novelas bizantinas, género literario muy del gusto de los erasmistas, derivado de la *Odisea,* que combina lo histórico —real o imaginado— con lo sentimental y la fantasía moral.

En la novela de este tipo suelen narrarse los viajes, aventuras, naufragios, peripecias y peregrinaciones —"los trabajos"— de dos amantes, casi siempre de sangre real, separados por la adversidad hasta que logran reconocerse y reunirse después de muchos años. La fuente principal de la obra fue *Teágenes y Cariclea,* novela griega de Heliodoro (s. III de J. C.). Siguiendo bastante libremente este y otros modelos, Cervantes cuenta la historia de Persiles, hijo de la reina de Tile o Tule, y de Segismunda, hija de la reina de Frislanda, que, fingiéndose hermanos y con los nombres de Periandro y Auristela, habían emprendido un viaje a Roma por motivos que, a lo largo de casi toda la narración, aparecen envueltos en el misterio. Ya separados por el destino, ya juntos, recorren varios países y encuentran innumerables personajes y aventuras, hasta que en los últimos capítulos se explica por qué se fingían hermanos y cómo emprendieron su peregrinación por consejo de Eustoquia, madre de Persiles, para evitar que Maximino, su hijo mayor, se casase con Segismunda, malogrando así el mutuo amor de los dos jóvenes amantes. Al fin, llegan a Roma, la ciudad eterna, donde Maximino, antes de morir, les une en matrimonio y les anuncia que son herederos de los dos reinos. Intercalados en la historia principal van numerosos episodios, anécdotas y relatos de toda índole, que muestran cómo hasta sus últimos días conservó Cervantes fresca su incomparable imaginación creativa.

El *Persiles* reúne mejor que ninguna otra obra los tres aspectos con que lo poético se presenta en Cervantes: a) exotismo; b) lances de aventura y esfuerzo encaminados a vencer los obstáculos que se oponen a la realización del amor perfecto por su honestidad y pureza; c) prosa refinada, esencialmente literaria, sin menoscabo de la naturalidad que caracteriza el estilo cervantino.

Lo exótico y geográfico se manifiesta de muchas maneras: en el escenario de la novela —mar, países septentrionales, viaje; en la abundancia de personajes ficticios —piratas, caballeros, salvajes y pastores; en la acumulación de elementos irreales —sueños, alegorías, prodigios y embrujamientos. Pero es de observar que ni aun en esta novela, regida por la fantasía, olvida Cervantes su sentido de la realidad. También aquí encontramos el maridaje de lo ideal y lo real, básico en la visión cervantina. De los cuatro libros en que la obra se divide, los dos primeros se sitúan en la zona nórdica, y los dos segundos, en la meridional —Portugal, España, Francia, Italia. Junto a historias muy reales, vividas, hay alusiones a problemas de la época, como el llamamiento al rey para que expulse a los moriscos. Se pasa de lo "inventado imaginario" a lo "inventado real." Por eso ve Casalduero en el *Persiles* un trasunto de "la experiencia completa y madura de la historia del hombre — la historia de la vida," dentro de "la forma del mundo barroco." En ella se combinan la "zona luminosa de la imaginación (unidad, orden) y la zona oscura de la realidad (variedad, desorden)."

Las concepciones morales no se desvirtúan, sino que adquieren mayor fuerza al proyectarse en un mundo de amor y de aventura, heroico e ideal. La honra y la virtud siguen siendo en el *Persiles* los máximos valores humanos. Presentes en toda la obra, se ejemplifican con singular significación en el episodio de doña Guiomar de Sosa, la dama portuguesa que da asilo en su propia casa al matador de su hijo, actitud cuya importancia sólo se advierte si se compara con el furor vengativo de muchos personajes en el teatro coetáneo. Junto a la honra y la virtud como valores, se destaca también en el *Persiles,* y es en cierto modo su motivo central, la fortaleza de espíritu para resistir sin desmayo a la adversidad, según explica bellamente Auristela:

> Así como la luz resplandece más en las tinieblas, así la esperanza ha de estar más firme en los trabajos; que el desesperarse en ellos es acción de pechos cobardes, y no hay mayor pusilanimidad ni bajeza que entregarse el trabajado, por más que lo sea, a la desesperación.

La actitud moral se complementa en el *Persiles* con la fe religiosa y concretamente con el catolicismo, implícito en el tema de la peregrinación de los dos amantes, que sirve de enlace a la obra; explícito en varios pasajes y al hacer de Roma, cabeza del mundo católico, el lugar donde se consuma en feliz desenlace su unión después de tantos peligros. En este desenlace feliz, igual que en su tonalidad poética, el *Persiles* está más cerca de algunas novelas ejemplares que del *Quijote*. El humor tiene un papel muy secundario, puramente circunstancial, y ha desaparecido el relativismo ambivalente y equívoco con el que se refleja, en la historia del caballero manchego, el problema de la verdad y de las apariencias.

Los reparos mayores que se han hecho al *Persiles* son el abuso de la imaginación y, aunque parezca paradójico, la extremada perfección del estilo. Es cierto que, a veces, el lector se fatiga o se pierde en el laberinto de episodios y digresiones. Cervantes, con su gran conciencia autocrítica, se adelantó a la mayoría de los reparos de sus censores. "Parece que el autor desta historia sabía más de enamorado que de historiador, porque casi este primer capítulo... le gasta todo en una definición de celos," dice al comenzar el libro segundo; y en otro lugar pone, con su acostumbrada ironía, en boca de uno de los personajes, el siguiente juicio: "Paréceme que con menos palabras y más sucintos discursos pudiera Periandro contar los de su vida."

La historia de los trabajos de Persiles y Segismunda tuvo, igual que el *Quijote* y las *Novelas ejemplares,* un éxito inmediato; se hicieron de la obra numerosas ediciones y fue traducida al francés y al inglés. Pero pronto la posteridad la relegó a un lugar secundario y la crítica, especialmente en el siglo XIX, no reconoció el mérito de lo que podemos llamar la vertiente romántica o, con mayor exactitud, plenamente barroca de la creación cervantina.

El gusto por lo poético de algunas generaciones actuales, unido a la revalorización que la crítica contemporánea ha hecho del barroco, ha concedido, en cambio, al *Persiles,* atención creciente —de la que es el mejor ejemplo el libro de Casalduero— y empieza a sentir la grandeza de este momento final en la vida de Cervantes. Viejo y ante las puertas de la muerte, conserva aún la potencia inventiva de su genio, se entrega en brazos de lo maravilloso, sin perder por eso su profundo sentido de lo humano. La novela está concebida dentro del reino de la quimera, en la embriaguez de la ficción poética; pero la mayor parte de los personajes son, en el fondo psicológico y moral, tan humanos y reales como las otras criaturas de su fantasía.

V. La novela del siglo XVII: picaresca, novela corta y el costumbrismo

Del "Lazarillo" al apogeo de la picaresca. — La síntesis artística que Cervantes logra, en el campo de la novela, con su visión personal de la vida, del hombre y de la creación literaria, no tiene continuación en el siglo XVII. Ocurre con el arte de Cervantes algo de lo que había ocurrido dos siglos antes con el de *La Celestina.* Se imita lo externo —temas, ciertos rasgos del estilo, que se van haciendo tópicos; no se imitan, porque en rigor son inimitables, ni el espíritu ni la concepción estética. Así, en el siglo XVII proliferan las narraciones cortas del tipo de las "novelas ejemplares," sin que ninguna de ellas se acerque en lo esencial a las del maestro. En cambio, va a adquirir un desarrollo extraordinario la novela picaresca. Si en el mundo cervantino conviven el caballero y el rufián, el pastor enamorado y el galeote, la mujer ideal y las mozas de partido o la buscona, el héroe y el antihéroe, ahora sólo un personaje, el pícaro, va a dominar la creación novelesca. Con Mateo Alemán y sus muchos continuadores, se reanuda la forma de novela creada por el anónimo autor de la *Vida de Lázaro de Tormes* cincuenta años antes.

Como suele considerarse toda la literatura picaresca en bloque, haciendo caso omiso de este lapso de medio siglo, y como, vista así en bloque, se ha hecho ya lugar común el hablar de una reacción *realista* frente a una literatura tenida por *idealista,* son necesarias algunas aclaraciones, complemento de lo que dijimos al hablar del *Lazarillo.*

Vimos entonces [3] que esta genial novelita es, a lo sumo, reacción ante lo falso heroico de los libros de caballerías y la artificialidad afectiva de la novela sentimental, pero no ante lo pastoril con su poético idealismo platónico, cuyo desarrollo en la novela es posterior al *Lazarillo.* Vimos también que coincide con una literatura crítica y satírica —la de los coloquios erasmistas— o con la de narraciones licenciosas, del tipo de *La lozana andaluza* y las imitaciones del cuento italiano.

Lo que impera, en cambio, en la segunda mitad del XVI es la narración pastoril con una base ideológica platónica, una base poética petrarquista y un esfuerzo por descubrir la intimidad humana.

En este ambiente de tendencias opuestas se forma Cervantes, en cuya obra se funden.

Cuando Cervantes y su contemporáneo Mateo Alemán escriben ha cambiado totalmente el ambiente en tres sentidos o aspectos: en el político, ha fracasado el intento imperial; en el económico social, ha comenzado la decadencia —son tiempos de crisis muy prolongada, como puede verse en la literatura político-económica de un Fernández Navarrete, por ejemplo, o en un libro moderno, como el de Earl Hamilton, *American Treasure and the Price Revolution in Spain, 1501-1650;* en el espiritual y estético nos hallamos en pleno barroco.

En la conjunción de estos tres fenómenos se engendra la obra de Alemán y la de sus imitadores. Alemán toma del *Lazarillo* varios aspectos formales, que se convierten en caracteres específicos de la picaresca: *a)* la

---

[3] Págs. 223-229.

forma autobiográfica: el mundo visto a través de los ojos del personaje, en este caso, el pícaro; b) la baja extracción social del héroe, de cuyo deshonroso linaje —padre, madre— suele darse cuenta en el primer capítulo; c) el que el protagonista, además de pertenecer a una clase ínfima, ajena a todo valor social o espiritual, sea además un adolescente, casi un niño, de modo que el tema central es, en gran medida, el relato de cómo el niño se va haciendo hombre y con qué resultados; d) vagabundeo y servicio a varios amos, con la correspondiente pintura de diversos ambientes, tipos o profesiones; e) considerar la satisfacción de necesidades primarias, especialmente del hambre, como móvil supremo de la vida.

Estos elementos, con mínimas variantes, estarán presentes en casi todas las novelas picarescas. Podría añadirse algún otro que se refiere más al espíritu y sentido del mundo picaresco que a la forma: usar el engaño, la burla, el robo como instrumentos, con un desprecio marcado hacia el trabajo y cualquier otro modo de actividad creativa. En rigor, la agudeza para el engaño y el deseo de libertad, logrado en una existencia andariega, serán las marcas distintivas de la psicología picaresca.

Ahora bien: lo que era germen en el *Lazarillo,* redimido por una sutil alegría irónica, se va a convertir en substancia, con la negación total de valores, en una atmósfera religiosa y moralizante que utiliza el resentimiento del pícaro para destruir todo valor social y mostrar la inanidad de la vida temporal. Salimos así totalmente del ámbito renacentista, con su exaltación de valores ideales inherentes a la vida —que aún pueden vislumbrarse a través de la gracia ingenua del *Lazarillo* y que Cervantes salva irónicamente— para entrar en un mundo cerrado y antiheroico, donde no caben ni la gloria, ni la honra, ni la belleza y el amor. La existencia es dolor, mal, crueldad, hambre, desconfianza. Tras esta visión se eleva, como suprema ley de la vida humana, el concepto barroco por excelencia: el desengaño.

El "Guzmán de Alfarache." — Quizá por el mismo tiempo que Cervantes madura en su mente la historia de don Quijote, y es posible que en la misma cárcel sevillana, Mateo Alemán escribe la *Primera parte de la vida de Guzmán de Alfarache,* publicada en Madrid en 1599, y cuya segunda parte aparece cinco años más tarde (Lisboa, 1604) con el subtítulo significativo de "Atalaya de la vida humana."

Es interesante notar las coincidencias entre la vida de Alemán y la de Cervantes, creadores de las dos novelas principales de su tiempo, parecidas en algunos aspectos técnicos y tan distintas en su visión del arte y de la vida. Nacen casi el mismo día: Alemán fue bautizado en Sevilla, su ciudad natal, el 28 de septiembre de 1547, víspera probablemente del nacimiento de Cervantes, que debió de ser el 29, día de San Miguel. Los dos son hijos de médico. El primer maestro de Alemán fue, al parecer, Juan de Mal Lara, erasmista como López de Hoyos, el maestro de Cervantes. Estudió luego en Salamanca y Alcalá, sin que se sepa con certeza si llegó a graduarse, aunque usó los títulos de bachiller y licenciado. Llevó en su madurez vida de penuria, "maleante y azarosa —la llamó Menéndez y Pelayo—, escuela y taller en que se forjó el estoicismo picaresco y la psicología sin entrañas de Guzmán de Alfarache." Estuvo preso tres veces, por deudas, en la cárcel de Sevilla, creyéndose que en su segunda prisión coincidió allí con Cervantes. Más afortunado que éste en sus gestiones para trasladarse a Indias, en 1608 embarcó para Méjico, donde compuso sus últimas obras, entre ellas una interesante *Ortografía castellana* y algunos libros de tema religioso, y donde murió hacia 1617, un año después que Cervantes.

Falta, en lo que sabemos de la vida de Alemán, la experiencia viajera y heroica de la juventud de Cervantes, pero algunos biógrafos conjeturan que también fue a Italia por los mismos años, formando parte del séquito del cardenal Acquaviva.

Vidas, la de Alemán y la de Cervantes, en casi todo paralelas. Sus respectivas obras, el *Quijote* y el *Guzmán,* nacen, por tanto, de un mismo fondo humano e histórico; pero donde Cervantes, con su imaginación, su espíritu y su libre personalidad artística, descubre una filosofía consoladora en su ironía, el creador del pícaro sevillano sólo ve, con su desesperado pesimismo, crueldad y vileza. Hoy se sabe que Alemán era de origen judío por ambas ramas familiares y algunos críticos atribuyen lo sombrío del libro al resentimiento del "converso."

Si comparamos *La vida de Guzmán de Alfarache* con el *Lazarillo,* vemos que Alemán, si bien toma de su antecesor la mayoría de los elementos formales que antes hemos enumerado (autobiografismo, etc.), además de dar mucho mayor extensión y una estructura más compleja a la novela, le infunde nueva esencia. El protagonista no se limita a servir a varios amos; no es ya un simple muchacho que se contenta con sacar de comer; es un aventurero que ejerce muchos oficios y pasa por estados diferentes. Es mozo de venta, esportillero y estafador en Madrid, ladrón en todas partes; en Toledo vive a lo grande; va de soldado a Italia; en Roma es sucesivamente mendigo, paje de un cardenal y criado de un embajador; sirve de tercero a sus amos y tiene él mismo galanteos y aventuras amorosas, hasta que termina en galeras. El protagonista, y con el protagonista la novela, han adquirido una movilidad de la que carece el *Lazarillo*. No sólo nos pinta Alemán la vida en varias ciudades de España y de Italia, y entran en el ambiente caminos, ventas y lugares diversos, sino que el cuadro abarca a casi todas las clases sociales. La novela se convierte realmente en atalaya de la vida humana. Entrelazados en el cuerpo de la obra, con la narración de las andanzas del pícaro, aparecen dos elementos nuevos: la digresión moral y una materia literaria miscelánea. Se relatan novelas de diferente tipo, la morisca de *Ozmín y Daraja* o la de tipo italiano *Dorido y Clorinia*. Se introducen fábulas, alegorías y papeles satíricos como las "Ordenanzas de los Pobres de Roma" o el "Arancel de los necios," tan abundantes en la literatura del siglo XVII. Se trata realmente de una nueva técnica novelesca, cuyo carácter esencial consiste en la acumulación de formas y temas literarios dentro de la unidad que da la narración de la vida del protagonista, regida por el sino de la aventura. El marco físico, geográfico, de la aventura, es doble: la ciudad y el camino. La novela se convierte en viaje. Un viaje que es al mismo tiempo viaje a través de la vida. Es, en rigor, la estructura que van a seguir todos los novelistas posteriores, desde el mismo Cervantes —el *Quijote* se publica pocos años después— hasta Gracián, en el *Criticón*.

Alemán, al mismo tiempo que amplía enormemente la visión limitada de la sociedad que da el *Lazarillo,* intensifica el elemento picaresco, y su novela fue conocida por antonomasia, durante el siglo XVII, con el nombre de *El Pícaro* de Alemán. Guzmán es el dechado de lo picaresco, tanto por su vida como por su psicología. Todo lo ve con rencor. Es incapaz de entender ningún valor ideal. En él no se concibe el arranque caritativo de Lázaro al compartir con su amo, el hidalgo, el pan y la uña de vaca que recibió de limosna.

La visión es siempre cruel. No respeta nada, ni la paternidad ni el amor. A esta negación de valores en el hombre va unida la complacencia en la pintura más descaradamente naturalista de lo repugnante, que aparece ya en los primeros capítulos, con los huevos podridos y el jumento muerto que sirven a los huéspedes de las ventas.

Elemento esencial de la obra, no digresivo, es la moralización. Guzmán es un pícaro que reflexiona y saca su lección moral de cada una de sus experiencias. Las reflexiones van encaminadas a negar estoicamente los valores de la vida. Ni la honra, ni el amor, ni la gloria sirven para nada. Todo es vanidad y lucha.

El mundo no tiene medio ni remedio. Así lo hallamos, así lo dejamos. No se espere mejor tiempo ni se piense que lo fue el pasado (La Edad de Oro es una ilusión más). Todo ha sido, es y será una mesma cosa. El primer padre fue alevoso; la primera madre, mentirosa; el primer hijo, ladrón y fratricida.

Lo que es el hombre se ilustra, ya al final del primer capítulo, con la alegoría del monstruo de Ravena:

... el cuerno significaba orgullo y ambición; ... el pie de ave de rapiña, robos, usuras y avaricias; el ojo en la rodilla, afición a vanidades y cosas mundanas; los dos sexos, sodomía y bestial bruteza.

Es el *Guzmán,* en el fondo, un libro ascético, empapado de amargura y desengaño; obra típicamente barroca, basada en el desprecio del mundo y de la vida temporal. Tema obsesivo de los predicadores y escritores religiosos de la Contrarreforma, que veremos aparecer constantemente en gran parte de la literatura del siglo XVII. Es, por tanto, según las interpretaciones más recientes iniciadas por Moreno Báez, novela docente y didáctica, "libro de tendencias moralizadoras formadas por la armoniosa combinación del relato y de las digresiones, ambos enderezados al mayor provecho de los lectores." En la lección del Guzmán se enlazan las tres corrientes ideológicas características de la época: docencia escolástica, estoicismo y ascetismo.

Según esta interpretación —hoy bastante aceptada— Guzmán, pícaro y antihéroe, sería encarnación y trasunto del hombre, como pecador, y la historia poco edificante de sus hazañas, recorrido desde el pecado original (recordemos su alcurnia) a través de los vicios y maldades del mundo, hasta la salvación por el arrepentimiento y la renuncia.

Ya inminente su liberación de las galeras, termina Guzmán su relato:

Aquí di punto y fin a estas desgracias. Rematé la cuenta con mi mala vida. La que después gasté, todo el restante della verás en la tercera y última parte, si el cielo me la diere antes de la eterna que todos esperamos.

La tercera parte no llegó a publicarse. Si Alemán llegó a escribirla, o intentó escribirla —lo cual es dudoso— hay que suponer que sería testimonio de la penitencia y buen vivir del pícaro arrepentido. De todos modos, queda la novela cerrada con el abjurar de la mala vida pasada.

Insistiendo en los mismos conceptos de Moreno Báez, otro crítico, Blanco Aguinaga, al estudiar el realismo de Alemán, como muy distinto del de Cervantes, ve proyectarse en la obra la tensión barroca, la oposición de contrarios, el mundo en guerra: "base formal del concepto del desengaño" y el juego entre libre albedrío y predestinación, que veremos también aparecer en la base estética e ideológica de gran parte del teatro. Sería así, el *Guzmán,* la novela *ejemplar* por excelencia, resultado de conceptos anteriores a la historia del héroe, que éste ilustra, lo que luego se llamará novela de tesis.

La crítica de estos últimos años se ha mostrado hostil, en cambio, a reconocer el sentido social de la novela. Y es posible que, al hacerlo, haya extremado, según apuntábamos ya al hablar del *Lazarillo,* la reacción contra la crítica positivista del siglo XIX, que veía la picaresca tan sólo como testimonio de concretas circunstancias históricas y sociales. Concepción, desde luego, hoy inaceptable por excluir elementos capitales de toda creación artística.

Sin embargo, nos parece excesivo negar que la picaresca nace en el seno de una sociedad que está pasando por una grave crisis histórica, política, económica. El pesimismo de Alemán y sus congéneres —independientemente de las fuentes de su sentimiento moral y religioso— responde a un momento de abatimiento nacional y vida difícil. España, a diferencia de otros países europeos, no logra crear una sociedad burguesa basada en el trabajo y un nuevo orden económico. Cuando la etapa de las conquistas y la expansión imperial termina, el espíritu de dinamismo, aventura y fantasía que caracterizó al español de la época anterior, incapaz de adaptarse a una existencia ordenada, encuentra en las actividades antisociales la salida natural para su individualismo. Así se explica que los antiguos soldados vengan a engrosar el ejército de mendigos, rufianes, valentones, tahures, embaucadores o hidalgos hambrientos y vanidosos que pueblan las páginas de la picaresca y que, sin duda, pululaban, junto con busconas de toda laya, por algunas ciudades españolas.

Se aduce que estos personajes suelen abundar en todas partes y tiempos; que su pura existencia no es explicación suficiente para la génesis de creaciones artísticas. Mas tampoco cabe olvidar que la literatura y el arte, y aún más específicamente la novela moderna, toman su materia de un medio social e histórico. La confrontación de la picaresca con la literatura política, tan abundante en el siglo XVII, aclara, como hemos apuntado, algunos extremos, sin necesidad de volver a las concepciones del realismo decimonónico. Y ya se inicia una nueva reacción con tendencia a dar a lo social su lugar debido en la picaresca, según puede verse en estudios como los de Carilla y Serrano Poncela, que citamos en la bibliografía. Hasta hay quien vuelve, erróneamente a nuestro juicio, a una explicación exclusivamente económica. Lo cierto es que en el *Guzmán* la crítica social adquiere un volumen considerable. Sólo un estado, el eclesiástico, se libra de las sátiras más acerbas. No hay ya ni sombra de crítica anticlerical como la del *Lazarillo*. Visible es, en cambio, la preocupación por la decadencia, la conciencia del desprestigio de lo español. El capitán se lamenta de ello en la conversación con Guzmán, cuando éste se va a ir de soldado a Italia:

> Ya estamos muy abatidos, porque los que nos han de honrar nos desfavorecen. El solo nombre español, que en otro tiempo peleaba y con la reputación temblaba dél todo el mundo, ya por nuestros pecados la tenemos casi perdida. (Parte 1ª, Libro II, cap. 9.)

Carece el *Guzmán,* como obra de arte, de la gracia, el aire alegre, divertido, de sutil ironía, que mitiga en el *Lazarillo* la franca visión que allí se da del egoísmo humano. En la novela de Alemán, la aspereza del cuadro se agrava con el peso de sus muchas digresiones. Es, sin embargo, un libro importante, y Alemán, maestro en el arte de narrar, con anterioridad al *Quijote* (recordemos que se publica cinco o seis años después que el *Guzmán*), da forma a un nuevo tipo de novela, añadiendo a la sucesión de aventuras la de experiencias humanas en el marco de la realidad diaria. Su concepto del hombre, determinado por el rencor y la desvalorización de la vida, carece de la comprensiva amplitud que asegura a Cervantes un puesto único en los anales literarios. No obstante, es Alemán —siguiendo siempre, no hay que olvidarlo, el antecedente del *Lazarillo*— el novelista que eleva al tipo humano de índole más elemental y antiheroica a la dignidad de héroe literario. Hecho de singular trascendencia para la literatura posterior. "Porque detrás de las andanzas bribiáticas —dice Pedro Salinas— y los tragicómicos infortunios relatados en esas novelas [las picarescas], se sentía crecer la oleada de una nueva simpatía hacia el ser humano, de una nueva valoración del prójimo."

Y con el hombre adquirían también rango literario las cosas más feas y vulgares, extremando esa tendencia a la dignificación de las cosas y seres vivientes, por humildes que fueran, algunos pintores de bodegones y naturalezas muertas en la misma época. Lo característico de la novela de Alemán, y de la picaresca en general, es, sin embargo, el recargar las tintas sobre lo feo y aun lo repugnante físico o moral.

No pasó inadvertido para los contemporáneos de Alemán que el hacer arte con tan antiartísticos materiales era algo nuevo. Y así, en uno de los acostumbrados "elogios," publicado al frente de la segunda parte, en el soneto del Licenciado Miguel de Cárdenas, se señala cómo el arte anterior

trataba grandes hechos, como los del heroico Aquiles, con sentencias
graves y sutiles.

Arte digno de elogio ...
... ...
aunque los hizo fáciles y prestos
la ocasión, los sujetos y la historia.

Pero que de la humilde picardía
Mateo Alemán levante a todos éstos,
ejemplo es digno de inmortal memoria.

El camino quedaba abierto en el *Lazarillo.* Mas lo cierto es que sólo
a partir de Alemán (consideremos siempre aparte a Cervantes) la experiencia humana en los niveles primarios, el naturalismo y la crítica social
entrarán, como elementos esenciales, a formar parte de la novela moderna.
Los continuadores de Alemán aligeran la moralización y algunos extreman el naturalismo hasta llevarlo, desvirtuándolo, a la desrealización
caricaturesca. Y cuando la picaresca agota todas sus posibilidades en la
literatura española, resurgirá sobre nuevos planos y con espíritu distinto
en otras literaturas europeas.

Evolución de la picaresca. — Después del *Guzmán de Alfarache,* la
novela picaresca, igual que ocurrió antes con la pastoril o los libros de
caballerías, se multiplica. En general sigue el patrón fijado por Mateo
Alemán, por lo menos hasta que Quevedo publica *El Buscón,* obra en la
que entran nuevos elementos estilísticos.

Puede señalarse en el desarrollo de conjunto un cierto proceso de
diversificación. En algunas novelas domina lo narrativo y se suaviza el
moralismo amargo. Así en una de las más entretenidas, *La vida de Marcos
de Obregón* (1616), de Vicente Espinel, donde, a través de los recuerdos
del narrador, se filtran algunos rayos de optimismo, o *Alonso, mozo de
muchos amos* (1626), de Jerónimo Yáñez, inspirada más en la fórmula
del *Lazarillo* que en la del *Guzmán.* En otras, a la narración de aventuras
se añade un elemento descriptivo; por ejemplo, en la segunda parte del
Guzmán de Alfarache de Juan Martí, escrita en 1602, antes que Alemán
redactase la segunda suya, o en la continuación del *Lazarillo* de Juan de
Luna (1620).

La pícara Justina (1605), atribuida a Francisco López de Úbeda, representa la novela de protagonista femenino, continuada por Salas Barbadillo
en *La hija de Celestina* (1612), conocida también con el título de *La inge-*

niosa Elena, o por Castillo Solórzano, en *Las Harpías en Madrid* (1631) y *La Garduña de Sevilla* (1642).

Al fin de la evolución del género se va perdiendo la nota que caracteriza realmente a la novela picaresca: el que el autor tome el punto de vista negativo del pícaro para la valoración de la vida. En *El Diablo cojuelo* (1640) de Vélez de Guevara el pícaro como tal ha desaparecido. Es el demonio Asmodeo quien hace ver al estudiante Cleofás el espectáculo social de la vida en Madrid, Sevilla y otros lugares. Quevedo, con los *Sueños,* anteriores a la obra de Guevara, marca, aquí también, la superación de la picaresca. Se pasa a la sátira desrealizadora o al simple cuadro de costumbres.

Otro aspecto distinto, dentro siempre del contorno total del género, se percibe en *La vida de Estebanillo González* (1646). El escenario se ha ampliado considerablemente. Estebanillo corre media Europa. La picaresca adquiere un tono de memorias personales en un marco internacional. No hay casi ya reflexión. Se relatan episodios de carácter licencioso con gran despreocupación, al par que se presenta un cuadro animado de varias batallas y hechos históricos en la guerra de los Treinta Años.

El género como tal se va desvirtuando. Lo que subsiste es la materia y el ambiente. Así ocurre que ninguna de las dos obras últimamente citadas es propiamente novela picaresca: *El Diablo Cojuelo,* por falta de un elemento básico, el autobiografismo literario; la *Vida de Estebanillo,* porque en ella el autobiografismo no es fingido, sino real y auténtico. Es ya autobiografía novelada, en tanto que la obra de Vélez es más bien una sátira social con elementos fantásticos.

Aventura y picarismo, vida y fantasía, suelen darse juntos en mucho de la literatura de esta época. Ya Espinel y el mismo Quevedo mezclaron, al narrar los hechos de sus héroes picarescos, experiencias de su propia vida. Y en obras estrictamente biográficas, como las de algunos soldados y buscadores de fortuna, encontramos lances que hacen palidecer las hazañas de rufianes y pícaros. Tal sería el caso de la *Vida,* del capitán Alonso de Contreras, de quien dice Ortega y Gasset —en el prólogo a una edición de 1943— "que con la vigésima parte de las heroicidades a que Contreras dio cima se podía componer la vida de un héroe," pero también que "Contreras está hecho de la misma madera que se hacen los forajidos."

El picarismo no se limita a la novela. Se encuentra en el teatro de costumbres —entremeses y comedias de enredo— y hasta en la poesía de jácaras y letrillas burlescas. Era una cara de la España seiscentista.

Por influencia de las letras españolas, lo picaresco se propaga durante todo el siglo a otras literaturas: Thomas Nash, en Inglaterra; Charles Sorel, en Francia; Grimmelshausen, en Alemania, imitan o traducen el *Lazarillo* o las novelas de Alemán y Quevedo. Lo picaresco pasa, al mismo tiempo, a la novela de costumbres, al teatro, y en el siglo XVIIII, con Lesage, Fielding, Sterne y Smollett, entre otros, queda definitivamente incorporado a la tradición de la novela moderna. La influencia directa o indirecta del género es claramente perceptible en muchos de los grandes novelistas de los siglos XIX y XX; por ejemplo, entre los españoles, en Galdós y Baroja.

La novela corta y el costumbrismo. — Paralelamente a la picaresca, adquiere gran auge en España por este tiempo la novela corta derivada de la italiana y más directamente de las "novelas ejemplares" de Cervantes. Aunque algunas de estas novelitas, reunidas generalmente en colecciones, no dejen de tener interés, son, en la mayoría de los casos, obras de valor secundario. Su significación está en el conjunto, en la abundancia, como muestra del gusto de la época y de un fenómeno muy característico: el de la saturación literaria en la España del siglo XVII. Relacionado, en parte, con algunos aspectos del barroco, es un hecho social tanto como artístico, visible en el enorme desarrollo del teatro —sin paralelo en ninguna otra literatura de la época— y en la profusión de poetas, academias, tertulias o grupos literarios. Lo común es que el escritor cultive con idéntica abundancia los tres géneros: comedia, novela y poesía.

La narración corta, que ahora nos interesa, se convierte en género mixto donde entran lo picaresco y lo amoroso, lances extraños y románticos, la sátira y la moralización, la agudeza y el cuadro de costumbres, el cuento tradicional y el repertorio de los *novellieri*. Su manifestación más típica es la llamada "novela cortesana": complicaciones y amoríos de damas y galanes, en un escenario madrileño comúnmente, que recuerdan a las comedias de enredo o de capa y espada, con sus celos, engaños y puntos de honra. Es literatura principalmente de entretenimiento y con frecuencia usa del artificio de agrupar las novelas, a la manera del *Decamerón,* en el marco de una reunión social, tertulia o academia, donde se cuentan. Así ocurre en los *Cigarrales,* de Tirso, o en algunas colecciones de doña María de Zayas, la autora más representativa de la novela corta como tal. Entre otros muchos cultivadores, se destacan los ya citados Alonso Jerónimo de Salas Barbadillo y Alonso de Castillo Solórzano, y, junto con ellos, Gonzalo de Céspedes y Meneses y Juan Pérez de Montalbán. Y mencionemos el nombre de Lope de Vega, aunque en su caso el prosista haya sido oscurecido por el dramaturgo y el poeta.

Amalgama de lo novelesco y lo didáctico son algunos libros que combinan autobiografía y desahogos personales, anécdotas, cuentos y noticias varias, de los que podrían citarse como prototipos *El viaje entretenido,* de Agustín de Rojas, obra importante, como veremos, para la historia del teatro, y más especialmente *El Passagero* (1617), del Dr. Cristóbal Suárez de Figueroa, diálogos sostenidos durante un viaje en los que cuatro interlocutores narran su vida, relatan numerosas anécdotas y teorizan sobre motivos literarios, morales o de mera erudición. Mezcla también de lo novelesco con lo didáctico será *El Criticón,* de Gracián, obra de mayores vuelos, de la que trataremos al hablar de este autor.

A medida que el siglo avanza, la prosa narrativa entra en un proceso de fragmentación, y la novela, lo mismo la picaresca que la de simple entretenimiento, deriva hacia el costumbrismo con un vago propósito moralizador. El autor más representativo de este aspecto es Juan de Zabaleta, autor de *El día de fiesta por la mañana* (1654) y *El día de fiesta por la tarde* (1660), serie de tipos (el galán, el poeta, la dama, el cazador); de "caracteres" (el hipócrita, el celoso, el glotón) y de cuadros de costumbres (la comedia, el paseo, la casa de juego, el jardín, etc.).

Otro escritor en cuya obra, muy abundante, se funde el costumbrismo con los últimos ecos de la picaresca, ya en plena disolución, y con el influjo de los *Sueños* de Quevedo, es Francisco Santos, autor de *Día y noche en Madrid* y la novela *Periquillo el de las gallineras,* ambas de 1663.

[Selecciones en Del Río, *Antología,* I, 409-467 y 677-709.]

BIBLIOGRAFÍA

1   CERVANTES

TEXTOS

Obras completas de Miguel de Cervantes Saavedra, ed. Schevill y Bonilla y San Martín, Madrid, 1914-1941, 19 vols.
————, ed. de la R. A. Española, facsímil de las primeras impresiones, Madrid, 1917-23, 7 vols.
Obras completas, Madrid, Aguilar, s. a., I vol.
La Galatea, ed. Avalle Arce, Madrid, *Clásicos Castellanos,* 1961.
Don Quijote, ed. Clemencín, Madrid, 1833-1839, 6 vols.; ed. Rodríguez Marín, *Clásicos Castellanos,* Madrid, 1911-1913, 8 vols.; Nueva edición crítica ... por F. Rodríguez Marín, Madrid, 1947-49, 10 vols.; ed. Martín de Riquer, Barcelona, 1950.
Novelas ejemplares, ed. Kressner, 1886, 2 vols.; ed. Rodríguez Marín, *Clásicos Castellanos,* Madrid, 1914-1917, 2 vols.
Poesías, ed. Rojas, Buenos Aires, 1916.
Entremeses, ed. Herrero García, *Clásicos Castellanos,* Madrid, 1945.

ESTUDIOS

a)   GENERAL Y EL "QUIJOTE"

L. Ríus, *Bibliografía de las obras de Miguel de Cervantes Saavedra,* Madrid, 1895-1904, 3 vols.
J. D. M. Ford y R. Lansing, *Cervantes, a Tentative Bibliography,* Cambridge, Mass., 1931.
R. L. Grismer, *Cervantes, a Bibliography,* New York, 1946.
A. Sánchez, *Cervantes: Bibliografía fundamental (1900-1950),* Madrid, C. S. I. C., 1961.
W. L. Fichter, "Estudios cervantinos recientes (1937-1947)," NRFH (1947), II, 88-100.
J. Fitzmaurice-Kelly, *Miguel de Cervantes Saavedra. A Memoir,* Oxford, 1913 (Trad. española, Oxford, 1917).
L. Astrana Marín, *Vida ejemplar y heroica de Miguel de Cervantes Saavedra,* Madrid, 1948-1958, 7 vols.
P. Savj-López, *Cervantes,* Napoli, 1913 (Trad. española, Madrid, 1917).
A. Bonilla y San Martín, *Cervantes y su obra,* Madrid, 1916.
R. Schevill, *Cervantes,* New York, 1919.
C. de Lollis, *Cervantes reazionario,* Roma, 1924.
A. Castro, *El pensamiento de Cervantes,* Madrid, 1925.
————, *Cervantes,* París, 1931.
————, *Hacia Cervantes,* Madrid, 1957 (Véase especialmente "Los prólogos al *Quijote*").

A. Castro, "Españolidad y europeización del *Quijote*," Pról. a la edición publicada por Porrúa, México, 1960.

J. W. Entwistle, *Cervantes,* Oxford, 1940.

A. F. G. Bell, *Cervantes,* Norman, Oklahoma, 1947.

Cervantes across the Centuries (excelente colección antológica de estudios editada por M. J. Benardete y A. Flores), New York, 1947.

H. Heine, Introducción a la trad. alemana de *Don Quijote,* Stuttgart, 1837 (Puede verse en *Revista Contemporánea,* 1877, Ríus, *Bibliografía,* y en la obra de J. J. A. Bertrand citada más abajo).

I. Turgenef, *Hamlet y Don Quijote,* en *Revista Contemporánea,* 1877 (Puede verse en trad. inglesa en *The Anatomy of Don Quixote,* ed. Benardete y Flores, Ithaca, N. Y., 1932).

A. Sainte-Beuve, *Don Quichotte,* en *Nouveaux Lundis,* París, 1864, vol. VIII.

J. Valera, *Sobre el Quijote y sobre las diferentes maneras de comentarle y juzgarle,* Madrid, 1864.

A. Morel-Fatio, *L'Espagne de Don Quichotte,* en *Études sur l'Espagne,* París, 1895.

Azorín, *La ruta de Don Quijote,* Madrid, 1905.

M. de Unamuno, *Vida de Don Quijote y Sancho,* Madrid, 1905.

M. Menéndez y Pelayo, *Discurso acerca de Cervantes y el "Quijote",* Madrid, 1905.

————, "Cultura literaria de Miguel de Cervantes Saavedra," en *Rev. de Arch., Bib. y Museos,* XII (1905), 309-339.

J. Ortega y Gasset, *Meditaciones del Quijote,* Madrid, 1914.

F. A. de Icaza, *El "Quijote" durante tres siglos,* Madrid, 1918.

G. Toffanin, *La fine del Umanesimo,* Torino, 1920.

R. Menéndez Pidal, *Un aspecto de la elaboración del Quijote,* Madrid, 1924 (Puede verse con otros estudios en *De Cervantes y Lope de Vega,* Buenos Aires, 1940).

R. de Maeztu, *Don Quijote, Don Juan y la Celestina,* Madrid, 1926.

S. de Madariaga, *Guía del lector del Quijote,* Madrid, 1926.

A. Sánchez Rivero, "Las ventas del Quijote," en *Rev. de Occidente,* XVII (1927), 1-22.

H. Hatzfeld, *"Don Quijote" als Wortkunstwerk,* Leipzig, 1927; trad. esp. Madrid, 1949.

J. Millé y Giménez, *Sobre la génesis del Quijote,* Barcelona, 1930.

P. Hazard, *Don Quichotte de Cervantes, étude et analyse,* Paris, 1931.

M. Azaña, *La invención del Quijote y otros ensayos,* Madrid, 1934.

M. Casella, *Cervantes, Il Chisciotte,* Firenze, 1936, 2 vols.

E. Rodríguez Marín, *Estudios cervantinos,* Madrid, 1947.

J. A. Maravall, *Humanismo de las armas en don Quijote,* Madrid, 1948.

J. Casalduero, *Sentido y forma del "Quijote" (1605-1615),* Madrid, 1949.

S. Gilman, *Cervantes y Avellaneda,* México, 1951.

L. Spitzer, *Perspectivismo lingüístico en el "Quijote",* en *Lingüística e Historia Literaria,* Madrid, 1955.

[Además de los citados, en la última década se han publicado numerosos libros y estudios sobre el *Quijote,* cuya mención detallada alargaría demasiado esta bibliografía. Recomendamos especialmente los de M. de Montolíu, F. Ayala (en *Experiencia e invención*), A. Marasso, R. L. Predmore, J. Mañach, F. García Lorca, A. A. Parker, Mark Van Doren, H. Levin, H. Weinrich, R. Immerwahr y cuatro libros publicados en 1960: los de M. de Riquer, L. Rosales, J. de Benito y M. Durán.]

Véanse también *Anales cervantinos,* publicados desde 1951 por F. Maldonado de Guevara y otros, C. S. I. C.

b) Sobre otras obras

F. López Estrada, *La Galatea de Cervantes,* La Laguna, 1948.
A. Cotarelo y Valledor, *El teatro de Cervantes,* Madrid, 1915.
J. Casalduero, *Sentido y forma del teatro de Cervantes,* Madrid, 1951.
R. Marrast, *Michel de Cervantès, dramaturge,* Paris, 1957.
J. de Apráiz y Sáenz, *Estudio histórico-crítico sobre las "Novelas Ejemplares" de Cervantes,* Vitoria, 1901.
F. A. de Icaza, *Las novelas ejemplares de Cervantes,* Madrid, 1915.
J. Casalduero, *Sentido y forma de las Novelas Ejemplares,* Buenos Aires, 1943.
————, *Sentido y forma de "Los trabajos de Persiles y Segismunda,"* Buenos Aires, 1947.
J. Fitzmaurice-Kelly, *Cervantes in England,* London, 1905.
A. González de Amezúa. *Cervantes creador de la novela corta española,* Madrid, 1956-1958, 2 vols.
E. Mele, *Per la fortuna di Cervantes in Italia nel seicento,* en *Studio di Filologia Moderna,* vol. II, Catania, 1909.
J. J. A. Bertrand, *Cervantes et le romàntisme allemand,* Paris, 1914.
M. Bardon, *Don Quichotte en France au XVIIe et au XVIIIe siècles,* Paris, 1931.
L. Buketoff Turkevich, *Cervantes in Russia,* Princeton, 1950.

2 NOVELA PICARESCA Y NOVELA CORTA

[Véase bibliografía citada en Cap. VIII sobre *"Lazarillo" y picaresca*]

Novelistas posteriores a Cervantes, BAE, vols. XVIII y XXXIII.
Colección selecta de antiguas novelas españolas, ed. Cotarelo, Madrid, 1906-1909, 12 vols.
La novela picaresca, ed. Valbuena, Madrid, 1946.
Mateo Alemán, *Guzmán de Alfarache,* ed. Gili Gaya, *Clásicos Castellanos,* Madrid, 1927-1936, 5 vols.
Vicente Espinel, *Vida de Marcos de Obregón,* ed. Gili Gaya, *Clásicos Castellanos,* Madrid, 1922-1923, 2 vols.
Luis Vélez de Guevara, *El diablo cojuelo,* ed. Rodríguez Marín, *Clásicos Castellanos,* Madrid, 1918.
Francisco López de Úbeda, *La pícara Justina,* ed. Puyol, Bibliófilos Madrileños, Madrid, 1912, 3 vols.
La vida de Estebanillo González, hombre de buen humor, compuesta por él mismo, ed. Millé, *Clásicos Castellanos,* Madrid, 1934, 2 vols.
Alonso de Castillo Solórzano, *La garduña de Sevilla,* ed. Ruiz Morcuende, *Clásicos Castellanos,* Madrid, 1922.
Alonso Jerónimo de Salas Barbadillo, *La peregrinación sabia y El sagaz Estacio,* ed. Icaza, *Clásicos Castellanos,* Madrid, 1924.
María de Zayas, *Novelas exemplares y amorosas,* ed. Ochoa, Col. de los mejores autores españoles, París, 1847.
Juan de Zabaleta, *El día de fiesta por la mañana y El día de fiesta por la tarde,* Biblioteca Clásica Española, Madrid, 1885.
G. Reynier, *Le roman réaliste au XVIIe siècle,* París, 1914.

F. Rodríguez Marín, *Vida de Mateo Alemán* (Discurso de la Academia), Madrid, 1907.

———, *Documentos relativos a Mateo Alemán...*, Madrid, 1933.

V. Cronan, "Mateo Alemán and Cervantes," en *Rev. Hispanique*, XXV (1911), 468 y ss.

M. García Blanco, *Mateo Alemán y la novela picaresca alemana*, Madrid, 1928.

G. Calabrillo, *I Romanzi picareschi di Mateo Alemán e Vicente Espinel*, Valletta, 1929.

E. Moreno Báez, *Lección y sentido del Guzmán de Alfarache*, Madrid, 1948.

G. J. Geers, "Mateo Alemán y el Barroco español," en *Hom. a J. A. van Praag*, Amsterdam, 1956.

C. Blanco y Aguinaga, "Cervantes y la Picaresca: Notas sobre dos tipos de Realismo," en NRFH, XI (1957), 313-342.

S. Serrano Poncela, "Ámbitos picarescos," en *Ínsula*, febrero 1961 [Núm. 171].

Véanse también los capítulos sobre picaresca y novela corta, de S. Gili Gaya y J. del Val, en *Hist. de las lit. hispánicas*, Barna, vol. III.

C. B. Bourland, *The Short Story in Spain in the Seventeenth Century*, Northampton, Mass., 1927.

G. Haley, *Vicente Espinel and Marcos de Obregón, A Life and its Literary Representation*, Providence, Rhode Island, 1951.

G. Sobejano, "De la intención y valor del *Guzmán de Alfarache*," en *Romanische Forschungen*, 1959, LXXI, 267-311.

10 LOPE DE VEGA Y LA CREACIÓN DEL TEATRO NACIONAL ESPAÑOL

En la transición del siglo XVI al XVII Lope de Vega ocupa una posición paralela a la de Cervantes. El sentido de sus respectivas creaciones es, en cierto modo, opuesto pero complementario. Son los máximos representantes de dos generaciones, cuyo punto de confluencia habría que situar entre 1605 y 1615. Cervantes, ya sexagenario, publica sus grandes obras. Lope, quince años más joven, entra en una larga plenitud. Es el momento culminante de la literatura española, en la transición entre el post-renacimiento y el barroco, o, en términos más precisos, entre el primer barroco y el segundo. Hay una diferencia en sus respectivas posiciones. Cervantes no tiene rival entre los escritores de su generación. Lope, sí: Quevedo, Góngora y, en la literatura dramática, Tirso de Molina.

Cervantes recoge todas las corrientes anteriores de la prosa novelística para crear la novela moderna. Lope realiza una labor idéntica en el teatro y también, con algunas limitaciones, en la poesía. Cervantes, más reflexivo, ahonda en las preocupaciones humanas e ideológicas del Renacimiento y las condensa artísticamente en figuras que son síntesis del ser humano y del carácter nacional. Lope, temperamento más espontáneo, estiliza poéticamente en su teatro la vida, los sentimientos y las ideas del pueblo español, al par que una gran masa de tradición histórica y literaria. Cervantes, presintiendo ya en su existencia llena de penalidades la inevitable decadencia del poderío político de España, escribe, con risa mezclada de melancolía, la epopeya del caballero loco, trasunto del sueño heroico de sus contemporáneos. Lope, halagado por el éxito personal y literario, inmerso en la vida del Madrid cortesano del siglo XVII, condensa en su teatro, vario y uniforme a la vez, la imagen de una España llena de contrastes: caballeresca y popular, idealista y picaresca, galante y severa, religiosa y entregada al goce del discreteo frívolo. No aparece en Lope, o está atenuada, salvo en sus momentos de arrepentimiento personal, la nota de desengaño, que Cervantes encubre con su ironía y que se manifiesta, ya franca, en Quevedo y otros moralistas satíricos o en el teatro de Calderón. Para Quevedo todo será, en el panorama que contempla, "aviso de la muerte," según dice en uno de sus mejores sonetos. Calderón, en su obra maestra, formula la filosofía de que la vida no es más que una ilusión. Pero en Lope triunfa todavía la plenitud del vivir.

Precisamente lo más característico de su personalidad humana y literaria es la intensidad con que la vida, su propia vida, se confunde con el arte. La armonía de contrastes que es el barroco en su significación espiritual, no en la que se refiere a las exageraciones del estilo, se da en Cervantes y Lope en una forma clara. En Cervantes, mediante el juego doble de realidad y poesía; en Lope, mediante la fusión de vida y arte, que es la ley de toda su obra creadora.

I. Vida y personalidad de Lope

La personalidad de Lope escapa a toda definición valorativa. Cuando por sus innegables caídas nos sentimos inclinados a condenarle, le redime la autenticidad de la pasión que le incita o el sincero sentimiento religioso con que lamenta sus debilidades. Cervantes acertó al llamarle "Monstruo de la Naturaleza," designación que lo mismo se puede aplicar a su capacidad creativa que a la vital.

Es realmente asombrosa su capacidad para producir un caudal inmenso de obras de todo género y para lanzarse al mismo tiempo a vivir con la intensidad que él lo hizo. Caso extraordinario de vitalidad, parece concentrarse en él la fuerza impetuosa de su pueblo cuando, ya cercano a la decadencia, empieza a renunciar a su dinamismo. Hasta entonces, durante un siglo, la fuerza del pueblo español se manifestó en los extremos de sus empresas guerreras o del fervor espiritual de sus místicos. Ahora, sin nuevas metas que conquistar, se manifiesta en la embriaguez de la creación artística; y, por contraste, en el melancólico arrepentimiento religioso: embriaguez y arrepentimiento que, como veremos, gobiernan la vida de Lope. Ésta, tras la *Nueva biografía* de C. A. de la Barrera, publicada en 1890, fue reconstruida por Hugo Rennert y Américo Castro en un libro casi definitivo. Aquí bastarán algunas noticias como síntesis de lo que su figura humana significa en relación con su época y con su obra.

Lope Félix de Vega Carpio nace en Madrid el 25 de noviembre de 1562. El año y lugar de nacimiento tienen alguna significación. En 1562 España está todavía en el período de su mayor poderío, pero el impulso heroico que aún vemos alentar en la vida de Cervantes casi ha desaparecido. Lope, que en 1588 toma parte en la expedición de la Armada Invencible, es testigo del primer golpe, preludio de los demás, que recibe el imperio español. Y no deja de ser simbólico que, en tanto que Cervantes lucha y es herido en Lepanto (1571), uno de los últimos grandes triunfos de la marina española, Lope haga versos y componga *La hermosura de Angélica,* mientras su nave va por los mares del norte hacia la catástrofe.

Un año antes del nacimiento del poeta, Felipe II ha instalado la corte en Madrid (1561), que se convierte, poco después, en la ciudad adonde afluirán aristócratas, caballeros, burócratas, golillas, cómicos, poetas, arbitristas, soldados en forzada inactividad, rufianes, pícaros y gentes de iglesia, toda la energía sobrante de un país cuyos ideales empiezan a fallar, que ya no encuentra hazañas en qué emplearse. Se crea así un centro cortesano de vida artificial, en el que alternan la galantería y la intriga con el picarismo, la austeridad religiosa con la licencia, y la riqueza con la miseria, pero que es todavía la capital de un gran imperio, sustentado por el doble fervor monárquico y católico. Ésta es la atmósfera de que recibe sus principales estímulos la inspiración de Lope, en tanto que la de Cervantes se nutre en el ambiente de ciudades como Alcalá, Salamanca, Valladolid, Sevilla, nimbadas aún por la luz del Renacimiento.

Lope fue hombre de gran cultura literaria, cosa evidente en su obra, mas no se sabe bien cuándo ni cómo tuvo tiempo de adquirirla. Estudió en Madrid con los jesuitas, y luego, al parecer, en la Universidad de Alcalá. Sus estudios se interrumpieron pronto, al presentarse, siendo aún adolescente, los primeros síntomas de las dos grandes pasiones de su vida: el amor y la literatura, que él reduce a una sola. A los doce años —afirma el mismo Lope— escribió su primera comedia. A los veinte, tiene su primera aventura amorosa conocida. Se enamora de Elena Osorio (Filis), mujer de un cómico, y empiezan los turbulentos amores que canta en algunos de los romances de Belardo y que, ya viejo, recordará en *La Dorotea.*

Desde entonces, toda su existencia, sin interrupción, estará consagrada a abrasarse en esos dos fuegos que le consumían. Como ha dicho Icaza, "Aquella alma, que ardía en los conflictos imaginarios de sus dos mil comedias, quemábase a la vez en las pasiones verdaderas de su vida diaria."

Los amores con Elena Osorio y su conducta poco caballeresca le acarrean un proceso. Va a la cárcel. Es condenado a ocho años de destierro. Entre tanto, ha conocido a Isabel de Urbina (Belisa), a quien rapta y con quien se casa luego, por poder, en 1588. Es de sus uniones más tranquilas. Vive con ella en Valencia y en Alba de Tormes (1591-1595). Está aquí al servicio del duque y desarrolla una gran actividad poética. Tiene dos hijas, Antonia y Teodora, que mueren poco después de la madre, en 1595.

Éstos son sólo los comienzos. Luego, las aventuras amorosas o los amores permanentes se suceden. Se amanceba con Antonia Trillo, y sufre en 1596 otro proceso. Viene en seguida Micaela Luján (la Camila Lucinda de sus versos), casada y mujer de teatro, como otras muchas de las que amó Lope. De sus relaciones con Micaela, prolongadas por muchos años, nacen siete hijos, entre ellos dos de los que más quiso: Marcela y Lope Félix. Un segundo matrimonio, con Juana Guardo, que dura de 1598 a 1613; de él nacen también dos hijos más: Carlos Félix y Feliciana. Siguen, muerta su segunda mujer y ordenado ya de sacerdote (1614), Jerónima de Burgos y Lucía de Salcedo. En 1616, a los cincuenta y cuatro años, entra en su vida Marta de Nevares (Amarilis), esposa de Roque Hernández, a la que ama con pasión encendida por la madurez y el remordimiento.

Y a pesar de toda esta vida erótica tan intensa, Lope participa en su juventud en dos expediciones militares, la de la Invencible y otra anterior a las Azores, en 1583, escribe su caudalosa obra, polemiza con sus rivales y toma parte muy activa en las academias poéticas y fiestas literarias, cultiva una popularidad inmensa, sirve de secretario y confidente a grandes señores, como el Duque de Alba, el Marqués de Malpica o el Duque de Sessa, a quien asiste, según correspondencia descubierta en el siglo pasado, en tercerías amorosas. Todo ello es, además, compatible con épocas largas de paz familiar, remansos en su existencia borrascosa, como los que disfruta en su casa de Madrid, adquirida en 1610 y convertida en hogar definitivo, tras su residencia en Toledo, Sevilla y otras ciudades. En la "Canción a la muerte de Carlos Félix" rememora con ternura dolorida los momentos de felicidad paternal:

> Yo para ver los pajarillos nuevos,
>
> *etc.*

Y en otra vena describe una existencia tranquila y laboriosa, ecos de ideales estoicos, en la "Epístola a don Antonio Hurtado de Mendoza":

> Ya tengo todos los sentidos hechos
> a una cierta moral filosofía
> que los anchos palacios juzga estrechos
> Entre los libros me amanece el día...   *etc.*

Lope dijo que había nacido en dos extremos: amar y aborrecer, y que no había tenido medio jamás. Y en un soneto define esa turbulencia de la pasión que él vivió con más ardor que nadie:

> Desmayarse, atreverse, estar furioso,
> áspero, tierno, liberal, esquivo,
> alentado, mortal, difunto, vivo,
> leal, traidor, cobarde y animoso;
>
> no hallar fuera del bien centro y reposo,
> mostrarse alegre, triste, humilde, altivo,
> enojado, valiente, fugitivo,
> satisfecho, ofendido, receloso;
>
> huir el rostro al claro desengaño,
> beber veneno por licor suave,
> olvidar el provecho, amar el daño;
>
> creer que un cielo en un infierno cabe,
> dar la vida y el alma a un desengaño;
> esto es amor, quien lo probó lo sabe.

El tratarse de un tópico petrarquista (su remota fuente es el soneto *Pace non trovo e non ho a far guerra*) bastante común en la poesía del tiempo —el de los sentimientos contradictorios en el amante— no le resta autenticidad. Pero lo más extraordinario es que este hombre, a quien bien podría aplicarse el verso romántico de Espronceda "juguete siempre fui de mis pasiones," es capaz de compartir la pasión turbulenta del amor con los más nobles sentimientos. Expresa, en numerosas poesías, todos los grados del cariño paternal, desde la ternura que sus hijos le inspiran hasta el dolor de ver morir a casi todos los que tuvo. Se identifica, desde luego, con los ideales de su pueblo, que son la base de su concepción dramática. Y el fervor religioso pocas veces se ha expresado con acento más humano que en algunos de sus sonetos de las *Rimas Sacras,* donde, con sinceridad conmovedora, implora el perdón de sus caídas y pide fuerza para resistirse a ellas.

La confrontación con Cervantes se impone una vez más, por el contraste que en todo presentan. En tanto que Cervantes, tras una vida de penalidades y fracasos, goza de una vejez tranquila, entregado al trabajo creador, Lope, después de triunfar en todo, conoce la desgracia en la vejez. Han ido muriendo sus hijos. Marcela ha entrado hace tiempo en el convento. Su amada, Marta de Nevares, enloquece y pierde la vista. La hija que con ella tuvo, Antonia Clara, a la que sin duda amaba con ternura mayor como fruto de una pasión tardía, es seducida y se fuga con un noble. Apura Lope, viejo y solo, las amarguras de la adversidad. Pero aun así, no se entrega a la desesperación. Se refuerza en él, entonces, la piedad religiosa, que se expresa con acentos casi místicos y una confianza absoluta en el perdón divino. Y hasta el fin, sigue creando. Rehace *La Dorotea* donde, con la pintura del frenesí juvenil, alterna la voz del desengaño. La publica en 1632. "Póstuma de mis musas *Dorotea*" la llama en la "Égloga a Claudio." Y en el prólogo escribe: "porque conozcan los que aman con el apetito, y no con la razón, qué fin tiene la vanidad de sus deleites, y la vilísima ocupación de sus engaños."

Muere a los setenta y tres años, el 27 de agosto de 1635. Su entierro, al que acude todo Madrid, y los elogios de la fama póstuma, fueron la apoteosis con la que sus contemporáneos reconocían en él al genio que, por haberse sumergido en la vida de su pueblo y de su tiempo, pudo crear la obra en la que se proyectaba artísticamente la imagen variadísima de ese pueblo y de ese tiempo.

Su popularidad llegó al exceso, casi sacrílego, que refleja la versión del Credo: "Creo en Lope de Vega todopoderoso, poeta del cielo y de la tierra ..."

Cervantes le supera, sin duda, en profundidad, en universalidad, pero no en riqueza ni fuerza creadora. Los dos sienten, a despecho de sus diferencias, el ideal del "arte al servicio de la vida, el arte ennoblecedor de la vida," fórmula con la que uno de los mejores lopistas modernos, José F. Montesinos, ha definido el sentido de la obra de Lope.

II. La obra no dramática de Lope: el poeta y el novelista

La abundancia de su teatro, junto con la trascendencia que tuvo en la historia del drama clásico español, han contribuido a oscurecer otros aspectos de la producción literaria de Lope. Se olvida a veces que cultivó todos los géneros conocidos entonces; que en todos fue igualmente fecundo; que es, en suma, la figura quizá más representativa del arte literario de su tiempo. A tal punto es esto cierto, que si de toda la poesía escrita en el Siglo de Oro sólo conservásemos la de Lope, sería posible reconstruir, a base de ella, el cuadro completo de los temas, formas, sentimientos y estilos más característicos. En mero poder creativo, en versatilidad artística, nadie le iguala.

Clasificación de su obra poética. — La poesía de Lope fluye en la vastedad total de su producción y no es fácil de clasificar ni de ordenar.

Una parte considerable —la menos valiosa artísticamente— está constituida por numerosos poemas narrativos o descriptivos. Pueden dividirse en los tipos siguientes: a) de tema histórico-épico: *La Dragontea* (1598), *Corona trágica a la muerte de María Estuardo* (1627); b) poemas madrileños, de inspiración popular, religiosa e histórica: *El Isidro* (1599), *La Virgen de la Almudena* (1623); c) imitaciones de la épica italiana renacentista: *La hermosura de Angélica* (1602), procedente de Ariosto, y *Jerusalén conquistada,* procedente de Tasso; d) poemas mitológicos: *La Filomena, La Andrómeda* (1621), *La Circe* y *La rosa blanca* (1624); e) epopeya burlesca: *La Gatomaquia* (1634); f) poemas descriptivos: *La mañana de San Juan, Descripción de la tapada, Las fiestas de Denia; Descripción de la Abadía, jardín del Duque de Alba.*

Otro grupo está formado por tres poemas de tipo didáctico-literario: *Arte nuevo de hacer comedias* (1609), *Isagoge a los Reales Estudios de la Compañía de Jesús* (1629), y *Laurel de Apolo* (1630), relación y elogio de los poetas castellanos.

La poesía lírica, muy superior a la narrativa, no es menos caudalosa. Una parte fue reunida en varias colecciones, de las cuales las más importantes son *Rimas* (1604), *Rimas Sacras* (1614), *Triunfos divinos con otras rimas sacras* (1625), *Rimas humanas y divinas del licenciado Tomé de Burguillos* (1634) y la colección póstuma *La Vega del Parnaso* (1637). Otra parte está mezclada con la prosa en sus novelas, que tienen por sí mismas carácter predominantemente poético: *La Arcadia* (1598), novela pastoril; *Pastores de Belén* (1612), pastoral lírico-religiosa; *El peregrino en su patria* (1604), novela de aventuras amorosas, llena de recuerdos autobiográficos; las cuatro *Novelas a Marcia Leonarda* (1621-24), narraciones cortas dedicadas a Marta de Nevares; y la *Dorotea*.

Se suma a esto el gran número de sonetos, églogas, epístolas, elogios y composiciones de ocasión, romances y canciones, etc., que se publicaron sueltos y se conservan en diversas recopilaciones de la época o pueden entresacarse de los poemas clasificados como narrativos. Finalmente, en las comedias abunda lo lírico, ya fundido con la acción, ya interpolado en ella. Sólo las obras no dramáticas forman veintiún volúmenes en la edición de Sancha. Si se añaden los centenares de comedias, no es exagerado decir, como se ha dicho, que "Lope ha sido el más fecundo poeta de toda la Humanidad."

Carácter y valor de la lírica en Lope. — Con razón lamenta José F. Montesinos, el mejor recopilador de la poesía de Lope, que su cuantiosa lírica haya sido implícitamente incluida "en la condenación que pesa sobre su obra no dramática." Deslumbrados por la abundancia, los críticos han olvidado que Lope, además de ser el más grande de los dramaturgos españoles —Calderón le aventaja sólo en algunos aspectos— es uno de los mejores líricos de la poesía castellana. Con Góngora y Quevedo forma la gran trinidad poética de su momento. Comparado con ellos, no tiene la magistral artificiosidad del autor de las *Soledades,* ni la intensidad de pensamiento del de los sonetos a la muerte. Es, en cambio, muy superior a los dos, y a casi todos los poetas castellanos, en fluidez, gracia, variedad de sentimiento, multiplicidad de formas, espontaneidad y perfección natural.

Lope no fue poeta de una cuerda. Pulsó, con idéntica y asombrosa facilidad, toda la lira; recogió todos los ecos. Por eso podemos estudiar en él, mejor que en ningún otro poeta de su tiempo, los tres planos o corrientes de la poesía lírica del Siglo de Oro: la poesía culta, la popular o tradicional y la nueva forma artística, creada a fines del siglo XVI, en gran medida por Lope, fundiendo en un nuevo estilo lo culto y lo popular.

Al plano culto, de origen clásico e italiano, pertenecen, con la mayoría de los poemas narrativos antes citados, las canciones, églogas, odas, elegías y sonetos inspirados en temas y tópicos de tradición renacentista y académica. En este aspecto, la poesía de Lope, respondiendo al espíritu de la época, es claramente "manierista" y barroca: frondosidad de imágenes, virtuosismo descriptivo, tono ingenioso, artificios de estilo. De acuerdo con el fenómeno de intensificación cultista, amplifica retóricamente, en una serie de metáforas, correlaciones y conceptos, las imágenes o sentimientos que le llegan de la poesía anterior. Un ejemplo, señalado por José María de Cossío, ilustra bien este aspecto. Véase cómo cinco versos de la Égloga I de Garcilaso se convierten en casi tres estrofas en la Égloga I de Lope.

Dice Garcilaso:	Dice Lope:
1. Corrientes aguas, puras, cristalinas árboles que os estáis mirando en ellas.	Álamos blancos, que los altos brazos con las hojas de plata y verde puro estáis en el espejo componiendo destas aguas, que envidian los abrazos de tantas vides, que en amor seguro por vuestras ramas vais entretejiendo.
2. Aves que aquí sembráis vuestras querellas.	Aves, que vais al viento enamorando con versos no entendidos de los hombres, y entre sus alas esparcís las vuestras.
3. Hiedra que por los árboles caminas torciendo el paso por su verde seno.	Hiedras, que vais subiendo por estas altas rocas, y abrazadas hacéis para gozallas las ramas, brazos, y las hojas, bocas.

No hay, pues, duda de que Lope es poeta culto, aunque rechace rotundamente y no practique el cultismo pleno de Góngora y su escuela. En él el artificio se alía, las más de las veces, con una inspiración que arranca de la realidad objetiva o de su intimidad vital. Su actitud estética es, en el fondo, opuesta a la de Góngora, y rivalizaron en las batallas literarias provocadas por el culteranismo, zahiriéndose con mordacidad. Sin embargo, Lope, en algunos de sus poemas mitológicos (*La Circe, La Andrómeda*), pagó tributo a la moda gongorina y quiso competir en su terreno con el autor de *Polifemo*, según ha mostrado Dámaso Alonso. En el fondo no son sólo diferencias de estilo lo que les separa. Para Góngora la realidad es trampolín desde el que se lanza al mundo de la metáfora pura. En la poesía de Lope la realidad nunca pierde enteramente su contorno.

En el otro plano, el de la poesía popular, Lope no tiene rival. Se repite en él, con mayor refinamiento artístico al par que con sabor folklórico más auténtico, el fenómeno de identificación con la tradición lírica del pueblo que, a principios del siglo XVI, veíamos en Encina y Gil Vicente. El romance y todos los tipos del cantar popular —villancicos, canciones de camino, de siega, de vela, de boda, seguidillas, etc.— constituyen en la poesía y el teatro de Lope un tesoro insuperable. Véase la prueba en la sección titulada "Letras para cantar," en la Antología de Montesinos (Vol. II de Lope en *Clásicos Castellanos*).

El tercer plano es el de la poesía que funde lo culto con lo popular. La fusión no se limita al uso de formas tradicionales para cantar temas y sentimientos cultos, sino que es constante en Lope. Ambos estilos, el culto y el popular, se combinan con justo equilibrio. El resultado es que en la poesía de Lope, salvo cuando se trata de puros ejercicios retóricos, lo culto renacentista pierde el carácter de frío academicismo que tiene en la mayoría de sus contemporáneos, aligerándose con la gracia nacida de la inspiración popular; en tanto que lo popular se refina sin perder su sabor con las calidades estilísticas de un sabio artificio. Combinación lograda principalmente en dos formas muy representativas de la poesía española del Siglo de Oro: las tiernas canciones religiosas, a lo divino, de los *Pastores de Belén,* por ejemplo, y los romances moriscos de Gazul, Zaide, etc., o los pastorales de Belardo. Compuestos para ser cantados muchos de ellos, circularon como anónimos, y aparecieron en varias de las *Flores* o colecciones con las que nace, en las dos últimas décadas del XVI, lo que se ha llamado el "Romancero artístico" o "Romancero Nuevo," en cuya creación y difusión ocupa la poesía de Lope un puesto clave. No es fácil, ni necesario las más de las veces, diferenciar los dos últimos planos: el de la poesía popular y el de la fusión de lo popular y lo culto. La diferencia consiste en que en el primero, las letras para cantar, por ejemplo, la poesía tradicional pasa a la obra de Lope con un mínimo de elaboración. Se ha hecho observar que, a veces, es imposible distinguir si una canción de este tipo era original o si la tomó Lope de la tradición. En el segundo aspecto, en cambio, lo común es más bien la "popularización" —en letra o música— de temas de tradición culta: así, el romance morisco.

El contenido humano en la lírica de Lope. — A la riqueza de formas y de lenguaje, a la espontaneidad de una inspiración que puede transformarlo todo en poesía, corresponde, como es de esperar, un extraordinario repertorio temático, ya sea de tradición literaria —bucolismo, mitología, historia, épica— ya de carácter circunstancial. Hay, por ejemplo, en Lope un poeta horaciano que canta a la soledad y a la libertad ; un gran poeta de lo campestre —plantas, flores, pájaros, árboles y frutas— o un poeta de la naturaleza, del agua y de la luz ; o un poeta de la vida madrileña ; o el poeta de las fiestas académicas, religiosas y populares. Muchas veces su sentimiento lírico —como ocurrirá con el dramático— aparece inmerso en lo colectivo. Ahora bien ; lo verdaderamente distintivo de Lope, lo que le diferencia de casi toda la poesía clásica española, y aun de la poesía de su tiempo en todas partes, es una capacidad especial de poetizar lo vivido y de humanizar lo poético, junto con la fuerza con que irrumpen en su lirismo los sentimientos personales, humanos: el tono de realidad autobiográfica de gran parte de su poesía. Sus amores, celos y odios están vivos en los romances y canciones a Filis, Belisa, Camila Lucinda, Amarilis, etc. Para sus desahogos amorosos o poéticos usó gran número de seudónimos y disfraces literarios. S. G. Morley ha estudiado más de cincuenta. La felicidad, ternura y goces paternales le inspiran innumerables versos. Lo mismo ocurre con las penas cuando pierde a sus hijos o Marcela entra en el convento o raptan a Antonia Clara. Al morir Carlos Félix escribe una de sus más hermosas y sentidas canciones, expresando con conmovedora sinceridad su dolor. No hay acontecimiento feliz o desgraciado en su existencia que no quede registrado en su obra. Con la vejez, el sentimiento se intensifica, sea el familiar dolorido, sea el puramente amoroso en la bella égloga *Amarilis* (Marta de Nevares). Y ya hemos señalado cómo, entre el cúmulo de sentimientos enteramente profanos, demasiado humanos a veces, o de otros sobrecargados de retórica, encontramos al poeta intensamente religioso. También en este aspecto acierta a transmitir una gama variadísima de emociones: la ingenua ternura de los villancicos a Jesús niño, las notas fervorosas con que implora el perdón de sus pecados, o la serena resignación ante los dolores de sus últimos años. Sin alcanzar las cumbres de la gran poesía mística, pocos seres humanos han expresado su fe de creyente y su contrición con tonos más auténticos. No es fácil, en la frondosidad de su obra, citar ejemplos, porque lo característico de Lope, tanto en la poesía como en el teatro, es el desbordamiento vital de su lirismo, ante el que cualquier intento de selección, fracasa. Todo en Lope es indivisible, complejo, múltiple y, sin embargo, uno. Su caso ha resistido a tres siglos de análisis. Por eso está tan insuficientemente representado en todas las antologías.

La selección, desde luego, es casi imposible; pero constantemente nos sorprenden los lopistas con hallazgos, como el de esa bella estrofa ("Durmiendo estaba el Persa..."), perdida entre las tres mil y pico de la *Jerusalen conquistada,* que comentó Gerardo Diego en su espléndido discurso de ingreso en la Academia. La obra de Lope, la poética igual que la dramática, es una sucesión ininterrumpida de aciertos que, a veces, culminan en una creación perfecta. El genio de Lope, y eso es lo típico, se desparrama. Crea "ex abundantia," por don natural que a pocos artistas como a él le fue concedido con tal derroche. Es, en rigor, un caso tal vez único en la historia del arte. Grillparzer, el romántico austríaco que tanto le admiró, dijo con razón que era Lope "una naturaleza poética, más bien la naturaleza poética de la edad moderna." Crea su arte por generación espontánea, como el suelo y el agua crean los árboles.

"La Dorotea". — De las también numerosas obras en prosa que Lope escribió —habría que añadir varias a las ya citadas— sólo una se ha salvado de ese olvido de la obra no dramática al que aludíamos antes. Otras, la *Arcadia, El peregrino en su patria,* se consultan para el estudio de la poesía o por otros motivos, principalmente biográficos. *La Dorotea,* en cambio, nunca ha dejado enteramente de leerse, y en nuestra época el gran crítico alemán Karl Vossler la revalorizó en el libro *Lope de Vega y su tiempo,* haciendo de ella un magnífico análisis como documento humano y como creación literaria. Todo el ardor vital de la juventud aventurera y disipada de Lope se vuelca en *La Dorotea,* amortiguado por el fruto de la experiencia y la melancólica reflexión sobre lo fugitivo del deleite. Montesinos, en su estudio "Lope, figura del donaire," analiza lo que significa como "transmutación poética de la vida" de su autor, y dice, recordando la obra de Flaubert, "que es en cierto modo *La educación sentimental* del siglo XVII, con las desemejanzas, claro está, a que obligan las diferencias de los tiempos." Igual entusiasmo ha suscitado en investigadores más jóvenes: Blecua, Morby, Trueblood. Para Morby —autor de la edición mejor y más reciente— es la más rica y meditada de las obras de Lope, "la que mejor resume sus capacidades como lírico, dramaturgo y prosista."

Se publicó en 1632, y Lope la consideraba como una de sus últimas creaciones: "Póstuma de mis musas Dorotea / y por dicha de mí la más querida," la llama en la "Égloga a Claudio." Es, según todos los indicios, una obra de larga gestación. Lope dice en la dedicatoria: "Escribí *La Dorotea* en mis primeros años," antes de alistarse en las banderas del Duque de Medina Sidonia, es decir, en la expedición de La Invencible.

Nada se sabe, fuera de conjeturas, de aquella primera redacción que el poeta dejó inédita, quizá para no aumentar el escándalo producido por sus amores, aún recientes, con Elena Osorio, tema central de la novela. Mas el triángulo amoroso —Elena (Dorotea), Lope (Fernando), rival (Don Bela)— reaparece sin cesar, bajo muchos nombres y en diversas formas, a través de toda su producción, según ha probado Morby. [1] Ya viejo, volvió sobre el tema, retocó aquella primera hipotética versión o acaso la redactó de nuevo. El resultado es la obra que hoy conocemos.

En ella sigue Lope el modelo y, en parte, el espíritu de *La Celestina*. La llama "acción en prosa" en cinco actos, y es, como la obra de Rojas, novela dialogada. Participa también del carácter de las novelas ejemplares y cortesanas, así como recuerda a las comedias de enredo y celos.

Lope cuenta los amores de Dorotea (Elena Osorio) —dama joven y un tanto libre— con el estudiante don Fernando (el mismo Lope). En el ambiente de la vida madrileña del tiempo, saturado de chismes, discreteos, intrigas y aventuras, Teodora, madre de Dorotea, y Gerarda, alcahueta del tipo de Celestina, intervienen para estorbar estos amores y convencer a Dorotea de que debe amar al rico indiano don Bela. Dorotea, ante el abandono de Fernando, cede a las atenciones de don Bela. Fernando, despechado, saca dinero a Marfisa, enamorada de él, y se va a Sevilla. Dorotea, atormentada por los celos, quiere suicidarse. Siguen cartas, versos, recuerdos de los amantes; vuelve Fernando con Julio. Duelo con don Bela. Encuentro de los amantes en el Prado. Reconciliación. Al fin muere don Bela a manos de unos rufianes. Muere también Gerarda en un accidente. Dorotea se arrepiente y quiere entrar en un convento. A don Fernando le invade la melancolía, que el amor de Marfisa alivia.

Lope, al final de cada acto, y a manera de comentarios a la acción, puso unos versos que llevan respectivamente el título de Coro del amor, del interés, de los celos, del desengaño y del ejemplo.

En ellos explica, con la característica moralidad de la Contrarreforma —real o fingida, "heroica hipocresía" o convicción sincera—, que el fuego de la juventud termina en cenizas, como el deleite en dolor y el placer en tormento. Ofrece *La Dorotea*, como dice Vossler, "el espectáculo de un fantasear ávido de goces en la literaria embriaguez de galantería, de sentimentalismo, de erótica delicia y de tristeza."

Obra donde el anhelo de vida va parejo con el más exquisito lirismo y en la que se encuentran algunos de los más bellos poemas de Lope, es

---

[1] Véase E. S. MORBY, "Persistence and Change in the Formation of *La Dorotea*," en *Hispanic Review*, XVIII (1950), págs. 108-125 y 195-217.

quizá la que refleja en forma más patente la complejidad humana de su autor. No se desprende de ella la amargura pesimista que en los comienzos del Renacimiento traspasa inquietamente la obra de Fernando de Rojas. El desengaño aparece mitigado, de un lado, por el constante juego artístico al que Lope se entrega; de otro, por una firme fe religiosa: la del barroco y la Contrarreforma, que era, no hay duda de ello, uno de los sentimientos cardinales en Lope y que no asoma nunca en la creación de Rojas.

Fruto de madurez, combina poesía y vida, literatura y pasión, discreteo y erudición (a veces impertinente), ingeniosidad y patetismo. Su frenesí vital casa bien, sin desvirtuarse, con las serenas palabras finales sobre la muerte: "No hay cosa más incierta que saber el lugar donde nos ha de hallar la muerte, ni más discreta que esperarla en todos." Y hasta aceptamos lo que tiene de moralización, propósito definido por Lope mismo —recordando acaso el modelo de *La Celestina*— en el "Prólogo al teatro de don Francisco de Aguilar," que es simplemente un elogio de *La Dorotea*:

> Pareceránle vivos los afectos de dos amantes, la codicia y trazas de una tercera, la hipocresía de una madre interesable, la pretensión de un rico, la fuerza del oro, el estilo de los criados; y para el justo exemplo, la fatiga de todos en la diversidad de sus pensamientos, porque conozcan los que aman con el apetito y no con la razón, qué fin tienen la vanidad de sus deleites y la vilísima ocupación de sus engaños.

III. Lope, creador de la "Comedia": introducción al teatro del Siglo de Oro

El teatro clásico español recibe su forma definitiva en manos de Lope de Vega. Como creador del drama nacional, al que desde entonces se da el nombre genérico de "comedia" española, Lope es, a la vez, el inventor de un nuevo estilo dramático, su preceptista o expositor teórico y el dramaturgo más fecundo.

Los continuadores siguen los caminos por él abiertos, amplifican o continúan los mismos temas y desarrollan, cada uno según su personalidad o gusto artístico, uno o varios de los aspectos que en Lope se dan juntos. Constituye así el teatro español del Siglo de Oro un bloque uniforme, una verdadera tradición literaria, mantenida durante cerca de cien años (entre 1580 o 90 y 1700, aproximadamente) por numerosos escritores, entre los cuales hay varios de primera magnitud, especialmente Calderón, Tirso y Alarcón. La plenitud del teatro español clásico dura más, por tanto, y da muestras de mayor vitalidad que la de los otros grandes teatros nacionales de la época: el inglés y el francés. La razón es doble: en cuanto al espíritu, por ser realmente nacional, es decir, por basarse y ser proyección directa de sentimientos colectivos más que individuales; en cuanto a la forma y contenido temático, por la inmensa variedad de motivos que entran en su composición.

Ello ocurre en las dos últimas décadas del siglo XVI y se consolida en las dos primeras del XVII. Coincide la creación de la "comedia nueva" con la del "Romancero nuevo" —en la que Lope interviene también en forma decisiva—; con cambios importantes en el campo general de la poesía lírica —a los que Lope tampoco es ajeno— y con los nuevos rumbos de la novela (Cervantes y Mateo Alemán). Factor primordial, como en todo lo que se refiere al arte, es la personalidad creativa del artista; pero existen, sin duda, factores históricos importantes, que no es prudente olvidar si aspiramos a una comprensión total del fenómeno estético. Junto al quién (el creador) debe considerarse siempre el cómo, el dónde, el por qué y el para quién.

Destaquemos, en el caso del teatro, dos factores: la tradición y el ambiente.

Como en la novela cervantina, confluyen y se aúnan en la obra dramática de Lope corrientes de tradición literaria muy diversas. Por de pronto, la propiamente teatral que va, en España, de Encina, Naharro y Gil Vicente a Lope de Rueda y Juan de la Cueva o Cervantes, con sus elementos medievales, renacentistas e italianos, clasicistas, elementos de los que hay reminiscencias reelaboradas, por supuesto, en la comedia lopesca. A esto se une un retorno a lo más específicamente "tradicional" de la literatura española, un neomedievalismo o neopopularismo: espíritu y temas épico-históricos transmitidos por crónicas y romances, resurgimiento del teatro religioso, formas y cantares de la poesía popular. Y, por último, utilización o absorción de un enorme caudal de literatura culta de otros géneros: lírica, poesía narrativa y novela, que entran en la "comedia," bien como motivos incidentales —ornamento, juego poético, "fuga" o "divertimiento"— o como tema central. Sin tener en cuenta ahora otros componentes —música, plástica, espectáculo— podemos decir que aparece la "comedia" como una enorme condensación de materia literaria tradicional —en su doble senda: culta, popular— con un orden nuevo, una estructura que responde en lo esencial a los principios del arte barroco: orden desordenado, forma abierta, etc.

Tal condensación —paralela, aunque distinta en sus postulados dramáticos, a la que por entonces realiza el teatro isabelino inglés— fue producto de la genialidad creadora de Lope, Fénix de los Ingenios, con su poder personalísimo de transformar en "literatura," ya poética, ya dramática, todo lo que toca. Mas a ella contribuyeron no pocos factores ambientales muy claros: la crisis del post-renacimiento, más marcada en el teatro que en ningún otro género, y las circunstancias sociales de la España contrarreformista, monárquica, nacionalista y refractaria a emprender nuevos rumbos económicos e ideológicos.

Con la crisis del humanismo post-renacentista se agotaban las posibilidades de un teatro —comedia o tragedia— clasicista, basado en valores intelectuales y morales, como el que ensayaron Cervantes y otros contemporáneos —entre ellos, el mismo Juan de la Cueva. Esta crisis coincide con un fenómeno, al parecer, peculiar de la sociedad española: la enorme apetencia teatral, de espectáculo, de un público numerosísimo. Ya desde tiempos de Lope de Rueda (a mediados del siglo) crece el número de los "corrales" y compañías ambulantes, y muchos ingenios hoy olvidados competían en crear toda clase de piezas teatrales, según informa Agustín de Rojas en *El viaje entretenido.* Tal apetencia encontrará su centro irradiador al establecerse la corte en Madrid, donde un concurso de espectadores ansiosos mantiene una gran demanda de representaciones teatrales. Lope tiene que componer comedias sin tasa, algunas improvisadas "en horas veinticuatro," por exigencia de los representantes, que obedecían, a su vez, a exigencias populares. Y con Lope, otros muchos autores que siguen su fórmula. Ello explica un fenómeno peculiarísimo: la anonimia o semianonimia de gran número de comedias. Muchas de las atribuidas a Lope sabemos hoy que no son de él; otras son producto de la colaboración de varios autores. Ignoramos quién fue el autor de algunas de las mejores: *La estrella de Sevilla,* por ejemplo. [2]

No es Madrid el único centro de actividad teatral. Cuando Lope empieza a escribir, lo son también Valencia y Sevilla; hay "corrales" en varias ciudades y los dramaturgos, de Lope a Calderón, componen con frecuencia comedias o autos destinados a fiestas y conmemoraciones reli-

---

[2] El autor no pensaba en la publicación de su teatro. En la mayoría de los casos escribía o arreglaba comedias ya existentes para la representación. Luego, las comedias se publicaban, por lo regular, en colecciones hechas por los impresores o por el autor mismo, sin gran cuidado, utilizando copias a veces retocadas por varias manos.

giosas de villas y pueblos. Pero Madrid asume importancia creciente, sobre todo a partir de 1606, cuando Felipe III fija allí de nuevo la corte, tras su traslado pasajero a Valladolid.

El teatro español, como cualquier otro teatro, se escribe para unos espectadores y vive de ellos. La índole de esos espectadores aclara un fenómeno de tan amplias y extrañas proporciones como el de la "comedia" española, independientemente de aciertos o fracasos, y del valor artístico excepcional de numerosas comedias. Distingue a la masa de espectadores españoles, comparada con lo que podemos conjeturar de la de otros países, el que constituye un verdadero "público" en el sentido actual de la palabra. Masa humana, sin distinción de clases, donde más que en ninguna otra sociedad se mezclan y confunden las jerarquías, desde el cortesano hasta el rufián que en la escena se ven reflejados. En la época de Calderón, tiempos de Felipe IV, hacia mediados de siglo, la situación cambia, no del todo, y reaparece un teatro de corte y fiestas palaciegas. Lo distintivo, en conjunto, es, sin embargo, el tono popular que, a juzgar por numerosos testimonios, daban los que se llamarán "mosqueteros," espectadores de pie, gente, al parecer, ruidosa. Nota de esta gente que acudía a la corte, en una sociedad que no había logrado canalizar el oro de América hacia actividades productivas, debía de ser la ociosidad. Y, estimulada por un temple imaginativo, entraba en los "corrales" con un deseo vehemente —"la cólera del español sentado"— de fantasías. Por eso se ha sugerido la idea de que el teatro viene a desempeñar en el siglo XVII un papel análogo al que en el XVI habían desempeñado los libros de caballerías, lectura de hidalgos desocupados, de letrados y futuros místicos (Valdés, Santa Teresa, Íñigo de Loyola) y, al mismo tiempo, de la grey inculta —pícaros, arrieros, mozas de partido— que se reunía en las ventas, según testimonia Palomeque el Zurdo, ventero del *Quijote*. No era, pues, el teatro español, a diferencia de lo que será el francés del "grand siècle," teatro de grupos selectos, ni tampoco espectáculo improvisado sin normas fijas, como el de la *commedia dell'arte* italiana, entretenimiento de un público ambulante, aunque pueda presentar con él algún punto de semejanza. Tan sólo en la Inglaterra isabelina debió de darse por entonces un fenómeno paralelo, con resultados también paralelos: el melodramatismo de Marlowe, Kyd o el mismo Shakespeare.

El público español comulgaba en unas ideas fijas —las que la "comedia" ilustra y dramatiza; al mismo tiempo, por una especie de embriaguez literaria, era capaz de deleitarse con toda clase de artificios. Es como si una fiebre insaciable de ficción y de ingenio se hubiera apoderado de un pueblo entero. Lope, con su gran instinto popular, entendió el fenómeno, y en él se basó para crear una forma dramática que, sin traicionar a sus propias exigencias artísticas, satisficiese los anhelos espirituales y los deseos de entretenimiento de sus compatriotas.

La relación de escritor, comediante y público es esencial. Lope insiste en la necesidad de dar *gusto* al espectador. Concepto nuevo que aclara bastantes peculiaridades y que está en la base colectiva de sus temas y sentimientos dominantes: el drama del honor villanesco, los casos de honra, que a todos igualan, y el drama religioso, donde se dilucida el problema de la salvación, otra forma de igualitarismo, de nivelar a todos los seres humanos.

Ni Lope ni sus continuadores excluyen lo primoroso y la "comedia" alcanza a veces planos de arte exquisito. Mas sus grandes valores (y acaso también el obstáculo para comunicarlos a otros públicos, para perpetuarse —salvo influjos ocasionales— en la corriente del teatro universal) radican en su aliento colectivo y nacional.

Caracteres generales de la "comedia." —Lope define los caracteres formales de su teatro en el *Arte nuevo de hacer comedias en este tiempo,* redactado en 1609, después de escribir parte considerable de su obra dramática. Pretende exponer una nueva teoría, defenderse de los ataques a sus innovaciones y justificar su técnica.

Separándose definitivamente de la poética clásica, resucitada por los tratadistas del Renacimiento —que Cervantes y los dramaturgos coetáneos suyos aún aceptan— establece el principio, revolucionario entonces, de la libertad artística. El fin de la comedia se resume en tres postulados: imitar las acciones de los hombres, pintar las costumbres —postulados que en términos generales coinciden con los de la comedia clásica— y, sobre todo —máxima novedad— dar gusto al público, sea divirtiéndole con invenciones fantásticas o ingeniosidades graciosas, sea conmoviéndole con los conflictos de la pasión, especialmente con los de la honra, que son los mejores, dice Lope, "porque mueven con fuerza a toda gente."

Sin prestar atención a los preceptos clásicos, rechaza las unidades de tiempo y lugar. La escena cambia constantemente de un lugar a otro. El tiempo se extiende todo lo necesario, aconsejando que no sea demasiado, a menos que se trate de historia, en cuyo caso pueden pasar muchos años entre los actos, considerando, dice graciosamente,

> ... que la cólera
> de un español sentado, no se templa
> si no le representan en dos horas
> hasta el final juicio, desde el Génesis.

Menos clara es su actitud respecto a la unidad de acción. La respeta en principio, lo cual no obsta a que se combinen en la misma comedia dos o tres intrigas, se mezcle lo cómico con lo trágico, y los personajes nobles alternen con los bajos.

Aconseja que los versos se acomoden a los temas. De ahí resulta la variedad métrica de casi todas sus comedias, en las cuales los metros o estrofas de la poesía culta —sonetos, octavas, canciones, tercetos, etc.— aparecen junto a los de la tradición popular: romances, redondillas, quintillas, o con estrofas creadas en el siglo XVI, como la décima. Lope, siempre varió, alteró, modificó la combinación de versos y estrofas en diferentes momentos de su larga producción. Es decir, que ciertos versos o estrofas son característicos de las obras de un determinado período. Hecho que sirvió a Buchanan, y luego, en forma más precisa, a Morley y Bruerton, para establecer la fecha de muchas comedias y resolver problemas de atribución dudosa. [3]

Fija Lope también, en la teoría y en la práctica, la división de la comedia en tres jornadas, cada una de las cuales tiene un propósito. La primera es de exposición, "ponga el caso"; la segunda, de enredo, "enlace de sucesos" en forma que el público no sospeche lo que va a pasar; la tercera, de desenlace, que, de acuerdo con la dramaturgia de Lope, debe ser rápido.

En cuanto a los personajes, se repiten y adquieren carácter típico: en la comedia histórica, el rey, el caballero y el villano; en la de costumbres, urbana y de capa y espada, la dama, el galán, el viejo. En casi todas, el gracioso o figura del donaire[4] —creación muy característica de Lope, aunque con numerosos antecedentes desde los criados del teatro cómico latino (Plauto). Mucho más complejo que todos sus antecedentes, llega, a veces, a convertirse en figura central y clave del desarrollo dramático. Tiene su contraparte femenina en la sirvienta o criada confidente, que sólo por excepción alcanza el mismo relieve. La tipificación de la persona dramática no impide que Lope y otros dramaturgos puedan dotar a sus protagonistas, en muchos casos, de acusada individualidad. Es más: el teatro

---

[3] Véase M. BUCHANAN, *The Chronology of Lope de Vega's Plays*, Toronto, 1922; y S. G. MORLEY and C. BRUERTON, *The Chronology of Lope de Vega's Comedias, with a Discussion of Doubtful Attributions, The Whole Based on a Study of His Strophic Versification*, New York and London, 1940.

[4] Lope afirma haberlo creado en la comedia *La Francesilla* (entre 1595 y 1598, según Morley and Bruerton). Dice en la Dedicatoria: "...y repare de paso en que fue la primera en que se introdujo la figura del donaire." Parece que un actor, Ríos, contribuyó al éxito del nuevo tipo, que a partir de entonces casi no falta en ninguna comedia.

español se distingue, según veremos, en concebir al personaje dramático como individuo, como ser humano que obedece a unos impulsos, y no como "carácter" o ejemplificación encarnada de ciertas cualidades, virtudes o defectos: hipocresía, avaricia, bondad, traición, etc.

Hasta aquí los caracteres formales, según los define y practica Lope. Es en lo substancial la misma técnica que defenderán los románticos dos siglos más tarde. Lope la justifica proclamando, frente a un sistema cerrado —el *arte* de los preceptistas— el principio innovador de lo natural:

> Que los que miran en guardar el arte
> nunca del natural alcanzan parte.

Aspira a divertir, a conmover y, al mismo tiempo, a educar a su público. Y no debe darse demasiada importancia a sus alusiones a la necedad del vulgo, tantas veces citadas:

> porque, como la paga el vulgo, es justo
> hablarle en necio para darle gusto.

Este concepto del "gusto" nada tiene que ver con el de los tratadistas neoclásicos. Es simplemente lo que divierte y agrada al espectador, independiente de toda norma o regla. El artista es libre para interpretarlo, y Lope, ateniéndose siempre a su inclinación hacia lo natural, encuentra la fuente principal de ese gusto o deleite en lo diverso y vario de la Naturaleza misma:

> que aquesta variedad deleita mucho:
> buen ejemplo nos da Naturaleza,
> que por tal variedad tiene belleza.

La "comedia" presenta, además, otros aspectos distintivos, de los cuales el más importante es el de admitir con amplitud y flexibilidad todos los temas literarios. Como ya hemos apuntado, se vuelcan y combinan en el teatro de Lope mundos artísticos diversos y, en parte, disonantes, y las fuentes de los asuntos presentan una extraordinaria riqueza. Enumeraremos las más salientes: la tradición épica de la Edad Media, con el repertorio de la poesía heroica y de las leyendas nacionales; la historia universal y española antigua y moderna; la literatura novelesca, desde el cuento medieval hasta los "novellieri" italianos; los diversos temas de la literatura renacentista —caballerescos, pastorales, moriscos, mitológicos, de la épica italiana, etc.; y finalmente, fondo muy importante, la literatura religiosa, con sus asuntos bíblicos, vidas de santos, leyendas piadosas, misterios, temas litúrgicos y teológicos, fundidos con el sentimiento religioso, ya místico, ya ascético, o de simple fe popular. Aparte de estos temas literarios, se incorporan también a la comedia de costumbres las escenas de la vida de la época en todas sus clases sociales, desde la cortesana y palaciega hasta la picaresca. De esta diversidad de fuentes, con sus asuntos correspondientes, procede la diversidad de tipos de comedia. Dentro del carácter común a todas, las había heroicas, novelescas, religiosas, filosóficas, simbólicas, pastoriles, de capa y espada, de enredo, etc., sin contar formas menores, como autos, loas, bailes y entremeses.

La labor de Lope consistió en dar unidad a ese tesoro inmenso sin excluir nada. No es fácil definir en qué consiste esa unidad, porque es, ante todo, la unidad de lo diverso y múltiple. Sin embargo, la unidad existe. Resulta, hasta donde puede explicarse, de la coordinación de varias ideas y sentimientos invariables con una actitud estética libre, típicamente barroca, que aspira a fundir en una forma nueva los efectos y la substancia de artes rígidamente separadas antes en el preceptismo clásico. Unidad de espíritu y unidad de técnica. Conviene examinar brevemente una y otra.

La unidad espiritual de la "comedia." — En el espíritu, o más bien en la concepción de la vida, el teatro español de entonces se centra en tres ideas, o quizá sea mejor decir sentimientos, inmutables: honor, monarquía y fe católica.

El honor se presenta en el teatro —dejando aparte las exageraciones en que frecuentemente caen muchas comedias— como el patrimonio esencial de la vida, síntesis de la dignidad humana, de la propia estimación, y sujeto a una ley inflexible según la cual toda ofensa a la honra de la mujer requiere reparación inmediata o venganza sangrienta. La idea monárquica, combinada con un sentimiento democrático de carácter muy especial, se traduce en la lealtad al rey, símbolo y ejecutor de la justicia, ante quien todos —el noble y el villano— son iguales. El fondo católico se ve claro en la multitud de asuntos religiosos que el teatro trata, siempre dentro de los límites de la ortodoxia. En las comedias de Lope se manifiesta principalmente en forma de una fe inquebrantable. Luego, en otros dramaturgos, se racionaliza esa fe en conceptos de base escolástica. Tirso y Calderón, en particular, aspiran a ilustrar simbólicamente ideas teológicas, como el libre albedrío, la gracia, el valor de las obras para la salvación, o la realidad de la vida eterna en contraste con la fugacidad de la terrenal.

Fuera de estos conceptos, o más bien sistema de mitos representativos del alma española, la imaginación del dramaturgo puede inventar cuanto quiera con libertad absoluta; dentro de ellos, no hay variación posible. En primer lugar, lo vedaba la rígida uniformidad del pensar español; en segundo, la sanción del público, que era inmediata, según se probó en varios casos. Que el dramaturgo introdujera alguna desviación importante en este sistema era tan inconcebible como que un trágico griego hubiera alterado la significación de los mitos en que se basaba la tragedia.

Y es justamente el equilibrio, a primera vista paradójico, entre la rigidez del sistema de ideas y la libertad imaginativa para inventar tramas y situaciones lindantes con lo increíble, lo que distancia al teatro español del gusto moderno y, a la vez, lo que le da su encanto. Por la concepción del mundo y los sentimientos dramatizados, es un teatro social y nacional. El personaje no representa al ser humano en sentido genérico, sino al hombre español del siglo XVII. Frente al teatro humanístico —comedia o tragedia— del Renacimiento (que el clasicismo francés y neoclasicismo dieciochesco continúan), que dramatiza las pasiones o debilidades de un hombre desarraigado, abstracto, la invención de Lope era en verdad revolucionaria. Consistía en concebir al hombre —persona dramática— como un ser eminentemente *histórico,* arraigado en un suelo y en un tiempo, en unas circunstancias y en unas creencias. En eso, así como en proclamar la libertad artística, se adelantó a los románticos, que lo redescubrieron dos siglos más tarde. Vossler percibió el fenómeno con claridad: "Mucho antes —dice— de que la moderna ciencia histórica utilizase el concepto del medio ambiente, atisbó Lope la vinculación del hombre a su contorno, a su ascendencia, a sus usos y costumbres."

Pudiera añadirse, a manera digresiva, que la actitud estética y poética de Lope, tan opuesta a todo racionalismo, parece ser consubstancial al genio español, y es interesante verla renacer, salvando distancias, en los más caracterizados pensadores modernos, no muy entusiastas, por otro lado, de su teatro: "en el hombre de carne y hueso" de Unamuno, en el "yo y mi circunstancia" de Ortega y en los conceptos de "vividura" y "morada vital" de Castro.

Mundo, vida y sociedad aparecen, pues, preordenados jerárquicamente en la "comedia." Hemos hablado de ideas y sentimientos. Más exacto sería quizás hablar de creencias con una doble motivación, en gran parte contradictoria: religiosa y social o secular.

Así, el honor es, por un lado, don de Dios y patrimonio del alma, como dice Pedro Crespo en *El alcalde de Zalamea* o el rey en *La fuerza lastimosa* de Lope ("La honra sólo a Dios se debe"), pero por otro, el lado de lo social, va siempre unido "a la opinión," es decir, al juicio de los demás, que exige reparación y venganza.[5] La idea del rey como encarnación de la justicia, eje y garantía del equilibrio social, se relaciona con la de "la razón de estado," y ésta, a su vez, con la idea del origen divino de la autoridad, base de la monarquía absoluta.

Por último, la pasión humana es inseparable de la idea del pecado. Mas el hombre pecador, por muchos crímenes que cometa, puede siempre salvarse, aun en el último momento de su existencia, si tiene confianza en Dios y la voluntad de obrar bien.

En resumen, vida y sociedad están gobernadas por un orden que las pasiones humanas rompen —y esa ruptura constituye la esencia del drama— pero la sanción es siempre la misma. Si el personaje acepta en principio el orden, el fin es siempre feliz; si lo rechaza, el fin es trágico, cosa excepcional, ya que la creencia católica —basada en el arrepentimiento que hace posible la redención por la gracia divina— es incompatible con la concepción pagana y clásica de la tragedia. Por eso cuando se habla de obras trágicas en el teatro español, suele hacerse referencia al dolor y sufrimiento del personaje, nunca a un destino predestinado por fuerzas sobrenaturales, superiores a la voluntad del hombre.

Así se explican las diferencias del teatro español con el francés, por ejemplo, visibles en la manera de tratar temas comunes (El Cid, Don Juan y otros muchos), y la condenación o el extrañamiento de la crítica y, en parte, del público, a partir del siglo XVIII. Inútiles fueron los entusiasmos de los románticos alemanes, precedidos por Lessing. Revivió por un momento el prestigio de Lope y Calderón, y el drama romántico acató muchos aspectos externos de la "comedia" española, no sus concepciones fundamentales.

En el fondo, el hombre moderno —cuya actitud mental se apoya en el libre examen, en la duda y en la rebelión contra la autoridad, principios todos de origen protestante— no admite y ni siquiera entiende un drama que limita al hombre la libertad de pensar y de crearse sus propios valores y normas de conducta. Por eso, la crítica moderna sólo ha estimado en

---

[5] Concepto bastante complejo este de la opinión, de antecedentes medievales como otros muchos aspectos del teatro español, pero cuya explicación encuentra Américo Castro en la peculiar situación social y vital del español del siglo XVI. Según él, se explica por la preocupación de "la limpieza de sangre" —es decir, el no tener antepasados judíos, el ser "cristiano viejo"— que dominaba a la sociedad española. De ahí surge, según Castro, el tipo del *villano* con honra, sin paralelo en ningún otro teatro. Idea altamente sugestiva que no podemos desarrollar aquí. Véase "El drama de la honra en España," artículo citado en la bibliografía.

el teatro español lo que tiene de invención brillante. De ahí también la tacha común, y en gran parte justificada, de que falta en él la meditación filosófica, tal como se ha entendido a partir del racionalismo, o la pintura del carácter basada en la intimidad del personaje, en su conciencia individual.

Teatro de conflictos más que de problemas, el mundo interior únicamente se refleja en el teatro español —hablamos en general— en cuanto es resorte de la acción. Ello explica la forma de tratar otro de sus temas cardinales, al que aún no hemos aludido, el tema amoroso. El amor es, en una forma u otra, el motivo central en todas las comedias. Mas rara vez aparece como pasión avasalladora. Los intermedios líricos, tiernos o violentos, alegres o dolorosos, los celos y tormentos, el constante juego psicológico, son frecuentes pero, por lo común, no intervienen ni en la motivación dramática ni en la acción como tal, salvo cuando tocan puntos de honra. Lo normal es el amor como aventura, la necesidad del protagonista enamorado, hombre y, a veces, mujer, de conquistar el objeto de su pasión. En las obras cómicas la conquista se hace por medio de enredos, discreteos, burlas y sutilezas; en las serias, por la violencia y el engaño. El amor es, ante todo, fuerza vital. Si no conculca ninguna de las leyes sociales o morales aceptadas —honor o mandatos religiosos— el amor se logra; si las conculca, viene fatal, necesariamente, el desenlace trágico.

Esto es, en términos generales, lo que constituye el sistema dramático del teatro del Siglo de Oro, con su rígida unidad espiritual e ideológica. Unidad visible, sobre todo, en la obra de Calderón, donde se estiliza y sistematiza. Lope, en cambio, disimula u oculta la línea conceptual con su enorme abundancia, con su capacidad inventiva, con su espontaneidad dramática y lírica. Pero apenas hay tema o principio esencial que no esté ya firmemente delineado en sus comedias.

La unidad estética. — Los sentimientos e ideas dominantes en la "comedia" se estructuran mediante una técnica —cadena de casualidades— que ha sido resumida, con acierto, por el profesor inglés A. A. Parker en la forma siguiente: el carácter se supedita a la acción, la acción al tema y éste a los propósitos morales, de acuerdo con un principio de justicia poética. Pero este proceso, sobre el que se asienta la composición o forma interior de la "comedia," se enriquece y complica con una multiplicidad de recursos artísticos. El resultado será un estilo dramático inconfundible y típicamente barroco, regido por lo que Pfandl caracterizó como "equilibrio dinámico." El dinamismo se traduce en una máxima movilidad, que se ha comparado con la del cinematógrafo, en cuanto presenta una sucesión constante de imágenes. Y el equilibrio se mantiene a través del juego entre lo dramático y lo lírico, lo sutil y lo evidente, lo trágico y lo cómico, lo material y lo simbólico. Por ejemplo, en los momentos más serios y angustiosos interviene el gracioso con sus chistes y sentencias; lo real se transmuta, de pronto, en símbolo y, viceversa, los conceptos abstractos se materializan. Es la técnica barroca del contraste y de la expresión llevada a sus grados extremos, a la que pueden aplicarse —como intentaron hacer Roaten y Sánchez Escribano— las categorías artísticas con que Wölfflin definió el estilo barroco en las artes plásticas: predominio de lo "pictórico," contornos borrosos, forma abierta, integración o unificación de planos diversos, confusión frente a claridad.

Aunque la escena era sumamente sencilla cuando Lope inicia su obra, su teatro está concebido desde el comienzo en términos "teatrales," si se permite la redundancia, es decir, como espectáculo, al que coadyuvan trucos y efectos y una escenografía que se hará cada vez más complicada hasta llegar a usar, en tiempo de Calderón, una gran variedad de recursos plásticos. A Lope muchas veces le basta con el verso para crear una ilusión, pero en conjunto el teatro español —que en esto, como en otras muchas cosas, se parece al inglés— trata de combinar efectos de las varias artes, como hará luego la ópera. Lo visual casa con la armonía del verso, y la música, de esencia popular (cantares, villancicos, tonadas, bailetes), irá cobrando creciente importancia hasta llegar a la creación de la zarzuela.

Poetización de la realidad e ilusionismo, otra de cuyas formas eran los enredos, engaños y disfraces. Más de cien comedias de Lope ha contado Carmen Bravo-Villasante (en su libro *La mujer vestida de hombre en el teatro español*) en las que aparece la mujer en traje varonil. Y no pretende haber agotado la materia. Los señores se disfrazan de ladrones o de villanos; damas, galanes, graciosos y viejos fingen papeles varios y hasta la misma figura del rey asume diversas apariencias. Vossler ha dedicado a este hecho, al estudiar lo que él llama "el rasgo esencial mímico y teatral," unas páginas profundas:

> La tendencia histriónica, mímica, se evidencia, como un rasgo esencial, en toda la producción escénica de Lope, prestándole por modo múltiple, para el gusto de nuestra época, algo vano, artificioso, falso. El infinito disfrazarse de los personajes ... todo este ir y venir ... de uno a otro plano vital y de una máscara en otra, es algo que no quiere ya ponerse de acuerdo con nuestra comprensión. Lo que de nosotros se pide con tanta confusión de personas que se desconocen ... sin hablar de las literales transformaciones y mutaciones en las comedias de magia, en las piezas míticas y en los autos,

sobrepasa con mucho la buena disposición y la credulidad escénica de nuestros días. Pues consideramos la vida terrenal como algo íntegro, y no, como Lope y sus admiradores contemporáneos, como algo semirreal y ambiguo.

Y, en efecto, tampoco el hombre moderno, bajo la influencia del racionalismo neoclásico y del realismo decimonónico, ha entendido bien este aspecto de un teatro que le parece artificial e informe. Olvida que, para la estética barroca, el arte no tiene que ser necesariamente representación de la vida real o simple exposición de ideas, sino transfiguración poética de la vida y de la idea.

Apunta también Vossler la razón: Le falta "al observador de nuestra época... —dice— el fluctuante sentimiento de la vida, propio de aquel reino intermedio entre la nada y el ser, con sus matices y sus gradaciones de la realidad." Quizás la situación ha cambiado desde que Vossler escribió estas palabras, hace cerca de treinta años. Hoy podría apuntarse el interés renovado por algunos aspectos del teatro español, del que sería buena muestra el que un escritor como Camus dedicase bastante tiempo, en sus últimos años, a traducir y adaptar varias obras de Lope y Calderón.

En todo caso, los contemporáneos de Lope entendían bien el encanto peculiar de este teatro. Rojas, en la "loa" citada, encarece así las excelencias de la comedia de su momento:

> llegó el nuestro, que pudiera
> llamarse el tiempo dorado,
> según al punto en que llegan
> comedias, representantes,
> trazas, concetos, sentencias,
> inventivas, novedades,
> música, entremeses, letras,
> graciosidad, bailes, máscaras,
> vestidos, galas, riquezas,
> torneos, justas, sortijas,
> y al fin cosas tan diversas,
> que en punto las vemos hoy
> que parece cosa incrédula
> que digan más de lo dicho
> los que han sido, son y sean.
> ¿Qué harán los que vinieren,
> que no sea cosa hecha?
> ¿Qué inventarán que no esté
> ya inventado? Cosa es cierta.

Al fin la comedia está
subida ya en tanta alteza,
que se nos pierde de vista:
plega a Dios que no se pierda.
Hace el sol de nuestra España,
compone Lope de Vega
(la fénix de nuestros tiempos
y Apolo de los poetas),
tantas farsas por momentos
y todas ellas tan buenas,
que ni yo sabré contallas,
ni hombre humano encarecellas.

Y véase también la magnífica descripción que, con ánimo de condenarlo, igual que casi todos los moralistas, hace de él el Padre Mariana en su *Tratado contra los juegos públicos,* al examinar las causas del deleite que producían las representaciones en el ánimo de los espectadores. Ello se debe —explica— a que los autores

han juntado en uno todas las maneras e invenciones para deleitar al pueblo que se pueden pensar ... porque primeramente, se cuentan historias de acaecimientos extraordinarios y admirables, que se rematan en algún fin y suceso más maravilloso, como lo vemos en las tragedias y comedias; cosas increíbles componerse y afeitarse de manera que no parecen fingidas, sino acaecidas y hechas ... Allende desto, los versos numerosos y elegantes hieren los ánimos y los mueven a lo que quieren, y con su hermosura persuaden con mayor fuerza a los oyentes y se pegan más a la memoria ... Allégase a esto flautas, cornetas, vihuelas, la suave melodía de las voces, las cuales, añadidas a lo demás, no pequeña suavidad tienen consigo ... Represéntanse costumbres de hombres de todas edades, calidad y grado, con palabras, meneos, vestidos al propósito, remedando el rufián, la ramera, el truhán, mozos y viejas, en lo cual hay muchas cosas digna de notar y muy graciosas porque no sólo se refieren con palabras, sino que se ponen delante los mesmos ojos; y lo que tiene muy mayores fuerzas, añádense burlas y dichos graciosos para mover la gente a risa, cosa que por sí sola deleita mucho, principalmente si se tocan y se muerden las costumbres ajenas y la vida.

He aquí perfectamente explicada en estas palabras del Padre Mariana la estética, que podríamos llamar acumulativa, del teatro español. La unidad se obtiene por la conjugación de varios efectos artísticos. Es lo contrario de la unidad formal, de la estética clásica.

Mediante la combinación de unas ideas por todos aceptadas (las expuestas al hablar de la unidad espiritual) y los múltiples halagos al gusto del público, lograba Lope los dos propósitos que formula en su *Arte nuevo*: divertir y educar a la masa informe de los espectadores. Exaltaba el orgullo nacional de una sociedad que se sentía ya a la defensiva, ridiculizada en las rodomontadas y caricaturas del "bravo" español en las literaturas italiana y francesa; reforzaba los dos ideales que daban cohesión a esa sociedad, el de la monarquía absoluta y el de la fe católica; halagaba el sentimiento igualitario en la figura del villano, defensor de su honra como cualquier caballero. Y al mismo tiempo presentaba modelos de galantería y de nobleza, o, simplemente, de ingenio y buen hablar.

IV. *La producción dramática de Lope*

Se aplica el análisis anterior al teatro del Siglo de Oro en lo que tiene de uniforme y de continuación del estilo dramático creado por Lope, con todas las variantes introducidas por los diversos autores. Dentro del conjunto hay que estudiar la obra particular de los escritores dramáticos más importantes, empezando por la del propio Lope. Debe señalarse en un comienzo su asombrosa fecundidad. El número de sus obras ascendía, según cálculo de su biógrafo, Juan Pérez de Montalbán, a 1800 comedias y 400 autos sacramentales. Lope mismo habla de 1500, afirmaciones ambas indudablemente exageradas y parte de la leyenda lopesca. Las que se conservan son 470, y por el título son conocidas unas 300 más, bastantes de atribución dudosa.

Si a ello se añade la vida intensa del autor y el número de sus obras de otros géneros —poesía o prosa— resulta ya un carácter específico de la producción dramática: el ritmo intenso de creación. Lope no pulía sus comedias; las improvisaba. Se trata, pues, de un arte espontáneo, dentro de las normas que él define en su *Arte nuevo*. Comparado con los otros dramaturgos —Calderón especialmente, de estilo mucho más trabajado— Lope sobresale por la fácil maestría con que la comedia está construida, la fluidez del verso y la armonía natural del conjunto. Y es de observar que este arte tan poco reflexivo, rara vez cae ni en defectos graves de construcción o versificación, ni en inconsistencias demasiado ostensibles en la acción o en los personajes. Le falta, en cambio, al teatro de Lope la concentración meditada, que alcanzarán algunos continuadores: Alarcón, Tirso o Calderón, cada uno a su manera. Así ocurre que ninguno de los miles de personajes que crea está incorporado a la gran galería de héroes literarios universales, como lo están el don Juan de Tirso o el Segismundo de *La vida es sueño,* ni tienen el contorno humano del Pedro Crespo calderoniano en *El alcalde de Zalamea.* Tampoco crea Lope caracteres psicológicos o tipos sociales, como Tirso o Alarcón. En cuanto a los temas y las ideas, Lope los sugiere y les da la primera forma. Sus continuadores los precisan y aclaran. Lo dicho debe entenderse en términos generales, ya que no sería difícil encontrar excepciones en el inmenso mundo de su teatro.

Aparte del poder creativo, que es, en último término, lo fundamental, el teatro de Lope se distingue también del de sus continuadores por su calidad lírica y la medida en que lo lírico y lo dramático están constantemente combinados. Tres facultades creativas le guían y se transplantan íntegras a su teatro: la imaginación sin límites, el instinto artístico infalible y esa doble substancia vital que se desprende de la propia intensidad de sus pasiones y de su capacidad de sentir la vida total del pueblo español, identificándose con ella.

La amplitud específica de la obra dramática de Lope puede verse en la siguiente clasificación, por tipos de comedia, que, simplificando la de Menéndez Pelayo, hace Ángel Valbuena Prat:

a) De santos: *La buena guarda, La fianza satisfecha, Barlaam y Josafat, Lo fingido verdadero.*

b) Pastoriles: *El verdadero amante, Belardo el furioso.*

c) Mitológicas: *Adonis y Venus, El marido más firme.*

d) De historia antigua y extranjera: *Contra valor no hay desdicha, Roma abrasada, La imperial de Otón, El gran duque de Moscovia,* etc.

e) De historia y leyendas españolas: grupo numerosísimo, en el que entran comedias con temas de todas las épocas, desde la España romana y visigoda hasta la del siglo XVI y comienzos del XVII.

f) De capa y espada, divididas por Valbuena en dos grupos principales: 1. de intriga: *El acero de Madrid, El anzuelo de Fenisa, Amar sin saber a quién, La noche toledana,* y 2. de carácter: *Las flores de don Juan, La dama boba, Los melindres de Belisa, Los milagros del desprecio.*

g) Novelescas: 1. dramáticas: *El castigo sin venganza,* y 2. filosóficas: *El villano en su rincón.*

Menéndez Pelayo, en su edición de las obras de Lope, señala aún otros tipos, como la comedia caballeresca, la rufianesca o de malas costumbres, etc. Hay que añadir las piezas cortas: autos del nacimiento y religiosos, coloquios, loas y entremeses.

Poco o nada significan la clasificación precedente y los títulos mencionados, fuera de dar una idea de la variedad de asuntos y motivos. Como ocurre con la poesía, el lector de Lope puede encontrar constantemente, en el vasto repertorio de su teatro, bellezas insospechadas: obras de perfecto dramatismo, aciertos poéticos, escenas o comedias de gran finura psicológica. No es menos cierto que la mayor parte de su teatro está olvidado y que sólo media docena de piezas se leen o representan. Claro que algo análogo ocurre con el teatro inglés o francés de la misma época, a pesar de que Inglaterra y Francia han sido más fieles a su tradición y siguen representando a Shakespeare, a Corneille, a Moliére y a Racine.

Por lo que respecta a Lope, la posteridad ha destacado el tipo de comedia histórica, de inspiración nacional y sentido popular. En su totalidad constituye, en efecto, este tipo de comedia lo más vivo y característico de Lope. Recreación poética de la historia de España, en la que entra todo lo dramatizable: leyendas, hechos gloriosos, hazañas, traiciones, fervor religioso. Tomando como fuentes las *Crónicas* y el *Romancero,* el teatro de Lope y el de sus continuadores representan un eslabón importantísimo en la transmisión de la tradición épico-nacional. Apenas hay hecho o período de los que esa tradición conserve memoria que no esté dramatizado por Lope, desde la España de los godos (*La vida y muerte del Rey Bamba, El postrer godo de España*) y los héroes épicos de los cantares de gesta, el Cid, Bernardo del Carpio, Mudarra y los Infantes de Lara, el conde Fernán González, hasta acontecimientos recientes o coetáneos (*Carlos V en Francia, El cerco de Viena, Don Juan de Austria en Flandes*). No olvida el tema americano (*El Nuevo Mundo descubierto por Colón, El Arauco domado, El Brasil restituido*). Otras muchas comedias se inspiran en hechos y tradiciones locales, profanas o religiosas, y están escritas, probablemente, por encargo para conmemorar alguno de esos hechos. Las más logradas son, probablemente, las comedias inspiradas en la España feudal, siglos XIV y XV, en las que se dramatiza la pugna del rey con los señores y el espíritu popular, encarnado en el villano: obras como *El mejor alcalde el Rey,* o las varias dedicadas a don Pedro el Cruel, aunque la atribución de algunas de las comedias más importantes de este tema, como *Audiencias del rey don Pedro, El infanzón de Illescas,* haya sido descartada por Morley y Bruerton.

Entre todas las de este grupo y entre todo el teatro, sobresalen tres de sus obras: *Peribáñez, Fuenteovejuna* y *El caballero de Olmedo.*

En *Peribáñez y el comendador de Ocaña* (ca. 1610) consigue Lope una de las "comedias" de mayor unidad y dramatismo. Crea en el protagonista el arquetipo del villano con honra, que venga su honor, afirmando su dignidad humana, cuando lo ve mancillado por el comendador, que intenta seducir a Casilda. El tema histórico —poder de los señores, justicia del rey— está delineado con claridad. Y el drama y la poesía están realzados por una construcción en la cual hállanse integrados, con fácil maestría, una serie de temas y efectos: el carácter firmemente delineado de los esposos Peribáñez y Casilda; la nobleza misma del comendador, movido por la pasión, más que por el deseo; los símbolos, canciones y escenas bellísimas de carácter popular folklórico —el toro, la boda, vela de los segadores, vuelta de Peribáñez a su casa— lleno de inquietudes cuando oye, en medio del campo, el cantar que le da noticia de lo que él cree su deshonra ("La mujer de Peribáñez—hermosa es a maravilla," etc.); el aire, en fin, de poesía campesina que envuelve toda la acción. Y en este drama, modelo de otros muchos, se revela una de las cualidades de mayor originalidad en la dramática del Siglo de Oro: el haber hecho del labrador personaje dramático, rasgo que acaso habría que relacionar con la elevación al plano de figura literaria de un Sancho, o, con otros propósitos, del pícaro mismo. Recuérdese lo que sobre esto dijimos. Y con el labrador como héroe dramático está recreado todo un ambiente campestre, mucho antes de que el campo como tal —no el paisaje o la Naturaleza, a la manera clásica— entre en las literaturas modernas. No estamos ante un nuevo virgilianismo, sino ante la recreación de unas emociones, procedentes del carácter rural y agrario de gran parte de la vida y la historia españolas.

Algo análogo ocurre en *Fuenteovejuna*, compuesta, como *Peribáñez*, al entrar Lope en su plenitud (entre 1612 y 1614, según Morley y Bruerton). Drama inspirado en un hecho real que narra una *Crónica de las Órdenes militares*, de Rades y Andrada, tiene como rasgos distintivos el mayor relieve del elemento propiamente histórico y, sobre todo, el presentar un protagonista colectivo. No hay héroe individual. El héroe verdadero es "la villa toda," que se levanta contra el señor feudal, a quien da muerte, no tanto en defensa de sus derechos como del honor, ultrajado por los abusos del soberbio Fernán Núñez, Comendador de la Orden de Calatrava. Lope infunde aquí vida dramática al alma de un pueblo, sin dejar por eso de dotar de individualidad a algunos de los personajes centrales, como la pareja de enamorados Laurencia-Frondoso y el alcalde Esteban.

Joaquín Casalduero, reaccionando acertadamente contra la interpretación unilateral de la obra como drama político y social, ha mostrado en un valioso estudio la importancia de otros motivos y valores literarios:

fina estructura, ajustada a la varia versificación y al entrelazarse de temas como la cortesía y el sentido épico, el contraste entre ciudad y campo, la fuerza del amor honesto, siempre fundamental en la comedia villanesca. La crítica y la sensibilidad actual aceptan, sólo con grandes reservas, la visión sociológica del positivismo, y en el caso de *Fuenteovejuna*, la de Menéndez Pelayo, por falsear o, al menos, limitar la virtualidad artística. No es la obra de Lope, ni siquiera dentro de los supuestos de su época (la monarquía como base del equilibrio social), un drama revolucionario en el sentido moderno, tal y como se interpreta en la Rusia soviética —donde se ha representado frecuentemente. Libertad, pueblo, tiranía, tenían para Lope y sus contemporáneos un significado muy distinto del que han tenido después de las revoluciones liberal e industrial. Sería, empero, ir demasiado lejos negarles todo sentido social. La lucha por la justicia y contra los abusos del poderoso, la defensa de la igualdad humana en cuanto afecta a la dignidad y otros sentimientos que el pueblo de Fuente Ovejuna expresa en la junta del Concejo o en la tremenda alocución de Laurencia son sentimientos sociales, de consecuencias políticas, y de carácter universal, es decir, que han tenido en todas las épocas validez y causas parecidas. Y siempre queda en pie el hecho de que ha sido el teatro español el primero en la época moderna en llevar estos conflictos a las tablas, como han sido Lope, por un lado, y Cervantes, por otro, en *La Numancia*, los primeros dramaturgos modernos en dar vida escénica y literaria al pueblo como protagonista colectivo.

Fondo histórico tiene también *El Caballero de Olmedo* (entre 1620-1625). Se basa en relatos de las crónicas y, más concretamente, en un cantar bello y sugerente: "Que de noche le mataron / al caballero / la gala de Medina, / la flor de Olmedo." Mas la obra, en su conjunto, es de tipo completamente distinto. El fondo histórico está supeditado a un drama de amor y de destino humano, tema que surge, súbita e inesperadamente, sobre una trama de celos, rivalidades amorosas, intrigas celestinescas a cargo de la alcahueta Fabia y el gracioso Tello y un ambiente alegre de fiestas y requiebros. El placer y las galas del caballero don Alonso, triunfante en toros y en amores, se torna en la tragedia de su muerte, rodeada de presagios misteriosos. Un tono de exquisito lirismo caracteriza especialmente al acto tercero, que en la escena XIII, despedida de los amantes, va adquiriendo dramatismo conmovedor, culminante, en la del caballero, entre augurios y sombras. Es este acto una de las creaciones magistrales de todo el teatro español, y donde más se acerca Lope a la esencia poética de lo trágico. Albert Camus, en el prefacio a su adaptación al francés, encuentra el gran valor de *El caballero* en la combinación de "heroísmo, ternura, belleza, honor y fantasía que ensanchan el horizonte del destino del hombre."

Próxima a la tragedia está igualmente otra de las obras que han sobrevivido, el *Castigo sin venganza* (1631). De tipo novelesco y basada en una historia de Bandello, se caracteriza por el tono pasional y la maestría en el estudio del amor culpable, dentro de las convenciones de los conflictos de honor, que aquí se extreman en la ejecución de la venganza que el Duque prepara con deliberación y de la que son víctimas los culpables, su mujer y su propio hijo, arrebatado éste por la pasión de la madrastra.

En un aspecto muy opuesto fue también maestro y creador Lope de Vega: el de las comedias de intriga y aventuras, como *La moza de cántaro, El acero de Madrid, Amar sin saber a quién,* o la comedia urbana de enredo, ingenio y sutiles matices psicológicos: *La dama boba, La discreta enamorada, El perro del hortelano, Los melindres de Belisa,* etc. Es quizá en esta clase de comedia ligera —de espíritu afín al de algunas novelas cortesanas— donde la gracia artística de Lope se revela con mayor espontaneidad. Llenas de donaire y de ingenio, de picantes engaños, de sutileza psicológica, de "juegos del azar y del amor," hoy están casi olvidadas fuera del círculo de los lopistas, pero acaso no sería exagerado decir que en ellas da forma Lope a un estilo cómico de larga duración en el teatro europeo, que otros dramaturgos —Alarcón, Tirso, Moreto— irán afinando, que pasará a la comedia de costumbres, de un Molière por ejemplo, y cuyos rasgos aún pueden reconocerse en la comedia rococó del siglo XVIII: Beaumarchais, Goldoni.

Apuntemos, además, como aspecto interesante y peculiar de Lope, la riqueza del elemento autobiográfico. Obras hay, como *Belardo el furioso,* que son trasunto de sus amores, y tanto Cossío, en su discurso "Lope, personaje de sus comedias," como Morley, en el estudio de los seudónimos, han ilustrado el fenómeno.

En el teatro religioso fue pronto superado por dramaturgos como Mira de Amescua, Tirso o Calderón. Pero una vez más es aquí Lope quien abre las perspectivas y transforma la tradición imperante en todo el siglo XVI. No interesaban a Lope los problemas teológicos. Como ha dicho Wardropper, "Lope pone la teología al servicio de la poesía, y no al revés, como Calderón." Utiliza en este aspecto, como en los otros, numerosas fuentes y asuntos. Es difícil y arriesgado generalizar. Tratándose de Lope, frente a cualquier afirmación pueden aducirse ejemplos que la niegan o limitan. Creemos, sin embargo, que puede darse como nota distintiva en este aspecto el carácter de piedad popular, del que serán muestra las dos comedias que dedica a San Isidro, patrón de Madrid. Popularismo que, unido a un aire campesino y a la sabia utilización de lo lírico, de lo musical, es visible en dos de sus autos sacramentales más bellos, *La siega* y *El auto de la Maya*.

Cualquiera de las comedias citadas u otras muchas que podrían citarse dentro de cada género bastarían para la gloria de un dramaturgo. En Lope son simples muestras de una visión poético-dramática, cuyo sentido de totalidad y abundancia de ingenio no tienen parangón. No está el teatro de Lope exento de limitaciones y defectos. Pero jamás se ha dado en la historia literaria un caso análogo en el que la fecundidad se combine tan armónicamente con el gusto, ni un arte exquisitamente artificioso con la comprensión del alma entera de un pueblo.

V. Tirso, Alarcón y otros dramaturgos del ciclo de Lope

La fórmula de Lope se impuso inmediatamente. Relegadas quedaron las obras que intentaban atenerse a la tradición clásica, comedias y tragedias senequistas. El Fénix "se alzó con la monarquía cómica de España," como dijo Cervantes, el teatro tuvo un desarrollo sin precedentes y apenas si hubo poeta que no lo cultivase.

La crítica agrupa hoy en torno a Lope a los dramaturgos contemporáneos suyos que siguieron las líneas fundamentales de su arte dramático, a diferencia de las generaciones posteriores, que tomaron por modelo el drama más estilizado de Calderón. La separación no puede ser rigurosa, como tampoco puede serlo la cronología de obras de tema común.

Dos, de entre los lopistas, son figuras de primer rango: Tirso de Molina y Alarcón. Otros dos, Guillén de Castro y Mira de Amescua, ofrecen interés particular por haber sobresalido en un género determinado de comedia.

En cuanto a los demás, tenemos que limitarnos a la simple mención, incluso en casos de escritores muy valiosos, como Luis Vélez de Guevara (1579-1644), dramaturgo fino, cercano en cualidades artísticas al maestro. Sobresale en la comedia poética inspirada en leyendas medievales: *Reinar después de morir*, dramatización de los románticos amores de Inés de Castro con el príncipe Don Pedro de Portugal; o en la comedia de ambiente rústico-popular de la que son ejemplos *La serrana de la Vera* y *La luna de la sierra*. Vélez de Guevara es, además, famoso por ser el autor de *El diablo cojuelo*.

Mencionemos también al poeta y sacerdote José de Valdivielso (1560?-1638), importante en el teatro religioso y la evolución del auto sacramental, y a Juan Pérez de Montalbán (1602-1638), amigo de Lope, biógrafo suyo y editor de la *Fama póstuma*, donde recoge el tributo poético que al Fénix de los Ingenios —otro de los títulos dados a Lope— rindieron ciento, cincuenta y tres autores.

Agustín de Rojas Villandrando (1572-1618) escribió algunas comedias según la fórmula lopesca, pero se le recuerda, sobre todo, por las noticias que, acerca de la vida teatral de la época, recoge en su obra en prosa *El viaje entretenido*.

Con los lopistas suele también agruparse a Luis Quiñones de Benavente (1589?-1651), el cual, siguiendo más bien la inspiración de los pasos de Lope de Rueda y los entremeses de Cervantes, lleva a la perfección el teatro cómico en piezas breves. Publicó la mayor parte de sus entremeses, loas y jácaras en la colección titulada *Jocosería, burlas, veras o represión moral y festiva de los desórdenes públicos, en doce entremeses representados y veinticuatro cantados* (1645).

Las "Mocedades del Cid". — El valenciano Guillén de Castro (1569-1630), autor, como Vélez, de numerosas obras, ocupa un lugar preferente entre los dramaturgos del ciclo de Lope, por haber tratado con singular acierto en sus dos comedias, o partes, de las *Mocedades del Cid*, uno de los grandes temas épicos de la tradición nacional. La figura heroica de Rodrigo Díaz adquiere en ellas nuevo relieve humano. El héroe épico se convierte en héroe dramático.

El Cid de Guillén de Castro no es el de la gesta primitiva, desconocida en el siglo XVI, sino el Cid juvenil, cuya leyenda se elabora en el *Cantar de Rodrigo* y los romances a fines de la Edad Media. La primera parte de *Las Mocedades* tiene como asunto los amores del joven guerrero castellano con Jimena, la hija del conde Lozano, al que Rodrigo da muerte para vengar la afrenta que del soberbio conde había recibido su padre Diego Laínez. El drama gira así en torno al triple conflicto entre el honor, el deber y el amor. Abundan en él los episodios patéticos, dramatizados con exagerado efectismo, y la acción sufre de un recargamiento perjudicial para la neta delineación de los caracteres. Sin embargo, Rodrigo y Jimena, la cual termina casándose con el matador de su padre, son personajes vigorosamente concebidos, y la obra mantiene un elevado tono dramático. Corneille la tomó por modelo para crear *Le Cid*, la primera tragedia de tema moderno en el teatro francés, y aunque profundizó, sin duda, en el elemento psicológico, no hizo, en cuanto a la trama, sino seguir las líneas generales diseñadas ya por el dramaturgo español.

La segunda parte de *Las mocedades,* llamada a veces *Las hazañas del Cid,* no tuvo la fortuna de la primera, pero no es inferior a ella, si bien sus valores son de diferente orden. Se basa en otra leyenda cidiana, la del reto de Diego Ordóñez a los zamoranos para vindicar la muerte a traición del rey Sancho II. El conflicto no es aquí individual y psicológico. El Cid ocupa un lugar secundario. La nota dominante es la del espíritu heroico colectivo, representado por la noble figura de Arias Gonzalo, que, en el acto final, se convierte en el personaje más importante del drama.

En otras comedias de tipo análogo, por ejemplo, *El conde Alarcos,* muestra Guillén de Castro, junto con el dominio de los efectos patéticos visible en las *Mocedades* su fidelidad al espíritu del Romancero y la comprensión dramática que tenía del sentimiento heroico-popular. En este aspecto, sólo Lope es superior a él. El dramaturgo valenciano, a pesar de su amistad con Lope, debió de ser admirador de Cervantes y tomó como fuente varios temas cervantinos: *La fuerza de la sangre, El curioso impertinente* y el episodio de Luscinda y Cardenio en *Don Quijote de la Mancha.*

El teatro religioso de Mira de Amescua. — Otro de los comediógrafos de esta época es el sacerdote Antonio Mira de Amescua (1574-1644), andaluz de Guadix. Autor fecundo, como otros varios, sobresale en el teatro sacro de vidas de santos, y dramatiza, con sentido parecido al de algunas comedias de Tirso de Molina y más tarde Calderón, problemas teológicos como la salvación, el libre albedrío y la predestinación. Su mejor obra de este tipo, y una de las mejores del teatro religioso español, es *El esclavo del demonio,* inspirada en la historia de San Gil de Portugal y relacionada con el tema del pacto con el diablo, que universalizó la leyenda de Fausto.

La acción es complicadísima, múltiple. Gil, retirado a la vida religiosa, sucumbe a la tentación de la carne y, a partir de ese momento, comete toda clase de desafueros: rapta a Lisarda, con la que se entrega al crimen; quiere gozar de Leonor; se entiende para ello con el diablo y, cuando se da cuenta de que lo que el demonio le entrega es un esqueleto, se arrepiente, para volver a la vida de penitente, después de confesar sus delitos. Mas en medio de toda clase de complicaciones, acentuadas por el uso de efectismos simbólicos, Mira de Amescua conserva clara la motivación teológica de la obra. La idea central se formula precisa en una de las escenas primeras cuando Gil, antes de abandonar su retiro religioso, amonesta a don Diego:

> Busca el bien; huye del mal, que es la edad corta
> y hay muerte, y hay infierno, hay Dios y gloria.

El pecador, por grandes que sean sus faltas, si quiere salvarse, usando de su libertad (libre albedrío), puede recibir la gracia eficaz, representada en la comedia por el Ángel, quien dice a Don Gil (Acto III, Esc. X):

> Don Gil, vencimos los dos...

Por esta idea y otras, coordinadas, que el drama desarrolla bien, así como por la coincidencia en varios episodios, *El esclavo del demonio* se relaciona con otras comedias religiosas importantes, especialmente con *El burlador de Sevilla* y *El condenado por desconfiado,* de Tirso, o *El mágico prodigioso* (a la que más se parece) y *La devoción de la cruz,* de Calderón.

De interés son también los autos sacramentales de Mira, algunas otras de sus comedias religiosas y algunas de índole diversa, como *La Fénix de Salamanca,* de intriga, y *El ejemplo mayor de la desdicha,* histórico-legendaria.

El teatro moral y psicológico de Alarcón. — Nivel superior entre los lopistas alcanza, juntamente con Tirso de Molina, Juan Ruiz de Alarcón (1581-1639). Su obra y hasta su personalidad presentan particularidades muy señaladas. Aunque sea fiel en la construcción de sus comedias a las líneas generales del estilo dramático español, Alarcón es, por el espíritu, por la actitud ideológica y por los matices de su arte, distinto a los demás dramaturgos. Coincide con Tirso en la atención que presta a los aspectos psicológicos, pero va mucho más lejos como crítico de las debilidades humanas o de los vicios sociales. Los valores de su teatro son de tipo moral e intelectual más que de tipo estético. Le interesa la verdad más que el arte, o, mejor dicho, su arte no sacrifica la verdad.

Es significativo el hecho de que, en una época caracterizada por la abundancia, Alarcón escribiese sólo veintiséis comedias, de las cuales dio a la estampa veinte. En tanto que Lope —y otros siguiendo su ejemplo— halagan al público, Alarcón le desdeña. A esta doble actitud —"arte meditado" y desdén por el fallo del público— responden algunas característiticas de sus comedias: trama sencilla, bien construida; acción lenta y escasa; gravedad y buen gusto; lenguaje correcto e ingenioso, más lógico que poético; y ausencia de lirismo, de acento apasionado y de efectismo simbólico, salvo en algunas comedias, de tema religioso, de la que es ejemplo excepcional *El Anticristo* o *La cueva de Salamanca,* sobre magia. Es el suyo, estéticamente juzgado, un teatro sobrio, limitado, si se le compara con el de algunos de sus contemporáneos. Pero estas limitaciones, si como tales pueden considerarse, se hallan compensadas por los valores ético-psicológicos, especialmente por la fidelidad en la pintura de carácter y la exactitud en el estudio crítico de las costumbres.

Como los otros dramaturgos de su tiempo, cultiva varios tipos usuales de comedia. Tiene, por ejemplo, algunos vigorosos dramas heroicos. Así, *Los pechos privilegiados, El tejedor de Segovia* o *Ganar amigos,* aunque, incluso en este género, se ve la sensibilidad alarconiana en la elevación de sentimiento al par que en la solución de los problemas del honor con un criterio racional, más moderno que el aceptado en el teatro de la época. Pero lo realmente distintivo del teatro de Alarcón es la comedia moral de carácter: *La verdad sospechosa, Las paredes oyen, La prueba de las promesas, Los favores del mundo,* etc. En todas ellas el personaje o personajes centrales encarnan un defecto humano: la mentira, don García, de *La verdad sospechosa;* la maledicencia, don Mendo, de *Las paredes oyen;* la ingratitud, don Juan, de *La prueba de las promesas.* En otras comedias, *Los favores del mundo* o *El examen de maridos,* la delineación de personajes no es tan neta, mas no falta en ellas el elemento psicológico-moral. Es común, también, que Alarcón contraste el castigo del personaje moralmente imperfecto con el premio de los espíritus nobles o moralmente intachables. En una palabra, confronta virtud y vicio, nobleza y bajas pasiones, dentro de un ambiente urbano en el que rara vez entra el dramatismo efectista y extremo.

Las criaturas dramáticas de Alarcón no están tan individualizadas como las de Lope o Tirso. Son, por lo general, "caracteres" o tipos psicológicos, aunque, lejos de ser puramente abstractos, aparezcan con rasgos verdaderamente humanos y reales. Su moral —social y psicológica— se apoya, más que en creencias o conceptos rígidos, en conflictos internos y de la vida cotidiana.

La conducta no se juzga en relación con principios inmutables como los religiosos, o con normas sociales invariables como las del honor, sino por motivos de conciencia o por el bien y el mal que produce al individuo o a la sociedad. Por eso se le considera como creador del moderno teatro de costumbres, crítico y moralizador o satírico, que, inspirándose en el de Alarcón, desarrollaron, primero, Corneille, cuya obra *Le Menteur* es réplica de *La verdad sospechosa*; luego, Molière y, en el siglo siguiente, Goldoni.

Menéndez Pelayo llamó acertadamente a Alarcón "el clásico de un teatro romántico." No es, en efecto, un gran poeta libre, espontáneo e imaginativo como Lope, o el mismo Tirso. Es una mente clara, un espíritu noble, templado, comprensivo, cuyo humanismo no deja de ofrecer algunos puntos de contacto con el de Cervantes, aunque le faltan al dramaturgo el humor genial y el vuelo de la fantasía que tiene el autor del *Quijote*.

Se ha tratado de explicar el caso de Alarcón por su condición de hombre colonial en una sociedad no exenta de prejuicios metropolitanos (Alarcón, aunque educado en Méjico, su patria, pasó en España gran parte de su vida) y también por la huella que en su carácter orgulloso debieron de dejar las burlas, algunas crueles, de que sus contemporáneos le hicieron víctima a causa de su doble joroba y otros defectos físicos. Ambas cosas, se dice, produjeron en él cierto resentimiento, determinante de la actitud crítica, moralizadora, que adopta. Se ha hablado, además, de la mesura característica del mejicano. Y podría señalarse aún la singularidad de la posición social de Alarcón en el ambiente literario de su tiempo. Poetas y dramaturgos, cuando no eran sacerdotes, unieron con frecuencia las armas y las letras. Alarcón fue, en cambio, jurista y hombre de estudio. Se graduó en leyes en la Universidad de México, aspiró a ser catedrático y, a su regreso a España, por segunda vez, ejerció la abogacía y llegó a ser relator del Consejo de Indias. Todo influyó probablemente en formar la personalidad de Alarcón, contribuyendo así a la variedad del teatro español del Siglo de Oro con una nota nueva, muy valiosa, que le eleva a la altura de los otros grandes dramaturgos.

Tirso de Molina. — Con este pseudónimo es conocido el fraile mercedario Gabriel Téllez (1584-1648). Tanto si lo consideramos cronológicamente —en relación con el desarrollo total del drama clásico— como si atendemos a los valores artísticos, Tirso ocupa el lugar intermedio entre Lope y Calderón. Es el puente entre los estilos que cada uno de ellos representa. Sin la riqueza inventiva del maestro ni la perfección casi geométrica que caracteriza al autor de *La vida es sueño,* se acerca a ambos en cuanto a poder creativo y belleza.

En la lenta revalorización del teatro español, que se inicia con el romanticismo europeo, el mérito literario de la personalidad de Tirso no se define hasta fines del siglo pasado. A partir de ese momento empiezan a estimarse las cualidades sobresalientes de su teatro: claridad expositiva, finura psicológica en el retrato de los caracteres, precisión ideológica y el agudo ingenio satírico, la imaginación y la gracia de alguna de sus piezas cómicas. Tiene también el teatro de Tirso riqueza poética que se logra, sobre todo, en la expresión de la fuerza vital más que en la de los sentimientos.

El teatro de Tirso, bastante abundante (se dice que escribió cerca de cuatrocientas comedias, de las que se conservan unas sesenta, la mayoría de ellas publicadas en "cinco partes," entre 1627 y 1636), ofrece relieve en dos o tres aspectos muy distintos. El principal y en el que alcanza grandeza y universalidad es sin duda el del drama religioso, al que pertenecen sus dos comedias más conocidas: *El burlador de Sevilla* y *El condenado por desconfiado,* obras maestras en el género las dos. Su atribución a Tirso, especialmente la de la última, ha sido discutida. Entre tanto no se descubran nuevos hechos convincentes, es legítimo seguir considerándolas como suyas. Las dos presentan rasgos comunes: el origen legendario de los temas; la semejanza en los personajes centrales, don Juan en *El burlador* y Enrico en *El condenado*; la rapidez de la acción; la variedad de cuadros y ambientes poéticos; el sentimiento de la naturaleza (escenas de Tisbea y Aminta en *El burlador*; atmósfera lírica de *El condenado,* especialmente en los diálogos de Paulo con el pastor.)

Don Juan y Enrico son personajes creados por el mismo autor. En ambos, la fuerza vital se manifiesta con idéntica intensidad. Ambos son burladores de mujeres, valientes, soberbios, seguros de sí mismos, con la seguridad de una juventud impetuosa. Poseídos de enorme dinamismo, no admiten más ley que la de su deseo, y en nombre de ella cometen los más enormes desafueros.

El tema central de las dos obras es el de la salvación del hombre, planteado en términos que son, al mismo tiempo, teológicos y humanos. Partiendo de la oposición, típicamente barroca, entre materia y espíritu, vida y muerte, presente y eternidad, pecado y virtud, error y verdad, Tirso da solución distinta, dentro de la ortodoxia, al destino eterno de sus dos pecadores.

El problema teológico se presenta en ambos dramas en torno a dos ideas: por un lado, la de la responsabilidad del hombre, el cual tiene que responder de sus obras, es decir, de su conducta, ante el juicio de Dios a la hora de la muerte; por otro, la del libre albedrío, que afirma la capacidad del hombre para salvarse por un acto positivo de voluntad y elección, aun después de haber cometido los mayores crímenes.

El burlador tiene numerosos antecedentes. En cuanto al tema del desafío a la muerte, la leyenda del galán irreverente que invita a comer a un difunto, divulgada en España en varios romances (la leyenda o leyendas han sido estudiadas por Said Armesto, Gerdame de Bévotte y Menéndez Pidal), y en cuanto al personaje, el joven de alta clase, cuya ocupación es engañar mujeres, responde al tipo de casi todos los galanes de la comedia o los desmesurados caballeros, como el Fernán Gómez de *Fuenteovejuna*. Debía de ser tipo bastante común en la vida real (abunda también en la novela cervantina) y aún lo es, entre cierta sociedad, en la vida moderna. Lo que distingue a Don Juan es su demasía y temeridad, que le lleva a enfrentarse irreflexivamente con el destino. También en esto se han señalado antecedentes literarios en Cervantes (*El rufián dichoso*), en varias obras de Lope, especialmente el Leonido de *La fianza satisfecha*. Tirso unifica todos estos elementos y les da sentido trágico en el drama de la seducción de diversas mujeres por Don Juan, el cual mata, además, al padre de una de ellas, Don Gonzalo de Ulloa, y más tarde invita a cenar irreverentemente a su estatua. Don Gonzalo corresponde convidando a Don Juan a que le acompañe a comer en su sepultura. Allí, Don Juan, sin tiempo para arrepentirse de su conducta, es arrastrado al infierno por Don Gonzalo. Cada vez que Don Juan se dispone a engañar a sus víctimas, oye repetidamente el aviso de que hay muerte y de que un día deberá dar cuenta de sus actos. Con la excesiva confianza de la juventud, responde: "¡Tan largo me lo fiáis!" No escucha el aviso. Al final, es ya tarde y se condena.

En *El condenado por desconfiado* el problema aparece en forma más compleja. Es el drama del destino paralelo de dos personajes, uno bueno y otro malo, con la paradójica solución de que el que termina por salvarse es el malo. Enrico, el bandido, forzador de doncellas, autor de crímenes tremendos, se salva porque, al acercarse el momento de su muerte, su padre le induce a que se arrepienta de sus crímenes, y él lo hace así, convencido de que la fe, si es sincera y va acompañada del arrepentimiento verdadero, puede borrar, por la misericordia de Dios, todas las malas obras. En contraste con la salvación de Enrico, Tirso presenta la condenación de Paulo, el buen ermitaño, que por creer en la predestinación, al revelársele que su destino será el mismo que el de Enrico, desconfía de Dios, abandona su vida de retiro religioso y se lanza al mal. También oye la voz admonitoria, pero, cegado por la duda, no la escucha y muere impenitente.

En ambos casos, la doctrina está expuesta con claridad; no hay nada arbitrario o falso; a Don Juan le condena la rebeldía vital, la confianza en sí mismo, la indiferencia ante el destino último del hombre, el olvido de Dios. A Paulo, que sólo se entrega al goce de la vida por debilidad, por desconfianza en el poder divino, le condenan la rebeldía intelectual, la duda y el orgullo que exige una certeza imposible al hombre y no acepta los fines inescrutables de la Providencia divina.

Mejor probablemente que en ninguna otra de las abundantes comedias teológicas —de la que serían los ejemplos más cercanos las citadas al hablar de Mira de Amescua— se dramatiza en *El condenado* la doctrina llamada "molinista," según la cual la "gracia suficiente" salva al más grande pecador si éste, usando del libre albedrío, facultad dada al hombre por Dios, presta su consentimiento y cooperación. Es decir, todos pueden salvarse si quieren. A Don Juan, en cambio, le condenan no sus maldades y ni siquiera su rebeldía, sino su indiferencia, el vivir en el presente —rasgo esencial de su persona dramática— ciego totalmente para el futuro, para el sentimiento de lo eterno. [6]

El burlador de Sevilla es, además de comedia religiosa, obra poética con rasgos de la comedia de capa y espada. Posee también características de la comedia de costumbres, con significación social en cuanto supone una crítica del libertinaje de las clases elevadas en la sociedad española, representado por las demasías del Marqués de la Mota y sobre todo de Don Juan. Por eso dice Aminta: "La desvergüenza en España — se ha hecho caballería." Y su novio, Batricio, repite con insistencia: "un caballero — en mis bodas, ¡mal agüero!"

Podrían señalarse en *El burlador* otros valores. No han faltado críticos, atentos a minucias, que hayan señalado defectos —precipitación, rellenos,

---

[6] Las ideas de *gracia, libre albedrío* y *predestinación,* debatidas por la teología católica casi desde sus comienzos y puestas de nuevo en cuestión por los protestantes, fueron objeto de apasionadas polémicas por los teólogos españoles de la Contrarreforma y constituyen la base de casi toda la comedia religioso-filosófica del barroco español. La polémica más importante fue la del dominico Domingo Báñez (1528-1604), que en su doctrina de la *premonición física* limita el poder del libre albedrío, y el jesuita Luis de Molina (1535-1600), que en su libro *Concordia liberi arbitrii cum gratiae donis...* afirma la libertad del hombre y la necesidad del consentimiento. Quien quiera aclarar estos conceptos puede ver los artículos dedicados a los dos teólogos y las palabras subrayadas en el *Diccionario de Filosofía,* de Ferrater Mora. Una sugestiva interpretación de cómo estas ideas teológicas, llevadas al teatro, se relacionaban con la estructura social y los valores morales de la sociedad española del XVII, puede verse en los estudios de Ch. V. Aubrun, "La comedia doctrinale et ses histoires de brigands: *El condenado por desconfiado,*" en *Bull. Hispanique,* LIX (1957), págs. 137-151; y "Le *Don Juan,* de Tirso de Molina: Essai d'interpretation," *ibid,* págs. 26-61.

exceso de retórica en algunas escenas, como la de Tisbea, etc. ; pero los aciertos superan con mucho a las fallas, y es *El burlador* una de las grandes obras del teatro clásico español. El personaje y el conflicto básico están en ella definidos con firmeza y máxima eficacia desde la primera escena : un hombre y una mujer en la oscuridad, la burla, el falso juramento, la huida, la invocación a la ley, la justicia y el castigo, que el burlador desoye. Los motivos esenciales se mantienen e intensifican en las tres seducciones siguientes con eficaz paralelismo y contraste. Dos aventuras de ambiente cortesano y dos de ambiente natural con estilización literaria de égloga piscatoria (Tisbea), o pastoril y rústica (Aminta). Don Juan representa así, al mismo tiempo, la negación de normas sociales y de normas literarias —antiplatonismo renacentista. Al fin, dentro del plano sobrenatural —estatua, cementerio, muerte— a pesar de la teatralización y las burlas de Catalinón, que el estilo de la "comedia" exigía, se percibe la emoción de lo trágico. Don Juan carece de vida interior, de capacidad reflexiva ; es puro ímpetu. Es la diferencia entre el teatro español y otros teatros, el de Shakespeare o el de Corneille y Racine. Sólo en un momento de la obra sugiere Tirso y siente su personaje el soplo misterioso, la duda y el temblor ante la fatalidad, cuando en la Jornada III, antes de gozar de Aminta, invoca a las estrellas :

> Estrellas que me alumbráis,
> dadme en este engaño suerte,
> si el galardón en la muerte
> tan largo me lo guardáis.

Y luego

> La noche en negro silencio
> se extiende ... ...
> ... ...
> Yo quiero poner mi engaño
> por obra. El amor me guía
> a mi inclinación, de quien
> no hay hombre que se resista.

Y la fuerza natural y ciega que le impulsa adquiere carácter satánico cuando resiste, ya en el filo de la muerte, las advertencias de Don Gonzalo y los cantos que anuncian su castigo.

Da vida Tirso —independientemente del mayor o menor acierto artístico de algún detalle— a uno de los personajes más universales de la literatura occidental. El hecho no siempre se reconoce y no es raro que al hablar de Molière, de Mozart o Byron, se olvide por completo la comedia de Tirso. Y, sin embargo, de su Don Juan proceden los demás, sin que en tres siglos los grandes autores que han tratado el tema hayan modificado en lo esencial los rasgos con que sale creada la figura de la imaginación del fraile español. Don Juan, como Fausto o Don Quijote, es uno de los grandes mitos de la condición humana. Los tres —¡tan distintos!— representan diversas maneras de afirmar el yo, la personalidad individual, por encima y en oposición a los límites que las leyes sociales, naturales o divinas imponen. Tres maneras de afirmar la libertad en oposición a la necesidad. En los tres, y en sus respectivos conflictos, viejas figuras medievales adquieren contenido y sentido modernos. Dentro de su encarnación de rasgos, genéricamente humanos —como todos los grandes personajes literarios— encarna Don Juan ciertas cualidades —impulsividad, jactancia, individualismo anárquico, fidelidad a los valores de clase, hidalguía y honor, cuando no se oponen a su voluntad, a su "gana," etc., garbo— que se atribuyen, con razón o sin ella, al carácter español. Y, paradójicamente, si es cierto que la vida y la naturaleza copian al arte, el "donjuanismo" abundará en la sociedad española, ya sea en el aristócrata o señorito burlador, ya en tipos populares como el majo, el chulo y el flamenco.

El relieve y trascendencia de las dos obras estudiadas han oscurecido, salvo para los estudiosos de la literatura española, otros muchos valores en el amplio repertorio de Tirso, a los que sólo podemos aludir. Algunas otras obras notables de tema religioso, como La venganza de Tamar o La espigadera, comedias bíblicas, o la trilogía de Santa Juana y otras comedias de santos, o alguno de sus autos: El colmenero divino y Los hermanos parecidos. Pocos le superan en la finura, gracia cómica y preciosismo, juego de sutilezas psicológicas, enredos de una comedia cortesana, con un contrapunto rústico, como El vergonzoso en palacio, o los divertidos engaños que gozan el arte de la farsa de Don Gil de las calzas verdes, donde lleva a un límite extremo el truco de la mujer vestida de hombre.

Excede justamente a sus contemporáneos en el trazo de los graciosos rústicos y en el de personajes femeninos. Sus mujeres, con las que podría formarse una variada galería, son casi siempre libres, astutas y muy sensibles a las incitaciones del amor. Roza Tirso lo licencioso en la libertad con que pinta algunos enredos amorosos, maquinación, las más veces, de sus mujeres, lo cual le valió reprimendas de sus superiores y el que se haya equiparado su caso con el del Arcipreste de Hita: clérigo licencioso o severo moralista. La época, que debía de ser bastante libre en las costumbres, exigía también la moralización ejemplar. Y en Tirso encontramos, junto a sátiras agudas de la hipocresía femenina, como en *Marta la piadosa*, mujeres virtuosas y de noble entereza, como la reina Doña María de Molina en *La prudencia en la mujer*, uno de los buenos dramas históricos del teatro español, o decididas y llenas de recursos en el logro de sus fines, generalmente la reparación de su honor, como Doña Violante de *La villana de Vallecas*.

En variedad de temas, ya literarios, ya de costumbres —de los que sólo algunos quedan sugeridos— rivaliza Tirso con Lope. Sin la genial espontaneidad del maestro, se le acerca en la riqueza y gama de recursos, conjugación de opuestos, lo culto y lo popular, rapidez dramática en contraste con la abundancia de motivos incidentales, retóricos o de simple efectismo teatral, invención y lógica para desenredar una intriga complicada. En el estilo no alcanza la fluidez lírica de Lope ni la frescura en utilizar o recrear la canción popular o el romance. Apunta hacia el conceptismo, pero está lejos aún del lirismo conceptual de Calderón.

En géneros no dramáticos escribió, entre otras obras, una *Historia de la Orden de la Merced* y dos colecciones de prosa miscelánea, *Los cigarrales de Toledo* (1621) y *Deleitar aprovechando* (1635), en las que incluye, junto con alguna pieza dramática, breves narraciones y materia viva.

VI. Polémicas en torno a la "Comedia." Su influjo fuera de España

En contraste con el éxito y rápida difusión del teatro de Lope y sus seguidores están las resistencias que encontró por parte de los doctos, dando lugar a las polémicas, que estudió Menéndez Pelayo en la *Historia de las ideas estéticas*. Contra Lope y su *Arte nuevo* se pronunciaron, en escritos de tipo vario, Rey de Artieda, Cervantes, Bartolomé L. Argensola, Suárez de Figueroa en *El pasajero* y la mayoría de los preceptistas aristotélicos. De éstos puede tomarse, como ejemplo, a Francisco Cascales, que, si en las *Tablas poéticas* condenó teóricamente el nuevo teatro por oponerse a los preceptos, hizo en cambio una gran defensa de Lope —de quien era admirador y amigo— en una de sus *Cartas filológicas*: "En defensa de las comedias y representación de ellas." La defensa de Cascales, en este caso, más que a razones de teoría poética se refería a los intentos de suspender las representaciones y a los ataques por razones morales, de que hemos visto muestra en el Padre Mariana y que estudió Cotarelo en el libro *Bibliografía de las controversias sobre la licitud del teatro en España.*

Lope contestó en muchas formas y lugares a sus detractores. Entre los que salieron en su defensa sólo recordaremos al catedrático de Alcalá, Alfonso Sánchez; a Ricardo del Turia, autor del *Apologético de las comedias españolas,* y a Tirso de Molina. Hizo Tirso, en la discusión que sigue a la representación de *El vergonzoso en palacio* (en el Cigarral Primero), la mejor defensa del arte de su maestro y la más acabada exposición de los valores de la comedia, sin entrar en pedanterías ni exposiciones doctrinales. Alegato en pro de la libertad artística, proclama que nuevos tiempos requieren nuevos usos:

> Esta diferencia hay —dice don Alejo, portavoz de las ideas del autor— de la Naturaleza al Arte: que lo que aquélla desde su creación constituyó no se puede variar, y así siempre el peral producirá peras y la encina su grosero fruto ... Pero en las cosas artificiales, quedándose en pie lo principal, que es la substancia, cada día varía el uso, el modo y lo accesorio ... ¿qué mucho que la Comedia ... varíe las leyes de sus antepasados y injiera industriosamente lo trágico con lo cómico?

Interesa recordar sumariamente estos hechos, aun en una obra de carácter general, porque estas polémicas, hoy olvidadas, ilustran la conciencia y originalidad artística de que nació —con Cervantes y el teatro del Siglo de Oro— toda una literatura que tuvo trascendencia en la evolución literaria de Europa. La polémica resurgió con fuerza y llegó hasta el Romanticismo y los teóricos alemanes, defensores del arte de Lope y Calderón. Hombre tan ponderado como Pedro Henríquez Ureña la resumió en su libro *Plenitud de España* diciendo:

> Si las doctrinas españolas de Vives y Fox Morcillo, del Brocense y del Pinciano, de Tirso de Molina y de Ricardo del Turia se hubieran divulgado en vez de las italianas que Francia adoptó e impuso con su egregio imperialismo de la cultura, no habría sido necesaria en el siglo XVIII la revolución de Lessing contra la literatura académica: España declaró la libertad del arte cuando en Italia el Renacimiento entraba en rigidez que lo hizo estéril; proclamó principios de invención y mutación que en Europa no se hicieron corrientes hasta la época romántica.

Más significativo, por venir de la máxima autoridad italiana, es lo que Benedetto Croce dice en un Apéndice de su *Estética*:

> España fue quizás el país que mayor resistencia opuso a las pedantes teorías de los tratadistas: el país de la libertad crítica de Vives a Feijoo, desde el siglo XVI hasta el siglo XVIII, cuando la decadencia del viejo espíritu español permitió a Luzán, con otros, la implantación de la poesía neoclásica de origen italiano y francés. Que las reglas deben cambiar con los tiempos y con las circunstancias; que una literatura moderna exige una poética moderna; que una obra que contraviene las reglas establecidas no significa que sea contraria a toda regla o no se someta a una ley más alta; que las leyes de las unidades son tan ridículas como sería prohibir a un pintor pintar un amplio paisaje en un cuadro pequeño; que el placer, el gusto, la aprobación de lectores y espectadores son, a la larga, los que deciden; que, a pesar de las leyes del contrapunto, el oído es el verdadero juez de la música: estas afirmaciones y muchas otras semejantes son frecuentes en la crítica española de aquel período. Un crítico, Francisco de la Barreda, llegó a compadecer a los grandes ingenios de Italia, sometidos por el miedo y la cobardía (*temerosos y acobardados*) a reglas que les cohibían por todos los lados. Acaso pensaba en Tasso, ejemplo memorable de tal degradación. Lope de Vega fluctuaba entre el desdén por las reglas en la práctica y la obsequiosa aceptación en la teoría, aduciendo, como excusa, que se veía forzado a ceder a las demandas del público que pagaba ...

Y termina citando, justamente, unas palabras de Tirso, en la defensa de las comedias a que nos hemos referido:

> Pero un contemporáneo, admirador de Lope, escribe de él que "en muchas partes de sus escritos dice que el no guardar el arte antiguo lo hace por conformarse con el gusto de la plebe ... dícelo por su natural modestia, y porque no atribuya la malicia ignorante a arrogancia lo que es política perfección." [7]

Que la invención de Lope reflejaba el espíritu de su siglo —aunque el clasicismo francés, que al fin se impuso, rechazase sus doctrinas— se ve, además, por la difusión que el arte de la comedia tuvo pronto en otras literaturas y las numerosas imitaciones. Paul Henry Lang, en su valiosa

---

[7] *Estética*, 4.ª ed., 1912, págs. 520-21.

historia de la música (*Music in Western Civilization*), al trazar las relaciones entre música y teatro (ópera) en la época barroca, reconoce el fenómeno:

> Las ideas ingeniosas y enredos de la *comedia* española y su retórica dieron a Corneille y otros dramaturgos franceses no sólo la forma y modos de expresión del drama moderno, sino también muchos de sus temas, tales como el Cid y Don Juan. Como forma dramática, sin embargo, la *comedia* escapa a toda clasificación literaria. Con sus alegres elementos folklóricos presenta un tipo de teatro imaginativo, más o menos serio, a veces trágico, rico en motivos épicos y líricos. Bajo la influencia del humanismo, la llamada escuela de Sevilla intentó atraer al público español hacia el drama clásico grecolatino, pero Sófocles y Séneca en ninguna parte tuvieron menos éxito (have never fared worse) que en la patria de Lope de Vega, porque el teatro español brotó del genio de la nación, lo mismo que la ópera en Italia ... Lope dio al teatro español su forma última y definitiva. Sus mil y pico comedias, sus argumentos hábilmente construidos, sus bien calculados efectismos teatrales y la perfecta y melódica versificación, se convirtieron en mina inagotable para los dramaturgos de todas las naciones. [8]

Martinenche, Morel-Fatio y otros investigadores, por lo que se refiere al teatro francés, y Underhill, al inglés, han explorado el influjo del teatro español, sin llegar a agotar el tema. Y Menéndez Pidal resume en unas páginas de su estudio sobre *El Arte Nuevo* la gran irradiación que tuvo no sólo en los dos países citados, sino en otros, como Holanda, Alemania y la misma Italia. Recuerda, entre otras cosas, el juicio de Voltaire aludiendo a *Le Cid* y a *Le Menteur* de que "la primera tragedia conmovedora y la primera comedia de carácter que han ilustrado a Francia son dos traducciones o arreglos de la comedia española." Es numerosa la lista de imitadores: Webster, Fletcher, Shirley, Rotrou, Scarron, Pedro y Tomás Corneille, Molière y otros menos conocidos.

[Selecciones: del Río. *Antología*, I, págs. 467-614.]

---

[8] Paul Henry Lang, *Music in Western Civilization*, New York, Norton, 1941, pág. 422.

BIBLIOGRAFÍA

(Véase Schack y Valbuena en Bib. General y otras obras citadas en caps. VI y VII)

1 GENERAL

C. de la Barrera, *Catálogo bibliográfico y biográfico del teatro antiguo español*, Madrid, 1860.

A. Schaeffer, *Geschichte des Spanischen Nationaldramas*, Leipzig, 1890, 2 vols.

A. Morel-Fatio, *La Comedia espagnole du XVIIᵉ siècle*, Paris, 1885; 2.ª ed., 1923.

A. Gassier, *Le Théâtre espagnol*, Paris, 1898.

N. Díaz de Escobar y F. de P. Lasso de la Vega, *Historia del teatro español*, Barcelona, 1924, 2 vols.

H. A. Rennert, *The Spanish Stage in the Time of Lope de Vega*, New York, 1909.

H. J. Chaytor, *Dramatic Theory in Spain*, Cambridge, 1925.

E. Cotarelo, *Bibliografía de las controversias sobre la licitud del teatro en España*, Madrid, 1904.

A. Castro, "Algunas observaciones acerca del concepto del honor en los siglos XVI y XVII," en RFE., III (1916), 1-50, 357-386.

———, "El drama de la honra en España y en su literatura," en *Cuadernos*, núm. 38, 1959, 1-15.

D. H. Roaten and F. Sánchez Escribano, *Wölfflin's Principles in Spanish Drama: 1500-1700*, New York, 1952.

Ch. D. Ley, *El gracioso en el teatro de la Península (siglos XVI y XVII)*, Madrid, 1954.

C. Bravo-Villasante, *La mujer vestida de hombre en el teatro español (siglos XVI y XVII)*, Madrid, 1955.

A. A. Parker, "The Approach to the Spanish Drama of the Golden Age," en *Tulane Drama Review*, IV (1959), 42-59.

A. G. Reichenberger, "The Uniqueness of the *comedia*," en *Hispanic Review*, XXVII (1959), 303-316.

2 LOPE DE VEGA

a. GENERAL Y BIOGRAFÍA

J. Simón Díaz y J. de José Prades, *Ensayo de una bibliografía de las obras y artículos sobre la vida y escritos de L. de V.*, Madrid, 1955 (con un suplemento, *L. de V.: Nuevos estudios*, en *Cuadernos Bibliográficos*, C. S. I. C., 1961).

C. A. de la Barrera, *Nueva Biografía*, Madrid, 1890 (en *Obras* de L. de V., ed. de la Academia, vol. I).

H. A. Rennert y A. Castro, *Vida de Lope de Vega*, Madrid, 1919.

L. Astrana Marín, *La vida azarosa de Lope de Vega*, Barcelona, 1935.

J. de Entrambasaguas, *Vida de Lope de Vega*, Barcelona, 1936.

F. A. de Icaza, *Lope de Vega, sus amores y sus odios*, Madrid, 1925.

C. Vossler, *Lope de Vega y su tiempo*, Madrid, 1933 (trad. del alemán).

A. G. de Amezúa, *Lope de Vega en sus cartas*, Madrid, 1935.

J. de Entrambasaguas, *Vivir y crear de Lope de Vega*, Madrid, 1946.

———, *Estudios sobre Lope de Vega*, 3 vols., Madrid, 1946-1958.

R. Menéndez Pidal, *De Cervantes y Lope de Vega* (Contiene, entre otros estudios, el muy importante *El arte nuevo y la nueva biografía*. Véase también *El lenguaje de L. de V.* en *España y su historia*, vol. II).

José F. Montesinos, *Estudios sobre Lope*, México, 1951 (No incluye los estudios y observaciones sobre varias comedias en las ediciones del *Teatro Antiguo Español*).

S. G. Morley, *The pseudonyms and literary disguises of Lope de Vega*, Univ. of California, vol. 38, Berkeley, 1951.

b. POESÍA Y PROSA

Obras no dramáticas, BAE, XXXVIII.

Obras escogidas, Madrid, Aguilar, 1953, t. II: Poesías líricas, Poemas, Prosa, Novelas.

Poesías líricas (selección), ed. Montesinos, *Clásicos Castellanos*, 1925-26, 2 vols. (Con una importante introducción).

Poesía lírica, A. Guarner, Madrid, 1935; ed. Blecua, Ebro.

A. Alonso, *Vida y creación en la lírica de Lope y caducidad y perennidad en la poesía de Lope*, en *Materia y forma en poesía*.

G. Diego, *Una estrofa de Lope* (Discurso de Ingreso en la Academia), Madrid, 1948.

D. Alonso, *Lope de Vega, símbolo del barroco*, en *Poesía Española*.

E. C. Blatt, *Las novelas ejemplares de Lope...*, en Fénix I, Madrid, 1935.

G. Cirot, "Valeur litteraire des Nouvelles de Lope de Vega, "en *Bull. Hispanique*, XXVIII (1926), 321-355.

La Dorotea, ed. Blecua, Btca. de Cultura Básica, Universidad de Puerto Rico, 1955; ed. Morley, Univ. of California Press, Berkeley-Los Angeles, 1958.

Alda Croce, *Estudio crítico* (en trad. ital.), Laterza, 1940, 5-160.

L. Spitzer, *Die Literarisierung des Lebens in Lope's Dorotea*, Bonn, 1932.

F. S. Morby, "Persistence and change in the formation of *La Dorotea*," en *Hispanic Review*, XVIII (1950), 108-125, 195-217.

A. S. Trueblood, "The Case for an Early Dorotea," en PMLA, LXXI, 755-798.

c. TEATRO

Colección de las obras sueltas así en prosa como en verso, ed. Cerdá y Rico, Madrid, 1776-1779, 21 vols.

Comedias, BAE, vols. XXIV, XXXIV, XLI y LII.

Obras, ed. Academia, con prólogos de Menéndez y Pelayo, Madrid, 1890-1913; Nueva edición, Cotarelo, Madrid, 1916-1931.

Comedias, ed. Gómez Ocerín y R. Tenreiro, *Clásicos Castellanos*, Madrid, 1931.

Teatro y obras diversas, Madrid, Calleja, 1935, 3 vols.

Obras escogidas, París, Garnier, s. a., 4 vols. (Los tres primeros, Comedias; el último, Obras sueltas.)

Obras escogidas, Madrid, Aguilar, 1952, t. I: Teatro.

(Hay numerosas ediciones críticas y anotadas de diversas comedias, que no es posible enumerar aquí. En inglés hay dos excelentes ediciones recientes: *Five Plays,* tr. de Jill Booty, ed. de R. D. F. Pring-Mill, A Mermaid Dramabook, New York, 1961 y la trad. de *Fuenteovejuna,* de Roy Campbell, en *The Classic Theatre,* vol. VIII; *Six Spanish Plays,* ed. de Eric Bentley.)

H. A. Rennert, "Bibliography of the Dramatic Works of Lope de Vega," en *Revue Hispanique,* XXXIII (1915), 1-282.

S. G. Morley y C. Bruerton, *The Chronology of Lope de Vega's Comedias,* New York, 1940.

M. Menéndez y Pelayo, *Estudios sobre el teatro de Lope de Vega,* Madrid, 1919-1927, 6 vols. (prólogos a la ed. de la Academia).

R. Schevill, *The Dramatic Art of Lope de Vega,* Berkeley, 1918.

W. L. Fichter, *"El castigo del discreto," together with a Study of Conjugal Honor in his [Lope's] Theater,* New York, 1925.

J. Bergamín, *Mangas y capirotes,* Madrid, 1933.

M. Romera Navarro, *La preceptiva dramática de Lope de Vega y otros ensayos,* Madrid, 1935.

R. del Arco, *La sociedad española en las obras dramáticas de Lope de Vega,* Madrid, 1942.

J. M. Cossío, *Lope, personaje de sus comedias,* Discurso de ingreso en la Academia, Madrid, 1948.

D. Marín, *La intriga secundaria en el teatro de Lope de Vega,* Toronto, 1958.

Ch. Aubrun y J. F. Montesinos, "Introducción" a *Peribáñez,* París, 1943.

E. M. Wilson, "Images et structure dans *Peribáñez,"* en *Bull. Hispanique,* LI, 1949, 125-59.

J. Casalduero, *Fuenteovejuna,* en RFH, V (1943), 21-44.

(*Fuenteovejuna* ha sido objeto de otros interesantes análisis o interpretaciones por parte, entre otros, de C. E. Aníbal, C. I. Macdonal, Ribbans, Spitzer, Wardropper, Eva Seifert y W. C. McCrary.)

3   OTROS DRAMATURGOS

Dramáticos contemporáneos de Lope de Vega, BAE, vols. XLIII y XLV.

Colección de entremeses, loas, bailes, NBAE, vols. XVII y XVIII.

Antonio Mira de Amescua, *Teatro,* ed. Valbuena, *Clásicos Castellanos,* Madrid, 1933; 1958, 2 vols.

C. Aníbal, *Mira de Amescua,* Columbus, Ohio, 1925.

E. Cotarelo Mori, *Mira de Amescua y su teatro,* Madrid, 1931.

Guillén de Castro, *Teatro* (Obras completas), ed. Juliá, Real Academia Española, Madrid, 1925-27, 3 vols.; *Las mocedades del Cid,* ed. Said Armesto, *Clásicos Castellanos,* Madrid, 1913. (Véanse las dos Introducciones.)

Juan Ruiz de Alarcón, *Comedias,* BAE, vol. XX; *Comedias escogidas,* ed. Academia Española, Madrid, 1867, 3 vols.; *Obras completas,* ed. Millares, México, 1959; *Teatro (La verdad sospechosa* y *Las paredes oyen),* ed. Reyes, *Clásicos Castellanos,* Madrid, 1918; en la misma colección, *Los pechos privilegiados, Ganar amigos, La prueba de las promesas* y *El examen de maridos,* ed. Millares, 2 vols., 1960.

L. Fernández-Guerra y Orbe, *D. Juan Ruiz de Alarcón y Mendoza,* Madrid, 1871.

G. Huszar, *Pierre Corneille et le théâtre espagnol,* Paris, 1903.

P. Henríquez Ureña, *Don Juan Ruiz de Alarcón,* México, 1914.
J. Jiménez Rueda, *Juan Ruiz de Alarcón y su tiempo,* México, 1939.
A. Castro Leal, *Juan Ruiz de Alarcón: su vida y su obra,* México, 1943.
Tirso de Molina, *Comedias,* BAE, vol. V y NBAE, vols. IV y IX; *Obras dramáticas completas,* ed. Blanca de los Ríos, Madrid, Aguilar, 1947-1959, 3 vols.; *El vergonzoso en palacio y El burlador de Sevilla,* ed. Castro, *Clásicos Castellanos,* Madrid, 1922; en la misma colección, *El amor médico y Averígüelo Vargas,* ed. Zamora Vicente y María J. Canellada de Zamora, 1947; en Ebro están editados *El condenado... El vergonzoso..., La prudencia en la mujer y Marta la piadosa.*
P. Muñoz Peña, *El teatro del maestro Tirso de Molina,* Valladolid, 1889.
M. Menéndez y Pelayo, *Tirso de Molina,* en *Estudios de Crítica Literaria,* segunda serie.
Blanca de los Ríos, *Del Siglo de Oro,* Madrid, 1910.
A. H. Bushee, *Three Centuries of Tirso de Molina,* Philadelphia, 1939.
A. Farinelli, *Don Giovanni,* en *Giornale storico della letteratura italiana,* 1896, 1-77 y 254-326.
V. Said Armesto, *La leyenda de Don Juan,* Madrid, 1908.
G. Gendarme de Bévotte, *La légende de Don Juan,* París, 1911.
J. Casalduero, *Contribución al estudio del tema de Don Juan en el teatro español,* en *Smith College Studies in Modern Languages,* 1938, vol. XIX, nos. 3 and 4.
Cinco ensayos sobre Don Juan. Con un pról. de A. Castro, Santiago de Chile, 1937.
R. Menéndez Pidal, *Estudios de Crítica literaria,* Madrid, 1920. (Sobre los orígenes de *El convidado de piedra* y sobre *El condenado por desconfiado.*)
L. Weinstein, *The Metamorphoses of Don Juan,* Stamford Univ. Press, 1959.
Studi tirsiani (varios autores), Roma, 1959.

4   POLÉMICAS Y DIFUSIÓN

Además de Menéndez Pelayo, *Ideas estéticas,* y el estudio citado de Menéndez Pidal, véanse varios trabajos de Entrambasaguas.

M. Romera Navarro, "Lope de Vega y su autoridad frente a los antiguos," en *Revue Hispanique,* LXXXI (1933), 190-224.
E. Martinenche, *La Comedia espagnole en France de Hardy jusqu'à Racine. 1600-1660,* Paris, 1900.
A. Farinelli, *Lope de Vega en Alemania,* en *Italia e Spagna.*

11 SIGLO XVII. EL BARROCO: DE LA PLENITUD A LA DECADENCIA. AUGE Y OCASO.

I. Caracteres de la época

En el capítulo VII, al trazar en líneas generales la evolución del Siglo de Oro, hicimos algunas aclaraciones respecto a los varios períodos y a la terminología literaria de los estilos, cuya significación hemos ahora de puntualizar.

La literatura española llega a su cumbre en los primeros veinte años del siglo XVII. Cervantes, ya en el ocaso de su vida, publica entonces sus obras más importantes: el *Quijote* (1605, 1615), las *Novelas* (1613) y el *Persiles* (póstuma, 1617). En tanto, una nueva generación entra en espléndida madurez. Se divulgan *El Polifemo* (1612) y las *Soledades* (1613) de Góngora; Lope y los dramaturgos de su escuela escriben sus mejores comedias; Quevedo trabaja en su poesía, en *El Buscón* y en *Los sueños,* que se imprimen unos años después. Y en torno a estos escritores, una legión de poetas, comediógrafos y novelistas. Tras ellos vienen inmediatamente Gracián y Calderón. Coincide el apogeo literario con el de otras artes, especialmente el de la pintura: Ribera (1588-1656), Zurbarán (1598-1662), Velázquez (1599-1660), Murillo (1617-1682), etc.

El ambiente histórico y social. — Lo peculiar de la historia de España es que el esplendor artístico y literario se alcance cuando el poderío político empieza a declinar y en vísperas de una desintegración casi total. Al agotarse también las fuerzas creativas, el país entra en una larga decadencia.

El proceso, del que ya advertimos signos en los últimos años del reinado de Felipe II, tras el descalabro de la Armada, se acelera en el de sus sucesores, Felipe III (1598-1621) y Felipe IV (1621-1665), para llegar a una completa postración nacional en el de Carlos II (1665-1700).

Casi todos los historiadores han percibido lo extraño del fenómeno, extrañeza formulada con escueta claridad por el inglés R. Trevor Davies en el libro *Spain in the Decline, 1621-1700* : "España, el Hércules de las naciones europeas, cuyas empresas asombran al mundo del siglo XVI, se derrumbó en el XVII con rapidez tan súbita que exige un cuidadoso diagnóstico de la enfermedad."

Y al empezar su diagnosis enumera tres factores coincidentes: la debilidad económica y financiera, el decaimiento del poder militar y la mengua de los sentimientos patrióticos y religiosos. Añade que "acaso el rasgo más curioso de la enfermedad fue el florecer artístico y literario precisamente en el mismo momento en que la debilidad y el colapso eran más evidentes." Paradoja de la historia de España, a cuyo esclarecimiento —análisis y estudio de la decadencia— han dedicado muchas páginas los historiadores de varios países. En la cultura española aparece ya en el siglo XVII como preocupación capital de tratadistas políticos, arbitristas y regenadores. A partir del XVIII se convierte en tema obsesivo del ensayismo, desde Feijoo a Ortega y Gasset y sus discípulos, y también, en parte, lo ha sido de poetas y novelistas. [1]

No es preciso, pues, detenerse aquí en los hechos. Por lo que al declinar del poder político y militar se refiere, basta decir que España deja de ser el árbitro de la política europea con el fin de la Guerra de los Treinta Años (1618-1648) que, si empezó como un episodio más de las contiendas entre católicos y protestantes, acabó siendo la lucha definitiva contra la hegemonía de los Hapsburgos, acaudillada por Richelieu. España intervino sólo en la última fase, pero en la paz de Westfalia (1948) perdió gran parte de sus posiciones europeas y tuvo que reconocer la independencia de Holanda.

Entretanto hubo revueltas en las provincias italianas, y hasta en la propia península se deshace la unidad con las rebeliones de Cataluña y Portugal, que terminaron con la separación definitiva del reino lusitano.

---

[1] Como guía y resumen del tema, pueden verse P. Sáinz Rodríguez, *Evolución de las ideas sobre la decadencia española*, y las *Antologías* de Dolores Franco, *España como preocupación*, y A. del Río y M. J. Benardete, *El concepto contemporáneo de España*.

En el interior se aflojan los resortes de la acción. Faltan los ideales de la centuria precedente. Las aspiraciones al Imperio y a la Monarquía universal como cabeza de la unidad cristiana han fracasado. Se ha afirmado, en cambio, la idea de la Monarquía absoluta y nacional, basada en la razón de Estado. Europa está escindida en lo político y lo religioso. Las naciones más poderosas luchan por la supremacía con todas las armas que la doctrina de Maquiavelo había sancionado dos siglos antes. En esta lucha España está a la defensiva, tanto en el terreno de los hechos con el menoscabo de su poderío, como en el doctrinal. Sus pensadores políticos y religiosos se enfrentan, según veremos, con el maquiavelismo triunfante, aunque no confesado, en otros países.

La política interior adolece, entre otros males, de la debilidad e ineptitud de los reyes. La organización administrativa del nuevo estado exigía la participación de ministros y secretarios de despacho. Y la ineptitud, agravada por el temperamento frívolo de los monarcas, hizo que el manejo real de los negocios cayera en las manos arbitrarias de validos o privados como el duque de Lerma en tiempos de Felipe III y el conde-duque de Olivares, en los de Felipe IV, para citar los dos ejemplos sobresalientes.

Se acentúa la centralización y toda la vida social gravita hacia la Corte, especialmente después del traslado definitivo a Madrid, en 1606. El centralismo burocrático, que es al mismo tiempo centralismo espiritual, pesa sobre todo el país. Aún quedan ciudades importantes, pero su influencia en la vida nacional va decayendo y las provincias entran en un largo período de adormecimiento.

El ambiente cortesano, a juzgar por todos los testimonios —viajeros, documentos, etc.— y también por la literatura que lo refleja, presenta una curiosa mezcla de contrastes: brillantez y pobreza, esplendor y agobio económico, lujo y miseria, galantería y rufianesca, refinamiento y picarismo, busca de placer y extremos religiosos de ascetismo y superstición. Felipe IV es modelo de este mundo cortesano. Protector de poetas y artistas y rey galante de las brillantes fiestas palaciegas en el Gran Retiro, es, a la vez, el protagonista de amoríos poco edificantes (amante de la actriz María Calderón, "la Calderona," que terminó por entrar en un convento) y el pecador arrepentido que, en sus crisis religiosas, tomó como consejera y corresponsal a una monja mística y visionaria: sor María de Ágreda.

Tales contrastes no fueron exclusivos de España. Los encontraríamos en la Francia del XVII o en otros países. El espíritu o estilo de la época, el tema de cada tiempo, suele ser el mismo en todas partes. Mas en España los extremos fueron mayores y no estuvieron contrarrestados por las poderosas corrientes de renovación que transformaron en pocos años al mundo europeo. La amenaza de derrumbe político, la decadencia interna y el conformismo religioso reforzaron el aislamiento iniciado por Felipe II. En la defensa de su modo de vida se dan juntos la severa crítica de los males internos con el desprecio a lo extraño y el clamor nacionalista. Hubo intentos de cambiar de rumbo y hombres conocedores de Europa que diagnosticaron el mal. Es el caso de un Quevedo o de un Saavedra Fajardo. Sin embargo, ni cuajaron las varias tentativas de reforma, ni pudieron entrar en España la nueva filosofía —Descartes, Spinoza, Hobbes— ni la nueva ciencia —Galileo, Newton. El racionalismo español sigue fiel a la escolástica, y bajo la dirección de pensadores jesuitas —la orden religiosa de mayor influjo— como Nieremberg o el mismo Gracián, continuadores de la obra de Suárez, Mariana o Ribadeneira, rechaza las ideas no compatibles con la ortodoxia.

La tónica espiritual es de amargura y desengaño. Se desconfía de la naturaleza humana y se afirma lo trascendente frente a lo temporal.

De todo ello veremos reflejos claros en la literatura. Quevedo, la conciencia más despierta de la época, vierte genialmente en su prosa y en su verso el pesimismo y la desesperación de un espíritu sensible a los males de la patria. El estoicismo humanístico que proclamaba la dignidad del hombre y de la razón ha sido sustituido en la España del XVII por un estoicismo sombrío cara a la muerte. La severa moral de Séneca aparece ahora reforzada por la resignación del *Libro de Job* y por el eco del eterno "vanitas vanitatum." Lo que ayer fue Itálica famosa es ahora campos de soledad. ¿Dónde está la grandeza de Roma? La rosa que a la mañana florece en toda su belleza se halla al atardecer mustia y marchita, imagen perfecta del rápido pasar de todos los esplendores. La vida es sueño cuando no es, como en la sátira de Quevedo, una horrible y gesticulante pesadilla.

Ahora bien; la visión pesimista de los sufrimientos terrenos es compatible con un optimismo trascendental basado en la doctrina católica de la redención. La vida humana es transitoria y todo hombre puede salvarse para la eternidad, mediante la justificación, la gracia y el libre albedrío.

Barroco y ambiente literario. — Como ya apuntamos en la introducción al Siglo de Oro (cap. VII), el término "barroco" ha sido objeto de largas controversias e indagaciones, desde que sale del campo de las artes plásticas y entra en el de la literatura y las ideas. Tres aspectos del problema han sido sus límites cronológicos en relación con el Renacimiento y sus consecuencias; sus fundamentos religiosos en relación con el catolicismo, el protestantismo y la Contrarreforma; y, finalmente, sus caracteres específicos.

Aunque críticos e historiadores no hayan llegado a ponerse de acuerdo, puede darse más o menos por asentado:

1.º Que el dominio del estilo barroco, prescindiendo de antecedentes, coincide con el siglo XVII, de 1580 a 1680.

2.º Que es fenómeno de raíz contrarreformista. Se ha empezado a hablar también de un "contrarrenacimiento."

3.º Que, si bien alcanza su primera expresión formal en Italia con Miguel Ángel y Torcuato Tasso, encuentra su desarrollo máximo y sus manifestaciones más características en España. Y aquí debería incluirse, por lo que al arte se refiere, el barroco hispanoamericano.

Y en efecto, las más de las notas y fórmulas y tendencias que, con varios enfoques, se han aplicado al barroco, tienen clara aplicación al arte español, desde el Greco hasta Velázquez, y a la literatura, desde Cervantes y Lope hasta Calderón. Enumeramos algunas de las más salientes, prescindiendo de los caracteres formales que para las artes plásticas fueron definidos por Gurlitt y Wölfflin, de quienes arrancan todas las teorías modernas del barroco:

a)   Reacción frente al sentimiento renacentista de la armonía de la vida y la belleza orgánica.

b)   Predominio de la inquietud metafísica y religiosa frente a lo natural y pagano. Anhelo de Dios y del infinito.

c)   Desengaño, contraste entre naturalismo e iluminismo. Ascetismo y dislocación de lo mundanal. Tensión entre vida y espíritu, con dos vías de escape: la negación ascética y la ironía.

d)   Transformación de lo real y lo irracional, encarnación de lo espiritual y espiritualización de lo carnal. Sensualidad de lo trascendente.

Hatzfeld, cuyo estudio sobre las teorías barrocas hemos seguido en la enumeración anterior, insiste con diversas razones en el signo español del barroco y la permanente inclinación de España hacia el barroquismo. Sugiere, recogiendo observaciones anteriores, las raíces orientales de esa inclinación —nueva forma del "mozarabismo"— y, por lo que se refiere a su origen más inmediato, reafirma la influencia de la Contrarreforma y del pensamiento de Ignacio de Loyola. Ya Miguel Ángel, según él, pudo haber recibido el influjo del autor de los *Ejercicios espirituales* a través de Paulo III —el Papa que le encomendó la pintura del Juicio Final en la Capilla Sixtina [2]— gran entusiasta del fundador de los jesuitas.

---

[2] Véase "Recent Baroque Theories," en *Boletín del Instituto de Caro y Cuervo,*

Resultaría, pues, el barroco de una combinación de causas universales (Contrarreforma, crisis del humanismo, etc.) y nacionales (inclinaciones propias del carácter español, decadencia, etc.). Mas, cualesquiera que sean sus causas, podría explicarse el fenómeno en forma menos complicada, como desarrollo normal del estilo que le precede. Es un hecho común y repetido en la historia el de que todos los grandes estilos de época —románico, gótico, romántico, naturalista, etc.— después de alcanzar su expresión armónica, evolucionen, sea intensificando sus rasgos más distintivos, sea transformándolos en algo aparentemente opuesto. Así, el barroco vendría a ser la intensificación de los elementos cultos greco-latinos en el estilo del Renacimiento, por un lado, y de la reacción realista y satírica contra ellos, por otro.

En Cervantes o en Lope, todas las tendencias de la época aparecen aún equilibradas. En sus continuadores el equilibrio se rompe, determinando los fenómenos artísticos extremos del barroco. Éstos son de índole diversa, pero en la literatura se manifiestan en tres grandes corrientes:

1. *Conceptismo*: juego ingenioso de palabras, ideas, paradojas y conceptos. De él resulta un estilo lleno de agudezas, chistes, símbolos, frases sentenciosas y antítesis rebuscadas, con dos direcciones opuestas: una, hacia la concisión esquemática de la frase; otra, hacia el recargamiento de emblemas y símbolos.

2. *Culteranismo* o *cultismo*: exageración artificiosa de las formas cultas del lenguaje, imágenes y metáforas, alusiones, alegorías, inversiones gramaticales, con el propósito de crear una impresión ilusoria de belleza, abundancia de elementos decorativos y sensoriales: color, sonido, etc. Es fenómeno correlativo al conceptismo. La diferencia consiste en que el

---

IV (1948), págs. 461-491. Resumen muy completo del tema. Entre otras muchas obras cita Hatzfeld con especial aprobación el trabajo de E. Lafuente Ferrari "La interpretación del barroco y sus valores españoles," estudio importante que deben consultar los que se interesen en el problema. De Hatzfeld debe también verse "El predominio del espíritu español en la literatura del siglo xvii," en *Rev. de Filología Hispánica,* III (1941), págs. 9-23, donde se lee, por ejemplo: "Nosotros creemos que el barroco existe ciertamente, como movimiento literario europeo, y que es el influjo que el espíritu y estilo españoles ejercieron en todas partes, suplantando el carácter italiano y clásico-antiguo de la literatura europea del siglo xvi." De particular interés para el estudiante norteamericano son las páginas que dedica al influjo español en la literatura inglesa, influjo que extiende hasta Milton, a quien considera, no sin señalar lo extraño de tal afirmación, "el poeta más hispanizado de la época." Recomendamos, finalmente, como otro buen resumen de las controversias sobre el barroco, el libro de Afrânio Coutinho, *Aspectos da literatura barroca,* Rio de Janeiro, 1950. Y como resumen de las diversas teorías y actitudes, es excelente y muy completo el artículo de O. Macrí "La historiografía del barroco literario español," en *Thesaurus (Bol. del Inst. Caro y Cuervo),* XV (1960), págs. 1-70.

conceptismo opera sobre el pensamiento abstracto y el culteranismo sobre la sensación. Uno es racional, el otro puramente estético. El conceptismo se manifiesta principalmente en la prosa; el culteranismo, en la poesía.

3.   La otra corriente, contraria en la apariencia, consiste en el naturalismo exagerado de la picaresca y la literatura satírica. Lo feo y los aspectos más desagradables de la realidad entran en el arte, acentuándose con rasgos extremados que en autores como Quevedo llegan a lo caricaturesco.

Un ejemplo interesante de cómo pueden combinarse estas diversas tendencias sería la manera de tratar los temas mitológicos: motivo de bellas fábulas poéticas o de comedias artificiosas, y objeto, al mismo tiempo, de representación burlesca en la que los dioses del Olimpo se humanizan con perfiles grotescos, como en algunas páginas de Quevedo o algún cuadro de Velázquez.

Las tres corrientes tienen una raíz común en la oposición entre arte y naturaleza. A la aspiración de reproducir, con un sentido clásico de armonía, la belleza natural, se opone el deseo de crear, desconfiando de la verdad de la naturaleza, una belleza artificial. A la norma estilística de la naturalidad dominante todavía en Cervantes y Lope, sucede la afectación. El mundo exterior aparece a los ojos del artista como algo engañoso. Nada es lo que parece. Todo es pura ilusión. Menéndez Pidal, en un estudio sobre "El lenguaje del siglo XVI," apuntó la significación que como indicio de la nueva actitud encierra el soneto de Lupercio de Argensola "Beldad de una mentira" ("Yo os quiero confesar, don Juan, primero, — que aquel blanco y carmín de doña Elvira...") cuyo último terceto dice:

> Porque ese cielo azul que todos vemos
> ni es cielo, ni es azul. ¡Lástima grande
> que no sea verdad tanta belleza!

"Ahora, para el poeta —comenta Menéndez Pidal—, la verdad y la belleza ya no son una misma cosa; la naturaleza ha perdido su divino prestigio: nos engaña; el cielo azul ni es cielo ni es azul, sentencia inquietante que Calderón repetirá en *Saber del Mal y del Bien.*"

La afectación invade a casi todas las literaturas europeas y se manifiesta en la "preciosidad," en Francia; el "eufuismo" y la "poesía metafísica," en Inglaterra; el "marinismo" y el "conceptismo," en Italia. Podrían aún señalarse como rasgos del barroco la adopción universal de las lenguas vulgares para una gran parte de materia literaria, tratada aún en latín por muchos humanistas del siglo XVI y, en el dominio estético, el descrédito de la teoría aristotélica de la imitación, que es sustituida por la estética de la invención y el ingenio.

Es, como hemos visto, la literatura del siglo XVII literatura de contrastes violentos, entre el hombre y la naturaleza, entre el desarreglo vital y el presentimiento de la muerte, entre lo real y lo ideal, respondiendo a los contrastes que la sociedad misma presenta entre la austeridad y la licencia, entre el lujo y la miseria.

Y en mundo tan contradictorio no debe olvidarse la tendencia hacia el orden y el rigor: razón, disciplina, educación de la voluntad, base de la pedagogía jesuítica.

Casalduero ha insistido, al hablar del barroco, en la fórmula cervantina de un "orden desordenado." Y Dámaso Alonso resume el espíritu de la época con la siguiente observación:

> Descubrimos así algo muy importante para la historia estética del momento de cambio del siglo XVI y XVII; confluyen en ese instante formas de cansancio del arte del siglo XVI con nuevos elementos que suponen un aumento vital de temperatura poética. En ese momento tienen ambas zonas su primera escaramuza. Su choque frontal será el barroco mismo, la pugna entre la naturaleza y arte, pasión y freno, desordenado impulso y forma, claro y oscuro, monstruosidad y belleza (como en el *Polifemo*).

Es el momento que Paul Hazard ha llamado "la gran crisis de conciencia europea." Aunque se conserven todavía las grandes líneas del espíritu renacentista, ha desaparecido ya el sentimiento clásico de la medida.

Con su entusiasmo por el barroco, Hatzfeld ve en él —sin duda con exageración evidente— la última gran empresa del alma europea:

> La producción literaria posterior ... carecerá de fuerza poética, como ocurrirá con el racionalismo y empirismo, o carecerá de carácter realmente europeo, como en los distintos romanticismos, que poseen un nombre común, pero no una gran idea común. Los ideales europeos literarios y artísticos se han perdido desde la Revolución Francesa. La busca de Dios después del Renacimiento, bajo la guía de España, fue el último esfuerzo común de Europa en el arte y la literatura.

Lo cual, de ser cierto, representaría un glorioso ocaso para el gran ciclo histórico, literario y espiritual del llamado Siglo de Oro.

II. Góngora y la poesía del barroco

Cuadro general. — Tres grandes figuras encarnan los valores de la lírica en el siglo XVII: Lope, ya estudiado, Góngora y Quevedo. En torno a ellos se agrupa una pléyade de cultivadores de la poesía, cuya abundancia constituye en sí misma una característica de la literatura del tiempo. Se trata realmente de una fiebre literaria, como advierte Vossler al comentar *La Dorotea* de Lope. "Es —dice— como si un cuádruple furor de las musas, de Dionysos, de Apolo y de Venus se hubiera apoderado de los españoles. Como hongos brotan del suelo los poetas en las callejas de Madrid."

Dada la frondosidad, no es fácil distinguir a los verdaderos poetas de los simples versificadores. El nivel de la poesía suele ser alto dentro de la artificiosidad dominante; pero, a medida que avanza el nuevo siglo, desaparecen el sentimiento íntimo y el profundo lirismo de poetas como Garcilaso o Fray Luis de León.

Como ocurre con el teatro y la novela, la cuantía y variedad de producción poética forman la base sobre la que descuellan hoy algunos nombres o algún poema que ha sobrevivido por ser expresión lograda de ideas o sentimientos tópicos, por ejemplo la *Epístola moral a Fabio*. La actividad poética se manifiesta en muchos aspectos; entre ellos, los siguientes:

1. La vida literaria misma, con sus academias, justas y certámenes poéticos; polémicas y controversias, de las cuales la más conocida es la guerra de culteranos y anticulteranos que desatan el *Polifemo* y las *Soledades* de Góngora.

2. La distribución geográfica, ya que si todos los poetas o la mayoría confluyen en Madrid, temporal o permanentemente, hay grupos importantes en provincias: el grupo aragonés (los hermanos Argensola, Liñán de Riaza, Esquilache, Villegas); el grupo sevillano, continuador de la tradición herreriana (Arguijo, Rioja, Caro, Jáuregui); otros grupos andaluces, el cordobés, el granadino y antequerano, con Pedro de Espinosa, que, en la antología *Flores de poetas ilustres,* dejó la colección más selecta de la lírica de su tiempo; Cristobalina Fernández, Martín de la Plaza, Mira de Amescua y Pedro Soto de Rojas. Es de notarse que la tradición salmantina queda interrumpida o puede estar representada por un poeta no salmantino, como el sevillano Francisco de Medrano.

3. Las tendencias varias: manierismo clasicista, greco-latino y horaciano, representado, por ejemplo, por los Argensola, el mismo Medrano y

varios sevillanos; la cultista o culterana, a cuyo frente va Góngora; la religiosa, la poesía moral, la burlesca y satírica, etc.

Carácter especial y típicamente español tiene el gran desarrollo del romance artístico o romancero nuevo, fenómeno de gestación compleja en el que colaboran los colectores de *Romanceros,* como las varias *Flores* —a partir de las nueve partes de la *Flor de varios romances nuevos* (1585-1597) de Pedro de Moncayo— ciertos medios aristocráticos y varios músicos, como Juan Blas. En el cultivo del romance artístico coinciden los tres grandes: Lope, Góngora y Quevedo, cada uno con su modalidad personal. Y unido al romance nuevo se cultivan también artísticamente otras formas de tipo popular: seguidillas, villancicos, cantares ya religiosos, "a lo divino," ya profanos.

Y junto a estas formas tradicionales predominan en el XVII otras cultas: sonetos, silvas, décimas o la fábula poética.

Hay que distinguir, además, varios momentos: el de la transición del siglo XVI al XVII, coincidente con el auge del romance artístico, y el propiamente culterano, con su secuela de gongorinos y antigongorinos.

Las líneas entre bandos, grupos y tendencias es tenue, y el que se sitúe a uno u otro poeta en uno de ellos obedece a que da su nota más visible en un tipo de poesía determinada, o, a veces, a simples afinidades personales y literarias. Así, en contraste con la escuela de Góngora o las agrupaciones geográficas, se habla de ciertos poetas que siguen la inspiración de los Argensola o del grupo lopista de Valdivielso, Liñán o Baltasar Elisio de Medinilla.

Fenómeno también digno de notarse —según hemos visto ya en Lope y podría verse en Tirso, Vélez de Guevara o Calderón— es la abundancia de poesía lírica engastada en la comedia, como ocurre en el teatro isabelino inglés. Recuérdese la riqueza lírica del de Shakespeare, por ejemplo.

La riqueza de producción poética se muestra en la variedad enorme de temas, sin que ninguno de ellos —salvo posiblemente el del desengaño— llegue a expresar con autenticidad el sentimiento de la época. Díaz Plaja, al estudiar la poesía del barroco, advierte: "Debemos partir, precisamente, del *nihilismo temático* en que se debate el poeta, falto de los grandes motivos vitales —el amor y la guerra— que le legó el Renacimiento." Estos temas renacentistas, como otros del siglo XVI —naturaleza, religión— continúan siendo motivos centrales de inspiración, pero han perdido vigor y se estilizan o quiebran hasta convertirse en puros juegos retóricos y conceptuales. Así, en el amor subsisten las líneas del petrarquismo, que ahora van a expresarse en caprichos galantes o en sutilezas sentimentales o en escenas de gran sensualidad, como algunas de Góngora, o, por contraste típicamente barroco, con pasión recargada y extremada melancolía o dolorosa desesperación, asociado a la muerte, como en algunos sonetos de Quevedo.

La naturaleza ha perdido las hondas resonancias platónicas que tiene en Garcilaso o fray Luis de León. Toma, en cambio, formas extremas de grandes lienzos descriptivos, fondo de escenas eróticas o señoriales, profusión decorativa de frutos, flores, pájaros, poesía brillante y colorista, de matices delicados. Hay también escenas de caza y pesca (églogas y romances venatorios y piscatorios). Amor y naturaleza, unidos a la re-creación de mitos clásicos, se combinan, por ejemplo, en un género de larga tradición renacentista que resurge en este tiempo, la fábula y poema mitológicos inspirados en Ovidio, como los de Carrillo de Sotomayor y Góngora, el *Orfeo* de Jáuregui o la *Fábula del Genil* de Pedro de Espi-nosa, y otros incontables, estudiados por José María Cossío en su libro *Fábulas mitológicas en España.* Algún poeta, como Esteban Manuel Ville-gas, autor de las *Eróticas,* cultiva la oda anacreóntica y se anticipa al idilio pastoral neoclásico del siglo XVIII.

Al vuelo místico de los poetas del Renacimiento sucede una poesía piadosa en la que se humanizan sentimentalmente los temas religiosos: se canta al Niño Jesús, a la Virgen, a San José, a los santos locales. Poeta delicadísimo de esta cuerda es, por ejemplo, José de Valdivielso, autor del *Romancero espiritual del Santísimo Sacramento* (1612).

Entre todos los temas, quizá el más significativo del espíritu de la época es el tema moral del desengaño. Se manifiesta en muchas formas: sátiras contra el lujo, el dinero, la ambición y el poder; elogios de la pobreza, sentimiento de la soledad; poesía de ruinas, de la que los ejem-plos más conocidos son la "Canción a las ruinas de Itálica," de Rodrigo Caro, o el soneto de Quevedo "Miré los muros de la patria mía"; reflexio-nes sobre la belleza fugaz de las flores —recuérdense algunas composi-ciones del sevillano Francisco de Rioja, como "A la rosa," "Al clavel," o el soneto de Góngora "Ayer naciste y morirás mañana," o el de Calderón "Estas que fueron pompa y alegría."

Inevitablemente unidos a la idea del desengaño van el dolorido sentir del paso inevitable del tiempo y la grave meditación sobre la muerte. Es esta poesía moral el reverso de la brillante exaltación de la belleza que representa el gongorismo. Por ella habla el profundo decaimiento que se apodera del hombre en esta hora de crisis. Se inspira en el estoicismo senequista, corriente filosófica que domina todo el pensamiento moral del siglo, y su gran poeta será Quevedo.

En el extremo opuesto de la melancolía desilusionada, pero estrechamente relacionada con ella, por contraste, está la poesía cómico-burlesca, que no respeta ni a personas ni cosas y que alcanza una gracia violenta sin paralelo. Es compatible por igual con la gravedad moral de un Quevedo o la exaltación, la pasión, el entusiasmo estético por la belleza, de un Góngora. Y ambos son los máximos poetas en la vena burlesca, jocosa.

El tema de las armas y la exaltación del heroísmo, tan típico del siglo XVI, ha desaparecido casi por completo. En su lugar encontramos o la sátira y la denuncia política del mal gobierno, o una poesía puramente ornamental de panegíricos: adulación al rey y las personas reales o a los grandes señores.

Continúa, en cambio, y cobra auge, en el último tercio del siglo XVI y primero del XVII, el largo poema épico narrativo, respondiendo sobre todo al influjo de la épica cristiana de Tasso. Con los varios ya mencionados de Lope suelen recordarse: *Las lágrimas de Angélica* (1586) de Luis Barahona de Soto; los de tema épico-histórico, *La restauración de España* (1607) de Cristóbal de Mesa, y el *Bernardo* (1629) de Bernardo de Balbuena; *La vida de San José* (1604) de Valdivielso, y *La Cristiada* (1611) —probablemente el de mayor valor poético, con trozos de genuina poesía— de Diego de Hojeda. En la épica burlesca —con la *Gatomaquia*, de Lope— *La Mosquea* (1615) de José de Villaviciosa. La epopeya de tema americano continúa también con el *Arauco domado* (1596) de Pedro de Oña, y obras de género afín, aunque no sean propiamente poemas narrativos, como las *Elegías de varones ilustres de Indias* (1589) de Juan de Castellanos, y *La grandeza mexicana* (1604) de Balbuena.

Góngora y el gongorismo. — En el centro de todos los aspectos apuntados se define, ya en los primeros años del siglo, el movimiento poético más típico de la época, el culteranismo, o más bien gongorismo, nombre derivado del de don Luis de Góngora y Argote (1561-1627) que fue, si no enteramente su iniciador, sí su poeta más extraordinario y jefe indiscutible de la escuela.

La personalidad de Góngora presenta ciertas cualidades distintivas que pueden explicar, en parte, su orientación estética y esteticista. Nació en Córdoba, patria de Lucano, poeta hispano-latino del siglo primero, y de Juan de Mena, máximos representantes ambos de la poesía más culta de sus respectivas épocas. Estudió en Salamanca y fue más tarde clérigo de órdenes menores. Tuvo un beneficio en la catedral de Córdoba y, en 1617, fue nombrado capellán de Felipe III y residió en la Corte hasta 1626. Su formación es, sin embargo, más humanística que religiosa.

A diferencia de la mayoría de sus contemporáneos, ni la religión ni el amor, pese a algunas aventuras juveniles, ocupan lugar sobresaliente en su vida o en su poesía. Sólo un sentimiento parece haber arraigado en su alma, el sentimiento de la belleza. El amor, como la naturaleza, temas que trató egregiamente, más que sentimientos fueron en él pretextos para la creación poética. Lope o Quevedo se sumergen con vehemencia en la vida nacional. Góngora se consagra por entero a la poesía (aunque escribió algunas breves piezas dramáticas) y al goce de ciertos placeres mundanos. "Vive a lo grande —afirma Miguel Artigas, su mejor biógrafo moderno— con coche, criados, atento siempre al decoro de su persona y de su linaje, frecuentando el trato y la amistad de la más alta nobleza." Debió de ser orgulloso, y sólo hizo partícipe de su poesía a un grupo selecto de humanistas o poetas. A pesar de ello, mordaz e ingenioso, no le importa descender al bajo nivel de la procacidad para defenderse, con agudeza y terrible intención, de los ataques que le dirigen sus enemigos literarios, al frente de los cuales figuran Lope y Quevedo. Lope, Góngora, Quevedo, ¡qué tres plumas, qué tres ingenios para el torneo de invectivas que —hábito común en las costumbres literarias de la época— mantienen los escritores! Pero en lo fundamental Góngora es, sobre todo, un escritor aristocrático, de minorías escogidas, desdeñoso de la popularidad. Se parece en esto a Baltasar Gracián, el maestro del conceptismo.

Fue un lugar común de la historia literaria separar la obra poética de Góngora en dos mitades rigurosamente diferenciadas. A un lado, las letrillas de inspiración popular y los romances —moriscos, amorosos, pastoriles, caballerescos. De otro, su obra cultista, iniciada en 1610 con la *Oda a la toma de Larache* y continuada con el acrecentamiento constante de la oscuridad estilística en *La fábula de Polifemo y Galatea,* las *Soledades* y el *Panegírico al duque de Lerma.* Equidistantes entre ambos aspectos podrían situarse sus numerosos sonetos y canciones de estilo clásico, en los que aún no se advierte un excesivo cultismo.

Para el Góngora de la primera manera, la crítica, desde la de sus coetáneos, sólo tuvo elogios. Aun en los momentos de mayor antigongorismo nadie puso en duda la belleza de letrillas como "Las flores del romero," "Lloraba la niña," "No son todos ruiseñores," "Aprended, flores, de mí"; ni de sus romances: "En los pinares del rey," "Amarrado al duro banco," "Aquel rayo de la guerra," "Servía en Orán al rey," "En un pastoral albergue" (*Romance de Angélica y Medoro*), "En los pinares del Júcar," "Según vuelan por el agua," etc. Son muestras exquisitas del estilo popular artístico o del romance nuevo, cuya gracia tradicional se refina en Góngora con el arte de un poeta extraordinariamente dotado para expresar la hermosura. Dentro de este género, sólo Lope, más llano, rivaliza con él.

Otra vena poética en la que pocos le igualan es la burlesca: letrillas o romances. Sin la amargura de Quevedo, tiene todo su desenfado en composiciones como "Ande yo caliente," "Hermana Marica," "Ahora que estoy despacio" o "Murmuraban los rocines." Y ya en las formas cultas tampoco es fácil hallar quien le sobrepase en la tersura de sus sonetos y canciones de tradición italo-renacentista, enteramente españolizada en el siglo XVII. Para algunos es el autor de los más bellos sonetos de lengua castellana.

El Góngora de estas modalidades aludidas ha sido siempre considerado como uno de los grandes líricos españoles. Para el Góngora de las *Soledades* o el *Polifemo,* en cambio, la generalidad de la crítica sólo tuvo censuras y reproches. Su estilo suscitó ya inmediatamente la oposición de sus contemporáneos, y el campo de los poetas de la época se escindió pronto en gongoristas y antigongoristas. Lope, Jáuregui y otros muchos le atacaron sin descanso, y el comentarista Cascales, en sus *Cartas filológicas,* proclamó la ininteligibilidad de su poesía y abrió el camino para la división tradicional entre los dos Góngoras, con sus epítetos "príncipe de luz" y "príncipe de las tinieblas."

Esta doble actitud ante el autor de las *Soledades,* prohijada por Menéndez Pelayo, llega, sin que nadie la discuta, casi hasta nuestros días. A fines del siglo XIX algunos simbolistas franceses, especialmente Verlaine, y los modernistas en la poesía de habla española, inician la revalorización del gongorismo. A ellos se une un grupo de críticos que estudian el fenómeno. La corriente revalorizadora culmina en 1927, año del centenario del lírico cordobés, cuando una nueva generación de poetas españoles, Guillén, Salinas, Lorca, Alberti, Gerardo Diego, le aclaman como a uno de sus maestros, y Dámaso Alonso, poeta también, además de ser el mayor crítico de esta generación publica su edición de las *Soledades,* a la que siguen algunos estudios definitivos para la comprensión de Góngora.

Alonso destruye, especialmente en su libro *La lengua poética de Góngora,* los dos principios básicos de toda la crítica antigongorina: que haya realmente dos Góngoras y que el de la llamada segunda manera, el gongorino, sea simplemente un caso de perversión literaria. Prueba, en relación con el primer punto, que en los romances más antiguos y de tono más popular se encuentran imágenes y trasposiciones gramaticales que, si no son tan violentas u oscuras como las usadas luego, presentan ya los mismos elementos estilísticos que encontramos en el Góngora posterior. Respecto al gongorismo llega a una definición exacta. Lejos de ser una innovación radical, es —según él— "la síntesis y la condensación intensificada de la lírica del Renacimiento, es decir, la síntesis española de la tradición poética grecolatina." Góngora no hace, de acuerdo con esta interpretación de Dámaso Alonso, sino recoger los elementos procedentes de la poesía italiana, introducidos por Garcilaso, y, siguiendo la actitud cultista creada por Herrera, condensar e intensificar esos mismos elementos. El gongorismo es el último momento de una larga evolución literaria.

Por otro lado, no es Góngora el único poeta de un cultismo extremo en su tiempo. Su estilo, en lo que tiene de más distintivo, se desarrolla paralelamente al de otros, entre los que puede citarse —por haber sido considerado, aunque sin fundamento, como antecedente inmediato del gongorismo— a Luis Carrillo de Sotomayor, cuyas obras, y entre ellas la *Fábula de Acis y Galatea,* se imprimieron en 1611 antes del supuesto cambio del estilo en Góngora. [3]

Hoy se acepta sin discusión, excepto por algunos recalcitrantes u obstinados, la unidad estilística de la obra de Góngora y la idea de que sus innovaciones, dentro de las tendencias generales de la poesía del barroco, fueron fundamentalmente de grado e intensidad. Metáfora, neologismo e hipérbaton —elementos esenciales del gongorismo— están ya presentes casi desde sus primeras poesías, incluso en aquellas que por su tono tradicional dan la impresión de sencillez. Y si bien en el plano de la poesía culta irá más lejos que nadie, hasta las innovaciones más radicales en apariencia, cuentan con numerosos antecedentes en la gran corriente poética del Renacimiento. Lo que es único en él y en lo que estriba su originalidad es el virtuosismo en el manejo del lenguaje poético.

Hay, sin embargo, una dualidad en Góngora. No la del poeta claro y el poeta oscuro, sino una dualidad de temperamento e inclinaciones, reforzada por la dualidad misma de la época y del espíritu barroco. Es la dualidad que Dámaso Alonso ha definido en términos de un plano escéptico y un plano entusiasta: un ideal estético de belleza que excluye toda fealdad y transmuta todo lo real, y naturalismo extremo, grotesca deformación

---

[3] Dámaso Alonso puso en claro la escasa relación de los dos Polifemos, el de Carrillo y el de Góngora, fuera de algunas coincidencias comunes a otros muchos poetas, en su artículo "La supuesta imitación por Góngora de la *Fábula de Acis y Galatea,*" recogido en *Estudios y ensayos gongorinos.* Con él ha coincidido José María Cossío en su libro *Fábulas mitológicas,* donde además desecha otra idea generalizada en la crítica reciente: la de que la obra del mismo Carrillo, *Libro de la erudición poética,* "dechado —según Cossío— de indigesta erudición y de inanidad de doctrina," tuviera influencia alguna en la gestación del gongorismo. Tanto Alonso como Cossío reconocen, por otro lado, los estimables valores de la poesía de Carrillo.

burlesca de la realidad. "Es engañoso —concluye Alonso— creer que una dirección está llena de tinieblas y la otra de facilidad. En una y otra, Góngora sigue el mismo procedimiento de transformación irreal de la Naturaleza."

Establecida así la unidad, no es menos cierto que una parte de la poesía de Góngora, escrita por lo común en metro menor, letrillas y romances, encuentra inmediata resonancia en el lector, y que otra requiere esfuerzo y gusto literario más refinado. Tal es el caso de sus dos obras mayores el *Polifemo* y las *Soledades,* en las que Góngora, tras una larga gestación, alcanza el punto más alto y específico del estilo a que da su nombre. Empezaron a ser conocidas en 1612 la primera y en 1613 la segunda. A pesar de que no se publicaron hasta después de la muerte del poeta, se divulgaron rápidamente y pocas obras en la historia literaria han suscitado mayores y más inmediatos apasionamientos. El campo de la poesía española quedó dividido como ya hemos dicho. Pronto, sin embargo, surgieron los imitadores y el·extremo culteranismo de su estilo creó escuela y vino a dominar la expresión poética durante casi un siglo. Y no es la menor paradoja que acabasen siendo gongorinos muchos de los que, teóricamente, combatían el arte de las *Soledades.* Lo fue Lope a ratos, según apuntamos, como lo fueron, por ejemplo, Jacinto Polo de Medina y el mismo Jáuregui, autor del *Antídoto.*

La historia del gusto artístico y literario está llena de cambios y rectificaciones. Los neoclásicos del siglo XVIII y los positivistas del XIX se solidarizaron con el antigongorismo. En la tercera década del nuestro, coincidiendo con el culto a la poesía pura, se llegó al punto máximo de fervor gongorino, fervor que afortunadamente no se contentó con admirar, ya que, mediante los más finos análisis estilísticos, aclaró muchas de las dificultades del lenguaje poético. Hoy acaso nos encontramos en el punto medio y podemos apreciar en sus justos límites —es decir, sin ignorar que hay formas más intensas y profundas del sentimiento poético— las grandes bellezas de una obra como el *Polifemo,* la más perfecta recreación de una fábula mitológica en la poesía española. Al narrar de nuevo el viejo tema —pasión del pastor Polifemo por la ninfa Galatea, idilio de ésta con el joven Acis, venganza del gigante, etc.— Góngora deja una obra de brillante hermosura descriptiva, de construcción acabada; contraste entre la gloria del amor cumplido y drama del cíclope desdeñado sobre el fondo de la naturaleza siciliana. Nunca el arte del contraste y de lo hiperbólico ha estado sometido a formas tan rigurosas.

Véanse, como ejemplo del arte de Góngora, dos estrofas muy características, si bien no en su forma más extremada. La primera es la descripción del gigante Polifemo, de carácter eminentemente hiperbólico, como el tema exige:

> Un monte era de miembros eminente
> éste que, de Neptuno hijo fiero,
> de un ojo ilustra el orbe de su frente,
> émulo casi del mayor lucero;
> cíclope a quien el pino más valiente
> bastón le obedecía tan ligero,
> y al grave peso junco tan delgado,
> que un día era bastón y otro cayado.

La segunda, de carácter más lírico, es el comienzo de la lamentación de Polifemo cuando ve que su amada Galatea prefiere al joven Acis:

> ¡Oh bella Galatea, más süave
> que los claveles que tronchó la Aurora;
> blanca más que las plumas de aquel ave
> que dulce muere y en las aguas mora;
> igual en pompa al pájaro que, grave,
> su manto azul de tantos ojos dora
> cuantas el celestial zafiro estrellas!
> ¡Oh tú, que en dos incluyes las más bellas!

Y aun podrían recordarse las estrofas (40 a 42), llenas de sensualidad, en las que describe la unión y abandono de los jóvenes amantes, bajo una lluvia de flores:

> Cuantas produce Pafo, engendra Gnido,
> negras violas, blancos alelíes,
> llueven sobre el que Amor quiere que sea
> tálamo de Acis ya y de Galatea.

Antonio Vilanova, en un extenso y exhaustivo estudio de las fuentes y temas del poema, ha mostrado cómo no hay en él ni un solo elemento, tema o tópico que no vaya apareciendo en una larga cadena de antecedentes, desde los poetas griegos, con Homero a la cabeza, a los latinos, especialmente Ovidio, pasando por los italianos y muchos españoles. Góngora, como todo poeta de tradición clásica y humanística, concibe la poesía como imitación. Poesía erudita en su punto de arranque. Su virtud está, pues, no en la originalidad del tema y ni siquiera de los elementos

—tópicos, metáforas— que el poeta recrea, sino en la maestría para crear con esos elementos tópicos un lenguaje, un objeto poético, radicalmente nuevo. Originalidad que también ha definido con precisión Dámaso Alonso:

> Lo sereno y lo atormentado; lo lumínico y lo lóbrego, la suavidad y lo áspero; la gracia y la esquiveza y los terribles deseos reprimidos. Eterno femenino y eterno masculino, que forman toda la contraposición, la pugna, el claroscuro del Barroco. En una obra de Góngora se condensaron de tal modo, que es en sí ella misma como una abreviatura de toda la complejidad de aquel mundo y de lo que en él fermentaba. Sí, se condensaron —luz y sombra, norma e ímpetu, gracia y mal augurio— en la *Fábula de Polifemo,* que es, por esta causa, la obra más representativa del barroco europeo.

Las *Soledades* es obra de mayor aliento, de composición más lenta y plan más madurado. [4] Según varios testimonios, proyecta cuatro soledades: de los campos, de las riberas, de las selvas y de los yermos. Sólo compuso la primera y parte de la segunda. Fue realmente la obra que desató la tormenta antigongorina y en la que el arte del poeta cordobés se muestra en toda su complejidad. El *Polifemo* tiene mayor unidad, tanto en la forma ceñida de la octava real como en el tema. Es un poema cerrado y podría decirse que escultural por la solidez de figuras e imágenes. Las *Soledades,* en cambio, escritas en silvas, dan la impresión de un divagar poético, divagar, como todo en Góngora, sometido a un estudiado rigor. Es más bien poema pictórico, panorámico, rico en color y matices. Sólo a trozos consigue la resonancia y capta la atención del lector, aunque en todo momento pueda admirarse el extraordinario virtuosismo poético. Más aún que en el *Polifemo* predomina la descripción, aunque el poema siga un claro plan narrativo: Naufragio de un joven que se había embarcado huyendo de los desdenes de su amada; llega a tierra y es acogido por unos cabreros; continúa sus andanzas, encuentra a un grupo de serranas y asiste con ellas a unas bodas —danzas, fuegos de artificio, concursos atléticos. En la segunda *Soledad,* la de la ribera, encuentra a unos pes-

---

[4] Hoy se sabe que hubo una versión primitiva, al menos de la primera *Soledad* —la enviada por Góngora a su amigo el humanista Pedro de Valencia en 1613— que al parecer Góngora corrigió aceptando algunas de las recomendaciones de Valencia y probablemente de otros amigos. Véase el texto de la versión primitiva en la edición de D. Alonso, Madrid, Cruz y Raya, 1936, y también dos artículos sobre la censura de P. de Valencia, en *Estudios y ensayos gongorinos.*

cadores, para terminar asistiendo a una partida de caza. El marco narrativo sirve a Góngora para describir la vida campestre o piscatoria en varios aspectos, para narrar varios episodios o para que los personajes canten o lamenten sus amores. Ambiente virgiliano y de novela pastoril, con varios motivos nuevos del barroco y alguno —como el discurso del viejo contra la ambición y las aventuras marítimas— que refleja preocupaciones comunes a otros poetas del XVII. Tal acumulación de motivos y, en especial de materiales poéticos, nos aleja del acostumbrado subjetivismo en la poesía de la soledad y han sido muchos los críticos desde Jáuregui —en su *Antídoto*— que han expresado su extrañeza ante el título. La explicación más comprensiva ha sido la de Vossler:

> La opinión de Góngora es que la poesía de sus Soledades ha brotado de sentimientos de soledad y nostalgia, y que precisamente por estos motivos su musa, es decir, su espíritu poético, ha poblado y dado vida a esta soledad, con una muchedumbre de pastorcillos, jóvenes pescadores, montañas, bosques, orillas del mar, cacerías y cuadros ideales. Trátase, por tanto, del desarrollo de ensueños y cuadros idílicos nostálgicos de un alma solitaria ... Nos acercamos más al espíritu de las "soledades" si pensamos en los rebaños, cabañas, lagos, sotos, templos y desiertos instalados, en imitación ingeniosa de apariencia real, en los jardines barrocos de recreo para señoras y caballeros hastiados del mundo. [5]

Recreación, pues, de un mundo natural, a la manera de los grandes poemas clásicos. Pero lo distintivo de Góngora es que el sentimiento mismo de la Naturaleza —como todo sentimiento subjetivo— ha desaparecido, para trocarse en Arte, en objeto poético y transmutación ideal.

Es en las *Soledades* donde mejor se pueden ver los procedimientos más característicos del gongorismo culterano, presentes, por supuesto, en el *Polifemo* y en gran parte de la obra del poeta cordobés: riqueza de imágenes y metáforas, acumulación de efectos plásticos y sonoros —brillo, luz, materia, cantos, rumores, etc.; abundancia de cultismos y neologismos; uso de alusiones mitológicas, históricas y geográficas, y, por último, abuso de hipérboles poéticas, de transposiciones gramaticales, de figuras

---

[5] Véase *La soledad en la poesía española*, págs. 140-141. Es interesante también, partiendo del concepto de "poesía silvestre" en relación con el uso de la *silva*, el análisis de M. Molho, en *Bull. Hispanique*, LXII (1960), págs. 249-285.

retóricas, simetrías y de una sintaxis complicadísima, imitada del latín y el griego, que es la causa principal de la oscuridad gongorina.

Por el metaforismo, sobre todo, el mundo real se transforma en algo esencialmente poético. Véanse algunos ejemplos de los más simples y comunes: lo blanco en *nácar, alabastro, nieve, espuma,* etc.; el agua en *cristal* o *fugitiva plata*; el ave en *nieve volante* o *cítara de pluma*; el arrullo de las palomas en *trompas de amor*; las flechas en *áspides volantes*; la blanca piel de una ninfa cubierta de rosas en *púrpura nevada* o *nieve roja*; el azul del cielo nocturno en *campos de zafiro*; una mesa rústica en *cuadrado pino*; los cabellos rubios en *oro,* y los negros en *oscuras aguas,* y sobre estas metáforas directas una nueva metaforización, metaforizando la metáfora misma. El efecto estético de este metaforismo se traduce, según Dámaso Alonso, en el halago de los sentidos, la riqueza de color y la musicalidad de los versos, caracteres específicos de la poesía gongorina en sus poemas mayores y en gran parte de toda su obra, de la que podrían ser ejemplo igualmente revelador algunos de sus extraordinarios sonetos.

De carácter un poco distinto es la *Fábula de Píramo y Tisbe* (1618), en la cual se funden los dos Góngoras al tratar un tema mitológico en forma burlesca y en metro de romance, pero con un estilo a veces tan complicado como el de sus composiciones más difíciles.

En resumen, es la poesía de Góngora difícil pero no ininteligible, aunque su lectura requiere un esfuerzo indudable. Faltan en ella los elementos que hacen comunicable la poesía para el lector medio: emoción, ideas, realidad y lógica gramatical. Como ha dicho Jorge Guillén, no es poesía religiosa, metafísica, psicológica o moral, ni se habla en ella de Dios, el alma o el destino humano. Es, ante todo, poesía ornamental, sostenida sobre una espiritualidad de carácter absolutamente esteticista. Así como otros poetas de esta época se entregaron a extremos apasionados de exaltación del espíritu despreciando el mundo real, Góngora se entregó a la exaltación estética de la realidad, del mundo natural. En este sentido nos parece exacta la apreciación de Pedro Salinas, cuando dice que el poeta de las *Soledades* "se apasiona por la substancia de la realidad material... y exalta el poder de la materia. ... Es el místico de la realidad material."

Frente a los ataques surgieron pronto los defensores y poco después de la muerte del poeta empezaron a editarse sus obras en ediciones comentadas —las de José Pellicer, Salcedo Coronel y Salazar Mardones— lo mismo que en el siglo XVI El Broncense y Herrera habían comentado y anotado a Mena y Garcilaso. El culteranismo, fundido en parte y en parte divergente del conceptismo que veremos ejemplificado en Quevedo, invade toda la poesía española y entra en el teatro. En rigor no habrá otro tipo de poesía hasta la reacción neoclásica, muy avanzado ya el siglo XVIII. Los discípulos e imitadores de Góngora fueron legión y extremaron, como ocurrió en otros géneros literarios, los defectos, si tales eran, del maestro. Hay entre ellos, sin embargo, poetas de gran finura como Gabriel de Bocángel, Francisco Trillo y Figueroa, Salvador Jacinto Polo de Medina o el conde de Villamediana. Entre los poetas influenciados por Góngora están también la gran poetisa mejicana sor Juana Inés de la Cruz, una de las glorias de las letras de América, y el peruano Juan de Espinosa Medrano, "El Lunarejo," autor del interesante *Apologético en favor de Don Luis de Góngora* (1662).

La "**Epístola moral a Fabio.**" — Destacamos del conjunto de la poesía del siglo XVII esta composición anónima porque a su valor intrínseco une el de ser el resumen más coherente de la poesía del renunciamiento y de la doctrina estoica, de donde aquélla arranca. Representa así una tendencia que, por contraste con la exaltación de la realidad en Góngora, ejemplifica la corriente opuesta de la sensibilidad barroca en su dual actitud ante la vida: iluminismo o idealismo de carácter estético y desengaño de carácter religioso y moral. Es la *Epístola,* en sus temas y doctrina, compendio de una larga tradición: Séneca y Horacio; varonil indiferencia pagana ante los embates de la Fortuna y afirmación de las virtudes cristianas. Veamos sus motivos fundamentales:

a)   Desdén horaciano por los bienes de la ambición:

> Fabio, las esperanzas cortesanas
> prisiones son do el ambicioso muere.

b)   Desprecio de las vanidades del mundo:

> ¡Cuán callada que pasa las montañas
> el aura respirando mansamente!
> ¡qué gárrula y sonora por las cañas!

c)   Reflexión sobre la brevedad de la existencia:

> ¿Qué es nuestra vida más que un breve día?

d)   Y una nota más específica, más de época: crítica de los ideales guerreros y de las aventuras del imperio:

¿Piensas acaso tú que fue criado
el varón para el rayo de la guerra,
para surcar el piélago salado,
para medir el orbe de la tierra
y el cerco por do el sol siempre camina?

e)   Frente a esto, el anhelo de paz y de retiro:

Busca, pues, el sosiego dulce y caro
… … … … … … … …
Un ángulo me basta entre mis lares,
un libro y un amigo, un sueño breve
que no perturben deudas ni pesares.

f)   Y el deseo de una muerte tranquila:

… … … ¡Oh, muerte! ven callada,
como sueles venir en la saeta.

El valor de esta poesía no reside tanto en la doctrina, cien veces repetida, como en su claridad de forma y pensamiento, en su auténtico acento de serenidad, el ritmo solemne y la mesura del verso, sus aciertos de expresión tersa y grave. Así en estos dos tercetos:

Pasáronse las flores del verano,
el otoño pasó con sus racimos,
pasó el invierno con sus nieves cano;

las hojas que en las altas selvas vimos
cayeron, y nosotros, a porfía,
en nuestro engaño inmóviles vivimos,

o en el último de la estrofa final que transcribimos íntegra para conservar su sentido:

Ya, dulce amigo, huyo y me retiro
de cuanto simple amé; rompí los lazos;
ven y sabrás al grande fin que aspiro,
antes que el tiempo muera en nuestros brazos.

La "Epístola moral a Fabio" se ha atribuido a Rioja, Caro, Bartolomé de Argensola y, con más visos de certeza, al capitán Andrés Fernández de Andrada, que merecía, a ser la atribución cierta, puesto destacado junto a Jorge Manrique o Fray Luis de León entre los nobles poetas españoles de austero sentimiento moral.

III. Francisco de Quevedo. Satírico. Moralista. Poeta

Personalidad y vida. — Francisco de Quevedo y Villegas, hombre y escritor desmesurado en todo, es una de las figuras más complejas en la historia de la literatura castellana. Nadie tan representativo como él de los tiempos revueltos en que vivió. En obra y vida personifica, con mayor intensidad que ninguno de sus contemporáneos, la antítesis barroca.

Inquieto, noble, heroico por temperamento, político de gran penetración, poseedor de una cultura extraordinaria y de capacidad creativa inagotable, en la España del siglo XVI Quevedo hubiera podido ser muchas cosas: hombre de acción como Cortés, poeta cortesano como Garcilaso, filósofo como Vives, teólogo y humanista como Juan de Valdés, o un gran diplomático como Hurtado de Mendoza. Quizá su espíritu hubiera logrado en la prosa y la poesía el armonioso equilibrio de fray Luis de León, el poeta a quien más admiraba.

En la España del siglo XVII Quevedo fue todas estas cosas, pero sin equilibrio, desorbitadamente. Por eso puede decirse de él que simboliza la grandeza de España en la decadencia. Vivió aún los ideales del Siglo de Oro —nobleza, catolicismo, gloria— pero sin ilusión, dándose cuenta del fracaso de su patria. En un soneto altamente significativo describe su desaliento:

> Miré los muros de la patria mía,
> si un tiempo fuertes, ya desmoronados,
> de la carrera de la edad cansados,
> por quien caduca ya su valentía ...

y concluye:

> Vencida de la edad sentí mi espada,
> y no hallé cosa en que poner los ojos
> que no fuese recuerdo de la muerte.

En una carta a su amigo el humanista belga Justo Lipsio expresa su desesperación de patriota: "En cuanto a mi España, no puedo hablar sin dolor." Y en su tratado ascético, *La cuna y la sepultura,* resume toda su filosofía estoica en esta sentencia: "Preguntarásme que cuál es la cosa que un hombre ha de procurar aprender: procura persuadirte a amar la muerte; a despreciar la vida."

Mas éste es sólo un lado de la personalidad de Quevedo, hecha de contrastes. Por el otro, la serenidad se vuelve angustia y la tensión se traduce en burla despiadada de todo y, a ratos, en atroz nihilismo. El severo filósofo moral se complace en escribir procacidades con un humor cáustico, atenuado sólo por el generoso propósito ideal que le inspira. No falta tampoco en su personalidad el aspecto ligero del cortesano.

Su vida, como la de otros grandes contemporáneos, Cervantes o Lope, es ejemplo de activismo. Pero en Quevedo la dualidad entre acción y desengaño es todavía más marcada. Nació en Madrid en 1580. A diferencia de otros escritores, gentes de origen modesto o de clase media que viven al margen de la política, Quevedo pertenece a la aristocracia cortesana e intervino personalmente en muchos de los acontecimientos históricos de la época. Fue discípulo de los jesuitas; luego, estudiante de artes y humanidades en la Universidad de Alcalá y de teología en la de Valladolid. Se distinguió en seguida por su saber poligráfico que abarcó la cultura de las grandes lenguas antiguas —latín, griego, hebreo— y la de varias lenguas modernas. La seriedad de los estudios fue compatible con la participación en numerosos lances de la vida picaresca estudiantil que, según algunos biógrafos, trasladó luego a las páginas de *El Buscón.*

Talento precoz, su correspondencia con Lipsio data de 1604, es decir, cuando sólo tenía veinticuatro años. Ya para entonces era conocido como poeta (figura en las *Flores,* de Espinosa) y había empezado a componer alguna de sus obras más famosas, probablemente *El Buscón* y los primeros *Sueños.*

En 1606, al reinstalarse la Corte en Madrid, fija allí Quevedo su residencia y es figura importante en la vida literaria. Se ha desmentido con documentos fidedignos la noticia, procedente del biógrafo Tarsia, sobre un novelesco desafío, en defensa de una mujer, a las puertas de la Iglesia de San Martín, y la huida a Italia en 1611 a consecuencia de dicho lance. Fue a Italia, en efecto, dos años más tarde, en 1613, a instancias de su amigo el duque de Osuna, Virrey de Sicilia, a quien sirvió como secretario y consejero, tomando parte activa en la política italiana, eje entonces, igual que en los siglos siguientes, de las intrigas que en torno al dominio del Mediterráneo tejen las potencias europeas. En varios de sus opúsculos políticos, especialmente en los comentarios a una "Carta de Fernando el Católico al Virrey de Nápoles", "Lince de Italia y zahorí español" y "Mundo caduco y desvaríos de la Edad," hace una exposición interesantísima de la política internacional de la época, al par que justifica la conducta de Osuna. Por intrigas de la corte, el Virrey fue llamado a España en 1620, y Quevedo, sin temer a los castigos que por ello sufrió —prisión en Uclés y en la Torre de Juan Abad— fue uno de sus más decididos defensores.

Desde el advenimiento de Felipe IV (1621), la fortuna e influencia de Quevedo en la corte siguen un curso variable. Apoya y combate alternativamente al privado conde-duque de Olivares. Goza del favor del Rey y del ministro, o sufre varios destierros, que pasa casi siempre en sus posesiones de la Torre de Juan Abad. Al fin rompe, definitivamente, con Olivares en 1639, cuando el monarca encuentra bajo una servilleta un Memorial anónimo en verso, denunciando la corrupción económica, que termina así:

> Y el pueblo doliente llega a recelar
> no le echen gabela sobre el respirar.
> ... ...
> Los ricos repiten por mayores modos:
> "Ya todo se acaba, pues hurtemos todos."

Se atribuyó a Quevedo, atribución aún no enteramente probada, y bien por esta causa o por otras que se han sugerido, fue éste encarcelado en el convento de San Marcos, León, de donde salió en 1643 al caer Olivares del gobierno. Se retiró a la Torre de Juan Abad y murió en Villanueva de los Infantes el 8 de septiembre de 1645. Sus últimos años son de meditación y desesperanza. Escribe entonces principalmente obras ascéticas. Pero conserva hasta la hora final su sarcasmo.

Fue Quevedo hombre de éxito social, delicia de tertulias y mentideros. Patizambo, miope, agresivo y mordaz, de lengua tan acerada como la pluma, vino a ser considerado como el "ingenio" de la corte. Su fama como tal ha perdurado y se ha extendido a todas las capas de la sociedad. Se crea así la leyenda de un Quevedo profesional del chiste, a quien se atribuyen toda clase de agudezas y obscenidades. Algunos de sus papeles festivos dan motivo para ello.

Fue también figura central en la vida literaria. Entre sus amigos y los pocos escritores que respetó están Cervantes y Lope. Pero atacó con hiriente mordacidad a muchos de sus contemporáneos, entre otros a Ruiz de Alarcón y a Montalbán. Fue, sobre todo, el mayor rival de Góngora, y ambos se zahirieron con atroces invectivas personales. No cesó Quevedo de escribir, en prosa y verso, contra el gongorismo. Lo cual no impidió que en parte de su obra poética pueda verse la influencia del estilo culterano y·del léxico gongorino.

Otro rasgo contradictorio de la personalidad quevedesca, reflejado en la obra, es la actitud ambivalente y equívoca ante la mujer y el amor. Hay un Quevedo galante y un Quevedo misógino. Hay también el Quevedo apasionado de los sonetos amorosos, y Dámaso Alonso ha llegado a proclamarle "el más alto poeta del amor en la literatura española" —juicio sorprendente, por lo nuevo, y, aunque discutible, no sin fundamento. Pero se sabe poco con precisión de su vida erótica, fuera de que gozó de cierta popularidad con el bello sexo, de un largo enredo con una cómica, la Ledesma, y un matrimonio desdichado. Es difícil, pues, estimar lo que hay en su poesía de experiencia o de tópico literario y de puro anhelo sentimental. En cambio, abundan los juicios contra las mujeres —"demonios de buen sabor"— y la pintura despiadada de sus tretas y engaños. Para explicar tales contrastes, otro crítico actual, Francisco Ayala, ha sugerido la tesis del pudor de Quevedo.

Alma escindida la suya, nadie puede decir con seguridad cuál es la verdadera personalidad de Quevedo, hombre de extremos, y en esto buen ejemplar de español. En el fondo, acaso el Quevedo real, las más veces velado por una retórica que hoy llamaríamos "tremendista," esté en la noble pasión intelectual que le lleva a defender la justicia, la virtud y el derecho; en "el desgarrón afectivo," de que también ha hablado Dámaso Alonso; en la conciencia histórica con que lamenta el triste destino de su patria decaída y atacada por todos; en el expositor de la doctrina evangélica como norma del gobernante en la vida pública y del ser humano en la privada; en el fustigador sarcástico de la tontería humana. Como tantas otras almas combativas (acaso pudiéramos recordar a Unamuno), su espíritu encontró momentos de serenidad, y el estoico que predica resignación ante los embates de la vida, canta asimismo la tranquilidad de ánimo, lograda en el apartamiento del mundo y en el estudio. Recuérdese el hermoso soneto, escrito durante alguna de sus temporadas en la Torre de Juan Abad, que empieza "Retirado en la paz de estos desiertos." Y termina:

> En fuga irrevocable huye la hora;
> pero aquella el mejor cálculo cuenta,
> que en la lección y estudios nos mejora.

El escritor. — Tan grandes como los contrastes psicológicos del hombre son los que presenta Quevedo como escritor. Hay muchos Quevedos:

El teólogo, filósofo y escritor ascético de *La cuna y la sepultura,* la *Constancia y paciencia del Santo Job, La Providencia de Dios,* la *Vida de San Pablo Apóstol* y otras diez o doce obras del mismo género.

El político teórico y el moralista del *Marco Bruto* y la *Política de Dios;* o el apologista de la historia de España en *La España defendida* y el *Memorial por el patronato de Santiago,* o el comentarista crítico de los sucesos contemporáneos de *Grandes anales de quince días, Lince de Italia, El chitón de las tarabillas.*

El crítico y polemista literario de *Cuento de cuentos, La culta latiniparla, La Perinola* y la *Aguja de navegar cultos.*

El novelista del *Buscón,* el satírico de los *Sueños,* el entremesista, el poeta, el escritor festivo y cómico de premáticas, aranceles y cartas burlescas; el traductor de la Biblia y de los clásicos.

Quevedo manifiesta en esta obra variadísima la radical contradicción de su espíritu, espejo de la contradicción de los tiempos. Oscila entre la austeridad tremenda del asceta, para quien la única realidad es la muerte, y la sátira desvergonzada de los "discursos festivos." El discípulo de Epicteto, de Séneca, de Job, severo expositor de la doctrina estoico cristiana, es al mismo tiempo el humorista amargo de los *Sueños* o el autor procaz de las *Premáticas contra las cotorreras.*

Dentro del desequilibrio hay, naturalmente, en escritor de personalidad tan acusada, algo que da unidad al conjunto: un sello o un estilo quevedesco inconfundible que reconocemos en la sinceridad con que escribe; la fuerza arrebatadora, sin selección; la abundancia. Maestro del conceptismo, su lengua es siempre, sea en la prosa o en la poesía, contorsionada, violenta, densa, y una de las más ricas, tanto en vocabulario como en capacidad expresiva, que jamás se ha escrito. En las ideas no fue muy original ni podía serlo, dada la adhesión a la ortodoxia católica de su pensamiento, sobre todo en las obras doctrinales. La originalidad de Quevedo, que pocos escritores han igualado, radica en el estilo, cargado en todo momento con el fuerte acento de su personalidad, y en la visión crítica —no en la ideológica— de las realidades políticas e históricas.

En los tratados serios, por ejemplo la *Política de Dios* o los comentarios del *Libro de Job,* las ideas, sin ser nuevas, adquieren eficacia e impresionan al lector por la autenticidad con que se expresan y porque Quevedo sabe penetrar en las motivaciones humanas que sirven de base a las ideas. En este como en otros aspectos, ocupa lugar especial *La vida de Marco Bruto,* inspirada en Plutarco y escrita en prosa serena y elevada, libre de retruécanos y violencias verbales, que por comunidad de fuente y el noble empaque retórico recuerda algunos de los parlamentos shakespeareanos en *Julius Caesar*. Pero, en conjunto, el pensamiento quevedesco tiene, ante todo, valor crítico, destructivo, más que constructivo o expositivo. No cuando da normas de conducta moral y política, sino cuando muestra la falacia de los principios que rigen la conducta del gobernante en la vida pública y del hombre en la privada. En este sentido negativo de su obra doctrinal coincide con la mayoría de los moralistas de la Contrarreforma. La diferencia con la mayoría de ellos consiste en que en el criticismo de Quevedo —como en el de Saavedra Fajardo y Gracián— apuntan ya varias de las notas fundamentales de casi todo el pensamiento español moderno, sea el de Feijoo en el siglo XVIII cuando escribe para deshacer errores comunes, o el de Unamuno —que tanto se parece a Quevedo— al escribir "contra esto y aquello."

No está estudiado quizás como merece el Quevedo doctrinal, político y filósofo. En todo caso, gran parte de su obra en estos aspectos o se sale del marco de lo literario o está definitivamente distanciada de nuestra sensibilidad. El Quevedo vivo y permanente hay que buscarlo en las dos zonas opuestas donde su genio alcanza mayor intensidad: la visión cómica, casi grotesca, del *Buscón* o de los *Sueños,* y la poesía lírica. Es, ante todo, más que un pensador, un gran satírico y un gran poeta.

El "Buscón" y los "Sueños". — La *Historia de la vida del Buscón llamado don Pablos, ejemplo de vagabundos y espejo de tacaños,* además de ser una de las obras más características de Quevedo, marca un paso decisivo en la evolución de la novela picaresca. No se ha puesto todavía en claro la fecha de composición, bastante anterior a 1626, cuando el libro se imprime en Zaragoza. Varios críticos, y entre ellos el último que se ha planteado el problema (Lázaro Carreter), se inclinan hoy hacia el año 1603 y 1604. [6] Sería por tanto obra juvenil. Hecho extraño, dada la dureza de su visión, pero aceptable en autor tan fuera de lo común. No es menos extraño que la narración rompiese, en la estructura y en el espíritu, la fórmula de la picaresca, a los pocos años —cuatro o cinco años— de haberse definido como género en el *Guzmán de Alfarache.* En el *Buscón,* lo picaresco como "desvalorización de las acciones humanas" y "vivir amargo" (Castro) llega a extremos radicales, y quiebra, con su fragmentarismo impresionista, todos los moldes.

---

[6] Véase "Originalidad del *Buscón,*" en *Hom. a Dámaso Alonso,* vol. II, páginas 319 y ss.

Quevedo imita al *Guzmán* en algunos episodios y, en apariencia, sigue el patrón común del género. Pablos, hijo de un barbero y de una bruja que "reedificaba doncellas y resucitaba cabellos," cuenta su vida. Va primero a servir a un estudiante con quien entra de pupilo en la escuela del Dómine Cabra (sátira feroz del hambre estudiantil) y luego a estudiar a Alcalá. Vuelve a Segovia a recoger la herencia del padre, que había muerto en la horca. Se instala en Madrid donde, entre otras cosas, es mendigo y miembro de una cofradía de pícaros. Va a Sevilla, visita otros lugares y desempeña varios oficios. Pasa algún tiempo en la cárcel. Al final decide embarcarse para las Indias "a ver si mudando mundo y tierras, mejoraría mi suerte. Y fueme peor, pues nunca mejora su estado quien muda solamente de lugar y no de vida y costumbres."

Lo que cambia en el *Buscón,* cuando lo comparamos con el *Guzmán* u otras novelas del mismo tipo, es la visión y el estilo. Las diferencias obedecen, desde luego, al genio de Quevedo, escritor muy personal en todo, pero reflejan el doble proceso característico de la evolución del barroco en todos los géneros: concentración e intensificación. Concentración en el sentido de que la obra pierde la fluidez narrativa: se limita en el espacio (en el *Buscón* la acción se centra en España y en unos cuantos lugares, a diferencia del amplio marco del *Guzmán* y otras novelas) y en los temas hasta quedar reducida a una serie de engaños y sobornos o de cuadros y personajes genéricos: el poeta, el espadachín, el arbitrista, el estudiante, el hidalgo hambriento, etc.

A ello se une la intensificación en el espíritu y en la técnica. Desaparecen el propósito didáctico y las digresiones morales. La pintura de la vida es mucho más cruel. Pablos no es ni un muchacho ingenuo como Lázaro, ni un pícaro filósofo como Guzmán. Es el pícaro puro, completamente insensible y amoral, alegremente cínico.

La técnica se caracteriza por el conceptismo extremado del lenguaje y el tratamiento expresionista de lo cómico, que llega a la desrealización caricaturesca. Los juegos de palabras, chistes, asociaciones —fonéticas, abstractas o de imágenes— se suceden sin interrupción. El padre de Pablos, barbero, era "tundidor de mejillas y sastre de barbas." El Buscón y su amo hacen el viaje a la casa del Dómine Cabra "en un caballo ético y mustio, el cual más de manco que de bien criado iba haciendo reverencias"; y en la escuela pasan tanta hambre que, al salir, los doctores mandaron que "por nueve días no hablase nadie recio en su aposento" porque "como estaban güecos los estómagos, sonaba en ellos el eco de cualquier palabra."

Podrían citarse miles de ejemplos idénticos o de conceptismo mayor. El barroquismo no es puramente verbal; todo en la obra adquiere cualidad plástica, gesticulante, irreal, a fuerza de exagerar la realidad. Recuérdese, como caso típico del arte caricaturesco de Quevedo, la descripción de la borrachera del tío de Pablos con un corchete, un porquero y un mulato zurdo y bizco, en el capítulo noveno.

Todo aparece grotescamente deformado. Spitzer, al analizar su estilo, lo vio como concreción verbal del alma y el arte disociados de Quevedo: "anhelo realista del mundo y fuga ascética del mundo."

En el *Buscón* se agotan las posibilidades de la picaresca. No cabe ir más allá. Marca, de un lado, el límite entre la novela y la crítica burlesca de tipos y costumbres; de otro, entre lo cómico y lo fantástico.

De ahí pasa Quevedo a los *Sueños* o fantasías morales. Entra en el terreno de la sátira pura, de la absoluta desrealización. Se publican en 1627, pero los cuatro primeros —*El sueño del juicio final* (o *Sueño de las calaveras*), *El alguacil alguacilado* (o *endemoniado*), *Las zahurdas de Plutón* (o *Sueño del infierno*) y *El mundo por de dentro*— están escritos entre 1607 y 1612; son, pues, casi contemporáneos del *Buscón*. De 1622 es la *Visita de los chistes* (o *Sueño de la muerte*), donde la visión se hace más sombría, el juego y retorcimiento de palabras y nombres más arbitrarios y genialmente inventivos, el desfile de tipos o el arte de dar plasticidad a las ideas y conceptos más alucinante.

Los cinco llevan el título expresivo de *Sueños y discursos de verdades descubridoras de abusos, vicios y engaños en todos los oficios y estados del mundo*. Y a ellos se añade luego *El entremetido, la dueña y el soplón* o *Discurso de todos los diablos*.

Con la idea siempre presente de la muerte, trasponiendo a los infiernos el espectáculo de la vida humana, con invectiva enorme y un furor imaginativo de que se encuentran pocos ejemplos en la literatura, Quevedo traza en los *Sueños* un cuadro satírico de la sociedad en el que no hay oficio o estado, defecto físico o moral, idea o sentimiento, que no estén representados de manera grotesca, vivaz, gesticulante. La negación de la vida es en ellos más absoluta que en ninguna de sus obras ascéticas. En el estilo, el conceptismo de lo cómico es aún más exagerado que el del *Buscón*; la pintura del hombre y la sociedad, más caricaturesca.

Se relacionan los *Sueños* con la visión dantesca y más directamente con la tradición de los *Diálogos* de Luciano, que tanta influencia tuvieron en los coloquios erasmistas. Quevedo va mucho más lejos, en fantasía macabra y humor sombrío, que todos sus precedentes. Son los *Sueños* una sucesión de cuadros de pesadilla, interrumpida a trozos o por chistes y puros juegos cómicos de un ingenio verbal incontenible o por páginas de severas reflexiones. Es típica de los *Sueños* la ilusión de movimiento, realzada por un lenguaje dinámico, de constantes asociaciones lingüísticas inesperadas. Todo se agita en desorden y toma formas infrahumanas. De ahí que se haya asociado el arte de Quevedo, que suele tener cualidades plásticas y caricaturescas, con la pintura del Bosco; y en lo macabro, con la de Valdés Leal. Anticipa además las visiones más violentas de deformidad en el Goya de los *Caprichos* o de los alucinantes cuadros de la Quinta del Sordo. En cuanto a la desolada idea de la vida, todo es mentira, maldad e hipocresía. Y es curioso que ni en *El Buscón* ni en los *Sueños* esté presente el concepto de pecado o del hombre como pecador. Y más que el sentimiento del desengaño, lo que domina es un nihilismo desesperado y corrosivo. Quevedo, en su furor por el chiste y la caricatura, no se detiene ni ante las cosas sagradas. Fenómeno casi incomprensible en la España del XVII y en escritor que pasa por ser ejemplo de ortodoxia católica. Ya en su tiempo fue objeto de denuncias y ataques. Y hay críticos modernos que empiezan a sospechar de tal ortodoxia. Bataillon sugiere afinidades erasmistas. "Parece —dice— que en él [en Quevedo] se ve renacer esa alianza de un íntimo sentimiento cristiano con un humor burlón que es tan característico del erasmismo." Castro hace tiempo que rastreó muestras del escepticismo quevedesco e invocó nombres como los de Montaigne, muy admirado por nuestro autor, o Francisco Sánchez, autor del libro *Quod nihil scitur* (*Que nada se sabe*); Dámaso Alonso, para quien la ortodoxia de Quevedo es incuestionable, percibe, sin embargo, en él "una veta pagana, quizás escéptica." Y Hatzfeld, celoso defensor de los valores católicos de la literatura española, no vacila en afirmar la irreligiosidad del *Buscón,* en el cual, "bajo las correcciones y enmiendas, podemos percibir hoy un venenoso espíritu anticlerical y aun antirreligioso." [7]

Inquietante y contradictorio, su biógrafo y crítico francés Bouvier encontró una fórmula acertada al llamarle "hombre del diablo y hombre de Dios." Otros lo han comparado con escritores atormentados como Swift, o Dostoiewski, o Kafka, que coinciden en la visión desolada de la vida. Y tampoco es de extrañar que, ante la obsesión quevedesca de la nada y su sentimiento del tiempo —fundamental, como veremos, en

---

[7] Véase "Poetas españoles de resonancia universal," en *Hispania,* IX (1957), pág. 266. En el mismo artículo se dice que Quevedo es un "amargado prisionero, un Prometeo enano" y que con él la España decadente "brinda algo único que, con Baudelaire, se hará europeo: la conciencia del mal y de la putridez moral."

su poesía—, se haya hablado en los últimos años de existencialismo y angustia.

Al mismo orden de los *Sueños*, aunque posterior y llamada "fantasía moral," pertenece *La hora de todos y la Fortuna con seso* (1635), obra en la que más se acerca Quevedo probablemente a una síntesis de su pensamiento y estilo, hasta donde ello es posible en un escritor de ánimo tan desaforado y para quien todo en el mundo carece de sentido y unidad. Dentro del caótico desfile burlesco de tipos, personajes y flaquezas humanas, *La hora* es de tono más filosófico y presta mayor atención a la crítica concreta de realidades políticas e históricas.

La poesía. — Idénticos caracteres que los señalados para la prosa de Quevedo distinguen su poesía: abundancia y conceptismo en el lenguaje, en la visión y en el sentimiento. Como ya hemos dicho, la personalidad quevedesca imprime sello a todos los productos de su pluma.

Como ha ocurrido con casi toda la poesía del Siglo de Oro, la sensibilidad de una generación de críticos poetas —Alonso, Guillén, Salinas, Gerardo Diego— ha revalorizado también el lirismo profundo de Quevedo, al punto de equipararse hoy su valor al del prosista satírico que la crítica positivista y casticista del siglo xix prefirió. Ya nadie duda de que Quevedo sea uno de los grandes poetas de la lengua castellana. Históricamente va su nombre vinculado al de la protesta anticulterana y al conceptismo, que venía enfrentándose con el cultismo sin gran fundamento, ya que ambos fenómenos tienen bastante en común. Fue Quevedo, como hemos dicho, el gran rival de Góngora y no se cansó de ridiculizar, en prosa y verso, el estilo culterano. Es muy citada su "Receta para hacer *Soledades* en un día," de la *Aguja de navegar cultos*:

> Quien quisiere ser Góngora en un día,
> la jeri (aprenderá) gonza siguiente:
> *fulgores, arrojar, joven, presiente,* ... etc.

Ya hemos dicho también cómo, a pesar de sus burlas, no se libró de la imitación cultista. Hoy estas rivalidades y problemas carecen de interés, fuera del campo erudito. Mayor significación puede tener el hecho de que, frente a la poesía esteticista y sensorial de Góngora, abogase Quevedo por una poesía de contenido moral y equilibrio clásico, volviendo a la tradición renacentista al publicar las obras poéticas de fray Luis de León y el bachiller Francisco de la Torre.

La obra poética de Quevedo es considerable. Escribió cerca de novecientas poesías, que reunieron sus editores en dos volúmenes: el primero, *El parnaso español y musas castellanas* (1648), editado por el erudito Jusepe Antonio González de Salas; el segundo, *Las tres últimas musas castellanas* (1670), editado por el sobrino del poeta Pedro Alderete de Quevedo. En ambos aparecen las poesías ordenadas según los temas que a cada una de las musas corresponden: heroicos, morales, satíricos, para canto y baile, amorosos, sagrados, fúnebres, etc. De variedad no menor que la de los temas, son las formas poéticas que Quevedo cultiva: sonetos, canciones, odas, epístolas, silvas, madrigales, idilios, jácaras, romances, letrillas.

Numerosas composiciones son, como ocurre con la mayoría de los contemporáneos, versos de circunstancias, juegos poéticos de ingenio. A veces cae también, igual que en la prosa, en la obscenidad franca, pasando fácilmente de lo amoroso a lo satírico, que es uno de sus fuertes.

En efecto, como poeta satírico, burlesco y jocoso, pocos igualan al autor de letrillas como "Sabed, vecinas," "Poderoso caballero es don Dinero," "Punto en boca" o "Solamente un dar me agrada'; y nadie le supera en la poesía estrictamente cómica, epigramática, de las jácaras como "Ya está guardado en la trena tu querido Escarramán," o de sonetos como "A una nariz" (Érase un hombre a una nariz pegado), "Al mosquito trompetilla" (Ministril de las ronchas y picadas) o "Mujer puntiaguda" (Si eres campana, ¿dónde está el badajo?). Algunos de sus bailes, entremeses y romances tienen una gracia ligera, pero la risa quevedesca es casi siempre cruel: la burla, cáustica; y el estilo, hiperbólico.

Otro aspecto importante es el de la poesía patriótica, y aquí sí triunfa el sentimiento cuando hace suyo el dolor de España en el soneto ya citado "Miré los muros de la patria mía," o cuando ensalza los generosos ideales del duque de Osuna ("Faltar pudo a su patria el grande Osuna") o denuncia en su famosa "Epístola satírica y censoria al conde-duque de Olivares" la decadencia de la grandeza española:

> ... ... mi llanto
> ya no consiente márgenes ni orillas:
> inundación será la de mi canto.

Y a la vez que ataca a los enemigos de dentro —corrupción y abusos de poder— condensa en los tres versos finales del soneto "Un godo, que una cueva en la montaña" el dolorido sentimiento del español que ve concitado al mundo en contra de su país:

> Y es más fácil, ¡oh España!, en muchos modos
> que lo que a todos le quitaste sola
> te puedan a ti sola quitar todos.

Aspecto complejo es el de la poesía amorosa. Su temperamento duro, amargo, intelectual, no parece el más propicio para la emoción erótica. Y, sin embargo, escribió idilios y letrillas de suma delicadeza, o composiciones varias en las que la convencional tradición de amor cortés y petrarquista se expresa con sutileza ingeniosa y barroca galantería, sonetos del tipo de "Retrato de Lisi que traía en una sortija" o "A Aminta, que teniendo un clavel en la boca, por morderle se mordió los labios." Mas a veces le invade la pasión y llega a una máxima concentración emocional, de la que puede servir de ejemplo el extraordinario soneto "Cerrar podrá mis ojos la postrera sombra ...," donde afirma la persistencia del amor más allá de la muerte.

El amor hermanado con la muerte, es decir, con el tema que todo lo invade en Quevedo, hombre agónico y lírico profundo, cuando en los sonetos morales —donde su poesía llega a la cumbre y a la mayor autenticidad— canta el fin de todo y la desesperanza sólo reprimida por su fe estoica. El pensamiento melancólico de la fugacidad del tiempo y el paso irrevocable de las horas se sobrepone entonces al conceptismo, a la inclinación hacia los efectismos violentos; y los juegos de palabras se traducen en emoción, y resulta una poesía tersa, grave, noble, verdadera. Las ideas convencionales de todo el moralismo cobran vida como siempre que las repite un poeta auténtico. Recuérdense sonetos como "Huye sin percibirse lento el día" o el magnífico dedicado a la brevedad de la vida, "Fue sueño ayer, mañana será tierra," o el titulado "Conoce las fuerzas del tiempo y el ser ejecutivo cobrador de la muerte" que reproducimos a continuación:

> ¡Cómo de entre mis manos te resbalas!
> ¡Oh, cómo te deslizas, edad mía!
> ¡Qué mudos pasos traes, oh, Muerte fría,
> Pues con callado pie todo lo igualas!
>
> Feroz, de tierra el débil muro escalas,
> En quien lozana Juventud se fía;
> Mas ya mi corazón del postrer día
> Atiende el vuelo, sin mirar las alas.

¡Oh, condición mortal! ¡Oh, dura suerte!
¡Que no puedo querer vivir mañana
Sin la pensión de procurar mi Muerte!

Cualquier instante de la Vida humana
Es nueva ejecución, con que me advierte
Cuán frágil es, cuán mísera, cuán vana.

En estos versos, como en otros muchos de inspiración análoga, de estilo conciso y fuerte, adquiere vuelo la musa de Quevedo hasta llegar a las cimas de una poesía en la que se hermana el espíritu religioso con el filosófico, y en la que se reúnen el hombre, el meditador y el poeta.

IV. La prosa didáctica

Historiadores, literatura religiosa y tratadismo político. — Por razones de brevedad agrupamos bajo este título algunos nombres —los de más valor literario— que se destacan en la cuantiosa producción de un número considerable de prosistas. Abarca campos muy varios, en la mayoría de los cuales no se hace sino continuar las tendencias del siglo anterior sin otra modificación substancial que los contrastes de estilo típicos del último barroco.

En el terreno del pensamiento y en el tono general de la cultura hay una relativa renovación —más aparente que real— de los estudios de humanidades, cuyo centro son los colegios de jesuitas. Con los jesuitas se educan la mayoría de los escritores y gobernantes, y jesuitas son algunos de los escritores más señalados, como Nieremberg o Baltasar Gracián. Dentro de esa renovación de las humanidades se definen con más o menos vigor varias tendencias, tales como un neoescolasticismo racionalista, bajo el influjo de Francisco Suárez y Luis de Molina, los destacados pensadores jesuitas de la segunda mitad del siglo XVI; y un neoestoicismo con la dominante influencia de Séneca, que suele explicarse por una ingénita afinidad nacional de los españoles con el filósofo cordobés, pero que más bien parece obedecer a corrientes europeas desde Petrarca y el Renacimiento, y aun ser fenómeno tardío en España.

En conjunto, toda la prosa didáctica de fines del Siglo de Oro recorre caminos trillados. Las ideas están rígidamente fijadas en el marco de la ortodoxia católica y la monárquica. El estilo mismo, que es lo que suele hacer aún interesante a casi toda esta literatura, cuando no es mera imitación de los maestros del segundo Renacimiento, es el de la prosa culterana: altisonante, retórica, recargada de artificios barrocos. Lo nuevo sólo se encuentra en el conceptismo con su estilo recortado, aforístico, sutil.

Los historiadores, por ejemplo, siguen las normas clásicas ya trazadas por Hurtado de Mendoza y Mariana. Entre los del siglo XVII deben mencionarse a Francisco de Moncada, Francisco Manuel de Melo y Antonio de Solís, autores respectivamente de *Expedición de los catalanes y aragoneses contra turcos y griegos* (1623); *Historia de los movimientos, separación y guerra de Cataluña* (1645), e *Historia de la conquista de Méjico* (1684).

Otro género que es también simple continuación del impulso recibido es el de la literatura religiosa, aunque aquí la decadencia es más evidente. Lo característico es que el misticismo sea llevado a sus consecuencias extremas, ya literarias, en las fantásticas visiones de *La Mística Ciudad de Dios* (1670) de Sor María de Ágreda; ya doctrinales, en el iluminismo de Miguel de Molinos, el autor de la *Guía espiritual* (1675), que tanto influyó en el círculo quietista francés presidido por Madame Guyon. Únicamente en los tratados ascético-morales del jesuita Juan Eusebio Nieremberg —*Aprecio y estima de la Divina Gracia* (1638); *De la diferencia entre lo temporal y lo eterno* (1640), etc.— conserva el género la solidez de doctrina y el equilibrio espiritual de los grandes escritores del siglo XVI.

Otro escritor religioso de gran renombre e influencia en su tiempo fue el trinitario fray Hortensio Félix Paravicino (1580-1633), famoso sobre todo por el culteranismo de su estilo como orador sagrado.

La nota más acusada de la época se da en los campos concomitantes del criticismo político y el pensamiento moral. Innumerables son los tratados de tema político que se escriben a partir de 1600. Pueden dividirse en dos grandes grupos: los dedicados a analizar con sentido práctico los males de la decadencia o a denunciar los abusos de los validos, y las defensas teóricas de la monarquía católica frente al concepto laico-racionalista del Estado, que arranca de Maquiavelo. Típica del primer grupo es la obra de Pedro Fernández de Navarrete, *Conservación de Monarquías* (1620), que da probablemente la visión más amplia de las causas de la decadencia española según la concebían los contemporáneos de Felipe III. La literatura doctrinal del antimaquiavelismo es muy cuantiosa. Libros representativos de ella son, entre otros muchos, la *Política de Dios* de Quevedo; el *Gobernador cristiano* (1619) del Padre Juan Márquez; varios tratados político-morales de Nieremberg, y, a principios del siglo, el *Tra-*

tado de la religión y virtudes que debe tener el príncipe cristiano (1601) de Pedro de Rivadeneira.

Un estudioso moderno del maquiavelismo, Prezzolini, ha resumido bien la significación de estos españoles:

> Mientras en Francia —dice— la semilla de Maquiavelo encontró un terreno estéril, en España el maquiavelismo suscitó la oposición más formidable y, para aquel tiempo, más nueva.

Y tras de mencionar a Quevedo, Saavedra Fajardo y especialmente a los varios jesuitas, a partir de Mariana, añade:

> En este grupo de jesuitas españoles encontramos la primera respuesta positiva a Maquiavelo, la tentativa de construir, contra el Estado, un valor superior al Estado mismo. [8]

Se refiere a la Iglesia Católica, que "viene considerada, en suma, como un superestado."

En campos totalmente distintos cabe mencionar en este esquema de la prosa marginal a la literatura en el siglo XVII, a críticos y preceptistas como Francisco de Cascales o José de Pellicer y a dos eruditos que inician hasta cierto punto un tipo nuevo de investigación: Gaspar Ibáñez de Segovia, marqués de Mondéjar (1628-1708), y el primer bibliógrafo español, Nicolás Antonio (1617-1684).

Dos escritores merecen atención, tanto por la calidad de su prosa como por el enfoque, más personal, de las ideas: Saavedra Fajardo y Baltasar Gracián. En ambos apunta lo que podría considerarse como precedente claro del ensayismo moderno.

Saavedra Fajardo. — Con un sentido literario superior al de todos sus contemporáneos, las dos tendencias que hemos señalado en el criticismo político —la pragmática o análisis de las circunstancias históricas y la teórica— se funden en las *Empresas políticas* o *Idea de un príncipe político-cristiano representada en cien empresas* (1640), de Diego de Saavedra Fajardo (1584-1648). Es autor de varias obras, entre ellas, la de carácter

---

[8] Véase Giuseppe Prezzolini, *Machiavelli anticristo,* Roma, 1954, págs. 346 y 351. Prezzolini coincide en esto con A. Dempf y otros estudiosos de las doctrinas políticas. Al margen ya de la literatura, hubo en España un grupo interesante de tratadistas políticos sobre los que puede verse el libro *La teoría española del Estado en el siglo XVII,* Madrid, 1944, de José A. Maravall.

histórico, *Corona gótica, castellana y austriaca,* de la que sólo escribió la primera parte, sobre los visigodos, y la *República literaria,* alegoría con juicios y noticias sobre varios autores. Como a Quevedo y a Gracián, le interesó la figura de Fernando V, a la que dedicó el libro *Política y razón de Estado del Rey Católico don Fernando.* Pero su obra maestra y la mejor del siglo XVII, en su género, es *Empresas políticas.*

Hombre de gran cultura, mente clara y pensamiento templado, Saavedra fue diplomático de profesión, y como tal pasó muchos años fuera de España y conoció los centros de vida política europea. Fue embajador en Roma y Alemania. Desempeñó misiones en Ratisbona, Munich, Viena y asistió al Congreso de Munster. Es, en su tiempo, uno de los pocos españoles cuya vida aún conserva en el sigio XVII un aire internacional. Testigo de la liquidación del poderío español en Europa y espectador melancólico del paso de la grandeza nacional, escribe al comienzo de la Empresa LX, que tiene como lema *O subir o bajar:*

> La saeta impelida por el arco, o sube o baja, ... sin suspenderse en el aire; semejante al tiempo presente, tan imperceptible, que se puede dudar si antes dejó de ser que llegase ... Lo que más sube, más cerca está de su caída. En llegando las cosas a su último estado, han de volver a bajar sin detenerse ... Ninguna cosa permanece en la naturaleza.

Al leer esto u otros pasajes análogos, percibimos, por debajo del estilo casi siempre contenido de su prosa, un temblor de emoción personal que da al lugar común un tono de eficacia. Será precisamente ese tono personal, ese destilar de experiencia viva, de saberes y fines prácticos lo que eleva las *Empresas políticas* por encima de los innumerables tratados de doctrina del Estado o de crítica de la decadencia de España escritos en el siglo XVII.

Las *Empresas* tienen primeramente el valor de recoger, sintetizándola, una larga tradición a la que afluyen muy diversas corrientes: a), doctrinales, sobre la educación del príncipe, de origen medieval, cuya forma primera, en el Renacimiento, se trasluce ya en el *Marco Aurelio* de Guevara; b), tratadismo político y estatal, de filiación ya predominantemente moderna con una doble manifestación: Institución de Príncipes Cristianos y política práctica, cuyo centro se encuentra en Maquiavelo, sombra de presencia constante en las *Empresas* como antagonista y, no pocas veces, como inspirador; c), literatura ascético-política, a la manera de la *Política de Dios* de Quevedo o del *Manual de señores y príncipes* del Padre Nieremberg; d), criticismo concreto de la decadencia de España, con criterio político y económico como en la obra de Fernández de Navarrete. En cuanto a la forma, representación emblemática de los asuntos morales, Saavedra, cuya fuente inmediata parece haber sido la *Emblemata política* de Jacobo Bruck, se inspira en un tipo de literatura también muy abundante, originado en los *Emblemas* de Alciato y muy divulgado en España, principalmente por el Brocense en el siglo XVI y por Sebastián de Covarrubias más tarde.

En la *Empresa* primera se trata de las condiciones que debe reunir el príncipe desde su nacimiento; en la última, de su muerte. Entre estos dos polos de la vida humana, Saavedra discurre sobre las cuestiones fundamentales en el gobierno de los estados: Educación del príncipe, empresa 1 a 6; Cómo se ha de haber el príncipe en sus acciones, 7 a 37; Cómo se ha de haber el príncipe con los súbditos y extranjeros, 38 a 48; Cómo se ha de haber el príncipe con sus ministros, 49 a 58; Cómo se ha de haber el príncipe en el gobierno de sus estados, 59 a 72; Cómo se ha de haber el príncipe en los males internos y externos de sus estados, 73 a 95; Cómo se ha de haber el príncipe en las victorias y tratados de paz, 96 a 99, y Cómo se ha de haber el príncipe en la vejez.

Las ideas generales de Saavedra son una manifestación más, dentro del moralismo castellano del siglo XVII, del pensamiento católico-escolástico, hecho consubstancial con la política de la monarquía española en la época de los Felipes: concepto providencialista de la historia; origen divino de la soberanía y absolutismo. Como elemento vivificador de unas doctrinas que, en vísperas de la revolución racionalista, empezaban a perder virtualidad, es un acusado sentimiento democrático cristiano y el principio de que es necesaria la justificación moral de las acciones. El nacer príncipe es fortuito. En la última verdad —la muerte— el príncipe es igual a todos los hombres. El valor de su gobierno y de su persona depende de la virtud, porque es elegido para servir, no para dominar y menos para abusar del poder. La dualidad íntima de Saavedra, contradicción de lo moderno y lo medieval, resuelta en la gran paradoja que suele ser el pensar de muchos españoles de la Contrarreforma, transpira en muchas páginas. Es clarísima cuando el autor se enfrenta con Maquiavelo. Le vemos constantemente refutar la doctrina y recomendar los métodos: disimulo, secreto en las acciones, no confiar, no delegar demasiada autoridad, dividir a los enemigos, pesar las decisiones y ejecutarlas con rapidez, huir de los extremos. El tema peligroso de Providencia y Fortuna se trata con máxima cautela, achacando a las segundas causas los consejos de moral dudosa.

Pero la excelencia de la obra no se asienta en lo teórico, sino en el tratamiento de lo particular: finura de observación; agudeza psicológica de repetidas advertencias sobre la educación ; penetrante análisis de las pasiones ; diagnóstico seguro de la decadencia española y sus causas.

El político y el moralista, el conocedor del mundo y el observador del hombre, que iban juntos en Saavedra, no eluden una realidad poco grata. Persiste en él la actitud de elaborar una moral y una doctrina operando sobre lo vivo con fines eminentemente prácticos. Pero la fe en la grandeza posible de su patria cede el paso al meditar melancólico sobre sus debilidades. Y así, el pensamiento se envuelve en sutiles celajes, dibujados con los rasgos de un estilo depurado en la frase acerada y flexible que evita por igual la altisonancia culterana y la obscuridad conceptista. Aunque escritor típico del seiscientos, es Saavedra uno de los buenos prosistas del clasicismo español.

Gracián. — Sobre todos los autores didácticos de este tiempo descuella la personalidad literaria del jesuita Baltasar Gracián (1601-1658), que forma con Quevedo la pareja de grandeS prosistas del conceptismo. Espíritu sutil y selecto, sagaz escrutador de lo humano, es el último y quizá el más grande de los moralistas españoles. En vida, condición y temperamento se diferencia Gracián de casi todos los escritores de su siglo. No ocupó cargos ni alcanzó grandes dignidades. Fue hombre de grupo pequeño, de minoría diríamos hoy. El desprecio por el vulgo es uno de los motivos centrales de su obra.

Nació en Belmonte, cerca de Calatayud, provincia de Zaragoza. Hizo los primeros estudios en Toledo y pronto regresó a Aragón, que fue desde entonces el centro convergente de su vida. En 1619 ingresó como novicio en la Compañía de Jesús, en la que hizo los votos definitivos en 1635. Estuvo en los colegios de Calatayud y Zaragoza. Vivió en Huesca, donde formó parte del grupo presidido por Juan Vincencio Lastanosa, amigo, mecenas y colaborador en alguna de sus obras. Por el año 40 gozó de fama de predicador en Madrid. En 1643 era rector del colegio de Tarragona y en 1646, capellán castrense en la batalla de Lérida. Por esta época sus relaciones con las autoridades de la Compañía parecen haber sido bastante tirantes, debido, en parte, a una independencia personal y, en mayor medida, al carácter sospechoso de sus obras, impresas con pseudónimos pronto descifrados. La crisis se agudizó al publicarse la primera parte de *El criticón* con el pseudónimo de García de Mardones. Sufrió entonces reprensiones y castigos repetidos con mayor rigor al aparecer las partes siguientes de su novela. A consecuencia de estas discrepancias, el 16 de julio de 1658 escribía al General de la Compañía solicitando permiso para pasar a otra orden. No se resolvió nada sobre su solicitud, y en diciembre de este año murió en el Colegio de Tarragona donde residía hacía algún tiempo.

Dos fueron las ocupaciones predilectas del Padre Gracián: el cultivo de amistades escogidas y su labor literaria. No las sacrificó a nada y ambas se entrelazan en su actividad. Muchos de sus amigos fueron modelo para las semblanzas del hombre superior, particularmente en los "primores" de *El discreto* y las alegorías de *El Criticón,* en tanto que lo agudo y conceptuoso de su estilo se ensayan y afilan en el arte de la conversación con gentes refinadas.

Como en Saavedra Fajardo y, en general, en todos los autores de esta época, fin del ciclo cultural renacentista, convergen en Gracián varias corrientes. La diferencia entre los dos consiste en que Saavedra es moralista político y Gracián lo es del hombre individual. Por eso, aunque haya en su obra reflejos del criticismo político-económico y de toda la tradición del moralismo clásico y cristiano fundidos desde el Renacimiento, sus fuentes dominantes e inmediatas son distintas. Su moral se orienta hacia lo mundano. Tiene como propósito el de crear arquetipos del buen arte de vivir en sociedad. Está dentro, por tanto, de la corriente iniciada en las cortes italianas del cuatrocientos que a partir de Castiglione deja en la literatura europea dechados de excelencia social en el *cortesano,* el *galantuomo,* o el *gentilhomme* y el *honnête homme* de los moralistas franceses. Esta corriente central se matiza en Gracián, adquiriendo fisonomía propia, con las ideas de la moral ascética de desprecio a la vida y, muy particularmente, con la introspección psicológica cultivada por el casuismo y la pedagogía de los jesuitas, sus hermanos de orden.

La síntesis de estas tendencias con una erudición extensa, aunque en lo fundamental de segunda mano, y sobre todo con un estilo muy personal, ejemplo de conceptismo extremo, dan a Gracián carácter inconfundible y lo elevan al puesto más alto entre los cultivadores literarios del moralismo castellano.

Su obra presenta cuatro aspectos: Tratados morales: *El héroe* (1637); *El político* (1640); *El discreto* (1646); dos al parecer perdidos, *El atento* y *El galante,* nunca publicados, y el *Oráculo manual* (1647), resumen de todos ellos.

Crítica y estética conceptista: *Arte de ingenio: Tratado de agudeza* (1642), refundida y ampliada en 1648 con el título de *Agudeza y arte de ingenio.*

El Criticón, novela alegórico-filosófica en tres partes (1651-53 y 57).

El comulgatorio (1655), de tema religioso.

Los Tratados presentan las cualidades, excelencias y primores de la figura que se propone como dechado y da título a cada uno de ellos: héroe, político, discreto. Están compuestos de ensayos muy breves en estilo concentrado. La máxima y el concepto se combinan con alegorías, emblemas, anécdotas y elogios de personajes antiguos o coetáneos del autor que ejemplifican la figura en cuestión. Se relacionan con los libros de "caracteres" y retratos o con los de anécdotas, sentencias y máximas que se encuentran por la misma época en otras literaturas, la italiana o la francesa, por ejemplo.

De importancia especial por su significación crítica y por ocuparse específicamente del lenguaje y su uso literario es la *Agudeza y arte de ingenio,* que es a su vez preceptiva, historia y antología de lo que se ha llamado conceptismo.

Define Gracián el concepto como el acto de entendimiento que expresa la correspondencia entre dos objetos a través de juegos verbales y asociaciones de muy varia índole. Explica las muchas clases de agudeza, reduciéndolas a dos principales —de *perspicacia* y de *concepto.* Y expone una teoría del *ingenio,* principio de creación literaria que con el del *gusto* viene a constituir una nueva estética opuesta a la de la pura imitación del natural.

El conceptismo es fenómeno hermano del culteranismo ; tienen raíces comunes y, aunque puedan distinguirse, ambos son manifestaciones típicas del espíritu barroco. Por otro lado, ambos se han dado, en forma más o menos extrema, en diversos momentos de la evolución literaria o artística, siempre que predomina un ideal culto de sutileza y artificio sobre el de la naturalidad. Como ocurre en todos los estilos o maneras de expresión propios de una época, el conceptismo es visible en el arte profano y en el religioso (literatura de conceptos espirituales, como la de Alonso de Ledesma y Alonso de Bonilla) ; en el serio y en el cómico ; en el teatro y en la novela ; en la prosa y en la poesía. Y dentro de él caben dos escritores tan opuestos como Quevedo, con su violencia y desmesura expresiva, y Gracián, con sus frases cortas y recortadas, su alambicamiento y su concisión, tan bien definida por él en dos máximas : "Más valen quintaesencias que fárragos" y "Lo breve, si bueno, dos veces bueno."

La mayor creación de Gracián es *El Criticón,* alegoría de la existencia humana, cuadro múltiple en el que Gracián compendia su filosofía, su erudición y su capacidad inventiva. Narra el largo viaje que Andrenio —el hombre natural, intuitivo— y Critilo —el hombre social, de la razón y de la experiencia— emprenden juntos desde la isla desierta de Santa Elena. Cuando Critilo llega a la isla, a causa de un naufragio, encuentra en ella a

Andrenio que, abandonado allí, sin él saberlo, desde su niñez, ha vuelto al estado puro de naturaleza, al absoluto primitivismo del salvaje. Critilo le va iniciando en el trato humano, empezando por el lenguaje.

Desde las primeras noticias que Critilo da sobre el mundo, percibimos el hondo pesimismo gracianesco y el equívoco básico de la obra. Porque si bien en las primeras "Crisis" se afirma la "luz de la razón" y el concierto del mundo natural creado "por la infinita sabiduría del supremo Hacedor," tan pronto el hombre aparece en el "gran teatro del universo," se entra en el mundo social —en "el despeñadero de la vida"— donde todo es fiereza, pasión ciega, ambición, crueldad: "Créeme que no ay lobo, no ay león, no ay tigre, no ay basilisco, que llegue al hombre: a todos excede en fiereza."

Rescatados en un barco, los dos personajes van a emprender el viaje a través del mundo real e histórico y del mundo moral y psicológico. Pasan por varias naciones —España, Francia, Italia— y mezclando realidad y alegoría, Gracián les hace recorrer los caminos y puertos de la vida, los palacios, cortes y plazas de la ilusión, de la fortuna, de la hipocresía, de la virtud, etc., hasta que llegan a vislumbrar la rueda del tiempo, la muerte y la isla de la inmortalidad, donde descansan de sus trabajos.

El fin es tan equívoco y pesimista como el principio. La inmortalidad gracianesca no es la salvación en el sentido cristiano. Se asemeja más a la gloria y a la fama que a la beatitud religiosa. Y sólo la alcanzan unos pocos elegidos, hombres superiores por su discreción y sabiduría, por su recelo ante las incitaciones de la vida.

La novela está dividida en varias "crisis" que coinciden con las estaciones del año y las edades de la vida humana: "primavera de la niñez," "otoño de la varonil edad" e "invierno de la vejez."

El tema del descubrimiento del mundo por un hombre primitivo parece ser tema antiguo. Ya en el siglo XVII el traductor al inglés de la primera parte, Paul Rycant, mencionó como fuente posible un tratado de Abentofáil, escritor hispanoárabe del siglo XII, [9] idea luego divulgada por Menéndez Pelayo y aclarada por otros críticos. Independientemente de ella, la novela de Gracián debe mucho a otras obras de su tiempo y de todas las épocas. En el aspecto formal sigue un doble patrón: el de la narración alegórica y el de la novela de camino, viaje o peregrinación con múltiples

---

[9] "I am of the opinion that the Author of this book might originally have deduced his fancy from the History of Hay Ebn Yokdhan, wrote [sic] in arabick by Ebn Tophail and Translated into Latin by Dr. Pocock ..." Cit. por Romera Navarro en la Introd. a su edición, pág. 33, n. 89. El tratado de Abentofáil fue traducido más tarde al castellano con el título de *El filósofo auto-didacta*.

antecedentes y variantes —bizantina, caballeresca, picaresca, *Quijote*. En cuanto a su contenido, sería largo enumerar las muchas fuentes que hacen del *Criticón* un compendio de sabiduría moral, centrada en el concepto de los engaños del mundo y de la vida. Pero Gracián imprime su personalidad a toda la novela, y ésta resulta, por la sutileza de sus ideas y la perfección del estilo, una obra originalísima, si bien de lectura un poco fatigosa para el lector común a causa, sobre todo, de su riqueza de alusiones y simbolismos.

Tanto como en *El Criticón*, aunque no en panorama tan amplio, el pensamiento moral, el conocimiento directo del hombre se encuentran concentrados en esas quintas esencias tan gratas a Gracián, en las trescientas máximas del *Oráculo manual y arte de prudencia*. Es, además, ésta la obra a la que debe Gracián el haber sido autor muy divulgado entre un público de lectores cultos por toda Europa y el que se le conceptúe entre los precursores del individualismo moderno y los maestros de Schopenhauer y, en parte, de Nietzsche. Sacada de los aforismos que se discurren en sus anteriores tratados —como reza el subtítulo— es la síntesis de todos ellos y de las normas que en ellos se dan para alcanzar la excelencia en el carácter y en la conducta: heroísmo, discreción, galantería, arte del bien saber y del obrar con cordura, imagen del hombre perfecto y, sobre todo, del hombre prudente, del hombre de éxito.

Es inútil buscar unidad en el pensamiento de Gracián tal como aparece en esta obra. Muchas veces se han señalado sus contradicciones. Gracián, pese a su culto por la razón como timón que gobierna el rumbo de la vida en el discreto, no es un racionalista o, al menos, no lo es a la manera del racionalismo moderno. Es más bien un codificador de las normas de la voluntad. Vivir para él no es pensar, sino obrar adaptándose a todas las condiciones y circunstancias. "Ser hombre de todas las horas" porque "toda acción pide su sazón" y "la variedad… siempre fue hermosamente agradable." "Conocer y saber usar de las varillas." Y más que nada "vivir a la ocasión," norte de la prudencia en el sabio. Máximas, entre otras muchas de igual tenor, que pueden resumir el pensamiento de Gracián. La reflexión, la espera, la cautela no se encaminan en él al conocimiento de lo universal, sino a precaver al hombre contra la acción impremeditada y, por impremeditada, como surgida "al primer calor del deseo," peligrosa para el buen éxito en la vida.

El punto de arranque del arte de prudencia es para Gracián el conocimiento que el individuo debe poseer de su naturaleza personal e íntima para poder sacar el mayor partido de sus facultades innatas, utilizando cautelosamente las virtudes y disimulando los defectos. A ello se añade, como consejo fundamental, el no apasionarse ni descomponerse por nada, estando siempre atento a utilizar los vientos favorables de la fortuna o resistir, impasible, sus embates.

En cuanto a los otros hombres, al prójimo considerado individualmente, se ha notado muchas veces la dureza de Gracián en la censura de las limitaciones humanas. La mayoría de los hombres son crueles, ignorantes, torpes. Para alcanzar la excelencia hay que estar siempre a la defensiva contra el necio y, a veces, contra el desdichado: "Nunca por la compasión del infeliz se ha de incurrir en la desgracia del afortunado." Máxima la más anticristiana que cabe concebir.

Pero el anticristianismo de Gracián es sólo aparente: nuevo equívoco producto de un juego intelectual de agudezas, y aparece mitigado a través del *Oráculo* por el elogio constante de la virtud. Y así, la obra termina con la máxima "En una palabra, santo," llamamiento a la santidad, a la virtud y a la buena conciencia, como camino único de la felicidad.

Se ve, pues, quizá con mayor claridad en Gracián que en ningún otro escritor, la contradicción que latía en la cultura española desde los comienzos de la edad moderna y que da su dramatismo a la España crepuscular del siglo XVII. Contradicción entre el concepto estrictamente laico y estrictamente religioso del mundo; entre un sentido trascendente de fines divinos y otro inmanente de fines humanos en la vida; entre realidad e idealidad, entre la atracción y la repulsa del mundo, fórmula en que Spitzer encontraba el sentido del estilo de Quevedo. Sólo Cervantes logra superar la contradicción por medio del humor. En Quevedo el drama adquiere su máxima tensión. Calderón lo envuelve en la metafísica simbólica de su teatro. En Gracián se traduce en una moral equívoca sutilizada en la expresión sibilina de su extremo conceptismo. Hay, sin embargo, en el fondo de los equívocos de Gracián algo más que un puro juego de conceptos. Su moral se apoya en la afirmación de los valores de la personalidad humana, a diferencia de los moralistas de tipo ascético dominantes en la literatura española de su época. Éstos, ante la ruina total de los valores producida por la desintegración del humanismo y la crisis del poderío español, se dedican a negar todos los bienes de la vida y a meditar sobre la muerte. El hombre de Gracián, en cambio, debe pensar en desarrollar sus prendas individuales dentro de este mundo y, en cuanto al otro, en alcanzar una inmortalidad que, según vimos en *El Criticón,* más que como premio o castigo a la conducta se presenta como coronamiento de la sabiduría alcanzada mediante el cultivo de todos los primores y realces individuales.

Con Quevedo, Saavedra Fajardo y Gracián se acaba la gran prosa española del Siglo de Oro. El conceptismo cómico de Quevedo y el estilo equilibrado de Saavedra aún encuentran algunos imitadores mediocres en el siglo XVIII. En cambio, el abstracto y conciso conceptismo ideológico de Gracián no tiene quien lo continúe, a no ser entre algunos prosistas de nuestro siglo, especialmente José Bergamín.

V. El fin del teatro clásico: Calderón y sus contemporáneos

Después de la muerte de Góngora, Quevedo y Gracián, nada se produce en la prosa o en la poesía digno de recordarse. Sólo la producción teatral prolonga su esplendor hasta las décadas finales del siglo, gracias principalmente a la poderosa personalidad artística de Pedro Calderón de la Barca (1600-1681), el último de los grandes clásicos españoles.

La vida de Calderón no tiene el interés de la de Lope, Cervantes o Quevedo. Se educó con los jesuitas en Madrid, su ciudad natal, y continuó los estudios en Alcalá y Salamanca hasta 1620. Ese mismo año toma parte en un Concurso poético en honor de San Isidro. Fue soldado en la juventud y sacerdote en la vejez, cosas bastante comunes en la España de su tiempo.

También en la juventud aparece su nombre envuelto en varios incidentes violentos: una acusación de homicidio y la violación de la clausura de un convento (el de las Trinitarias, donde estaba Marcela, la hija de Lope). De su vida militar se tienen pocas noticias; ya maduro tomó parte en la campaña de Cataluña (1640). En contraste con lo que de impulsivo y mundano pudiera haber tenido en sus años juveniles, en Calderón domina el hombre reflexivo, rasgo que se acentúa al ordenarse de sacerdote en 1651. Gozó de máximo prestigio en la corte brillante de Felive IV. Su nombre va asociado a la inauguración del palacio del Buen Retiro, en 1635, y a numerosas representaciones palaciegas. El Rey le honró otorgándole cartas de nobleza y el hábito de Santiago. Fue respetado de todos y rara vez aparece mezclado en las violentas polémicas literarias de sus compañeros de letras.

Carácter, significación y valor del drama calderoniano. — Calderón no fue un creador en el sentido que lo fue Lope. En su teatro, no sólo sigue las líneas generales trazadas por Lope y continuadas por sus discípulos, sino que repite temas ya tratados por ellos. Su importancia suma —al punto de haber sido considerado, especialmente durante el Romanticismo, como uno de los más grandes dramaturgos de todos los tiempos— consiste en haber llevado a la perfección el sistema dramático de la "comedia" española.

Calderón ordena, estiliza e intensifica una visión dramática del mundo y una técnica teatral que recibe ya plenamente elaborada. Su drama es culminación de un rico proceso artístico.

Al estilo, casi siempre espontáneo de Lope, se contrapone, en las comedias de Calderón, una técnica esquemática, rigurosamente lógica, en la que todo está calculado, caracterizada por la claridad en el planteamiento y desarrollo del conflicto dramático. La acción se unifica: las intrigas secundarias, que Calderón introduce de acuerdo con la estética teatral lopesca, o son accesorias, ornamentales o se entrelazan temáticamente con la acción principal, sirviendo de contrapunto, y podrían suprimirse sin que el drama cambiase en lo esencial.

Esta concentración de lo dramático se traduce en otros dos caracteres específicos del teatro de Calderón, que lo diferencian también grandemente del de Lope: el predominio del protagonista y la sistematización ideológica de los motivos y sentimientos básicos de la comedia del Siglo de Oro. En Lope el protagonista ni se acusa, salvo excepciones, con mayor vigor que otros personajes, ni el drama o la comedia gira exclusivamente en torno a él. En las grandes obras de Calderón el protagonista lo domina todo: Pedro Crespo en *El alcalde de Zalamea*, Segismundo en *La vida es sueño*, don Gutierre en *El médico de su honra*. Y lo mismo ocurre en *El príncipe constante, El mágico prodigioso*, etc. Al centrarse el drama en un personaje, lo subjetivo adquiere una importancia que no tiene en Lope. El conflicto se hace interior. De ahí, el carácter dramático del monólogo calderoniano, en tanto que el monólogo lopesco es casi siempre lírico y con frecuencia independiente de la acción. Todo el drama de *La vida es sueño* está concentrado, planteado y resuelto en los tres monólogos de Segismundo. Por eso los personajes de Calderón son esencialmente razonadores. Razona Segismundo, antes y después del sueño: razona Pedro Crespo cuando decide matar al capitán que ha burlado a su hija en *El alcalde de Zalamea*; y don Gutierre, para matar a su mujer, doña Mencía, en *El médico de su honra*; y Cipriano, en *El mágico prodigioso*, antes del pacto con el demonio, y luego, en el Acto III, cuando decide renunciar a la posesión de Justina. A veces el razonamiento no es monólogo sino diálogo desarrollado en forma absolutamente lógica entre dos personajes cuyo contraste está también desarrollado en forma geométrica. Recuérdense, como ejemplo, las escenas entre don Lope de Figueroa y Pedro Crespo en *El alcalde*, o los debates entre Cipriano y el demonio o entre Cipriano y Justina, en *El Mágico*.

En esta manera de concebir a los personajes principales se ve claramente otra característica fundamental del drama calderoniano: su contextura ideológica. Podría decirse que en el teatro de Calderón las ideas y los conceptos determinan siempre los hechos y las acciones. Como ha explicado muy bien el profesor A. A. Parker, es un teatro cuya unidad dramática está en el tema y no en la acción, y en el que el tema se subordina a propósitos morales. La substancia del teatro de Lope es vital; la del de Calderón, abstracta, conceptual. Por eso los tradicionalistas del siglo XIX vieron en su teatro y no en el de Lope la síntesis del espíritu español de su época. Calderón fue aclamado entonces como el gran dramaturgo del honor, del sentimiento democrático dentro del acatamiento a la monarquía absoluta, y de la fe católica. Todo esto se halla en Lope. Es él quien lo crea; pero en Calderón se define conceptualmente y se expresa en forma acabada. Hay además en los dramas filosóficos de Calderón —y aún en muchos que aparentemente no lo son— toda una metafísica católica, escolástica y dualista, que dramáticamente se resuelve en antítesis de gran efecto entre la naturaleza, el instinto y la razón; entre el yo y el mundo exterior, o entre la voluntad y el entendimiento. Este conceptualismo idealista, unido al lirismo también conceptual de Calderón, es lo que entusiasmó a los románticos, sobre todo a los románticos alemanes. Para alguno de ellos, y para el mismo Goethe, Calderón era el gran genio del teatro. Guillermo Schlegel llegó a decir que Calderón había resuelto el enigma del universo en dramas como *La vida es sueño*. También algunos románticos ingleses, como Shelley, vieron en Calderón al poeta dramático y lírico por excelencia.

El esquematismo, la unidad de la acción dramática y los conceptos rígidos a que pueden reducirse las ideas se combinan en el teatro de Calderón con el arte barroco del estilo en toda su fuerza. Esto hace a veces que no se perciban bien las cualidades que hemos señalado como fundamentales en él; que lejos de dar la sensación de un drama claro y perfectamente construido, parezca más bien el suyo un drama esencialmente imaginativo y hasta confuso.

El estilo —entendiendo por tal no sólo el lenguaje, sino todos los elementos formales— se caracteriza por el artificio, un artificio sometido al rigor. En lugar de "la orden desordenada" de Cervantes, pudiera hablarse del "desorden ordenado" de Calderón, para quien todo es caos, fuera del mundo de la razón; una razón cuya función no es tanto conocer el universo para someterlo a la voluntad humana, a los fines de la vida, como dominar las pasiones del hombre para cumplir nuestro superior destino: el de alcanzar la salvación. Ese juego entre el desorden y el orden, entre el ímpetu y el sistema, se ve perfectamente en el lenguaje. Nunca es natural y caudaloso como en Lope. Es más bien un lenguaje pobre, comparado con el de otros escritores coetáneos, y casi siempre culto. Se ha hablado mucho del culteranismo y el conceptismo del lenguaje calderoniano. Lo típico, sin embargo, es que todo esté sometido a un sistema retórico: equilibrio de contrastes, metaforización, simetría, repeticiones, recapitulaciones, imágenes donde lo sensorial sirve de vehículo a la idea. Estilo y arte más afines al de Góngora y al de Gración, que al de Quevedo y al de Lope, aunque de Lope procedan muchos temas y la forma dramática. Utiliza además Calderón una gran cantidad de elementos accesorios, ya decorativos, ya de carácter estrictamente teatral: simbolismo, música y una escenografía complicada con alegorías, representaciones plásticas y ornamentales.

El de Lope es un teatro rápido, impresionista, dinámico. El de Calderón, lento, expresionista, contenido, aunque a primera vista y en algunas obras, por ejemplo en las comedias de capa y espada como *Casa con dos puertas* o *La dama duende,* dé una sensación de mayor movimiento, de extraordinaria complicación en la intriga. En Lope hay una fluidez de la acción que no existe nunca en el teatro de Calderón, donde el movimiento no resulta del ímpetu vital, irreflexivo de los personajes, como en Lope, sino que es más bien un movimiento calculado e ilusorio, como el de las columnas retorcidas de los retablos barrocos. Muchas veces la sensación de movimiento se transmite mediante la simple intensificación estilística del lenguaje conseguida por la acumulación de largas relaciones, tropos y toda clase de artificios retóricos.

Es, en resumen, el drama de Calderón un drama esencialmente teatral y teatralizado, puesto al servicio de unas ideas bien definidas. Todo está en él combinado para realzar el efectismo dramático y dar virtualidad a la estricta concepción ideológica del mundo en que se cristaliza el pensamiento español del siglo XVII.

Las diferencias entre el arte de Calderón y el de Lope se deben a varios factores: el distinto temperamento artístico; el proceso evolutivo de toda escuela o forma literaria que tiende a la estilización y amaneramiento; y los cambios profundos en el ambiente histórico y social.

El arte de Lope es siempre personal, y el poeta mismo aparece en la comedia bajo numerosos pseudónimos o se identifica con personajes y situaciones proyectando en ellos sus afectos, pasiones y experiencias. Calderón es uno de los escritores más impersonales que cabe concebir; su yo permanece siempre velado. Lope tiene el sentimiento vivo de la poesía —amor, canción, goce o dolor; su lirismo es espontáneo. El lirismo de Calderón es siempre pensado; resulta de una conceptualización intemporal del sentimiento y de una metaforización sistemática.

El segundo factor que hemos enumerado —proceso de estilización— sería visible en muchos aspectos, algunos de los cuales han sido ya señalados. Las ideas y temas dramáticos dominantes han perdido lo que de novedad y creación tenían en Lope; se han convencionalizado. Así, el sentimiento patriótico, nacional, histórico está en el teatro de Lope muy vinculado a la tradición épica medieval o a una conciencia viva imperial de superioridad por parte del español; en Calderón es un patriotismo argumentativo, político; lo nacional se ha hecho razón de estado. Lo mismo ocurre con la religión que, de fe incuestionable y devota, pasa a ser un sistema teológico de entender el mundo; la solución del problema de la vida y del destino humanos. Y así ocurre con el amor, con los celos, con el honor. El héroe que mata o muere por honor en el drama de Lope —*El caballero de Olmedo, Peribáñez* o *El castigo sin venganza*— obedecen, dentro de un código rígido, a pasiones aún vivas; en *El médico de su honra* o *El mayor monstruo, los celos,* se mata o muere fríamente, tras de anunciar y pesar silogísticamente las razones que obligan a la venganza. Desaparecen o pierden relieve temas renacentistas, como los pastorales, o muy característicos del siglo XVI, como los moriscos. Se ha perdido también el popularismo poético, tan importante en Lope; formas como el romance, la redondilla o la canción tienen en Calderón carácter más culto, al par que adquieren importancia la décima —usada por lo común en los monólogos— o la silva.

La mayor significación aún para entender las diferencias de los dos teatros —dentro de lo que tienen de unidad, de comienzo y principio de un ciclo— es la del ambiente histórico y social. En el teatro de Lope aún se respira un aire de plenitud y seguridad; en el de Calderón, la grandeza es ilusoria. A medida que avanza el siglo XVII, el teatro como espectáculo popular pasa por varias crisis y en diferentes momentos se suspenden las representaciones. En cambio se acentúa la influencia de la corte. Calderón termina siendo un dramaturgo casi exclusivamente cortesano y palaciego. Temas, estilo, representación, música, se aristocratizan y se hacen cada vez más exquisitamente artificiales en las comedias mitológicas y en la zarzuela —teatro musical, que Lope había también iniciado en *La selva de amor,* pero que no adquiere desarrollo pleno hasta Calderón. El barroco empieza a desintegrarse y se vislumbra ya el arte de primores fragmentarios del rococó.

No es menos característico el cambio en el terreno ideológico, en los contenidos intelectuales. En Lope se perciben todavía los últimos ecos del humanismo renacentista —amor, belleza, sentido de lo natural; Calderón se inspira en un neohumanismo escolástico, teológico y estoico, filosofía del desengaño y cristianización total de los temas paganos, grecolatinos, que tiene su origen en la enseñanza de los jesuitas. Adquiere, en suma, el teatro un carácter didáctico, disimulado bajo un ropaje cada vez más aparentemente brillante de poesía y espectáculos, a veces, fastuosos.

La unidad existe y, como dijimos al hablar de Lope, la "comedia" española es un fenómeno literario y estético cuya persistencia durante más de cien años no tiene quizás paralelo en ninguna otra literatura europea. Los elementos cardinales de la concepción dramática se mantienen, pero al mismo tiempo se transforman con una gran riqueza y variedad respondiendo a estímulos de dos o tres generaciones o al temple y sensibilidad de escritores tan distintos como Lope, Tirso o Calderón, para hablar sólo de las tres figuras mayores. En suma, Lope y Calderón representan el comienzo y el final de un completo ciclo literario y estético. El valor de sus obras, como el de toda creación artística, es ante todo producto personal, pero es también, en el terreno propiamente de la historia literaria, expresión del genio de un pueblo y una sociedad en una época determinada, como suele serlo —más que ningún otro género literario— todo teatro nacional.

La producción dramática de Calderón. — Fue común entre muchos escritores del siglo XVII un profesionalismo literario que les llevó a cultivar formas varias en prosa y verso. En Calderón, por el contrario, si exceptuamos algunos poemas sueltos, domina la vocación de dramaturgo. Autor bastante fecundo, aunque no se pueda comparar con Lope, dejó unas doscientas obras: 120 comedias, 80 autos sacramentales y unas 20 piezas menores, loas, entremeses, etc. Escritas, como era costumbre, para la representación, algunas con el concurso de otros dramaturgos, se publicaron a partir de 1635 cinco tomos o partes de su teatro (la última repudiada por él) y 12 autos.

En el conjunto, el teatro calderoniano presenta la misma variedad que el de sus predecesores y como cada uno de éstos sobresale en ciertos tipos de comedia, siendo, por la variedad, el que más se asemeja a Lope. Y así, aunque no sea lo más característico de su inspiración dramática, se le considera maestro en el arte de desarrollar y resolver las complicadas intrigas y embrollos de la "comedia de capa y espada," obras como las ya citadas —*Casa con dos puertas* y *La dama duende* o *Mañanas de abril y mayo, Guárdate del agua mansa, El escondido y la tapada, No hay cosa como callar*— carecen de trascendencia dramática, pero debían de tener, dado el gusto de la época, gran valor de entretenimiento: ambiente de aventura amorosa, de galantería y honor o enredos cómicos, sutilezas y equívocos.

Más típicos de Calderón son los dramas de honor y celos, al punto de haberse generalizado el adjetivo "calderoniano" para designar la venganza de agravios contra la honra. Tema y código están ya en Lope y sus continuadores. Calderón los extrema y fija con todo su efectismo trágico en obras como *A secreto agravio, secreta venganza, El pintor de su deshonra* y *El médico de su honra,* donde el marido hace que un sangrador mate a la mujer a sabiendas de que es inocente. En cuanto al tormento terrible de los celos y sus consecuencias trágicas es difícil ir más lejos que en *El mayor monstruo, los celos.* Dramas del honor, pero con ambiente y tema histórico-legendario, son, asimismo, *El alcalde de Zalamea* y *La niña de Gómez Arias.*

Es característico de Calderón el dar connotaciones patrióticas o religiosas a algunas comedias históricas. De ello pueden ser ejemplo la exaltación del soldado español en *El sitio de Breda,* la polémica catolicismo y protestantismo en *La cisma de Inglaterra* sobre Enrique VIII, Ana Bolena y María Tudor, o *El príncipe constante* que partiendo de un hecho histórico —la expedición a Marruecos y el cautiverio en Fez del príncipe don Fernando de Portugal— se convierte en comedia religiosa con connotaciones teológicas y filosóficas.

La religión es el tema primordial de Calderón. Hay comedias de santos como la del tipo de *El purgatorio de San Patricio, El gran príncipe de Fez* y *Los dos amantes del cielo,* donde se ilustran diversos problemas religiosos y se dramatizan leyendas piadosas; comedias bíblicas como *Los cabellos de Absalón*; comedias de prodigios milagrosos como *La devoción de la Cruz,* donde el tema de la salvación del pecador sobre un fondo de bandolerismo y crimen se lleva al límite del melodramatismo; o comedias de significación más filosófica como *El mágico prodigioso.* A su vez, las comedias específicamente filosóficas, como *Saber del bien y del mal* o *La vida es sueño,* sirven para ilustrar tesis teológicas o una ontología de base católica.

A partir de 1650 aproximadamente Calderón se dedica a los autos sacramentales y a la comedia mitológica, de la que pueden ser bellos ejemplos *La estatua de Prometeo, El golfo de las sirenas, El hijo del sol, Faetón* y *Eco y Narciso.* De tema mitológico son también las llamadas zarzuelas —obras de carácter musical a imitación de la ópera italiana, que reciben su nombre del Real Sitio de la Zarzuela, donde se representaban— como *La púrpura de la rosa,* sobre Venus y Adonis, *El jardín de Falerina* o *El laurel de Apolo.*

Es fácil ver en la enumeración anterior que no se pueden establecer límites precisos entre las obras de tipo vario en el teatro de Calderón, menos aún que en el teatro de los autores que le preceden. En medio de su gran multiplicidad de temas, motivos y efectos Calderón alcanza la síntesis mediante una concepción dramática y a la vez filosófica del mundo y de la vida, concepción que unifica las cosas más opuestas: prodigios, magia, monstruos, astros y lucha de los elementos, de un lado; del otro, la solidez de un sentido moral trascendente y divino, monarquía, razón de estado, honor y justicia en el orden social; vencimiento de los instintos y pasiones por medio de la fe, la razón y la voluntad en el orden moral y espiritual.

Tres comedias. — En el teatro, a semejanza de lo ocurrido con la poesía, el gusto del siglo XX ha reaccionado en parte contra las valorizaciones del siglo XIX y en el caso de Calderón se han revalorizado, por ejemplo, la comedia poética y la mitológica, o han pasado a ocupar lugar importante los autos sacramentales. Queda en pie, sin embargo, la selección tradicional que ha destacado, sobre las demás, dos comedias, *El alcalde de Zalamea* y *La vida es sueño,* y muy cerca de ellas *El mágico prodigioso.*

Es digno de notarse el hecho de que la obra de éxito más permanente del teatro de Calderón y aún del teatro español (es la única que sigue representándose sin grandes interrupciones) pertenezca a un tipo de comedia villanesca —drama rústico del honor— mucho más característico de Lope. Nada tiene de filosófico, teológico ni lírico, las notas más comunes en la producción calderoniana. Es sabido, además, que Calderón, como en otras comedias, rehace y sigue bastante de cerca una obra anterior del mismo título, durante mucho tiempo atribuida a Lope, atribución hoy rechazada. [10] Y sin embargo Calderón consigue que se hayan olvidado to-

---

[10] La última y más precisa comparación entre *El Alcalde* de Calderón y la comedia que le sirve de modelo puede verse en el libro *The Dramatic Craftsmanship of Calderón* de Sloman. El libro consiste en la confrontación de ocho comedias con sus modelos respectivos para llegar a definir todo lo que hay de personal y propio en el arte de Calderón. Véase también la confrontación de *La vida es sueño* con la comedia *Yerros de naturaleza y aciertos de la fortuna* del propio Calderón en colaboración con Antonio Coello.

dos los antecedentes del mismo género y, entre ellos, el que le sirve de modelo inmediato. Por lo que se refiere al tema —abusos del poder de la nobleza, representada en este caso por el ejército, y violación de la villana— Calderón lo deja reducido a los elementos esenciales en un drama de construcción sólida. Por lo que se refiere al personaje dramático, el villano cobra en Pedro Crespo entereza y vigor extraordinarios. Más que figura convencional, logra comunicarnos la impresión de ser un hombre verdadero. Vino así a convertirse en el héroe representativo por excelencia de la actitud democrático-monárquica con que el pueblo aparece siempre en la comedia, y en símbolo del carácter popular hecho de austeridad, sensatez y acatamiento jerárquico, unidos, en el terreno de los valores morales, al sentimiento del honor como síntesis de la dignidad humana.

Fuerte, contento con su humilde condición de villano, respetuoso con los superiores y acatando siempre toda autoridad establecida, no acepta nada que vaya en menoscabo de sus derechos. Ni se considera inferior a nadie ni consiente la más mínima acción que pueda empañar su honra. Respeta cuando es respetado. Trata con la cortesía debida a don Lope, el general del ejército alojado en su casa. Cuando don Lope, por soberbia, le habla fuerte, él, Pedro Crespo, habla fuerte; le recuerda que en lo que atañe al honor no hay quien sea más que otro, porque el honor es patrimonio del alma, que es el don divino por el cual los hombres son iguales. Y cuando, después de que el capitán ha forzado a su hija, se ve elegido alcalde por el pueblo, el drama se carga de significaciones. Pedro Crespo es a la vez el villano ofendido en lo que más estima; el padre, angustiado por el dolor y el juez llamado a sentenciar su propia causa. Sobreponiéndose a los impulsos que le incitan a reparar su honra tomando la venganza por su mano, deja la espada a un lado, empuña la vara de alcalde y sentencia al capitán. Ya no es sólo el villano ultrajado, es el símbolo de la justicia, el ejecutor de la ley y el representante del pueblo como clase social frente a los abusos de la clase militar. El rey sanciona la justicia de Pedro Crespo.

La claridad y efecto dramático se debe, en gran parte, al rigor técnico y la unidad que suele dar Calderón a sus obras. Oposición y síntesis de grandes metáforas y sentimientos conceptualizados. Ciudad y campo teatralizados en el contraste entre la villa, con la casa de Crespo como centro, y el monte donde queda Isabel abandonada a su desesperación. Paralelismos varios: de figuras (Crespo-Don Lope); de objetos: la espada, símbolo de la honra ("Ya tengo honra, pues tengo espada con que seguiros") y la vara, símbolo de la justicia; de escenas y masas (paz doméstica-turbulencia de la calle o grupos de soldados y villanos contrapuestos). Y, sobre todo, polaridad típicamente calderoniana de Razón-Naturaleza, como advirtió Casalduero, que resume así el sentido de la comedia: "*El Alcalde de Zalamea* no es otra cosa que la lucha entre la ley-razón, Pedro Crespo, y la naturaleza, el capitán." [11]

Conceptualización que no quita al drama ni su valor humano ni su significado social, elemento, sin duda menor, dados los supuestos de la dramaturgia calderoniana; presente, sin embargo, al convertir claramente un conflicto personal en conflicto civil —ejército-municipio— e incluso en la la burla de una clase inútil, la de hidalgos empobrecidos y sin poder, representada en el ridículo Don Mendo.

Lo mismo que en *El alcalde de Zalamea* se compendia la larga tradición de la comedia villanesca, en *El mágico prodigioso* culmina el teatro religioso-teológico del Siglo de Oro. Basada en la leyenda de San Cipriano y Santa Justina, esta comedia dramatiza el doble tema fáustico del pacto con el demonio y la incitación de la vida. Es obra de gran belleza, no limpia siempre de excesos barrocos. En ella Calderón combina la claridad en la exposición de la doctrina central con un intenso lirismo. La doctrina es la del libre albedrío —común a muchísimos dramas: el hombre puede decidir entre el bien y el mal; puede salvarse dominando sus propios instintos. Es lo que al fin hace Cipriano. El lirismo nos hace sentir el poder de esos instintos, la fuerza del amor, sobre todo en la bella escena de la tentación de Justina (Jornada III), donde toda la naturaleza se conjura en forma inquietante para vencer su resistencia.

Y aquí se enuncia de manera explícita la esencia del libre albedrío, cuando el Demonio pregunta a Justina cómo podrá librarse de su poder:

> JUSTINA.   Sabiéndome yo ayudar
> del libre albedrío mío.

> DEMONIO.   Forzaréle mi pesar.

> JUSTINA.   No fuera libre albedrío
> si se dejara forzar.

Y el Demonio, al fin vencido, exclama:

> Venciste, mujer, venciste
> con no dejarte vencer.

---

[11] Véase *Contribución al estudio del tema de Don Juan,* ya citado, pág. 79.

Cipriano, en lugar del cuerpo amado, estrecha entre sus brazos un esqueleto. Desengañado, se convierte y recibe el martirio juntamente con la que fue objeto de su amor. El desengaño —experiencia de la vida— y, tras el desengaño, la razón le han enseñado el camino de la verdad.

Es el mismo tema y la misma filosofía que, con una estructura dramática más compleja y a la vez más perfecta, encontramos en *La vida es sueño,* la obra suprema del teatro español y en la que Calderón se eleva a la mayor universalidad.

Es una comedia filosófica, pero de tema novelesco y ambiente totalmente poético, en la que, a través del drama íntimo de Segismundo, las ideas, o, si se quiere, los lugares comunes de la creencia, adquieren mayor profundidad humana que en ningún otro drama. El conflicto, de concepción religiosa, entre el libre albedrío y la predestinación —que toma en la obra la forma del influjo de los astros sobre el carácter de Segismundo— se proyecta sobre las interrogaciones eternas del ser humano: ¿Qué es la vida? ¿Qué es la realidad? Ante la evidencia que el hombre tiene de la muerte, del paso de todas las cosas, y ante las limitaciones que el mundo pone a la satisfacción de nuestros instintos, ¿cuál es el radio de la libertad humana?

> Y teniendo yo más alma,
> ¿tengo menos libertad?,

se pregunta Segismundo cuando se compara con otros seres de la naturaleza. El hombre, en su conciencia, se siente desvalido, en tanto que las demás criaturas obedecen a la ley natural, viven dentro de una armonía cósmica. Y luego, reducido de nuevo a su prisión, después de haber gozado, como rey, de la gloria, del poder, del lujo, recibe la lección del desengaño y llega a la conclusión de que todo pasa como un sueño.

La solución está clara. Es, una vez más, la idea de la ortodoxia católica. El hombre es el único ser que tiene conciencia de la inmortalidad. Esta vida es sólo real en función de la otra, de la eterna. El fin de la vida humana es ganar la verdadera vida, la eterna; para ello el hombre tiene que dominar sus instintos, fuente del mal. El mundo, la naturaleza engendran el pecado. La fe, la gracia, la razón y la voluntad son las armas que Dios ha dado al hombre para combatir sus inclinaciones, para que le guíen en el laberinto oscuro —como la caverna de Segismundo— que es la existencia; y para librarse de las cadenas que le atan a su naturaleza animal. Pesimismo cristiano frente a lo temporal y optimismo trascendente.

Lo interesante y lo característicamente español del drama es que, en el fondo, el dilema no se resuelve ni con el renunciamiento a la vida ni, como en Hamlet, con la violencia y la muerte, sino con la aceptación de la vida, de las responsabilidades que ella impone —en el caso de Segismundo, el gobierno de sus estados— y, sobre todo, de la ley moral:

> A reinar, fortuna, vamos:
> no me despiertes si duermo,
> y si es verdad no me aduermas;
> mas sea verdad o sueño,
> obrar bien es lo que importa;
> si fuere verdad, por serlo;
> si no, por ganar amigos
> para cuando despertemos.

Aparte de esta solución fundamentalmente católica, la obra conserva todo su significado humano porque en ella plantea Calderón un problema que tiene realidad en todos los tiempos: la inquietante pregunta sobre el ser —¿es un crimen el nacer?— de la que dimanan las dudas del hombre ante su destino, ante la felicidad y el dolor.

Obra problemática, más que ninguna otra del teatro español. El que sepamos de antemano la solución, que no podía desviarse de la fe y el espíritu contrarreformistas, no le resta ni efectividad dramática ni emoción poética. En forma magistral desarrolla Calderón el conflicto y la tesis; ordena y contrapone numerosos temas mayores y menores característicos de su teatro; y utiliza todos los recursos de su retórica.

Poesía y drama encuentran una rara unidad. La filosofía sirve, sin duda, de punto de partida y de apoyo a toda la obra, pero no desvirtúa en lo más mínimo el proceso dramático. Más bien lo realza, puesto que no hay gran obra literaria universal sin un soporte filosófico. Dicho proceso se centra en el despertar de la conciencia de Segismundo, representación del hombre natural, supuestamente sometido a la fatalidad de los astros y no a la ley moral. El tema central es, si se quiere, el de la *educación* de Segismundo a través de la propia experiencia. Tema que no deja de tener su semejanza, por ejemplo, con *El criticón* de Gracián. Pero con una diferencia: que Segismundo no es pura abstracción ni tiene a Critilo al lado. Es persona dramática que aprende pasando por el dolor. Su experiencia no es puramente intelectual, sino íntima, y en ella juegan papel decisivo las dos grandes fuerzas de la vida: el poder y el amor. Para terminar con el vencimiento de sí mismo, con el dominio de los instintos.

De su sueño queda justamente el recuerdo del poder y la gloria y, sobre todo, el del amor:

> De todos era señor ...
> ... ...
> sólo a una mujer amaba.
> Que fue verdad, creo yo,
> en que todo se acabó
> y esto sólo no se acaba.

El amor persiste. Y Segismundo muestra haber aprendido completamente la lección, haber dominado por completo al hombre instintivo ("... reprimamos / esta fiera condición") cuando no sólo se postra a los pies de su padre, perdonándole el experimento que con él había hecho, sino que renuncia al amor de Rosaura —que poco antes había pensado en gozar— y hace que se case con Astolfo y él acepta por esposa a su prima Estrella.

Mucho más espacio requeriría el análisis de la obra —temas, personajes, símbolos, etc. No lo consideramos necesario. Aparte de su claridad, es la obra quizás más comentada de la literatura española, con excepción del *Quijote*. Recomendamos especialmente, entre los comentarios recientes, el de Joaquín Casalduero, citado en la bibliografía.

Los "Autos sacramentales". — Con la creación extraordinaria de los autos sacramentales se corona lo fundamental del sistema calderoniano: dramatización poética de lo que era para él la verdad religiosa; alegorización de los elementos; oposición entre naturaleza y vida humana, lo temporal y lo eterno. En ellos culmina también la tendencia de la estética barroca: espectáculo y poesía, la palabra y lo visual como vehículo de un complejo artístico. Estética eminentemente simbólica, expresa lo espiritual materializándolo en imagen. Intenta, como dice el propio Calderón:

> Dar a las ideas bulto
> de figuras aparentes.

Tampoco es Calderón el inventor del auto. Es éste, por el contrario, como vimos en el capítulo VII, una de las formas que antes se definen en el siglo XVI y nueva modalidad de la tradición del teatro eclesiástico de la Edad Media. Destinado a la representación en la fiesta del Corpus Christi, todos los autores lo cultivan y algunos, como Timoneda, Mira de Amescua, Valdivielso o el mismo Lope (que escribe algunos bellísimos) van perfeccionándolo y enriqueciendo su temática. El auto puede utilizar, dentro de su estricto carácter religioso, los temas más varios, bíblicos, de vida de santos y hasta de carácter profano, históricos y mitológicos. Calderón no se aparta de las líneas esenciales, pero fija y eleva el género a su máxima expresión artística. Refuerza, por un lado, su significación teológica y, por otro, la técnica simbólico-alegórica y el carácter abstracto de los personajes. Universaliza así, dándole contenido filosófico, esplendor teatral y sentimiento lírico, una concepción dramática, cuya esencia estriba en el sentido de la vida humana, extraviada en una confusión cósmica, hasta encontrar la luz eucarística, que alumbra y dirige su entendimiento; o, en otros términos, el hombre pecador entregado ciegamente a sus pasiones, redimido por el sacrificio de Cristo, hecho cuerpo en el pan eucarístico.

Son muchos y muy diversos los autos calderonianos (ya dijimos que se conservan unos ochenta), y Ángel Valbuena, crítico que, con A. A. Parker, lo ha estudiado más detenidamente, da por segura la atribución de unos sesenta. A Valbuena se debe la clasificación más sistemática por asuntos: a) Autos filosóficos y teológicos; b) mitológicos; c) de temas del Antiguo Testamento; d) inspirados en parábolas y relatos evangélicos; e) de circunstancias; f) históricos y legendarios; g) Auto de Nuestra Señora.

De todos ellos, dos presentan mayor interés para un lector actual: *El gran teatro del mundo,* considerado, con razón, como una de las grandes creaciones del genio calderoniano, y el *Auto de la vida es sueño,* por las semejanzas y diferencias con la comedia. Son varios los autos en que Calderón trata un asunto común a alguna comedia.

En *La vida es sueño,* ideas y tema son los mismos: el triunfo sobre los instintos de la voluntad del hombre asistida por el entendimiento. La acción, aunque mucho más concentrada, es en parte paralela a la de la comedia. Pero todo toma forma simbólica. El drama psicológico de Segismundo, perdido en la caverna y en el laberinto de su soledad, toma aquí la forma de la representación paralela de dos órdenes: el de la naturaleza con sus cuatro elementos —agua, aire, tierra, fuego— y el espiritual —sabiduría y amor— enfrentados con el Poder. El hombre, el Príncipe, emerge de las Tinieblas. Y al final su triunfo sobre sí mismo se transforma en la redención del Hombre ayudado por la Sabiduría, la Gracia y los sacramentos del Bautismo y la Eucaristía.

En *El gran teatro del mundo,* una vieja metáfora, de origen platónico —la vida como *theatrum mundi,* dirigido por Dios— reaparece, como dice Curtius, "en un teatro vivo y se convierte en la expresión de una concepción teocéntrica de la vida humana, que no conocían ni el teatro francés ni el inglés." El tema se hace lugar común en toda la literatura española del barroco, y como tal lo encontramos en múltiples obras. Hasta Sancho sabe que la vida es como una comedia donde cada uno hace su papel. Estaba reservado, sin embargo, a Calderón el darle cuerpo y emoción artística. Como se recordará, aparece Dios como el Autor (en el sentido antiguo de director) de la comedia que es la vida, representada por varios personajes, algunos de los cuales —el Pobre, la Discreción y el Rey— reciben, como premio a sus buenas obras, la Gloria, en tanto que el Rico se condena, el Niño va al Limbo y la Hermosura y el Labrador van al Purgatorio.

Dramaturgos contemporáneos de Calderón. — Lo mismo que ocurre con respecto a Lope, en torno al autor de *La vida es sueño* se agrupa un número considerable de escritores dramáticos. Forman lo que se ha llamado "el ciclo de Calderón." No se trata de una escuela organizada, sino de coincidencias de estilo. En general, el teatro de estos dramaturgos presenta caracteres análogos. Es un teatro estilizado en relación con el de Lope y los "lopistas."

Dos, al menos, de los contemporáneos de Calderón, tienen una personalidad bien definida; son escritores importantes: Francisco de Rojas Zorrilla (1607-1648) y Agustín Moreto (1618-1669). Relegados a un lugar secundario por las grandes figuras, cada uno de ellos compuso, al menos, dos o tres comedias que se cuentan entre las más bellas y perfectas del teatro clásico español.

Rojas, autor bastante fecundo, es conocido, sobre todo, por la comedia *García del Castañar o Del rey abajo, ninguno,* considerada como el drama más perfecto del honor entre nobles, igual que *El alcalde* de Calderón lo es del honor rústico. En ambas lo característico no es la invención, sino la claridad y vigor con que se define el tema, elaborado ya antes en numerosas obras.

Une Rojas con maestría el tema del honor del villano —que resulta ser un rústico simulado, en realidad un noble— con la idea del máximo respeto debido a la figura del monarca. En *Del rey abajo, ninguno* se poetizan e integran dramáticamente otros temas muy de la época: el de la tranquilidad de la vida campestre, marco del amor conyugal entre García y Blanca, que las bajas pasiones de un cortesano vienen a alterar; el de la armonía de la naturaleza; y el de las variaciones de la fortuna, que de la cumbre de la felicidad sume a los protagonistas en un conflicto trágico.

Otras notas propias del teatro de Rojas serían las siguientes: calidad poética, con tendencia al gongorismo; la solución de los conflictos del honor en forma humana, que lo acercaría a Alarcón; y la fina psicología en el trazo de los personajes, comparable a la de Tirso. En diverso plano están los valores que podríamos llamar realistas: importancia de los elementos picarescos y costumbristas, paralela a la que toman en la novela de la misma época; y, rasgo fundamental, el de la estilización de lo cómico en las "comedias de figurón" como *Entre bobos anda el juego,* o en las satíricas como *Abre el ojo* y *Lo que son las mujeres.* Ambas formas son paralelas a la evolución hacia lo caricaturesco y satírico que hallamos en la prosa de Quevedo y sus contemporáneos. Como se ve, el paralelismo entre los géneros es constante y prueba que la sensibilidad de una época se manifiesta en todas sus formas artísticas.

Lo característico del teatro de Moreto, dentro de las semejanzas que presenta con el de Calderón o el de Rojas, es la finura de ingenio, la estilización de lo cortesano con un matiz elegante que indica la evolución del estilo barroco con sus exageraciones hacia el "rococó" del XVIII. En el refinado juego psicológico de *El desdén con el desdén* o en el elemento bufo de *El lindo don Diego* hay algo ya del teatro dieciochesco de Marivaux, Beaumarchais o Goldoni.

Es la obra de Moreto ejemplo patente de lo ocurrido en la evolución del teatro. Casi todas sus comedias —religiosas, históricas, del honor— son refundiciones. Y, sin embargo, en sus mejores aciertos es escritor personalísimo y de estilo inconfundible. Es, sobre todo en la comedia ligera como *El desdén,* artista del matiz, que se manifiesta de diversas maneras: diálogo fluido, movimiento de las figuras, juego de la ilusión y los enredos, gradación de la estrategia amorosa y el ingenioso discreteo de damas y galanes, equilibrio de lo cómico y lo sentimental. Crea, con igual arte, situaciones y ambientes, como las fiestas en el jardín y el baile de máscaras. Y sabe dar relieve a la figura del gracioso que, de simple remedo del héroe, pasa, como ocurre con Polilla, a ser personaje principal. Para todo ello existen precedentes, pero hay que pensar en el mejor Lope de la comedia urbana —el Lope de *La dama boba*— o en el Tirso de *El vergonzoso en Palacio* para encontrar parangón. Y aun es posible que en la comedia de Moreto haya menos elementos superfluos, menos peso muerto y de puro relleno, que hoy alejan tanto el teatro español clásico de nuestra sensibilidad.

Es de notar que tanto Rojas como Moreto son probablemente los dramaturgos más imitados por los comediógrafos franceses —Scarron,

Rotrou, Molière. Moreto fue además uno de los pocos autores conocidos y gustados tras la reacción negativa del neoclasicismo dieciochesco.

Se ve bien en estas postrimerías del teatro clásico la doble y contrapuesta dirección del arte barroco: hacia la hinchazón, exceso y desmesura en un sentido; y, en otro, hacia la belleza, el buen gusto, la visión y recreación artística de las cosas y las realidades de lo social, antecedentes de la sensibilidad burguesa. Dámaso Alonso ha señalado "la monstruosidad y la belleza" del mundo gongorino, categorías que, en diferentes niveles y aplicadas a diferentes objetos, podrían darnos la clave estética del siglo. Y sería interesante, ya en este camino, la confrontación con la pintura de la época, que tantas semejanzas presenta con la literatura: dramatismo religioso con tendencia a lo ascético y lo macabro, algunos temas mitológicos, pero al mismo tiempo bodegones y naturalezas muertas, distinción suprema de retratos aristocráticos, riqueza de telas y materias. Para elegir sólo un par de ejemplos entre los más conocidos, Zurbarán es el pintor de monjes y santos atormentados, dramatizados, y, a la vez, de esas santas —Ágata, Úrsula, Casilda— todas delicadeza, humanidad y elegancia, o de algunas de las más hermosas naturalezas muertas. Y Murillo pinta Purísimas y cuadros bíblicos de una artificialidad extrema, pero pinta asimismo chiquillos y deliciosas escenas familiares.

Como ocurre con la generación de Lope, hubo en este momento, que se prolonga hasta fines de siglo, otros cultivadores del teatro, algunos no sin mérito. Vista su producción en bloque, representan la decadencia cada vez más aguda y el agotamiento del género. Entre ellos citaremos a Álvaro Cubillo de Aragón, Francisco de Bances Candamo, Juan de Matos Fragoso, Alonso de Castillo Solórzano, Antonio de Solís, Juan Hoz y Mota, José Cañizares y Antonio de Zamora. Con estos últimos dramaturgos da la literatura española de la época áurea sus resplandores ya muy tenues. En el drama, como en los otros géneros, se entra en una decadencia completa, y pasarán más de cien años hasta que se renueven las fuentes de la inspiración poética.

Lo que de interesante tendrá el siglo XVIII pertenece a un orden de valores distinto del estético y literario.

[Selecciones: del Río, *Antología*, I, 614-631; 650-677; 709-837.]

BIBLIOGRAFÍA

[Véase bibliografía general de los capítulos anteriores.]

1   GENERAL

E. Ibarra, *España bajo los Austrias,* Barcelona, 1929.
R. Trevor Davies, *Spain in Decline: 1621-1700,* London, 1957.
A. Cánovas del Castillo, *Historia de la decadencia de España desde Felipe III,* 2.ª ed., Madrid, 1911
———, *Estudios del reinado de Felipe IV,* 2.ª ed., Madrid, 1927.
M. Hume, *The Court of Philip IV. Spain in decadence,* s. a.
J. Deleito y Piñuela, *La España de Felipe IV,* Madrid, 1928.
G. Marañón, *El conde-duque de Olivares,* Madrid, 1936.
J. Juderías, *Carlos II y su corte,* Madrid, 1912.
M. Herrero García, *Ideas de los españoles del siglo XVII,* Madrid, 1928.
B. Croce, *Ricerche hispano-italiane,* Napoli, 1898, vol. I.
G. Díaz-Plaja, *El espíritu del barroco,* Barcelona, 1940.

[Sobre Barroco véanse especialmente los artículos de Hatzfeld y Macrí y el libro de Coutinho en la nota 2, con referencias bibliográficas muy completas.]

2   GÓNGORA Y LA POESÍA

Luis de Góngora, *Obras poéticas,* ed Foulché-Delbosc, New York, 1921, 3 vols.; *Obras completas,* ed. I. y J. Millé Jiménez, Madrid, 1935; *Romances,* ed. Cossío, Madrid, 1927; *Las soledades,* ed. D. Alonso, 1927, 1936; *Góngora y el Polifemo,* con ed. y versión en prosa de D. Alonso, Madrid, 1960; *Poesías, Polifemo, Soledades and other poems,* ed. Barker, Cambridge, 1942.
The Solitudes of Góngora, Translated into English Verse by Edward Meryon Wilson, Cambridge, 1931.
Antología poética en honor de Góngora, ed. G. Diego, Madrid, 1927.
L. P. Thomas, *Le lyrisme et la préciosité cultistes en Espagne,* Halle, 1909.
J. García Soriano, "Carrillo y los orígenes del culteranismo," en *Bol. de la R. Academia Española,* XIII (1926), 591 y ss.
L. P. Thomas, *Góngora et le gongorisme considérés dans leurs rapports avec le marinisme,* Paris, 1911.
R. Menéndez Pidal, "Culteranos y conceptistas," en *España y su historia,* vol. 2, 503-547.
J. M. Cossío, *Fábulas mitológicas en España,* Madrid, 1952.
K. Vossler, *La soledad en la poesía española,* Madrid, 1941.
M. Artigas, *Biografía y estudio crítico de don Luis de Góngora,* Madrid, 1925.
A. Reyes, *Cuestiones gongorinas,* Madrid, 1927.

W. Pabst, *Góngoras Schöpfung in seinen Gedichten Polifemo und Soledades,* New York, 1930.

E. Joiner-Gates, *The Metaphors of Luis de Góngora,* Philadelphia, 1933.

D. Alonso, *La lengua poética de Góngora,* Madrid, 1935.

———, *Estudios y ensayos gongorinos,* 2.ª ed., Madrid, 1961.

A. Vilanova, *Las fuentes y los temas del Polifemo de Góngora,* Madrid, 1957, 2 vols.

J. Guillén, "Poetic Language: Góngora," en *Language and Poetry,* Harvard Univ. Press, 1961.

G. Diego, *Nuevo escorzo de Góngora,* Santander, 1961.

Documentos gongorinos: Los discursos apologéticos de Pedro Díaz de Rivas; *El Antídoto,* de Juan de Jáuregui, ed. de E. J. Gates, México, 1960.

M. Zambrano, *Pensamiento y poesía en la vida española,* México, 1939. (Contiene un buen análisis de la *Epístola moral a Fabio.*)

A. Lumsden, *Spanish Golden Age Poetry and Drama,* Liverpool, 1946.

3   QUEVEDO

Francisco de Quevedo, *Obras completas,* BAE, vols. XXIII, XLVIII y LXIX; ed. Fernández Guerra y Menéndez Pelayo, Bibliófilos Andaluces, Madrid, 1897-1907, 3 vols.; ed. Astrana Marín, Madrid, Aguilar, 1932, 2 vols. [I, Prosa; II, Verso]; *Historia de la vida del Buscón,* ed. Castro, *Clásicos Castellanos,* Madrid, 1927; ed. crítica de Selden Rose, Madrid, 1927; *Los sueños,* ed. Cejador, *Clásicos Castellanos,* Madrid, 1916-17, 2 vols.; *Obras satíricas y festivas,* ed. Salaverría, *Clásicos Castellanos,* Madrid, 1924; *Epistolario completo,* ed. Astrana, Madrid, 1946.

E. Mérimée, *Essai sur la vie et les œuvres de Francisco de Quevedo,* Paris, 1886.

J. Juderías, *Don Francisco de Quevedo y Villegas: la época, el hombre, las doctrinas,* Madrid, 1923.

R. Bouvier, *Quevedo, homme du diable, homme de Dieu,* Paris, s. a.

J. Astrana Marín, *La vida turbulenta de Quevedo,* Madrid, 1945.

E. Carilla, *Quevedo (Entre dos centenarios),* Tucumán, 1949.

L. Spitzer, "Die Kunst Quevedos in seinens *Buscón,*" en *Archivum Romanicum,* XI (1927), 511-580.

R. Lida, "Estilística. Un estudio sobre Quevedo" [sobre el estudio de Spitzer], en *Sur,* I (1931), 163-177. Otros estudios de Lida sobre Quevedo, en su libro *Letras hispánicas,* México, 1958, 103-162.

A. Castro, "Escepticismo y contradicción en Quevedo," en *Semblanzas y estudios españoles,* 391-396.

F. Ayala, "Observaciones sobre *El Buscón,*" en *Experiencia e invención,* 159-170.

A.Mas, *La caricature de la femme, du mariage et de l'amour dans l'œuvre de Quevedo,* Paris, 1957.

P. Laín Entralgo, "La vida del hombre en la poesía de Quevedo," en *Cuadernos Hispanoamericanos,* 1948, 63-101.

D. Alonso, "El desgarrón afectivo en la poesía de Quevedo," en *Poesía española,* 529-618.

O. H. Green, *Courtly Love in Quevedo,* Univ. of Colorado Press, 1952.

M. Durán, "El sentido del tiempo en Quevedo." Tirada especial de *Cuadernos Americanos,* México, 1954.

4   PROSA DIDÁCTICA

Saavedra Fajardo y Fernández Navarrete, *Obras,* BAE, vol. XXV.
Obras escogidas de filósofos españoles, BAE, vol. LXV.
Diego de Saavedra Fajardo, *Idea de un príncipe político cristiano representada
en cien empresas,* ed. García de Diego, *Clásicos Castellanos,* Madrid, 1927-
1928, 3 vols.; *Obras completas,* ed. González Palencia, Madrid, 1946.
————, J. M. Ibáñez, *Saavedra Fajardo, Estudio sobre su vida y sus obras,*
Murcia, 1884.
F. de Ayala, *El pensamiento vivo de Saavedra Fajardo,* Buenos Aires, 1941.
Baltasar Gracián, *El criticón,* ed. Romera-Navarro, 1938-40, 3 vols.; *Tratados,*
ed. Reyes. Madrid, Calleja, 1918; *Agudeza y arte de ingenio,* ed. Ovejero,
Madrid, 1929; *Obras completas,* ed. Correa Calderón, Madrid, 1944; ed.
A. del Hoyo, Madrid, 1960.
The Oracle: A Manual of the Art of Discretion (Texto español y versión
inglesa), ed. L. B. Walton, London, 1953.
A. Coster, "Baltasar Gracián," en *Rev. Hispanique,* XXIX (1913), 347 y ss.
A. F. G. Bell, *Baltasar Gracián,* Oxford, 1921.
A. Rouveyre, *Baltasar Gracián: Pages caractéristiques. Précédées d'un étude
critique,* Paris, 1925.
J. F. Montesinos, "Gracián o la picaresca pura" [*Cruz y Raya,* 1933], en *Ensa-
yos y estudios...,* 132-146.
M. Romera Navarro, *Estuaios sobre Gracián,* Univ. of Texas, Austin, 1950.
M. Batllori, S. J., *Gracián y el barroco* [*Storia e Letteratura: Raccolta di
studi e testi,* no. 70], Roma, 1958.
E. Moreno Báez, "Filosofía del *Criticón*" [Discurso], Univ. de Santiago, 1959.
K. Heger, *Baltasar Gracián: Estilo y doctrina* [Tesis de la Univ. de Heidel-
berg, 1952, tr. del alemán], Zaragoza, 1960.

[Con motivo del centenario en 1958 se publicaron muchos artículos y homenajes: son interesantes los de J. A. Maravall, en *Rev. de la Univ. de Madrid,*
VII, núm. 27; G. de Torre y A. del Hoyo, en *La Torre,* VI, núm. 24; y el
volumen publicado por la Institución Fernando el Católico, de Zaragoza, con
la colaboración de catorce autores.]

5   CALDERÓN Y SUS CONTEMPORÁNEOS

Pedro Calderón de la Barca, *Teatro,* BAE, vols. VII, IX, XII y XIV; *Obras
completas,* Madrid, Aguilar, 1933-52, 3 vols.; *La vida es sueño,* ed. Buchanan,
Toronto, 1909; ed. Sloman, 1961; Hesse, 1961; *El alcalde de Zalamea,*
ed. I. Farnel, Manchester, 1921; *Three Plays,* ed. Northup, Boston, 1926;
Autos sacramentales, ed. Valbuena Prat, *Clásicos Castellanos,* Madrid, 1926-
27, 2 vols.; *Comedias religiosas,* ed. Valbuena Prat, *Clásicos Castellanos,*
Madrid, 1930; *Comedias mitológicas,* ed. Valbuena Prat, Madrid, 1931.

[En *Clásicos Castellanos* se han publicado en años recientes cuatro vols. más.]

M. Menéndez y Pelayo, *Calderón y su teatro,* Madrid, 1881.
E. Cotarelo, *Ensayo sobre la vida y obras de don Pedro Calderón de la Barca,*
Madrid, 1924.
A. Valbuena Prat, *Calderón. Su personalidad, su arte dramático, su estilo y sus
obras,* Barcelona, 1941.

A. L. Constandse, *Le Baroque espagnol et Calderón de la Barca,* Amsterdam, 1951.

A. E. Sloman, *The Dramatic Craftmanship of Calderón,* Oxford, 1958.

A. Farinelli, *La vita è un sogno,* Torino, 1916.

P. N. Dunn, "Honour and the Christian Background in Calderón," en *Bull. Hispanique,* XVII (1960), 75-105.

A. Valbuena Prat, "Los autos sacramentales de Calderón," en *Rev. Hispanique,* LXI (1924), 1-302.

A. Parker, *The allegorical drama of Calderón. An Introduction to the "Autos Sacramentales,"* London, 1943.

E. Frutos, *La filosofía de Calderón en sus autos sacramentales,* Zaragoza, 1952.

F. Verhesen, *Étude sur les "Autos sacramentales" de Calderón de la Barca et spécialement sur "La cura y la enfermedad,"* Paris, 1958.

[Los estudios sobre *La vida es sueño* son innumerables. Aparte de las Introducciones a las ediciones citadas, son de interés especial, entre los más recientes, los de E. M. Wilson y J. Casalduero, publicados respectivamente en *Revista de la Universidad de Buenos Aires,* IV, 1946, y *Cuadernos,* París, agosto de 1961.]

Dramáticos posteriores a Lope de Vega, BAE, vols. XLVII y XLIX.

Autos sacramentales, BAE, vol. LVIII.

Francisco de Rojas Zorrilla, *Comedias escogidas,* BAE, vol. LIV; *Teatro,* ed. Ruiz Morcuende, *Clásicos Castellanos,* Madrid, 1917.

Agustín Moreto, *Obras escogidas,* BAE, vol. XXXIX; *Teatro,* ed. Alonso Cortés, *Clásicos Castellanos,* Madrid, 1916.

E. Cotarelo, *Don Francisco de Rojas Zorrilla,* Madrid, 1911.

R. R. MacCurdy, *Francisco de Rojas Zorrilla and the Tragedy,* Univ. of New Mexico Press, 1958.

R. L. Kennedy, *The Dramatic Art of Moreto,* Philadelphia, 1932.

ÍNDICE-GLOSARIO

Combinado con el índice de obras anónimas y nombres citados, va un glosario en el que explicamos términos, alusiones y conceptos con los que quizá el estudiante no esté familiarizado. En el caso de escritores extranjeros y personajes históricos nos limitamos a dar fechas y la nacionalidad, aunque a veces añadimos algún detalle necesario para la mejor comprensión de las referencias que se hacen en el texto.

A

Abad de Montemayor (canción de gesta), 58

Abbat, Per (Abad, Pedro), 42

Abderramán III, 27

Abenavente, rey, 101

Abencerraje: véase Historia de Abindarráez y Jarifa.

Abentofail, 429

Abril, Pedro Simón, 237

academia: en el Siglo de Oro, sociedad literaria.

Acosta, el padre José de, 250

Acquaviva, el cardenal, 285, 321

acróstico: cualquier composición poética en la que las letras iniciales de los versos, al leerse verticalmente, forman palabras o frases.

Acuña, Hernando de, 196, 209

Adonis (muerte de): joven griego de gran belleza, amado por Venus. Según la leyenda mitológica, el dios Marte tomó la forma de un jabalí y le dio muerte para satisfacer sus celos.

aédica, época: de la época de los aedos o poetas épicos de la Grecia antigua.

Ágreda, sor María de, 422

Aguilar, Francisco de: véase López de Aguilar, Francisco.

Agustín, San (354-430): obispo de Hipona, en lo que hoy es Argelia; uno de los padres de la Iglesia y de los santos más famosos. Sus libros las Confesiones; La ciudad de Dios y el tratado De la gracia se cuentan entre las grandes obras de la literatura religiosa. 70, 198, 262, 265

Alain de Lille (1114-1202): profesor de teología de la universidad de París, 127

Alarcón, Juan Ruiz de: véase Ruiz de Alarcón.

Alatorre, Margit Frenk, 170

Alba, duques de, 159, 171, 172, 173, 208, 258, 338

albada: composición poética destinada a cantar la mañana.

albedrío, libre: según la teología, poder de la voluntad del hombre para elegir entre el bien y el mal y obrar de acuerdo con esa elección. En relación con el problema de la gracia, dio lugar en el siglo XVI a una polémica importante entre el dominico Domingo Báñez y el jesuíta Luis de Molina, que se refleja en muchos de los dramas religiosos de Tirso, Calderón y otros autores. Báñez, inclinado a la idea de la predestinación, negaba el libre albedrío; el poder de obrar bien o mal el hombre estaba, según él, predeterminado por la gracia divina. Frente a esto, Molina sostenía que el hombre era moralmente libre para aceptar o rechazar dicha gracia.

Alberti, Rafael, 170, 214, 400

albigenses: secta religiosa, declarada herética, que practicaba una forma extrema de ascetismo y se extendió por el sur de Francia en el siglo XI. El Papa Inocencio III ordenó una cruzada contra ellos y los albigenses fueron vencidos y disueltos en las batallas de Muret y Tolosa (1213)

Albornoz, Gil de (arzobispo de Toledo), 103

Alcántara, San Pedro de, 257, 261

Alcaraz, Pedro de, 244

Alcázar, Baltasar del, 210

Alciato, Andrea (1492-1550): jurisconsulto italiano cuyo libro Trattati degli Emblemi tuvo mucha influencia e inauguró la moda de representar simbólicamente en ciertos emblemas el pensamiento que luego se desarrolla en el texto, 425

Aldana, Francisco de, 209, 270

Alderete de Quevedo, Pedro, 419

alejandrino: verso de catorce sílabas dividido en dos hemistiquios.

alejandrina, escuela, 136: véase Ferrater Mora: Alejandría (escuela de) en Diccionario de filosofía.

Alejandro III el Grande: rey de Macedonia (356-323 a. de J. C.), y

ter filosófico, puede decirse que el estoicismo se traduce en un idealismo moral cuyo tema es "la virtud por la virtud". Lucio Anneo Séneca (4 a. de J. C. =65 d. de J. C.), filósofo y trágico latino nacido en Córdoba, refuerza el carácter espiritual y moral de la doctrina exaltando como la primera de las virtudes la fortaleza de ánimo, es decir, la indiferencia ante el dolor, la desgracia y los cambios de la fortuna.

estribillo: verso o versos que se repiten al final de cada estrofa en una composición poética. También estrofa inicial de algunas poesías que luego se glosa.

Estuardo, María (1542-1587): reina de Escocia, 341

eufuistas: seguidores del eufuismo, una moda literaria introducida en Inglaterra por John Lyly con su libro *Euphues, the Anatomy of Wit* (1578). El eufuismo, como otros movimientos análogos en la literatura europea, se caracteriza por la artificialidad del estilo: juegos de palabras, metáforas, aliteraciones, antítesis, etc.

Eugenio, San, 24

Eulogio, San, 30

Eurídice y Orfeo: Orfeo, el gran músico de la mitología griega, perdió a su mujer Eurídice el día de la boda cuando ésta murió por haber sido mordida por una serpiente. Orfeo descendió a los infiernos y embelesó con su música a las divinidades infernales que le dieron permiso para sacar a su esposa de allí con la condición de no volver la cabeza para mirarla. Éstos y otros episodios del mismo mito inspiraron a Garcilaso pasajes de las églogas II y III

Eurípides (480? - 406 a. de J. C.): dramaturgo trágico griego, 216

Eximenis, Francisco, 146

Ezpeleta, Gaspar de, 287

F

fabliaux: breves poemas franceses (de 300 a 400 versos) en los que se narra una historia o cuento casi siempre de tradición popular y carácter satírico o licencioso. El arte de los "fabliaux" florece en el siglo XIII y desaparece a principios del XIV (hacia 1320).

fábulas esópicas: fábulas de Esopo, escritor griego del siglo VI a. de J. C. La figura de Esopo, como la de otros autores griegos anteriores al siglo V, pertenece más a la leyenda que a la historia. Sus fábulas fueron escritas después del tiempo en el que se supone que vivió. Cualquiera que sea su origen, constituyen la fuente primera y más importante de este género literario en las literaturas occidentales.

Farinelli, Arturo (1867-1948): hispanista italiano, 6, 135

Federico II (m. 1377): rey de Sicilia, 77

Fedón: véase Platón.

Fedro (30 a. de J. C.): fabulista latino, 107

Feijoo, Benito Jerónimo, 18, 381, 388, 414

Felipe el Hermoso: marido de doña Juana la Loca, 158, 161

Felipe II, 157, 158, 194, 196, 199, 200, 204, 247 251, 269, 275, 289, 290, 292 388, 390

Felipe III, 351, 388, 389, 398, 422

Felipe IV, 351, 388, 389, 411, 432

Fenelón, François de Salignac de La Mothe (1651-1715): escritor francés, autor de *Telémaco,* 275

Fermoselle, Juan de, 171

Fernán González, 28, 101, 364

Fernández, Cristobalina, 395

Fernández, Lucas, 174

Fernández de Andrada, Andrés, 409

Fernández de Córdoba, Gonzalo (1453-1515): llamado el Gran Capitán, el general más famoso del tiempo de los Reyes Católicos conocido sobre todo por sus campañas en Italia, 158

H

O